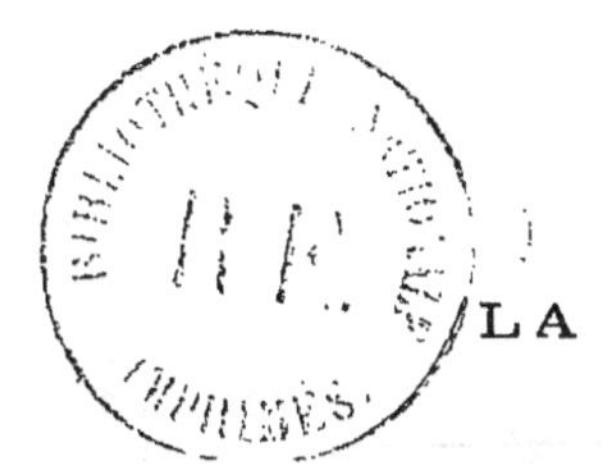

LA

CAMPAGNE DE 1805

EN ALLEMAGNE

PARIS. — IMPRIMERIE R. CHAPELOT ET Cie, 2, RUE CHRISTINE

PUBLIÉ SOUS LA DIRECTION
DE LA
SECTION HISTORIQUE DE L'ÉTAT-MAJOR DE L'ARMÉE

LA CAMPAGNE DE 1805 EN ALLEMAGNE

PAR

P.-C. ALOMBERT
CONTRÔLEUR DE L'ADMINISTRATION
DE L'ARMÉE

J. COLIN
CAPITAINE D'ARTILLERIE A LA SECTION HISTORIQUE
DE L'ÉTAT-MAJOR DE L'ARMÉE

TOME PREMIER

PARIS
LIBRAIRIE MILITAIRE R. CHAPELOT ET Cᵒ
IMPRIMEURS-ÉDITEURS
30, Rue et Passage Dauphine, 30

1902

PRÉFACE

Cette histoire de la Campagne de 1805 se compose essentiellement, comme toutes les publications similaires de la Section historique, d'un recueil de documents. M. le commandant Foucart, aujourd'hui colonel, a donné, en 1887, le modèle dont on ne s'écartera plus guère : les campagnes de l'Empire ont été trop souvent racontées et discutées pour qu'il soit utile d'en écrire l'histoire une fois de plus, si ce n'est pour donner, avec les textes complets, le moyen d'écarter peu à peu les interprétations inexactes grâce auxquelles on finirait par abriter les doctrines les plus diverses sous le patronage de Napoléon. Ce sont donc les documents originaux qui constituent à vrai dire le présent ouvrage ; mais nous avons cru devoir modifier quelque peu la méthode adoptée jusqu'ici pour ce genre de recueils, et séparer les documents des commentaires destinés à les éclairer. Pour chaque partie de la campagne, les pièces originales seront présentées, non pas une à une, mais ensemble, par une « Introduction », sorte d'exposé critique appelant l'attention sur les points essentiels ou inédits. Cette introduction, permettant d'embrasser le sujet le plus rapidement possible, sera suivie des documents, publiés cette fois sans transition ni commentaires.

Pendant son passage à la Section historique, M. le capitaine (aujourd'hui contrôleur) Alombert avait entrepris un travail considérable sur la période de 1800 à 1805, qu'il n'a pas eu le temps de terminer. Il avait rassemblé, entre autres, le plus grand nombre des documents relatifs à la campagne de 1805. M. le capitaine Colin a été chargé de compléter et de classer ce recueil, et de rédiger l'introduction des diverses parties.

Nota. — On faisait encore usage, en 1805, du calendrier républicain, et l'on écrivait le millésime en chiffres arabes : an 13, an 14. Nous avons cru devoir le transcrire en chiffres romains : an XIII, an XIV, pour nous conformer à l'usage qui a prévalu, et nous avons ajouté entre parenthèses la date d'après le calendrier grégorien. Nous en avertissons ici une fois pour toutes.

CONCORDANCE

DES CALENDRIERS RÉPUBLICAIN ET GRÉGORIEN

POUR FRUCTIDOR AN XIII

1er fructidor an XIII	19 août 1805.
2	20 —
3	21 —
4	22 —
5	23 —
6	24 —
7	25 —
8	26 —
9	27 —
10	28 —
11	29 —
12	30 —
13	31 —
14	1er septembre 1805.
15	2 —
16	3 —
17	4 —
18	5 —
19	6 —
20	7 —
21	8 —
22	9 —
23	10 —
24	11 —
25	12 —
26	13 —
27	14 —
28	15 —
29	16 —
30	17 —

PREMIÈRE PARTIE

PRÉLIMINAIRES DE LA GUERRE

ERRATA

TOME Ier

Pages.	*Lignes.*	*Au lieu de :*	*Lire :*
53	3	3 floréal	13 floréal
54	16	11 mai	10 mai
71	Note	2[e]	2er
83	23	Haugwiz	Haugwitz
139	Note	30	25
160	6 (en partant du bas)	Il réussit	S'il réussit

DOCUMENTS ANNEXES DU TOME Ier

Pages.	*Lignes.*	*Au lieu de :*	*Lire :*
77	1	droite	gauche
78	1	du centre	de gauche
127	titre de la dernière accolade	troupes à cheval	troupes à pied

CHAPITRE PREMIER

Signes précurseurs de la guerre

On ne peut expliquer et apprécier exactement les premières opérations de la campagne de 1805 sans recourir souvent à l'histoire politique des deux années précédentes. Quand, par exemple, on voit l'ordre de marche initial de la Grande Armée profondément modifié dans l'espace de quelques jours, on se demande depuis combien de temps Napoléon a pu prévoir cette guerre et préparer son plan de campagne; on rencontre alors dans la correspondance diplomatique l'idée maîtresse de ce plan exprimée à diverses reprises dans des lettres qu'on serait inexcusable de ne pas citer. Puis c'est le choix de la route d'Anspach pour le 1er corps, l'arrivée de troupes autrichiennes en Souabe par le Tyrol, qui ramènent encore aux considérations politiques. Il ne faut donc procéder à l'étude militaire proprement dite de la campagne qu'après avoir exposé minutieusement, avec pièces à l'appui, certaines parties de l'histoire générale des années 1803 et 1804.

Qu'on ne cherche pas ici, toutefois, une relation complète des faits et des négociations qui se sont succédé pendant cette période : il a fallu se borner aux quelques points reconnus indispensables pour la compréhension des faits militaires.

Avant tout, il y a dans la politique européenne un élément essentiel qu'on ne doit jamais perdre de vue si l'on veut se retrouver à travers les contradictions apparentes de la diplomatie et concevoir clairement l'objet et la nature de cette guerre : c'est la haine intransigeante qui sépare l'Europe monarchique et féodale de la France révolutionnaire.

La République n'est plus, mais Napoléon incarne la Révolution en face des monarques de droit divin, aux yeux de qui son usurpation est l'acte le plus détestable et le plus révolutionnaire de la France nouvelle.

Des intérêts momentanés, une horreur sincère de la guerre, porteront quelquefois le roi de Prusse à traiter favorablement le gouvernement français; en réalité, il n'y a pas de sympathie possible, et si l'on salue très bas l'empereur Napoléon, par derrière on l'appelle Buonaparte, et on le déteste. Si l'on croit utile d'entamer des négociations avec lui, on rassure bien vite la Russie, et on lui garantit que, vis-à-vis de l'usurpateur, on s'en tiendra toujours à des promesses. Les émigrés forment à travers l'Europe monarchique une association secrète, dirigée contre leur ancienne patrie : « Je ne suis plus rien à la France », dit leur maître espion d'Antraigues; « je n'en veux plus rien et je n'en parle pas (1) ». Les gouvernements les plus enclins à une attitude conciliante sont enveloppés d'une atmosphère haineuse dont ils ne peuvent se dégager. Il ne faut pas espérer que l'on ajournera indéfiniment la guerre avec l'un quelconque d'entre eux : elle est inévitable avec tous. Les monarchistes demeurés en France, ou ceux qui, rappelés de l'exil par Bonaparte, se hâtent de conspirer contre lui, étendent sur son empire la trame du complot européen : dans les campagnes, ils s'efforcent de détourner les jeunes gens du service, d'accroître le nombre des réfrac-

(1) L. Pingaud : *Un agent secret sous la Révolution et l'Empire*, p. 302.

taires; ils emploient toutes leurs ressources à corrompre les fonctionnaires civils et militaires, et la justice même, pour favoriser les fraudes et encourager la désertion (1). La trahison est surtout active dans l'entourage de Napoléon, parmi les dames d'honneur de Joséphine et parmi les grands personnages qui, approchant l'Empereur d'aussi près que possible, sont initiés à ses projets et assistent, comme l'ami de d'Antraigues, aux scènes les plus graves (2). « Ils trahissaient en paroles en attendant mieux (3). »

L'exécution du duc d'Enghien a exaspéré plus qu'elle n'a effrayé les ennemis de la France : il faudra les coups de foudre d'Ulm et d'Austerlitz pour épouvanter les traîtres, les éblouir ou les satisfaire (4). Ils se tairont alors jusqu'aux jours de défaite.

Il ne faut pas manquer de tenir compte de cette situation irrémédiable avant de juger ou même d'interpréter les actes politiques de Napoléon. Son caractère l'a porté

---

(1) Voir ci-après les chapitres consacrés à la conscription et à la Grande Armée en 1805.

(2) Napoléon se faisait, d'ailleurs, peu d'illusions à ce sujet, si l'on en croit l'anecdote contée par Krettly : quelques jours avant Friedland, comme Talleyrand s'étonnait brusquement d'une récente trahison, Napoléon lui frappa sur l'épaule en disant : « Ce n'est rien que cela, Talleyrand; si je n'étais trahi que quinze fois par jour, cela ne m'empêcherait pas de marcher en avant ». Cette boutade jeta un tel froid que la conversation cessa brusquement. (*Souvenirs historiques du capitaine Krettly, ancien trompette-major des guides*, etc.)

(3) L. Pingaud, p. 258. « Cet homme si habile à masquer son jeu, dit-il aussi p. 203, en parlant de « l'ami » de d'Antraigues, faisait partie d'un groupe de mécontents en conspiration permanente contre le gouvernement, et en relations également permanentes avec l'étranger; ils avaient des complices dans les administrations et les états-majors, et leurs rapports avec Londres semblent continuer ceux dont Faucon avait été l'intermédiaire. »

(4) Lettre inédite de « l'ami » de d'Antraigues, relative au général S..., communiquée par M. Pingaud.

sans doute à des usurpations qui ont précipité la lutte; mais on peut admettre qu'il ne devait compter sur aucun appui, sur aucune impartialité sincère, et le plus sage était peut-être encore de s'assurer à tout hasard les moyens les plus puissants. Il ne nous appartient pas d'élucider cette question si délicate, mais il convient au moins de l'indiquer avant de discuter la véritable portée et les causes possibles de certains actes d'ordre militaire comme la violation du territoire d'Anspach.

L'hostilité des divers gouvernements européens envers la France se manifestait avec d'autant plus de vivacité qu'ils avaient moins de risques à courir en se démasquant. Sans parler de l'Angleterre, qui avait déjà rompu la paix d'Amiens et recommencé la guerre, la Suède et la Russie s'étaient mises en état d'hostilité complète vis-à-vis de nous, ce qui ne les compromettait pas, à la distance où elles étaient de Napoléon. L'Autriche est plus lente à se décider, mais il est clair qu'elle attend simplement l'heure favorable, c'est-à-dire l'instant où ses armées seront assez nombreuses pour se mesurer avec celles de la France.

Il était facile à Napoléon de suivre les menées de l'Angleterre, qu'elle ne cherchait d'ailleurs pas à cacher. Un jour, c'est lord Pelham qui proclame à la tribune « l'intention des ministres de profiter de toutes les occasions favorables qui pourraient survenir sur le continent pour contribuer à la sûreté de l'Angleterre (1) »; plus tard, c'est Pitt qui obtient 5,000,000 de liv. st. pour les « usages continentaux ». On ne peut plus douter que la Suède et la Russie ne soient d'intelligence avec l'Angleterre, « sinon pour agir immédiatement, dit Bignon, du moins pour préparer un soulèvement continental contre la France. Déjà le roi d'Angleterre en a donné l'espoir

(1) Bignon, III, p. 311.

à la nation anglaise dans son discours pour la prorogation du Parlement; on ne différera l'explosion que pour compléter les préparatifs, pour tâcher, avant tout, d'y faire participer l'Autriche ou la Prusse, et, s'il se peut, ces deux puissances ensemble (1) ».

Le 21 juillet 1804, l'ambassadeur de Russie à Paris, M. d'Oubril, avait pris un ton menaçant : « Si l'objet de la Russie était de former une nouvelle coalition, elle n'aurait pas besoin sans doute de chercher de vains prétextes, le gouvernement français depuis longtemps ayant fourni des raisons trop valables pour rompre (2) ». Le représentant de l'Angleterre à Madrid, M. Frere, somme la cour d'Espagne d'entrer dans la coalition, et le gouvernement français en est aussitôt averti. Le 20 octobre 1804, Talleyrand annonce au marquis de Lucchesini, ambassadeur de Prusse à Paris, que l'Angleterre traite avec la Suède, qu'elle lui promet un subside de 600,000 liv. st., et que tout confirme le soupçon d'une prochaine alliance entre l'Angleterre et la Russie, à laquelle accéderait le cabinet de Stockholm, et pourrait se joindre ensuite la maison d'Autriche.

« Pitt, dit Bignon (3), n'a pas interrompu un seul jour ses excitations auprès des grandes puissances européennes pour les armer contre le gouvernement français. En général, il y trouve des dispositions qui répondent aux siennes. On est aisément d'accord dans le projet de marcher encore une fois contre la France. Il n'y a de dissentiment que sur l'époque.

« L'Angleterre effrayée, plus qu'elle ne le dit, de la menace d'une invasion, voudrait sonner la charge à l'instant même pour une coalition nouvelle. La Russie semble ne pas répugner à un mouvement prochain.

---

(1) Bignon, III, p. 461.
(2) *Ibid.*, III, p. 446.
(3) *Ibid.*, IV, p. 99.

L'Autriche temporise. Une année et même plus lui serait nécessaire encore pour avoir réparé toutes ses pertes précédentes. »

Telle est, en effet, l'attitude de l'Autriche pendant l'année 1804 et le commencement de 1805. Dès le 1er avril 1804, alors que l'empereur d'Allemagne accepte officiellement la violation du territoire de Bade et l'exécution du duc d'Enghien, il écrit le premier au tsar pour « renouveler les mêmes engagements d'alliance et d'union et en contracter d'ultérieurs adaptés à l'état de crise et au danger auquel l'Europe se trouve exposée ».

« Il renouvelle formellement, dit-il, toutes les stipulations du traité d'amitié et d'alliance défensive, ainsi que les articles séparés et secrets conclus le 14/3 juillet 1792. »

En d'autres termes, la première coalition n'a jamais été rompue; la guerre n'a cessé que momentanément par force majeure, et l'on renouvellerait volontiers les menaces de Pillnitz. « Je confirme pareillement, dit l'empereur d'Allemagne, les engagements contenus dans la déclaration patente et secrète du 3 janvier 1795/23 décembre 1794. »

La suite de cette lettre va plus directement au but, en parlant des « justes inquiétudes qu'inspirent pour le maintien de la tranquillité et de la sûreté générale de l'Europe l'influence prépondérante exercée par le gouvernement français sur les états circonvoisins ». « Je ne négligerai, dit l'Empereur, aucune occasion pour me mettre en état de coopérer d'une manière efficace aux mesures actives que nous jugerions nécessaires pour prévenir des dangers qui menaceraient immédiatement la sûreté générale de l'Europe. »

Toutefois, ses dispositions belliqueuses ne vont pas plus loin; il se réserve de convenir des mesures à prendre « suivant l'exigence des circonstances », et, comme il ne s'agit, après tout, que de parer à une

« menace immédiate »; comme, de tous les états hostiles à la France, l'Autriche est le seul que les armes françaises puissent atteindre, toute cette proclamation d'alliance éternelle revient à affirmer que, si l'Autriche est attaquée, elle sera la meilleure amie de la Russie (1).

Cette dernière puissance ne l'entend pas ainsi. Elle estime qu'une alliance entre les deux empires ne comporte des risques et des sacrifices égaux que si elle a en vue l'offensive. Cobenzl (2) écrit à Stadion (3), le 10 août 1804 : « On a trouvé encore en Russie les engagements que nous voulons prendre trop dilatoires, et ils n'ont pas répondu aux désirs de l'empereur Alexandre » ; et il fait valoir les différences considérables qui existent entre la situation de la Russie et celle de l'Autriche vis-à-vis du gouvernement français : « la première peut sans danger se porter à des démarches dont la moindre occasionnerait une invasion subite dans les États autrichiens. Elle peut rompre ouvertement avec lui et assister ses alliés, sans avoir rien à craindre pour ses propres États ». La fin de cette lettre est des plus suggestives, car, en affirmant que Bonaparte ne désire certainement pas la guerre, Cobenzl nous permet de nous demander ce que signifie la démarche de l'empereur d'Allemagne, ne voulant pas attaquer, ne croyant pas être attaqué lui-même, et offrant cependant à la Russie son alliance contre la France :

« Tout porte à croire, dit-il, que les protestations de Bonaparte sont sincères pour le moment présent, et qu'il n'y a qu'un cas dans lequel il penserait sérieuse-

(1) La lettre de l'empereur d'Allemagne est citée par A. Beer. (*Œsterreich und Russland in den Jahren* 1804 *und* 1805.)

(2) Louis, comte de Cobenzl, vice-chancelier d'Autriche. Ne pas le confondre avec le comte Philippe de Cobenzl, son cousin, ambassadeur à Paris.

(3) Ambassadeur d'Autriche en Russie.

ment à la guerre continentale, celui où, devant craindre une attaque prochaine des deux cours impériales réunies, il se verrait forcé de tomber avec toutes ses forces disponibles sur l'Autriche pour la surprendre et prévenir par là l'exécution de leur plan combiné. »

Impossible de raisonner plus juste et d'être meilleur prophète, car c'est expliquer et justifier d'avance la conduite de Napoléon en 1805 et ses opérations militaires elles-mêmes.

« C'est ce qui s'ensuivrait infailliblement, conclut du reste Cobenzl, si notre cour se joignait aux démarches vigoureuses que la Russie vient de faire faire à Paris, ou si elle persistait plus longtemps avec son allié, avec l'Angleterre et la Suède, dans le refus de reconnaître le nouvel empereur des Français. Indépendamment des motifs impérieux qui doivent nous porter à éviter une telle extrémité, et sur lesquels nous nous sommes déjà expliqués en détail vis-à-vis de la cour de Pétersbourg, il s'en présente un nouveau dans l'avantage que Bonaparte retirerait de l'apparence d'une guerre générale provoquée par l'Autriche, dont il ne manquerait pas de se prévaloir pour rallier aussitôt tous les partis à son gouvernement et mettre fin au mécontentement en ranimant l'esprit public et guerrier de la nation. »

Presque à la même date, le 16 août, Napoléon exprime des idées analogues dans une circulaire aux agents français près des cours étrangères : « S'il arrivait, dit-il, que la Russie se portât jusqu'à vouloir se joindre au cabinet anglais, et si, unissant ses intrigues à celles de l'Angleterre, elle parvenait enfin à vaincre les sages dispositions et les pacifiques déterminations de la cour de Vienne, et à l'entraîner avec elle dans une guerre contre la France, la Russie, dis-je, dans ces hypothèses, ne jouerait à côté de l'une et l'autre puissance qu'un rôle secondaire ; elle verrait, comme dans la campagne de l'an VI, comme en Hollande, en Suisse, en Italie, ses armées battues, sa gloire compromise, et des efforts mêmes de cette nouvelle coalition, il ne résulterait pour le gouvernement français qu'un accroissement colossal de force et de puissance. »

Les diplomates prussiens, il est vrai, croyaient que Napoléon serait bientôt réduit à désirer la guerre continentale. Lucchesini a écrit, dès le 12 décembre 1803, qu' « une guerre continentale offrirait au général et à l'homme d'État des chances bien moins douteuses que les entreprises maritimes contre l'Angleterre » ; il constate, le 17 mai 1804, que « les démarches provocatrices du cabinet de Pétersbourg présupposent, sinon un concert préalable, du moins une parfaite uniformité de principes pour mettre en avant et soutenir après d'un commun accord la nécessité d'un nouvel équilibre entre les puissances de l'Europe ; ce doute s'est probablement offert à la méfiante prévoyance du chef du gouvernement français. La rentrée du sieur Pitt au ministère accroît les soupçons que les guinées anglaises ne soulèvent de nouveau le continent pour dégager l'Angleterre du danger d'une descente (1) ».

« L'on connaît très bien ici le projet du comte Markow d'une réunion des deux cours impériales, de la Prusse et des deux puissances maritimes, pour mettre, à la paix future entre l'Angleterre et la France, des bornes à l'extrême puissance continentale de cette dernière. Empêcher cette union, fatale à l'ambition française, par tous les moyens possibles, c'est la pensée actuelle du général Bonaparte. »

On l'avouera, rien de plus naturel que cette pensée attribuée à Napoléon. Lucchesini ajoute que, pour lui, « la guerre du continent est, dans les circonstances

(1) P. Bailleu : *Preussen und Frankreich von 1795 bis 1807 ; Diplomatische Correspondenzen*, 2e partie. (*Publicationen aus den K. Preussischen Staatsarchiven*, t. XXIX.)

actuelles, le vœu secret du Premier Consul. Elle dégage son honneur, compromis dans la descente proclamée avec trop de solennité ; elle offre aux généraux employés sur les côtes, qui ont presque tous été ses lieutenants en Italie et en Égypte, une nouvelle perspective de gloire et surtout de fortune ; elle peut enfin résoudre par les batailles une question que les négociations décideront difficilement ».

Lucchesini se confirme de jour en jour dans la même pensée :

« La crainte plus d'une fois manifestée, dans mes très humbles rapports, que la guerre du continent, loin de contrarier les vues de Bonaparte, ne devienne pour lui une ressource et un besoin, acquiert de nouvelles forces par des indices assez forts que la chose est envisagée de cette sorte par ses entours. La guerre du continent est le vœu des officiers et des soldats. Le Ministre de la guerre doit avoir avoué, peu après sa dernière tournée d'inspection aux côtes, que, pour conserver l'armée sur le pied où elle est, il fallait avant deux ans une nouvelle guerre continentale..... » « Des paroles échappées à Marmont, à Murat et autres, écrit-il encore le 25 août, font conclure à l'imminence d'une guerre continentale ». Elle serait nécessaire, à son avis, pour soulager la France du fardeau de l'entretien des armées, aussi bien que « pour employer à des conquêtes faciles des troupes qui se morfondent sur les côtes de l'Océan dans l'attente prolongée d'une expédition maritime toujours proclamée imminente et toujours remise à d'autres temps ».

Le roi de Prusse se laisse convaincre par ces affirmations souvent réitérées : « Je ne me cache nullement, répond-il le 4 septembre, la vérité de vos réflexions sur les motifs qui, malheureusement, ne sont que trop propres à ramener l'Empereur, et principalement ses entours, à l'idée d'une guerre continentale ».

Lucchesini voyait-il juste? Il est difficile de l'affirmer.

« Sa finesse, comme dit Bignon, lui faisait voir souvent ce qui n'existait pas. » Il est un fait incontestable, c'est que Napoléon, ayant sur pied, prête à marcher au premier signal, sans nul préparatif, l'armée qui vaincra à Ulm et Austerlitz, aurait pu la mettre en branle dès 1803. Pour parler comme ses ennemis, les prétextes ne manquaient pas. S'il n'a pas déchaîné la guerre continentale, c'est qu'il ne l'a pas voulu.

D'autre part, tout désarmement partiel lui était interdit par l'attitude des puissances et par celle du peuple français. Jamais peut-être jusqu'à présent les populations bourgeoises et rurales n'ont montré tant d'aversion pour le service militaire qu'en 1803-1805. Le nombre des déserteurs est effrayant. Tous les soldats que Napoléon aurait licenciés n'auraient jamais consenti à rejoindre les drapeaux plus tard. Mais un moment devait venir où cette paix armée serait intolérable; ce jour-là, sans doute, Napoléon serait forcé d'en finir avec les armements par la guerre. Mais lui laisserait-on le temps de se lasser?

Les ministres autrichiens, qui étaient bien placés pour savoir d'où partirait la provocation, ne comptaient pas en laisser l'initiative à Napoléon. On a déjà vu exprimer ce sentiment dans la lettre de Cobenzl à Stadion, du 10 août; on lit, en outre, dans une lettre du 17 juin : « Nous nous confirmons de plus en plus dans l'idée qu'il ne désire pas la guerre continentale dans ce moment-ci et qu'il ne la provoquera pas en se portant à de nouvelles invasions..... Ainsi que nous l'avons toujours cru et dit, ces invasions n'ont pas été entreprises, et il y a moins d'apparence que jamais qu'elles le seront de sitôt. Il n'existe aucune trace de préparatifs à cet égard de la part des troupes françaises en Italie, qui se bornent, au contraire, à des mesures défensives. Il en est de même au nord de l'Allemagne, car les armements en arrière de la Westphalie sont visiblement causés par les armements russes et par le but d'empêcher la Prusse de s'y joindre. »

« L'échec retentissant auquel aboutit la tentative d'embarquement de Boulogne a pu faire craindre un instant que Bonaparte ne se livrât à quelque autre entreprise d'éclat pour s'en tirer avec honneur; mais il y a pourvu d'une autre manière par la découverte et la punition des complots de la contre-révolution. La guerre continentale n'est donc plus un expédient indispensable pour lui, et il est facile de prouver qu'elle ne saurait lui convenir aujourd'hui, et tant que la Russie gardera sa contenance actuelle et sera unie à l'Autriche, à moins toutefois que Bonaparte n'ait lieu de craindre des vues hostiles de leur part, puisqu'alors il serait réduit à risquer le tout pour le tout, et ne tarderait pas un instant à nous attaquer isolément. »

Si, malgré cette ferme confiance dans les dispositions pacifiques de la France, l'Autriche s'occupe dès le printemps de 1804 de se procurer des alliances, c'est que, sans prendre une attitude offensive, elle est résolue à commettre des actes qui attireront forcément l'intervention de la France. On parle beaucoup des empiètements et de l'ambition de Louis XIV et de Napoléon, et l'on se plaît généralement à ignorer les actes similaires des gouvernements étrangers; il ne faut pourtant pas oublier que, dès la signature des traités de Lunéville et d'Amiens, nos ennemis ont commencé à s'en écarter. Pour ne parler que de l'Autriche, elle agit exactement alors comme Louis XIV après la paix de Nimègue, et le Conseil aulique procède à la manière des « Chambres de réunion » lorsqu'il invoque des droits d'épave dans l'Allemagne du Sud, entre Innsbrück et Strasbourg, ou sur les rives du Danube. « Tandis qu'elle se soulève contre des empiètements qu'elle prétend arbitraires, dit Bignon, elle se crée à elle-même arbitrairement des droits nouveaux qu'elle sait rendre à l'instant utiles et productifs. A l'aide d'un droit d'épave imaginé par ses publicistes, elle met de tous côtés des séquestres et s'approprie, comme tombées en déshérence et sans titulaire légitime, des propriétés éparses, fondations ecclésiastiques et autres, dépendantes de biens assignés à divers princes par le recès de 1803;..... plusieurs cantons suisses ayant de même quelques propriétés isolées en Souabe, l'Autriche leur applique la même méthode. Seulement, elle change le titre dont elle s'appuie et, au lieu d'un droit d'épave, c'est un droit d'*incamération* qu'elle fait valoir contre eux (1). »

Diverses questions avaient été soulevées, et créaient entre la Bavière et l'Autriche des conflits incessants dont cette dernière semblait vouloir profiter pour s'agrandir. A côté des droits d'épave et d'incamération, il s'agissait de l'indépendance de la noblesse immédiate ou ordre équestre, dont les membres étaient vassaux au premier degré de l'Empereur malgré la faible étendue de leurs fiefs, et ne voulaient subir aucun empiètement de la part des électeurs de Bavière, etc. L'Empereur, de son côté, saisissait l'occasion d'intervenir avec d'autant plus d'ardeur que le premier droit réclamé par la noblesse immédiate était celui de laisser les racoleurs impériaux opérer sur ses terres. L'électeur de Bavière ayant voulu empêcher le recrutement de se faire sur les domaines enclavés dans le territoire bavarois, l'Autriche répondit par des rassemblements de troupes en Bohême, en Tyrol et en Souabe. Ces démonstrations ne cessèrent pas lorsque la Bavière, sur le conseil de Napoléon, eut donné toute

(1) L'Autriche (ou les archiducs autrichiens), possédait au nord du lac de Constance, le territoire de Ravensburg; en se saisissant de Lindau, elle reliait Ravensburg au Tyrol. Elle possédait plus loin, entre Constance et les sources du Danube, le territoire d'Hohenberg; la plus grande partie du Brisgau et de l'Ortenau, dans la plaine du Rhin, et des enclaves assez étendues depuis les sources du Danube jusqu'à l'évêché d'Eichstedt. (Voir la carte jointe au présent volume.)

satisfaction à l'empereur d'Allemagne; on apprit en même temps que des négociations secrètes avaient été entreprises pour procurer à l'Autriche par voie d'échange le pays compris entre l'Inn, la Salza et le Tyrol ; la possession de cette province aurait assuré une excellente frontière offensive à l'Autriche, et l'aurait rendue maîtresse d'occuper la Bavière au premier signal. Les agents de cette négociation souterraine étaient le chargé d'affaires de Suisse à Vienne, nommé Muller, et un comte Fugger, qui voulait profiter de l'occasion pour vendre ses domaines de Souabe à l'Empereur (1).

Les mouvements de troupes ordonnés par l'Autriche ont peut-être été très exagérés par Champagny, ainsi que l'affirme le comte de Cobenzl. Nous ne sommes pas en mesure de fixer la vérité sur ce point. Toujours est-il que les négociations menées par Fugger, aussi bien que la concentration des troupes autrichiennes, furent annoncées et confirmées à plusieurs reprises à Napoléon, et qu'il fut amené ainsi à envisager le cas d'une guerre en Souabe ou en Bavière contre l'Autriche, dès le mois de février 1804. C'est ce qui nous importe ici.

Il fallait, du moment où l'on acceptait comme vrais les renseignements de Champagny, « s'assurer si les armements de l'Autriche avaient uniquement les affaires germaniques pour objet, ou si, sous ce prétexte de débats intérieurs, on ne préparait pas un appui aux conspirations de l'Angleterre. La coïncidence pouvait être fortuite, mais elle devait être suspecte (2) ».

Sur l'ordre du Premier Consul, Talleyrand écrit le

(1) Voir, sur la carte ci-jointe, les domaines des Fugger, entre le Lech et l'Iller.

(2) Bignon, t. IV, p. 4.

3 mars au comte Philippe de Cobenzl, ambassadeur d'Autriche en France :

Monsieur le Comte, j'ai mis sous les yeux du Premier Consul la note du 29 février que Votre Excellence m'a fait l'honneur de m'adresser, avec le mémoire qui y était joint. Ce n'a point été sans la plus vive douleur que le Premier Consul a cru trouver dans ces communications le premier indice du renouvellement possible des troubles du continent, ensanglanté déjà pendant un si grand nombre d'années, et que la haine et la politique désastreuse du cabinet de Londres paraissent agiter encore. S'il fallait que cette crainte fût malheureusement confirmée, et que le parti de la guerre eût prévalu dans le cabinet de Vienne, l'Europe entière aura du moins remarqué que c'est au moment même où la France fait évacuer la Suisse, que S. M. l'Empereur envoie de nouvelles troupes dans le Tyrol, et quand tous les efforts de la France étaient employés à la guerre maritime, les frontières de l'Adige et du Rhin se trouvant dégarnies, que S. M. l'Empereur, sous de vains prétextes, forme et fait marcher de nouveaux corps de troupes vers la Bavière, vers la Suisse et au cœur de la Souabe..... Le Premier Consul n'a pu voir dans la levée extraordinaire et dans la marche des armées autrichiennes qu'un commencement de liaisons avec l'Angleterre et quelque intention de préparer le renouvellement de la guerre. Si donc ces premiers indices se trouvaient confirmés par la non-révocation des mesures militaires ordonnées en Autriche, le Premier Consul se verrait dans la nécessité de prendre lui-même avec la Bavière des arrangements, en conséquence desquels il pourrait faire entrer des troupes dans ce pays pour le protéger efficacement contre l'invasion dont il serait menacé (1).

Le 7 mars, le Premier Consul envoie un officier dans les possessions autrichiennes de Souabe, et de là, par le Tyrol, jusqu'à Salzbourg, pour examiner s'il s'y fait des mouvements de troupes extraordinaires (2). Rassuré peu

(1) *Correspondance d'Autriche* (A. G.).
(2) *Correspondance de Napoléon*, n° 7593.

de temps après par une lettre que lui remet le comte de Cobenzl (1), Bonaparte ne fait de son côté aucuns préparatifs; mais il est à constater que, dès cette époque, c'est-à-dire dix-huit mois avant son départ de Boulogne pour Ulm, il a songé au cas où il faudrait porter la guerre en Bavière.

Il a même dû s'arrêter assez longuement sur cette idée, car il n'est pas absolument rassuré sur les agrandissements de l'Autriche en Souabe; les paroles de Cobenzl lui paraissent peu sincères (2) et, le 18 juillet, il charge Sébastiani d'une nouvelle mission (3). Ce général « passera par Constance, Lindau, Kempten, suivra l'Inn jusqu'à Innsbruck, de là, ira à Brixen, Villach, Salzbourg, Munich, Passau. Il parcourra les bords de l'Inn, se rendra à Nuremberg, parcourra la Rednitz et rejoindra l'Empereur partout où il se trouvera. Il prendra des notes sur la situation des troupes autrichiennes, sur les préparatifs qu'elles pourraient faire, achètera les meilleures cartes, fera des reconnaissances, et m'instruira généralement de tout ce qui peut m'intéresser sous le point de vue politique et militaire ».

Cette mission rappelle bien encore celle qui avait été donnée quatre mois plus tôt à un adjudant général, de surveiller les préparatifs de l'Autriche; mais elle est déjà une première ébauche des grandes reconnaissances qui seront exécutées l'année suivante par Murat, Bertrand et Savary, et elle comporte des recherches topographiques en vue de l'entrée en campagne. Au moment où Napoléon dictait cet ordre du 18 juillet 1804, il devait avoir formé le plan général de sa marche sur le Danube.

L'été se passe en discussions entre les gouvernements de France et d'Autriche au sujet de la reconnaissance

(1) *Correspondance de Napoléon*, n° 7735, 2 mai 1804.
(2) *Ibid.*, n° 7852, 9 juillet.
(3) *Ibid.*, n° 7859, 18 juillet.

réciproque des deux empereurs; mais les troupes autrichiennes n'ayant pas fait de nouveaux mouvements en Souabe et dans le Tyrol, la paix n'est pas rompue. Napoléon prend toutefois des précautions; il visite la frontière du Rhin, et ordonne des travaux à Mayence et à Strasbourg, les deux places qu'il peut utiliser comme centres d'opérations pour agir entre le Rhin et le Mein. « Vous vous entendrez avec l'administration des forêts, écrit-il à Berthier, pour faire couper les bois qui sont nécessaires..... J'attache une grande importance à ce que cette quantité considérable de bois se trouve rassemblée incessamment à Mayence..... Ne perdez pas de vue que Mayence mérite plus de soins qu'aucune autre place. *Le jour qu'il y aurait de la froideur entre l'Autriche et la France, assez marquée pour laisser entrevoir une rupture*, 8,000 hommes se rendraient à Cassel, au fort sur le Mein, pour en rassembler les fortifications..... La même observation a lieu pour Strasbourg : 8,000 hommes se rendraient à Kehl pour y rétablir cette tête de pont. Faites rédiger l'un et l'autre de ces plans au Comité des fortifications, afin de n'avoir plus rien à discuter *quand il sera temps*, et de suivre le meilleur tracé possible. Ne pensez pas de cette lettre que le cas arrive; mais au moment d'une déclaration de guerre il y a tant de choses à faire, qu'il est de la sagesse de s'y prendre à l'avance quelques années (1). »

Et, en effet, un pareil ordre pourrait passer pour une précaution ordinaire, si dans une lettre du 21 octobre, datée de Saint-Cloud, l'Empereur ne prescrivait encore d'autres mesures spéciales à Mayence et Strasbourg; il veut d'abord qu'on y envoie un grand nombre de fusils neufs (2); puis, le 11 novembre, il fait ajourner tous les

---

(1) *Correspondance de Napoléon*, n° 8075, 2 octobre 1804.

(2) *Ibid.*, n° 8134.

travaux dans les places du Nord (Douai, Béthune, etc.), des Pyrénées et du Dauphiné, tandis qu'il ordonne de dépasser les premiers crédits pour Luxembourg, Strasbourg, Fort-Vauban, Landau, Lauterbourg, Besançon et Fenestrelle (1).

Cependant, voici que l'Autriche donne de nouvelles inquiétudes par des mouvements de troupes en Italie. Notre agent à Vienne, M. Dodun, écrit le 24 novembre à Talleyrand :

« D'après les nouvelles reçues tant d'Espagne que d'Italie relativement à la fièvre jaune, l'archiduc Charles a, d'après les ordres de son auguste frère, rassemblé les médecins les plus célèbres pour les consulter sur les moyens de préserver la monarchie de ce fléau. Il est résulté de ces conférences une disposition qui va recevoir son exécution. Elle consiste à placer un cordon de troupes depuis Vérone jusqu'aux états de Raguse, comprenant tout le littoral (10,000 hommes y seront employés) et les bâtiments venant des ports d'Espagne et d'Italie, où la maladie règne, ne seront admis que dans le port de Venise (2). »

« Les mesures contre la fièvre jaune occupent beaucoup le gouvernement autrichien, annonce-t-il le 1er décembre. Des ordres ont été donnés à quatre régiments de se rendre en Italie. Deux sont extraits de la Bohême et deux de la Moravie. Il n'y aura pas de cordon sur les frontières du Tyrol, vu que celui que la République italienne a tiré servira pour cette partie des côtes autrichiennes. Les troupes impériales garderont seulement les côtes (2). »

Par une singulière rencontre, c'est à la même époque que le comte de Cobenzl, causant avec Lucchesini, « fixe

---

(1) *Correspondance de Napoléon*, n° 8177.
(2) *Correspondance d'Autriche* (A. G.).

ses pensées et ses regards sur l'état actuel de l'Italie, et finit par dire alors, ce qu'il a répété deux fois depuis, que l'année où ils vont entrer serait immanquablement très orageuse, le sort de l'Italie étant à la fois trop important et trop précaire pour que la cour de Vienne puisse demeurer tranquille spectatrice de tous les changements que la volonté absolue de Napoléon se proposera d'y opérer (1) ».

Le déploiement excessif de forces de l'Autriche en Vénétie décide Napoléon à former des camps d'instruction en Italie, où il va justement voyager dans quelques semaines, par la plus heureuse coïncidence, comme il s'était trouvé sur le point de visiter les bords du Rhin quand l'Autriche avait porté des troupes en Souabe. Mais ce qu'il importe surtout de remarquer, c'est que, l'Autriche envoyant des troupes en Vénétie, et Napoléon semblant surtout préoccupé de l'Italie, il fait faire cependant, par ordre du 30 décembre, cette même reconnaissance de la Souabe et du Tyrol qu'il avait déjà ordonnée à deux reprises, en mars et en juillet. Cette fois-ci, néanmoins, l'adjudant général Romieu, qui en est chargé, achèvera son voyage en descendant à Trieste :

« Il se rendra droit à Constance, de là à Lindau, et dans toutes les possessions autrichiennes dans la Souabe. Il prendra une note exacte des corps d'infanterie et de cavalerie, de leur force et des généraux qui s'y trouvent. Il se rendra de là à Innsbruck, Botzen, Villach, Klagenfurt, Grœtz, Laybach, Goritz et Trieste. Il prendra note de toutes les troupes qui ont passé depuis trois mois pour se rendre en Italie. Il aura soin de noter aussi les bruits relatifs à des troupes qui seraient attendues, etc (2). »

---

(1) Bailleu, II, p. 327.

(2) *Correspondance de Napoléon*, n° 8243.

Le Ministre de la guerre au Ministre des relations extérieures.

Paris, le 10 nivôse an XIII (31 décembre 1804).

J'ai l'honneur de vous prévenir, Monsieur, que je viens d'autoriser l'adjudant-commandant Romieu à faire un voyage en Allemagne pour y traiter des affaires d'intérêts qui paraissent exiger sa présence. Je lui ai délivré à cet effet un passeport, mais je pense qu'il serait convenable que Votre Excellence voulût bien lui en faire expédier un également. Je vous prie d'y joindre aussi quelques lettres de recommandation pour les Ministres de Sa Majesté, notamment pour nos Ministres à Munich et en Suisse.

BERTHIER.

Romieu remit deux mois plus tard le rapport suivant :

L'adjudant-commandant Romieu au Ministre de la guerre.

Munich, le 25 nivôse an XIII (15 janvier 1805).

J'ai trouvé à Brégenz un bataillon du régiment de Bender qui est cantonné depuis Burgau jusqu'à Brégenz ; il n'y a qu'une compagnie à Lindau. Sa force est de 1800 au lieu de 1200 hommes comme on me l'avait dit à Constance. Un bataillon de chasseurs tyroliens, fort de 500 hommes, occupe Walsée et environs. Le régiment de hussards de Blankenstein fort de 800 hommes occupe Riedlingen et environs. Un bataillon de chasseurs tyroliens, dont je n'ai pu connaître la force, a été envoyé, il y a environ un mois, à Feldkirch.

Voilà toutes les troupes autrichiennes qui existent dans la partie de la Souabe que j'étais chargé d'observer. Elles sont dans le pays depuis plus d'un an ; il y a seulement quelquefois des changements dans les cantonnements.

On attend à Lindau un régiment d'infanterie du Tyrol, lorsqu'il sera relevé par un autre qui vient de l'Autriche. Je n'ai pu savoir le nom ni de l'un ni de l'autre.

J'ai la certitude qu'il ne se forme pas de grands magasins en Souabe, dont les habitants sont persuadés que l'augmentation des troupes en Italie n'a eu d'autre but que celui de préserver les états autrichiens de la maladie qui régnait à Livourne et j'ai observé que la cour de Munich, par les mesures qu'une crainte peut-être trop exagérée lui a suggérées, contribue beaucoup à affermir cette croyance que l'Autriche propage de toutes les manières possibles. En effet, sans que les précautions sanitaires sur les frontières de la Bavière à l'égard des individus soient excessives, elle refuse même à présent le passage sur son territoire aux marchandises qui viennent d'Italie, quoiqu'elles aient été soumises à une quarantaine rigoureuse à Milan et qu'elles aient traversé les territoires suisse ou autrichien. On dit, d'après ce procédé : « Si la Bavière qui est en seconde ligne « prend de telles mesures, il n'est pas étonnant que l'Autriche « qui est en première ligne emploie une partie de ses forces « pour préserver ses états limitrophes du siège de l'épidémie « qui désole l'Italie (car telle est la croyance générale) ».

J'ai fait cette observation à M. Otto, qui l'a prise en considération.

Je me proposais de me rendre d'ici à Innsbrück, Brixen et Botzen, sans passer par Salzburg, mais M. Otto m'a assuré que sans un passeport autrichien je ne pourrais pas y pénétrer et que le chargé d'affaires d'Autriche ne m'en délivrerait point ; qu'il convenait mieux que je me rendisse directement à Salzburg où j'éprouverais moins de difficultés et où je pourrais savoir quels fondements ont les nouvelles qui circulent aujourd'hui à Munich et qui lui ont été mandées à lui-même de Salzburg sous la date du 12 janvier, néanmoins sans caractère d'authenticité, mais qui cependant font sensation auprès du Ministère de Bavière, portant qu'un corps de 80,000 Autrichiens venant de la Hongrie et des provinces voisines défilent sur l'Italie et la Dalmatie par Cilly et Laybach ; qu'à Cilly il y avait un parc d'artillerie de 28 à 30 pièces de canon dont plusieurs de gros calibre ; que le général Mack avait passé par la même ville pour se rendre en Italie le 2 janvier.

M. Otto m'a encore observé que le mouvement des troupes autrichiennes ne s'était pas fait sur Innsbrück et Brixen, mais sur l'Italie par les routes de Klagenfurth et de Laybach ; que les Autrichiens se méfiaient tellement de l'œil observateur de la Bavière que le régiment de Klebeck, qui a passé il y a une quinzaine de jours par la route de Salzburg pour se rendre à Innsbrück, n'avait pas ses canons à sa suite pour que sa marche n'ait aucun appareil de guerre. Ce régiment a remplacé celui de Neugebauer, parti le 12 décembre pour les frontières d'Italie, en même temps que M. le feld marchall lieutenant de Chasteler, qui commande provisoirement le cordon des troupes en Italie.

D'après ces observations, Monseigneur, je me décide à me rendre directement à Salzburg, et après m'être concerté avec M. de Lezai, si réellement il n'y a pas eu de grands mouvements pour Innsbrück et Brixen, et que la nouvelle de la marche des 80,000 Autrichiens par Cilly et Laybach se confirme, vous ne trouverez pas mauvais que je néglige le Tyrol et que je parte sur-le-champ pour Klagenfurth, Laybach et Trieste pour couper ce corps dans sa marche. J'aurai l'honneur de vous écrire en arrivant à Salzburg, même par courrier extraordinaire si je crois la chose utile.

Au reste, M. Otto va redoubler de zèle et d'activité pour être journellement au courant de tout ce qui se passera dans le haut Tyrol et dans la Souabe, et il en instruira régulièrement et promptement M. de Talleyrand.

Pour éviter les postes étrangères, M. Otto fait partir ma dépêche et les siennes par un courrier extraordinaire jusqu'à Strasbourg.

Je suis avec respect, etc.,

Al. Romieu.

Pendant les mois de décembre et de janvier, tout est à la guerre. Napoléon n'a pas à rassembler de troupes sur le Rhin, l'armée des côtes s'en trouvant moins éloignée que les troupes autrichiennes; mais il donne ordres sur ordres pour mettre l'Italie en état de défense : « Jusqu'à cette heure, dit-il, je n'ai aucune idée que l'Autriche veuille faire la guerre; mais le système militaire est d'opposer la force à la force, et la saine politique veut qu'on se mette en garde dès l'instant qu'une force paraît vous menacer (1) ».

L'Autriche, dit Bignon, n'a pour « unique pensée que

(1) *Correspondance de Napoléon*, n° 8282, 22 janvier 1805.

de se préparer à une guerre éventuelle, et déjà, si l'on ne considère que la force numérique, son armée est redevenue très redoutable. Elle n'a pas moins de 380,000 hommes sous les armes. Malgré ce qui manque au matériel de cette armée, malgré le mauvais état de ses finances, assurée de l'alliance de l'Angleterre, presque assurée de l'alliance de la Russie, elle fera la guerre dès qu'elle croira le moment favorable pour la faire, même avant d'en avoir tout à fait rassemblé les moyens (1). »

Sur ces entrefaites, Napoléon, résolu à faire de la République italienne une monarchie, forme le projet de créer pour son frère Joseph le royaume d'Italie, avec renonciation à la couronne de France, et il écrit le 1er janvier 1805 à l'empereur d'Autriche qu' « ayant ainsi banni toute l'inquiétude que l'on pouvait nourrir de l'idée de la réunion du territoire de la Lombardie à la France », il prie l'Empereur de considérer « que la formation d'armées en Carniole et dans le Tyrol l'obligerait à une réunion d'armées en Italie *et sur le Rhin* ». Ces opérations si coûteuses « seraient entièrement inutiles, dit Napoléon pour conclure, si Votre Majesté partage mon désir de maintenir la paix du continent et de se mettre en garde contre les instigations des Anglais, qui seuls ont la volonté de la troubler (2) ».

Le jour même où il écrit cette lettre, Napoléon exprime publiquement au comte Philippe de Cobenzl combien il s'étonne de ces préparatifs si peu proportionnés au motif qu'on leur donne (3). M. de Larochefoucauld est nommé ambassadeur à Vienne, et prié de se rendre en toute hâte à son poste, tant pour essayer de ramener l'Autriche à des dispositions plus pacifiques, que pour nous instruire

(1) Bignon, IV, p. 28.
(2) *Correspondance de Napoléon*, n° 8250.
(3) Talleyrand à Dodun, 2 janvier 1805. *Correspondance d'Autriche* (A. G.).

exactement de ses faits et gestes. Talleyrand lui indique sa mission dans une lettre du 2 janvier et, le même jour, il écrit à M. Otto, notre ambassadeur en Bavière, pour lui prescrire de se renseigner sur les armements de l'Autriche.

M. Talleyrand à M. Larochefoucauld.

Paris, le 12 nivose an XIII (2 janvier 1805).

Monsieur l'Ambassadeur, les motifs qui ont décidé Sa Majesté Impériale à vous prescrire de vous rendre immédiatement à Vienne pour y entrer en exercice de l'honorable mission qu'elle vous a confiée, se trouvent dans les rassemblements extraordinaires de troupes que l'Autriche fait dans la partie de ses Etats qui avoisine l'Italie. On parle d'un cordon de 42,000 hommes, d'un nouveau grade donné à M. de Chasteler qui doit les commander, du rappel de M. de Mack. Le prétexte des précautions à prendre contre la maladie de Livourne n'est pas suffisant pour expliquer de semblables dispositions ; et la présence d'un ambassadeur à Vienne devient d'autant plus nécessaire qu'il ne faut peut-être que quelques explications pour détruire dès leur principe des sollicitudes qui, en se prolongeant, pourraient porter préjudice à la bonne harmonie des deux Etats. Cependant, Monsieur, vous aurez incessamment en vue que votre mission étant tout entière de paix et d'amitié, votre langage doit, en toute circonstance, être également pacifique, amical et seulement animé par le désir d'épargner à chacun des deux Empires et à l'Europe entière toute inquiétude qui puisse être fatale à leur repos. Mais pendant que vous vous appliquerez à conserver dans toutes vos conversations les formes et le style de la plus sincère amitié, vous ne négligerez pas de faire part de vos observations sur tous les mouvements de troupes et sur toutes les dispositions militaires qui pourraient continuer d'avoir lieu dans les états autrichiens ; c'est pour le moment le point capital de votre mission. Sa Majesté désire que vous procuriez et que vous transmettiez à Paris, avec la plus grande exactitude, des états détaillés de tous les corps qui seraient mis en mouvement, avec des notes sur leur destination certaine et présumée. Il importe aussi que vous fassiez connaître les généraux et officiers supérieurs qui seraient employés, parce que souvent on peut juger par la disposition connue des officiers, de la nature des dispositions dont ils sont chargés. En vous occupant de ces observations matérielles, vous ne négligerez pas, Monsieur l'Ambassadeur, de chercher à démêler les dispositions les plus particulières et les plus secrètes du cabinet autrichien et ce que la nature de ces rapports, soit avec la Russie, soit avec l'Angleterre, peut y apporter de bien ou de malveillant à l'égard de la France. Mais, comme j'ai déjà eu l'honneur de vous le dire, toutes vos dispositions doivent être prises avec un soin et par des voies qui ne trahissent aucune inquiétude ; et en vous appliquant à rendre vos conversations profitables, vous devez n'y montrer jamais qu'une grande apparence de confiance, un constant amour de la paix et un extrême désir de prévenir ou de dissiper jusqu'aux plus petits nuages qui pourraient offusquer les relations des deux pays (1).....

. . . .

Ch. Maurice TALLEYRAND.

M. Talleyrand à M. Otto.

12 nivôse an XIII (2 janvier 1805).

Je dois, Monsieur, de nouveau vous recommander de faire porter vos observations sur tous les mouvements de troupes qui pourraient avoir lieu dans la partie des Etats Autrichiens qui avoisinent l'Italie et la Bavière. Depuis quelques semaines, les gazettes ne sont remplies que par des mouvements de ce genre : elles annoncent le retour de M. de Mack à des fonctions actives, la promotion et le départ de M. de Chasteler, enfin elles portent à 42,000 hommes le cordon des troupes formé sur les frontières d'Italie. Le prétexte des précautions à prendre contre la maladie de Livourne n'est pas suffisant pour expliquer de semblables préparatifs, et il y a dans toute cette conduite un mystère ou une apparence de menace qui demandent d'être surveillés. Vous êtes à Munich au meilleur point pour des observations de cette nature. Aussitôt que la cour de Vienne fait marcher un homme, celle de Bavière doit être sur ses gardes, et

(1) *Correspondance d'Autriche* (A. G.).

l'Électeur autant que son Ministère ne manqueront pas de vous communiquer tous les renseignements que leur intérêt propre leur fera chercher et obtenir. Cependant, cette voie d'information ne veut être employée qu'avec une extrême mesure. Vous ne devez montrer ni soupçon, ni inquiétude, seulement un peu de surprise et de curiosité. Dans le cours des conversations qui pourraient avoir lieu à ce sujet, vous aurez sûrement l'occasion de toucher les affaires de la République italienne, et vous pourrez confier à M. de Montgelas que le projet de Sa Majesté est de donner à cette contrée une organisation royale et totalement indépendante en y plaçant un de ses frères. Cette confidence sera accompagnée par vous de tous les raisonnements qui établissent si facilement les avantages de cette organisation pour l'équilibre de l'Europe, et elle vous mettra d'ailleurs à même de bien connaître l'opinion particulière de la cour de Munich sur l'arrangement dont je vous entretiens ; vous ne manquerez pas, Monsieur, de nous en informer, en nous transmettant les renseignements sur la marche des troupes autrichiennes dont je vous ai prié plus haut de vous occuper.

Je joins ici un exemplaire du *Moniteur* d'hier. Le tableau important qui s'y trouve de la situation de la France, vous sera une ample matière à vos conversations ; et vous y puiserez facilement de nouveaux témoignages de l'heureux accord qui se trouve entre la puissance de la France et la sécurité de l'Europe continentale.

Agréez, Monsieur, etc.

P. S. — Je dois vous dire, Monsieur, mais seulement pour votre information, que Sa Majesté Impériale a été tellement frappée du danger que pouvaient faire courir à l'Europe ces dispositions extraordinaires de l'Autriche, qu'elle s'est décidée à écrire directement à l'empereur d'Allemagne une lettre franche, loyale, pleine des sentiments qui ont toujours dirigé sa conduite et dont il paraît impossible que l'effet ne soit pas d'arrêter à leur source ces germes d'inquiétude capables d'affaiblir la confiance réciproque sur laquelle doit reposer toute union raisonnable entre des puissances fortes et égales (1).

---

(1) *Correspondance de Bavière* (A. G.).

« Les renseignements reçus de Venise font toujours mention de grandes dispositions militaires. Il arrive des troupes dans le Frioul. On y prépare des logements le long du Tagliamento pour 34,000 hommes ; on assure qu'il vient par le Tyrol 30,000 à 35,000 hommes pour border l'Adige. Toutes ces troupes ont, dit-on, des trains de grosse artillerie. On a arrêté ici toutes les barques de l'Adige pour passer des farines à Vérone autrichienne. Les entrepreneurs de boucheries militaires dépêchent des approvisionnements. On arme dans l'arsenal..... (1) »

M. Otto répond le 10 janvier à Talleyrand par des considérations sur la politique autrichienne : « On m'assure, dit-il, que six semaines après la signature du traité de Lunéville, il existait déjà à Vienne un plan de correspondance et d'insurrection pour les États solennellement cédés par ce traité, et qu'on n'attendait qu'une bonne occasion pour mettre ce plan à exécution ».

Jusqu'au dernier jour de janvier, Napoléon croit la guerre, sinon imminente, du moins possible dans un bref délai. Non content de mettre les places d'Italie en état de défense, de renforcer les garnisons du Piémont et de la Lombardie, de réunir une division près de l'Adige, il ordonne encore, le 31 janvier, de rappeler tous les officiers en congé. Le même jour, Talleyrand écrit à Larochefoucauld une lettre conçue dans le même esprit que celle du 2 janvier :

M. Talleyrand à M. Larochefoucauld.

Paris, le 11 pluviôse an XIII (31 janvier 1805).

Monsieur l'Ambassadeur, des rapports multipliés et parvenus ici de plusieurs points des frontières d'Allemagne et d'Italie, ayant confirmé ce que j'avais eu l'honneur de vous mander par ma dépêche du 12 nivôse, touchant le rassemblement extraor-

(1) Lettre du 9 janvier 1805, *Correspondance d'Autriche* (A. G.).

dinaire de troupes que faisait l'Autriche, je n'ai pas manqué d'avoir à cet égard plusieurs explications verbales avec M. le comte de Cobenzl. Je lui ai même communiqué par écrit les divers renseignements qui nous étaient adressés et qui se trouvaient en opposition absolue avec les assurances que lui-même persistait à donner. M. de Cobenzl n'a point opposé de négations positives aux faits qui lui étaient annoncés. Il n'a pas même trop mis de soins à les expliquer, s'en tenant toujours au prétexte du cordon à former contre la maladie de Livourne, et annonçant d'ailleurs qu'il attend un courrier qui lui apportera sans doute toutes les explications les plus satisfaisantes. Le courrier n'arrive pas et plus, dans ses écrits et dans ses conversations, M. de Cobenzl cherche à insinuer que la cour de Vienne aurait pu se porter à des augmentations de la force de ses troupes du côté de l'Italie, parce qu'elle aurait connaissance de l'augmentation des forces françaises dans cette contrée. Or, ce fait n'est rien moins qu'exact; et si c'est dans une allégation de ce genre que le cabinet de Vienne cherche l'apologie de ses dispositions militaires, il est bon que vous les réfutiez à Vienne, comme je l'ai fait ici. Le gouvernement n'avait pas fait passer un homme en Italie, avant qu'il ait été informé de la formation d'un prétendu cordon autrichien qu'il était question de porter jusqu'à 80,000 hommes; et depuis même que ces préparatifs sont connus, telle est la confiance de Sa Majesté Impériale dans les intentions de la cour de Vienne, qu'il ne s'est occupé de l'Italie que pour y former et y installer un gouvernement nouveau entièrement séparé de celui de l'Empire français; et que si quelques détachements de sa garde et quelques escadrons de cavalerie sont partis pour Milan, c'est uniquement pour y servir à cette installation, dans le cas où Sa Majesté s'y serait rendue en personne. On a même été à Paris jusqu'à parler de 160,000 hommes envoyés en Italie. Ces bruits, que la malveillance enfante et que l'intrigue colporte, doivent être réfutés par vous de la manière la plus positive, mais sans qu'il n'y ait rien à écrire sur cette matière, comme j'ai déjà eu l'honneur de vous le recommander (1).

Ch.-Maurice TALLEYRAND.

---

(1) *Correspondance d'Autriche* (A. G.).

L'instant paraît grave. « Toutes les batteries diplomatiques jouent en même temps et partout contre la France », dit Bignon. Napoléon a sondé les dispositions des gouvernements étrangers en faisant des ouvertures de paix à l'Angleterre, et la réponse de cette puissance l'a éclairé sur l'existence de la coalition.

Le ministère britannique a déclaré « qu'il était impossible à Sa Majesté de répondre plus particulièrement à l'ouverture qui lui avait été faite jusqu'à ce qu'elle eût eu le temps de communiquer avec les puissances du continent, avec lesquelles elle se trouvait engagée par des liaisons et des rapports confidentiels, et particulièrement avec l'empereur de Russie, qui avait donné les preuves les plus fortes de la sagesse et de l'élévation des sentiments dont il était animé, et le vif intérêt qu'il prenait à la sûreté et à l'indépendance de l'Europe ».

« .....L'Empereur sait maintenant, par l'aveu du gouvernement anglais, ce qu'il ne savait que par conjecture, l'existence de liaisons et de rapports confidentiels entre cette puissance et des puissances continentales..... En ce qui concerne l'Autriche, le doute peut subsister encore; mais il ne subsiste qu'en un sens. Ou le cabinet autrichien se croit en état dès à présent de faire la guerre avec avantage, ou il croit avoir besoin, pour s'y préparer, d'un an ou deux de plus. C'est ainsi seulement que la question peut se poser à Vienne. Napoléon part de ce principe. Si la résolution de la guerre est prise, il n'a plus rien à ménager. Si elle est ajournée par un calcul d'impuissance, il lui importe de mettre à profit tous les moyens existants pour accroître ses forces (1). »

Les préparatifs de guerre sont donc poussés avec activité, des fonds alloués au ministère de la guerre d'Italie pour armer les places de Lombardie et mettre les troupes

(1) Bignon, IV, p. 191 et suiv.

sur le pied de guerre ; les communiqués au comte de Cobenzl deviennent de plus en plus menaçants, quand tout à coup une lettre de l'empereur d'Autriche, datée du 23 janvier 1805, vient donner à Napoléon des assurances formelles de paix :

L'empereur François à Napoléon.

Vienne, le 23 janvier 1805.

Monsieur mon Frère, autant je suis sensible aux expressions obligeantes de la lettre de Votre Majesté Impériale du 1er janvier, autant je suis peiné de voir par son contenu que, malgré tous les soins et les sacrifices, par lesquels je lui ai prouvé depuis le traité de Lunéville la sincérité de mes sentiments pacifiques, Elle me témoigne de nouveaux soupçons à cet égard, à l'occasion d'une mesure aussi naturelle et aussi peu faite pour causer de l'ombrage, que l'est la formation d'un cordon de troupes le long des côtes de l'Adriatique et de mes frontières vers l'Italie ; mesure commandée par une nécessité indispensable pour préserver mes États de la communication du fléau des maladies contagieuses qui ont malheureusement été apportées d'Amérique en Espagne, de l'Espagne en Étrurie, et de l'extinction desquelles on ne pourra se croire assuré, qu'après que le retour de la bonne saison aura confirmé des apparences que l'effet naturel de la saison froide ne saurait encore suffisamment garantir. Tous les États de l'Italie ont pris des mesures analogues aux miennes, Votre Majesté elle-même en a pris de semblables vers l'Espagne, et les puissances plus reculées de l'Europe, dont la sûreté dépend uniquement de la vigilance des États plus proches du danger, applaudissent à mes mesures et les reconnaissent comme les seules efficaces contre un mal aussi redoutable qu'opiniâtre. Les dispositions dudit cordon ont été aussi convenables aux circonstances que le motif en a été pur. Il n'a été formé sur les côtes de l'Adriatique et le long de l'Adige que par les troupes déjà stationnées dans les provinces voisines, sans y rappeler même les Semestriers ; loin de les rassembler en armées, elles ont été disséminées sur une lisière de plus de 200 lieues. Comme il fallait les remplacer intérimalement dans l'intérieur de ces provinces, pour y pourvoir au service de villes et garnisons, quatre seuls régiments d'infanterie et un régiment de cavalerie ont été commandés à cet effet également sous rappel des congédiés. Quant à mes provinces italiennes, j'ai eu l'attention de ne pas augmenter d'un seul homme le peu de mes troupes qui y sont stationnées, celles enfin qui sont employées tant pour continuer le cordon le long des frontières coupées du Tyrol, que pour la garde de cette province à l'intérieur, ne dépassent pas le même nombre de quatre régiments, dont la moitié forme la garnison ordinaire du pays. En voyant toutefois que Votre Majesté Impériale me cherche des torts dans des mesures nécessitées par des devoirs sacrés envers mes peuples et le salut de l'humanité, tandis qu'Elle entretient des troupes infiniment plus nombreuses non pas sur les frontières, mais dans l'intérieur de l'Italie, ne devrais-je pas plutôt appréhender moi-même que mes intentions amicales et pacifiques ne sont pas payées de sa part du retour que je me flatte de mériter ? A Dieu ne plaise qu'une aussi sinistre pensée se réalise. La consolidation d'une paix qui m'a coûté si cher, le maintien des engagements mutuels, la tranquillité, la sûreté générale de l'Europe, celle de l'Italie en particulier, ce sont là les seuls vœux que je forme. Je n'ai porté ci-devant les armes avec autant de constance que dans des vues également salutaires, tout ce que Votre Majesté vient d'exécuter pour la régénération de la Monarchie française, met dans un jour plus évident la pureté de l'intention, dans laquelle j'ai tâché d'en empêcher la destruction. L'accomplissement actuel du but de mes efforts me console des sacrifices qu'ils m'ont coûtés, et me confirme dans le dessein gravé dans mon cœur, de ne jamais reprendre les armes que pour la défense et la sûreté des peuples que le ciel a confiés à mes soins.

Espérant de rencontrer en vous, Monsieur mon Frère, des dispositions également favorables au bien de l'humanité, je dois me flatter d'en trouver la confirmation dans les changements que Votre Majesté m'annonce avoir concertés avec la République italienne relativement à la forme de gouvernement adoptée jusqu'ici par cet état. Quoiqu'Elle ne m'ait point fait part des arrangements qui seront pris en conséquence, je trouve en attendant des gages de ma confiance dans les assurances que renferme sa lettre au sujet de la séparation complète du royaume de Lombardie d'avec la Monarchie française, et dans les promesses verbales que Votre Majesté m'a fait parvenir quelques jours plus tôt par le canal de mon ambassadeur, tant à l'égard de cette séparation que de ce qu'il ne serait fait aucune nouvelle disposition dans la forme du gouvernement de la République italienne qui la fasse cesser d'être un état indépendant.

Quoiqu'il en soit, je la prie d'être persuadée que je suis bien loin de contester à ladite République la liberté que lui assurent les traités, d'adopter telle forme de gouvernement qu'elle peut juger convenable à sa prospérité, et que mes vœux se bornent à la voir jouir à jamais des droits que nous lui avons mutuellement garantis, Votre Majesté et moi.

Qu'Elle se persuade également de l'intérêt particulier que je prendrai toujours à ce qui concerne et sa personne et sa Maison, ainsi que de la plus haute estime et de la constante amitié avec laquelle, etc. (1).

Il est assez d'usage que les protestations pacifiques formulées dans les correspondances diplomatiques ne soient pas des plus sincères ; mais il n'en est pas de même d'une lettre personnelle de souverain à souverain, et Napoléon ne peut concevoir aucun doute sur les affirmations de l'empereur François. Il s'empresse donc, le 1er février, d'arrêter tout préparatif; il supprime les crédits extraordinaires accordés à l'Italie et annonce de tous côtés, à grand bruit, que ses relations avec l'Autriche sont désormais des plus affectueuses :

Au général Pino.

Paris, 12 pluviôse an XIII (1er février).

Monsieur Pino, mon Ministre de la guerre à Milan, je vous ai ordonné par mon dernier courrier plusieurs expéditions. Les circonstances ont changé ; je n'ai plus aucune espèce d'inquiétude. Mes relations avec S. M. l'empereur d'Allemagne ont

---

(1) Cité par A. Beer : *Œsterreich und Russland in den Jahren* 1804 *und* 1805.

pris un caractère de la plus grande intimité. Je désire donc que, au lieu de 800 chevaux d'artillerie, vous n'en leviez que 200, et que, au lieu d'un million de rations de biscuit, vous vous contentiez d'en confectionner 100,000, que vous déposerez à Legnano. Contremandez l'armement de Peschiera et de Mantoue, et contentez-vous, à Porto-Legnano, d'un très petit nombre de pièces de canon, pour que cette place se trouve à l'abri d'un coup de main (1).

NAPOLÉON.

A M. Melzi.

Paris, 12 pluviôse an XIII.

Monsieur Melzi, vice-président de la République italienne, les dispositions que vous me proposez pour procurer un secours extraordinaire au département de la guerre pourraient gêner mes peuples d'Italie : j'ai donc jugé à propos de ne rien faire. Les circonstances ayant d'ailleurs changé par une lettre que je viens de recevoir de l'empereur d'Allemagne, qui m'a absolument et entièrement tranquillisé, j'ai écrit à mon Ministre de la guerre à Milan pour contremander tous les ordres extraordinaires que je lui avais donnés. Cependant, vu l'intention où je suis que Porto-Legnago, qui se trouve sur la lisière soit un peu approvisionné, la dépense de 200,000 à 300,000 fr. que cette disposition pouvait occasionner me paraît pouvoir être faite sur le budget ordinaire de la guerre.

Expédiez un courrier à Milan pour rassurer sur toute crainte de rupture. J'ai ordonné ce matin au maréchal Berthier de contremander une partie des troupes qui se trouvent en marche pour Milan.

NAPOLÉON (2).

M. de Talleyrand à M. Cobentzel.

Paris, 12 pluviôse an XIII (1er février 1805).

Monsieur le Comte, je viens de remettre à Sa Majesté Impériale

---

(1) *Correspondance de Napoléon*, n° 8307.
(2) *Ibid.*, n° 8308.

la lettre qui nous était parvenue ce matin et que vous m'aviez envoyée. Immédiatement après l'avoir lue et avant que je sortisse de son cabinet, Sa Majesté a voulu que je fisse connaître à Votre Excellence combien elle a été satisfaite de la lettre de S. M. l'empereur d'Allemagne et avec quel plaisir elle se confie à sa royale parole.

Depuis quinze jours, les rapports qui arrivaient en foule d'Allemagne et d'Italie avaient fait penser à Sa Majesté qu'elle ne devrait point se laisser prendre au dépourvu, et plusieurs détachements de troupes et d'artillerie avaient été dirigés sur l'Italie par le Ministre de la guerre. Sa Majesté avait également ordonné qu'on réunît un corps d'armée à Milan, qu'on formât un camp sur Vérone, qu'on mît Porto-Legnano en état de siège et qu'on fît sur plusieurs points des approvisionnements extraordinaires de biscuits et de vivres. Il serait possible que ces mouvements et ces préparatifs eussent donné quelque ombrage à Vienne, mais Sa Majesté, d'après la lettre de l'empereur d'Allemagne, vient de mander auprès d'Elle le Ministre de la guerre, à qui elle a donné ordre de contremander sur-le-champ et sur tous les points les préparatifs qui seraient commencés ou seulement ordonnés.

Son Excellence jugera sans doute à propos de faire connaître immédiatement à sa cour ces dispositions si conformes aux sentiments que S. M. l'empereur d'Allemagne vient nouvellement d'exprimer et qui motivent la sécurité parfaite dans laquelle S. M. l'empereur des Français s'applaudit de rentrer, n'ayant rien plus à cœur que de vivre tranquille, de conserver la paix et d'économiser les revenus de l'État. C'est déjà, sans doute, une juste occasion de regret que toute cette alarme ait coûté à la France d'inutiles dépenses, tant l'empereur pense que la France et l'Autriche ont un égal besoin de ne rien consommer des richesses de leur Empire, au delà de ce qu'exigent la sûreté, l'honneur et la bonne administration du pays.

Ch. Maurice TALLEYRAND (1).

---

(1) *Correspondance d'Autriche* (A. G.).

L'Empereur au maréchal Berthier.

Paris, 12 pluviôse an XIII (1er février 1805).

Mon Cousin, je vous prie de m'apporter à 11 heures, ce soir, un tableau des mouvements que j'ai ordonnés depuis quinze jours. Les circonstances ayant changé, et tous les doutes que je pouvais avoir étant levés sur la continuation de la paix continentale, mon intention est de contremander une partie de ces mouvements.

Ecrivez au maréchal Jourdan cette nouvelle situation des choses, qui ne me permet plus d'avoir d'alarmes ; que je désire que les mouvements sur Vérone soient contremandés ; que le général qui commande à Vérone dise dans ses relations et conversations que 60,000 hommes étaient en marche, mais qu'ayant reçu des lettres de l'Empereur j'ai tout contremandé, et que je ne nourris aucune inquiétude sur la continuation de la bonne intelligence avec l'Allemagne.

NAPOLÉON (1).

M. Talleyrand à M. Otto.

Paris, le 20 pluviôse an XIII (9 février 1805).

J'ai reçu, Monsieur, vos différentes dépêches jusques y compris le nº 90.

La réponse que Sa Majesté Impériale a reçue de la cour de Vienne renfermant des assurances positives sur les dispositions amicales de ce cabinet, S. M. l'Empereur s'est empressé de contremander les ordres qu'Elle avait dû donner pour prévenir toute surprise en Italie.

M. le comte de Cobentzel, à qui j'ai fait part sur-le-champ de cette disposition, en a transmis aussitôt la nouvelle à sa cour par la voie d'un courrier extraordinaire.

Ainsi la plus grande sécurité devant remplacer par l'effet de ces explications amicales les inquiétudes que l'on avait pu concevoir de part et d'autre, S. M. l'empereur d'Allemagne s'em-

(1) *Correspondance de Napoléon*, nº 8306.

pressera de révoquer sans retard des dispositions qui avaient pu donner quelque ombrage au cabinet des Tuileries, et de rappeler une partie des troupes qu'elle avait fait filer sur les frontières de l'Italie et dans le Tyrol.

Je dois donc penser que vos prochains rapports auront à m'instruire de l'exécution des ordres qui auront été donnés à cet effet par la cour de Vienne, mais vous n'en sentirez pas moins la nécessité d'avoir toujours l'œil ouvert sur les mouvements du même genre qui pourraient avoir lieu et de m'en tenir exactement informé.

Ch. Maurice Talleyrand (1).

---

(1) *Correspondance de Bavière* (A. G.).

CHAPITRE II

La Coalition

Peu de jours avant que l'empereur d'Allemagne n'écrivît à Napoléon une lettre empreinte des sentiments les plus pacifiques, un traité d'alliance avait été signé entre la Russie et la Suède (14 janvier) « dans le but de maintenir l'équilibre entre les puissances de l'Europe et de garantir l'indépendance de l'Allemagne ». En même temps, l'empereur de Russie avait envoyé en mission confidentielle à Londres M. de Novosiltzof, et l'ambassadeur d'Angleterre en Autriche, Arthur Paget, pressait la cour de Vienne d'accéder à cette coalition. L'ambassadeur de Russie en Autriche, comte Razoumowski, agissait dans le même sens.

Stadion et Cobenzl ne repoussent pas énergiquement leurs ouvertures : « Le comte Louis de Cobenzl, qui par lui-même eût désiré peut-être retarder la lutte pour être en état de la soutenir mieux, se défend mal contre une impulsion venant du cabinet russe, pour lequel il a toujours eu une prédilection particulière. Tout se borne encore à des projets, mais sur les bases de ces projets, les cabinets de Saint-James, de Pétersbourg et de Vienne sont déjà d'accord. Il ne reste en quelque sorte à s'entendre que sur le mode d'exécution. Un mémoire remis le 19 janvier par la cour de Londres à l'ambassadeur de

Russie en fait foi : « Sa Majesté voit avec plaisir, par les communications secrètes et confidentielles que Votre Excellence vient de transmettre, que les vues de la cour de Vienne sont parfaitement d'accord avec ce principe, et que l'extension à laquelle cette cour vise peut non seulement être admise avec sûreté, mais que, pour l'intérêt général, on peut encore y ajouter (1). »

D'après le même document, l'objet de la coalition est de : 1° réduire la France à ses anciennes limites ; 2° former, par la distribution des pays enlevés à la France, une forte barrière contre elle ; 3° convenir d'un système général de droit public pour l'Europe.

Cobenzl écrit le 26 janvier à Stadion : « Les circonstances nous obligent à nous préparer à la guerre avec le plus grand secret possible, et le seul moyen de l'éviter est peut-être d'y être prêt, puisque d'ailleurs Bonaparte ne résistera pas à la tentation d'écraser des gens sans défense et de prévenir ainsi la nouvelle coalition à laquelle il sait bien qu'on travaille. »

Les journaux français annoncent alors, sans en préciser la date, mais avec des indications suffisantes sur les clauses, le traité anglo-suédois. La Russie fait connaître publiquement son alliance avec la Suède, en envoyant à Berlin, le 29 janvier, le général Winzingerode, chargé d'un message menaçant à l'égard de la Prusse. Le tsar y déclarait « que le roi de Suède devait être libre de pourvoir, comme il l'entendait, à la défense de ses propres États, et que le prétexte de maintenir la neutralité chez les peuples voisins ne pouvait pas rendre impunie l'occupation dont les armées prussiennes menaçaient la Poméranie suédoise, attendu que les stipulations de garantie réciproques existant entre la Russie et la Suède appelleraient aussi les armées russes à la défense de cette

(1) Bignon, IV, p. 191.

province ». Cette épître était singulièrement rédigée pour favoriser la mission dont Winzingerode était chargé, d'autre part, de faire entrer le gouvernement prussien dans la coalition. Pendant que Novosiltzof et Winzingerode étaient envoyés par la Russie à Londres et à Berlin, Galitzin se rendait à Vienne pour arrêter les conditions de l'alliance austro-russe.

Une lettre que Talleyrand reçoit de Munich au commencement de février signale de nouveaux empiètements de l'Autriche en Souabe et l'établissement de magasins dans le Tyrol. Il ne faut pas se laisser endormir par les protestations pacifiques de l'empereur d'Autriche :

M. Otto à M. Talleyrand.

Munich, le 10 pluviôse an XIII (30 janvier 1805).

Monseigneur,

D'après les dernières nouvelles de Ratisbonne, le comte de Sternberg Mandersheim, voulant recouvrer une partie de ses revenus séquestrés par la cour de Vienne en vertu du *droit d'épave*, lui a vendu le comté de Weissenau (1) en Souabe sous les conditions les plus avantageuses.

Ce comté, ci-devant abbaye, avait été concédé à la maison de Sternberg par l'article 24 du recez de 1803 ; mais le droit d'épave donnant au chef de l'Empire la faculté de séquestrer et de s'approprier tous les biens meubles et immeubles qui se trouvent sur le territoire autrichien à l'époque de la sécularisation, l'abbaye de Weissenau a partagé le sort de la plupart des autres biens ecclésiastiques voisins des états autrichiens ; et le possesseur n'a pu mieux faire que de transiger avec la cour de Vienne pour sauver au moins une partie de ses biens.

J'ai eu souvent à m'entretenir avec M. le Baron de Buol touchant l'application de ce prétendu droit d'épave, d'après

(1) Petit domaine près de Ravensburg, enclavé dans le baillage autrichien de Ravensburg.

laquelle la plupart des dernières sécularisations ne sembleraient avoir été faites qu'au profit de la maison d'Autriche, car j'ai déjà observé à Votre Excellence qu'outre les nombreuses portions de terre appartenant à d'anciens couvents et éparpillées sur le territoire autrichien, l'empereur d'Allemagne a jugé convenable de s'attribuer d'immenses capitaux que les prélats étaient dans l'habitude de placer de préférence à la banque de Vienne; le revenu de ces terres et de ces capitaux a fait nécessairement partie des évaluations faites à Ratisbonne pour indemniser les princes et comtes de l'Empire, sans qu'on ait pu prévoir qu'il tournerait exclusivement au profit du chef de l'Empire. Le droit d'épave n'a porté originairement que sur les communautés ecclésiastiques dissoutes par l'autorité des papes ou par d'autres circonstances accidentelles, mais il ne semble nullement applicable à un état de choses fondé par le consentement unanime de l'Empire et sur des calculs d'après lesquels chaque État intéressé devait toucher la quotité de revenu qui lui était assignée.

En insistant sur le droit incontestable de son maître, M. le baron de Buol s'est particulièrement appuyé sur l'article 4 de la convention signée à Paris le 5 nivôse an XI (26 décembre 1802) par lequel l'empereur d'Allemagne *s'est réservé tous ses droits compatibles avec l'exécution du plan d'indemnité.* Il m'a observé que dans le projet français on avait inséré le mot *analogue*, qui a été changé par l'ambassadeur d'Autriche; quoique ce dernier mot soit moins expressif que le mot *compatible*, on ne peut inférer ni de l'un ni de l'autre que les revenus donnés en indemnité aux princes intéressés puissent être confisqués au profit de la cour de Vienne. Un droit quelconque de l'Empereur qui réduirait à 1000 florins un revenu de 5,000 accordé par le recez de l'Empire ne serait pas plus *compatible* avec le recez qu'il n'y serait *analogue :* et je ne puis croire que M. le comte de Cobentzel ait rien gagné par ce changement de mots.

Cette interprétation me paraît d'autant plus juste que les articles 2 et 3 de la même convention accordent à la maison d'Autriche une indemnité suffisante, sans qu'il soit nécessaire d'y ajouter encore les profits incalculables résultant du droit d'épave. Les droits réservés dans l'article 4 ne peuvent donc être que des droits de propriété réelle ou purement honorifique appartenant à Sa Majesté Impériale et Royale comme chef suprême de l'Empire.

Quoiqu'il en soit, l'exclusion progressive du droit d'épave, les empiètements qu'elle occasionne, les marchés avantageux qui en résultent pour les nouveaux possesseurs des terres d'indemnité, commencent à faire beaucoup de sensation à Ratisbonne. On s'aperçoit enfin que l'Autriche réalise le plan de la formation d'un état clos et arrondi entre le lac de Constance et le Vorarlberg et l'Iller, et qu'elle aura gagné en très peu de temps plus de terrain en Souabe qu'elle n'a pu en réunir autrefois dans l'espace de 50 ans. On présume que le comte de Quadt suivra celui de Sternberg, et pour complèter la masse de territoire déjà réunie par achat ou par séquestre, les agents autrichiens en Souabe ne cachent plus l'intention d'y joindre aussi les villes bavaroises de *Buchhorn*, de *Wangen*, de *Leutkirch* et de *Ravensburg* avec leurs territoires. On pense que les nobles immédiats intermédiaires dont les possessions se trouvent déjà sous la protection spéciale de l'Autriche, pourront être gagnés difficilement soit par des places, soit par des pensions, soit par d'autres faveurs. Déjà le prince Fugger de Babenhausen a été nommé résident de la régence de l'Autriche antérieure ; et l'on offre depuis longtemps des places distinguées au comte de Truchsess-Zeil.

En considérant que, par le droit d'épave, la cour de Vienne fait valoir ses prétentions sur les biens de vingt abbayes sécularisées en Souabe, que son influence sur les cantons équestres du Danube, du Hegau, de l'Allgau et du lac de Constance est sous les rapports militaires équivalente à un domaine direct, que ces cantons, composés des 272 terres et châteaux immédiats forment une chaîne entre toutes les possessions autrichiennes en Souabe, soit anciennes, soit nouvellement acquises ; on ne peut s'étonner de la chaleur avec laquelle la cour de Vienne a soutenu l'été dernier les droits du corps équestre, ou de l'inquiétude que ses derniers empiètements commencent à donner aux princes voisins. Pour peu que ses opérations continuent, la Bavière se trouvera entièrement cernée et ses communications avec la France coupées. La Prusse seule a l'air de ne pas s'apercevoir de cette extension de territoire qui se trouve hors du rayon de son influence et de sa politique, quoiqu'il soit vrai de dire que lorsque le plan de l'Autriche recevra son entière exécution, elle aura formé en Souabe une province d'environ 500,000 habitants.

Je vous prie, etc. Otto.

P.-S. — Madame l'Électrice vient d'accoucher comme la dernière fois de deux princesses. Malgré la satisfaction que son heureuse délivrance a donnée à toute la cour, l'Électeur aurait préféré un prince.

Il se répand que trois régiments autrichiens sont entrés en Souabe par le Tyrol, mais on ne peut m'en indiquer ni les noms, ni la route de ces régiments.

D'après les rapports officiels de la frontière du Tyrol, on va établir pour l'entretien du cordon autrichien des magasins considérables à Riette et à Nazareit (1). La fourniture de chacun de ces magasins est évaluée à 18,000 sacs de blé et 50,000 barils de farine. Riette est sur le Lech, très rapprochée de la Souabe et de la Bavière. Nazareit est de même que Riette, éloignée de la frontière d'Italie où doit s'exercer la surveillance contre la fièvre jaune (2).

Les renseignements reçus, à la fin du même mois, sur les garnisons et les magasins autrichiens dans le Tyrol, sont, au contraire, des plus rassurants :

M. Otto à M. Talleyrand.

Munich, le 25 pluviôse an XIII (14 février 1805).

Monseigneur,

Au moment du départ du courrier de M. Cetto, je reçois de M. de Lezay (3) la lettre suivante :

« Le voyageur dont je vous ai entretenu dans ma dernière « lettre est arrivé. Voici, en somme, ce qu'il me rapporte :

(1) Sans doute Reutte et Nassereith.

(2) *Correspondance de Bavière* (A. G.).

(3) M. de Lezay-Marnesia, agent diplomatique à Salzbourg depuis l'an XII, ancien officier d'infanterie, devint préfet en 1806 et mourut en 1814.

« Vingt-cinq régiments d'infanterie et quatre de cavalerie sur « toute la frontière, depuis la Souabe jusqu'au fond de la Dal- « matie. Il y a en temps ordinaire, sur cette ligne, seize régi- « ments d'infanterie et deux de cavalerie. Vous voyez l'aug- « mentation ; du reste, point de parc d'artillerie ; point de « magasins extraordinaires vu le nombre de troupes ; point de « général Mack. Cette situation pour l'Autriche me paraît suffi- « samment expliquée par les deux camps d'exercice qui auront « certainement lieu l'un à Conegliano, l'autre, dit-on, à Vienne, « et qui seront chacun de 40,000 hommes, situation respectable « sans être menaçante et bonne pour une négociation au sujet « de l'Italie, mais n'annonçant pas, ce me semble, des vues « décidément hostiles. »

Je ne puis douter que M. de Lezay ne vous ait transmis ces détails directement, mais comme le courrier de M. Cetto arrivera plus tôt que la poste, je crois devoir profiter de cette occasion pour vous les envoyer,

Veuillez agréer, etc. OTTO (1).

Aperçu des forces autrichiennes en Souabe, Vorarlberg et Tyrol, vers la fin de ventôse an XIII (mars 1805).

INFANTERIE.

Noms des régiments.	Emplacements.	Force.	Observations.
Wurtemberg......	Souabe.....	20 comp.	Ce régiment est arrivé de l'intérieur de l'Autriche vers la fin de décembre 1804.
Chasseurs tyroliens.	Souabe.....	20 —	Le reste est dans les environs, il est arrivé avec Wurtemberg.
Klébeck..........	Insprück ...	12 —	
Jordis............	Trente	6 —	Jordis se trouve dans le Tyrol depuis 18 mois environ. Il était à Insprück avant l'arrivée de Klébeck.
	Botzen	4 —	
	Brixen	2 —	
	....	1 —	
	....	1 —	
	....	1 —	
	....	1 —	
	....	1/2 —	
	....	1/2 —	

(1) *Correspondance de Bavière* (A. G.).

Noms des régiments.	Emplacements.	Force.	Observations.
Neugebauer.......	Trente.....	2 comp.	Neugebauer se trouve aussi depuis 18 mois dans le Tyrol et occupait à peu près les cantonnements que Jordis a dans ce moment-ci.
	....	2 —	
	Sur la rive droite de l'Adige...	16 —	
Vukassovich	....	2 —	Le reste est à Trévise.
	HUSSARDS.		
Blankenstein......	Souabe.....		Arrivé vers la fin de décembre 1804.

NOMS DES GÉNÉRAUX EMPLOYÉS DANS LE TYROL.

Le feld-maréchal HILLER (1), commandant en chef dans le Tyrol et en Souabe et réside à Insprück.

Le général BRANDIS (2), gouverneur d'Insprück.

Le général CHASTELER (3), commandant le cordon et l'avant-garde; il réside à Botzen.

Le général du génie NOVAK (4), chargé de la direction des travaux des nouvelles forteresses de Brixen et de Trente. Il a sous ses ordres :

Le colonel du génie MANCINI, à Brixen, avec deux capitaines et un lieutenant,
Le colonel du génie BECHARD, à Trente,
Le major du génie MILANES, à Trente,
Le capitaine DIEBEL, à Trente,
Le capitaine HAUER, à Trente,
Le lieutenant HENSEL, à Trente,
Le lieutenant KAMPMULLER, à Trente.

Le comte de WELECHBERG est gouverneur civil de Trente.

M. DE LILIENBERG, major de Jordis, est à Trente, ainsi que M. DE RIESE, colonel de Neugebauer, qui est à Mantoue et entretient des liaisons dans cette place.

---

(1) Feld-maréchal-lieutenant.
(2) Général-major.
(3) Feld-maréchal-lieutenant.
} D'après l'annuaire de 1805.

(4) Il n'y a pas de général du génie de ce nom, mais un colonel d'infanterie et un major du génie.

Les plans des fortifications de Brixen et de Trente sont arrêtés; on est même convenu des indemnités à accorder aux propriétaires de l'emplacement désigné dans le plan. On attendait l'arrivée de l'archiduc Jean pour mettre la main à l'œuvre.

La position qu'on a choisie pour la construction de la forteresse de Brixen est fort avantageuse; elle n'est dominée par aucune des hauteurs qui l'approchent, défend l'entrée du Tyrol par la route de Trente et par celle de Linz, et est entièrement isolée par l'Eisach, qui arrose Brixen, et par un torrent qui la sépare des autres montagnes voisines.

La forteresse de Trente sera infiniment plus grande, mais toutes les parties fortifiées sont dominées par des éminences beaucoup plus considérables et où l'on peut faire passer de l'artillerie avec la plus grande facilité. Elle pourra contenir une garnison de 20,000 hommes.

On ne travaille pas à la Chio.

MAGASINS.

Insprück................	farines; poudre; eau-de-vie.
Botzen.................	farines et eau-de-vie.
Trente.................	farines; poudre; eau-de-vie.

ARTILLERIE.

Il n'y a dans tout le Tyrol que les pièces de campagne attachées à chaque régiment; point de parcs, point d'arsenaux.

COMMERCE.

Les différents cordons établis en Bavière, dans le pays de Salzburg, etc., gênent extrêmement le commerce du Tyrol; il est presque nul dans ce moment-ci. Il y a un entrepôt considérable de marchandises anglaises à Botzen; elles y sont envoyées par la voie d'Augsburg et le débit s'en fait en Italie par l'Adige et par les voituriers de Pistoïe, qui viennent régulièrement chaque semaine avec des draps de Toscane et chargent des marchandises anglaises. Ce commerce est interrompu dans ce moment à cause de la fièvre jaune.

Lorsque la route du Simplon sera achevée, le commerce du Tyrol tombera entièrement.

M. Otto à M. Talleyrand.

Munich, le 18 ventôse an XIII (9 mars 1805).

Monseigneur,

Suivant les renseignements les plus exacts touchant les forces actuelles de l'empereur d'Allemagne dans l'Autriche antérieure, savoir dans les bailliages de Hohenberg, Rottenbourg, Nellenbourg, Altdorf, Günzbourg, Imenstadt, Lindau et du Vorarlberg, je puis avoir l'honneur de vous soumettre aujourd'hui le résumé suivant des régiments cantonnés dans cette partie de la Souabe :

1° Le régiment entier des chasseurs tyroliens n° 64, fort de 3,600 hommes, dont le 1er bataillon est dans les environs d'Altdorf, le 2e bataillon à Ehingen et dans le pays de Nellenbourg, et le 3e bataillon, commandé par le comte de Spauer, à Feldkirch et dans le Vorarlberg ;

2° Le régiment entier du prince électoral de Wurtemberg, composé de trois bataillons et de 3,800 hommes répartis à Brégenz, à Lindau, à Ravensbourg et dans le Burgau ;

3° Deux divisions ou quatre compagnies de hussards du régiment de Blankenstein, cantonnés entre Wiblingen et Mersée, sur le Danube.

Il résulte de ces détails, que toute la force militaire de l'Autriche en Souabe ne s'élève qu'à... 7,000 hommes d'infanterie.
700 hommes de hussards.

TOTAL..... 7,700 hommes.

La plupart des officiers assurent qu'il n'y aura aucun changement dans la répartition de ces troupes et que leur nombre ne sera point augmenté; mais quelques employés civils sont d'une autre opinion quant aux changements qui pourront avoir lieu, en affirmant cependant qu'il n'y aura en Souabe que deux régiments d'infanterie et un de dragons. Les magasins existants ne renferment que ce qui est nécessaire pour l'entretien de ces troupes.

Les exportations de grains vers le Tyrol diminuent depuis quelque temps ; elles ont été assez considérables pour faire hausser les prix en Souabe.

J'ai l'honneur, Monseigneur, de joindre à cette dépêche un état des troupes autrichiennes réparties dans le Tyrol et en Italie.

Veuillez agréer, etc. OTTO.

Les relations diplomatiques entre Vienne et Pétersbourg se continuaient à peu près à découvert, car le ministre prussien Hardenberg écrit le 20 février à Lucchesini : « Je ne crois pas qu'il existe déjà un concert entre Vienne et Pétersbourg sur l'Italie, mais les inquiétudes de l'Autriche sur ce sujet, si important pour elle, peuvent avoir donné lieu à des démarches préparatoires pour un concert pareil et à un rapprochement visible envers nous, à des communications amicales sur les affaires d'Allemagne, etc. (1) ».

Napoléon semble pourtant ne pas s'en soucier pendant les mois de mars et avril, mais estimant peut-être qu'il n'y a plus de ménagements à garder vis-à-vis de puissances résolument hostiles, qui veulent simplement choisir leur jour pour la déclaration de guerre, il se fait décerner la couronne d'Italie le 17 mars, l'accepte et en avise l'empereur d'Autriche par une lettre qui est remise à Vienne le 24 mars. C'est provoquer la guerre.

La cour de Vienne ne répond que le 16 avril ; entre temps, le traité anglo-russe avait été signé et l'organisation militaire de l'Autriche avait reçu des modifications importantes :

L'archiduc Charles, qui ne voulait pas de la guerre

(1) P. Bailleu, *loc. cit.*, p. 333.

immédiate, avait été remplacé comme président du conseil de guerre, le 21 mars, par le général de La Tour. Schwarzemberg avait été nommé vice-président de ce conseil, et Mack, quartier-maître général de l'armée. Un nouveau mode de conscription avait été décrété; on pressait les levées d'hommes et de chevaux, etc.

La Russie et l'Angleterre signent le 11 avril le traité d'alliance qui constitue en somme la troisième coalition. La participation de l'Autriche ne peut faire aucun doute, bien qu'elle ne signe pas le traité en même temps que les deux autres puissances, car le premier des articles *séparés* constate l'existence d'arrangements déjà convenus par la Russie avec la Suède et l'Autriche : le roi d'Angleterre s'engage, par cet article, « à remplir envers ces deux puissances les engagements qu'il a contractés avec l'empereur de Russie, quand elles ou l'une d'elles auront, en vertu de leurs arrangements avec Sa Majesté Impériale russe, fait agir leurs armées contre la France, dans le terme de quatre mois à compter du jour de la signature du présent traité ».

L'article séparé 4 fixe à 250,000 hommes le contingent de l'Autriche et à 115,000 hommes celui de la Russie, qui doit faire marcher sans délai 60,000 hommes vers la frontière d'Autriche et 80,000 hommes vers la frontière prussienne, afin d'être prête à soutenir les puissances que la France pourrait attaquer dans le soupçon « qu'elles seraient occupées de négociations contraires à ses intérêts ».

L'article séparé 8 modifie les précédents en accordant à l'Autriche toute l'année 1805 pour mettre ses forces sur pied, par la considération « de l'avantage qui résulte, pour la sûreté future de l'Europe, d'une union semblable à celle qui a été contractée par Sa Majesté Impériale russe avec Sa Majesté l'empereur d'Allemagne et le roi de Suède ».

Il serait bien intéressant, mais il est évidemment impossible de savoir jusqu'à quel point Napoléon était renseigné sur ce traité. Toujours est-il qu'il agit comme s'il en avait une connaissance très exacte. Il suit d'abord les mouvements des troupes russes, et réserve pour plus tard la surveillance de cette armée autrichienne qui a plusieurs mois pour entrer en ligne.

Le 20 mars il ordonne à Bernadotte d'envoyer des espions « dans les provinces polonaises et russes pour être constamment instruit des mouvements des troupes russes. Il doit même faire constater exactement le nombre de troupes qu'il y a dans ce moment pour être à même de savoir promptement, par la comparaison, si elles étaient augmentées. »

Le 13 avril, Napoléon écrit au général Pino, ministre de la guerre du royaume d'Italie :

« Je reçois votre courrier avec les renseignements que vous me donnez sur Venise, qu'il n'y a aucune espèce de probabilité de guerre (les nouvelles assurances que j'ai reçues de l'empereur d'Allemagne me portent à le penser) et, sans même ces déclarations, il n'entre pas dans le sens que la maison d'Autriche veuille se compromettre sans avoir rien à espérer et tout à perdre. Il y a longtemps que j'étais instruit des divisions qui existaient dans la famille Impériale et du désir qu'avait l'Empereur de voir le prince Charles chargé d'une seule partie de la guerre ; cela ne tient à aucune disposition politique. J'approuve cependant l'envoi que vous avez fait d'hommes sûrs à Venise. Il faut en envoyer un à Laybach pour parcourir la Dalmatie et la Carniole, et un autre parcourir la Styrie et la Carinthie. Mes Ministres dans les différentes cours ont eu ordre de me tenir instruit de tous ces mouvements. Il est impossible d'ailleurs, que l'Autriche commence la guerre que trois mois après que son humeur serait démasquée. L'achat de chevaux d'artillerie, le grand mouvement dans ses trains, ses parcs, seraient un indice certain de guerre, et qui paraîtrait bien avant où ses coups pourraient se porter..... (1) »

Une lettre du 16 avril, à Talleyrand, prouve que le souci de battre les Autrichiens avant l'arrivée des Russes est aussi vif qu'en 1803 dans l'esprit de Napoléon :

« M. de Larochefoucauld, dit-il, peut parler haut et faire comprendre que, si la cour de Vienne veut nous laisser croire qu'elle veut la guerre,..... il faudra bien que je ne donne pas le temps aux troupes autrichiennes de se réunir aux Russes et de marcher. Il dira à M. de Cobenzl qu'il est essentiel pour son cabinet de se prononcer et de faire disparaître tous les doutes ; que, quant à moi, je ne veux pas la guerre, mais que j'aime mieux la faire plus tôt que plus tard ; qu'il doit donc s'expliquer. M. de Larochefoucauld ne passera aucune note, ne tiendra aucun discours, mais se bornera à dire que l'échange journalier de courriers avec Pétersbourg et l'absence de M. Philippe de Cobenzl, qui s'en va en Hollande, en font trop entendre (2) ».

Nos ambassadeurs surveillent aussi les mouvements des troupes russes : le 29 avril, Larochefoucauld écrit de Vienne à Talleyrand :

« M. Flusy me donne avis de l'augmentation considérable des troupes russes stationnées en Podolie. Elles forment une armée de 50,000 hommes, et n'attendent pour se mettre en marche que l'arrivée du grand-duc Constantin, qui doit en prendre le commandement. »

A partir du mois de mai, les renseignements affluent et les nouvelles d'Autriche sont des plus alarmantes. Notre agent à Salzbourg, M. Lezay-Marnesia, fait parvenir à Talleyrand des notes sur les mouvements de troupes autrichiennes, les levées de recrues et de milices.

---

(1) *Correspondance de Napoléon*, n° 8581.
(2) *Ibid.*, n° 8590.

M. Otto écrit de Munich que les bruits de guerre sont de plus en plus répandus.

Extrait d'une lettre de Salzburg, écrite le 3 floréal an XIII (3 mai 1805).

Deux voyageurs dignes de foi, récemment arrivés de Trieste et de Venise, ont confirmé que les forces de l'Autriche dans ses provinces d'Italie étaient toujours considérables, et que le bruit d'une guerre prochaine contre la France y était généralement répandu.

L'un de ces voyageurs, revenu par le Tyrol, y a rencontré un assez grand nombre de recrues et de semestriers filant vers l'Italie par petits détachements, mais on ne désigne aucun nouveau régiment.

M. de Chasteler a quitté au commencement d'avril son quartier général de Botzen, pour aller à Insprück achever l'organisation des milices tyroliennes; 10,000 sont déjà formés. Cette opération doit être terminée à la fin de ce mois; alors le général retournera à Botzen et parcourra durant l'été les divers points de la frontière qu'il commande.

Plusieurs officiers du régiment de l'archiduc Charles ont passé dernièrement ici pour se rendre au Tyrol et lever, disait-on, la carte militaire du pays.

Depuis quelque temps, on avait cessé de croire ici aux dispositions hostiles de l'Autriche; maintenant il est vrai de dire que cette opinion se réveille. Trois circonstances nouvelles peuvent y contribuer: l'activité du recrutement en Autriche; un achat de 10,000 à 15,000 chevaux et la rentrée du général Mack, définitivement nommé quartier-maître général (1).

M. Larochefoucauld à M. Talleyrand.

Vienne, le 25 floréal an XIII (15 mai 1805).

Monsieur, des bruits de guerre circulent depuis hier et sont tellement répandus que je crois devoir en prévenir Votre Excel-

---

(1) *Correspondance d'Autriche* (A. G.).

lence. On prétend que des ordres ont été expédiés pour rappeler tous les semestriers à leurs drapeaux ; que d'autres ordres ont été donnés aux boulangeries et charrois et enfin que l'artillerie a reçu l'injonction de se tenir prête. Il est possible que dans cette ville remplie de fausses nouvelles, celle-ci soit le résultat du rappel annuel des semestriers au moment des exercices ou de quelque stipulation particulière. Par les premiers courriers j'aurai l'honneur d'en instruire Votre Excellence. Mais j'ai cru devoir l'informer d'un bruit répandu d'une manière si subite et si prompte, auquel cependant rien ne donne lieu.

Votre Excellence, etc.

A. LAROCHEFOUCAULD (1).

M. Otto à M. Talleyrand.

Munich, le 1er prairial an XIII (21 mai 1805).

Monseigneur,

Les dépêches de Vienne du 20 floréal (11 mai) annoncent que les dispositions de cette cour sont de plus en plus pacifiques et que cette opinion est partagée par l'ambassadeur de France.

Les lettres de Vienne du 25 floréal annoncent que les préparatifs pour la guerre se font avec une activité marquée ; que les troupes envoyées vers l'Italie ont déjà été organisées en corps d'armée, dont le quartier général est à Gorice ; que plusieurs autres régiments ont reçu l'ordre de se tenir prêts à marcher ainsi que l'artillerie de Budweis ; et que tous les officiers en congé et les soldats semestriers doivent rejoindre leurs régiments.

Voilà donc, dans le court espace de quatre jours, un changement prodigieux dans les dispositions, d'après un observateur très intelligent. Le dernier renseignement s'accorde avec une lettre de Prague du 24 floréal qui annonce que la cour de Vienne a donné l'ordre d'approvisionner *sur-le-champ toutes les places fortes de Bohême, sans égard aux prix des comestibles et des munitions.*

D'un autre côté l'Autriche fait beaucoup d'efforts pour s'em-

(1) *Correspondance d'Autriche* (A. G.).

parer de tous les suffrages du cercle de Souabe, et pour y dominer complètement. En conséquence elle travaille à faire exclure des diètes de ce cercle les électeurs de Bavière, de Bade et de Wurtemberg, et à faire considérer leurs possessions comme États séparés. On assure que le baron de Nagel doit se rendre incessamment à Nuremberg pour organiser la Franconie dans le même sens et pour mettre également ses diètes dans la dépendance de l'empereur d'Autriche, à l'exclusion de la Prusse et de la Bavière.

Je vous prie, etc.

Otto (1).

Bien qu'il ne puisse plus garder aucune illusion sur les préparatifs de la Russie et de l'Autriche, Napoléon ne veut pas en laisser courir le bruit; ses lettres du 26 mai à Murat et du 29 mai à Fouché ordonnent de rejeter comme fausse la nouvelle de l'alliance anglo-russe et de la démentir énergiquement : « quand même vous verriez ce traité imprimé dans les gazettes anglaises, et Pitt le dire au Parlement, vous pourrez dire que cela n'est pas vrai ». En même temps, il prend ses mesures pour prévenir l'attaque des Russes en temps opportun. Le 4 juin, Talleyrand écrit à Laforêt :

« Du moment où, par l'expérience des affaires, l'empereur Napoléon eut acquis des notions précises sur le caractère de l'empereur Alexandre, il a senti qu'un jour ou l'autre ce prince serait entraîné dans les intérêts de l'Angleterre, qui a tant de moyens de gagner une cour aussi corrompue que celle de Pétersbourg. Toute désagréable, toute pénible que fût cette perspective pour l'empereur Napoléon, il l'a considérée de sang-froid et s'est mis en mesure, autant que cela pouvait dépendre de lui. Indépendamment de la conscription de l'armée, il vient de faire un appel sur l'armée de réserve de l'an XI

(1) *Correspondance de Bavière* (A. G.).

et de l'an XII, et il vient d'augmenter de 15,000 hommes la conscription de l'an XIII. »

Le 6 juin, désireux de connaître aussi exactement que possible les dispositions de la cour de Vienne, Napoléon écrit à Talleyrand : « Comme rien ne serait plus propre à me donner la mesure exacte des dispositions de la cour de Vienne que d'entamer une négociation dont l'objet serait d'échanger un certain nombre de grands cordons de la Légion d'honneur contre des cordons des ordres d'Autriche, écrivez à M. de Larochefoucauld .....que je suis disposé à proposer quelques grands cordons de la Légion d'honneur en échange d'un pareil nombre de cordons des ordres d'Autriche..... Vous ordonnerez à M. de Larochefoucauld de vous informer promptement du résultat de son entretien avec M. de Cobenzl, de ne rien négliger de ce qui pourrait me donner une connaissance positive des dispositions de la cour de Vienne, et de vous faire connaître, par la voie la plus prompte et la plus sûre, les mouvements extraordinaires qui s'opéreraient dans les armées autrichiennes. » L'échange de décorations a lieu sans incident capable d'éclairer l'Empereur.

Le 4 juin, Napoléon avait prononcé la réunion de Gênes à la France. Cette ville, enclavée dans les possessions françaises, ne pouvait demeurer indépendante sans tomber dans la dernière misère, « la terre et la mer lui étant également fermées », l'une par les douanes françaises, l'autre par les corsaires anglais et algériens. L'incorporation de la République ligurienne à la France fut un grand bien pour l'une comme pour l'autre, mais, si l'on tenait à la paix, il était imprudent d'accomplir cette formalité dans un moment où la coalition n'attendait qu'un prétexte pour se déclarer ouvertement.

Selon Thiers, cette faute de Napoléon aurait tiré la Russie du plus grand embarras :

« L'empereur Alexandre, dit-il, avait ajourné la ratification du traité qui constituait la nouvelle coalition, jusqu'au moment où l'Angleterre consentirait à évacuer Malte. Ne doutant pas d'une réponse favorable, il avait demandé les passeports de M. de Novosiltzoff, afin de se mettre au plus tôt en rapport avec Napoléon. L'empereur Alexandre, moins belliqueux à mesure qu'il approchait du dénouement, avait espéré, par cette promptitude, augmenter les chances de la paix. Mais il avait mal jugé le cabinet de Londres. Celui-ci, résolu à garder une position capitale que le hasard des événements et un acte de mauvaise foi avaient mise dans ses mains, avait refusé positivement d'abandonner l'île de Malte. Cette nouvelle, arrivée à Saint-Pétersbourg pendant que M. de Novosiltzoff était à Berlin, avait jeté le cabinet russe dans un trouble indicible. Que faire? En passer par où voulait l'Angleterre, subir les exigences de son ambition intraitable, c'était aux yeux de l'Europe accepter le rôle le plus secondaire, c'était renoncer à la négociation de M. de Novosiltzoff, car il serait renvoyé de Paris le jour même de son arrivée, et d'une façon peut-être humiliante, s'il n'apportait l'évacuation de Malte. C'était donc la guerre immédiate pour le compte de l'Angleterre, à sa suite, à sa solde, et l'Europe sachant qu'il en était ainsi. Au contraire, rompre avec elle sur ce refus, c'était avouer publiquement qu'on s'était engagé dans sa politique sans la connaître, c'était donner gain de cause à Napoléon à la face du monde, et se placer dans un isolement ridicule, brouillé avec l'Angleterre pour ses exigences, brouillé avec la France pour des actes de légèreté.....

« Si Napoléon, par la faute qu'il avait commise de réunir Gênes à la France, n'était venu au secours du cabinet russe, il aurait vu ses ennemis plongés dans la plus grande confusion. En effet, le cabinet russe était occupé à délibérer sur cette grave question quand il apprit la réunion de Gênes. Ce fut un vrai sujet de joie, car cet événement imprévu tira de leur embarras des hommes d'État fort imprudemment engagés. On résolut d'en faire beaucoup de bruit et de dire bien haut qu'on ne pouvait plus traiter avec un gouvernement qui, chaque jour, commettait de nouvelles usurpations. On trouva là un prétexte tout naturel de rappeler M. de Novosiltzoff de Berlin, et sur-le-champ on lui envoya l'ordre de revenir à Saint-Pétersbourg, en laissant une note au roi de Prusse pour expliquer ce changement de détermination. On se tint pour dispensé d'insister auprès de l'Angleterre relativement à Malte, on ratifia le traité qui constituait la troisième coalition, en alléguant les récentes usurpations de l'empereur des Français.....

« A Vienne, l'effet fut encore plus décisif. Ce n'était pas des embarras d'une conduite légère qu'on était soudainement tiré par la réunion de Gênes, c'était des longues hésitations de la prudence..... La résolution de combattre fut immédiatement prise. Des dépêches envoyées à Saint-Pétersbourg annoncèrent cette résolution définitive (1). »

Ainsi que Bignon le fait remarquer, « les plans de campagne contre la France se discutaient déjà entre l'Autriche et la Russie. Non seulement avant que la réunion de Gênes eût eu lieu, mais même avant qu'il y eût à cet égard aucune certitude, avant que le bruit de sa probabilité pût parvenir à Vienne, et bien moins encore à Pétersbourg ». C'est au moment même où la demande de réunion de Gênes est présentée à Napoléon qu'arrive à Vienne le général Winzingerode, aide de camp du tsar, chargé de régler avec le cabinet autrichien les dispositions initiales pour la campagne. C'est Mack et Schwarzemberg qui confèrent avec lui. Leur plan sera définitivement arrêté le 16 juillet.

(1) Thiers, t. V, p. 401.

Napoléon semblait alors dans des dispositions pacifiques, mais il se tenait prêt à tout : « Je ne veux passer ni l'Adige, ni le Rhin, écrit-il à Talleyrand le 19 juin ; je veux vivre tranquille, mais je ne souffrirai point de mauvaise querelle..... Si, depuis un an, j'ai augmenté le nombre des troupes en Italie, c'est qu'on a aussi un peu augmenté les troupes dans le Tyrol, l'Istrie et la Carniole ; des deux côtés, ce qu'il y a de mieux à faire, c'est de ne faire aucune augmentation (1). »

« Je n'ai aucune incertitude sur la paix continentale, dit-il le lendemain à Cambacérès ; vous pouvez l'assurer; et, si j'ai laissé entrevoir quelque doute, c'est que j'ai cru qu'il était assez prudent de faire voir que je ne le craignais pas (2). »

Pendant le mois de juillet, la situation se tend de plus en plus : les troupes russes sont en mouvement; l'Autriche hâte ses préparatifs pour se tenir dans les limites fixées par le traité du 11 avril; la note de Novosiltsoff est un défi à la France. Cependant l'Angleterre ne veut pas avoir l'air de pousser l'Europe à la guerre. Des articles additionnels au traité du 11 avril portent que les signataires doivent dissimuler et même nier l'alliance avec l'Angleterre, et surtout les subsides. On convient que les armées russes, en traversant l'Allemagne, déclareront que « ce mouvement n'est lié en aucune manière avec quelque convention existante avec Sa Majesté Britannique, mais que les puissances du continent exigent de la France l'accomplissement de ses engagements immédiats avec elles ».

Le 7 juillet, Cobenzl adresse au comte Razoumowski, ambassadeur de Russie à Vienne, quelques observations sur le traité projeté ; il en fera encore d'autres le 21, et l'alliance ne sera définitive que le 9 août. Cependant, le

(1) *Correspondance de Napoléon*, n° 8905.
(2) *Ibid.*, n° 8916.

plan de campagne est arrêté dès le 16 juillet. Les marchandages avec l'Angleterre continuent, et continueront jusqu'après la capitulation d'Ulm.

Le 23 juillet, l'Empereur écrit au prince Eugène : « je suis fondé à espérer que la guerre n'aura pas lieu ; cependant les préparatifs que font les Autrichiens sont tels que je dois me mettre en mesure ».

Le lendemain, il lui envoie un article alarmant du *Moniteur*, en ajoutant : « n'en concluez pas que nous sommes menacés de la guerre ; je ne pense pas que l'Autriche soit assez insensée pour la faire. Je suis fondé à croire que la paix ne sera point troublée, quoique je vous aie donné des ordres pour des précautions à prendre ; mais tant que la paix ne sera point faite avec l'Angleterre, il est bon de se mettre en mesure ». Le 25, il lui demande de fournir des bulletins sur les différents préparatifs que font les Autrichiens du côté de l'Italie ; et le 27 juillet, il est plus menaçant : « Vous dites que tous les bruits sont à la guerre. Il ne faut pas combattre ces bruits-là. Ce que fait d'ailleurs l'Autriche, elle le fait vraisemblablement par peur. D'ailleurs, je pourrais bien ne pas la laisser se préparer et lui tomber dessus (1) ».

Du 15 au 31 juillet, ainsi que le dit la lettre de l'Empereur à Talleyrand du 31, « les renseignements reçus d'Italie sont tous à la guerre, et véritablement l'Autriche ne garde plus aucun ménagement ».

Une note est envoyée à M. de Cobenzl, et Larochefoucauld est chargé de lui dire de vive voix que les dépenses imposées à la France par l'attitude hostile de l'Autriche forment une véritable diversion en faveur de l'Angleterre. « Les choses sont aujourd'hui à un point, que des protestations amicales ne peuvent rien signifier, écrit Napoléon ; je ne puis soutenir la guerre active avec

(1) *Correspondance de Napoléon*, nos 9005, 9012, 9015 et 9028.

l'Angleterre et la guerre tacite avec l'Autriche ; il est impossible que j'obtienne la paix avec l'Angleterre si l'Autriche n'est pas véritablement pacifiée. Si M. de Larochefoucauld reçoit l'assurance secrète que les troupes retourneront dans leurs garnisons de Hongrie et de Bohême, l'Empereur se croira en paix avec l'Autriche ; si, au contraire, les troupes continuent à filer, les magasins à se former, l'Empereur considérera l'Autriche comme voulant la guerre, et dans l'impossibilité de soutenir la guerre maritime, il marchera pour pacifier entièrement l'Autriche... Quant aux appels de conscrits, il n'en a été fait aucun ; depuis la paix de Lunéville, il n'a pas été levé plus de 40,000 conscrits, parce qu'on donne aux anciens soldats un nombre de congés proportionné ; c'est là la marche et le but de la conscription ; on n'a porté des régiments au pied de guerre qu'en prenant sur les troisièmes bataillons ; il est impossible aux militaires autrichiens, s'ils ont voulu l'observer, de ne pas voir l'intention de l'Empereur de consacrer la paix ; il vient d'approvisionner ses places ; il sera obligé de lever 200,000 conscrits pour mettre son armée sur pied de guerre, et de faire faire une contremarche à son armée des côtes, parce que son système de guerre se trouve entièrement désorganisé ; ce pas une fois fait, il faudra se battre ou l'indemniser de ce que cela lui aura coûté ; en tout pays du monde, un armement non motivé sur les frontières de son voisin équivaut à une déclaration de guerre, et il n'y a aucune espèce de doute que l'Autriche arme aujourd'hui (1). »

Cette espèce d'ultimatum, que Napoléon ordonne d'envoyer à l'Autriche le 3 août, il le confirme par ses lettres des jours suivants à Talleyrand. « Ce qu'il faut que l'Autriche apprenne par ma réponse, dit-il le 7 août,

---

(1) *Correspondance de Napoléon*, n° 9038.

c'est que cette déclaration n'est pas suffisante ; qu'il faut des actions ; que la route des préparatifs est la route de la guerre ; qu'il n'y a que l'exacte neutralité pour la paix. »

« Vous direz à M. de Cobenzl, répète-t-il le 12, qu'on ne peut plus aller plus loin ; que j'attends sa réponse, sans quoi je fais entrer des troupes en Suisse, et je lève mes camps de l'Océan ; que je ne puis plus m'accommoder des paroles ; que je ne veux pas d'armée en Tyrol ; qu'il faut que les troupes autrichiennes rentrent dans leurs garnisons, sans quoi je commence la guerre,... que si on veut la guerre, ce qui se fait est bien et convenable ; si on ne la veut pas, c'est un piège qu'on tend à l'Empereur pour le porter à la commencer le plus tôt possible. »

Le lendemain, il écrit à Cambacérès : « Vous verrez dans le *Moniteur* des articles qui vous feront croire à la guerre prochaine avec l'Autriche. Le fait est que cette puissance arme ; je veux qu'elle désarme ; si elle ne le fait pas, j'irai avec 200,000 hommes lui faire une bonne visite dont elle se souviendra longtemps. Cependant, si l'on vous consulte, et dans vos discours, dites que vous ne croyez pas à la guerre, par la raison que je me suis éveillé de bonne heure. Il faudrait en effet être bien fou pour me faire la guerre. Certes, il n'y a pas en Europe de plus belle armée que celle que j'ai aujourd'hui. »

La lettre du 13 août à Talleyrand indique une fois encore les grandes lignes de la campagne : « Mon parti est pris, je veux attaquer l'Autriche et être à Vienne avant le mois de novembre prochain, pour faire face aux Russes s'ils se présentent ; ou bien je veux, et c'est là le mot, qu'il n'y ait qu'un régiment autrichien dans le Tyrol et huit régiments dans la Styrie, la Carinthie, la Carniole, le Frioul et le Tyrol italien. Quand je dis huit régiments, j'entends parler d'infanterie seulement, car quelques régiments de cavalerie ne pourraient m'inspirer de défiance. Je veux que les travaux de fortifications qui se font à Venise cessent, parce que ce sont des ouvrages de campagne; je veux que les troupes de la maison d'Autriche se rendent en Bohême ou en Hongrie, et qu'on me laisse faire tranquillement la guerre avec l'Angleterre.

L'explication qu'a eue M. de Larochefoucauld et la première note ont commencé la question. La note que je vous ai envoyée a continué cette question ; celle que je vous envoie doit la terminer. Vous savez qu'il est assez dans mes principes de suivre la marche que tiennent les poètes pour arriver au développement d'une action dramatique, car ce qui est brusque ne porte pas à vrai. Si la note que j'envoie eût d'abord été remise à l'Autriche, elle penserait que je veux la guerre, tandis que je ne la veux que dans une seule alternative. Je préfère à tout que l'Autriche se place réellement dans une situation pacifique ».

Napoléon ordonne à Talleyrand de présenter à Philippe de Cobenzl tous les renseignements reçus sur les préparatifs de l'Autriche, et, quand il aura tout lu, de lui dire :

« Actuellement, Monsieur, vous venez de lire un grand nombre de lettres ; je ne sais quelle peut être la véritable impression qu'elles ont faite sur vous ; mais quelle impression pensez-vous qu'elles ont faite sur Sa Majesté l'empereur des Français, lorsqu'il les a lues à Boulogne, au milieu de son camp et tout occupé de ses opérations d'outre-mer? Déjà il a suspendu l'exécution de ses projets d'hostilité, et il a compris qu'il ne pouvait se porter en Angleterre avec 150,000 hommes lorsque ses frontières du midi étaient menacées. Ainsi donc l'empereur d'Allemagne a déjà opéré une diversion en faveur des Anglais ! *Eh bien! vous aurez la guerre dans un mois ; oui, dans un mois, je vous le dis avec douleur!* Il faut que tout en Autriche rentre dans l'ordre où l'on se trouvait il y a trois mois, ou vous aurez la guerre dans un mois. *L'Empereur n'est pas assez insensé pour donner le temps aux Russes d'arriver à votre secours.*

... En vous parlant ainsi, je vous dis les propres sentiments de l'empereur des Français, et *vous aurez la guerre précisément dans l'endroit où vous n'avez pas de troupes, dans celui où elles ne seront pas rassemblées;* vous serez obligé de les y faire accourir aussi rapidement que vous les aurez portées dans les lieux qu'elles occupent en ce moment...

Si jamais homme eut envers sa patrie et envers son souverain une grande responsabilité, c'est vous : seul de votre pays vous connaissez la France ; seul de votre pays, vous savez que l'empereur des Français veut la paix ; vous savez que dans les départements du Rhin il n'y a pas un soldat ; seul de votre pays, vous savez qu'on n'a pas fait l'appel d'un seul homme de la réserve et qu'on n'a complété les premiers bataillons de guerre des corps qu'aux dépens des troisièmes bataillons ; seul, vous voyez Vienne à une distance convenable pour apercevoir sous son véritable point de vue les opérations et les apprécier dans tous leurs détails. Vous voyez enfin, sur votre gauche, toutes les troupes de terre de la France aux extrémités de la Bretagne et de la Picardie, s'instruisant aux opérations maritimes ; et en même temps vous voyez sur votre droite un nombreux rassemblement de troupes dans le Tyrol, et, de votre propre aveu, 72,000 hommes dans l'État vénitien. Vous ne pouvez donc méconnaître quel est l'agresseur, ou de celui qui déclarera la guerre ou de celui qui vient au secours de l'Angleterre en rassemblant ses troupes sur les frontières pour menacer la France. Si vous présentez ces vérités dans toute leur force à votre maître, et si réellement il n'est qu'entraîné, il est impossible qu'il ne voie pas qu'on le conduit malgré lui à la guerre, et alors tout sera calmé. Si au contraire votre maître veut la guerre, eh bien ! vous aurez fait votre devoir ; il ne sera pas entraîné. Mais *dites-lui qu'il ne fera pas les fêtes de Noël dans Vienne ;* non que vous n'ayez une armée nombreuse et formidable, mais un mouvement rapide à donner à 300,000 hommes peut partir d'une seule tête ; un cabinet n'en fait exécuter que lentement de semblables ; et quand la Nation française verra que l'Autriche nous attaque par l'impulsion de l'Angleterre, l'empereur des Français trouvera 600,000 hommes qui vaudront bien les 80,000 Hongrois qu'on fait parler dans les gazettes comme s'offrant à la cour de Vienne pour combattre la France. Dans quinze jours, au retour de mon courrier, il faut que l'empereur des Français ait non seulement toutes les sûretés, mais qu'il voie que l'empereur d'Allemagne veut réellement vivre en paix avec la France ; sinon il lèvera tous ses camps, appellera son armée de réserve, et dès lors le continent sera en feu.

Si l'on persiste à laisser 8 régiments dans le Tyrol et 72,000 hommes dans l'État venitien, il est du devoir de tout prince d'opposer armée à armée, et il est impossible à l'empereur des Français d'opposer armée à armée sans commencer les hostilités. Si la France était en paix avec l'Angleterre, y eût-il 25,000 hommes dans le Tyrol, à peine s'en apercevrait-elle ; ou bien, sans faire semblant de s'en apercevoir, elle se contenterait d'envoyer 100,000 hommes en Alsace. Mais, encore une fois, l'empereur Napoléon ne peut envoyer aujourd'hui 100,000 hommes en Alsace qu'en faisant la guerre. *La France, menacée du côté de l'Italie, ne peut guère arriver à temps pour prévenir l'ennemi ; mais elle fera passer le Rhin à ses troupes pour chercher l'ennemi au cœur de ses propres États.*

Pendant les jours qui suivent, l'Empereur envoie quelques troupes sur le Rhin : le 18e régiment d'infanterie, le 1er hussards, et il donne à ce sujet les explications suivantes :

Au Ministre des relations extérieures.

Boulogne, le 30 thermidor an XIII (18 août 1805).

Monsieur Talleyrand, ministre des relations extérieures, j'ai donné l'ordre au 18e de ligne et au 1er de hussards, l'un à Paris, l'autre à Versailles, de se rendre à Strasbourg. Ce mouvement de troupes, quoique peu considérable, ne laissera pas que de faire beaucoup de bruit. Je désire que, en causant, vous fassiez connaître que je n'ai ordonné aucun mouvement des camps; que ce qu'on pourra dire là-dessus est faux; que j'attends une explication claire et nette de la cour de Vienne sur cet objet. Il me tarde beaucoup de recevoir ladite déclaration et de savoir positivement à quoi m'en tenir. Je verrai avec plaisir la copie de la circulaire que vous avez écrite à nos ministres en Allemagne. Il est convenable de savoir sur quels princes on doit compter et les troupes qu'ils veulent me fournir. Il faudrait que le prince de Bade me fournît 3,000 hommes. A Wirtemberg, si le père prend une mauvaise direction contre nous, il semble que le parti le plus simple serait de le chasser et de le remplacer par son fils. Il faudrait sonder celui-ci et savoir s'il voudrait prendre parti avec nous ; on pourrait lui donner un régiment. Il faudrait savoir s'il serait assez animé contre son père pour le détrôner; cela serait le plus sûr, car il n'y a pas de doute qu'en entrant à Stuttgart, toutes les troupes ne désertassent. Enfin, il faut faire une nomenclature des princes qui se trouvent depuis le Danube jusqu'au Tyrol, afin de savoir ceux que nous pouvons considérer comme amis ou comme ennemis. Dans ce moment, j'ai besoin d'un ambassadeur en Suisse. Si M. Vial peut y aller en vingt-quatre heures, à la bonne heure; sans cela j'en nommerai un autre et je nommerai M. Vial à une des places que j'aurai disponibles. Dans ce moment, il me faut là un homme sûr. Mon intention est, en cas de guerre, de nommer sur-le-champ les quatre colonels suisses, de fournir l'argent et l'armement nécessaire pour les recruter, et de charger ces régiments de garder la Suisse, sous les ordres d'un général en chef qui sera celui auquel je confierai l'inspection des Suisses. Dans cette situation des choses, ce corps d'abord garderait la Suisse et viendrait ensuite me joindre en Allemagne. Par là, je décide les Suisses pour nous par leur intérêt ; j'en fais un foyer de recrutement pour nous, qui s'opposera à celui des Anglais. J'ai pour cela besoin d'un homme habile à Berne.

Sur ce, etc..... (1).

Quelques régiments de dragons des garnisons d'Alsace sont réunis à Strasbourg sous prétexte de manœuvres de brigade.

« Je charge le général commandant la 5e division militaire, dit Berthier dans son rapport du 15 août, de réunir à Strasbourg, d'ici au 15 fructidor, les 22e, 25e et 26e régiments de dragons, dont le premier est à Schelestadt, le second à Belfort et le troisième à Strasbourg. L'intention de Sa Majesté étant que ces trois régiments soient exercés par un général de brigade bon manœuvrier pendant les mois de fructidor et vendémiaire, que durera leur réunion, il me paraîtrait nécessaire de confier le soin de leur instruction à l'un des généraux de brigade qui ont été employés dans la seconde division de dragons à Compiègne, et qui se trouvent par conséquent propres à diriger les manœuvres des dragons, tant à pied qu'à cheval. Je propose, à cet effet, à Sa Majesté le général de brigade Scalfort, qui pourrait être remplacé à la 2e division de dragons par le général de brigade Roget, actuellement employé dans la 25e division militaire.

Je demande les ordres de Sa Majesté. »

Le 17 août, Berthier écrit au général Songis, premier inspecteur général de l'artillerie :

« Il importe, général, de s'assurer si les approvisionnements pour l'artillerie sont au complet dans les places de première et de seconde ligne sur le Rhin. Veuillez écrire de suite aux directeurs pour leur demander l'état exact de leur situation, me le faire connaître et me proposer les moyens de suppléer à ce qui pourrait y man-

(1) *Archives nationales.*

quer. » C'est la première mesure militaire de la campagne de 1805.

C'est donc vers le 17 ou le 18 août que Napoléon révèle ouvertement l'intention où il est d'entrer en campagne au plus tôt. Dès lors, les mesures militaires vont se précipiter, et en moins d'une semaine les ordres seront donnés pour le mouvement vers le Rhin.

Il lui était aisé de suivre, longtemps à l'avance, les préparatifs de l'Autriche, car cette puissance, ruinée par la guerre, et ayant renvoyé ses troupes dans les garnisons de l'intérieur après la paix de Lunéville, avait à reconstituer ses magasins, ses équipages et à concentrer ses armées par une série de mouvements préparatoires. Napoléon, au contraire, avait à Boulogne et dans les camps voisins 170,000 hommes prêts à partir d'un instant à l'autre. Sur les 450,000 hommes que la France avait sur pied, il s'en trouvait encore 170,000 à l'intérieur, 23,000 à bord des escadres ou aux colonies, 15,000 en Batavie, 21,000 dans le Hanovre, 50,000 en Italie, forces auxquelles il convient d'ajouter environ 10,000 hommes de troupes italiennes dans le royaume d'Italie.

La France avait alors dans ses arsenaux ou aux armées 4,506 pièces de gros calibre, 7,366 de petit calibre, 832 obusiers, 1746 mortiers, approvisionnés en moyenne à 500 coups par pièce (les calibres irréguliers de 48, 36, 18 et 3 faisant exception). Outre les armes en service dans les corps, il y avait en magasin 450,000 fusils et 42,000 mousquetons ou carabines en bon état de service, 75,000 armes à feu à réparer, et 131,563,909 cartouches. Les poudrières contenaient 8,608 milliers de poudre (1).

La guerre contre l'Angleterre pouvait servir de prétexte

(1) Voir les différentes situations du personnel et de l'armement aux pièces justificatives.

à toutes les mesures d'augmentation, mais Napoléon était trop habile pour trahir ses projets par une concentration partielle, d'ailleurs sans utilité réelle, sur la frontière du Rhin. La lettre écrite le 4 juin à Laforêt par Talleyrand nous a éclairés sur les véritables préparatifs de l'Empereur.

CHAPITRE III

Attitude de la Prusse

Nous nous sommes attaché exclusivement, jusqu'ici, à faire ressortir l'attitude franchement hostile de l'Angleterre, de la Russie et de l'Autriche vis-à-vis de la France. Nous allons essayer de suivre les fluctuations de la politique prussienne, moins nettement caractérisée, et sur laquelle Napoléon semble s'être illusionné jusqu'au moment de la rupture survenue à la fin de 1805 (1).

On comprendra mieux la conduite du roi de Prusse et l'impossibilité d'arriver à une entente avec lui, si l'on constate avant tout que ce prince, aussi bien que l'empereur d'Allemagne, considérait comme toujours valables les traités d'alliance conclus antérieurement avec la Russie. Le texte des déclarations du 24 mai 1804 va en donner une preuve formelle. Un engagement d'un caractère aussi durable et aussi fondamental devait déterminer l'orientation définitive de la politique prussienne, quoiqu'il arrivât, et prévaloir sur tous les intérêts matériels et les tendances momentanées qui auraient pu rapprocher la Prusse de la France.

(1) Les citations faites dans ce chapitre et le suivant sont empruntées presque toutes au recueil de documents de P. Bailleu : *Preussen und Frankreich von 1795 bis 1807. 2e Theil.* (*Publicationen aus den K. Preussichen Staatsarchiven*, t. 29.)

A la fin de l'année 1803, essayant de concilier ses engagements vis-à-vis du tsar avec les avantages de l'alliance française, la roi de Prusse tente de réunir Alexandre et Napoléon, mais la réponse nettement défavorable du premier, les conditions inadmissibles qu'il veut imposer à la France, obligent à renoncer d'abord à ce projet. Le roi de Prusse s'efforce donc d'arriver à une entente particulière avec le Premier Consul. Son but est de rendre au commerce prussien le débouché de l'Elbe, absolument fermé depuis que les troupes françaises se sont saisies de Cuxhaven et que l'Angleterre a riposté en bloquant l'estuaire du fleuve. L'évacuation du Hanovre, si possible, ou du moins l'abandon de Cuxhaven, tels sont les sacrifices que Frédéric-Guillaume demanderait à Bonaparte, et en échange desquels il lui assurerait la neutralité de l'Allemagne et son inviolabilité.

Le Premier Consul, à qui l'ambassadeur Lucchesini fait des propositions dans ce sens, lui répond que la neutralité offerte n'aurait d'avantage que pour ses ennemis et pour l'Allemagne, et constituerait bien plutôt pour lui un grave inconvénient. Étant en guerre avec l'Angleterre, il n'a de prise sur cette puissance, ou plutôt sur son souverain, que dans le Hanovre, et par l'occupation de Cuxhaven ; il porte, en outre, un coup sérieux au commerce anglais. Quelques semaines plus tard, Lucchesini rapportera au roi de Prusse que la France serait plus disposée à indemniser pécuniairement le commerce prussien des pertes que lui cause le blocus de l'Elbe, qu'à rouvrir ce débouché aux Anglais. A la longue, Bonaparte consentirait cependant à ce sacrifice, s'il devait lui procurer une alliance complète avec la Prusse, mais il ne veut pas rendre le Hanovre aux Anglais avant la paix, et il y tient comme au seul gage qu'il puisse échanger contre les colonies prises à la France par l'Angleterre.

Quant à la neutralité et à l'inviolabilité de l'Allemagne, elle ne servirait que ses ennemis, et les arguments qu'il présente à ce sujet, le 27 novembre 1803, offrent l'intérêt capital de nous le montrer, dès cet époque, prévoyant une marche offensive de Strasbourg sur Vienne :

« La France, dit-il à Lucchesini, est aujourd'hui l'alliée de l'Espagne, de la Batavie, de la Suisse et de la République italienne, et elle est en paix avec les autres puissances du continent. Se croyant sûre de l'amitié de la Prusse, elle ne saurait être attaquée que par l'Autriche et la Russie. Si le cabinet de George III ramenait le baron de Thugut et maintenait les deux frères Worontzow à la tête de ceux de François et d'Alexandre, et si la garantie projetée de la neutralité de l'Allemagne délivrait entièrement les deux cours impériales de la crainte de l'opposition que celle de Berlin pourrait mettre à leurs projets contre la France, la guerre du continent ne tarderait pas à éclater. Les troupes russes traversant la Galicie et la Hongrie auraient les chemins de l'Italie et de la Suisse ouverts, sans que la garantie de la Prusse les arrêtât. Les armées de l'empereur d'Allemagne, d'accord avec leur allié, porteraient en même temps la guerre en Italie et en Suisse. L'ancien prestige de la neutralité helvétique est dissipé, et les Autrichiens ont dans ce pays d'anciens partisans. Une première campagne sur l'Adige n'est favorable aux armées françaises qu'autant qu'elle sert de diversion aux opérations d'Allemagne ; *c'est sur le chemin qui mène de Strasbourg à Vienne que les Français doivent aller forcer l'Autriche à la paix, et c'est ce chemin que vous voudriez leur interdire;* c'est en nous privant du secours de nos alliés naturels, Bade, Wurtemberg et l'Électeur de Bavière que vous songez à empêcher la guerre du continent, ou à la rendre moins défavorable à la France ! »

Cette communication verbale du Premier Consul est confirmée par une lettre de Talleyrand à Laforêt datée du 30.

« Sa Majesté propose de garantir à la France : et que l'Empire ne sera point en guerre contre elle pendant tout le cours de la guerre actuelle, et que durant cette même guerre aucune armée étrangère ne pourra traverser l'Empire pour attaquer la France.

De quel avantage cette double garantie peut-elle être à la France ?

Ce n'est pas l'Empire qui, de son propre mouvement, voudra se mettre en guerre contre la République, et si ce pouvaient être l'Autriche et la Russie qui se déclarassent contre la France, leurs armées, pour arriver jusqu'au territoire français, n'auraient pas besoin de traverser celui de l'Empire, puisque les possessions de la Russie en Pologne touchent à celles de l'Autriche et que leurs forces réunies pourront se rendre en Suisse et sur l'Adige sans mettre le pied sur le sol de l'Empire proprement dit. Il n'y aurait donc aucune garantie pour la France dans la seule hypothèse d'attaque qui soit possible, et alors cette sorte de neutralité assurée au territoire germanique tournerait toute au profit des puissances armées contre la France, puisque d'une part la France ne pourrait pas même songer à diriger ses troupes vers la Russie, et que de l'autre elle ne pourrait pas profiter contre l'Autriche des moyens d'attaque que lui offrirait, dans le cas d'une guerre pareille, le concours facile à obtenir des électeurs de Bavière, de Wurtemberg et de Bade.

Qu'est-ce que l'Autriche peut craindre en Italie? Qu'on lui prenne Venise. Mais en dernière analyse, qu'est-ce que Venise pour l'Autriche? *C'est sur l'Inn qu'est son côté faible, c'est là qu'une attaque bien dirigée ne peut manquer d'atteindre au cœur de la monarchie.* L'espèce d'engagement qu'on propose, en fermant l'Allemagne aux armées françaises, donne donc à l'Autriche tout l'équivalent des moyens défensifs que nous avons sur le Rhin, c'est-à-dire trois rangs de places fortes, qu'elle-même ne pourrait se procurer qu'avec quinze ans de travaux et 150 millions de dépenses. »

Ainsi, dès le mois de novembre 1803, Napoléon est résolu à marcher sur Vienne par la Bavière, en cas de guerre avec l'Autriche. Le plan de campagne est arrêté dans son esprit.

Le 15 décembre, le roi de Prusse adresse à Lucchesini un nouveau projet de traité en vue de maintenir la paix du continent : « S'il s'élevait, dit l'article 1er, des discussions qui pussent exposer l'une ou l'autre des deux parties contractantes à être attaquée par une puissance du continent, elles réuniront tous leurs efforts pour en prévenir l'éclat..... — Article 2. — Si les deux États contractants avaient inutilement épuisé, pour prévenir la rupture, les voies de la négociation, et que l'un d'eux fût effectivement attaqué, ils se concerteront aussitôt sur les mesures efficaces à employer de concert pour la défense commune. »

Par l'article 3, le Premier Consul s'obligerait à évacuer Cuxhaven et Ritzebüttel, à dégager les rives de l'Elbe et du Weser, et à ne laisser que 6,000 hommes dans le Hanovre. Deux articles secrets stipulent que la France évacuera le Hanovre à la paix, et « consultera éminemment les intérêts de S. M. Prussienne dans les discussions que le sort de ce pays amènera. »

« Si ce n'est pas une alliance, dit Lombard à Lucchesini, c'est à peu près cela. »

Il s'en faut de beaucoup, au contraire, car, à bien peser toutes les expressions des articles 1 et 2, on voit qu'ils prêteront, au moment d'agir, à toutes les interprétations. La Prusse ne pourra-t-elle pas toujours nier que la France ait « inutilement épuisé toutes les voies de la négociation? » Ne pourra-t-elle pas nier que la France soit « effectivement » attaquée? En tout cas, sera-t-il temps encore, le moment venu, de « se concerter sur les mesures efficaces à employer de concert pour la défense commune? »

Enfin, pourquoi éviter avec tant de soins ce terme

d'alliance, dont l'usage semblerait si naturel? A coup sûr, cette obstination à refuser le titre d'allié suppose quelque arrière-pensée qu'il faut découvrir ou abandonner. Bonaparte veut, d'ailleurs, un coup d'éclat qui écarte de lui la guerre européenne et le laisse libre d'agir sur l'Océan; une alliance hautement proclamée avec la Prusse assurerait l'immobilité de l'Autriche et de la Russie ; ce traité timide, presque honteux, enveloppé de périphrases ambiguës, et dont l'effet sera sans doute atténué par quelque déclaration amicale du roi de Prusse au tsar, n'est pas ce qu'il lui faut.

« Il ne croit pas pouvoir se désister de la demande expresse et absolue du titre de traité d'alliance pour l'acte à signer entre les deux puissances, écrit Lucchesini le 30 décembre. Il a ajouté qu'il voit toujours avec surprise la difficulté que rencontre le mot d'alliance à traverser mes dépêches pour parvenir à Votre Majesté par l'organe de son ministère. »

Le même jour, Talleyrand donne des instructions à Laforêt dans des termes analogues :

« Le Premier Consul a considéré d'abord qu'il ne pouvait être question que d'une alliance effective entre la France et la Prusse; que toute convention qui n'exprimerait pas formellement cette association des deux pays manquerait le but qu'on doit s'en promettre, puisqu'elle ne présenterait pas aux États qu'on voudrait y faire accéder un gage suffisant de volonté et de force, de même qu'elle n'imposerait pas assez aux puissances qui voudraient troubler le continent. Il est donc indispensable que le mot d'alliance soit textuellement prononcé dans le traité à conclure. »

« Ce qu'il demande, c'est une association *évidente*, pleine, forte, telle que *sa seule publication* soit pour l'Europe continentale le gage de la stabilité et de la permanence du *status præsens* des parties qui la composent. »

Ce *status præsens*, les instructions de Talleyrand à

Laforêt expriment le désir, mais sans en faire une condition *sine qua non*, qu'il soit maintenu dans toutes ses parties; c'est-à-dire que la Prusse garantisse l'exécution stricte du recez de 1803, la permanence des états d'Italie et l'intégrité de l'empire Ottoman.

Ces propositions, qui semblent les seules compatibles avec un véritable esprit pacifique, puisque ce sont les seules auxquelles puisse répondre le maintien de la paix générale, exaspèrent le roi de Prusse. Il rédige en janvier 1804 la note suivante :

..... « Par la manière scrupuleuse avec laquelle ce cabinet est entré dans les vues du Premier Consul, il a cru donner à celui-ci la preuve la moins équivoque et la plus solennelle du désir qu'il a de s'entendre avec lui, et de la confiance que lui inspire la loyauté du chef du gouvernement français, en sacrifiant son premier plan en faveur de celui dont les bases se trouvaient indiquées par le Premier Consul lui-même. La Prusse, par conséquent, ne pouvait s'attendre à autre chose, sinon que de voir ratifiée sans la moindre perte de temps la convention qu'elle venait de rédiger et d'expédier à Paris tout à fait dans le sens susdit. Quelle devait être sa surprise et son étonnement en recevant, au lieu de cette ratification rien moins que douteuse, un troisième plan d'une nouvelle latitude qui détruisait presque entièrement les bases précédentes et réduisait à moins que rien les avantages auxquels la Prusse devait s'attendre en faveur de la tâche délicate et difficile qu'elle venait de s'imposer, uniquement pour garantir à la France la paix du continent ! »

Dans les instructions envoyées le 19 janvier à Lucchesini, il refuse énergiquement d'admettre le terme d'alliance.

Il remarque avec raison qu'on ne lui offre que « des espérances vagues d'acquisitions futures » et il ne semble plus très heureux d'assurer par cette alliance la paix continentale dont il se proclamait le champion. En réalité, sous cette apparence de désintéressement et d'humanité dont il veut se parer, on voit percer le désir, très honorable d'ailleurs quoique inavoué, de procurer des avantages immédiats à son royaume. Pour assurer la paix à la Prusse et aux petits États voisins en cas de guerre européenne, il offrait à Bonaparte la faculté de n'être frappé que par derrière, et sans défense possible; dès qu'il lui laisse entrevoir la possibilité d'agir éventuellement de concert avec lui moyennant toutes sortes de vérifications préalables, il veut que ce fantôme d'alliance soit payé de quelque cession définitive.

Quant à être l'allié de la France, il ne veut pas en entendre parler: « Le Roi, écrit Laforêt le 21 janvier 1804, estime que le mot d'alliance est précoce en ce qu'il le fait sortir, sans utilité constatée pour la France et sans motifs déterminants pour la Prusse, *de la situation où il croit devoir rester à l'égard des tierces puissances* ».

Cette situation est incompatible, en effet, avec une alliance franco-prussienne, car il y a déjà une alliance entre la Prusse et la Russie; Haugwitz conseille au Roi, en février, d' « écrire dans le plus grand secret une lettre particulière à l'empereur de Russie à laquelle on joindrait un exposé fidèle : 1° du but que Sa Majesté s'est proposé dans sa négociation avec la France; 2° des propositions qu'elle a successivement faites pour y parvenir; 3° de leur résultat infructueux et de ce que le Premier Consul exige actuellement..... L'objet de cette démarche serait non seulement de donner à l'Empereur une grande preuve de confiance et de la *résolution du Roi de rester ami de la Russie*, mais aussi et surtout de demander promptement son conseil amical sur l'acceptation ou le refus des propositions de la France, et sa déclaration positive sur la nature et l'étendue du secours efficace qu'on aurait à attendre de lui en cas d'événement, et même pour prévenir des entreprises, possibles de la part des Français ».

Le conseil est suivi aussitôt, et la lettre expédiée le 27 février au tsar. On fait semblant, néanmoins, de poursuivre les négociations avec le Premier Consul, qui envoie le 14 mars 1804 un projet de traité conforme à ses dernières propositions.

Ainsi, depuis le mois de novembre 1803, la Prusse a négocié avec Bonaparte, et elle feint de désirer une entente cordiale, mais elle ne cesse pas de rassurer et de tenir au courant les pires ennemis de la France.

En vérité, rien ne pouvait être plus favorable à l'Angleterre et à ses alliés que les conditions demandées par la Prusse : le Hanovre évacué par nous, le commerce de l'Allemagne rouvert aux Anglais, la route directe de Vienne fermée à nos troupes, et la guerre limitée à l'Italie, où les Russes mêmes pouvaient arriver avant l'armée de Boulogne. Et, pour prix de tous ces sacrifices, une parole sympathique de la Prusse, soumise d'ailleurs au visa préalable de la Russie. Le roi de Prusse eût été inspiré par l'Angleterre, qu'il n'aurait pas agi autrement.

La négociation est rompue, sur l'avis du tsar.

Toutefois, le 3 avril, le comte d'Haugwitz fait officiellement à Laforêt une déclaration qui peut prêter aux interprétations les plus favorables, comme elle peut aussi paraître tout à fait insignifiante.

Le roi de Prusse, dit-il en substance, a vu avec autant de douleur que d'étonnement le dernier projet que le Premier Consul lui a fait présenter, et qui, en élargissant singulièrement la question, laissait de côté les objets les plus importants pour la Prusse ; il faut désormais considérer les négociations comme rompues, mais les motifs qui avaient porté le Roi à vouloir unir plus étroitement le sort de la Prusse à celui de la France n'ont pas disparu. L'estime et l'amitié n'en unissent pas moins les deux États, sûrs de se retrouver toujours en raison des intérêts communs d'une si haute importance et des points de contact qui subsistent entre eux.

Le Roi se rappelle avec reconnaissance les déclarations franches et sacrées par lesquelles le Premier Consul s'est engagé : 1° à ne pas augmenter son armée du Hanovre ; 2° à ne faire ressentir à aucun des pays d'Empire les suites de la guerre.

Convaincu fermement que ces promesses seraient respectées, Frédéric-Guillaume « donnait sa parole au Premier Consul de ne jamais coopérer à aucun plan quipû t inquiéter la France ; engagement qui équivalait, selon lui, à presque tous les avantages que la négociation interrompue devait assurer à la France, eu égard au peu de mal que le reste de l'Europe pouvait faire à cette puissance tant que rien ne troublerait l'heureuse et fertile union, l'amitié et la bonne entente qui unissaient en ce moment la République à la Prusse. »

Les relations avec la France restent donc bonnes en apparence, mais, à l'exemple de l'Autriche, la Prusse resserre les liens qui l'unissent à la Russie, par la déclaration du 24 mai 1804. Elle y proclame l'alliance toujours vivace (qu'aurait donc pu être une entente avec Bonaparte contre la Russie ?) et affirme en outre une coopération nécessaire contre tout nouvel empiètement de la France :

DÉCLARATION DE LA COUR DE PRUSSE.

Nous, Frédéric-Guillaume III, etc.....

La guerre qui s'est rallumée entre l'Angleterre et la France ayant exposé le nord de l'Allemagne à une invasion étrangère, les suites qui dès à présent en sont résultées pour notre monarchie et pour nos voisins ont excité toutes nos sollicitudes ; mais celles surtout qui pourraient en résulter encore ont exigé de nous de peser et de préparer à temps les moyens d'y porter remède.

Quelque pénible que soit l'occupation du Hanovre et son résultat indirect, la clôture des fleuves, après avoir épuisé pour faire cesser cet état de choses tout ce qui n'était pas la guerre, nous avons résolu de faire à la paix ce sacrifice de ne point revenir sur le passé, et de ne point procéder à des mesures actives tant que de nouvelles usurpations ne nous y auront pas forcé.

Mais si, malgré les promesses solennelles données par le gouvernement français, il étendait au delà du *statu quo* de ce moment-ci ses entreprises contre la sûreté de quelqu'un des États du Nord, nous sommes décidé à leur opposer les forces que la Providence a mises entre nos mains.

Nous en avons fait à la France la déclaration solennelle, et la France l'a acceptée ; mais c'est surtout envers S. M. l'empereur de toutes les Russies que la confiance et l'amitié nous faisaient un devoir de nous en ouvrir, et nous avons eu la satisfaction de nous convaincre que nos résolutions étaient absolument dans les principes de *notre auguste allié*, et que lui-même était décidé à les maintenir avec nous. En conséquence, nous sommes tombé d'accord, avec Sa Majesté Impériale, des points suivants :

1° On s'opposera de concert à tout nouvel empiètement du gouvernement français sur les États du Nord étrangers à sa querelle avec l'Angleterre ;

2° Pour cet effet, on commencera à donner une attention suivie et sévère aux préparatifs de la République. On attachera un œil vigilant sur les corps de troupes qu'elle entretient en Allemagne et, si le nombre en est augmenté, on se mettra, sans perdre de temps, en posture de faire respecter la protection que l'on est intentionné d'accorder aux États faibles ;

3° Si le cas d'une nouvelle usurpation existe en effet, nous sentons qu'avec un adversaire aussi dangereux, les demi-moyens seraient funestes. Ce serait alors avec des forces proportionnées à la puissance immense de la République que nous marcherions contre elle. Ainsi, en acceptant avec reconnaissance l'offre de notre auguste allié de faire joindre incessamment nos troupes par une armée de 40,000 ou de 50,000 hommes, *nous n'en compterions pas moins sur les stipulations antérieures du traité d'alliance entre la Russie et la Prusse, stipulations qui lient tellement les destinées des deux Empires, que, dès qu'il s'agit de l'existence de l'un, les devoirs de l'autre n'ont plus de bornes ;*

4° Pour déterminer le moment où le *casus fœderis* existera, il faut voir les choses en grand et dans leur esprit. Les petits États d'Empire, situés au delà du Weser, peuvent offrir passagèrement des scènes qui répugnent aux principes, soit parce qu'ils sont le théâtre continuel du passage des troupes françaises, soit parce que leurs souverains sont, ou vendus par l'intérêt à la France, comme le comte de Bentheim, ou dépendants d'elle sous d'autres rapports, comme le comte d'Aremberg. Là les déviations minutieuses qu'une représentation redresse, comme à Meppen, ou qui ne compromettent la sûreté de personne, sont étrangères à un concert dont la sûreté fut le motif. C'est sur les bords du Weser que les intérêts deviennent essentiels, parce que de ce point-là il s'agit du Danemarck, du Mecklembourg, des villes anséatiques, etc....., et le *casus fœderis*, par conséquent, aura lieu à la première entreprise des Français contre un État de l'Empire situé sur la droite du Weser, et particulièrement contre les provinces danoises et le Mecklembourg, dans la juste attente où nous sommes que S. M. le roi de Danemarck fera alors conjointement avec nous cause commune contre l'ennemi ;

5° Les marches énormes que les troupes russes auraient à faire pour joindre les nôtres, et la difficulté d'arriver à temps pour prendre part aux coups décisifs, nous font juger qu'il serait convenable qu'on adoptât, pour les différentes armes, un mode de transport différent. Ainsi, tandis que la cavalerie russe et les chevaux d'artillerie défileront à travers nos provinces, il semblerait préférable que l'infanterie et le canon partissent par mer et fussent débarqués dans quelques ports de la Poméranie, du Mecklembourg ou du Holstein, selon les opérations de l'ennemi ;

6° Immédiatement après le commencement des hostilités, ou plus tôt si la convenance en est reconnue par les deux cours contractantes, le Danemarck et la Saxe seront invités à adhérer à ce concert, et à y coopérer par des moyens proportionnés à leur puissance, ainsi que tous les autres princes et États du nord de l'Allemagne qui, par la proximité de leur pays, doivent participer aux bienfaits du présent arrangement ;

7° Dès lors, nous nous obligeons à ne poser les armes et à n'entrer en accommodement avec l'ennemi que du consentement de Sa Majesté Impériale et après un accord préalable avec Elle, plein de confiance dans *notre auguste allié*, qui a pris les mêmes engagements envers nous ;

8° Après qu'on aura atteint le but qu'on s'y propose, nous

nous réservons de nous entendre avec Sa Majesté Impériale sur les mesures ultérieures à prendre afin de purger entièrement le nord de l'Allemagne de la présence des troupes étrangères et d'assurer, d'une manière solide pour l'avenir, cet heureux résultat, en avisant à un ordre de choses qui n'expose plus l'Allemagne aux inconvénients dont elle a dû souffrir depuis le commencement de la guerre actuelle.

Cette déclaration devant être échangée contre une autre signée par S. M. l'empereur de Russie et conçue dans le même sens, nous promettons sur notre foi et parole royale de remplir fidèlement les engagements que nous y avons pris.

En foi de quoi nous avons signé les présentes de notre main, et y avons fait apposer notre sceau royal.

Fait à Berlin, le 24 de mai, l'an de grâce 1804, et de notre règne le huitième.

Signé : FRÉDÉRIC-GUILLAUME.

Contre-signé : HARDENBERG.

Quand il s'agit d'alliance avec la Russie, le mot ne paraît ni *précoce*, ni trop vif, et le caractère, réputé si hésitant, de Frédéric-Guillaume, trouve les résolutions faciles à prendre.

Malgré tout, les conseillers du roi de Prusse, Lombard, Haugwiz, Hardenberg, l'un secrétaire particulier, les autres ministres, sentaient qu'il n'y avait aucun agrandissement à espérer du côté de la Russie, que le Hanovre était la seule province qu'on pût annexer, et que la France seule pouvait en disposer. Ils poussaient donc toujours à une alliance avec la France, moyennant, bien entendu, la cession ou la promesse formelle du Hanovre à la Prusse. Le Roi, de son côté, était lié plus puissamment encore par ses sympathies naturelles que par les traités, avec l'empereur de Russie, et il ne supportait pas l'idée que cette alliance fût ébranlée. Son entourage, à commencer par les membres de la famille royale, était tout acquis à ce parti légitimiste et féodal qui luttait partout contre l'influence française (1). Il restait donc impossible d'établir une entente définitive entre la France et la Prusse.

Toutefois, tandis que Frédéric-Guillaume était surtout attentif à ne pas rompre avec la Russie, Napoléon « aimait à proclamer ses liaisons avec la cour de Prusse et ses intentions bienveillantes pour cette cour ». Il n'y avait pas un numéro du *Moniteur* où l'on ne trouvât des allusions aux relations très amicales avec la Prusse. Mais Napoléon va plus loin.

Le 28 juin, en recevant l'ambassadeur Lucchesini, il se félicite publiquement « des rapports d'amitié, de bonne intelligence et — (après une courte pause) — d'alliance qui unissent la France et la Prusse ». Le 11 août, Talleyrand parle à Lucchesini des « liaisons particulières et réciproquement utiles que ces puissances ont entre elles ».

Il est vrai que M. de Hardenberg encourage cette manière de voir en déclarant à Laforêt (le 17 août) qu'il concourra avec empressement à tout ce qui peut maintenir les relations heureusement établies entre la France et la Prusse, et qu'elles sont ce qui approche le plus d'une alliance formelle.

Cependant, n'ayant qu'à suivre l'opinion de son souverain, ce Ministre s'interdit de parler officiellement de ses vœux pour que des circonstances favorables à l'alliance absolue de la France et de la Prusse se présentent sous son ministère.

Les instructions à Lucchesini du 4 septembre, et la lettre même de Frédéric-Guillaume à son ambassadeur,

---

(1) « La reine meurt d'envie de prendre le deuil pour le duc d'Enghien, écrit Lombard à Hardenberg, et le Roi vient de m'en parler comme s'il ne concevait pas qu'on pût s'en dispenser après la lettre que vous lui avez fait parvenir de la part du comte de Lille. Le deuil, même pris à l'imitation de la Russie, dans un moment où l'on nous soupçonne d'avoir eu des raisons secrètes de rompre la négociation de Paris, n'y rétablirait pas nos rapports. »

du 6 septembre, sont conçues dans un esprit tout différent : le Roi, quand il parle lui-même de son attitude politique, la qualifie de neutralité et s'exprime assez vertement sur le compte de Napoléon et de Talleyrand. Il ne peut s'empêcher de prendre, là encore, le parti de la Russie : « Il serait sage, dit-il, qu'on voulût éviter dans les papiers français les accusations et les articles piquants contre la Russie. »

En écrivant le 7 septembre à Lucchesini, Hardenberg rappelle quelques observations dans le même sens, dont il déplore la fréquence et l'inopportunité. Il regrette qu'on ait dit, par exemple, que les « gênes auxquelles le commerce de l'Allemagne est exposé sont funestes pour tous les sujets prussiens *et pour une partie de ceux de l'empereur de Russie* » ; cette constante préoccupation des intérêts russes ne pouvant qu'être justement suspecte à la France.

Quelques temps après, un incident regrettable à tous égards vint mettre en lumière les véritables dispositions de la Prusse envers nous : Napoléon fit enlever, près de Hambourg, l'agent diplomatique anglais Rumbold, qui fut transféré en France. Le roi de Prusse s'empressa de protester contre cette violation de territoire en qualité de directeur du cercle de la Basse-Saxe, et il y mit une vivacité qui contrastait violemment avec le silence qu'il avait gardé lorsque les Anglais s'étaient fait livrer, dans cette même ville de Hambourg, les réfugiés irlandais Napper Tandy, etc. (1). L'attitude intransigeante prise par la Prusse le 30 octobre 1804 montrait avec quelle facilité elle romprait ses relations avec la France, et comme il fallait peu compter l'avoir à nos côtés en cas de guerre.

(1) Napoléon disait déjà, le 23 juillet 1803, au secrétaire Lombard : « Je trouve partout un malheureux penchant à mal interpréter tout ce qui vient de moi, sans que jamais je le retrouve quand il s'agit de l'Angleterre ! »

CHAPITRE IV

Le Hanovre et la neutralité germanique.

La prompte et complète satisfaction donnée par Napoléon à Frédéric-Guillaume pour l'affaire Rumbold semble resserrer leur intimité. La Prusse fait entrer, d'ailleurs, les négociations dans une nouvelle phase en manifestant désormais avec clarté le désir d'occuper le Hanovre.

Laforêt écrit le 16 octobre à Talleyrand :

« M. de Hardenberg m'a prié de lui dire franchement ce que j'avais aperçu des dispositions de ma cour à se prêter au désir que le Roi conserve de mettre en négociation un arrangement sur Hanovre. » Mais « il est sensible, disent les diplomates français, que s'occuper en ce moment à mettre le Hanovre en dépôt dans les mains du Roi, telles précises, telles inquiétantes même pour S. M. Britannique que fussent les conditions, ce serait indiquer une arrière-pensée de prolongation de guerre contraire aux sentiments que l'Empereur professe véritablement et aux conseils d'une sage politique. M. de Hardenberg en est convenu, et j'espère que le Roi approuvera qu'il ne soit plus question d'ici à quelque temps de remettre ce projet sur le tapis ».

La Prusse ne perd pas, néanmoins, une seule occasion de revenir sur ce sujet, mais Napoléon ne consentira pas à céder le Hanovre sans quelque avantage solide qui compense l'occupation de cette province. De là des négociations sans fin, car la Prusse n'a rien à donner que son alliance, dont elle a déjà disposé en faveur de la Russie.

Le Roi y revient dans ses instructions à Lucchesini le 21 novembre, et le félicite d'avoir saisi habilement l'instant favorable « pour préparer à cet égard, fût-ce que des succès partiels ».

« Le parti le plus simple, dit-il, consisterait à évacuer entièrement le pays de Hanovre dans toute son étendue, moyennant que je me chargeasse d'y stationner un petit corps de mes troupes destiné à maintenir l'ordre et la police..... Je garantirais à la France, non seulement que le pays serait à l'abri de toute occupation étrangère, mais encore qu'il serait conservé à la disposition de la France à la paix future. »

Lucchesini répond, le 10 décembre, que l'idée de l'établissement sur le Bas-Rhin d'un état intermédiaire entre la Prusse et la France sourirait beaucoup au monarque français....., « mais les cris qui s'élèvent de toutes parts en Angleterre contre la durée de cette guerre, dit Talleyrand, pouvant accélérer plus qu'on ne le pense l'époque tant désirée de la paix, l'empereur Napoléon croirait l'éloigner encore davantage en changeant aucune des mesures qu'il a prises pour nuire aux intérêts commerciaux de ses ennemis. »

Quoiqu'il en soit, Lucchesini a exprimé officiellement (son rapport du 17 en fait foi) le désir qu'a la Prusse de s'annexer le Hanovre. Le général Knobelsdorff, envoyé en mission spéciale auprès de l'Empereur, en a reçu une réponse plus positive : « maître actuellement de l'électorat de Hanovre, il ne pensait pas le garder; bien moins encore avait-il songé à en disposer aussi ridiculement que les gazettes l'avaient annoncé ; mais il verrait avec plaisir que Votre Majesté (le roi de Prusse) en fît l'acqui-ısiion moyennant un arrangement ».

Knobelsdorff ajoute : « Quant à un autre ordre de choses actuel pour le Hanovre, j'ai tout lieu de croire que l'Empereur ne serait pas éloigné de s'y prêter, pourvu que l'Angleterre consentît à ne pas visiter les vaisseaux prussiens, et par ce moyen procurer un débouché aux marchandises de France et revivifier son commerce. »

Le roi de Prusse n'insiste pas, malgré cette offre formelle de Napoléon, parce que, s'il convoite vivement le Hanovre, il ne veut pas l'acheter par une alliance avec la France. De plus, au moment de passer ce marché, il réfléchit qu'il va se brouiller irrémissiblement avec l'Angleterre ; mais il y a plus : prendre le Hanovre, c'est brûler ses vaisseaux, rompre avec la Russie même, car c'est rendre disponibles les 20,000 hommes de Bernadotte, que Napoléon pourra employer désormais contre les armées coalisées. Il s'agit donc, non seulement de conclure une entente avec la France, *sur le papier*, mais aussi de commettre un acte gênant pour le véritable allié de la Prusse, pour le tsar. Frédéric-Guillaume exprime cette pensée sans ambages dans un conseil tenu à Berlin vers le 18 ou le 19 juillet 1805. Ses ministres l'encourageaient à prendre le Hanovre en dépôt, mais cette fois « le Roi a observé que cette mesure compléterait son système, il est vrai, mais que d'un côté l'empereur Alexandre Ier aurait peine à lui passer un acte qui rendrait 24,000 hommes à la France, qui lui assurerait sa disposition à la conquête, et qui la couvrirait d'une manière absolue sur la plus grande partie de la ligne du Rhin ; que d'un autre côté il lui était désagréable de remettre cette affaire sur le tapis avant de voir si les circonstances y disposeraient la France ».

Au moment où cette observation est répétée à Talleyrand, Laforêt lui rapporte en outre une conversation avec Hardenberg, d'après laquelle la Prusse ne croirait pas être en droit de s'opposer à une descente des Anglais ou des Russes sur les côtes du Hanovre. Cette déclaration inattendue donne la note exacte du genre de neutralité que la Prusse assurerait dans l'Allemagne du Nord, et Napoléon en est affecté :

« Ce n'est pas, dit Talleyrand, que l'Empereur regarde un tel débarquement comme un sujet d'inquiétude, et même, s'il ne consultait que les intérêts de sa gloire, il souhaiterait plutôt l'arrivée de 40,000 Russes dans l'électorat, certain de leur y donner une leçon dont ils garderaient un long souvenir.

Mais ce qui l'afflige, c'est d'apercevoir un changement dans des dispositions qu'il devait croire inviolables.....

Près de 12,000 hommes ont été retirés de l'électorat depuis un an. Quel autre motif l'Empereur a-t-il eu de les rappeler, sinon sa confiance absolue dans les promesses de la Prusse ? Sa Majesté Prussienne n'avait-elle pas promis de garantir la sûreté de l'armée du Hanovre ? Serait-ce la garantir que de laisser une porte ouverte aux agresseurs ? La Prusse avait-elle fait des distinctions ? Devait-on en prévoir ? Si elle en fait aujourd'hui, si la garantie n'est que partielle et par conséquent illusoire, le devoir de l'Empereur sera de la garantir lui-même, car tel est l'esprit, tel est le droit de la guerre : pourvoir à sa sûreté en est la première loi. »

« La destinée du Hanovre, dit Laforêt à Hardenberg le 8 août, présente de tous côté à la Prusse un avenir menaçant. La Prusse a seule le plus grand de tous les intérêts à réunir ce pays à sa monarchie, et on la voit mettre ses espérances dans des projets d'échanges, dans des revirements qui seront constamment repoussés par des voisins qui la surveillent. Il faut qu'elle ose aujourd'hui prendre un parti habile, et qu'en paraissant accepter cet électorat en dépôt, *elle convienne avec la France de le garder.* »

Enfin voilà le grand mot lâché ! Comme on voit bien, cette fois, que Napoléon juge la guerre inévitable et prochaine, et qu'il consent à tous les sacrifices pour avoir les mains libres dans le Sud. Il offre résolument le Hanovre.

« L'Empereur, dit Laforêt parlant en son nom, est prêt à le remettre sur-le-champ au Roi en toute propriété. C'est une conquête dont il dispose. Il lui en garantira la possession, et il fera de la cession de cet électorat à la Prusse une condition *sine qua non* de sa paix avec l'Angleterre..... La paix du continent sera le fruit des mesures que la France et la Prusse devront employer de concert. Il suffirait en effet que la Prusse dise qu'elle fera cause commune avec la France dans toute guerre qui aura pour objet de changer son état présent en Italie (1). »

La question ainsi posée nettement, Hardenberg répond dans les quarante-huit heures qu' « il avait vraiment l'autorisation du Roi pour revenir sur le projet de prendre le Hanovre en dépôt et voulait préparer Laforêt à recevoir une communication explicite. Il est convenu, d'un autre côté, que la réunion à la monarchie prussienne des possessions de Sa Majesté Britannique en Allemagne est d'une telle importance pour la Prusse, qu'elle ne cesse d'être à l'affût des circonstances qui pourraient l'opérer d'une manière qui ne laisserait point de tache à la mémoire de Sa Majesté Prussienne.

Trois choses, dit-il, seront extrêmement difficiles : 1° réconcilier la conscience du Roi avec une opération que son intérêt lui conseille et que sa probité lui défend ; 2° vaincre sa répugnance à dépouiller par la force les Brunswick-Lunebourg dont il est le proche parent et à violer les droits de réversion des Brunswick-Wolfenbüttel qu'il aime et dont la monarchie prussienne a reçu les plus grands services ; 3° sortir de la neutralité dont il a partout donné l'assurance formelle et manifester des vues

(1) Léopold v. Ranke : *Denkwürdigkeiten des Staatskanzlers fürsten von Hardenberg*, t. V, p. 145 et suiv.

cupides et des liaisons secrètes qu'il a été dans le cas de désavouer en même temps. »

Hardenberg s'engage sur parole à se prononcer affirmativement près du Roi pour l'ouverture immédiate de la négociation sur les bases présentées par Napoléon ; mais Frédéric-Guillaume lui pose avec obstination la question suivante : « Puis-je, sans manquer aux règles de la morale, sans perdre en Europe l'estime des gens de bien (1), sans être noté dans l'histoire comme un prince sans foi, me départir, pour avoir le Hanovre, du caractère que j'ai maintenu jusqu'ici ».

« La morale d'un Roi, lui répond Hardenberg, consiste dans la plus grande somme de bien public qu'il opère, et il s'agit de l'opération la plus propre à conserver le rang de sa monarchie, à conjurer l'orage qui menace le continent, à ramener la paix entre la France et l'Angleterre, la tranquillité générale de l'Europe, et par conséquent celle de ses sujets. »

Enfin, le 14 août, Hardenberg « fait connaître à Laforêt l'acquiescement du Roi aux propositions dont il a été l'organe, et l'intention où est Sa Majesté d'entrer en matière et de conclure un traité sur les bases établies aussitôt que l'Empereur le voudrait ».

Tel est l'état des relations avec la Prusse au moment où Napoléon se décide à adresser un ultimatum à l'Autriche.

Mais tandis que le roi de Prusse négocie avec Napoléon la cession du Hanovre, en échange duquel il n'a rien à donner, il continue, semble-t-il, ses manœuvres en vue d'assurer la neutralité de l'Allemagne. Le comte Thiard, envoyé en mission dans le pays de Bade, fera savoir à Talleyrand, dans les premiers jours de septembre, qu' « immédiatement après la prise de possession de

(1) Lisez : la Russie et l'Angleterre.

« Gênes, le cabinet de Berlin était entré en communica-
« tion avec les cours secondaires de l'Allemagne, et leur
« avait donné l'assurance qu'il ne consentirait jamais à
« ce qu'il appelait une violation des traités, si elles vou-
« laient s'unir à lui et le seconder. Ces négociations se
« continuèrent encore, et lorsque les mouvements de
« l'Autriche commencèrent, elles reprirent une nou-
« velle activité. La cour de Berlin promit à celles de Mu-
« nich, de Stuttgard et de Carlsruhe de forcer l'Empe-
« reur à étendre la ligue de neutralité jusqu'aux Alpes
« et à restreindre le théâtre des hostilités à la seule Italie,
« si elles voulaient franchement faire cause commune
« avec elle (1) ».

Le ministre de Russie à Stuttgard, baron de Maltitz, écrit en effet, le 30 août, au baron d'Edelsheim, ministre badois :

« Je sais d'une manière non douteuse que la même déclaration qui a été faite à Darmstadt, Munich et Stouttgart sera aussi proposée à S. A. S. Mgr. l'électeur de Bade.

Les cours de Bavière et de Wurtemberg doivent avoir déclaré que, si le malheur voudrait qu'une rupture entre l'Autriche et la France pourrait arriver, elles s'étaient engagées envers la Prusse de n'agir qu'avec son avis et de concert avec elle, et qu'elles garderaient une parfaite neutralité, d'autant plus qu'elles ne pouvaient pas agir contre le chef de l'Empire germanique. Si M. d'Alopéus appuie cette démarche et cette déclaration près de la cour de Berlin au nom de mon auguste Maître, la situation des princes qui ont le malheur d'avoir la France pour voisine pourrait être rassurée dans l'orage qui semble se préparer de toutes parts. L'intérêt que prend mon Souverain au sort de l'Allemagne et particulièrement à celui des

(1) Thiard, p. 127, édition de 1899.

sérénissimes cours électorales de Bade et de Wurtemberg n'est sujet à aucun doute, et le cabinet de Berlin redoublera de zèle dans ses bons offices (1) ».

Telles étaient les préoccupations de la Prusse, toujours résolue à rester neutre, au moment ou Napoléon la croyait prête à signer un traité d'alliance, et envoyait le général Duroc à Berlin pour régler les détails d'exécution.

(1) Obser, *Politische Correspondenz Karl Friedrichs von Baden*, t. V, p. 278.

CHAPITRE V

France et Bavière

On a vu que les relations entre l'Angleterre, la Suède, la Russie et l'Autriche étaient devenues particulièrement actives au commencement de l'année 1805, et que les dispositions belliqueuses de ces puissances n'avaient pas échappé à Napoléon. Il ne doute pas que la rupture ne soit prochaine, et il s'efforce de son côté de conclure des alliances pour cette guerre. C'est le 12 mars seulement qu'il donne l'ordre de tâter le gouvernement bavarois et de lui faire les premières ouvertures en vue d'une alliance dirigée contre l'Autriche.

L'Electeur de Bavière a déjà donné à maintes reprises des signes d'inquiétude au sujet des dispositions de l'Autriche, voisine si redoutable, et qui depuis longtemps tient d'ailleurs en réserve des moyens de chicane dont elle peut, d'un moment à l'autre, faire des motifs d'attaque et d'envahissement. Talleyrand écrit donc le 13 mars 1805 à M. Otto, notre ambassadeur en Bavière, « de s'instruire exactement des dispositions du gouvernement électoral, de connaître s'il y a de sa part une sollicitude réelle des projets de l'Autriche, et un empressement sincère à chercher son recours, sa garantie, son appui, dans une association intime et complète avec le gouvernement français ».

« Dans le cas, dit M. de Talleyrand, où vous trouveriez dans le cabinet de Munich la moindre hésitation dans le sentiment qu'il doit avoir de son danger, et sur la nécessité d'une entière union avec la France, vous ne devriez pas sortir des considérations générales, et vous auriez soin de vous abstenir de toute participation des vues et des sentiments du gouvernement français. »

Cependant ce cas n'est pas le plus probable : « Sa Majesté Impériale a jugé que les premières pensées de la Bavière devaient naturellement se porter vers la France, et comme, s'il entrait dans les vues d'une nouvelle coalition de diriger quelque attaque contre le gouvernement français, la position des états bavarois y établirait forcément une part de la guerre, Sa Majesté s'est trouvée disposée à s'entendre de bonne heure avec Son Altesse pour prévenir un danger commun par un concert d'assez loin préparé pour devenir vraiment efficace. »

Si, comme on le suppose, « la cour de Munich, frappée des périls de sa position, et convaincue qu'il n'existe pour elle qu'un seul refuge, accueillait avec chaleur vos premières paroles et sollicitait la conclusion de l'alliance la plus intime, vous pourriez aussitôt vous présenter comme autorisé par votre gouvernement à entamer cette négociation ».

Le projet de traité joint à cette lettre du 12 mars stipulait une alliance offensive et défensive contre l'Autriche, d'après laquelle la Bavière porterait au premier appel un corps d'armée sur l'Inn.

Le gouvernement bavarois ne saisit pas d'abord les raisons qui le condamnent à une attitude aussi énergique; le mot d'alliance offensive l'effraye. Otto en rend compte le 21 mars :

« J'ai dû me renfermer avec M. de Montgelas dans des considérations générales sur le parti que prendrait la Bavière si la guerre devenait inévitable. Il m'a confirmé de nouveau que le premier vœu de l'Électeur était d'assurer la neutralité du sud de l'Allemagne, et il s'est efforcé de me prouver que notre intérêt devait nous porter à former le même vœu..... Il m'a parlé de la Prusse; il m'a dit qu'il ne serait pas impossible de l'attirer dans une combinaison de ce genre en évitant de compliquer les motifs de l'alliance, et en les bornant entièrement à l'intérieur de l'Allemagne, etc. »

En d'autres termes, la négociation suit exactement la même voie qu'avec la Prusse en 1803. M. Otto ne fournit pas d'abord des arguments très péremptoires, mais voici Talleyrand qui rentre en scène et reprend les explications que le Premier Consul avait données à Lucchesini au mois de novembre 1803. Il ne faut pas que les puissances secondaires de l'Allemagne se fassent d'illusion : leurs territoires seront foulés, la guerre y sera portée, et leur neutralité ne ferait que nuire à Napoléon, qui n'en veut pas. Talleyrand écrit à Otto le 27 mai, après une assez longue correspondance :

« L'Électeur connaît assez sa position pour sentir qu'il ne pourrait rester neutre du moment où la guerre serait allumée entre la France et l'Autriche. *Cette neutralité serait tellement au désavantage de la France que nous devrions préférer d'avoir la Bavière pour ennemie.*

La guerre naturelle de la France est sur le Rhin.

L'Empereur ne pourrait dégarnir sa frontière d'Allemagne pour porter 300,000 hommes sur l'Adige, tandis qu'il serait convenable à l'Autriche de porter ses armées dans le Frioul et dans le Tyrol et d'attaquer la frontière de l'Adige. Ainsi, le premier coup de canon tiré sur l'Adige doit retentir sur l'Inn, et c'est dans cet esprit que l'Empereur a porté tant d'intérêt à ce que Passau ne fût pas à l'Autriche. »

« On peut dire, ajoute Talleyrand, que l'électeur de Bavière, réfugié dans nos camps après une bataille perdue par l'armée française, est plus sûr de l'indépendance de ses États que s'il se trouvait assiégeant Strasbourg à la tête d'une division autrichienne..... puisque le résultat d'une victoire remportée par l'Autriche sera toujours de tendre à ce que la France lui cède la Bavière. On se sert ici du mot *céder*, parce que c'est le mot propre : il n'y a point une conférence avec l'Autriche où cette proposition ne soit mise en avant par elle.....

« L'Empereur n'a point un intérêt bien réel à la conclusion de ce traité, car au premier mouvement de guerre les armées françaises passeront le Rhin, et il faudra bien que l'Électeur se décide en vingt-quatre heures. La résolution qu'il prendra ne peut même être douteuse, s'il ne ferme entièrement les yeux sur ses véritables intérêts. Ainsi, en cas de guerre, l'Empereur est assuré du concours de la Bavière comme il l'est de celui des électeurs de Bade et de Wurtemberg.

Mais pourquoi l'Empereur provoque-t-il la conclusion d'un traité? C'est par cette seule considération qu'il est sans cesse sollicité par la Bavière d'intervenir dans les affaires d'Allemagne; que souvent il y intervient sans intérêt direct, et que l'effet naturel de cette conduite est de troubler et mettre de l'aigreur dans ses rapports avec l'empereur d'Allemagne. Il serait ridicule que, courant ainsi le danger de se mettre en guerre avec l'Autriche, l'empereur des Français ne fût point assuré du concours efficace du prince pour lequel il s'expose. Ainsi donc, c'est pour donner aux affaires d'Allemagne une nouvelle direction que l'Empereur désire ce traité, dont le premier résultat sera d'arracher la Bavière aux chicanes auxquelles elle est exposée de la part de l'Autriche. »

Reconnaissant enfin la malheureuse situation de son électorat entre la France et l'Autriche, et l'impossibilité d'empêcher la guerre de s'étendre sur l'Allemagne du Sud, l'électeur de Bavière est bien forcé d'en passer par les conditions de l'alliance française, évidemment préférable à celle de l'Autriche.

Il accepte, écrit le 29 juin M. Otto, de contracter une

alliance offensive et défensive, garantissant l'intégrité du royaume d'Italie.

« Quant à la protection que Sa Majesté promet à Son Altesse Électorale, le ministre a remarqué qu'il ne fallait pas seulement y comprendre le territoire bavarois, mais encore les droits de l'Électeur, qu'il n'existait aucune discussion sérieuse au sujet du territoire, mais que sous différents prétextes la cour de Vienne ne cessait d'empiéter sur les droits de souveraineté de Son Altesse; il m'a parlé particulièrement du corps équestre, de cette milice remuante de l'Autriche éparpillée en Franconie et en Souabe, toujours prête à se révolter contre l'autorité légitime. L'Électeur n'a nullement le droit de toucher aux propriétés de la noblesse immédiate ; il n'en a jamais eu l'intention, mais il ne peut consentir à ce que cette noblesse livre ses vassaux aux recruteurs autrichiens, qu'elle forme *imperium in imperio*, qu'elle ne reconnaisse d'autres tribunaux que le Conseil aulique de Vienne, qu'elle offre un asile à tous les malveillants ; qu'elle débauche impunément ses autres sujets et forme au milieu de ses États un noyau de résistance et d'intrigue.

J'ai laissé entrevoir à M. de Montgelas que Sa Majesté n'aurait peut-être pas de répugnance à servir efficacement les vues de l'Électeur. Votre Excellence n'ignore pas que, de l'aveu même des généraux autrichiens, tous les sous-officiers de leurs armées sont tirés des terres immédiates de Souabe et de Franconie ; que dans toute la monarchie autrichienne, on ne trouve guère de villageois qui sachent lire et écrire, et qu'il est par conséquent de notre intérêt de priver l'Autriche de ce moyen extraordinaire de recrutement. J'ai ajouté que cet objet se trouvait compris implicitement dans l'article 2, où il ne s'agit pas des possessions bavaroises, mais des discussions existantes entre les cabinets de Munich et de Vienne.

L'article 4 du projet a particulièrement fixé l'attention du ministre. Il m'a dit qu'à l'égard du territoire ennemi occupé pendant la guerre, l'arrangement le plus facile et le plus équitable serait de partager le produit des réquisitions au prorata des troupes employées par les deux parties contractantes; que si l'Électeur s'engageait à fournir les vivres et fourrages nécessaires pour l'armée française sur le territoire bavarois, cet engagement deviendrait illusoire par la pénurie où se trouverait le trésor électoral dès que le théâtre de la guerre serait établi dans son pays; qu'il répugnait à la candeur du prince de promettre ce qu'il ne pourrait exécuter, et qu'il aurait déjà trop de peine à entretenir une armée de 20,000 hommes, sans aucun subside, chose inouïe dans les alliances d'un gouvernement faible avec une grande puissance; que l'on savait d'ailleurs très bien qu'une armée étrangère, alliée ou non, trouvait toujours le moyen de vivre aux dépens du pays qu'elle occupait, sans que le prince eût besoin de stipuler le genre de secours; que les généraux se bornaient à expédier des bons dont, suivant les événements et les succès de la guerre, le payement retombait sur l'une ou sur l'autre des parties belligérantes.

J'ai senti, Monseigneur, la force des raisonnements que M. de Montgelas m'a faits à ce sujet, et qui se fondaient en partie sur la crainte de mécontenter les États de Bavière, si jamais le traité parvenait à leur connaissance. Cet article ne pourrait même avoir son entière exécution sans leur être communiqué, puisque sans leur consentement, l'Électeur ne pourrait lever les sommes indispensablement nécessaires pour cet objet.

..... J'ai essayé, conformément à vos instructions, de borner les fournitures bavaroises aux fourrages seulement; mais le ministre m'a dit que cet objet serait trop conséquent pour ne pas exciter en Bavière des récriminations très vives. Si néanmoins Sa Majesté insistait sur cet article, on pourrait peut-être le restreindre au cas seulement où l'armée française arriverait en Bavière comme auxiliaire de l'Électeur dans une guerre qui lui serait personnelle. Je vous soumets cette modification, Monseigneur; elle me paraît fondée en justice, mais je ne la proposerai à M. de Montgelas que lorsque Votre Excellence m'y aura autorisé.

L'Empereur paraît désirer qu'au premier signal de guerre, la Bavière fasse marcher sur l'Inn un corps d'armée de 20,000 hommes. M. de Montgelas m'a répété que cette force serait à la disposition de Sa Majesté, mais qu'il serait imprudent et même impossible de la rassembler sur l'Inn. En supposant même qu'elle arrivât à temps, elle serait infailliblement cernée par l'armée autrichienne. De l'avis de tous les officiers bavarois, le poste de Passau n'est pas tenable; tout le reste de la frontière est ouvert, la capitale elle-même n'a plus de remparts que pour en faire des jardins d'ornement. La seule retraite au sud du Danube se trouve, me dit-on, à Ingolstadt, dont l'Électeur songe à relever les fortifications, si toutefois ce rétablissement s'accorde avec les plans de Sa Majesté. »

Une lettre du 1er juillet confirme celle-ci en ce qui concerne la fourniture des fourrages, et quelques jours après (5 juillet), M. Otto écrit encore :

« Je m'empresse d'avoir l'honneur de vous informer provisoirement que nous sommes parfaitement d'accord sur les principes de l'alliance, à l'exception de l'article 4 de votre projet, qu'il m'a été impossible de faire adopter. Je viens d'avoir à ce sujet un entretien avec l'Électeur lui-même, qui m'a déclaré que, dans aucun cas, il ne pourrait se charger de fournir à nos armées des vivres et des fourrages; que d'abord ses finances n'y suffiraient pas, qu'une pareille stipulation était inusitée entre deux puissances inégales en forces. »

Deux semaines plus tard, la situation devient si grave que Talleyrand et Otto conçoivent simultanément la nécessité de presser la conclusion du traité. Dès lors, la correspondance de Bavière prend un tel intérêt qu'il faut la citer intégralement :

M. Otto à M. Talleyrand.

Munich, le 30 messidor an XIII (19 juillet 1805).

Monseigneur,

Malgré les embarras de tout genre qu'éprouve le gouvernement autrichien, on continue ici à lui supposer des intentions hostiles contre la France. Le mauvais état de ses finances, la disette et le mécontentement du peuple, loin d'arrêter ses dispositions, pourraient les motiver, puisqu'il importerait à la cour de Vienne de fixer l'attention publique sur les chances d'une guerre extérieure, et de procurer à son Trésor quelque soulagement par les subsides de l'Angleterre. Depuis longtemps il n'est plus permis de calculer les événements politiques d'après les intérêts des gouvernements, mais d'après leurs papiers qui, en Autriche comme en Russie, sont très exaltés contre nous et quoique, de l'aveu même des ministres anglais, la coopération des puissances du continent ne puisse pas être regardée comme très prochaine, les éléments d'une nouvelle coalition se trouvent dans tout le nord de l'Europe, et le premier événement fâcheux pourra la faire éclater. Il paraît que la réunion de Gênes est aujourd'hui le thème favori des partisans de la guerre. Le libelliste Gentz a saisi cette occasion pour présenter à la cour de Vienne un long mémoire dans lequel il prétend développer les causes de cet événement, en l'attribuant comme il l'avait déjà fait lors de la création du royaume d'Italie, à la force des armes et à des coups de sabres donnés dans les assemblées du peuple. Une personne qui a vu le mémoire m'assure qu'il est impossible de pousser plus loin le délire de la haine. Quelle que puisse être l'influence de M. Gentz et de ses semblables, on remarque toujours beaucoup de mouvements dans les troupes autrichiennes qui filent vers la Styrie, sous prétexte de la cherté des vivres en Bohême et en Gallicie. Cependant les personnes plus éclairées continuent à croire que la cour de Vienne ne fait ces préparatifs que pour agir à tout événement comme auxiliaire de la Russie, et non comme partie principale. M. de Montgelas a partagé jusqu'ici cette opinion, et voyant la Russie prête à négocier, il paraissait assez tranquille sur les événements. Mais un courrier arrivé la nuit dernière de Berlin l'a singulièrement consterné. Ce courrier apporte la nouvelle du rappel de M. de Novosiltzow, et la copie d'un mémoire que ce négociateur à remis à M. de Hardenberg, par lequel il déclare que sa cour renonce à toute communication avec le gouvernement français. Jamais le ministre ne m'a paru aussi agité que je l'ai vu, après l'arrivée de cette nouvelle que l'Électeur ignore encore, et qu'il ne saura que dans quelques jours, M. de Montgelas ne voulant pas qu'un incident aussi fâcheux soit ébruité avant que les légations étrangères en soient instruites par d'autres voies. J'ai essayé de le rassurer en lui présentant le tableau des grandes forces que la France pourra déployer, si elle était dans le cas de déclarer la guerre, et je lui ai dit que cette circonstance devait le déterminer à mettre la dernière main à notre traité d'alliance. Il était trop effrayé pour me répondre d'une manière satisfaisante, et j'ai pensé qu'il fallait laisser passer ce premier moment de consternation. J'attends d'ailleurs la réponse de Votre Excellence à mes dépêches n°s 126 et 127. Mais je dois répéter ici que nous ne saurions trop ménager l'extrême timidité de l'Électeur, que la nouvelle de la rupture des négociations russes mettra au désespoir.

Veuillez agréer, etc. OTTO.

M. de Talleyrand à M. Otto.

3 thermidor an XIII (22 juillet 1805).

Monsieur, vos lettres des 10, 12 et 16 messidor et le projet joint à la seconde ont été mis sous les yeux de l'Empereur.

Le projet en lui-même, et pris en son ensemble, a son approbation. Outre que Sa Majesté serait disposée à prendre un caractère décidé à l'égard de l'Autriche qu'elle ne craint point, et dont elle n'attend rien, elle aime à se présenter comme protecteur constant de la maison de Bavière : mais elle a besoin d'éclaircissements sur les divers objets dont la Bavière demande la garantie ; ne connaissant pas assez toute l'étendue de l'engagement qu'elle prendrait, elle veut avoir sur chaque article, et sur les détails, des renseignements qu'elle attend surtout de vous.

La clause de la garantie des limites de l'Italie doit être développée. L'affaire du royaume d'Italie est vieille maintenant, il faut joindre aux frontières de ce royaume la frontière de France en Italie. Cette frontière ne peut plus reculer; et l'on ne peut se compromettre en garantissant nos frontières actuelles.

Les craintes que M. de Montgelas exprime sur le cas éventuel d'une guerre en Allemagne, dans laquelle la France serait partie et où la Bavière ne serait point engagée, n'ont aucun fondement. Le cas est chimérique. Pour quelque motif que la France soit en guerre avec l'Autriche, nous ne permettrons jamais que la Bavière reste neutre; et si l'Électeur ne se décidait pas volontairement, la guerre et la paix se feraient à ses dépens; et le partage de la Bavière en serait l'inévitable suite.

Dans l'état de paix, la puissance de l'Empereur est circonscrite par l'Adige et par le Rhin. Rien ne peut le disposer à s'étendre au delà de cette limite. Mais l'Autriche ambitionne sans cesse de s'étendre sur la Bavière; et tout ce qu'elle a fait en Souabe manifeste assez clairement sa politique. Sa prévoyance doit donc engager la Bavière à rechercher l'appui d'une protection puissante.

Voilà le motif du traité; et ce motif doit être exposé dès le début et dans ces termes :

Les deux parties contractantes voulant mettre un terme aux invasions qui ont été faites en Souabe, etc.

Cette exposition donne à la politique de la Bavière le caractère qu'elle doit avoir. On verra qu'elle cherche à se garantir contre les usurpations d'un suzerain qui, au mépris de la constitution de l'Empire, méconnaît le devoir qu'elle lui impose, de respecter les droits des États du second ordre et opprime les princes qu'il devrait protéger. Cette forme de rédaction convient en même temps à la dignité de la France qui veut et doit déférer aux vœux et aux besoins d'un voisin faible et d'un allié fidèle.

Ce qui est relatif à l'Italie et à l'intérêt de la France, doit être remis à la fin comme équivalent à la protection promise par la France : protection sur laquelle se fonde l'objet principal du traité; c'est-à-dire, la sûreté de la Bavière.

Pour rendre ce point plus sensible, vous devez, Monsieur,

recueillir des renseignements sur tout ce qui a été fait en Souabe, et vous procurer une évaluation politique et statistique de toutes les réunions opérées par l'Autriche afin d'en insérer l'énumération dans le préambule, et en exprimant toutefois qu'on ne prétend point revenir sur le passé et que le traité n'a que l'avenir pour objet.

Telles sont, Monsieur, les intentions de Sa Majesté Impériale, soit relativement au fond, soit relativement à la forme du traité à intervenir. Je ne présume point qu'elles rencontrent aucune opposition soit de la part du ministre électoral, soit de la part de l'Électeur lui-même. Je me persuade au contraire qu'ils en reconnaîtront immédiatement la parfaite convenance.

Vous êtes au surplus autorisé à déclarer que Sa Majesté se désiste de la demande faite de la fourniture des fourrages pour l'armée française.

Recevez, Monsieur, etc.

TALLEYRAND.

M. Talleyrand à M. Otto.

7 thermidor an XIII (26 juillet 1805).

Sa Majesté m'ordonne, Monsieur, de vous recommander la plus grande vigilance sur les mouvements des troupes autrichiennes. Vous devez mettre tous vos soins à rechercher et à recueillir les renseignements de toute espèce qui peuvent jeter du jour sur les projets ultérieurs de la cour de Vienne et sur toutes ses opérations militaires tant défensives qu'offensives. Vous me transmettrez ponctuellement toutes les informations qui pourront vous parvenir sur cet objet important.

Vous devez vous attacher particulièrement à distinguer les mesures prises depuis la date du 15 messidor (4 juillet), de celles qui auraient pu être ordonnées auparavant. Sa Majesté attache de l'importance à savoir s'il y a quelque différence dans la marche et les mouvements des troupes à ces deux époques.

Sa Majesté désire que vous fassiez avec soin un travail détaillé sur toutes les réunions partielles de territoire qui ont été faites par échange ou autrement dans le midi de l'Allemagne par la maison d'Autriche, et qui ont excité de justes appréhensions de la part de la Bavière et de tous les États intéressés à l'équilibre de l'Empire germanique. Ce travail doit renfermer, avec autant d'étendue qu'il sera possible, l'évaluation politique et statistique, population, territoire, revenus, etc., de tous les pays acquis par la maison d'Autriche.

Je vous renouvelle, etc.

Ch. Maur. TALLEYRAND.

P.-S. — à la lettre de M. Otto en date de ce jour. — Ce que vous me marquez par votre lettre du 30 messidor (19 juillet), de l'impression de M. de Montgelas, en apprenant le retour de M. de Novosiltzow en Russie, loin d'être un motif de temporiser, est plutôt une raison pour s'empresser de conclure. Si le ministre de l'Électeur et l'Électeur lui-même sont dans l'abattement, qu'y a-t-il de plus propre à relever leur courage qu'un traité qui assure à la Bavière l'appui constant de la France?

M. Otto à M. Talleyrand.

Munich, le 15 thermidor an XIII (3 août 1805).

Monseigneur,

Dimanche dernier, je me suis empressé de communiquer à M. le baron de Montgelas les réflexions renfermées dans la dépêche que Votre Excellence m'a fait l'honneur de m'adresser le 3 (22 juillet) ; et pour ne pas retarder la rédaction définitive du traité d'alliance, je lui ai présenté un projet rédigé conformément à vos dernières instructions, en le priant de me faire part le plus tôt possible de ses observations. La mère de ce ministre, atteinte depuis longtemps d'une maladie grave, est décédée le lendemain de cette entrevue ; et j'ai dû laisser à M. de Montgelas le temps de se remettre d'une perte aussi sensible.

La défense éventuelle de la Bavière étant le principal point de la discussion, l'Électeur a mandé il y a quinze jours les inspecteurs généraux pour conférer avec eux sur les moyens d'employer ses forces en cas de guerre. Le général de Roy, le plus ancien et le plus entreprenant, a voté pour la défense de l'Inn, quoique la rive bavaroise soit complètement ouverte ; et malgré l'avis contraire de M. de Montgelas, l'Électeur a paru pencher pour ce parti. Mais M. le général Wreden, considéré aujourd'hui comme le meilleur officier des troupes bavaroises, a démontré le danger et l'inutilité de ce plan. Un corps de 20,000 hommes réunis sur l'Inn serait facilement tourné par une armée autrichienne sortant de la Bohême ou des gorges du Tyrol ; que si on voulait l'étendre en forme de cordon, il serait encore plus facilement coupé par une invasion directe du côté de l'Autriche ou de Salzbourg ; les grandes plaines de la Bavière, entièrement dépourvues de fortifications, n'offriraient aucun abri, non seulement contre une infanterie ennemie supérieure en nombre, mais contre la cavalerie. En conséquence, le général Wreden a déclaré à l'Électeur que, s'il voulait l'honorer de ce commandement, il le refuserait, puisqu'il serait convaincu de la perte totale de son armée. Il a dit que le seul moyen de rendre utiles les efforts des Bavarois était de les rapprocher des points d'où ils pourraient attendre le secours de leurs alliés, et combiner leurs opérations ; que sous ce rapport un des postes les plus importants et les plus sûrs était le plateau qui domine la ville d'Ulm, sur la rive gauche du Danube, d'où, suivant les circonstances, l'armée pourrait se porter facilement soit sur la Bohême, soit sur le Voralberg ; qu'il fallait momentanément abandonner la Bavière pour pouvoir la reprendre avec plus de succès et s'y maintenir avec l'assistance de l'armée française ; qu'en supposant même (ce que le général Wreden ne croit pas praticable) qu'un effort sur la rive gauche de l'Inn peut retarder pendant huit à dix jours l'invasion de la Bavière, cet avantage très précaire ne saurait balancer les chances de la perte totale de 20,000 Bavarois, si l'ennemi était déterminé à passer l'Inn.

Je me suis convaincu moi-même, Monseigneur, en passant par Ulm, qu'il n'y a pas de position plus avantageuse que les hauteurs dont parle le général Wreden ; elles dominent tout le pays d'où les Autrichiens voudront former leur attaque et elles sont adossées sur des territoires où la cour de Vienne n'a aucune espèce de force ni d'influence, et où les armées françaises arriveront facilement, soit par Strasbourg, soit par Mayence.

L'opinion du général Wreden étant entièrement conforme à

celle de M. de Montgelas, il est à présumer qu'elle sera adoptée en cas de besoin. J'ai demandé aux généraux des détails sur l'état actuel de l'armée ; ils m'ont parlé avec beaucoup d'éloges de l'infanterie, qui pourra facilement être portée à 25,000 hommes, mais ils se plaignent de n'avoir pas assez de chevaux et d'effets d'artillerie, et ils ont sollicité de l'Électeur de s'en occuper sans délai. Au reste, la tenue des troupes est excellente; les soldats sont très braves et les officiers instruits.

L'Électeur s'était proposé de rassembler ici un camp pour le mois prochain. Ce projet a été combattu par plusieurs généraux qui lui ont observé qu'à la veille d'une guerre, il serait imprudent de morceler les bataillons, de les fatiguer par des marches inutiles et d'employer à cette manœuvre des sommes d'argent dont on a besoin pour monter la cavalerie et l'artillerie.

Veuillez agréer, etc.

OTTO.

M. Otto à M. Talleyrand.

Munich, le 17 thermidor an XIII (5 août 1805).

Monseigneur,

Par votre dépêche du 3 thermidor, Votre Excellence me prescrit de lui fournir des éclaircissements sur les divers objets dont la Bavière demande la garantie. Je m'empresse de répondre succinctement à cette demande, me réservant de vous transmettre dans la suite tous les développements que je pourrai me procurer.

La garantie sollicitée par la Bavière porte principalement sur les points suivants :

1° Le danger qui résultera des empiètements de la couronne de Vienne en Souabe, les communications de la Bavière avec la France et la Suisse pouvant être entièrement coupées de ce côté-là ;

2° La conservation de la supériorité territoriale de l'Électeur sur les fiefs de Bohême situés dans le haut Palatinat ;

3° La reconnaissance de sa supériorité territoriale sur les biens du corps équestre situés dans les pays de Würtzbourg et Bamberg;

4° Les réclamations de l'Électeur contre l'extension exorbitante du droit d'épave exercé par la cour de Vienne.

1° *Griefs à l'égard de la Souabe.* — Quant au premier point, il résulte de tous les renseignements qui me sont parvenus, que les moyens employés par l'empereur d'Autriche pour confirmer le titre de duc de Souabe, conservé dans son nouveau protocole, se développent de trois manières différentes, qui néanmoins tendent au même but.

Il s'efforce d'abord, soit par des achats, soit par des échanges, soit par des places honorifiques accordées aux possesseurs actuels, d'acquérir des territoires propres à arrondir ceux de de l'Autriche antérieure ; c'est ainsi qu'il a déjà acquis les districts de *Lindau*, de *Kœnigsegg*, de *Weissenau* et l'on m'assure qu'il est en négociation secrète avec les comtes de Babenhausen, de Zell et plusieurs autres. Je ne répéterai pas ici ce que j'ai eu l'honneur de mander à Votre Excellence dans ma dépêche n° 95, que je vous prie de faire joindre à ce rapport.

En second lieu, il prétend que toutes les terres enclavées dans ses anciennes possessions et appartenant autrefois à des abbayes sécularisées par le dernier recez, lui sont dévolues par le droit d'épave. Il serait impossible de fournir sur des opérations aussi récentes un tableau statistique exact, à moins de compulser les registres particuliers de ces abbayes et territoires, car la régence autrichienne de Souabe, qui peut seule en avoir un état satisfaisant, se gardera bien de le publier. Mais en jetant les yeux sur la carte, il est facile de voir que ces diverses réunions et usurpations, jointes aux terres des nobles immédiats (qui peuvent tous être considérés comme Autrichiens) forment une masse de territoire qui s'étend du lac de Constance au nord jusqu'au delà du Danube.

Pour donner en sa qualité de *duc de Souabe* encore plus de consistance à ce territoire, l'empereur d'Autriche travaille sourdement à faire exclure l'Électeur de Bavière des assemblées du cercle de Souabe, à former un nouveau cercle, dont tous les membres lui seraient entièrement dévoués. D'après ce système, les possessions de l'Électeur en Souabe seraient considérées comme appartenant au cercle de Bavière : la même innovation se prépare en Franconie où, à l'aide des cohortes de nobles immédiats, l'Empereur espère se débarrasser de l'opposition qu'il ne cesse d'éprouver de la part du cabinet de Bavière.

2° *Discussion sur les fiefs de Bohême situés dans le haut Palatinat.* — La discussion touchant les fiefs de Bohême dans le haut Palatinat porte sur la souveraineté de plus du tiers d'une province dont la dernière guerre a appris à connaître les ressources et l'importance militaire.

Ces fiefs sont de deux espèces : les uns sont tenus par l'Électeur lui-même, et d'autres se trouvent entre les mains de divers particuliers.

La cour de Vienne se croit autorisée à prétendre qu'on ne mette aucun nouvel impôt sur ces fiefs sans son aveu, que les causes des vassaux et sujets soient jugées en dernier ressort à Prague, que l'Électeur ne puisse ni lever des recrues, ni loger des troupes, ni se faire prêter serment de fidélité, ni exercer aucun droit de souveraineté sur ces terres.

La maison Palatine ne conteste pas la suzeraineté de la Bohême, mais elle soutient qu'elle doit être bornée, quant à la juridiction, aux causes strictement féodales, sans porter aucun préjudice au droit de supériorité territoriale, suivant la maxime généralement reconnue en Allemagne, *que le vassal n'est pas réputé sujet par le fait seul de son vasselage s'il ne l'est devenu à d'autres titres.* Outre les chartes de 1478 et 1495, outre les dispositions du traité de Westphalie, elle invoque le traité de Teschen *qui assure à l'Électeur de Bavière les fiefs tels qu'ils avaient été possédés par le dernier Électeur*, et elle remarque surtout que par ce traité l'Autriche a contracté l'engagement de ne former aucune prétention sur aucune partie des États bavarois, à quelque titre que ce pût être.

Néanmoins, la cour féodale de Prague défendit, en 1783, à tous les vassaux du haut Palatinat, de payer les impôts ordonnés par l'Electeur ; et en 1794, elle fit planter dans tous les districts de ces fiefs des poteaux aux armes de Bohême, et elle y stationna des invalides autrichiens.

L'Électeur protesta contre cette usurpation, dont la guerre suspendit les effets. Pendant toute la durée de cette guerre, l'Électeur traita les habitants de ces districts comme ses autres sujets. Les troupes y furent cantonnées, on y leva des recrues, des réquisitions, etc., sans la plus légère protestation de la couronne de Bohême. Mais à peine la paix de Lunéville eut-elle permis à l'Autriche de respirer, qu'elle chercha de nouveau à troubler la souveraineté de l'Électeur. Elle commença par envoyer des recruteurs dans les fiefs du haut Palatinat. Un détachement bavarois les délogea. L'archiduc Charles y fit passer une forte division et fit occuper la ville de Schœnsée; les Bavarois l'y bloquèrent aussitôt. Enfin, un arrangement provisoire signé à Vienne en 1801 mit fin à cette petite guerre. Il fut convenu que l'année 1794 servirait de terme normal et que l'Électeur jouirait provisoirement de tous les droits dont il était en possession avant le 1er janvier de cette année, *sauf un arrangement définitif.* Les commissaires respectifs s'assemblèrent à Meyerhofen pour y travailler. Ils employèrent deux années à échanger des notes sans rien terminer et, sur la demande du cabinet impérial, ils se séparèrent en juin 1803. La discussion fut renvoyée aux deux ministères.

La cour de Vienne déclare qu'elle est prête à céder toutes ses prétentions imaginaires pour un *équivalent territorial très réel en Souabe;* et elle proteste de ne vouloir s'agrandir, en aucune manière, aux dépens de l'Électeur; mais de fait, elle le prive de ses droits de souveraineté sur près de 100 lieues carrées, plus d'un tiers du haut Palatinat; elle appuie la résistance des sujets contre l'autorité légitime, et elle a si bien désorganisé le gouvernement de ces fiefs, qu'on peut dire avec vérité qu'il n'y a plus ni lois ni police. Si ces protestations sont sincères, qu'elle se contente de la suzeraineté que personne ne lui conteste, et qu'elle laisse à l'Électeur la souveraineté qui lui est due.

3o *Discussion touchant les droits de la noblesse immédiate.* — Les différends entre la cour de Vienne et quelques États germaniques touchant les prétentions du corps équestre, appartiennent plutôt au droit public universel qu'au droit positif.

L'origine de la noblesse immédiate remonte principalement à l'anarchie du grand interrègne, où tous les liens de la société étant rompus, chaque propriétaire de bien noble cherchait à se rendre indépendant de son souverain légitime.

En 1686, cette noblesse essaya d'obtenir trois suffrages à la

Diète; mais les principales villes s'opposèrent à leur réception. Ainsi cette noblesse n'est pas état de l'Empire.

Elle jouit néanmoins sous la protection de l'Empereur d'un grand nombre de privilèges incompatibles avec les droits de souveraineté des États où leurs terres sont enclavées. Elle a dans chaque cercle son directoire et ses propres juges; et malgré les nombreuses réclamations des princes, elle ne reconnaît d'autre cour d'appel que le conseil Aulique de Vienne; elle a ses diètes *générales*, ses diètes *cerculaires*, ses diètes *locales*, enfin ses diètes de *députation;* elle a le droit de légation, de juridiction ecclésiastique (confirmé par le traité de Westphalie), le droit de taxer ses sujets soit pour les besoins de l'Empire, soit pour ses propres besoins (dans le premier cas elle ne fournit qu'un don gratuit, *subsidium charitativum*), le droit de retrait pour lequel le corps entier de la noblesse peut retirer un bien immédiat vendu à un étranger; le droit *d'austrègue*, etc.

Tous ces droits sont confirmés par la capitulation de l'Empereur; néanmoins, il n'est pas encore décidé en Allemagne que la noblesse immédiate ait dans toute sa plénitude la *supériorité territoriale;* et c'est de cette question de droit que naissent les discussions dont tant de princes et d'écrivains se sont occupés depuis quelque temps.

Les trois cercles du corps équestre comprennent un nombre exorbitant de terres et de châteaux. On peut en juger par le tableau suivant :

En Souabe	630
En Franconie	726
Sur le Rhin	119
Total	1475

La cour de Vienne, étant chargée de la protection spéciale de toutes ces possessions, y exerce une influence proportionnée à la résistance qu'elle fait aux justes prétentions des princes; elle y lève des troupes, elle y attire tous les autres sujets des États pour les faire enrôler; elle se prête à toutes les usurpations d'une milice noble qui fait toute sa force dans les cercles où elle n'a pas d'autres possessions. Les réclamations ont été peu nombreuses et très faibles, tant que la noblesse immédiate n'avait à lutter que contre un évêque de Wurtzbourg, un évêque de Bamberg, ou contre d'autres dignitaires tirés eux-mêmes de l'ordre équestre et redevables à la cour de Vienne des sièges qu'ils avaient obtenus. Plusieurs d'entre eux, pour prouver leur reconnaissance envers l'Empereur, ont même facilité l'admission de nouveaux membres au corps de la noblesse immédiate. D'autres évêques, n'étant pas eux-mêmes de ce corps, ont eu soin d'y faire entrer leurs familles. Il en résulte une désorganisation complète dans le corps de Franconie. En Souabe, où l'Empereur a conservé de grandes possessions et le titre de duc, ce désordre a été moins sensible; et jusqu'au dernier recez, le corps équestre jouissait généralement et sans contradiction de tous les droits qu'il avait usurpés.

Mais depuis que les dernières sécularisations de grands territoires ecclésiastiques sont devenues le partage de quelques princes puissants; lorsque ces princes ont vu que, déduction faite des immenses possessions du corps équestre, l'étendue de leurs terres d'indemnité ne répondait en aucune manière à celles qu'ils avaient perdues par le traité de Lunéville; lorsqu'ils ont pu se convaincre que l'existence du corps équestre devenait une source de cabale, de confusion et de faiblesse pour leurs nouveaux États, morcelés dans tous les sens par les terres immédiates où des recruteurs, des juges, des douaniers et des receveurs étrangers enlevaient impunément et les hommes et la fortune du peuple; ils auraient voulu imiter l'exemple du roi de Prusse, qui d'un seul coup d'autorité, avait anéanti dans les pays d'Anspach et de Baireuth toutes les prétentions du corps équestre; mais l'intervention de la cour de Vienne a non seulement arrêté cette marche trop précipitée (car elle n'était pas soutenue comme en Prusse par une armée de 300,000 hommes); mais elle a donné lieu à des procédés humiliants pour les premiers et surtout pour l'électeur de Bavière.

Cette discussion ne peut être terminée que par une négociation avec la cour de Vienne, très disposée à sacrifier le corps équestre pour un équivalent et par une capitulation honorable avec la noblesse immédiate elle-même, qui s'y portera avec beaucoup d'empressement, aussitôt qu'elle se sentira abandonnée par l'Empereur.

4º *Discussion touchant le droit d'épave.* — Par le droit d'*épave*, ancien mot français pour lequel la cour de Vienne n'a pas même trouvé une expression allemande, elle prétend s'attribuer, non seulement toutes les portions de terres appartenantes aux couvents sécularisés et enclavés dans le territoire autrichien, mais encore les capitaux que les prélats avaient placés à la Banque de Vienne. Le revenu de ces terres et de ces capitaux a fait partie des évaluations faites à Ratisbonne pour indemniser les princes et comtes de l'Empire, et l'on n'a pu avoir l'intention d'en gratifier l'empereur d'Autriche. Je ne répéterai pas ici ce que j'ai eu l'honneur de mander à Votre Excellence, dans ma dépêche nº 94; je me borne à exposer les pertes éprouvées par l'électeur de Bavière.

Immédiatement après la prise de possession des abbayes et couvents adjugés à la Bavière, la cour de Vienne fit mettre le séquestre sur tous les biens et revenus que ces corporations possédaient en Autriche. Le séquestre s'étend non seulement sur les biens des fondations pieuses en Souabe et en Franconie, mais encore sur celles qui ont été sécularisées en Bavière. Le gouvernement électoral a ordonné la confection d'un tableau général de tous ces biens et revenus; mais toute correspondance avec les régisseurs de ces biens, situés en Autriche, ayant été suspendue, il se passera beaucoup de temps avant que l'on puisse avoir un état des fonds séquestrés. Les pertes constatées jusqu'ici s'élèvent aux sommes suivantes :

	florins.
Biens-fonds des couvents bavarois..........	973,194
Capitaux de ces couvents.................	»
Biens-fonds des couvents du haut Palatinat..	185,065
Biens-fonds des corporations ecclésiastiques en Souabe.........................	153,125
Capitaux de ces corporations..............	194,395
Capitaux des corporations ecclésiastiques de Wurtzbourg et de Bamberg............	2,890,398
SOMME TOTALE....	4,630,515

Telles sont, Monseigneur, les discussions principales qui subsistent aujourd'hui entre la cour de Vienne et de Bavière, pour la conduite desquelles cette dernière cour sollicite la puissante intervention de Sa Majesté Impériale toutes les fois que le cabinet autrichien voudra assurer ses prétentions par des voies de fait. Aucune n'est assez grave pour motiver une guerre; mais si une rupture devenait inévitable pour d'autres objets, elles pourraient être traitées avantageusement lors de la première paix.

Pour compléter le tableau des différends entre les deux cours, j'ajouterai une cinquième réclamation du cabinet de Munich, quoiqu'elle ne puisse en aucune manière nous concerner. Elle servira à prouver combien le parti forcé pris par l'Électeur dans la dernière guerre a été préjudiciable à ses intérêts. Depuis 1796 jusqu'en 1801, les États de Bavière avaient fourni à l'armée autrichienne en approvisionnements, munitions de guerre, charrois et autres prestations, la valeur de 16 millions de florins. Sur cette somme il n'a encore été payé qu'environ 3 millions, et depuis longtemps on négocie inutilement pour obtenir les 13 millions restants.

Veuillez agréer, etc.

Otto.

Cependant, les nouvelles d'Autriche sont de plus en plus alarmantes; l'équipée de Novosiltzow et les mouvements des troupes russes décident l'Empereur à presser la conclusion du traité avec la Bavière, sans attendre les renseignements demandés à M. Otto.

M. Talleyrand à M. Otto.

12 thermidor an XIII (31 juillet 1805).

Sa Majesté jugeant, Monsieur, que la négociation dont vous êtes chargé a été amenée, par les explications et les concessions mutuelles, à un degré de maturité suffisant pour que rien n'arrête plus la conclusion définitive du traité qui la doit terminer, vous a donné à cet effet des pleins pouvoirs que j'ai l'honneur de vous envoyer. Si vous rencontrez encore des difficultés, elles ne pourraient provenir que de cet esprit d'hésitation et de lenteur trop ordinaire dans le pays que vous habitez; mais vous devriez les faire cesser, en déclarant qu'il ne saurait être agréable à Sa

Majesté et qu'elle supporterait avec peine d'être tenue dans l'incertitude et comme en suspens sur une transaction dont la Bavière doit recueillir le principal fruit, et par laquelle Sa Majesté a surtout voulu donner à la maison électorale un gage de l'intérêt qu'elle lui porte et de sa haute bienveillance.

Recevez, Monsieur, etc.

Ch. Maur. TALLEYRAND.

M. Otto à M. Talleyrand.

Munich, le 21 thermidor an XIII (9 août 1805).

Monseigneur,

J'ai reçu la dépêche que vous m'avez fait l'honneur de m'adresser le 4 et les pleins pouvoirs qui y étaient joints.

Tant que la position de l'Europe ne présentait rien d'immédiatement menaçant, l'Électeur a paru se livrer avec complaisance au sentiment naturel qui l'entraîne vers nous ; mais aussitôt que la note de M. Novosiltzow a été connue ici, mille conjectures alarmantes sont venues l'assaillir ; il s'est vu à la fois attaqué par les Autrichiens et les Russes, chassé de sa capitale, dépouillé de tout ce qui lui est cher, et incertain même sur la retraite qui pourrait lui rester après la perte de ses États. A mesure que les courriers de Vienne apportaient de nouveaux détails touchant les préparatifs de guerre de l'Autriche, il s'est abandonné à de nouvelles combinaisons. Tantôt il voulait partager ses forces en différents corps et déclarer qu'il se prononcerait contre la première puissance qui l'attaquerait ; tantôt il croyait devoir se retirer en Franconie, et protester à la Diète contre tout ce qu'on pourrait entreprendre dans ses États ; tantôt par un mouvement généreux et fier, il se rattachait de nouveau a la France, faisait tête à l'Autriche et attendait avec confiance l'arrivée de nos armées. Ce sentiment énergique a enfin prévalu ; mais il voyait à regret qu'il n'avait pas un général capable d'une grande entreprise, et que ses finances suffiraient à peine à l'entretien de ses soldats en temps de guerre.

Témoin de cet embarras extrême, j'ai eu l'honneur de vous mander, Monseigneur, le 30 messidor, qu'il fallait ménager la timidité de l'Électeur, mot qui vous a justement étonné ; car il est difficile de croire qu'un prince puisse être effrayé même du secours qu'on lui promet spontanément. Mais il appartient aux âmes indécises de redouter la protection qui leur est offerte avec trop d'insistance ; et lorsque la crainte était au comble, je devais ralentir ma marche pour ne pas irriter la résistance et faire soupçonner notre bonne foi.

Nonobstant cette indécision et cette anxiété, M. de Montgelas continuait à me donner connaissance de tous les avis intéressants qu'il recevait d'Autriche.

C'est par lui que je viens d'apprendre encore que la garnison de Wels, dans la haute Autriche, a reçu l'ordre de se rendre à Braunau sur l'Inn; que plusieurs généraux autrichiens marquants ont été appelés à Vienne pour recevoir leurs instructions; que des ordres ont été expédiés en Galicie, touchant la réception des troupes russes; que tous les semestriers autrichiens ont été amenés sur des chariots et qu'enfin l'attitude de la cour de Vienne est plus menaçante que jamais. J'ai d'ailleurs la certitude qu'il n'a été fait ici aucune proposition qui eût le moindre rapport à une alliance politique entre les deux cabinets. Une pareille combinaison est sans doute peu vraisemblable ; elle est incompatible avec les sentiments bien connus de l'Électeur et de son ministre ; mais elle serait possible, si par haine contre la France, l'Autriche se relâchait sur différents points mentionnés dans ma dernière dépêche, et qu'une attitude trop inquiétante de notre part engageât l'Électeur à chercher son salut près de la puissance qui peut lui faire le plus de mal.

Après de longues discussions sur le fond et la forme du traité d'alliance, je suis enfin parvenu, Monseigneur, à convenir avec M. de Montgelas de la rédaction que j'ai l'honneur de joindre ici; elle sera soumise après demain à l'approbation de l'Électeur; j'espère qu'elle aura celle de Sa Majesté.

Le préambule, que d'apres l'ordre de Votre Excellence j'avais proposé ici, avait quelque chose de trop fier et de trop offensif pour une cour qui veut avoir du moins l'air de garder la défensive. Après beaucoup de discussions, dont je dois vous épargner le détail fastidieux, j'ai pensé que je devais m'en tenir aux deux bases principales du traité :

1° La protection de la maison Palatine et la réciprocité de ses bons offices ;

2° La dépendance entière de l'armée bavaroise du commandant en chef de la nôtre.

Du reste, j'ai conservé le fond de votre projet ; si ce n'est que l'armée bavaroise ne pourra agir que conjointement avec nos forces, ce qui est une suite naturelle de sa dépendance, car par sa position et par l'inexpérience de ses généraux, il eût été dangereux de l'employer d'une autre manière.

Aucun général bavarois n'ayant assez d'autorité ni d'influence pour adopter un plan de défense, M. de Montgelas désire que Sa Majesté envoie le plus tôt possible, même sous un nom supposé, un militaire expérimenté, muni des instructions de l'Empereur, assez ferme pour en imposer aux officiers bavarois, et assez modéré pour ne pas les humilier. Ce militaire ne devrait pas être trop marquant, car il ferait une trop grande sensation, à moins qu'au moment de son arrivée la guerre ne fût déjà prête à éclater.

Le principal but de sa mission serait d'indiquer le point de réunion et les moyens de coopération entre les deux armées.

La consternation est extrême ici, et j'avoue que l'Électeur a montré une sorte de courage en se prononçant dans la crise actuelle, non seulement contre un voisin aussi dangereux que l'empereur d'Autriche, mais contre son beau-frère l'empereur de Russie. En me remettant son contre-projet, M. de Montgelas m'a dit : « Vous ne risquez qu'une armée ; mais nous, nous risquons tout ce que nous possédons, et il est possible que dans six mois, l'Électeur n'ait pas une maison à lui ; je le recommande à votre sollicitude. Si, par les événements de la guerre, il se trouvait dépouillé de tous ses États, il serait indispensable que la France prît les troupes bavaroises à sa solde, et qu'elle accordât à l'Électeur un subside pour son entretien personnel.

« Veuillez soumettre cette demande à Sa Majesté Impériale ; elle prouve en même temps notre dévouement et notre embarras ; si d'un autre côté il était impossible de négocier un emprunt dans les pays qui se trouvent sous l'influence de la France, nous solliciterions ses bons offices, car le premier effort que nous ferons pour préparer nos moyens et rendre notre armée mobile, sera extrêmement dispendieux, et absorbera une grande partie de nos ressources. »

J'ai consolé le ministre de mon mieux en le priant de ne point voir les revers de si loin. Mais les nouvelles qu'il a reçues sont tellement inquiétantes que l'ordre est déjà donné de faire mettre en sûreté les papiers les plus importants du gouvernement et de les envoyer à Wurtzbourg.

L'opinion générale est ici que la Bavière sera occupée dès le commencement de la guerre. J'ai prié instamment M. de Larochefoucauld de me donner des renseignements à ce sujet et sur sa propre position; il m'a répondu le 14, qu'étant trop occupé il s'empresserait de me donner par le courrier Orry les renseignements que je désire; et ce courrier m'apporte aujourd'hui une lettre du 18 par laquelle M. de Larochefoucauld m'informe en deux mots « qu'il transmet à Votre Excellence la réponse de la cour de Vienne et qu'il se fera un plaisir de m'annoncer *quand les deux cabinets seront d'accord sur tous les points.* »

Je n'ai donc d'autre source de renseignements que celle qui m'est ouverte dans le cabinet de M. de Montgelas; ce ministre vient de recevoir une lettre du 15, par laquelle on l'informe que l'activité qui règne dans le département militaire est sans exemple; que plusieurs officiers de l'État-Major partent pour leurs armées; qu'un grand nombre d'officiers de l'artillerie sont en route pour l'Italie et le Tyrol; qu'ils ont l'ordre de prendre la poste; que les soldats suivront sur des chariots; que trois régiments d'infanterie doivent faire halte à Klagenfurth pour se rendre en Tyrol; que le prince Dolgorouki fait des contrats avec le fournisseur Wimmer et qu'il n'y a plus de doute que plusieurs personnes ne soient parties pour la Galicie, chargées de faire des arrangements provisoires pour le passage des troupes russes.

Ne voulant pas retarder votre courrier, je me borne à vous prier, Monseigneur, de me transmettre le plus tôt possible les ordres de Sa Majesté, touchant le projet ci-joint.

Veuillez agréer, etc.

OTTO.

P. S. — En fermant cette dépêche, je reçois de M. Montgelas le billet suivant :

« Je prends la liberté de recommander à Votre Excellence

les deux points dont j'ai eu l'honneur de l'entretenir ce matin : l'un pourra être ajouté au traité dans les termes suivants à peu près en forme d'article additionnel :

« Si, par suite des événements de la guerre, le tout ou la plus grande partie des États de Son Altesse Électorale venaient à être occupés par l'ennemi, Sa Majesté Impériale et Royale ne fera aucune difficulté de se charger de la paye et de l'entretien des troupes bavaroises ; et dans ce cas il sera aussi alloué à Son Altesse Électorale un subside convenable, jusqu'au moment où elle sera remise en possession de ses États. »

P. S. — Je ne crois pas, Monseigneur, qu'il soit possible d'obtenir plus que les conditions ci-jointes du projet convenu avec M. le baron de Montgelas ; s'il était agréé par Sa Majesté, et que les circonstances exigeassent une signature prompte, Votre Excellence pourrait me faire prévenir au moyen du télégraphe de Strasbourg *que vous approuvez le parti* que j'ai pris. Ce mot transmis par M. Shée suffirait pour mon instruction.

Otto.

Projet convenu avec M. le baron de Montgelas, joint à la dépêche n° 137.

S. M. l'empereur des Français, roi d'Italie, et S. A. S. l'électeur palatin de Bavière, également intéressés à maintenir l'organisation de l'Empire germanique d'après les principes établis par le traité de Lunéville, du 9 février 1801, et le recès de l'Empire, du 24 février 1803, ont jugé convenable de combiner leurs efforts pour procurer l'exécution stricte et littérale desdits traités, et prévenir les infractions qui pourraient y être faites en resserrant à cet effet, par un traité formel, les liens d'amitié heureusement subsistant entre les deux États. Elles ont nommé en conséquence N. N. qui, après l'échange de leurs pleins pouvoirs, sont convenus des conditions suivantes :

Article 1er.

S. M. l'empereur des Français, roi d'Italie, garantit à Son Altesse Sérénissime Électorale l'intégrité de toutes ses possessions, telles qu'elles ont été réglées par le recès de l'Empire du 24 février 1803.

Sont compris dans cette garantie tous les droits et prérogatives appartenant au territoire bavarois et nommément la partie du haut Palatinat, relevant de la couronne de Bohême, et sur laquelle il s'est élevé des contestations : les prétentions de Son Altesse Sérénissime Électorale à la charge du corps équestre ; l'indemnité territoriale qui lui a été promise pour Eichstædt; les discussions qui existent entre l'Autriche et la Bavière, touchant le droit d'épave et les possessions bavaroises en Souabe ; les suffrages qui lui ont été accordés à la Diète et aux cercles par le paragraphe 32 du recès de l'Empire.

Sa Majesté Impériale et Royale promet d'employer toute son influence pour que ces objets soient réglés à la pleine et entière satisfaction de Son Altesse Sérénissime Électorale et de saisir toutes les occasions qui pourront se présenter pour augmenter la puissance et la splendeur de la maison de Bavière et pour procurer à ses États l'arrondissement et la consistance dont ils sont susceptibles.

ART. 2.

Si en haine des mesures que prendrait Son Altesse Sérénissime Électorale pour soutenir les droits de sa maison, sur tous ou quelques-uns des objets énoncés dans l'article 1er, les États bavarois étaient sérieusement menacés ou attaqués, Sa Majesté Impériale et Royale s'engage à faire cause commune avec Son Altesse Sérénissime Électorale et à employer tous ses moyens pour repousser l'agression dirigée contre elle, soit que la puissance attaquante agisse de son chef ou comme exécutrice d'une décision des tribunaux de l'Empire. Sa Majesté Impériale et Royale, sur la réquisition qui lui en serait faite de la part de Son Altesse Sérénissime Électorale, lui prêtera l'assistance de toutes ses forces, si elle ne parvenait pas, par ses représentations, à détourner l'agression de ses projets hostiles.

ART. 3.

En considération des secours efficaces que Sa Majesté Impériale et Royale accordera à Son Altesse Sérénissime Électorale toutes les fois que les intérêts de la Bavière se trouveront lésés, l'Électeur contracte de son côté l'engagement formel d'unir tous ses efforts à ceux de Sa Majesté pour maintenir l'intégrité des limites actuelles de l'Empire français et du royaume d'Italie et pour repousser l'agression qui serait dirigée contre les États de Sa Majesté.

Son Altesse Sérénissime Électorale s'engage d'ailleurs à employer toute son influence aux assemblées générales et particulières de l'Empire à la Diète, aux cercles et partout où besoin sera, pour empêcher que la bonne intelligence, heureusement établie entre les deux empires de France et d'Allemagne, ne soit troublée, et écarter tous les incidents et propositions qui pourraient y conduire directement ou indirectement.

ART. 4.

Si malgré tous les efforts de Sa Majesté Impériale et Royale la guerre venait à éclater, elle enverra immédiatement en Allemagne une armée de 80,000 hommes d'infanterie, 14,000 de cavalerie et 6,000 d'artillerie, avec un train attelé de 10,000 chevaux. Dès que cette armée sera arrivée dans les États de l'Électeur et en mesure d'appuyer ses opérations, Son Altesse Sérénissime Électorale y joindra un corps de 18,000 hommes d'infanterie et 2,000 de cavalerie, avec un train proportionné à cette force. Les deux hautes parties contractantes, aussitôt que cette réunion aura été effectuée, promettent de la manière la plus solennelle de combiner ensemble toutes leurs opérations, d'en suivre les développements avec une égale ardeur, de conserver pour la conclusion de la paix la même harmonie qui aura réglé la direction de la guerre, de se communiquer fidèlement les propositions qui leur seront faites et de n'entrer dans aucun traité à l'exclusion de l'autre.

ART. 5.

Le général commandant les troupes de l'Électeur sera aux ordres du général en chef de l'armée française pour ce qui concerne la conduite générale de la guerre et l'ensemble des opérations. Mais le régime intérieur et la discipline de ces troupes ne dépendra que de leur chef particulier, et les Bavarois ne seront employés qu'en Allemagne ; ils serviront autant que possible en corps et sur le même point. En détachement, ou quand les troupes des deux États se trouveront en garnison dans une place, on suivra, pour le commandement entre les officiers, l'ordre de l'ancienneté, conformément à l'usage suivi dans tous les services. Les trophées pris sur l'ennemi, tels que drapeaux, canons, etc., seront partagés au prorata du nombre des troupes respectives qui auront été employées. Les troupes bavaroises seront comprises dans les cartels relatifs à l'échange des prisonniers.

Art. 6.

Tant que l'armée de Sa Majesté Impériale et Royale se trouvera dans les États de Son Altesse Sérénissime Électorale, elle sera entretenue aux frais de la France. Les fournitures qui lui seront faites par des sujets bavarois seront payées en argent comptant ou en bons à termes fixes.

Lorsque les deux armées se trouveront en pays ennemi, les contributions en argent seront partagées de la même manière que les trophés enlevés à l'ennemi, et dans les réquisitions qui seront frappées en vivres et en fourrages, le commandant en chef aura soin que les corps bavarois trouvent aussi leur subsistance aux dépens de l'ennemi commun.

Art. 7.

Dans le cas où, par suite de la guerre, les hautes parties contractantes auraient obtenu des succès assez décisifs pour exiger quelque cession de territoire, S. M. l'empereur des Français s'engage à ne rien réclamer en Allemagne pour le compte de la France au delà de la limite actuelle du Rhin et promet, au contraire, d'employer toute son influence à l'effet d'étendre et d'arrondir convenablement le territoire bavarois, de manière à rendre plus profitables les rapports d'alliance et de parfaite amitié qui doivent résulter du présent traité.

Quels que puissent être d'ailleurs les événements de la guerre, la conservation des limites actuelles de l'Empire français et du royaume d'Italie et le rétablissement complet de Son Altesse Sérénissime Électorale dans tous les États et domaines dont elle jouit actuellement, seront les conditions essentielles et nécessaires de la paix.

Art. 8.

Le présent traité d'alliance demeurera secret entre les hautes parties contractantes, aussi longtemps qu'elles le jugeront nécessaire, et ne pourra être communiqué à aucune autre puissance que du consentement mutuel des deux parties.

L'Empereur à Talleyrand.

Camp de Boulogne, 28 thermidor an XIII (16 août).

Monsieur Talleyrand, ministre des relations extérieures, expédiez un courrier à M. Otto. J'approuve le traité d'alliance ; j'approuve même que, si l'Électeur perdait ses États momentanément, il reçût des subsides pour l'entretien et la solde des Bavarois. Je suppose donc ce traité conclu. Vous écrirez à M. Otto pour qu'il hâte la signature, en disant qu'il a des communications importantes à faire après. En effet, il communiquera les notes que j'ai fait remettre à la cour de Vienne, et l'état des choses ; il dira que mon intention est, si elle n'évacue pas le Tyrol et si elle ne désarme pas, de lever mes camps de l'Océan et de marcher sur l'Autriche ; que cependant, je pense que l'Électeur doit lui-même faire des représentations à l'Autriche et demander pourquoi elle lève tant de troupes en Tyrol, étant en paix avec ses voisins ; qu'il ne faut point se laisser prévenir ; que je ferai descendre la plus grande partie de l'armée de Hanovre, et que trois semaines après la réponse de Vienne, si l'Autriche ne désarme pas, je serai moi-même avec 200,000 hommes en Bavière.

Vous montrerez à M. de Cobenzl le paragraphe de la lettre de M. Otto où il est question des préparatifs de guerre, et vous lui direz : « Eh bien, M. de Cobenzl, vous voulez donc la guerre ? En ce cas vous l'aurez, et ce n'est pas l'Empereur qui l'aura commencée ». Vous engagerez Cobenzl à envoyer un courrier extraordinaire, même après ces communications, parce que, dans cet état de choses, tous les instants sont urgents, et qu'il faut que sa cour prenne un parti décisif. Mais qu'elle parte bien du principe que je fais la guerre malgré moi, qu'elle m'y contraint.

Vous expédierez un courrier à M. de Larochefoucauld, pour lui donner l'extrait des dépêches de M. Otto. Vous lui prescrirez de faire de nouvelles instances, de ne point épargner les courriers, et de se rendre tous les jours chez M. de Cobenzl pour demander une décision. J'ai peine à croire, cependant, que les choses soient poussées aussi loin que le dit M. Otto. Je crois bien que M. de Montgelas, qui pense que la guerre n'aura pas lieu, exagère pour se faire un plus grand mérite ; et ce qui me le fait croire, c'est qu'il signe le traité. Avec un caractère aussi hésitant que celui de l'électeur de Bavière, s'il y avait des dispositions aussi fortes, il ne le ferait pas.

Vous montrerez également la réponse verbale de M. de Cobenzl à l'ambassadeur Cobenzl ici, en lui répétant que c'est une mauvaise plaisanterie ; qu'il est impossible qu'on croie que je veux faire la guerre à l'Autriche, étant aussi occupé avec l'Angleterre ; que le cabinet de Vienne est séduit par les intrigues de l'Angleterre, ou égaré par des plans de polissons qui répètent des leçons de marches et de campements, qui seront déjoués comme les autres ; et qu'il est ridicule qu'un cabinet se laisse amuser par de pareilles sottises (1).

Napoléon.

---

(1) *Correspondance de Napoléon*, n° 9087.

CHAPITRE VI

Napoléon se décide à la guerre.

Vers le milieu du mois d'août 1805, il n'est pas douteux que la résolution de déclarer la guerre à l'Autriche est arrêtée dans l'esprit de Napoléon. Il faudrait désormais, pour que la campagne ne s'ouvrît pas dans un bref délai, que l'empereur d'Allemagne se soumît subitement à l'ultimatum presque brutal qui lui a été posé. Or, les nouvelles de Vienne sont, au contraire, de plus en plus alarmantes.

M. Otto avait écrit de Munich le 2 août :

« De jour en jour, on voit se multiplier les rapports touchant les préparatifs de guerre de la cour de Vienne. Des avis particuliers du Tyrol assurent qu'outre les cinq régiments d'infanterie qui s'y trouvent déjà, on y attend les régiments de Stein, de Sporck, Archiduc Charles et de Ligne, et plusieurs régiments de cavalerie. On y prépare six hôpitaux militaires, savoir : à Roveredo, à Brixen, à Botzen, à Imst, à Landegg et à Insprück. Près de cette dernière ville on y construit des fours qui emploieront 150 boulangers déjà engagés.

Une lettre des frontières annonce que le recrutement se fait en Bohême avec tant de sévérité qu'il arrive en Bavière un grand nombre de jeunes gens pour s'y soustraire. Elle ajoute que pour ne porter aucun ombrage, on a fait partir pour l'Italie du canon caché sous des sacs de laine.

Des avis confidentiels de Vienne confirment ces détails. D'après ces avis, les préparatifs guerriers se poussent dans toute la monarchie autrichienne avec une telle activité et acquièrent un aspect si imposant, qu'ils méritent l'attention la plus sérieuse. Le parti qui dirige toutes les mesures militaires se flatte d'un grand succès, pourvu que l'on commence à temps et avec des armées assez puissantes pour porter un grand coup. Depuis quinze jours, le nombre des ouvriers dans les arsenaux a été doublé, la boulangerie militaire est organisée et prête à partir de Vienne, et de nouveaux contrats pour 1500 chevaux de trait viennent d'être passés. Le recrutement se poursuit avec une sévérité et une activité comme au milieu de la guerre, et un grand nombre d'étrangers ont eu le malheur d'être compris dans la levée.

Le camp de Pettau, en Styrie, est le plus nombreux de tous. Il y a 10 régiments d'infanterie, sans compter les troupes des frontières et 5 régiments de cavalerie. De ce camp, une armée peut se rendre facilement soit en Italie, soit en Tyrol. Les régiments polonais se sont avancés en Moravie et en Bohême, pour remplacer ceux qui ont marché en Autriche. La cavalerie est pour la plupart rassemblée dans les camps, près de Kaschau, en Hongrie, et près de Cracovie. La garnison de Vienne, forte de 20,000 hommes, doit être considérée comme une espèce de réserve. Les transports d'artillerie et de munitions continuent sans interruption vers le Tyrol et l'Italie.

Pour ce qui concerne les frontières de la Bavière, il paraît que le grand nombre de troupes rassemblées en Tyrol, où, suivant les avis de Vienne, il y a maintenant au delà de 7 régiments d'infanterie et 2 de cavalerie, mérite beaucoup d'attention, tant par la facilité de pénétrer en Bavière que pour celle de l'envelopper du côté de la Souabe. C'est l'archiduc Jean qui, à ce qu'on assure, est destiné à commander l'armée du Tyrol, ayant avec lui MM. de Chasteler et Devaux. Cette armée pourrait être aisément renforcée par celle du camp de Pettau.

Il y a en Tyrol un parc d'artillerie et une batterie d'artillerie légère. Il s'en trouve fort peu dans la haute Autriche ; mais le grand parc d'artillerie est à Budweis, qui n'est qu'à dix lieues de là. Depuis qu'on a formé deux nouveaux gouvernements militaires en Tyrol et en haute Autriche, il y a à Insprück et à Lintz un état-major général tout organisé. Du reste, il est certain que si l'on médite une entreprise contre la Bavière, ce n'est pas des places frontières, mais de l'intérieur du pays que partira le coup dangereux.

Tels sont, Monseigneur, les avis directs donnés par une personne bien instruite de ce qui se passe à Vienne. Il en résulte que, depuis le 15 messidor (4 juillet), on a mis dans les préparatifs beaucoup plus d'activité qu'auparavant. Ne pouvant compter encore sur le retour de vos courriers, je m'empresse de vous écrire par la poste. Je joins ici un tableau des forces autrichiennes actuellement disponibles ; j'ai tout lieu de le croire exact.

Veuillez agréer, etc.

OTTO.

De Vienne même, M. de Larochefoucauld écrit le 10 août :

M. Larochefoucauld à M. Talleyrand.

Vienne, le 22 thermidor an XIII (10 août 1805).

Monsieur,

Les approvisionnements nécessaires à l'armée qui est en Italie continuent toujours à prendre cette direction. Tout a été tiré de Vienne, ce qui a beaucoup contribué à alarmer les habitants. Les troupes destinées pour le camp de Budweis sont en marche. Il sera de 30,000 à 40,000 hommes, et servira à réunir les régiments qui occupent la Bohême. Un autre camp aura lieu à Bruck, sur la Mur, en Styrie, à 6 milles de Gratz. Deux régiments de la garnison de Vienne s'y sont déjà rendus, et un troisième, parti de Moravie, y est attendu. Le camp de Minkendorf, près Laxenbourg, à 8 lieues de Vienne, sera occupé par les régiments de Nassau-cuirassiers, Duc Albert-cuirassiers, Mack-cuirassiers, Archiduc-palatin-hussards, et toute l'infanterie qui se trouvera à Vienne à l'époque où il sera établi, c'est-à-dire sous quinze jours.

150 pièces de canon, tant de campagne que de siège, sont

parties des fossés de Vienne pour l'Italie, quelque temps après un train considérable qui a pris la route de la haute Autriche.

Il y a peu de jours que l'on a envoyé en Tyrol des artilleurs conduits sur des chariots par des chevaux de poste. Ils avaient ordre de faire la plus grande diligence. On doit encore former un camp près de Wels, sur la Traun, haute Autriche, à 4 postes de Linz.

30 bataillons, qui sont en ce moment sur la frontière de la Turquie, ont reçu l'ordre de se tenir prêts à marcher.

Le prince Charles a déjà fait acheter des chevaux pour ses équipages. L'archiduc Jean a l'ordre de Sa Majesté d'être prêt à partir à la fin d'août. On dit que l'Empereur commandera en personne l'armée d'Allemagne ; l'archiduc Jean, celle du Tyrol. Celle d'Italie n'a pas jusqu'ici de chef désigné.

50,000 fusils du nouveau modèle sont déjà achevés ; ils sont plus légers que les anciens ; la baïonnette est plus longue de 3 pouces ; elle est à trois tranchants et attachée au canon par un ressort qui la fixe assez fortement pour qu'elle ne puisse, sans un très grand effort, être séparée de l'arme par les coups de sabre de la cavalerie. Le calibre est le même, dit-on, que celui des fusils français. Le canon est très mince ; on l'a de beaucoup rétréci.

Plusieurs officiers, entre autres des émigrés français, MM. Canneville et Goguela (généraux-majors pensionnés) ont offert à Sa Majesté de lever des corps de chasseurs ; il est, en effet, question d'en lever 30 bataillons ; on enrôle même déjà les hommes propres à cette arme pour faire partie, dit-on, des corps qui porteront le nom de chasseurs de l'archiduc Jean et de chasseurs de l'archiduc Albert.

Votre Excellence, etc.

Extrait d'une lettre de Salzbourg.

24 thermidor an XIII (12 août 1805).

Ce ne sont plus des conjectures : c'est une guerre à laquelle il ne manque que la déclaration. Les vieux militaires disent que jamais on n'a vu dans la monarchie des préparatifs si rapides, si vastes et si bien entendus.

Mes avis me confirment la formation d'un camp à Budweis, pour le 21 septembre, lequel doit être composé de 22 escadrons et 22 bataillons de 8 compagnies, savoir :

Kollowrath (de Prague), 5 bataillons. Général-lieutenant, Klenau.

Riese (Chrudim), 5 bataillons.

Hohenlohe-dragons (Brandeis), 6 escadrons. Général-major comte de Nostitz.

Klenau, chevau-légers, 8 escadrons. Général-major Mercantin.

Merveldt-hulans (Pardubitz) 6 escadrons. Général-lieutenant Gottesheim.

Stuart (Jung-Bunzlau), 5 bataillons. Général-major O'Donnell.

Joseph Colloredo (Josephstadt), 5 bataillons.

Reuss (Leitmeritz), 4 bataillons. Général-major Weber.

Frelich (de Prague), 8 compagnies. Général-major Stikin (?).

Trois autres camps sont ordonnés, l'un à Wels, dans la haute Autriche, le second à Bruck et le troisième à Minkendorf.

Il vient d'ailleurs d'arriver à Scharding, sur le Danube, de la cavalerie, et depuis le commencement d'août il n'a cessé de passer, à Gratz, des troupes, des munitions et du canon. On travaille à Braunau avec activité à des ouvrages en terre.

L'armée russe qui est aux frontières de la Galicie se monte, dit-on, à 100,000 hommes (nombre arbitraire) ; mais, quelle que soit sa force, on sait de très bonne source qu'elle n'attend pour marcher que le moment où les Autrichiens se seront mis en mesure pour soutenir les premiers corps.

On croit savoir de même, avec assez de certitude, que l'archiduc Jean a reçu l'ordre d'être prêt pour la fin d'août à se rendre en Tyrol pour y prendre le commandement de l'armée. Enfin, on croit à Vienne que l'explosion ne peut tarder plus d'un mois à se faire. Le comte de Stahremberg est attendu de Londres, d'où l'on conclut que les arrangements de cette cour avec celle de Vienne sont terminés.

Deux autres lettres arrivent de Bavière coup sur coup :

M. Otto à M. Talleyrand.

Munich, le 25 thermidor an XIII (13 août 1805).

Monseigneur,

Suivant les nouvelles les plus récentes de la Bohême, on forme dans ce moment à Budweis un camp d'environ 30,000 hommes.

D'autres avis portent à 100,000 hommes le nombre des troupes parties de Wels, en Autriche, pour se rendre à Braunau, sur l'Inn. On ajoute que quelques nouveaux régiments sont partis pour le Tyrol et que l'on fait beaucoup de recrues dans le Brisgau.

La sensation que ces nouvelles ont dû produire dans le cabinet a été calmée par M. de Buol-Schauenstein, ministre d'Autriche, qui vient de remettre au bureau des affaires étrangères copie d'une déclaration par laquelle sa cour offre sa médiation à la France. Suivant lui, cette déclaration sera communiquée à tous les cabinets de l'Europe.

Cette pièce n'est pas encore connue du public de Munich, qui est généralement convaincu que toutes les démonstrations guerrières de l'Autriche n'aboutiront qu'à un arrangement par lequel cette puissance serait mise en possession de la Bavière en échange de la portion allemande de Venise, qui serait réunie au royaume d'Italie. Quelques-uns placent l'Électeur en Batavie avec le titre de roi ; d'autres ne lui laissent que la Franconie. Mais on croit si généralement à un changement semblable, que beaucoup de gens s'attendent à voir arriver aujourd'hui même un régiment autrichien pour prendre possession de cette ville.

Cette opinion se fonde en partie sur les propos tenus par le ministre d'Autriche, qui a dit hautement qu'en attendant l'issue des négociations entamées avec la France, sa cour prendrait la Bavière en dépôt.

L'Électeur m'ayant fait prier de passer chez lui, nous eûmes un entretien assez long, dans lequel il m'a répété que ce serait de sa part une bravade inutile et dangereuse de vouloir défendre l'Inn ; qu'il se bornait à répartir ses troupes dans trois ou quatre cantons, de manière à faciliter leur retraite vers Ulm pour y attendre les secours de la France. « Je serais plus hardi, m'a-t-

« il ajouté, s'il y avait une armée à Mayence ou à Strasbourg, « mais dans l'état actuel des choses, ma petite armée serait « sacrifiée, si je voulais la faire avancer. » Il m'a dit aussi que si la paix pouvait être conservée par l'abandon de la rive droite de l'Inn à l'Autriche, qu'il ferait volontiers ce sacrifice en recevant pour indemnité les possessions autrichiennes en Souabe.

Tous les papiers importants du Gouvernement et une partie de la chapelle, du Trésor, partent aujourd'hui pour Wurtzbourg.

Veuillez agréer, etc.

Otto.

M. de Gaussen à M. de Talleyrand.

Strasbourg, le 29 thermidor an XIII (17 août 1805).

Monseigneur,

Parti de Munich mardi dernier, 13 du courant (août) à 10 heures du soir, j'ai remis ce matin à M. le Préfet le paquet dont m'avait chargé M. Otto, ministre de l'Empereur et Roi, près l'électeur de Bavière.

Je regrette, Monseigneur, de n'avoir pas une occasion plus essentielle de vous prouver mon zèle, en remplissant une commission que m'a donnée Otto...., celle d'observer, en traversant la Souabe, si, comme on le disait, il y avait quelque mouvement dans les troupes autrichiennes. J'en ai rencontré depuis Zusmarshausen, la première poste après celle d'Augsbourg, jusqu'à Günzbourg où elles étaient déjà en quartier. C'était le régiment de Binder, et les soldats disaient qu'ils allaient à la guerre contre les Français. Ils étaient suivis de leurs chariots de bagages. Ce corps avait-il été précédé ou devait-il être suivi d'autres troupes ? c'est ce que je n'ai pu découvrir, voyant l'effet que faisait dans ces deux villes l'arrivée de deux Français ; et n'osant pas me livrer à des questions qui auraient pu éveiller le soupçon auquel ces gens me paraissent si disposés. Arrivés à Ulm, j'ai appris qu'une estafette avait apporté, quelques jours auparavant, l'ordre d'un achat de 8,000 chevaux, mais que la veille même, un second estafette avait apporté contre-ordre. Cette fluctuation prouve assez celle d'un cabinet qui cède quelquefois aux influences et sent ensuite le danger de s'y livrer, surtout dans un moment où, tout en se vantant d'avoir dans ses caisses de l'argent pour deux campagnes, et sans doute de grandes promesses, il voit une disette générale et presque déjà la certitude d'une mauvaise récolte.

Je ne vous parlerai pas des bruits répandus dans toute la Bavière, où l'on attend à chaque instant les troupes autrichiennes, et qu'on dit devoir servir de compensation amicale pour la cession de Venise aux Français. Pour donner à cette opinion la direction qu'on voudrait, il suffirait d'un article qui, de la *Gazette* de Hambourg, passerait bientôt dans celles des autres cours d'Allemagne.

Me le pardonnerez-vous, Monseigneur, si, profitant d'une occasion unique aussi favorable à un petit intérêt, j'ose rappeler à Votre Excellence celui qui l'a engagée à m'accorder une pension de 100 louis ; et si, ne voulant rien devoir qu'à elle-même, j'ose la supplier, d'après la cherté dont on me fait peur, d'y ajouter de quoi assurer l'existence d'un émérite et peut-être du plus ancien de votre département.

Je suis, etc.

De Gaussen,
Ex chargé des affaires de France
aux cours de Stockholm et de Berlin.

Mais le rapport le plus important paraît être celui du commissaire des guerres Chastelain, qui fait prévoir l'intention des Autrichiens de porter leur armée en Souabe :

M. Chastelain, commissaire des guerres, à M. le Ministre de la guerre.

Strasbourg, le 3 fructidor an XIII (21 août 1805).

Monseigneur,

J'ai l'honneur de rendre compte à Votre Excellence qu'entrevoyant la possibilité d'opérations militaires sur le Rhin, j'ai cru de mon devoir de m'assurer des moyens de subsistance que nos troupes pourraient trouver sur la rive droite du fleuve. Je l'ai passé il y a quatre jours, et au moyen de la langue du pays qui m'est familière, j'ai appris que depuis deux mois déjà le gouvernement autrichien, sous le prétexte de remplacer dans ses magasins les grains qu'on en a tirés pour venir au secours du peuple, s'approvisionne le long du Rhin dans les États des électeurs de Bade et de Wurtemberg ; les marchés sont passés et payés par la maison de banque connue sous le nom de Kolla, dans laquelle l'électeur de Wurtemberg a un intérêt de moitié ; ils consistent en blé, froment, seigle et avoine, en foin, paille, et depuis peu en chevaux de trait. Les achats ont été suspendus pendant quinze jours, mais on en fait de nouveaux depuis deux jours, et tout est dirigé sur le Tyrol.

Votre Excellence fera l'usage qu'elle jugera convenable de ces détails, dont je puis lui assurer la vérité. Il est bien évident que la politique autrichienne est d'attirer toutes les denrées dans ses possessions, au risque et peut-être dans le dessein d'affamer les provinces riveraines du Rhin.....

Extrait d'une lettre écrite des frontières de Russie,
du 19 août 1805.

On fait de grands préparatifs de guerre depuis le retour de M. Novosiltzow. On dit que les manœuvres d'automne n'auront plus lieu. Les troupes marchent du côté de l'ouest de l'Empire. Il a été ordonné aux officiers de se procurer leurs équipages de campagne le plus promptement et le plus commodément possible. Le cours du change est tombé, mais pas d'une manière bien sensible.

Les événements, les nouvelles alarmantes se succèdent sans interruption ; les dispositions de l'Empereur changent plus vite encore que la situation, au point qu'on s'en explique difficilement la trop rapide évolution, et qu'on peut lui supposer toutes les arrière-pensées.

Le 18, il penche seulement vers la guerre, la juge probable, mais croit que l'Autriche consentirait peut-être à cesser ses armements. Le 22, dans une longue lettre à Talleyrand, il semble compter sur l'alliance prussienne pour décider l'Autriche à la paix. Il pense donc qu'il aura ou qu'il se donnera le temps de traiter avec le roi de Prusse et d'attendre les effets de ce traité sur les résolutions des coalisés. Il parle encore de sa guerre avec l'Angleterre. Exprime-t-il sa véritable pensée ?

Le lendemain, en tout cas, elle aura changé tout-à-coup ; la guerre sera résolue irrévocablement.

L'Empereur à Talleyrand.

Camp de Boulogne, 4 fructidor an XIII (22 août 1805).

Monsieur Talleyrand, je reçois votre courrier, porteur de votre lettre du 2 fructidor. Je ne perds pas une minute pour y répondre. La situation de mes armées et la position de mes forces ne me permettent aucune transaction de faiblesse. En donnant le Hanovre à la Pruss je lui donne un bien qui, sans exagération, augmente ses forces de 40,000 hommes et améliore la situation de ses États, de la même manière que Gênes améliore le Piémont. J'entends que je donnerai le Hanovre à la Prusse, et je lui garantirai l'intégrité de ses États, mais j'entends aussi que la Prusse me garantira l'intégrité de mes États actuels, sans que je veuille m'engager avec elle pour la Suisse, la Hollande où les États de Naples. Si l'on demande quelles sont mes frontières actuelles, on dira : le Rhin du côté de l'Allemagne ; du côté de l'Italie, mes limites actuelles, celles qui confinent avec mon royaume d'Italie, conformément aux déclarations que j'ai faites. Voilà ma résolution prise. Je ne veux pas entendre parler du roi de Sardaigne, je tranche le mot, pas plus que des Bourbons ; c'est la faiblesse de ce partage qui me vaut toutes mes querelles actuelles, je ne consentirai pas même à lui donner Corfou. Son frère a renoncé ; son alliance avec l'Angleterre l'a précipité ; sa conduite actuelle en Sardaigne ne m'engagera pas à donner des secours à un ennemi. Quant à la Hollande, je ne veux donner aucune garantie. Si la guerre avec l'Angleterre continuait longtemps, et que ce peuple sans colonies ni continent cessât de vouloir vivre séparé, je ne veux pas que rien me lie sous ce point de vue. Il en est de même de la Suisse : je considérerai l'acte de médiation tant que la Suisse le conservera ; si jamais elle le violait, je ne reconnaîtrais plus l'indépendance de la Suisse.

Le langage de M. Laforest doit être simple et fier. C'est une offre que je fais à la Prusse; mais il faut nous entendre : *c'est une offre que je ne referai point dans quinze jours;* si le cadeau du Hanovre à la Prusse, portant cette puissance à se déclarer pour moi, fait trembler la Russie et l'Autriche, et me laisse librement et sans inquiétude me livrer à ma guerre maritime, je croirai être indemnisé de ce grand accroissement de puissance que va prendre la Prusse. Mais une fois que j'aurai levé mon camp de l'Océan, je ne puis plus m'arrêter, mon projet de guerre maritime est tout à fait manqué, alors je ne gagnerai plus rien à donner le Hanovre à la Prusse. Il faut donc qu'elle se décide sur-le-champ.

Expédiez un courrier à M. Laforest, écrivez-lui que, si l'on s'est décidé, cela est très bien, sinon qu'il fasse connaître qu'il faut une réponse prompte, que je ne puis être rassuré sur le continent que par une coopération ferme et vigoureuse de la Prusse, ou par une armée de 200,000 hommes sur le Rhin; que j'attends le retour du courrier que vous avez expédié, et que je l'attends à Boulogne. Il faut que, pendant le traité même, la Prusse menace d'un mouvement sur la Bohême, et fasse connaître à l'Autriche que, si elle passe l'Inn, elle entrera en Bohême. Si la Prusse se refuse à cette démarche, ma proposition est nulle : car du 20 au 25 fructidor, je suis obligé de faire une contremarche pour m'opposer aux progrès des armements de l'Autriche, pour empêcher son armée d'aller à Munich, et pour défendre une Maison que j'aime et qu'il est dans mon intérêt de protéger. Vous vous expliquerez dans ce sens avec M. de Lucchesini, et vous lui direz que si, au 25 fructidor, la Prusse ne s'est pas décidée et n'a pas fait une démarche ostensible et connue, la proposition se trouve tomber d'elle-même.

Vous ferez venir M. de Cetto. Vous lui direz par différentes voies que l'Électeur a peur; que, si cela est, il donne simplement un billet à M. Otto; que je fais descendre aussitôt dans ses États mon armée de Hanovre, que je ferai remplacer par celle que j'ai en Hollande; qu'en même temps je dirigerai sur-le-champ un corps de 20,000 hommes sur Munich; que j'attends des réponses de la cour de Vienne pour savoir si ses armements sont sérieux; que, si elle persiste à les maintenir, je me porterai en Allemagne avec toute mon armée des côtes et que moi-même avec 100,000 hommes, je serai avant six semaines à Munich.

Faites appeler M. de Cobenzl; faites lui connaître la partie de la lettre de M. Otto où il est dit que l'Électeur fait sortir les papiers de sa chancellerie; montrez-lui également les lettres de Dresde, de Salzbourg, d'Italie, que vous m'avez envoyées dernièrement et dites-lui :

« Monsieur de Cobenzl, si tout cela ne finit pas bientôt, l'empereur d'Allemagne sera précipité dans des événements qu'il aura mérités, puisque deux expériences dont les résultats ont dû être si funestes pour lui ne l'auraient pas ramené à des idées plus raisonnables. »

Écrivez à M. de Larochefoucauld que, si un corps quelconque autrichien entrait en Bavière, il demande ses passe-ports et quitte Vienne sur-le-champ.

Je désire faire présenter sur-le-champ une note à la Diète de Ratisbonne; envoyez-m'en le projet. Je veux y relever tout ce que la conduite de l'Autriche a d'offensant et d'hostile; dire que j'ai évacué la Suisse et qu'il n'y a pas un homme de troupes françaises, que les maux de la guerre retomberont sur ceux qui les provoquent, que je ne l'ai provoquée d'aucune manière, que cette déclaration est faite au peuple allemand, auquel je désire épargner les malheurs que lui prépare un prince que deux guerres malheureuses n'ont pu corriger; que l'électeur de Bavière et les princes de Souabe sont épouvantés de ses armements; que j'engage la Diète à prier l'Empereur, au nom de toute l'Europe, de cesser des mouvements qui sont des actes réels d'hostilité contre la France, occupée dans une guerre maritime qui est la cause de toutes les nations; de songer aux maux de la guerre et aux conséquences terribles qu'ils auront pour ceux qui recommenceront les troubles du continent; que remplir le Tyrol de troupes quand j'évacue la Suisse, c'est me déclarer la guerre.

Vous m'enverrez, par le retour de ce courrier, cette note, qui doit être très soignée et écrite dans un style très modéré. Vous ferez connaître à M. de Laforest ma situation vis-à-vis de l'Autriche. Vous ferez connaître à M. Otto cette note que je dois présenter; je désire qu'elle le soit avant la réponse de la cour de Vienne. Occupez-vous-en sans délai, et mettez-y toute la modération possible ; qu'on y voie, si l'on peut s'exprimer ainsi, la crainte de la guerre et d'être détourné de mon système maritime; qu'on y rappelle l'acquisition de Lindau, la non-exécution de plusieurs articles du traité de Lunéville, le droit d'épave, etc.; qu'on y dise que, si c'est pour appuyer ses prétentions que l'Autriche arme, elle a tort, puisque je n'ai fait entendre aucune réclamation contre ces usurpations, quelque réelles qu'elles aient pu être (1).

NAPOLÉON.

Le 23 août, l'Empereur écrit à Talleyrand la lettre décisive qui annonce l'entrée en campagne; il se juge acculé à cette extrémité par la perspective de laisser les Russes rejoindre les Autrichiens. Il est certain que la paix avec ces deux puissances sera toujours précaire : mieux vaut en finir tout de suite.

Du côté de la Prusse, Napoléon a l'illusion que le traité d'alliance est, pour ainsi dire, une chose faite. Si ses instructions du 22 ont été suivies, Talleyrand a offert formellement le Hanovre au roi de Prusse, et nul doute que ce monarque n'accepte les conditions ainsi présentées. Il ne s'agit plus que de hâter sa résolution, de le prévenir de la prochaine ouverture des hostilités et de le décider à faire, sans plus tarder, une démonstration sur les frontières autrichiennes. Tel est l'objet de la mission confiée à Duroc, mission exposée clairement dans la lettre au roi de Prusse du 23 août (2). Il ne s'agissait pas de reprendre les négociations, conduites jusque-là par M. Laforest, mais de hâter la formalité de la signature et de combiner les premières mesures d'exécution du traité. La seule présence de Duroc à Berlin devait faire ressortir le caractère militaire que revêtirait désormais l'action commune de la France et de la Prusse. Les cir-

(1) *Correspondance de Napoléon*, n° 9104.

(2) Bien que cette lettre d'introduction et la minute des instructions de Duroc soient du 23, ce général ne partit pas avant le 30.

constances où il se trouva, contrairement aux prévisions de l'Empereur, changèrent tout à fait le rôle qu'il eut à jouer et firent de ce soldat un diplomate, indûment substitué à Laforest dans les négociations politiques.

L'Empereur à M. Talleyrand.

Camp de Boulogne, 5 fructidor an XIII (23 août 1805).

Monsieur Talleyrand, ministre des relations extérieures, plus je réfléchis à la situation de l'Europe, plus je vois qu'il est urgent de prendre un parti décisif. Je n'ai, en réalité, rien à attendre de l'explication de l'Autriche. Elle répondra par de belles phrases et gagnera du temps, afin que je ne puisse rien faire cet hiver ; son traité de subsides et son acte de coalition seront signés cet hiver, sous le prétexte d'une neutralité armée ; et, en avril, je trouverai 100,000 Russes en Pologne, nourris par l'Angleterre, avec les équipages de chevaux d'artillerie, etc., et 15,000 à 20,000 Anglais à Malte, et 15,000 Russes à Corfou. Je me trouverai alors dans une situation critique. Mon parti est pris.

Mon escadre est sortie le 26 thermidor (août) du Ferrol avec 34 vaisseaux ; elle n'avait pas d'ennemis en vue. Si elle suit ses instructions, se joint à l'escadre de Brest et entre dans la Manche, il est encore temps : je suis le maître de l'Angleterre. Si, au contraire, mes amiraux hésitent, manœuvrent mal et ne remplissent pas leur but, je n'ai d'autre ressource que d'attendre l'hiver pour passer avec la flottille.

L'opération est hasardeuse ; elle le serait davantage si, pressé par le temps, les événements politiques me mettaient dans l'obligation de passer d'ici au mois d'avril.

Dans cet état de choses, je cours au plus pressé ; je lève mes camps et je fais remplacer mes bataillons de guerre par mes 3es bataillons, ce qui m'offre toujours une armée assez redoutable à Boulogne ; et, au 1er vendémiaire, je me trouve avec 200,000 hommes en Allemagne et 25,000 hommes dans le royaume de Naples. Je marche sur Vienne, et ne pose les armes que je n'aie Naples et Venise, et augmenté tellement les États de l'électeur de Bavière, que je n'aie plus rien à craindre de l'Autriche. L'Autriche sera pacifiée certainement, de cette manière, pendant l'hiver. Je ne reviens point à Paris que je n'aie touché barre.

Dans cette situation des choses, j'ai cru devoir vous en informer, pour que vous me prépariez mon manifeste, qui consiste dans les pièces officielles sur les mouvements de l'Autriche, qui feront connaître l'impérieuse nécessité où je me suis trouvé d'agir, sous peine de commettre la plus grande faute militaire qu'on puisse commettre. Mon intention est que votre langage avec les ambassadeurs roule toujours dans ce sens, et que vous fassiez à mes différents ministres une circulaire rédigée dans le même esprit, dans laquelle vous imputerez à l'Autriche le commencement des hostilités. Vous prendrez pour texte l'embarquement de mon armée et de mes chevaux ; vous direz que c'est pendant ce temps que l'Autriche appelle des armées en Tyrol et en Italie.

Je vous mets au fait de mes projets, afin que vous puissiez donner à votre département cette direction, non que vous deviez dire que je réponds à la guerre par la guerre, mais que la guerre est de fait déclarée ; qu'actuellement, c'est un raccommodement qu'il faut ; que, si l'Autriche ne me répond pas, non par des paroles, mais en renvoyant ses troupes dans leurs garnisons de Hongrie et de Bohême, il ne me reste plus qu'à repousser la force par la force. Cependant, comme mon intention est de gagner quinze jours, mettez M. Otto dans la confidence ; prévenez-le que j'enverrai, sous peu de jours, un de mes aides de camp voir Passau, avec une lettre pour l'Électeur, où je lui dirai que, si l'Autriche n'évacue pas le Tyrol, je suis résolu à me mettre moi-même à la tête de mes forces, et que l'Allemagne verra plus de soldats qu'elle n'en a jamais vu ; que, cependant, l'électeur de Bavière reste tranquille (1).

NAPOLÉON.

L'Empereur au roi de Prusse.

Camp de Boulogne, 23 août 1805.

Monsieur mon Frère, j'envoie auprès de Votre Majesté le général Duroc. Il est muni de tous mes pouvoirs pour signer,

(1) *Correspondance de Napoléon*, n° 9117.

avec la personne que Votre Majesté voudra désigner, le traité dont nos ministres sont convenus. Je me réjouirai de tous les nouveaux liens qui resserreront nos États. Nos ennemis sont communs. L'acquisition du Hanovre est géographiquement nécessaire à Votre Majesté, surtout lorsque l'Europe se trouve partagée entre de si grandes puissances.

Le partage de la Pologne a amené un grand changement : il a annulé la Suède et rendu européenne la Russie, qui ne trouve plus de contre-poids; Constantinople et Ispahan n'en sont plus un. L'Autriche redouble ses préparatifs; l'électeur de Bavière est très alarmé! Votre Majesté n'a pas un jour à perdre pour ordonner un rassemblement sur la Bohême.

J'ai ordonné que l'on communiquât à Votre Majesté tout ce que j'ai fait dire à l'Autriche ; si elle ne rentre pas dans ses garnisons et cantonnements de paix, je suis résolu à marcher moi-même avec plus de 100,000 hommes en Bavière. Il faudra donc se battre encore.

Dieu, ma conscience, Votre Majesté et l'Europe me seront témoins que je suis attaqué, puisque je suis menacé sur mes frontières, lorsque toutes mes troupes sont sur des vaisseaux et sur les côtes. La Maison d'Autriche n'est pas dans le cas de me faire tête. Elle s'aveugle. Les maux de la guerre retomberont sur elle. Je n'ai rien à redouter de cette lutte, avec, cependant, l'aide de Dieu, de qui tout dépend.

Monsieur mon Frère, une nouvelle scène se présente pour l'Europe. Nous aurons besoin de nous entendre et de marcher d'harmonie, pour le repos du monde et le bien de nos États. Je me flatte que Votre Majesté ni moi ne déchoirons, et que nous laisserons nos États, ceux des princes qui feront cause commune avec nous, au même degré de splendeur où ils sont.

J'ai trop épargné la Maison d'Autriche, elle est encore trop puissante pour laisser l'Europe au repos et ne pas attenter aux libertés de l'Allemagne. Si elle reste armée, la guerre est imminente.

Toutes les occasions qui se présenteront de vous donner des preuves d'estime et d'amitié seront pour moi des moments de bonheur (1).

NAPOLÉON.

---

(1) *Correspondance de Napoléon*, n° 9116.

Talleyrand à Laforest.

Paris, 7 fructidor an XIII (25 août 1805).

Je n'ai point tardé, Monsieur, à mettre sous les yeux de l'Empereur votre dernière dépêche. Elle lui a été expédiée à Boulogne par un courrier extraordinaire. Je reçois dans ce moment ses ordres, et j'ai lieu de croire qu'ils vous sont déjà connus par l'arrivée de M. le grand-maréchal Duroc, que Sa Majesté a jugé à propos d'envoyer secrètement à Berlin, et à la mission duquel vous êtes désormais adjoint pour la suite de la négociation que vous aviez été chargé d'ouvrir, et dont la marche et l'issue ne pourront qu'être accélérées par sa présence et par les autorisations spéciales que Sa Majesté a jugé à propos de lui donner.

Le projet de traité que j'ai eu l'honneur d'envoyer à Sa Majesté a eu son approbation, sauf des modifications qui portent principalement sur des stipulations accessoires. Son objet fondamental est une alliance continentale ; ses motifs sont clairement exprimés dans le préambule : les deux puissances forment entre elles des liens qui ne doivent jamais se dissoudre, elles assurent la paix de l'Allemagne, elles raffermissent l'équilibre de l'Europe. Les clauses sont claires, précises, et une fois adoptées, ne peuvent donner lieu à aucune interprétation incertaine. De la part de la Prusse elles sont raisonnables et prévoyantes, de la part de la France elles sont généreuses.

La France cède à son alliée une conquête importante en échange de quelques garanties, et il n'est aucune de ces garanties qui ne soit dans l'esprit de la nouvelle balance continentale que les deux cours ont travaillé de concert à fonder, et à la consistance de laquelle aucune puissance n'est plus intéressée que la Prusse. Les garanties sont dans le système de tous les États qui veulent fixer la paix et la généraliser en étendue et en durée ; les garanties du traité actuel ont particulièrement cette tendance, car tous les motifs déclarés et tous les motifs secrets de la guerre actuelle, d'une guerre prochaine et même de toutes les guerres de l'avenir sont dans le sort de l'Italie, de la Hollande, de la Suisse, de l'Empire ottoman, de Malte et des îles Ioniennes. Les clauses relatives à ces divers pays placent leurs intérêts sous une sauvegarde commune, et les deux cours se garantissant en même temps leurs propres États dans la situation où ils se trouvent après la conclusion du traité ; elles font tout ce qui est en leur pouvoir pour amener la pacification générale et pour assurer la paix du continent contre les intrigues de l'Angleterre, l'ambition de la Russie, et les crédules et turbulentes frayeurs de l'Autriche.

Sa Majesté, dans cette circonstance, fait tout pour la Prusse, et ne demande rien pour elle ; elle donne, et ne reçoit rien ; elle fait plus, les effets de l'engagement qu'elle propose de contracter ne sont, à l'égard des charges qu'elle s'impose, restreints par aucune modification de temps et de lieu. Si la Prusse est attaquée, la guerre dès l'instant lui devient commune ; tandis que de la part de la Prusse, l'alliance ne l'engage ni contre l'Angleterre, ni contre aucune puissance maritime et qu'aujourd'hui même la France ne lui demande pas de se déclarer contre l'Autriche. Cependant, M. le grand-maréchal Duroc est particulièrement chargé de porter le Rôi à faire prononcer son cabinet par des déclarations pressantes et même à ordonner des mouvements militaires qui inspirent à la cour de Vienne une salutaire inquiétude. Ces mesures seraient indiquées par la politique, quand elles ne seraient pas une suite naturelle de liaisons existantes entre la Prusse et nous.

Vous voyez, Monsieur, que le projet de traité tel qu'il vous sera communiqué par M. le grand-maréchal s'écarte peu des premières bases qui ont été discutées entre nous et M. de Hardenberg ; les différences sont faciles à motiver. Les intérêts du roi de Naples n'importent point à la Prusse, et beaucoup moins encore les intérêts du roi de Sardaigne.

Un nouvel engagement de la part de la France à l'égard de l'Italie n'est encore d'aucun intérêt pour la cour de Berlin, qui n'aboutit par aucun point aux États de cette couronne. Tout ce qui la touche, tout ce qui est dans les intérêts de sa puissance et dans les vues de sa politique, est réglé. Son territoire est considérablement accru, sa puissance est à jamais consolidée. L'intégrité de la Hollande qui avoisine ses États, l'organisation de la Suisse qui confine à l'Allemagne sont assurées. Il est pourvu par l'évacuation du Hanovre à la préservation actuelle de la Bavière, qui est menacée par les troupes autrichiennes et qui a besoin d'être défendue par des troupes françaises : et ainsi tout est combiné dans la vue directe et immédiate d'élever la Prusse, de la fortifier et de la prémunir.

Quant à l'avenir, si l'Autriche se laisse entraîner aux suggestions des cours qui abusent de sa crédulité, si elle ne discontinue pas de faire des préparatifs qui, dans les circonstances véritablement forcées où se trouve l'Empereur, sont des hostilités réelles, puisqu'elles l'arrêtent au milieu de l'essor décisif qu'il va prendre contre un implacable ennemi, la France emploiera toutes ses forces à la défense de son alliée, et, en lui laissant envisager tous les avantages qui peuvent résulter des succès probables d'une telle guerre, elle ne se réserve pour elle-même que la gloire d'avoir servi la cause des États faibles, d'avoir puni une ambition imprudente et d'avoir encore une fois pacifié le continent.....

Ainsi, le 23 août, la résolution de faire la guerre est définitive. L'Empereur écrit au général Dejean, ministre de l'administration de la guerre, de faire confectionner à Strasbourg 500,000 rations de biscuit et 200,000 à Mayence, sous prétexte d'approvisionner ces deux places (*Correspondance de Napoléon*, n° 9122). Le premier inspecteur général de l'artillerie, Songis, envoie une circulaire aux directeurs d'artillerie de Strasbourg, Mayence, Metz et Neuf-Brisach :

« Désirant, Monsieur, que l'artillerie se trouve en mesure à tout événement, il est nécessaire que vous vous occupiez dès ce moment de faire préparer et mettre en état de service les affûts des bouches à feu de campagne, les caissons, forges et autres voitures qui sont dans les places de votre direction et qui pourraient être utilisés pour la formation d'un équipage, si des circonstances imprévues venaient à l'exiger. Je ferai en sorte qu'il vous soit incessamment envoyé des fonds ; commencez, en attendant, à faire mettre la main à l'œuvre. Assurez-vous aussi, par une visite exacte, du bon état des munitions existantes dans les magasins. »

Dès le 20 ou 21 août, Berthier a écrit au chef de bataillon Evain, adjoint au général Gassendi, chef de la division de l'artillerie au ministère, pour lui demander si les ressources des places du Rhin seraient suffisantes pour constituer l'équipage de campagne d'une armée de 200,000 hommes, ou s'il serait nécessaire de conduire sur le Rhin l'artillerie de l'armée des côtes. Evain répondra le 27 que le matériel est assez abondant à Mayence, Metz et Strasbourg pour constituer les équipages de la Grande Armée. Il a demandé d'ailleurs, le 22, aux directeurs d'artillerie, le compte rendu de la situation de leurs approvisionnements.

Le 23 août, Songis déclare à Berthier que le harnachement pourra faire défaut :

« Je n'ai rien trouvé dans les inventaires des directions de Strasbourg, Mayence et Neuf-Brisach qui indique qu'il y existe des harnais pour les chevaux d'artillerie. Il y a dans ces trois directions et dans celle de Metz environ 100,000 outils de pionniers, mais on ne peut compter que tous soient d'un bon service, attendu qu'il y en a de très anciens.

« D'après une lettre du 28 thermidor dernier, il y avait encore à Maubeuge 7,865 fusils, dont 781 de dragons, à expédier pour l'armée des côtes ; tous ceux provenant des autres places sont arrivés à Saint-Omer. Demain, j'écrirai pour qu'on ne fasse pas partir pour cette place les 7,865 de Maubeuge. »

Ces dernières mesures, si peu importantes qu'elles paraissent, suffiraient pourtant à démontrer que l'Empereur est résolu à quitter Boulogne pour marcher sur le Rhin. Cependant, il ne veut pas encore le déclarer ouvertement. Il écrit à Cambacérès : « Je reçois votre lettre du 4 fructidor. Les vents sont toujours à l'ouest, c'est-à-dire contraires à nos opérations ».

A cette date du 23 août 1805, où l'Empereur se décide à la guerre, les seules forces qu'il ne puisse pas diriger sur la Bavière sont celles qui occupent l'Italie et qui devront faire face elles-mêmes à l'invasion autrichienne. Le reste comprend :

L'armée du Hanovre : 7 régiments d'infanterie et 7 régiments de cavalerie, commandés par Bernadotte et dispersés en cantonnements dans toute la province ;

La garde impériale : une faible division qui se trouve en partie à Boulogne, en partie à Paris ;

Un certain nombre de régiments demeurés dans les garnisons des côtes et de l'intérieur,

Et enfin, l'armée des côtes.

Cette dernière comprend : au camp de Boulogne, le corps du centre : 4 divisions d'infanterie et 6 escadrons, sous les ordres du maréchal Soult ; l'avant-garde, comprenant la division Gazan et la division Oudinot, cette dernière formée de bataillons d'élite prélevés sur quelques régiments d'Italie ou de l'intérieur ; en arrière se trouve la réserve de cavalerie : 1 division de grosse cavalerie, à Lille ; 2 fortes divisions de dragons campées à Saint-Omer, et 1 division de cavalerie légère, autour de Calais.

Au camp d'Ambleteuse, le corps de droite, commandé par Davout : 3 divisions d'infanterie et 6 escadrons.

Au camp de Montreuil (et Étaples), le corps de gauche, commandé par le maréchal Ney, et comprenant aussi 3 divisions d'infanterie et 6 escadrons.

Les dénominations de « droite » et « gauche » sont prises face à l'Océan, de manière que, pour marcher sur le Rhin, le camp de droite formera la colonne de gauche, et inversement.

L'armée des côtes comprend enfin 2 corps détachés, l'un en Hollande avec Marmont, l'autre à Brest avec Augereau. Le premier comprend 2 divisions françaises et un contingent hollandais ; le second contient la valeur de 1 à 2 divisions (10 bataillons, 9 escadrons).

Dès le 24 août, Berthier prescrit de constituer une division avec 2 régiments d'infanterie et 1 régiment de cavalerie du corps de Brest, et de la diriger sur Alençon. D'autres ordres, en date du même jour, font exécuter des mouvements préparatoires à plusieurs régiments pour les rapprocher des frontières.

Rapport à l'Empereur et Roi.

Boulogne, le 6 fructidor an XIII.

Sire,

J'ai l'honneur de rendre compte à Votre Majesté que, conformément à ses intentions, je donnerai l'ordre :

Au 3e bataillon et dépôt du 13e régiment d'infanterie légère, de se rendre de Gand à Ostende, où ils arriveront le 15 fructidor pour y tenir garnison.

Aux 3e et 4e bataillons et dépôt du 17e régiment d'infanterie de ligne, de se rendre de Bruxelles à Dunkerque, où ils arriveront le 19 fructidor.

Aux 3e et 4e bataillons du 3e régiment de ligne, de se rendre de suite de Longwy à Metz.

Au 27e régiment de dragons, de partir de Versailles le 12 fructidor pour arriver à Lyon le 30.

Aux 3e bataillon et dépôt du 64e de ligne, de partir de Rocroy le 12 fructidor pour arriver le 30 à Besançon, où ils remplaceront le 81e régiment de ligne, qui partira de Besançon du 14 au 16 fructidor et arrivera à Sion, dans le Valais, du 1er au 3e jour complémentaire.

Le 13e régiment de ligne partira de Sion du 19 au 21 fructidor et arrivera vers le 10 vendémiaire à Alexandrie.

Le 3e bataillon du 1er régiment suisse, qui avait ordre de se rendre à Gênes, passe par Alexandrie, ou il doit arriver vers le 24 vendémiaire. Je charge le général Menou de l'arrêter dans cette place.

Le 28e régiment de dragons partira de Lyon le 13 fructidor, et arrivera le 29 à Turin.

Le 22e régiment de chasseurs partira de Niort le 15 fructidor et arrivera le quatrième jour complémentaire à Lyon.

Le 16e régiment de chasseurs partira de Caen le 15 fructidor et arrivera le 22 à Versailles.

Les 1er et 3e bataillons du 27e de ligne partiront de Nice le 18 fructidor et arriveront le 27 à Gênes.

Le 102e régiment d'infanterie partira de Gênes du 20 au 22 fructidor, et arrivera du 22 au 24 à Alexandrie.

J'ai donné l'ordre au général Morand de faire passer de suite à Gênes les deux bataillons du 20e régiment d'infanterie de ligne qui sont en Corse.

J'ordonne au général Desjardins de former une division composée des 16e régiment d'infanterie légère, 105e de ligne, et 7e régiment de chasseurs, et de partir du Finistère avec ces troupes pour se rendre à Alençon, où ces trois corps seront entièrement réunis au 1er vendémiaire.

J'ai prévenu M. le maréchal Augereau de cette disposition, et l'ai chargé de mettre de suite ces troupes sous les ordres du général Desjardins.

J'ai expédié des ordres aux généraux de brigade Lapisse et Lamarque pour être employés dans cette division.

Le 1er bataillon du 76e régiment de ligne, employé au corps d'Irlande, partira de Brest le 14 fructidor et arrivera le 23 à Belle-Isle, pour relever le 4e bataillon du 16e régiment d'infanterie légère et le 3e bataillon du 105e de ligne, qui partiront immédiatement après son arrivée pour rejoindre leur corps respectif à Alençon, où ils seront rendus le 1er vendémiaire.

Je joins ici le relevé de ces mouvements.

Le Ministre de la Guerre :

Maréchal Berthier.

P.-S. — Dès que les ordres de Sa Majesté me sont parvenus, j'ai expédié au 4e régiment de chasseurs, qui est à Savigliano, au bataillon de la légion italienne qui est dans l'île d'Elbe, et au 4e bataillon du 1er régiment suisse, qui est à la Spezzia, l'ordre de se rendre à Pescara pour faire partie de la division du général Reynier.

Au général de division Desjardins.

Boulogne, le 6 fructidor an XIII.

Je vous préviens, Général, que l'intention de Sa Majesté est que vous formiez sur-le-champ une division composée du

16e régiment d'infanterie légère, du 105e de ligne, et du 7e régiment de chasseurs, et que vous vous rendiez avec cette division à Alençon, où vous attendrez de nouveaux ordres.

Les généraux de brigade Lapisse et Lamarque seront attachés à cette division.

J'écris à M. le maréchal Augereau pour qu'il mette de suite sous votre commandement les trois premiers bataillons du 16e régiment d'infanterie légère, les deux premiers bataillons du 105e régiment, et les trois premiers escadrons du 7e régiment de chasseurs, qui font partie de l'armée de Brest.

Donnez l'ordre à ces troupes de se mettre en mouvement le 15 fructidor pour se diriger, conformément aux ordres de route ci-joints, sur Alençon.

Pour éviter l'encombrement en route, le 16e régiment partant de Brest et le 105e partant de Quimper se dirigeront par le Morbihan et conserveront dans leur marche deux journées de distance, et le 7e régiment se dirigera par le département des Côtes-du-Nord.

Vous partirez avec l'un de ces régiments, et vous confierez la conduite des autres aux généraux Lapisse et Lamarque.

L'intention expresse de Sa Majesté est que vous preniez toutes les mesures possibles pour prévenir la désertion en route; faites exercer la plus active surveillance, donnez les instructions les plus précises aux généraux Lapisse et Lamarque ainsi qu'aux colonels de ces régiments, et ne négligez aucun moyen pour remplir à cet égard les intentions de Sa Majesté.

Le 4e bataillon du 16e régiment d'infanterie légère et le 3e bataillon du 105e régiment sont à Belle-Isle; je donne des ordres pour les faire relever et les faire diriger sur Alençon, où ils arriveront le cinquième jour complémentaire et le 1er vendémiaire, ainsi que l'indique l'extrait de route ci-joint.

A l'égard du 4e escadron et du dépôt du 7e régiment de chasseurs, qui sont à Quimper, adressez-leur l'ordre d'en partir le 18 fructidor, suivant l'ordre de route que je joins également ici.

Je préviens de ces dispositions M. le maréchal Augereau, commandant en chef le corps d'Irlande, et les généraux commandants les 13e et 14e divisions militaires.

Instruisez-moi de la formation de votre division et de son

départ. Ayez soin que les corps soient précédés par un officier chargé de veiller à ce que le service soit assuré dans toutes ses parties.

Arrivé à Alençon, vous déterminerez l'établissement provisoire de vos troupes de manière à ce qu'elles soient réunies autant qu'il sera possible, et que la discipline puisse être facilement maintenue. Vous vous entendrez à cet égard avec le général commandant les troupes dans le département de l'Orne. Faites cependant partir à l'avance un officier pour préparer vos cantonnements.

L'Empereur ordonne (*Correspondance de Napoléon*, 9119 et 9120) de prévenir Marmont et Bernadotte que l'on pourrait avoir la guerre avec l'Autriche. A tout événement, Bernadotte doit rassembler dès maintenant son corps d'armée près de Göttingue; Marmont doit seulement se tenir prêt à débarquer au premier signal. Berthier adresse à ces deux officiers généraux des lettres qui sont la reproduction littérale des ordres de l'Empereur.

Le maréchal Berthier au général Marmont.

Boulogne, le 5 fructidor an XIII (23 août 1805).

Je vous préviens, Général, que l'escadre de l'Empereur est partie du Ferrol, le 26 thermidor (14 août) avec l'escadre espagnole. Si ces escadres combinées arrivent dans la Manche, l'Empereur fait de suite l'expédition d'Angleterre; mais si, par des circontances de vents contraires, ou enfin par le peu d'audace de nos amiraux, elles ne peuvent se rendre dans la Manche, l'Empereur et Roi ajournera l'expédition à une autre année, parce qu'elle n'est plus possible. Mais je dois vous prévenir que dans la situation actuelle où s'est placée l'Europe, l'Empereur sera obligé de dissoudre les rassemblements que l'Autriche fait dans le Tyrol, avant de tenter une expédition en Angleterre. Dans ce cas, l'intention de Sa Majesté est que, vingt-quatre heures après que vous en aurez reçu un nouvel ordre de moi, vous puissiez débarquer, et sous le prétexte de vous mettre en marche pour prendre vos cantonnements, vous gagnerez plusieurs jours de marche sans qu'on sache ce que vous viendrez faire; mais dans le fait, vous devrez gagner Mayence.

L'intention de l'Empereur est que par le retour de mon courrier, que vous retiendrez le moins de temps possible, vous me fassiez connaître comment sera composé votre corps. Sa Majesté désire qu'il reste fort de 20,000 hommes; que vous emmeniez avec vous le plus d'attelages qu'il vous sera possible.

Envoyez-moi également les dispositions que vous comptez faire pour le reste de vos troupes.

La saison est trop avancée et l'hiver trop prochain pour rien craindre des Anglais, et au printemps vous serez de retour avec votre armée en Hollande. Il suffit que les frontières soient gardées.

Je vous recommande sur tout cela le secret le plus impénétrable; car si le cas arrive, l'Empereur veut se trouver dans le cœur de l'Allemagne avec 300,000 hommes sans qu'on s'en doute (1).

Le maréchal Berthier au maréchal Bernadotte.

Boulogne, le 5 fructidor an XIII (23 août 1805).

L'Empereur, Monsieur le Maréchal, me charge de vous faire connaître qu'il ne sait point ce que veut l'Autriche par tous les mouvements et armements qu'elle fait; mais Sa Majesté, pour se mettre en mesure, trouve convenable que vous réunissiez à Göttingen le 27e régiment d'infanterie légère, les 8e, 94e et 95e régiments de ligne, quatre régiments de chasseurs et de hussards et 24 pièces d'artillerie de campagne, avec double approvisionnement, attelées.

Faites venir à Osnabrück toutes les troupes qu'il y a; il suffit que vous y laissiez 25 hommes de cavalerie.

Ces troupes réunies formeront un corps de 10,000 hommes, qui, réuni à Göttingen, pourra se porter partout où il sera nécessaire. Vous mettrez ce corps sous les ordres d'un général

---

(1) D'après le registre du maréchal Berthier, n° 9.

de division et de deux généraux de brigade, et vous ferez confectionner à Göttingen 100,000 rations de biscuit; mais vous ne devez pas encore démasquer votre mouvement : gagnez quatre jours de manière qu'au premier courrier que vous recevrez, vous puissiez en trois jours avoir ce corps réuni à Göttingen.

Je vous expédierai un autre courrier dans deux jours.

Envoyez, par le retour de celui-ci, la situation de votre armée, de votre artillerie, de vos approvisionnements et munitions (1).

Les corps de Marmont et de Bernadotte, cantonnés en Hollande et dans le Hanovre, sont, avec l'artillerie, les seuls éléments qui exigent des ordres préparatoires. Quant à l'armée des côtes proprement dite, rassemblée aux camps de Boulogne, d'Ambleteuse et de Montreuil, elle n'a qu'à faire face en arrière pour devenir la Grande Armée d'Allemagne. En marchant sur le Rhin, le corps de droite fournira la colonne de gauche, et réciproquement. Le corps de Lannes, formé de la division de grenadiers d'Oudinot et de la division Gazan, gardera provisoirement le nom d'avant-garde. Au moment du départ, les divers corps d'armée recevront des numéros. Le premier inspecteur général de l'artillerie Songis, qui a le commandement en chef de l'artillerie de l'armée des côtes, conservera les mêmes fonctions. Il en sera de même dans le génie et les divers services. Les états-majors seront complétés, mais sans en changer l'organisation.

(1) D'après le registre du maréchal Berthier, n° 9.

DEUXIÈME PARTIE

LA GRANDE ARMÉE

INTRODUCTION

I

Depuis la fin de l'année 1803, les relations entre la France et l'Autriche se sont fréquemment envenimées, et, dans les derniers jours de juillet 1805, il semble que la rupture soit proche, sans qu'on aperçoive le motif qui la fait survenir à cet instant précis. Une force irrésistible pousse les deux puissances l'une contre l'autre, et les conduit par degrés à la guerre ouverte. Du côté de l'Autriche, cette progression est marquée par l'activité croissante et par la nature des préparatifs : appel de recrues, puis formation de magasins, de cordons sur les frontières, enfin mouvements de concentration bien apparents : telles sont les phases par lesquelles il lui faut passer. Napoléon, lui, n'a pas à bouger, le gros de ses forces étant rassemblé près de Boulogne, et sur le pied de guerre ; d'un signe il peut diriger ces 150,000 hommes vers le Rhin, et les faire rejoindre par les corps de Hollande et de Hanovre. On ne devine que par sa correspondance diplomatique, dont le ton est réglé d'ailleurs sur les mesures belliqueuses de l'Autriche, qu'il se dispose de plus en plus à entrer en campagne.

Jusqu'au mois de juin, il semblait assez calme. Les quelques renforts envoyés en Vénétie par l'Autriche ne l'inquiétaient pas sérieusement. C'est la marche des Russes vers la frontière occidentale qui lui a donné de l'ombrage pour la première fois, et au même moment les préparatifs des Autrichiens sont devenus tels, qu'il a fallu se mettre en mesure (1). Huit jours plus tard, il déclare que l'Autriche ne garde plus aucun ménagement, mais il ne paraît croire qu'à des manifestations hostiles sans projets réellement offensifs. Il n'y a qu'à répondre à la menace par la menace, envoyer quelques bataillons sur le Rhin comme l'ennemi en envoie sur l'Adige, et bientôt tout rentrera dans l'ordre. Mais l'empereur d'Allemagne ne répond à ses protestations que par des faux-fuyants et par une recrudescence d'activité dans les armements. Les Russes poursuivent leur marche sur la haute Silésie. Décidément il faut se tenir sur ses gardes : la guerre peut éclater bientôt. Les directeurs d'artillerie sont donc invités à compléter les approvisionnements et à mettre en bon état le matériel engerbé dans les arsenaux.

Les dernières nouvelles d'Allemagne, reçues du 18 au 23 août, annoncent que des troupes se concentrent en Bohême et dans le Tyrol, que des magasins y sont formés, et que des marchés ont été passés jusqu'en Souabe. Il n'y a plus de doute possible; l'Autriche veut la guerre, et la Russie veut joindre son armée à celle de l'empereur François. Napoléon ne leur laissera pas le temps de se réunir. Il a, on se le rappelle, prévu cette circonstance depuis longtemps (2), et ses ennemis y ont pensé comme lui (3). Il a fait répéter le 13 août à Cobenzl : « L'Empereur n'est pas assez insensé pour donner le temps aux Russes d'arriver à votre secours ». « Je veux être à Vienne avant le mois de novembre prochain, a-t-il dit encore, pour faire face aux Russes s'ils se présentent (4). »

---

(1) Voir p. 59.
(2) Voir p. 52.
(3) Voir p. 10 et 13.
(4) Voir p. 62 et 64.

Le 23 août, sa résolution est prise, et ses premiers ordres sont donnés. Le 24, cuirassiers et dragons sont dirigés sur le Rhin, et leur endivisionnement est modifié. Les quatre régiments de cuirassiers qui restaient en garnison dans l'intérieur vont former à Landau la division d'Hautpoul, pendant que celle de Nansouty se portera de Lille à Schelestadt et Neuf-Brisach. Les deux énormes divisions de dragons de l'armée des côtes, qui comprenaient l'une 9 et l'autre 11 régiments, sont disloquées, et, refondues avec 4 régiments qu'elles trouveront en Alsace, elles fourniront 4 divisions à 2 brigades de 3 régiments. Les dragons à pied en fourniront une cinquième. Elles vont « border le Rhin » en Alsace, de Schelestadt à Spire.

Il est recommandé de tenir leurs mouvements aussi secrets que possible, de ne leur donner de feuilles de route que pour une place voisine de leur point de départ; mais, à de pareils remaniements dans l'organisation de l'armée, nul ne peut se tromper. Il est certain que l'armée des côtes va marcher sur le Rhin.

Berthier commence à peine l'expédition de ces premiers ordres, que l'Empereur en donne de nouveaux. De jour en jour les préparatifs de l'Autriche lui paraissent conduits avec plus d'activité. Pour prendre les ennemis en flagrant délit de mobilisation ou de réunion, il faut précipiter le départ de nos troupes. Le 25, Napoléon ordonne donc que les dragons partent dès le lendemain. Les grenadiers d'Oudinot partiront en même temps. Et déjà, il ne s'agit plus de border le Rhin, comme on le disait la veille : peut-être Oudinot devra-t-il franchir le fleuve sans s'arrêter à Strasbourg, et continuer sa marche sur la route de Vienne. Sa division est pourvue de tout son matériel et des services administratifs « afin qu'à son arrivée à Strasbourg rien ne l'empêche de continuer sa route si les circonstances le rendaient nécessaire ». Ces grenadiers forment, avec les dragons et cuirassiers, l'avant-garde qui précédera peut-être l'Empereur de plusieurs jours en Bavière, et qui est annoncée à l'Électeur par une lettre du 25 août : « Tous les renseignements que je reçois par mes courriers, dit Napoléon, me font prendre le parti de ne pas perdre un jour. Le moment décisif est arrivé. Un moment de retard nous présentera de grands obstacles. » Il compte en effet surprendre l'ennemi avant sa concentration, et son plan est toujours le même depuis deux ans : prévenir les Autrichiens en Bavière pour protéger ce pays contre l'invasion (1), ne pas les laisser se préparer et leur tomber dessus (2), en allant les chercher au cœur de leurs propres États (3). Quant à la voie qu'il veut suivre, il l'a indiquée bien souvent : « c'est sur le chemin de Strasbourg à Vienne que les Français doivent aller forcer l'Autriche à la paix (4) ; c'est sur l'Inn qu'une attaque bien dirigée ne peut manquer d'atteindre au cœur de la monarchie (5). » Déjà Napoléon a fait préparer les grandes places de Strasbourg et de Mayence auxquelles il peut attacher sa communication (6).

Le 25 août, Napoléon ne craint pas encore d'être prévenu en Souabe par les Autrichiens, car il écrit à Talleyrand : « Il s'agit de gagner vingt jours et d'empêcher les Autrichiens de passer l'Inn pendant que je me porterai sur le Rhin ». Il réussit, il atteindra le Lech, situé à mi-chemin entre le Rhin et l'Inn, avant de rencontrer l'ennemi. En faisant part de ses projets à l'électeur de Bavière, il lui témoigne l'intention de traverser rapidement ses États.

Il ne semble pas douter que les Autrichiens ne soient

(1) Voir p. 17.
(2) Voir p. 60.
(3) Voir p. 65.
(4) Voir p. 73, sans remonter aux instructions et lettres de 1800.
(5) Voir p. 74.
(6) Voir p. 19.

devancés par lui sur le Lech et peut-être à Munich, sinon à Passau. Le même jour, il envoie Murat et Bertrand exécuter des reconnaissances dans l'Allemagne du Sud : l'un et l'autre porteront toute leur attention sur le cours de l'Inn, sur les routes qui pénètrent en Autriche par les deux rives du Danube, sur les débouchés du Tyrol et de la Bohême. Ce qui lui paraît surtout important, c'est le cours de l'Inn : « Bertrand le remontera jusqu'à Kufstein; il en fera une reconnaissance en règle : la situation des lieux, leur distance, la nature des chemins, la largeur de la rivière, la quantité des eaux, la domination alternative de l'une et l'autre rive, les bacs, ponts, gués. » C'est que pour entrer en Autriche, il faut franchir l'Inn, ou suivre la rive gauche du Danube. Si Bertrand doit étudier d'un côté les difficultés qu'opposera le passage de l'Inn, il faut qu'il se renseigne, d'autre part, sur la possibilité de suivre la rive gauche du Danube : « il reconnaîtra le cours de l'Ils, quelle est la largeur de la vallée; quels sont la nature des chemins, les principaux bourgs, et la facilité ou les inconvénients qu'aurait une armée qui se porterait sur la rive gauche du Danube et tournerait par ce moyen l'Inn, et se porterait sur Freystadt et voudrait se porter en Moravie. Prendre tous les renseignements sur les fortifications qu'aurait faites l'ennemi, soit à Linz, ou Steyer, ou tout autre place, jusqu'à Vienne, et même Vienne ».

Mais, jusqu'à ce jour, les principaux rassemblements autrichiens ont été signalés en Bohême et dans le Tyrol. Les Russes, qui sont sur les frontières de la Silésie, peuvent prendre au plus court par la Bohême. Napoléon fait donc examiner les débouchés de la Bohême et du Tyrol : « Bertrand prendra tous les renseignements à Munich, d'hommes très connaisseurs, sur les débouchés de l'Isar et autres qui se rendent dans le Tyrol, jusqu'au débouché du Lech ». C'est donc bien en avant du Lech, en pleine Bavière, qu'il pense avoir à manœuvrer. Bertrand reconnaîtra aussi « la route qui va de Passau en Bohême, autant que possible sur le territoire de Bavière ; renseignements sur le reste. Peut-on aller à Prague par cette route? » Murat, de son côté, « se rendra de Bamberg aux frontières de la Bohême, près d'Eger, et verra le rapport entre Bamberg, la Bohême et le Danube ; se fera rendre compte des montagnes de Bohême, fera dresser l'itinéraire de la route de Bamberg à Prague, et spécialement des gorges d'Eger, se procurera avant tout la *Campagne du maréchal de Belle-Isle* ».

Ce sont là des reconnaissances en vue des opérations qui, dans la pensée de l'Empereur, se dérouleront d'abord en Bavière, et qu'il faudra peut-être suivre en Bohême, si la ligne d'opérations de l'ennemi est sur Prague.

Tout autres sont les reconnaissances que Murat doit faire à Würzbourg et Bertrand à Ulm. « Murat se rendra à Würzbourg, reconnaîtra la place, y séjournera un jour et demi, et il verra les liaisons de cette place avec Mayence et le Danube, en se faisant rendre compte des débouchés sur Ulm, Ingolstadt et Ratisbonne. » C'est étudier Würzbourg comme place de dépôt d'une armée qui opère sur le Danube et prend sa communication vers Mayence. Bertrand « fera une reconnaissance très détaillée sur Ulm : population, position militaire, etc. ; d'Ulm il ira à Stuttgard, toujours à petites journées et ne voyageant que le jour ; de Stuttgard il ira à Rastadt et fera une bonne reconnaissance de la route d'Ulm à Rastadt *sous les points de vue militaire et d'état-major*..... Il aura soin de bien tracer la route d'Ulm à Donawert par la rive gauche du Danube ; de là à Ingolstadt, et de là à Ratisbonne, de Ratisbonne à Passau, d'après les renseignements. Il reconnaîtra Ingolstadt et Donawert, longera le Danube et, allant de l'un à l'autre, il aura vu le Danube à Passau et en tiendra note toutes les fois qu'il le verra de Donawert (à Ingolstadt). Bien déterminer à quel point le Danube porte bateau, soit pour la descente ou la remonte ».

C'est étudier toute une communication partant de Strasbourg, gagnant Ulm, principale place de dépôt, puis de là Donauwœrth et Ingolstadt, qu'on utilisera peut-être quand l'armée opérera sur l'Isar. Les moyens de transport sur cette ligne sont examinés avec soin; mais il n'est pas question d'étudier le terrain entre la Forêt-Noire et le Lech en vue d'opérations militaires.

La lettre écrite le 25 août à l'électeur de Bavière contient de véritables instructions, d'après lesquelles Napoléon semble prévoir une campagne sur le théâtre où se dérouleront les événements de 1809, et, pour se donner la faculté de changer de ligne d'opérations, il veut faire organiser Ulm et Würzbourg en dépôts éventuels pour l'armée : « Que Votre Altesse fasse confectionner à Würzbourg 500,000 rations de biscuit sous prétexte d'approvisionner cette place, et 500,000 à Ulm ». Ces deux forteresses sont jumelles, en quelque sorte, comme Strasbourg et Mayence.

Le 26 août, l'Empereur dicte les ordres de marche des corps d'armée. Davout, Soult, Lannes et Ney suivront de Boulogne à Strasbourg le mouvement des dragons : Ney doit venir à Schelestadt, Soult et Lannes à Strasbourg, Davout à Haguenau.

Le corps de Hollande, commandé par Marmont, doit se diriger sur Mayence, où il arrivera vers le 15 septembre; le corps de Hanovre, sous les ordres de Bernadotte, se rassemblera près de Gœttingue. Tous deux sont avisés qu'ils auront sans doute à poursuivre leur marche sur Würzbourg.

Le mouvement de Bernadotte, exécuté à proximité de la Prusse, peut exercer une influence des plus graves sur les négociations : « Ce mouvement sur Gœttingen, écrit Berthier, dans la situation où sont les esprits, réveillera l'attention publique; vous aurez soin de déclarer que vous restez de votre personne à Hanovre ; effectivement, vous retournerez dans cette capitale immédiatement après votre revue de Gœttingen. L'Empereur ne peut pas vous laisser ignorer qu'il y a une négociation avec la Prusse pour une occupation provisoire du Hanovre, et qu'il est nécessaire, par la réunion d'un corps à Hanovre même, par votre retour et par vos dispositions pour y passer personnellement l'hiver, de donner le change à cette cour pour qu'elle ne comprenne pas combien, en réalité, l'Empereur est pressé de réunir toutes ses troupes ».

Ces quelques lignes exposent admirablement toutes les faces de la situation, et Napoléon a assuré la coopération de la manœuvre diplomatique et de la manœuvre militaire au point où elles semblaient devoir se contrarier.

Toutes les mesures sont prises, d'ailleurs, pour faire le silence aussi longtemps que possible sur l'étendue et l'importance du mouvement qui s'accomplit. L'Empereur écrit le 28 à Cambacérès : « Mon cousin, j'ai reçu votre lettre du 9 fructidor ; on vous parlera beaucoup des mouvements des armées des côtes sur le Rhin. Vous devez dire que j'ai détaché un corps de 30,000 hommes pour la sûreté de nos frontières, menacées par les préparatifs de l'Autriche ».

Il s'exprime de même dans une lettre à Fouché :

« J'ai reçu votre lettre du 9 fructidor. Je vois avec plaisir que vous vous occupez de purger tous les moyens d'agitation qui peuvent être dans Paris. On vous parlera des mouvements de l'Armée des côtes. Vous devez dire que j'en détache un corps de 30,000 hommes pour pouvoir assurer notre frontière, que menacent les mouvements de l'empereur d'Allemagne. Je ne saurais trop vous recommander la conscription. Le département du Puy-de-Dôme est, de tous, le plus arriéré. »

N'est-ce pas le même motif qui fait écrire le 31 août à M. Gaudin, ministre des finances : « Monsieur Gaudin, mon intention est que la *Gazette de France* cesse, à compter d'aujourd'hui, de courir. Donnez des ordres pour qu'elle soit arrêtée à la poste, et ce jusqu'au 1er vendémiaire » ; et le lendemain à Fouché : « La *Gazette de France* met une note française à la Prusse qui est fausse, et qu'elle n'aurait pas dû mettre sans la permission du ministre. Mon intention est que ce journal soit suspendu jusqu'au 1er vendémiaire, parce que c'est la première fois qu'il montre de mauvaises intentions; et, la première fois qu'il montrera un même esprit, il sera supprimé ».

Mais toutes ces précautions sont vaines : la joie des troupes a éclaté, et les explications du gouvernement ne donnent le change à personne. L'adjudant-commandant Duprat (1) écrit au général Musnier (2) le 30 août : « En même temps que je reçois l'avis que vous voulez bien me donner du passage de trois divisions de dragons dans le département de la Somme, je reçois du général Songis l'ordre de diriger sur Strasbourg le détachement du 6e régiment d'artillerie à pied qui doit passer à Rouen le 24. Il paraît, d'après ces renseignements, que le bruit, qui s'est répandu hier, de la levée d'une partie des camps des côtes pour renforcer le Rhin et l'Italie, n'est pas sans fondement ».

Les corps d'armée n'étaient pas encore en marche, que l'Empereur songeait à changer leur direction. Le 27, il écrivait encore à M. Petiet, commissaire général, que l'armée s'assemblerait autour de Strasbourg, et qu'il faudrait y préparer des tentes pour 80,000 hommes. Le 28, c'est en termes tout différents qu'il donne ses instructions au ministre Dejean : « Vous allez avoir, lui dit-il, *depuis Mayence jusqu'à Schelestadt*, 5,000 à 6,000 chevaux, etc. —; Landau sera un des principaux points de

(1) Commandant le département de la Seine-Inférieure.
(2) Commandant la 15e division militaire.

rassemblement..... Je vous ai demandé 500,000 rations de biscuit à Strasbourg; je ne verrais pas d'inconvénient à les diviser ainsi : 200,000 à Strasbourg, 200,000 à Landau et 100,000 à Spire ».

L'Empereur songe donc à porter plus au nord la zone de réunion de son armée, ainsi que les points où elle passera le Rhin.

C'est de Haguenau à Spire que s'étendront les cantonnements de Davout, Soult et Ney. L'avant-garde seule restera près de Strasbourg. Le général Savary est envoyé en reconnaissance le 28 août pour étudier les voies qui conduisent du Palatinat vers le Danube.

Les routes de Strasbourg à Ulm, très fréquentées, et qu'on a parcourues dans les guerres précédentes, sont bien connues. Il n'en est pas tout à fait de même de celles qui conduisent de Rastadt et Spire vers le Danube, et les cartes indiquent dans cette région un réseau routier assez compliqué, où il faut faire un choix d'après la qualité des chemins. Savary étudiera trois itinéraires partant des environs de Carlsruhe pour aboutir entre Ulm et Dillingen. Tels sont les chemins sur lesquels se fixe l'attention de l'Empereur le 28 août, et deux jours plus tard, il éloignera encore de Strasbourg sa colonne de gauche (3e corps), qu'il fera passer à Mannheim, pour la diriger enfin sur Neubourg, à l'est de Donauwœrth.

On croit apercevoir au premier coup d'œil les avantages que comportait cette nouvelle solution, et l'on voit bien, en tout cas, quelques-uns de ceux qu'elle a réellement procurés; mais il est beaucoup plus difficile de découvrir ceux que Napoléon s'en promettait, et surtout ceux qu'il n'aurait connus ou appréciés qu'à partir du 28 août.

Un des avantages les plus communément accordés à la marche par Spire et la vallée du Neckar, c'est qu'elle nous évitait la région difficile et pauvre de la Forêt-Noire. Ce n'est guère contestable, mais on peut se demander si ce ne serait pas une conception un peu puérile de la grande guerre, que d'allonger de plusieurs étapes une offensive vigoureuse, précipitée jusque-là avec la plus grande hâte, pour procurer à la troupe, pendant deux jours, des chemins ou des gîtes plus agréables? En tout cas, doit-on supposer que l'Empereur n'a découvert la Forêt-Noire et ses inconvénients que le 28 août, et qu'il s'est empressé de changer tous ses ordres à la suite de cette remarque soudaine ?

Il est certain également qu'en se portant plus au nord, Napoléon s'est mis en état d'exécuter cette manœuvre enveloppante autour d'Ulm, par laquelle il allait escamoter d'emblée l'armée de Mack; mais le 28 août, il n'était pas encore question de l'armée de Mack : des régiments autrichiens se groupaient en différents camps, et on ne discernait pas encore un rassemblement principal à Wels ; on ne savait pas que Mack dût prendre la direction supérieure des opérations, et encore moins qu'il comptât se porter de Wels à Ulm. Cette place n'était alors qu'une vieille forteresse abandonnée, éventrée, non occupée par l'ennemi, que Bertrand allait visiter de fond en comble sous peu de jours, et où Napoléon, loin de vouloir y attirer l'ennemi, comptait établir un dépôt général pour son armée.

On ne peut pas admettre que Napoléon ait choisi les routes de Spire et Mannheim à Dillingen et Neubourg afin d'éviter la Forêt-Noire ou de préparer la manœuvre d'Ulm. Les véritables motifs de son changement de direction doivent remplir la double condition de se rattacher à des faits connus de lui le 28 août, mais qu'il pouvait ignorer ou interpréter autrement les jours précédents.

Or, nous l'avons vu suivre avec attention et étonnement les préparatifs de l'Autriche. Croyant d'abord qu'elle se bornerait à de pures démonstrations, il avait compté l'intimider par un envoi de troupes sur le Rhin.

Reconnaissant ensuite qu'elle se préparait vraiment à la guerre, et semblait attendre l'arrivée des Russes, il avait voulu la prévenir, courir sur elle sans lui laisser le temps d'achever ses préparatifs. Mais, comme il le déclarait franchement à Talleyrand, l'activité de l'Autriche l'étonnait, et il fallait enfin se rendre à l'évidence : on ne la prendrait pas en flagrant délit, et sa concentration semblait maintenant assez avancée pour qu'il fallût s'attendre à voir l'armée autrichienne entrer en Bavière d'un moment à l'autre.

Dès lors, une modification profonde s'imposait dans le premier plan de campagne de l'Empereur. Tant qu'il espérait arriver en Bavière avant l'ennemi, Marmont et Bernadotte pouvaient opérer leur jonction avec l'armée de Boulogne sur le Danube; mais il n'en était plus de même si les Autrichiens étaient prêts à s'ébranler. De Passau à Heidelberg ou à la Forêt-Noire, il n'y avait que 400 kilomètres à vol d'oiseau, et les routes étaient à peu près en ligne droite. De Boulogne au Rhin, il y avait 600 kilomètres à vol d'oiseau, et il fallait suivre des chemins sinueux. A supposer donc que les Autrichiens prissent l'offensive une dizaine de jours après l'armée de Boulogne, ils pouvaient la devancer à Heidelberg ou dans la Forêt-Noire.

Dans les deux cas, la jonction des deux tronçons de la Grande Armée ne pouvait plus se faire hors de portée de l'ennemi sans rebrousser de part et d'autre jusqu'à Mayence. Triste début pour une offensive que Napoléon voulait foudroyante, et d'ailleurs, ne considérait-il pas comme une faute stratégique, d'une manière absolue, la réunion à proximité de l'ennemi? Dès l'instant qu'il admettait la possibilité d'être devancé en Souabe ou dans la Hesse, il fallait rapprocher l'armée de Boulogne de Würzbourg et atteindre le Rhin non loin de Mayence, vers Mannheim et Spire.

Dès lors, la jonction était assurée, et l'armée ne prenait

qu'une ligne d'opérations avec Mayence comme premier point d'appui; elle lançait la masse irrésistible de ses 200,000 hommes entre ces deux places d'Ulm et Würzbourg, dont l'Empereur songeait à faire ses dépôts éventuels, et elle pouvait manœuvrer à son gré, changer au besoin de ligne d'opérations d'après les circonstances.

L'armée se réunissant ainsi vers la gauche du théâtre d'opérations, il était avantageux d'attirer l'ennemi du côté opposé, ou au moins vers le centre, pour se donner le moyen de le prendre en flanc s'il s'avançait jusqu'à une centaine de kilomètres du Rhin. Dans le cas contraire, cette feinte serait moins utile, mais il n'est jamais indifférent de tromper l'ennemi. Rien ne fut négligé pour masquer le véritable mouvement de la Grande Armée.

Tandis que les corps de Davout, Soult et Ney étaient portés vers le nord, le rideau formé par la cavalerie fut tiré, au contraire, du côté de Bâle. Les grenadiers d'Oudinot restèrent à Strasbourg, où la Garde devait venir les rejoindre avec le Grand Quartier général. L'itinéraire des trois colonnes, orienté d'abord de Boulogne sur Strasbourg, ne fut modifié que le plus près possible des Vosges, de manière à ce que le changement de direction restât ignoré de l'ennemi si nos ordres de marche ne lui étaient pas communiqués par trahison.

Enfin, le 1er septembre, l'Empereur dicte au général Songis une longue et importante note qui révèle ses intentions pour cette feinte : « Mon projet, dit-il, est : 1° de jeter un pont vis-à-vis de Philippsbourg. Il faut que tout soit prêt à Strasbourg, sans que l'endroit soit désigné ; — 2° un autre pont à Neuf-Brisach, mais *un pont de fausse attaque*, pour divers faux mouvements que je ferais faire dans la Forêt-Noire, de manière que s'il était impossible de faire deux ponts, je me contenterais de celui de Philippsbourg, et pour l'autre quelques barques. Il faut choisir un emplacement de manière que la construction des ponts soit facile. Une des colonnes passera à Mannheim sur un pont de circonstance, une autre à Strasbourg. »

Certes, nous le répétons, l'Empereur ne pouvait prévoir qu'un jour les Autrichiens, après s'être concentrés à Wels, traverseraient la Bavière et viendraient s'arrêter à Ulm; mais il avait pris ses mesures pour tirer le meilleur parti de tous les mouvements que pourrait faire son ennemi, et l'on ne peut nier que sa manœuvre d'Ulm ne se trouve prévue, en même temps sans doute que beaucoup d'autres également possibles, dans ses dispositions initiales du 28 au 31 août.

II

Une note dictée par Napoléon le 26 août baptise l'Armée des côtes du nom de Grande Armée.

Il est intéressant d'analyser en détail les éléments de puissance que cette masse de 200,000 hommes tenait des armées de la République.

Or, le 12 thermidor an XIII (31 juillet 1805) Berthier s'est fait adresser par les commandants de corps d'armée un état numérique des hommes ayant fait la guerre, et cet état nous fournit les renseignements les plus précis sur le nombre de soldats aguerris que comptait la Grande Armée en 1805.

Les camps de l'Océan contiennent 50,338 hommes ayant fait campagne sur 115,582 présents, soit 43,5 p. 100, ou près de la moitié. La proportion la plus forte est atteinte dans les bataillons de sapeurs, 78,6 p. 100, et dans certains régiments de cavalerie. La division Bourcier (cavalerie légère de l'Armée des côtes, dissoute au départ de Boulogne) compte 1589 hommes ayant fait la guerre sur 2,045, soit 77,7 p. 100; les régiments de cavalerie légère attachés aux corps d'armée de Davout, Soult, Lannes et Ney comptent 1653 hommes aguerris sur 3,128, soit 52,8 p. 100. Dans le nombre se trouvent des régiments où presque tous les hommes ont fait campagne : au 21e chasseurs, 320 sur 343; au 12e chasseurs, 283 sur 341, etc. Dans les 4e, 10e et 11e dragons, on trouve respectivement 271 hommes aguerris sur 363, 255 sur 384, 265 sur 358. L'infanterie, moins bien partagée, n'a en moyenne que 42,5 p. 100 de soldats aguerris; mais certains corps en comprennent une proportion formidable : tel le bataillon d'élite du 12e léger, qui en a 622 sur un effectif de 785; celui du 58e de ligne, qui en compte 563 sur 785. Les deux régiments de ligne de la division Gazan, 100e et 103e, comptent respectivement 1316 anciens soldats sur 2,094, et 1381 sur 2,206. Le 48e, 1048 sur 1685; le 21e, 1082 sur 1862; le 10e léger, 1084 sur 1711; le 36e de ligne, 1164 sur 1881; le 17e léger, les 34e et 40e de ligne, de la division Suchet, 1012 sur 1980, 1140 sur 1804, 1183 sur 1767. Le 76e en compte 1172 sur 1904, et dans la division Malher, les 27e et 50e de ligne en ont 1211 sur 1843 et 1279 sur 1889.

Les comptes rendus d'inspection générale de l'an XIII nous font connaître en outre le nombre d'hommes ayant plus de dix ans de service (1). La proportion en est infiniment variable ; au total ils forment à peu près le quart de l'armée.

Dans certains régiments, comme le 17e de ligne, les 13e et 24e légers, presque tous les anciens soldats ont plus de 10 ans de service $\left(\frac{918}{951}, \frac{540}{569}, \frac{525}{660}\right)$. Dans d'autres, la proportion est assez faible : par exemple, au 14e de ligne, 267 sur 741. D'une manière générale, le quart de l'armée a fait toutes les campagnes de la République; un second quart n'a fait que les campagnes de Marengo ou de Hohenlinden, et la moitié restante est incorporée depuis 1801. Presque tous les sous-officiers et les officiers ont fait

(1) Ce qui donnait droit à la haute paye.

la guerre. Dans chaque régiment, il y a une trentaine de sous-officiers ou soldats qui ont servi sous l'ancien régime. Le plus souvent, ils ont moins de 30 années de service; mais on en trouve encore qui ont 33, 37, 41 ans de présence sous les drapeaux.

Ainsi les traditions de l'ancienne armée se sont perpétuées jusqu'à celle qui devait vaincre à Austerlitz et Iéna. Les amalgames et embrigadements successifs de l'infanterie n'y ont pas laissé subsister dans toute sa force l'esprit de corps des anciens régiments, mais il est encore intact dans les troupes à cheval. Les deux régiments de carabiniers ont gardé leur tactique particulière; les hussards sont toujours, aussi exactement que possible, ce qu'ils étaient au XVIIIe siècle. Ils ont reçu peu de conscrits, se sont recrutés presque toujours par enrôlements volontaires et en sujets allemands ou alsaciens, parmi lesquels détonent quelques Gascons. Une bonne moitié de leurs officiers sont illettrés; d'autres ne peuvent pas faire les commandements en français. Ils sont toujours Berchiny ou Chamborant, et la peinture que Marbot en donne pour l'année 1799 est encore strictement fidèle en 1805.

Le reste des troupes n'est pas aussi particulariste ni aussi fidèle aux anciennes coutumes que les hussards; c'est surtout l'armée de la Révolution qu'on retrouve dans les bataillons d'infanterie comme dans les régiments de dragons, chasseurs ou cuirassiers de 1805. L'uniforme n'en a guère été changé. Les règlements y sont les mêmes, et les grades se donnent en partie à l'élection, d'après la loi de 1793, à peine modifiée depuis. Ce qu'on peut reprocher à cette armée, c'est un défaut d'homogénéité. Les jeunes conscrits des ans X, XI et XII sont jetés dans ces vieilles bandes, accoutumées à la guerre de réquisitions, endurcies et impitoyables, dont l'accueil est brutal au point de multiplier les désertions. Les recommandations incessantes des inspecteurs généraux font assez ressortir à quel point le mal était visible : « Le général rappelle que les conscrits doivent être traités avec douceur et modération (11e de ligne); on peut compter comme une des causes de la désertion la dureté qu'affectent à l'égard des recrues quelques-uns des anciens soldats (6e léger). » On trouve remarquable, au 3e et au 4e de ligne, le fait que « les conscrits sont traités avec douceur ».

Il est vrai que bien des causes contribuent à produire la désertion, qui est énorme. Depuis trois ans, il déserte environ 50 hommes par bataillon chaque année. Il y a des régiments comme le 34e de ligne, les 6e et 17e légers, qui ont compté 330 à 350 déserteurs pendant dix mois de l'an XIII; le 18e de ligne en a jusqu'à 678, près du tiers de son effectif. Une grande partie de ces désertions provient du peu d'esprit national des recrues, levées en Belgique, dans le pays de Trèves, le Palatinat ou l'Italie, ou dans nos départements de l'Ouest; mais il faut avouer que toutes les parties de la France sont atteintes plus ou moins du même mal; l'Isère, le Rhône, Saône-et-Loire, etc., qui comptaient cependant parmi les départements les plus patriotes et les plus militaires depuis 1791, donnent lieu à des plaintes.

D'ailleurs, indépendamment des conscrits qui désertent après avoir rejoint, bon nombre ont été réfractaires, et la population les protège. Des jeunes gens d'une excellente constitution parviennent à se faire réformer, d'autres s'enfuient « et trouvent dans un grand nombre de communes un asile contre les recherches de la gendarmerie, et sont même soutenus dans leur résistance aux lois par les habitants des campagnes, qui sont presque tous armés (Lot) ». « Dans quelques cantons, les jeunes gens se coalisent pour se cacher lors du tirage (Deux-Sèvres). » Il n'est guère de département d'où l'on ne reçoive quelque rapport analogue, et partout on déclare la gendarmerie insuffisante pour découvrir et arrêter les réfractaires. Le préfet des Basses-Pyrénées, général Castellane, écrit à Berthier : « Les citoyens de ce département, aussi dévoués qu'aucune des autres parties de l'Empire au gouvernement et à la personne de Sa Majesté, se distinguent malheureusement par leur extrême répugnance à employer dans les armées, lorsqu'ils s'éloignent de leurs foyers, le courage qu'ils ont montré pour la défense de la frontière lorsqu'elle a été attaquée par l'Espagne. Pour obtenir un homme, il faut en appeler quatre ou cinq ».

C'est que la conscription, récemment instituée, frappe durement les bourgeois et les paysans, jusqu'alors indemnes, et ne s'impose qu'avec peine.

Un autre mal est né de celui-là. Pour remplacer les déserteurs ou les conscrits qui, par corruption de fonctionnaires, se sont fait réformer, les conseils de recrutement en désignent d'autres, moins bons pour le service. On accepte des remplaçants sourds, aveugles, boiteux ou poitrinaires, qu'il faut réformer au corps, et d'autres qu'on accepte à la rigueur, mais qui sont encore d'assez mauvaise complexion. Les plaintes sont générales :

« Le peu de soin que l'on apporte dans les départements lors des désignations fait qu'il arrive au corps des conscrits infirmes et impropres au service, même des remplaçants qui n'en peuvent faire aucun et qu'il faut réformer (6e léger). Plusieurs hommes, même des remplaçants, ont été envoyés cette année avec des infirmités ou dans un état de langueur qui les mettent hors d'état de servir et qui eussent dû les faire rejeter (3e de ligne).

J'ai remarqué qu'une grande partie des conscrits qui ont été envoyés à ce corps sont peu ou point propres au service militaire; j'en ai réformé plusieurs qui y sont arrivés récemment; j'ai recommandé au major de ne point vous laisser ignorer l'insouciance du conseil de recrutement du département du Pas-de-Calais, qui admet des conscrits et des remplaçants absolument impropres à aucun service militaire. Je vous prie, Monseigneur, d'en parler particulièrement à l'Empereur; il y a sans doute des abus à punir, et les autorités premières de ce département sont peut-être les plus coupables (34e de ligne). L'inspecteur a remarqué, parmi les remplaçants, plusieurs sujets qui, par leur défaut de taille ou de conformation, ou par leur mauvaise conduite, n'étaient pas susceptibles d'être admis en remplacement des conscrits qu'ils représentent. Le conseil d'administration a dû et devra faire de suite les démarches nécessaires pour faire connaître au ministre cet abus de confiance commis par les officiers de recrutement, et obtenir d'autres hommes (2e hussards) », etc., etc. Chacun se croit sacrifié : le colonel-général des dragons se plaint de voir verser dans les régiments de cette arme le rebut des autres. Les sapeurs se plaignent aussi de ne pas être recrutés en hommes de taille élevée. En résumé, les conscrits incorporés dans la Grande Armée ne paraissent avoir brillé, ni par l'esprit militaire, ni par la taille et la vigueur physique. A ce point de vue encore, une séparation bien tranchée devait exister entre les anciens et les jeunes soldats.

On se tromperait pourtant si l'on croyait que les conscrits fussent les seuls à déserter. De vieux soldats désertaient souvent, mais, en général, pour reparaître après quelques mois. Un bataillon de sapeurs perd ainsi en un an une quinzaine de déserteurs, mais un pareil nombre rentrent au corps pendant le même temps.

Le 36e de ligne a 84 déserteurs en l'an XIII, mais sur ce nombre, 6 seulement proviennent des conscrits des ans XI et XII. La désertion sévit donc avec autant d'intensité que sous l'ancien régime. Lorsque la Grande Armée va se mettre en marche pour traverser la France, l'Empereur fera aux généraux des recommandations toutes spéciales pour empêcher la désertion, et les colonnes seront flanquées et suivies de gendarmes.

La conduite des troupiers de 1805 ne paraît pas mauvaise; il ne sera fait aucune plainte contre les soldats pendant cette marche d'une quinzaine de jours, depuis la côte jusqu'au Rhin; mais il est difficile de savoir au juste ce qu'on exigeait comme discipline militaire. La subordination ne paraît pas avoir été bien établie entre ces individus entrés au service ensemble, et parvenus aux divers degrés de la hiérarchie par suite d'actions d'éclat plus ou moins remarquées, de hasards heureux ou malheureux, rarement à cause d'une supériorité bien établie.

Sur 5,000 officiers d'infanterie et de cavalerie présents à la Grande Armée, et au sujet desquels on est immédiatement renseigné par les rapports d'inspection générale de l'an XIII (1), il y en a une centaine qui, âgés de 17 à 21 ans, sortent de l'École de Fontainebleau, récemment créée (1er mai 1802-28 janvier 1803), pour relever le niveau du corps d'officiers.

500 à 600 proviennent des engagés volontaires ou des conscrits incorporés depuis 1795. Ce sont, en général, des sujets d'élite sur lesquels s'est porté le choix de leurs supérieurs à cause de leur degré d'instruction et de leur situation sociale, comme Fezensac (2), ou pour des hauts

(1) Le nombre d'officiers d'infanterie et de cavalerie de la Grande Armée dépasse sensiblement le chiffre de 5,000, mais nous avons pris pour base le nombre des individus sur lesquels nous avons pu porter nos recherches sans recourir au dépouillement des dossiers personnels. Voir les listes reproduites aux pièces justificatives.

(2) « Les sous-lieutenants désignaient au scrutin trois candidats parmi les sous-officiers, et les lieutenants choisissaient un des trois..... Le colonel avait toujours désiré me faire nommer de cette manière; elle était, en effet, plus flatteuse; mais comment l'obtenir d'officiers déjà jaloux d'un avancement que je n'avais pas trop bien justifié, surtout dans ces derniers temps, et quand ces officiers avaient parmi les sous-officiers des amis, d'anciens camarades qui attendaient depuis longtemps cette distinction, si importante pour leur avenir, et qui tous la méritaient mieux que moi? Cependant, l'autorité du colonel (Lacuée), le désir de lui être agréable, surtout la crainte de lui déplaire, dans un temps où la puissance des chefs de corps était immense, tous ces motifs vainquirent l'opposition et je fus nommé sous-lieutenant le 26 mai.....

faits, comme ceux de Dulong, chef de bataillon à 25 ans. Trouvant la voie barrée par des hommes encore jeunes, ils ne peuvent avancer aussi vite que leurs prédécesseurs de 1791, 1792 et 1793. Ils sont presque tous lieutenants ou sous-lieutenants en 1805 (1).

Malgré cet élément de jeunesse dans les grades inférieurs, l'âge moyen des sous-lieutenants est encore de 32 ans et celui des lieutenants de 37, alors que celui des capitaines et des officiers supérieurs est de 39 (2). C'est qu'il y a près de 90 lieutenants ou sous-lieutenants qui ont passé la cinquantaine, dont 4 ont plus de 60 ans. Abstraction faite des 600 jeunes gens dont nous avons parlé, tous les officiers de la Grande Armée sont entrés au service avant 1794, et plus de la moitié proviennent de l'ancienne armée royale (3). Il est vrai qu'un très petit nombre, une douzaine au plus, ont porté l'épaulette avant 1791 ; les autres ont passé sous les drapeaux, comme soldats ou sergents, un temps assez court. La plupart ont reçu leur congé et se sont rengagés dans un bataillon de volontaires où leur qualité d'ancien militaire leur a

---

Cette nomination fut généralement mieux accueillie qu'on n'aurait pu le croire. D'abord, on s'y était toujours attendu ; mon service de soldat et de sergent était un jeu, et l'on savait très bien que je n'étais entré au régiment que pour devenir officier..... On me savait gré d'avoir supporté de bonne grâce l'épreuve que je subissais depuis dix mois, et l'on savait que ce noviciat, bien court pour les autres, avait dû me paraître terriblement long. » (Fezensac, *Souvenirs militaires*, p. 40.)

(1) Sur 500 ou 600, il y a 2 officiers supérieurs et 33 capitaines de 28 ou 29 ans, mais dont un bon nombre se sont engagés à 14, 15 ou 16 ans et faisaient partie de la génération révolutionnaire, et 9 capitaines de 23 à 27 ans. On peut admettre que 30 officiers supérieurs ou capitaines provenaient des recrues incorporées depuis 1793.

(2) La moyenne est à peu près 39 ans pour les capitaines, plus de 39 ans 1/2 pour les chefs de bataillon et un peu moins de 39 ans pour les colonels.

(3) Pour les officiers supérieurs, les trois cinquièmes exactement proviennent de l'armée royale. Voir plus loin ce qu'en dit Mathieu Dumas.

valu d'emblée un grade, qu'ils n'ont guère dépassé par la suite. D'autres, restés dans la ligne, ont avancé après l'émigration des officiers nobles, ou pour quelque fait d'armes. Ils forment l'élément âgé, trop âgé, de nos cadres, et bien qu'on en élimine beaucoup chaque année, les chefs de corps voudraient toujours se défaire d'un grand nombre de ces « braves gens, ayant bien fait la guerre, mais sans instruction et sans moyens pour en acquérir (1) ».

Les officiers qui proviennent des volontaires de 1791 et 1792, ou des réquisitionnaires de 1793, ont été élus à l'origine à cause de leur instruction générale et de leur intelligence, supérieures à celles de la moyenne. Ils ont fourni l'élément jeune et instruit de l'infanterie et de la cavalerie, et quelques-uns d'entre eux sont parvenus rapidement aux plus hauts grades.

Le résultat est que cette armée est commandée par des généraux et des colonels très jeunes, des chefs de bataillon et d'escadron assez jeunes encore, et de vieux officiers subalternes. Cet excessif rajeunissement des cadres supérieurs, produit à une époque et par des circonstances exceptionnelles, entraîne pour l'avenir de graves inconvénients auxquels on ne pourra remédier qu'avec l'aide de circonstances non moins exceptionnelles; mais au moment que nous envisageons, il assure à la Grande Armée une direction vigoureuse et intelligente, en même temps que les vieux serviteurs demeurés dans les grades subalternes apporteront une perfection rare dans les détails du combat et du service en campagne, et communiqueron à l'ensemble de la troupe leur expérience et leur solidité.

Mais là n'est pas encore tout le secret de la puissance extraordinaire de ces cadres : il ne faut pas oublier que

---

(1) Formule qui se retrouve fréquemment dans les notes d'inspection de l'an XIII.

l'avancement s'est fait jusqu'alors par régiment, sauf des exceptions individuelles, et même, autant que possible, par bataillon. Les officiers, sous-officiers et anciens soldats d'un régiment ont donc vécu et combattu ensemble depuis de longues années. Par quelques-uns d'entre eux, et par bon nombre de camarades perdus depuis peu, la tradition d'un vieux régiment d'autrefois s'est conservée. Agglomérés dans la grande famille du régiment nouveau, les débris de tel bataillon, de telle demi-brigade ont gardé leurs souvenirs propres, et forment autant de groupes étroitement unis, sans nuire à l'esprit de corps de l'ensemble. Tous se connaissent et sauront, le cas échéant, sur quoi et sur qui l'on peut compter. Ainsi les chefs ont le précieux avantage d'être fixés d'avance sur le mode d'exécution de leurs ordres.

Cette situation a bien quelques inconvénients au point de vue de la discipline, mais ils sont peu de chose en face de cet immense avantage. C'est, bien souvent, aux yeux des intéressés, un hasard heureux qui a fait la fortune des uns, tandis que les autres restaient en arrière. Chaque soldat ou sous-officier a peine à voir des supérieurs dans ses camarades de la veille, dont il se juge toujours l'égal en valeur et en intelligence. Quant aux gradés, ils se croyaient déjà sur le chemin des honneurs, et certains n'ont plus avancé depuis 1793. Le découragement survient, et l'on voit en l'an XIII des officiers, très zélés autrefois, mériter des notes médiocres et n'aspirer qu'au départ. On est donc très grognard dans cette Grande Armée de 1805, d'esprit et d'allure assez libres encore, et jugeant parfois avec sévérité la politique impériale.

Et ce n'est pas son seul défaut. Elle est fort peu manœuvrière. Presque tous les officiers de carrière que l'armée royale avait légués aux armées révolutionnaires ont disparu par l'émigration, par la mort, par la réforme. Les seuls qui restent sont parvenus à des grades élevés, d'où ils n'agissent qu'indirectement sur l'instruction de la troupe. Les officiers savent moins bien le règlement de 1791 que ne le savaient ceux des bataillons de 1793. Mathieu Dumas, malgré son optimisme, ne se le dissimule pas :

« L'ordonnance des troupes françaises, telle qu'elle fut rédigée peu de temps avant la Révolution, est non seulement la meilleure connue, mais encore la plus appropriée au caractère national; elle suffit à tout sans astreindre à une scrupuleuse exactitude dans les détails d'exécution; elle assure les résultats des manœuvres et donne des moyens de prévenir les inversions et toute espèce de confusion. Dans la suite non interrompue des campagnes de toute saison, depuis la première déclaration de guerre, en 1792, jusqu'à la paix de Lunéville, l'instruction théorique fut, à quelques exceptions près, très négligée; et cependant la pratique habituelle, on pourrait dire la simple tradition de cette ordonnance, suffit alors aux troupes françaises pour maintenir les principes et leur résultat essentiel; elles surent vaincre en bataille rangée les troupes les plus manœuvrières de l'Europe. Néanmoins, il est juste de dire que cette tradition des bons principes était due à la forte instruction des sous-officiers de l'ancienne armée, devenus officiers au commencement de la guerre; et, comme la plupart d'entre eux avaient été élevés depuis à des grades supérieurs (1) et que les écoles militaires n'avaient encore fourni qu'un petit nombre de sujets, l'instruction s'était affaiblie; elle était du moins très inégale dans les divers corps (2). »

Les jeunes officiers sortis de l'école de Fontainebleau se firent remarquer dès le début par leur connaissance des manœuvres, et furent tous très bien notés par leurs

---

(1) Ou réformés, morts, etc.

(2) Mathieu Dumas, *Précis des événements militaires*, t. XII, p. 31.

chefs de corps (1). Leurs notes frappent surtout par comparaison avec celles des autres officiers : par exemple, au 14e de ligne, sur 9 sous-lieutenants, 3 seulement sont jugés assez instruits pour être « susceptibles d'avancement ». Sur 18 lieutenants, 5 aussi sont bien notés, dont 4 susceptibles d'avancement. Sur 18 capitaines, 3 sont bien notés, un seul est susceptible d'avancement. Bon nombre sont signalés comme « peu instruits », ce qui veut dire qu'ils ignorent les règlements militaires, car d'autres sont « instruits quoique illettrés ». Il n'est pas rare de voir des officiers supérieurs incapables de faire manœuvrer un bataillon. Le général Broussier en signale un au 18e de ligne qui, malgré son dévouement à l'Empereur, « n'est pas fort pour les manœuvres ».

Un autre (au 12e) est un « ancien militaire n'ayant aucun genre de connaissance, qui mérite sa retraite ». Un capitaine, âgé de 40 ans, n'est « point instruit; sans moralité et sans conception ; est susceptible de réforme ». Un autre, âgé de 51 ans, est « usé et nullement propre au service ». Un lieutenant, âgé de 53 ans, est noté comme « ancien militaire peu propre au service ». La plupart de ces vieux soldats sont peu instruits.

Dès l'an XIII, il est fait justice des plus mauvais par des mises à la retraite ou des réformes, mais dans la mesure où l'école militaire permet de les remplacer.

---

(1) Par exemple, au 12e de ligne : M. N....., 19 ans ; instruit, belle tenue, bonne conduite, servant bien et donnant des espérances. — N....., 20 ans, sortant de l'École de Saint-Cyr, belle tenue, bonne conduite, travaille à son instruction et promet beaucoup. — N....., 17 ans, instruit, s'appliquant à ses devoirs et promettant de faire un officier distingué.

Au 15e léger : Jourdain, 16 ans, sortant de l'École polytechnique. Promet beaucoup (Il mourut dans la campagne suivante). — Tondeur, 18 ans ; promet beaucoup par son application à ses devoirs et son intelligence. Bonne conduite et bonne tenue.

Au 18e de ligne : X....., 18 ans; a déjà l'instruction militaire et le zèle d'un ancien officier. Etc., etc.

A côté de ces officiers, insuffisants pour un chef qui voulait maintenant gagner des batailles « par manœuvres », il faut constater que la moitié environ des chefs de bataillons et capitaines avaient pris la peine de se mettre à hauteur de leurs fonctions. Grâce surtout au zèle des adjudants-majors, la troupe arrivait à manœuvrer suffisamment. Cependant, comme le disent Fezensac et Pelleport, « nos chefs étaient généralement paresseux ; les exercices ordinaires faits tant bien que mal ». (Pelleport.) « J'étonnerai mes lecteurs en leur disant combien, au camp de Montreuil, nos chefs s'occupaient peu de notre instruction..... Le régiment fut rarement réuni pour manœuvrer en ligne. Point d'école de tirailleurs, point d'escrime à la baïonnette. » (Fezensac.)

Aussi le général Leval, en passant l'inspection du 17e léger, trouve-t-il que « l'instruction et les manœuvres laissent quelque chose à désirer ».

Et puis, le moyen de reprendre l'instruction de ces vieux soldats qui ont dix campagnes de guerre ! Au 59e, on avait voulu rafraîchir la mémoire des gradés, « passablement instruits mais trop routiniers », et, quelques jours après, « l'adjudant-major désignant un vieux sergent pour instruire des recrues, celui-ci répondit avec son accent provençal : « Je ne suis pas dans le cas, Monsieur. L'exercice, je ne la sais pas ; si je la savais, on ne me la montrerait pas ; si je ne la sais pas, je ne peux pas la montrer (1) ».

Les recrues auraient pu être dressés plus régulièrement que les anciens, mais on les instruisait au bataillon de dépôt, où ils se trouvaient dans les plus mauvaises conditions. « C'est dans ces bataillons, fait observer le général Leval après l'inspection de l'an XIII, que les officiers et sous-officiers détachés en recrutement sont pris ;

(1) Fezensac, p. 33.

c'est à ces bataillons que l'on envoie les sous-officiers les moins en état de servir, soit par leurs infirmités, soit par leur peu de talents. C'est encore ces bataillons qui fournissent les officiers et sous-officiers nécessaires à la conduite des détachements sans fin qui sont envoyés aux camps. Il en résulte que les bataillons de dépôt sont constamment dénués d'officiers et de sous-officiers, et que, par conséquent, il n'existe à ces bataillons ni moyens d'instruction ni moyens de discipline..... En ce moment, le 3e bataillon du 17e régiment d'infanterie légère est fort de 667 hommes présents sous les armes, et pour le commander il n'y a que 14 officiers de compagnies, 16 sergents et 47 caporaux. » Encore l'instruction n'est-elle pas donnée à tous les conscrits, fait-on remarquer au 21e de ligne : « les besoins pressants des bataillons de guerre obligent trop souvent à leur envoyer des hommes absolument bruts ».

Rien d'étonnant dès lors à ce que les généraux inspecteurs trouvent des régiments qui « manœuvrent passablement, mais sont faibles sur les alignements, les marches en bataille et de flanc ».

« J'ai ordonné, dit le général Loison, de surveiller cette partie essentielle de leur instruction. Les manœuvres ont été bien exécutées (au 76e), particulièrement dans ce qui a dépendu des chefs de bataillon; le colonel n'est pas encore fort sur les évolutions de ligne, mais il travaille et obtiendra ce qui lui manque. Beaucoup de capitaines sont très faibles en manœuvres. Il leur faut beaucoup de pratique pour se fortifier..... Le colonel donnera des ordres pour que les recrues soient exercées deux fois par jour dans tous les cantonnements; les compagnies doivent manœuvrer au moins trois fois par semaine et les bataillons deux fois. On mettra les hommes sur deux rangs et l'on fera des pelotons d'un front plus étroit chaque fois qu'on ne pourra pas réunir le bataillon entier, mais il est important de faire très souvent l'école de bataillon. »

On chercherait en vain à dépeindre en quelques mots le corps d'officiers de la Grande Armée de 1804. La plupart de ceux qui le composent sont, on l'a vu, de vieux soldats, peu instruits, même dans la technique de leur métier, et indifférents au reste, d'ailleurs rudes et grossiers : « Les officiers, dit Fezensac, sortaient des rangs des sous-officiers; tous avaient fait la guerre; la plupart étaient des gens de peu d'éducation. Quelques-uns, pour réparer ce désavantage, s'étaient donné une demi-instruction assez confuse. Leurs manières étaient communes, leurs politesses, des politesses de soldats..... Les sergents-majors, avec qui j'ai vécu dans l'intimité pendant cinq mois, ne se distinguaient pas des officiers ». A côté de cette catégorie de soldats de profession, une autre occupe encore une place importante, et augmente de jour en jour : c'est celle des jeunes gens résolus à embrasser la carrière d'officier, et qui joignent quelques connaissances techniques à une éducation et à une instruction générale suffisantes. Mais ce n'est pas tout, car les levées de la Révolution, les hasards du recrutement et l'esprit d'aventures ont jeté pêle-mêle tout un monde dans cette armée : bon nombre de ces officiers, insoucieux ou non de la partie technique du métier, se laissent aller au gré des aventures de guerre en poursuivant, chemin faisant, des études préférées : les notes de l'an XIII nous révèlent que la plupart des régiments, des bataillons peut-être, avaient leurs littérateurs. Des professeurs de rhétorique et de philosophie avaient quitté leur chaire (1). D'autres ont une vocation poétique qui

(1) Morel, au 3e de ligne, est « le capitaine le plus instruit du régiment; il occupe son emploi depuis 1793 ; j'ai souvent demandé de l'avancement en sa faveur, dit le colonel, et notamment à la dernière revue de l'Empereur. M. Morel a professé la rhétorique avant la Révolu-

aboutira sans doute à une traduction d'Horace. Il en est qui se signalent par une « charmante conduite », ou que leur colonel juge des « officiers intéressants » ; souvent aussi le chef de corps ne peut s'empêcher de regretter que « leurs connaissances militaires ne soient pas à la hauteur de celles qu'ils ont en littérature ». On rencontre, mais plus rarement, des mathématiciens.

Les hussards, on l'a vu, ont une physionomie assez particulière. Les autres régiments de cavalerie sont composés à peu près comme ceux de l'infanterie. L'esprit pourtant y paraît meilleur et, contrairement à ce qu'on pourrait croire, les mœurs y paraissent moins rudes, l'aptitude manœuvrière plus développée. Un signe qu'on ne peut négliger, c'est la rareté relative des désertions, rareté due en partie à une plus forte proportion d'engagés volontaires, mais surtout à plus de douceur à l'égard des recrues. Dans les régiments de dragons, les désertions atteignent en moyenne le chiffre de 10 par an, sur 860 hommes présents, et bon nombre de ces déserteurs sont d'anciens soldats, pris d'un désir subit de varier la vie monotone des camps, et qui reviendront quelques semaines plus tard.

Dans les régiments de hussards, il n'y a guère que 6 ou 7 désertions par an, et les déserteurs sont presque tous d'anciens soldats qui rentreront.

Les inspecteurs généraux de la cavalerie, et Kellermann le premier, se montrent satisfaits des manœuvres, mais ils les trouvent exécutées un peu lentement. C'est, en effet, la caractéristique de notre cavalerie en 1805 et 1806. Elle fera dans les combats des évolutions remarquables, avec précision, avec souplesse, surtout avec un ensemble et une cohésion irréprochables, sans hésitation

---

tion. Il a beaucoup de mœurs, de tenue et de conduite. Il est membre de la Légion d'honneur ».

dans le commandement ni dans l'exécution, mais toujours un peu lentement.

Les chevaux, bêtes un peu lourdes, faciles à dresser et à monter, dociles dans les manœuvres, sont l'instrument approprié à cette tactique. Aussi les talents équestres, qu'on ne manque pas de relever aujourd'hui avant tout, même chez les officiers d'infanterie, sont-ils à peu près indifférents en 1805. Après examen de tous les rapports d'inspection de l'an XIII, on ne peut citer que les rares mentions suivantes, comme ayant trait à l'équitation :

Au 2e hussards, « l'équitation est assez bonne, quoiqu'il n'y ait point dans ce corps de sujet à remarquer pour ses talents en ce genre ».

Au 3e hussards, « l'équitation est très bien enseignée par M. Chevalier, officier animé par le zèle le plus louable, et parfaitement instruit de tout ce qui tient au détail des fonctions qui lui sont confiées. Elle se fait toutes les fois que le temps le permet, le corps n'ayant pas de manège couvert ».

Au même régiment, un sous-lieutenant est noté comme « très bon écuyer et bon instructeur ».

Au 4e hussards, il y a un officier « connaissant parfaitement l'équitation, qu'il enseigne au régiment ».

Au 18e dragons, un lieutenant, Zénon Lefebvre, « monte bien à cheval; a besoin de travailler ».

Au 5e cuirassiers, le chef d'escadrons Balthazar Roustan, ancien garde française, « est au corps depuis peu de temps, mais il est homme de cheval et entend bien les manœuvres ».

Si l'on ajoute à ces quelques notes l'observation que les conscrits du 16e chasseurs montent mal, faute de chevaux au dépôt pour les instruire, on aura relevé dans l'inspection de l'an XIII tout ce qui se rapporte à l'équitation.

Un certain nombre de régiments de cavalerie et de hussards avaient été transformés récemment en régiments de dragons (nos 22, 25, 26, 27, 28 et 30), mais ils n'avaient pu se faire aussitôt aux manœuvres spéciales de cette arme, qui possédait alors un règlement différent de celui de la cavalerie. « Aucun de ces régiments, dit Baraguey d'Hilliers dans son rapport, n'a encore parfaitement l'esprit de l'arme nouvelle dans laquelle il a été placé. Les uns sont lourds comme de la grosse cavalerie dans tous leurs mouvements, les autres sont désordonnés et désunis comme les troupes légères. On croit qu'il serait utile que (s'il est possible) ces régiments fussent réunis avec trois ou quatre anciens régiments de dragons vers la fin de l'été, pour les tenir campés ou au moins rassemblés, de manière à manœuvrer ensemble pendant vendémiaire et brumaire prochains. On pense que cette réunion ferait le plus grand bien à l'esprit de corps, réveillerait l'émulation, exciterait le zèle, et détruirait, mieux que ne le feront dix inspections, les préventions, les préjugés, les routines vicieuses qui subsistent encore et rendent les progrès lents. »

III

Les officiers de l'artillerie et du génie diffèrent profondément, à cette époque, de ceux des autres armes. Ces deux corps, fortement organisés, et les seuls dont l'instruction fût assurée sous l'ancien régime, ne furent pas désorganisés au moment de l'émigration. L'école d'artillerie ne cessa pas de fonctionner à Châlons, et celle du génie à Metz, jusqu'au jour où Marmont les réunit dans cette dernière ville. Il est vrai que, de 1791 à 1794, l'enseignement de Châlons fut assez mal assuré, et que les élèves le reçurent rarement dans son entier. En tout cas, il ne sortit de Châlons et de Metz que des officiers ayant une instruction générale suffisante, prouvée aux examens d'admission.

En dehors des officiers sortis de Metz, le génie reçut,

d'abord sous le nom d'adjoints, puis comme officiers, bon nombre d'employés des ponts et chaussées, architectes, etc., qui fournirent souvent d'excellents sujets, instruits en théorie et en pratique. Cette ressource fit défaut à l'artillerie : elle ne reçut pour ainsi dire aucun officier des levées de volontaires, et, si la persistance de l'esprit de corps, la solidité des cadres se trouva mieux assurée en les recrutant parmi les sous-officiers de l'arme, leur valeur intellectuelle en fut certainement amoindrie.

En 1805, on ne voit guère que 5 ou 6 officiers d'artillerie qui aient été promus lieutenants en 1793 ou en l'an II, après avoir été incorporés en 1791, 1792 ou 1793. En revanche, on trouve un nombre considérable d'anciens canonniers promus lieutenants, puis capitaines, de 1792 à 1799.

Le premier inspecteur avait remis au ministre, en 1801, un mémoire sur la situation de l'artillerie, où il montrait la nécessité d'une réforme :

« Le corps de l'artillerie renferme aujourd'hui, disait-il, les éléments les plus contraires. Il possède tous les moyens de prospérité comme aussi tous les germes de destruction. Malheureusement, ceux-ci sont les plus nombreux, et, si le gouvernement ne se hâte d'y apporter remède, le corps de l'artillerie, qui a déjà beaucoup déchu, tombera dans une entière décadence.

« Les régiments d'artillerie ont été disséminés pendant le temps de la guerre ; en conséquence, l'instruction s'est perdue. La trop grande extension de l'artillerie à cheval a tué l'artillerie à pied : 1° parce qu'elle l'a épuisée en officiers ; 2° parce que l'artillerie à cheval étant devenue d'un usage exclusif, l'artillerie à pied n'a plus trouvé occasion de servir. Cependant, les canonniers sont susceptibles de redevenir ce qu'ils étaient. Ils sont, comme autrefois, jeunes, laborieux et braves ; aussi l'instruction de l'artillerie serait bientôt rétablie, si le corps n'était plus obstrué d'officiers ignorants et inhabiles à devenir meilleurs. Ce mal est le résultat d'un mode d'avancement faussement interprété, car la loi du 18 floréal an III, qui voulait que le tiers des officiers sortît des sous-officiers, et les deux tiers des élèves, a été si mal suivie qu'aujourd'hui, sur 1408 officiers, 375 seulement sortent de l'école et 1033 des sous-officiers.

« Il est donc nécessaire et pressant d'arrêter ces fâcheux effets et d'assurer pour l'avenir le choix des officiers en en réglant le mode d'une manière convenable.....

« Les grades supérieurs sont mieux partagés, et en général les choix ont été mieux faits. Cependant, il existe plusieurs officiers qui ne sont pas propres à leurs fonctions, tant à cause de leur ignorance qu'à raison de leur âge. Je suis loin de porter un esprit de parti dans l'examen des officiers du corps de l'artillerie. J'aime ceux qui sont sortis de la classe des sous-officiers quand ils sont bons, parce qu'il leur a fallu beaucoup plus de mérite qu'aux autres pour se former; ainsi je pense qu'il faut conserver tous ceux qui ont bien servi et qui peuvent bien servir, et sans secousse se débarrasser des autres.

« Après avoir fait les calculs les plus rigoureux sur le personnel du corps, il est démontré que, sur 57 chefs de brigade, il en existe 15 mauvais; que sur 87 chefs de bataillon, il en existe 27 mauvais, et qu'enfin sur 948 capitaines ou lieutenants sortis des sous-officiers, 208 doivent être placés ailleurs.

« Ainsi, pour régénérer l'artillerie, il faudrait lui ôter environ 250 officiers, et il lui restera encore 800 officiers tirés des sous-officiers, c'est-à-dire plus de la moitié du nombre total. »

Le Premier Consul ordonna de procéder sans retard à la réforme demandée, et Pion des Loches inscrit dans son journal, à la date du 22 janvier 1802 : « Avant-hier, on nous a donné une violente secousse, en réduisant le régiment à 32 officiers de moins que son complet de guerre.

« Douze emplois étaient vacants; dix vieux officiers, alarmés d'une réforme qui est toujours humiliante, ont pris leur retraite; il n'en est donc resté que dix à réformer (1). »

A la suite de cette réforme radicale, les cadres restèrent quelque temps incomplets, le Premier Consul aimant mieux laisser des places vacantes que d'y nommer des officiers médiocres. Le 13 germinal an XII, Songis écrit au général Eblé, commandant l'artillerie du corps de Bernadotte : « Par votre lettre du 4 de ce mois, vous demandez, Citoyen Général, que les emplois de second lieutenant vacants dans les compagnies, tant à pied qu'à cheval, qui sont sous vos ordres, soient promptement remplis. Il n'est pas possible d'y nommer en ce moment, attendu que les élèves auxquels ils sont destinés sont depuis trop peu de temps à l'École d'application pour qu'on puisse les en retirer; mais on presse leur instruction autant qu'il est possible, et lorsqu'elle sera suffisamment avancée, on les répartira dans tous les régiments où les vacances de ce grade sont en grand nombre ».

Malgré le soin apporté à remplir les vacances autant que possible avec les élèves de Metz, on trouve encore en 1805 que les deux tiers des officiers subalternes sortent des sous-officiers, ainsi que les deux cinquièmes des officiers supérieurs. En tout cas, l'avancement a été plus régulier que dans l'infanterie et la cavalerie; l'âge moyen des officiers va croissant avec le grade.

Celui des lieutenants en second est de 26 ans; celui des lieutenants en premier, de 31 ans; celui des capitaines, de 36 ans; celui des chefs de bataillon, de 44 ans; celui des colonels, de 47 ans. Il n'y a guère que 4 p. 100 des lieutenants qui aient atteint la quarantaine, mais 25 p. 100 des colonels ont moins de 40 ans. Les deux tiers

(1) Pion des Loches, *Mes Campagnes*, p. 117.

des capitaines sont compris entre les limites de 30 et 45 ans.

Les officiers généraux, qui sortent tous des écoles, à l'exception du général Eblé, n'ont en moyenne que 44 ans. Il y en a plus du tiers qui n'ont pas 40 ans ; et la plupart ont de 40 à 50 ans.

Le corps du génie a subi les mêmes fluctuations que celui de l'artillerie ; mais il se distingue encore plus profondément par les mœurs et l'esprit des officiers, des sous-officiers et de la troupe : tandis que les généraux inspecteurs rappellent sans cesse, dans l'infanterie et la cavalerie, que les conscrits doivent être traités avec douceur, il faut faire des recommandations inverses dans le génie :

« La justice et la douceur pour les mineurs (ou les sapeurs) ne doivent jamais empêcher qu'un sous-officier n'ait la fermeté nécessaire et sans laquelle il n'y a pas de discipline. »

C'est que, en vérité, ces sous-officiers du génie ne ressemblent en rien à ceux de l'infanterie. Toujours occupés de travaux techniques, ils ignorent bien souvent la manœuvre à pied.

Quand ils deviennent officiers, c'est après avoir fait preuve de connaissances techniques. Voici, par exemple, les notes d'un sergent-major promu lieutenant à 33 ans : « Lève avec soin, nivelle, beaucoup d'exactitude dans les opérations, écrit et calcule bien, dessine. D'un caractère froid, mol au premier coup d'œil, mais de fait zélé et attaché à son métier. Connaît bien celui de mineur, qu'il a beaucoup pratiqué ».

Des « mœurs douces et honnêtes », telle est la note qu'on retrouve le plus fréquemment dans les notes des officiers.

Le quartier-maître trésorier d'un bataillon de sapeurs est « excellent comptable, a fait de bonnes études, connaît les langues anciennes par principes. Sage et d'une conduite régulière, très attaché au gouvernement, des mœurs douces et honnêtes; a été proposé pour la Légion d'honneur ».

Deux frères servent au même bataillon. L'aîné a « des connaissances agréables. Sait bien sa langue et la théorie des manœuvres d'infanterie. Sa conduite est régulière; ses mœurs douces ». Le cadet « dessinant bien la fortification et le paysage et ayant de l'instruction; excellent militaire; la conduite la plus sage; a été proposé pour légionnaire ». Un autre « dessine avec goût et sert bien. Bon capitaine, employé aux travaux de la place. Jeune, quoique père de famille, aimant sa femme et ses enfants, ainsi que ses devoirs; est membre de la Légion d'honneur ». Un lieutenant en second, qui est tout jeune encore, a « du génie, la plus belle éducation et tout le talent possible. Il est chargé du magasin du corps. Conduite sage et régulière. A obtenu un sabre d'honneur de la Convention ».

Ce dernier trait nous rappelle à temps qu'il s'agit de vertus guerrières et nous nous apercevons que ces officiers, dont on vante surtout les mœurs paisibles, sont des héros aussi bien que les autres. Le lieutenant Rottanger, noté, lui aussi, comme « ayant l'instruction de son état; sage et vivant régulièrement », s'est trouvé aux combats contre les chouans, puis aux campagnes des ans VII, VIII, IX en Italie, a assisté aux batailles de Vérone, de Cassano, à l'attaque de Mondovi, au combat de la Bormida, au blocus du fort de Bard, etc., etc. « Au siège de Peschiera, malgré le feu le plus vif de la part de l'ennemi, il a assailli, accompagné du nommé Trouillard, sapeur au même bataillon, une maison avancée reconnue par les officiers du génie comme le point le plus favorable à l'ouverture de la tranchée, en a brisé les portes et, y pénétrant avec courage, y a fait prisonnier le piquet entier composé de 30 hommes. A reçu, par décret du 10 nivôse an x, un fusil d'honneur pour récompense de son action ». Ces hommes doux n'en sont donc pas moins très vigoureux à la guerre.

IV

Après cette troupe de héros silencieux qu'est le génie, il ne reste plus à mentionner que la Garde.

Lors de sa création, la Garde consulaire ne devait comprendre que des soldats ayant fait la guerre avec distinction; mais à la fin de l'année 1803, Bonaparte estime que « l'armée ne peut suffire au recrutement de la Garde; elle ne peut la mettre même au pied de paix sans s'affaiblir d'un petit nombre d'hommes extrêmement précieux ». Il a donc recours à un appel de vélites, jeunes gens fournis par la conscription, remplissant les mêmes conditions de taille que les grenadiers et chasseurs de la Garde et devant avoir une haute paye de 200 francs par an, assurée par leur famille. « Cette formation, suivant les termes de Lacuée, remplit le double objet de compléter la Garde à l'avenir et de rendre la conscription plus douce pour la partie de la nation qui est moyennement riche. » Le décret du 10 thermidor an XII, qui constitue définitivement la Garde, confirme l'existence d'un bataillon de vélites à côté des deux bataillons de grenadiers; il y a ainsi 860 vélites pour 1650 vieux soldats, soit un peu plus de la moitié. Il en est de même dans les chasseurs à pied. La Garde comprend donc deux tiers de vieux soldats, tandis qu'il y en a seulement une proportion de moitié dans la ligne.

L'infanterie de la Garde est forte d'environ 5,000 hommes. Elle est rejointe, au mois d'août 1805, par un bataillon italien (grenadiers et chasseurs).

La cavalerie comprend deux régiments, grenadiers à cheval et chasseurs à cheval, d'environ 1000 chevaux chacun, plus une compagnie de 100 mameloucks.

Il n'y a pas d'escadrons de vélites dans la Garde à cheval, mais, le 19 septembre 1805, Napoléon ordonne un appel d'environ 800 vélites pour les grenadiers et chasseurs à cheval. Ils devront verser au trésorier une pension annuelle de 600 francs.

Au moment où l'Empereur appelle à Boulogne une partie de sa Garde, il fait verser les vélites à pied dans les grenadiers et chasseurs.

Outre l'infanterie et la cavalerie, la Garde comprend deux compagnies d'artillerie légère, des ouvriers d'artillerie, quatre compagnies du train d'artillerie, environ 750 matelots et une légion d'élite de 580 gendarmes. Elle ne contient ni artillerie à pied ni troupes du génie.

Au moment de partir en campagne, l'Empereur la constitue en division et lui fait donner le matériel et les services nécessaires. En revanche, une partie des vieux soldats sont laissés à la garde des palais impériaux.

Il est attribué à la division de la Garde impériale 24 pièces de canon formant 3 divisions de 8 pièces (4 pièces de 8, 2 de 4 et 2 obusiers), servies respectivement par les deux compagnies françaises et par une compagnie d'artillerie italienne. Chaque division comprend, outre les pièces, 26 caissons, 2 chariots, 1 forge et 3 affûts de rechange, le tout attelé par 200 chevaux environ (y compris les chevaux de selle).

Nous n'essaierons pas de résumer ici la carrière des 141 officiers généraux qui font partie de la Grande Armée. Le tableau ci-contre indique sommairement leur âge et leur origine.

La moitié des généraux de la Grande Armée ont porté l'épaulette sous l'ancien régime; un quart a servi dans la troupe avant 1791; le dernier quart, dont l'arme d'origine est généralement l'infanterie, provient des levées posté-

État des Officiers généraux de la Grande Armée.

AGE.	INFANTERIE.			CAVALERIE.			ARTILLERIE.		GÉNIE.		TOTAUX.
							ENTRÉS AU SERVICE		ENTRÉS AU SERVICE		
	OFFICIERS avant 1791.	SOLDATS avant 1791.	ENGAGÉS depuis 1791.	OFFICIERS avant 1791.	SOLDATS avant 1791.	ENGAGÉS depuis 1791.	avant 1791.	après 1791.	avant 1791.	après 1791.	
29 ans.	»	»	»	»	»	»	»	1	»	»	1
30....	»	»	2	2	»	1	»	»	»	»	5
31....	»	»	2	»	1	»	1	»	»	»	4
32....	»	»	»	»	»	»	»	1	»	1	2
33....	1	»	2	»	1	1	»	»	»	»	5
34....	»	2	1	»	1	»	»	»	»	»	4
35....	»	2	7	2	»	»	»	»	»	»	11
36....	»	3	6	»	1	»	1	»	»	»	11
37....	2	»	2	1	1	»	1	»	»	»	7
38....	»	3	»	»	1	»	»	»	»	»	4
39....	1	1	1	3	»	»	1	»	»	»	7
40....	3	2	3	1	»	»	»	»	»	»	9
41....	2	2	3	1	»	»	»	»	1	»	9
42....	1	3	1	1	»	1	1	»	»	»	8
43....	»	2	»	»	1	1	2	»	»	»	6
44....	3	1	»	4	3	»	2	»	»	»	13
45....	1	1	»	1	1	»	1	»	»	»	5
46....	1	1	»	»	»	»	1	»	»	»	3
47....	»	1	»	1	»	»	1	»	1	»	4
48....	»	1	»	»	1	»	»	»	»	»	2
49....	1	»	»	»	»	»	»	»	»	1	2
50....	1	1	»	1	1	»	1	»	»	»	5
51....	»	»	»	3	»	»	»	»	1	»	4
52....	1	»	»	»	»	»	»	»	1	»	2
53....	»	»	»	»	1	»	»	»	»	»	1
54....	»	»	»	»	»	»	»	»	»	»	»
55....	»	»	»	1	»	»	1	»	»	»	2
56....	1	»	»	»	»	»	»	»	»	»	1
57....	»	»	»	»	»	»	1	»	»	»	1
58....	1	»	»	1	»	»	»	»	1	»	3
Totaux.	20	26	30	23	14	4	15	2	5	2	141

rieures à 1791. L'âge des officiers généraux varie de 29 à 58 ans, et la moyenne est 41 ans.

V

Le personnel de la Grande Armée, officiers et troupes, étant à peu près connu par les états de situation et par les quelques renseignements que nous venons de donner, il reste à montrer comment cette énorme machine fut organisée et mise en mouvement.

Berthier figure aussitôt après l'Empereur dans le tableau de l'organisation de la Grande Armée, avec ce titre : « Le ministre de la guerre, major général, *expédiant les ordres de l'Empereur* ». C'est là, en effet, toute la part qui lui revient dans le commandement de l'armée. Il n'a pas même à rédiger, à développer les notes fournies par Napoléon; sa fonction se borne à les encadrer dans les formules protocolaires, à rechercher les diverses autorités qu'il faut aviser des mesures prises, puis à signer.

Il a aussi la haute direction du travail de l'état-major, qui rédige les ordres de détail, recueille les renseignements, etc. On admet alors que ces opérations d'ordre inférieur suffisent à occuper un homme et que, si le général persistait, comme Brunswick, à signer et à relire tous ses ordres, il ne lui resterait ni le temps ni la liberté d'allures nécessaires pour se tenir au courant de la situation et former sa volonté. D'autre part et pour le même motif, le major général n'a pas le temps de pénétrer la pensée stratégique du chef; il ne doit la comprendre que dans la mesure nécessaire à sa besogne de bureaucrate, c'est-à-dire de manière à déterminer quelles sont les autorités subordonnées à qui chaque ordre doit être communiqué en tout ou en partie, et quelles sont les mesures de détail qu'il entraîne. Moins encore que l'Empereur, il ne peut en même temps concevoir et expédier les ordres.

L'Empereur ne consent pas à être une sorte de roi fainéant dont les conceptions vagues aient besoin d'être précisées et perfectionnées par son subordonné. Ses raisonnements s'appuient sur des mesures et des calculs, et ses résolutions, même sans viser tous les détails, ne comportent pas d'à-peu-près; enfin, lorsque sa pensée est fixée, les mots ont dû venir pour l'exprimer, puisque la parole est l'unique moyen de donner corps à la pensée. C'est sa volonté seule qui mène l'armée; cette volonté, qui se forme nette et précise dans son esprit, lui seul peut la fixer en des termes qui l'expriment exactement, et il faut en respecter scrupuleusement l'expression sous peine d'en modifier le sens. Les ordres de l'Empereur laissent aux maréchaux, dans les opérations, la part d'initiative qui leur revient (1); ils n'en laissent aucune au major général.

Si ce dernier possède le grade le plus élevé qui soit, c'est qu'on n'admet pas qu'il signe par ordre, que chacun est responsable de sa signature dans l'état-major comme dans la troupe, et que celle du major général doit être obéie de tous sans exception.

La situation des chefs d'état-major vis-à-vis de leurs généraux est la même.

Pendant le XVIIIe siècle et la période révolutionnaire, les chefs d'état-major avaient pris l'habitude de correspondre directement entre eux et avec le ministre. Plus instruits et souvent plus habiles que les généraux, ils se substituaient à eux.

Bonaparte réagit en 1804 contre cette habitude : « Les généraux reçoivent directement les ordres du général en chef et doivent correspondre avec lui pour tous les objets

---

(1) « Napoléon laissait d'ordinaire à ses lieutenants la plus grande latitude pour leurs combinaisons particulières, le choix des positions, les mouvements, les manœuvres que, selon les circonstances, ils jugeaient les plus propres à atteindre le but qui leur avait été marqué. » (Mathieu Dumas, t. XII, p. 140.)

du service..... La correspondance des généraux en chef doit être directe avec le ministre. Le ministre est l'autorité émanée du gouvernement pour transmettre ses ordres aux généraux. Les chefs d'état-major sont l'autorité émanée du général en chef pour transmettre ses ordres à l'armée qu'il commande..... Les chefs d'état-major reçoivent les ordres des généraux en chef et sont chargés de les transmettre aux différentes parties de l'armée. Il est essentiel qu'ils ne s'écartent point de ces dispositions : ils ne doivent correspondre avec le ministre de la guerre que pour lui adresser les états de situation, les reconnaissances militaires qui leur sont demandées et les relations historiques de la campagne..... C'est donc par un faux principe, contraire au bien du service, que quelques généraux en chef font écrire directement par leur chef d'état-major au ministre pour des objets autres que ceux qui sont exceptés ci-dessus.....

« Le principe est bien certain que *le chef d'état-major est l'homme du général en chef pour transmettre ses ordres à l'armée.* » (1er et 10 ventôse an XII. — A. G. — Fonds Davout.)

L'Empereur ne perd pas une seconde à des besognes matérielles; depuis longtemps, il n'écrit plus guère de sa main : il dicte. Ceux qui écrivent sous sa dictée sont les fonctionnaires de sa maison civile (secrétaire intime, secrétaire du cabinet ou tout autre) ou quelquefois ses aides de camp; en réalité, le premier qui lui tombe sous la main.

Le secrétaire intime est Méneval, qui a succédé à Bourrienne depuis quelques années. Quant aux secrétaires de cabinet, ils ont été institués plus récemment, par décret du 30 vendémiaire an XIII :

« Il y aura auprès de l'Empereur deux conseillers d'État, secrétaires du cabinet. L'un sera chargé du cabinet topographique de Sa Majesté et d'écrire lui-même, soit sous la dictée de l'Empereur, soit sur ses propres minutes, tout ce qui aura rapport à l'administration des affaires de la guerre ou de la marine, aux plans de campagne et à tous autres objets relatifs à ces départements, que Sa Majesté voudra lui confier. »

L'autre secrétaire du cabinet doit être chargé de tenir la statistique des différentes puissances de l'Europe et d'écrire tout ce qui aura rapport à l'administration et à la politique extérieure. « Ils ne pourront ni l'un ni l'autre avoir aucun commis. S'ils ont un secrétaire particulier, ce secrétaire, sous quelque prétexte que ce soit, ne pourra prendre aucune connaissance du travail ci-dessus spécifié, ni y être employé en aucune manière.....

« Les cartes et plans qui seront nécessaires au cabinet seront dressés, soit dans les bureaux de la marine, soit dans les bureaux de la guerre, soit dans ceux des ponts et chaussées, afin qu'il n'y ait dans le palais de l'Empereur aucun dessinateur ou aucun autre employé pour cet objet. »

En réalité, l'Empereur ne prit qu'un seul secrétaire du cabinet, le général Clarke, et, en cas de maladie ou d'absence, il le faisait remplacer par le général Caffarelli, un de ses aides de camp.

Le cabinet topographique, placé sous la direction de Clarke, avait pour chef l'ingénieur géographe Bacler d'Albe, secondé par le capitaine adjoint d'état-major Delachasse. La mission de Bacler d'Albe consistait surtout à préparer, chaque fois que l'Empereur s'arrêtait, les cartes où il suivait les opérations, et d'y placer les drapeaux ou signes figurant les diverses unités. L'Empereur le chargeait aussi, *dit-on*, de figurer d'après la carte le panorama des lieux où une bataille pouvait se produire (1). On peut toutefois se demander si la manière

(1) F. Masson, *L'Empereur chez lui*, p. 155.

très imparfaite dont le terrain était rendu sur les cartes permettait une reconstitution de ce genre dès 1805.

A côté du cabinet de l'Empereur, son quartier général comprenait encore les neuf aides de camp (1) :

JUNOT, colonel général des hussards;
LEMAROIS, général de brigade;
CAFFARELLI, général de division;
LAURISTON, général de division;
SAVARY, général de division;
LEBRUN, colonel;
RAPP, général de brigade;
BERTRAND, général de brigade;
MOUTON, général de brigade.

Au moment où commence la campagne de 1805, JUNOT est ambassadeur à Lisbonne; l'Empereur le rappelle en toute hâte (2), et il rejoindra près d'Austerlitz.

A côté des aides de camp, un certain nombre d'officiers faisant partie de la maison de l'Empereur ou de l'Impératrice peuvent être employés au même service. Le grand écuyer CAULAINCOURT, de par ses fonctions, devait accompagner l'Empereur partout, surveiller ses chevaux, prendre ses instructions au lever et au coucher, l'assister chaque fois qu'il montait à cheval, etc. Les autres écuyers, CANISY, etc., suivaient aussi l'Empereur ou exerçaient un commandement.

---

(1) Cités ici dans l'ordre indiqué pour leur service par une note de l'Empereur du 16 ventôse an XIII.

(2) Saint-Cloud, 5e jour complémentaire an XIII.

L'Empereur à M. Talleyrand.

Donnez ordre au général Junot de se rendre en toute hâte à Paris. Il fera connaître qu'il a un congé. Il laissera son secrétaire de légation ou M. Sérurier. Mme Junot pourra rester à Lisbonne ou revenir à Paris à petites journées, selon son désir.

NAPOLÉON.

Le grand maréchal du palais, le général Duroc, est absent momentanément par suite de sa mission à Berlin; il rejoindra à Vienne. Il a la haute direction du logement de l'Empereur, de sa suite, et de la Garde. Cinq officiers lui sont adjoints : le colonel Tortel, les chefs de bataillons Auger et Ragois, le capitaine Ségur, le sous-lieutenant Tascher. Enfin, le général Gardanne, gouverneur des pages, est aussi autorisé à suivre l'Empereur (1).

Tous sont employés à peu près comme les aides de camp, mais pour des missions d'un caractère moins important et moins technique.

L'intendant général Daru accompagne aussi l'Empereur, et lui sert quelquefois de secrétaire.

D'autres fonctionnaires et de nombreux domestiques font encore partie de la maison de l'Empereur, mais leur énumération n'intéresse en rien l'histoire militaire.

L'Empereur dicte à l'un des officiers ou fonctionnaires de sa maison la lettre ou note destinée à Berthier. Remise au net par celui qui l'a écrite, puis signée par l'Empereur, elle arrive aux mains du ministre de la guerre, major général.

Bien que l'ordre ne subisse plus que des modifications insignifiantes avant d'être expédié, Berthier ne laisse

---

(1) Saint-Cloud, 30 fructidor an XIII.

	DÉCISION.
Le général de brigade Gardanne demande à l'Empereur la permission de le suivre à l'armée.	Le grand écuyer me fera connaître si le général Gardanne est dans le cas de faire la guerre. Dans ce cas, il me suivra comme gouverneur des pages et fera le service d'aide de camp. Il se pourvoira de 12 chevaux et de tout ce qui leur sera nécessaire. On me fera connaître le traitement extraordinaire et les fonds dont il aurait besoin. NAPOLÉON.

Le général Gardanne avait reçu d'abord l'ordre de se rendre en Italie.

cependant pas à ses bureaux le soin de faire ce travail. Il a deux secrétaires, dont le plus important, LEDUC, est un sous-inspecteur aux revues, portant le titre de caissier de l'état-major général. Il leur dicte à son tour une note destinée au bureau du mouvement ou à l'état-major.

A l'Armée des côtes, il n'est pas fait de distinction entre le cabinet du major général et l'état-major. L'état de situation de l'état-major porte, après Berthier, ses deux secrétaires et ses deux aides de camp :

1° Trois généraux de brigade près le major général : PANNETIER, ANDRÉOSSY, et SANSON.

Le général ANDRÉOSSY prend, dans la correspondance, le titre de « chef de l'état-major général ».

Le général SANSON est chef du bureau topographique, où deux officiers ou ingénieurs géographes lui sont adjoints;

2° Les bureaux qui formeront plus tard le cabinet du major général : MM. SALAMON, capitaine en retraite; CUNY et CHAPUY, commis principaux au ministère, forment le bureau du mouvement de l'armée. CHAPUY s'occupe plus spécialement de tenir les situations.

M. GÉRARD, chef du bureau du mouvement des troupes au ministère, suit l'état-major et doit être chargé spécialement des mouvements à l'intérieur;

M. TABARIÉ, chef du bureau du personnel au ministère, suit également l'armée, avec son secrétaire LE BAILLY, pour enregistrer et ordonner les mutations (1);

3° Le colonel VALLONGUE, chargé des détails de l'état-major, avec le commis principal LECOMTE (2) et le lieutenant SARRAIRE;

(1) Toutes les fois que M. Tabarié expédie des ordres pour employer un général ou un adjudant-commandant à l'armée ou à l'intérieur, il doit en envoyer une note à M. Gérard. (Ordre du 21 fructidor an XIII)

(2) M. Lecomte sera spécialement chargé de l'ordre et de la police intérieure du bureau, de la répartition du travail entre les employés, les

4° Les quatre adjudants commandants LOMET, LE CAMUS, DALTON, CHEVALIER ; les chefs de bataillon PARIGOT, PILLET, LEJEUNE, BLEIN et MERGEZ; les capitaines LEVAILLANT et LEJEUNE; les lieutenants BRUNET, FLAHAUT, PIÉTON et LAGRANGE;

5° Les guides interprètes : capitaine CUVELLIER, lieutenant BALLUET, sous-lieutenant BEAUFOND.

Un ordre du 25 messidor an XIII règle ainsi le service :

L'adjudant commandant LOMET, mouvements, situation, emplacement des troupes, états généraux, etc.;

L'adjudant commandant CHEVALIER, détails intérieurs et correspondance administrative;

L'adjudant commandant LECAMUS, commandement du quartier général, logement et services en ce qui concerne les attributions du major général;

Chef de bataillon PILLET, ordres du jour, correspondance générale;

Chef de bataillon MERGEZ, rapports avec la marine;

Chef de bataillon PARIGOT, rapports et historique;

Chef de bataillon BLEIN, bureau topographique. Il est secondé par l'employé RIVES.

« Les autres officiers, aussi destinés à coopérer à ces travaux, sont plus particulièrement à la disposition de S. E. le major général pour les missions et le service de campagne. » Ils alternent en outre pour le service de jour à l'état-major, concurremment avec les officiers des guides interprètes.

Les adjudants-commandants alternent pour un service spécial auprès du major général, comportant l'obligation de se tenir près de sa personne et toujours prêt à monter à cheval.

---

fournitures, la surveillance et la sûreté. Il portera une attention particulière sur le secret et la conservation des registres et pièces.

L'employé Saint-Jorre est chargé des expéditions.

L'employé Gilbert, des traductions, extraits et rédactions.

Outre ces divers employés, il y avait à l'état-major des secrétaires, sur le nombre et la qualité desquels nous ne sommes pas renseignés. D'après un ordre du 23 germinal an XII, « les secrétaires de l'état-major devront s'y rendre avant 7 heures du matin. Ils auront une heure pour déjeuner et ne pourront quitter le bureau qu'alternativement et après en avoir obtenu l'agrément de l'adjoint de service. Ils auront une heure pour dîner. Ils s'arrangeront de manière à ce que la moitié d'entre eux soient toujours au bureau, où ils resteront jusqu'à 8 heures du soir. L'un d'entre eux restera jusqu'à 10 heures avec celui qui est de service. En cas d'alerte ou si l'on tirait le canon, ils se rendront sur-le-champ au bureau, à quelque heure que ce soit. Le secrétaire de service fera prévenir de ce qui se passera à l'état-major général les adjoints et aides de camp du chef de l'état-major général, partout où ils seront ».

Tous les officiers se réunissent chaque jour à 1 heure au bureau.

Un ordre du 25 messidor an XIII modifie un peu ces dispositions. Les séances de bureau des secrétaires sont de 7 à 10, de 11 à 6 heures et, s'il le faut, séance supplémentaire à partir de 8 heures du soir.

Un des employés civils reste de garde au bureau et, en outre, deux employés sont désignés chaque jour pour les travaux extraordinaires, s'il n'est pas nécessaire que tous y concourent à la fois (1).

Nous avons donné quelques détails sur l'état-major de

---

(1) Pour en finir avec le personnel du quartier général, il comprend encore un homme de peine, Mathey, les deux charretiers du caisson, le piqueur, le cocher et les postillons de Berthier : Delion, Lelièvre, Courtois et Gillet.

l'Armée des côtes, parce que c'est lui qui, constitué et fonctionnant comme nous l'avons indiqué, a expédié les ordres de départ de la Grande Armée; nous l'avons fait également parce que les documents sur l'état-major en octobre, novembre et décembre 1805 sont rares et qu'on pourra y suppléer, d'une part, avec les renseignements que nous avons donnés pour la période précédente; d'autre part, avec ceux qu'a fournis M. le colonel Foucart pour 1806.

La réforme la plus importante qui s'accomplisse dans l'état-major général lors du départ pour le Rhin, c'est la séparation très nette entre le cabinet du major général et les trois services dirigés par trois aides-majors généraux.

Les généraux Pannetier, Andréossy et Sanson étaient jusqu'alors employés « près le major général », et en même temps Andréossy portait le titre de chef d'état-major et Sanson dirigeait le bureau topographique. Leurs fonctions sont dédoublées; il y a encore trois généraux de brigade « près le major général », Pannetier, Reille et René; mais il y a en même temps trois aides-majors généraux : Andréossy, qui a été promu divisionnaire et qui sera chef de l'état-major général; Mathieu Dumas, divisionnaire également et qualifié de maréchal des logis, et enfin Sanson, général de brigade, directeur du service topographique.

Le cabinet du major général comprendra :

1° Ses deux secrétaires et ses six officiers d'ordonnance;

2° Les bureaux, qui paraissent composés, de même qu'à Boulogne, par MM. Salamon, Gérard, Tabarié et leurs employés;

3° Les officiers employés près le major général, c'est-à-dire :

Les trois généraux de brigade, ayant droit à six aides de camp;

Les trois adjudants-commandants Chevallier, Lecamus et Dalton, qui ont conservé les mêmes fonctions qu'à Boulogne;

Le colonel Vallongue, toujours chargé des détails du bureau;

Le chef de bataillon Blein, chargé du service topographique du cabinet, et des renseignements;

7 officiers supérieurs, 9 capitaines adjoints à l'état-major, 1 capitaine de frégate, 5 officiers polonais, 1 inspecteur et 1 sous-inspecteur aux revues;

Chappe, directeur du télégraphe;

Le colonel de gendarmerie Lauer, 1 vaguemestre et ses aides.

Le général Andréossy, premier aide-major général, est chef de l'état-major général. Il a avec lui 3 aides de camp, 4 adjudants-commandants, 2 chefs de bataillon, 12 capitaines adjoints.

Le général Mathieu Dumas, deuxième aide-major général, est maréchal des logis avec 3 aides de camp, l'adjudant commandant Romeuf et 4 capitaines adjoints.

Le général Sanson, troisième aide-major général, est directeur du service topographique. Il a droit à 2 aides de camp et 9 officiers ou ingénieurs géographes. On remarque dans le nombre Martinel, Guilleminot, Lapie, Decastres, etc.

Outre l'état-major, le grand quartier général comprend les états-majors de l'artillerie et du génie et l'administration générale :

Le général Songis, premier inspecteur général de l'artillerie, commande l'artillerie de la Grande Armée. Il a trois aides de camp, un chef d'état-major (le général

Pernety), un sous-chef (le colonel Senarmont) et huit officiers d'artillerie attachés à son état-major (1).

Le premier inspecteur général du génie Marescot, commandant le génie de la Grande Armée, a un état-major composé d'un colonel, chef d'état-major; un chef de bataillon, sous-chef d'état-major, et six officiers adjoints.

L'administration générale est dirigée par M. Petiet, conseiller d'État, intendant général, avec quatre commissaires des guerres ou adjoints.

L'inspection aux revues est dirigée par Villemanzy, inspecteur en chef, avec deux sous-inspecteurs et un adjoint.

Enfin les divers services administratifs sont représentés par leurs chefs : Coste, médecin en chef; Percy, chirurgien en chef; Parmentier, pharmacien en chef; le payeur général, les régisseurs des vivres-pain, des vivres-viande, des fourrages, du chauffage, des hôpitaux, l'inspecteur général du campement, le directeur général de la poste aux lettres, le directeur général des équipages de transport et le directeur de l'Imprimerie.

Le quartier général comprend en tout, avec les troupes chargées de le garder, 400 officiers, 5,000 hommes et 500 chevaux de troupe.

Les ordres donnés par l'Empereur sont souvent détaillés, mais il reste toujours quelque détail à ajouter aux mesures qui en font l'objet. C'est le rôle de l'état-major général; il assure l'exécution du service courant, conformément aux principes du Service en campagne et aux ordres permanents; il réclame aux corps d'armée les états à fournir, leur communique les mots d'ordre (2), règle

(1) Dans le nombre se trouve le capitaine Hulot, qui a laissé des mémoires intéressants, et a publié une bonne *Instruction sur le service de l'Artillerie*.

(2) Les mots d'ordre pour 15 jours sont portés aux corps d'armée par un officier de l'état-major, ainsi qu'en fait foi une lettre d'Andréossy du 2 vendémiaire an XIV.

les mouvements des petits détachements, tous les menus détails relatifs à la discipline et à la justice militaire; surveille l'organisation des commandements de places et d'étapes, etc.

Nous n'avons pas de données précises sur les fonctions du maréchal des logis, et son travail n'a pas laissé de traces. Il est chargé en principe des marches et cantonnements (1), mais les ordres de l'Empereur ne laissent rien à fixer à ce sujet et il y a, en outre, auprès du général SANSON plusieurs officiers chargés de relever chaque jour les marches et emplacements des différents corps. Il est assez probable que le service spécial du maréchal des logis aura paru insignifiant, car, pour la campagne suivante, il cessera d'être distinct et sera fondu dans le cabinet du major général.

Chaque corps d'armée a un état-major composé de 1 général chef d'état-major avec 2 ou 3 aides de camp, 1 ou 2 adjudants commandants avec un certain nombre d'officiers français (de 6 à 13) et 2 ou 3 officiers polonais.

L'artillerie est commandée par un général, accompagné

---

(1) Boulogne, le 14 fructidor an XIII.

Au général de division Dumas.

Je vous préviens, Général, que l'Empereur vous a désigné pour être employé à l'état-major général de la Grande Armée, immédiatement sous mes ordres comme major général, avec le titre d'aide-major général, maréchal des logis de l'armée.

Vous serez chargé des camps, des marches et des cantonnements. Vous aurez sous vos ordres 1 adjudant-commandant et 4 adjoints.

J'ai ordonné que chaque général commandant en chef désignât dans son armée un adjudant commandant chargé exclusivement des mêmes fonctions dont vous êtes chargé à l'état-major général. Ces officiers correspondront directement avec vous, recevront vos instructions et vous rendront compte.

Je vous salue avec une considération distinguée.

Maréchal BERTHIER.

de 2 ou 3 officiers d'ordonnance, 1 chef d'état-major, et 2 officiers.

Le génie est commandé par un général ou colonel, avec plusieurs officiers (le plus souvent 6).

Il y a en outre 1 inspecteur aux revues, 1 ordonnateur, 1 vaguemestre et 1 commandant de gendarmerie.

Chaque division a 1 adjudant général, chef de l'état-major, avec 3 officiers adjoints, 1 commandant de l'artillerie, 1 commandant du génie, 1 inspecteur aux revues et 1 commissaire.

Les maréchaux ont droit à 6 aides de camp, les généraux de division à 3, les généraux de brigade à 2.

Les officiers de l'état-major général doivent avoir au moins 4 chevaux, d'après un ordre de l'Empereur du 20 vendémiaire an XIV. Ils ne les avaient pas lors de l'entrée en campagne.

L'état-major général et chaque état-major de corps d'armée a un caisson à archives à quatre chevaux, conduit par deux charretiers.

Le major général a toujours sa voiture, son piqueur, son cocher, ses deux postillons et 9 chevaux.

Une décision du 1er jour complémentaire an XIII fixe que « tous les officiers employés à la suite des états-majors aux armées porteront l'uniforme d'adjoint ». Depuis le 18 pluviôse an XII, « les employés civils des bureaux du grand état-major général portent l'habit bleu à la française avec le bouton de l'état-major général ».

Un arrêté du 14 brumaire an IX exigeait des aides de camp et des adjoints à l'état-major un minimum de deux campagnes. En ce qui concerne les aides de camp, on ne s'en tint pas à cette limite. Les maréchaux, notamment, avaient soin de prendre auprès d'eux des officiers qui eussent fait leurs preuves de bravoure. Les aides de camp n'étaient pas employés à un service de bureau, mais plus activement encore, si possible, que les officiers de troupe.

Si l'on passe en revue les aides de camp du maréchal Ney, par exemple, on trouve en première ligne le chef d'escadron Crabbé, un héros des guerres d'Allemagne, ancien aide de camp de Richepanse, ce qui est tout dire, et que Lemarois appréciait comme « un des meilleurs hommes de guerre qu'il connût ». Lamour avait aussi les plus brillants états de service, bien qu'il eût fait toutes les campagnes de 1792 à 1800 sans obtenir le grade de chef de bataillon. Béchet avait aussi fait la guerre depuis 1793 jusqu'en 1798, et avait été envoyé à Saint-Domingue au moment où la lutte y était le plus acharnée. Grandemange, hussard avant la Révolution, sous-lieutenant en 1793, avait servi glorieusement jusqu'en l'an IV. Vogt seul était entré au service depuis le Directoire, mais il avait fait les deux terribles campagnes de 1799 et 1800. Tous s'étaient fait connaître de Ney pendant qu'il se rendait célèbre lui-même à l'armée de Sambre-et-Meuse et à l'armée du Rhin.

L'état-major du maréchal n'avait pas été recruté parmi ses anciens compagnons d'armes, et plusieurs des adjoints, sans qu'on pût suspecter leur bravoure, étaient des irréguliers, dont les états de service ne pouvaient rivaliser avec ceux des aides de camp.

Il est vrai que le chef d'état-major, le général Dutaillis, s'était couvert de gloire dans les Alpes et en Italie, surtout à Castiglione et dans les combats du Tyrol; et que, choisi comme aide de camp par Berthier, puis attaché au dépôt de la guerre, il réunissait toutes les qualités nécessaires à son emploi; que ses aides de camp, Talbot et Duhamel, engagés volontaires en 1792 et 1793, étaient de braves soldats qui avaient conquis péniblement tous leurs grades; que l'adjudant commandant Mallerot, les chefs de bataillon Sicre et Lieutaud, les capitaines Caboche, Barbut et Saint-Léger, avaient fait avec distinction toutes les campagnes de 1793 à 1800; mais Ulliac, adjoint du génie en 1793, n'était devenu qu'en 1797 adjoint aux adjudants généraux, puis aide de camp du maréchal Lefebvre; mais Legrand, canonnier volontaire à Paris, puis élève au dépôt de la guerre en l'an II, ingénieur géographe en l'an VI, avait pris du service à Rome en l'an VII, et n'avait servi activement qu'au siège de Gênes; mais Arnauld n'avait fait la guerre qu'aux Antilles, comme cadet volontaire dans les milices de la Martinique et comme aide de camp de Rochambeau, avait été pris deux fois par les Anglais, et deux fois échangé, n'était arrivé en France que vers 1803.

Renou de la Brune, marin avant la Révolution, aide-commissaire de la flotte, avait été réformé en l'an IV, et n'avait plus fait depuis qu'un service d'état-major à l'intérieur. La Restauration en fera un colonel de gendarmerie, puis le nommera maréchal de camp. Quant à Ripert, son cas est encore plus « singulier ». Ci-devant baron, mais volontaire en 1793 et lieutenant en l'an II, il semble avoir déserté aussitôt et être passé à l'armée de Condé; du moins il s'en vantera après 1815. Il a pris du service dans les troupes helvétiques et a fini par être réadmis en France pendant la période de réaction du Directoire. Adjoint à l'état-major de l'armée d'Italie en février 1799, il est nommé chef d'escadron en 1801 et envoyé à Saint-Domingue, d'où il revient en l'an XIII. C'est précisément cet ancien « émigré » à la carrière douteuse, qui portera les ordres de Ney à Dupont dans la célèbre journée d'Albeck, et ne sera pas étranger au retard des dragons.

En résumé, les aides de camp sont choisis par les officiers généraux parmi les officiers les plus braves de l'armée; mais les états-majors comprennent, à côté d'un certain nombre d'excellents militaires, tous les sujets qui n'ont pu faire leurs preuves dans la troupe, ceux qui ne peuvent ou ne veulent pas y servir, et notamment les émigrés repentis qui reparaissent depuis le Directoire.

VI

Le service topographique prend beaucoup d'activité à partir du jour où la guerre est décidée. L'Empereur se fait remettre un grand nombre de cartes et de documents statistiques. On peut s'étonner de l'époque tardive à laquelle on s'occupe de recueillir les uns et les autres, surtout en ce qui concerne la Bavière. Ce symptôme des dispositions de Napoléon n'est pas sans importance, et il tendrait à prouver, non seulement qu'il ne désirait pas la guerre continentale, mais encore qu'il ne la croyait pas imminente, et qu'il se rendit à l'évidence au dernier moment.

Nos ingénieurs géographes avaient commencé en 1800, par ordre de Moreau, le levé régulier de la Souabe. Leurs minutes à 1/50000e devaient être réduites de moitié dans la carte gravée. Pour faciliter l'examen d'ensemble de la région, ils devaient établir un *croquis d'une carte topographique de la Souabe* à 1/300000e.

Pour la Bavière, dont Moreau avait aussi fait commencer le levé en 1800, une entente conclue l'année suivante avec l'Électeur avait permis de poursuivre le travail de concert avec les ingénieurs bavarois. Les minutes à 1/14400e ou 1/28800e, devaient être réduites à 1/50000e, et la carte définitive serait gravée à 1/100000e, se raccordant avec celle de Souabe.

Le 27 juin 1805, le général Sanson, directeur du dépôt de la guerre et employé près le major général à l'Armée des côtes, écrit à son sous-directeur, l'ingénieur Muriel, de presser toujours la carte de Souabe, qui *doit être terminée avant la fin de l'année.*

C'est seulement le 20 août que Berthier s'informe de l'état d'avancement de ces cartes.

Il lui est répondu que la carte de Souabe en 56 feuilles (minutes à 1/50000e) peut être considérée comme terminée; que la réduction à 1/300000e est seulement commencée; qu'il n'existe aucun document statistique établi par nos soins, mais qu'on y pourvoira au moyen d'ouvrages allemands. Quant à la Bavière, on n'a aucune carte topographique ni renseignement statistique; mais il existe au dépôt un mémoire statistique rédigé pendant la campagne de l'an VIII, et une reconnaissance du cours du Danube.

Pendant l'hiver de 1804 à 1805, le commandant Bonne, chef de la mission française en Bavière, avait reçu l'ordre de faire calquer toutes les minutes des ingénieurs bavarois avant de procéder à la mise au net au 1/50000e; mais la difficulté de trouver des dessinateurs à Munich était telle, que ce travail se continua pendant l'année 1805 et qu'il n'était pas achevé le 11 août, date où les bruits de guerre devinrent assez sérieux pour que M. Bonne demandât à l'Électeur de faire transporter le bureau topographique à Würzbourg. Le 22 août, il reçoit l'ordre de réunir à Strasbourg les minutes des ingénieurs français et les calques du travail des ingénieurs bavarois, ainsi que les feuilles originales qui ne seraient pas encore calquées. Le surlendemain, le général Sanson lui écrit d'envoyer le plus vite possible à Paris tous les levés dont il dispose. M. Bonne ne semble pas avoir compris tout de suite l'urgence de cet envoi. Il presse seulement l'exécution de la carte et des calques et ne met rien en mouvement avant le 9 septembre. Alors il est trop tard pour se retirer sur le Rhin, la Souabe étant occupée par les Autrichiens. Les documents cartographiques sont donc transportés à Würzbourg, d'où ils ne partent pour Paris que le 17 septembre. A cette époque tardive, M. Bonne n'a pas l'idée d'en changer la destination, de sorte que son paquet arrive à Paris, tandis que le quartier général arrive à Strasbourg et la Grande Armée occupera Munich avant d'avoir reçu les cartes de Bavière.

Le 29 septembre, le général Sanson apprendra que les

papiers de M. Bonne arrivent à Paris; il écrira à Muriel de les lui faire suivre, mais il n'aura rien reçu le 10 octobre. A cette date, M. Bonne rejoindra lui-même avec les minutes originales, de sorte que Muriel est invité à garder les calques. Ce dernier contre-ordre arrivera d'ailleurs trop tard et, le 16 octobre, le paquet de cartes revient à Munich après un voyage inutile de six semaines.

Heureusement les cartes de Souabe, plus utiles, étaient à la disposition de l'Empereur.

Outre les levés topographiques, Napoléon fait demander par Clarke des cartes d'ensemble indiquant les divisions politiques. Le général Sanson fournit celles de Sotzmann et de Chauchard, après y avoir fait colorier les limites des divers États. Non content de ce premier envoi, l'Empereur invite le général Sanson à lui apporter le 6 septembre, à 9 heures du matin, toutes les cartes de l'Allemagne du Sud et de la Bohême qui existent au dépôt de la guerre. Un fourgon est mis à la disposition du général pour le transport de toutes ces cartes (1).

Parmi les cartes qui lui sont présentées par le général Sanson, l'Empereur en retient trois : les belles cartes de la Souabe à 1/86400e en 60 feuilles, par Bohnenberger, et de Hesse-Darmstadt à 1/30000e en 25 feuilles, par Haas, et une carte des environs de Munich (2).

Pour étudier la marche des colonnes russes qui viennent rejoindre les Autrichiens, l'Empereur demande au général Sanson « de faire tracer sur une carte la marche qu'a suivie Souvaroff pour se rendre à Vienne dans sa dernière campagne et de l'indiquer jour par jour ». Il le prie aussi de joindre à ce travail tous les documents imprimés ou manuscrits relatifs au mouve-

(1) Lettres de Clarke au général Sanson et réponses des 23 et 28 août et 5 septembre. Note de Berthier, du 7 septembre.

(2) Lettre de Sanson à Clarke, du 9 septembre.

ment des Russes en l'an VII (1). Ce n'est pas sans difficulté que le général Sanson parvient à se renseigner, paraît-il; mais il obtient enfin une note sur les mouvements de Souvaroff (2). Il ajoute, pour le même objet, une échelle en lieues sur la mauvaise carte de Pologne de Kauter à 1/560000e, dont l'Empereur se sert.

Le matériel du bureau topographique de l'état-major général est mis en route le 11 septembre, sous la surveillance de l'ingénieur Chaalons. Le général Sanson emporte une collection aussi complète que possible de cartes et documents relatifs à l'Allemagne et à l'Italie. Il écrit à Strasbourg que tous les paquets adressés au service topographique de la Grande Armée soient remis à M. Chaalons, mais les cartes expédiées par M. Bonne lui échappent.

Pour la Souabe, le général Sanson emporte un calque complet des levés au 1/50000e, ainsi que les documents pris sur un officier autrichien pendant la dernière guerre.

Le croquis au 1/300000e, en cours de gravure, est distribué avant le 12 octobre, car l'Empereur en envoie un exemplaire à Murat à cette date.

Au total, l'état-major général est donc assez bien pourvu de cartes; mais il n'en est pas distribué aux maréchaux et encore moins aux généraux. Chacun se fournira dans le commerce, comme il pourra. Davout réclame au major général « des cartes du pays qui doit être le théâtre de la guerre en Allemagne, les marchands du pays n'offrant que peu ou point de ressources à cet égard », et il ajoute :

« Votre Excellence sait combien il est urgent que ces moyens indispensables me parviennent. »

---

(1) Lettre de Clarke à Sanson, 11 septembre.

(2) Cette note existe encore ; elle est classée aux *Archives* dans les *Documents Étrangers* de 1805, ainsi qu'au 19 juillet 1799.

A la fin de novembre, Napoléon demandera au général Sanson des cartes de Bohême et de Hongrie.

Le service topographique est assuré au cabinet de l'Empereur par un personnel absolument indépendant du général Sanson, et qui comprend, en 1805, Bacler d'Albe et le capitaine Delachasse.

VII

Le premier acte important qui marque l'entrée en campagne, c'est l'ordre de diriger la cavalerie sur le Rhin. Il est dicté dans la soirée du 24 août et Berthier en commence l'expédition dans la matinée du 25. Elle n'est pas terminée quand l'Empereur donne les nouvelles instructions qui pressent le mouvement. Salamon rectifie ses minutes, et les ordres définitifs sont lancés dans la journée. Les destinataires sont les généraux désignés pour prendre le commandement des divisions : Nansouty, d'Hautpoul, Baraguey-d'Hilliers, Klein, Walther, Beaumont, Bourcier, Oudinot, ainsi que leurs suppléants s'il y a lieu. Le maréchal Lannes est avisé comme supérieur hiérarchique d'Oudinot; Soult, comme commandant du camp de Boulogne. Petiet et Villemanzy, l'un commissaire général de l'Armée des côtes, l'autre inspecteur en chef aux revues, sont avisés du départ. Berthier tient le général Songis, commandant l'artillerie de l'armée et premier inspecteur de l'arme, au courant de toutes les dispositions ordonnées; il entre avec lui dans les moindres détails. Une première note annonce la formation des deux divisions de grosse cavalerie; l'Empereur voulant qu'il soit attaché à chacune d'elles deux pièces de 8 et un obusier, Berthier écrit à Songis : « Faites-moi connaître comment vous donnerez cette artillerie ».

« Je vous préviens, écrit-il dans la journée du 25, que la division du général Oudinot part demain. L'intention de l'Empereur est qu'elle soit suivie de son artillerie attelée, c'est-à-dire de 12 pièces, caissons, etc.; faites les dispositions en conséquence. » Des avis analogues sont donnés pour les divisions de dragons et de cuirassiers. Enfin, vers le soir, Berthier résume le tout dans une lettre unique.

Les généraux commandant les divisions militaires et les départements sont prévenus. Les uns reçoivent de simples avis de passage, avec prière de faire les préparatifs nécessaires; d'autres ont à mettre en route des corps de troupe ou détachements, à faciliter la tâche des généraux chargés d'extraire tous les disponibles des dépôts. Les commissaires ordonnateurs des divisions militaires sont avisés également des passages de troupes et doivent s'occuper de préparer les vivres, etc. Par surcroît de précautions, un adjudant-commandant ou un officier supérieur de l'état-major général précèdent chaque colonne de plusieurs jours et les commissaires des guerres des divisions sont envoyés en avant.

Dès que tous les ordres sont expédiés, Berthier adresse à l'Empereur un compte rendu détaillé, reprenant la substance de chaque lettre. Il peut affirmer que les ordres sont partis, mais il n'en peut garantir l'exécution, et, en effet, pour l'artillerie qui devait partir le 26 août, le général Songis annonce des retards : l'Empereur, afin de dissimuler son projet jusqu'au dernier moment, n'a pas encore prescrit de débarquer les chevaux et le matériel qui se trouvaient sur la flottille : l'artillerie de la division Oudinot ne pourra être rendue à Wimereux le 26 à 5 heures du matin, comme ce général l'avait demandé, et même elle ne partira que le 27.

Songis écrit aussi à Berthier, le 26, que les chevaux du corps du centre, embarqués à Boulogne, souffrent beaucoup et qu'ils auront besoin de repos avant de se mettre en marche. Il estime qu'il est important de les faire débarquer le 27 au plus tard. Berthier accède à la demande de Songis et donne ses ordres en conséquence au maréchal Soult. Le même jour arrivent à Boulogne 1200 hommes et 1100 chevaux du train d'artillerie et de l'artillerie à cheval, et deux compagnies d'artillerie légère vont chercher à Abbeville leurs chevaux de complément. Des ordres sont donnés pour remplacer les fusils en mauvais état; la division Oudinot en fera l'échange à Saint-Omer. Bref, toute l'armée est en mouvement et nul ne peut plus se dissimuler qu'elle ne tardera pas à partir pour une campagne sur le continent.

C'est le 26, en effet, que la Grande Armée est baptisée dans une note qui sera transmise à plusieurs hauts fonctionnaires dès le lendemain, mais qui ne sera rendue publique par l'ordre du jour que le 29 août. C'est le 26 également que l'Empereur donne ses ordres pour le mouvement général de la Grande Armée, de Boulogne à Strasbourg.

Les ordres de mouvement adressés aux maréchaux et à leurs divisionnaires sont expédiés le 27, et les itinéraires ne leur sont remis que le 28. L'Empereur annonce à M. Dejean, ministre de l'administration de la guerre, l'organisation et le départ de la Grande Armée. Il écrit à M. Estève, trésorier général de la couronne, et à M. Barbé-Marbois, ministre du Trésor public, pour faire réaliser et verser à l'armée les sommes nécessaires. Le major général avise aussi du départ des troupes le munitionnaire général des subsistances et l'entrepreneur général des fourrages. Des commissaires des guerres devancent les colonnes.

Les maréchaux et l'état-major général ne marcheront pas avec les troupes. Ils rentreront à Paris dès que le départ sera accompli. Ce sont les généraux divisionnaires qui conduisent les colonnes. Ils sont invités à ne s'écarter en aucune façon des itinéraires et dates fixés par l'ordre, à maintenir la discipline et à empêcher la désertion, à ménager les troupes et enfin à rendre compte fréquemment au ministre des incidents de la marche.

L'état-major de Berthier n'a pas réussi à tracer aux trois colonnes des itinéraires indépendants pour la première journée. Ceux qui ont été notifiés amèneraient un croisement entre les troupes des 3e et 4e corps. Davout s'en aperçoit aussitôt et relève l'erreur de Berthier, qui rectifie les itinéraires, en remerciant le Maréchal (1).

Il est adressé à chacun des maréchaux, Davout, Soult et Ney, quatre notes ou ordres relatifs, l'un à l'exécution des marches, le second aux vivres et à la solde, le troisième aux fusils et aux chaussures, le quatrième à quelques détails de discipline et d'administration, mais surtout à la garde des camps.

Comme le mouvement de la cavalerie, celui des corps d'armée est signalé aux généraux qui commandent les divisions militaires, ainsi qu'à leurs commissaires ordonnateurs.

En transmettant aux divisionnaires les ordres de l'Em-

---

(1) J'ai l'honneur de vous prévenir, Monsieur le Maréchal, que dans l'expédition des trois routes de l'armée, il s'est produit une très grande erreur, en ce que les trois routes de l'armée ont été calculées comme partant du camp de Saint-Omer et par conséquent de cette ville, et que nécessairement vos divisions se croiseraient avec celles de M. le Maréchal Soult.

En conséquence, la première journée de vos divisions doit être à Ardres; la deuxième à Watten, Cassel, etc.

Il n'y a aucun inconvénient pour le chemin; mais comme vous deviez prendre les vivres pour deux jours, faites-les venir de Saint-Omer à Watten, ou envoyez-les de votre camp par des voitures de réquisition.

Si vous trouviez des difficultés que je ne puis pas prévoir, vous êtes autorisé à faire séjourner votre première division à Ardres, et vous m'en préviendrez pour que je puisse prendre des mesures ultérieures.

Je vous remercie de m'avoir fait remarquer une erreur que j'aurais dû apercevoir le premier.

Recommandez bien à chaque général commandant une division de faire savoir si sa division est bien, si elle a reçu ce qui lui est nécessaire.

Maréchal Berthier.

pereur, les maréchaux y joignent des instructions particulières. Les précautions sont prises pour que la troupe respire librement; Davout ordonne 100 pas de distance entre les bataillons; Ney, une longueur de bataillon entre les régiments et longueur de division (2 compagnies) entre les bataillons. Davout fait marcher par files sur les deux côtés de la route; Ney, par section à distance de peloton. Davout ordonne des haltes horaires de cinq minutes et une grand'halte d'une demi-heure aux trois quarts de la marche. Il peut être fait des haltes supplémentaires pour réduire l'allongement. La vitesse de la marche ne doit pas dépasser une lieue de poste (3,900 mètres) par heure. Des tambours, se relevant d'heure en heure, jouent pendant toute la marche.

Des gendarmes marchent sur les flancs de colonnes et une arrière-garde a mission d'arrêter les traînards. A chaque étape, les galeux sont logés à part. Les corps reçoivent des voitures de gîte en gîte, suivant les règlements.

Les ordres étant donnés aux corps d'Armée de la côte, Berthier expédie ceux qui concernent Marmont et Bernadotte. Il leur indique bien leur destination probable à Würzbourg, mais leur ordonne seulement de se porter : Marmont à Mayence, Bernadotte à Gœttingue.

Conformément à la note du 26 août qui organisait la Grande Armée, un décret impérial du 28 nomme Murat lieutenant de l'Empereur. Les ordres et avis relatifs aux mouvements sont envoyés comme pour la marche des divisions de cavalerie. Les mêmes précautions sont prises pour assurer le logement et la subsistance.

Le 30, l'Empereur décide que les itinéraires seront modifiés. Il dicte à Berthier un ordre du jour aux termes duquel les trois divisions de Davout seront dirigées sur Spire, Oggersheim et Frankenthal, c'est-à-dire en ligne face au Rhin, le centre près de Mannheim.

Les quatre divisions de Soult seront disposées en carré à Germersheim, Lauterbourg, Bergzabern et Wissembourg; les trois divisions de Ney, échelonnées entre Haguenau et Selz.

Berthier écrit pour Salamon une longue note expliquant les divers contre-ordres à envoyer.

Le même jour, l'Empereur a décidé que la division de cavalerie légère serait disloquée, deux régiments étant attribués au corps de Davout, en sus de la brigade qu'il avait déjà, et quatre régiments à celui de Lannes, qui n'en avait pas. Des régiments sont appelés de Versailles, Caen et Niort pour compléter aussi la cavalerie du 4e et du 6e corps.

Ces diverses mesures sont notifiées aux maréchaux et aux autorités intéressées. Elles entraînent un mouvement du parc d'artillerie de Strasbourg sur Landau, mouvement que Berthier prescrit à Songis le 2 septembre.

L'Empereur adresse directement à Songis, le 1er septembre, l'ordre de préparer les ponts en temps voulu à Philipsbourg, Strasbourg et Brisach, de diriger l'artillerie des 3e, 4e et 6e corps sur Spire, Landau et Haguenau, celle des dragons sur Schelestadt.

Ces changements d'itinéraires obligent à prendre, dans les Vosges, des routes obliques, peu fréquentées en temps ordinaire. Berthier écrit donc aux préfets et aux commandants des divisions militaires de procéder sans retard aux réparations nécessaires sur ces routes et notamment sur celle de Bitche à Wissembourg.

Toutes ces mesures étant prises, Berthier ordonne à Bernadotte, le 2 septembre, de se préparer à partir pour Würzbourg, où il doit arriver le 1er vendémiaire. Tout ce qu'il laisse dans le Hanovre doit être concentré dans la place de Hameln avec des vivres pour un an, sous le commandement du général Barbou.

Dans sa marche sur Würzbourg, le corps d'armée de Bernadotte ne devra pas occuper plus d'une lieue de front; c'est ce que l'Empereur appelle « marcher en masse ». Il évitera le territoire de Hesse-Cassel autant que possible.

« Vous enverrez, dit le major général, des espions à Égra et à Prague, afin d'être instruit à temps de ce qui s'y passerait. Vous enverrez un officier intelligent à Nuremberg, afin d'observer tous les mouvements des Autrichiens; car quoique les ministres français soient dans l'une et l'autre cour et que nous soyons encore en paix, l'Autriche a levé l'étendard, a déchiré le voile et, comme vous le sentez, la guerre est imminente. »

L'Empereur s'attend toujours à ce que les Autrichiens prennent l'offensive en débouchant de la Bohême et il craint pour Bernadotte, qui sera isolé pendant plusieurs jours encore.

Il lui écrit le 5 pour lui confirmer l'ordre de se rendre à Würzbourg; il le prévient que M. Otto le tiendra au courant de ce qui se passera sur l'Inn, que l'électeur de Bavière a mis ses troupes à la disposition de l'Empereur, et qu'il opérerait sa jonction avec l'armée du Hanovre s'il était attaqué par l'Autriche. « Mais rien ne porte à penser, dit-il pour conclure, que l'Autriche soit en mesure et assez décidée pour commencer les hostilités. »

Il lui recommande encore le secret : « Vous ferez dire partout que vous rentrez en France, parce que vos troupes sont relevées par d'autres troupes venant de Hollande. On en croira ce qu'on voudra; mais il n'en est pas moins nécessaire de ne pas sortir de ce cercle de conversation ».

Les trois notes que Napoléon adresse à Berthier avant de dicter cette lettre à Bernadotte du 5 septembre (1) font ressortir d'une manière assez curieuse la situation du major général vis-à-vis de l'Empereur :

---

(1) Nos 9181, 9182 et 9183 de la Correspondance.

« Je n'ai encore reçu que les lettres du 10 fructidor aux généraux Marmont et Bernadotte. Mon désir est que vous m'apportiez ce soir les dernières lettres à ces généraux. »

« Mon cousin, je vous ai demandé la copie des lettres que vous avez écrites au maréchal Bernadotte et au général Marmont; vous ne m'envoyez que celles du 10. Faute de ces copies, il m'est impossible de vous donner d'autres ordres. Je vous ai dit, une fois pour toutes, de me renvoyer la copie de tous les ordres que je vous dictais. Je vous renvoie des lettres qui ne me servent à rien. »

« Je suis fâché que vous ne soyez pas venu ce soir.

« Envoyez-moi les lettres au maréchal Bernadotte. Ce sont choses que j'ai besoin de consulter deux fois par jour. »

A cette date, la Grande Armée est en pleine marche, et rien ne sera plus changé dans son mouvement : Bernadotte se dirige sur Würzbourg, Marmont sur Mayence, Davout sur Mannheim, Soult sur Spire, Ney sur Selz, Lannes et Murat sur Strasbourg et la haute Alsace. Le déploiement ainsi réglé embrasse tout le théâtre d'opérations, assure la liaison des diverses parties de l'armée et la réunion des forces avant la prise de contact avec l'ennemi.

VIII

La note du 26 août qui constitue la Grande Armée forme 7 corps, qui reçoivent leurs numéros d'ordre de la gauche à la droite :

L'armée du Hanovre devient le 1er corps;
L'armée de Hollande, le 2e;
Le corps de droite de l'armée des côtes, le 3e;
Le corps du centre, le 4e;

L'avant-garde, le 5e;
Le corps de gauche, le 6e;
Le corps de Brest, le 7e.

Il semble que l'Empereur se soucie peu d'adopter une composition uniforme : il y a des corps à deux, à trois et à quatre divisions; ils partent tels qu'ils étaient avant le 23 août 1805. Les divisions ont de 6 à 11 bataillons; les régiments, 1, 2 ou 3 bataillons.

La force des divisions varie de 5,600 à 9,000 hommes; celle des corps d'armée, de 14,000 à 40,000 hommes.

Malgré ces différences très sensibles, l'Empereur attribue le même nombre de bouches à feu (12) à chaque division, et autant que possible la même quantité de cavalerie à chaque corps d'armée.

En un mot, ces questions de répartition n'ont pour lui qu'une faible importance.

On remarquera que la division de cavalerie légère qui, en France, était réunie aux cuirassiers et dragons pour former la réserve de cavalerie, est disloquée; il ne reste pas un cavalier léger sous les ordres de Murat, et chaque corps d'armée aura quatre régiments de hussards et chasseurs. Il est vrai que, pour cela comme pour le reste, la formation initiale n'est que provisoire, et que l'Empereur la modifiera tous les jours.

Ce qui lui importe plus que les détails d'organisation, c'est la force effective de l'armée, et il n'arrive pas sans peine à ce que ses intentions soient suivies.

Il avait ordonné de former les régiments de grosse cavalerie à 500 hommes *au moins*, ceux de dragons à 400 hommes *au moins;* il veut qu'on tire des dépôts tous les hommes et chevaux disponibles, et, bien que ces prescriptions soient accentuées dans les ordres rédigés par Berthier, elles passent à peu près inaperçues. Baraguey-d'Hilliers s'occupe seulement de constituer les régiments de dragons à 400 hommes, sans plus. Après des explications, sans doute verbales, Berthier lui écrit : « Vous êtes pleinement autorisé, Général, à retirer des dépôts des régiments composant les quatre divisions de dragons tout ce qui s'y trouvera disponible ; j'en préviens les généraux commandant les divisions où ces dépôts sont stationnés », mais Baraguey-d'Hilliers, qui envoie les généraux Fénerols et Boussart en mission dans les dépôts, pour en tirer les disponibles, leur donne pour instructions d'atteindre seulement le chiffre de 400.

Nansouty semble avoir mieux compris l'ordre de Napoléon, mais il n'a fait marcher que les chevaux en très bon état.

L'Empereur parcourt, le 5 septembre, les états de situation, et s'irrite du nombre d'hommes et de chevaux laissés dans les dépôts. Berthier ayant transmis ses observations aux généraux, Baraguey-d'Hilliers répond par cette allégation inexacte : « J'ai l'honneur de vous observer que votre ordre du 7 fructidor s'exprimait ainsi : L'intention de Sa Majesté est que chacun de ces régiments soit composé de trois escadrons à cheval, lesquels auront 400 dragons présents sous les armes ».

L'Empereur ordonne, le 5 septembre, que les généraux de division s'assureront des mesures prises par les colonels pour faire venir des dépôts tous les chevaux « qui peuvent suivre » et pour compléter leurs remontes. Les généraux qui commandent les divisions militaires devront faire partir sans délai, des dépôts de cavalerie situés dans leurs divisions, tous les chevaux « en état de porter la selle » et les hommes valides. Les hussards et chasseurs laissés au camp de Calais, faute de montures, rejoindront leurs régiments au plus vite.

Un ordre du 8 septembre prescrit aux généraux commandant les divisions militaires de passer eux-mêmes la visite des dépôts.

Le général Fénerols a fait partir le 2 septembre du dépôt du 5e dragons (Noyon) 2 capitaines, 2 sous-lieutenants, 6 sous-officiers, 73 brigadiers et dragons et 66 chevaux. Ce détachement rejoindra son corps à Laon. Il laisse au dépôt 122 hommes, dont 58 à réformer, 3 à retraiter et 3 proposés pour les vétérans. Il reste aussi 43 chevaux, dont 13 soupçonnés de morve et 30 à réformer.

(Nous entrons dans tous ces détails, un peu fastidieux, parce que seuls ils permettent de juger à quel point fut poussée la mobilisation des dépôts.)

Le 3 septembre, Fénerols envoie d'Amiens au 4ᵉ dragons : 2 officiers, 27 sous-officiers et dragons et 23 chevaux. Le colonel avait déjà tiré de ce dépôt 5 officiers et 35 sous-officiers et dragons. Il y restera : 44 chevaux, dont 7 trop jeunes, 4 servant à traîner le fourgon, et 33 « incapables de servir autrement qu'au dégrossissement des recrues ». Il reste aussi 138 hommes, mais sans cadres pour instruire les recrues, et l'on attend 54 chevaux de remonte.

Le même jour, Fénerols tire du dépôt du 12ᵉ dragons (Verberie) 5 officiers et 142 hommes montés, qui rejoindront à Reims. Il laisse 2 officiers infirmes, en instance de retraite, et 110 sous-officiers et dragons, les uns malades, attendant leur réforme, les autres recrues non exercés. Le 7, il envoie de Chantilly au 8ᵉ dragons 8 officiers, 84 sous-officiers et dragons, et 81 chevaux.

Le général Boussart, de son côté, prend le 5 septembre au dépôt du 16ᵉ (Soissons) 3 officiers, 73 sous-officiers et dragons et 50 chevaux, qui vont rejoindre à Laon. Il prend le 6 septembre au dépôt du 18ᵉ (Villers-Cotterets), 4 officiers, 54 hommes et 64 chevaux.

Le 15ᵉ reçoit 39 hommes et 39 chevaux; le 17ᵉ, 81 hommes et 75 chevaux. Le 1ᵉʳ dragons reçoit 2 officiers, 98 hommes et 90 chevaux. Le 21ᵉ n'a rien.

Une seconde revue passée au 4ᵉ et au 10ᵉ ne fournit plus rien.

De leur côté, les dépôts des 1ᵉʳ et 2ᵉ carabiniers mettent en route, l'un 38 hommes et 38 chevaux, l'autre 60 hommes et 32 chevaux, le 8 septembre. Après une nouvelle visite du général Gilot, commandant la 4e division militaire, un second détachement est mis en route le 19 septembre pour Pirmasens. « J'ai mis la plus grande rigueur dans cette revue, dit le général Gilot, et, suivant les expressions littérales de votre lettre, je fais réellement partir des chevaux qui ne peuvent porter que la selle. Vous verrez par l'état qu'il reste encore beaucoup de chevaux malades; j'ai visité les infirmeries, et je me suis assuré qu'elles étaient bien tenues et les chevaux bien soignés. »

Le 1er cuirassiers avait emmené plus de 500 chevaux; le 11e attend une remonte venant du Holstein, et demande qu'elle soit dirigée sur Landau, et non sur Versailles. Le 12e cuirassiers reçoit à Schelestadt 53 hommes et 49 chevaux; le général commandant la 6e division militaire tire 23 hommes et 23 chevaux du dépôt du 5e cuirassiers, à Vesoul. Il y laisse 132 hommes, recrues ou infirmes, et 15 chevaux bons pour la réforme. Sur les 23 qu'il fait marcher, la plupart sont incapables d'un service actif. Au 10e cuirassiers, on ne laisse au dépôt que 10 chevaux malades, et 135 hommes qui attendent des chevaux de remonte.

Par une lettre du 28 août au général Dejean, l'Empereur a prescrit de mettre 2,200,000 francs à la disposition de la cavalerie, dont 1 million pour achat de chevaux. Les mesures sont prises à cet effet un peu tardivement, lorsque les divisions arrivent en Alsace.

En vue de la descente en Angleterre, l'Empereur avait formé des bataillons de dragons à pied destinés à se remonter avec les chevaux trouvés dans le pays, et l'on avait désigné pour ces unités des hommes déjà instruits; les recrues, au contraire, étaient restés dans les escadrons montés et dans les dépôts pour y parfaire leur instruction. Lorsqu'on reçut l'ordre de quitter Saint-Omer, personne ne songea aux inconvénients qui allaient résulter de cette situation; mais bientôt ils apparurent à tous les yeux : les hommes de recrue, mauvais cavaliers, soignant et sellant mal leurs chevaux, leur occasionnèrent de nombreuses blessures, tandis que les vieux soldats murmuraient d'être remis à pied après dix campagnes de guerre. Les généraux transmirent ces plaintes au ministre avec leurs propres observations; mais on ne put y donner suite qu'après le passage du Rhin : en réponse à une lettre de Murat, reçue le 21 septembre, l'Empereur prescrivit le changement demandé, qui fut mis à l'ordre de la réserve de cavalerie le 27 septembre. Mais ce début avait porté malheur aux dragons à pied; jeunes soldats, mal préparés au combat à pied, ayant joui quelque temps de l'avantage de faire les routes à cheval, ils se retrouveront fantassins médiocres, dénués à la fois d'instruction et de bonne volonté.

IX

L'artillerie de la Grande Armée comprend des canons de 12, de 8 et de 4, et des obusiers de 6 pouces, du modèle de Gribeauval.

D'après le système de l'an XI, les pièces de 8 et de 4 auraient dû être remplacées par des pièces de 6, afin de réduire le nombre des calibres; mais le modèle de ces dernières, établi trop hâtivement et mal étudié, avait été rectifié, et la fabrication était peu avancée; de même, les obusiers de 6 pouces auraient dû être remplacés par des obusiers de 5 pouces 6 lignes, ou de 24 (1),

(1) Ainsi surnommés parce que le calibre était le même que celui des canons de 24.

L'obus de 5 pouces 6 lignes pesait 14 livres et celui de 6 pouces 22 livres.

dont l'approvisionnement était plus facile à porter, mais la fabrication des affûts et caissons pour ce calibre n'était pas non plus assez avancée pour en pourvoir toute l'armée, et l'on avait mieux aimé assurer l'unité d'approvisionnements que de mettre en service le matériel de 5 pouces 6 lignes existant, concurremment avec celui de 6 pouces.

Les munitions étaient portées, moitié dans les caissons qui accompagnaient les pièces, et moitié dans les voitures des parcs de corps d'armée et du grand parc. On en avait pris un double approvisionnement, c'est-à-dire environ 350 coups par pièce (1).

La proportion d'artillerie adoptée par l'Empereur est faible; elle ne dépasse pas 1 pièce 3/4 par 1000 hommes. Le commandant Evain, dans sa réponse à Berthier du 27 août, considère comme admise en principe la proportion de 2 pièces par 1000 hommes, classique dans l'an-

(1) L'approvisionnement simple était porté par les coffrets de pièce et par 1 caisson pour le 4, 2 caissons pour le 8, 3 caissons pour le 12 et l'obusier. La contenance de ces différentes voitures était la suivante :

CALIBRE.	CARTOUCHES A BOULET dans le coffret de pièce.	CARTOUCHES (dans un caisson)			TOTAL	
		à BOULET.	à GROSSES BALLES.	à PETITES BALLES.	par CAISSON.	par PIÈCE.
4	18	100	26	24	150	168
8	15	62	10	20	92	199
12	9	48	12	8	68	213
Obusier.	4 (à obus).	49 (à obus).	3	»	52	160

L'approvisionnement devait donc varier avec le calibre, mais en réalité on prit à peu près 350 coups par pièce, quel que fût le calibre, ce qui, pour les pièces de 8 et 12, ne représentait pas tout à fait un double approvisionnement. Le parc d'armée et le grand parc portaient chacun un peu moins d'un demi-approvisionnement pour ces deux calibres, et un peu plus pour le 4 et l'obusier.

cienne artillerie, avec une répartition en $\frac{2}{15}$ de canons de 12, $\frac{2}{15}$ de 4, $\frac{15}{30}$ de 8 et $\frac{7}{30}$ d'obusiers. Supposant l'armée de 150,000 hommes, il proposait 40 canons de 12, 150 de 8, 40 de 4, et 70 obusiers; dans la réalité, on ne prit que 48 canons de 12, 134 de 8, 44 de 4, et 50 obusiers, pour une force de 158,000 hommes. En même temps qu'on diminuait la quantité totale d'artillerie, on diminuait la proportion d'obusiers et de pièces de 8, mesure qui ne paraît pas très heureuse. Plus tard, quand l'armée fut complète, on eut, pour 223,000 hommes effectifs, dont 211,000 présents : 58 canons de 12, 146 de 8, 52 de 6, 56 de 4, 12 de 3, 2 de 1, 58 obusiers de 6 pouces, 6 obusiers de 24, et 6 obusiers bavarois de 7 livres (1), soit 396 en tout, ce qui donne encore 1 3/4 par 1000 hommes. On aurait pu facilement mobiliser un plus grand nombre de bouches à feu, mais on ne put approvisionner complètement en munitions celles qu'on emmena (2), et les chevaux manquèrent pour augmenter le nombre des voitures. Une plus grande abondance de bouches à feu aurait donc été illusoire.

Dans chaque division d'infanterie, l'artillerie comprenait 12 bouches à feu : 2 de 12, 6 de 8, 2 de 4, et 2 obusiers. Dans chaque division de cavalerie : 2 pièces de 8 et 1 obusier. Les 24 pièces de la Garde devaient contribuer, avec les 56 pièces du parc, à former une réserve générale entre les mains de l'Empereur.

Les grenadiers Oudinot et la cavalerie, partis en avant-garde, et n'ayant pas la perspective de s'arrêter sur le Rhin et d'y trouver leur matériel prêt, emmenèrent leur

(1) L'obusier allemand de 7 livres équivaut à notre obusier de 5 pouces 6 lignes, dont il a le calibre; il s'agit en effet de livres autrichiennes, doubles des nôtres.

(2) Le tiers des munitions ne rejoignit qu'après le passage du Rhin.

artillerie du Pas-de-Calais. A cela près, la double consultation donnée par Evain et Songis ayant donné la certitude de trouver sur le Rhin le matériel suffisant pour l'armée de Boulogne et le parc, on en profita.

On laissa dans les camps l'artillerie nécessaire à la nouvelle armée des côtes, et la Grande Armée traversa la France avec un petit nombre de voitures, mesure bien essentielle si l'on en juge par la quantité de chevaux de trait que cette marche rapide fit périr. D'ailleurs, on n'aurait pas eu assez d'attelages pour emmener plus de la moitié de l'équipage.

Les directeurs d'artillerie de Strasbourg, Metz, Mayence et Neuf-Brisach reçurent la liste du matériel qu'ils avaient à fournir, et ils se déclarèrent en mesure de satisfaire à la demande qui leur était faite, sauf pour le dernier tiers des munitions, qui ne serait confectionné et encoffré que vers le 2 octobre.

D'autre part, les magasins ne contenant pas de harnachement, on se mit à en fabriquer en toute hâte.

Le 27 août, le premier inspecteur général fait donc suspendre toutes les constructions nouvelles et mettre en état de service le matériel existant capable de faire campagne, et il se fait indiquer les ressources qui resteront pour armer les places de 1re et de 2e lignes après le départ.

Le colonel Faultrier est envoyé à Metz, le commandant Bouchu à Strasbourg et le commandant Neigre à Mayence, chacun avec un nombreux personnel auxiliaire, pour aider les directeurs à accélérer les travaux. Ces derniers rendront compte des mesures qu'ils auront prises, et les fonds leur seront alloués sur leur estimation.

C'est Strasbourg qui fournit à peu près tout le matériel. Ce qui sera pris à Metz devra être enlevé au passage par les attelages de l'armée.

Le 1er septembre, une demande supplémentaire de 2 pièces de 12, 12 pièces de 8 et 12 obusiers est faite à

Strasbourg, Metz et Mayence, pour les corps d'Augereau et de Marmont, et le parc.

L'Empereur veut un approvisionnement de munitions d'infanterie qui paraît considérable pour l'époque : 50 cartouches sur l'homme, et 50 au parc. « Vous savez, fait-il dire à Songis par Berthier, que nos soldats en consomment beaucoup, que presque dans toutes nos guerres on en a manqué aux moments les plus importants; il ne faut pas que cela nous arrive. »

Les directions ont l'ordre de préparer 53,600 coups de canon et 10 millions de cartouches d'infanterie en plus des approvisionnements de l'armée. Il reste déjà 4 millions de cartouches disponibles dans le Haut-Rhin.

Le 26 août, Songis appelle l'attention de l'Empereur sur la question des équipages de ponts, et il sollicite l'ordre de faire partir sans retard pour Strasbourg 2 compagnies de pontonniers prises à l'Armée des côtes. Le lendemain, Napoléon lui ordonne de préparer un équipage de ponts à Strasbourg, et d'avoir en outre le matériel nécessaire pour jeter deux ponts sur le Rhin. Les ordres d'exécution sont envoyés aux directeurs d'artillerie, du 29 août au 1er septembre. Le matériel de ponts, épars dans les quatre directions, est concentré à Strasbourg; mais il ne suffira pas, et il est indispensable de requérir tous les bateaux existant sur l'Ill et sur le haut Rhin. Pareille mesure n'est pas ordonnée en aval de Strasbourg, rien ne devant attirer l'attention de ce côté, et Davout sera obligé d'improviser le pont sur lequel passera son corps d'armée. Savary et Murat, qui sont alors à Strasbourg, écrivent à l'Empereur que le travail des arsenaux est poussé avec la dernière activité, et qu'il existe déjà un pont tout placé à Kehl, un équipage de 60 bateaux pour passer en aval, un de 40 bateaux pour Brisach, et un de 45 bateaux sur haquets. Il a été requis 169 bateaux du commerce.

La question la plus grave a été celle des moyens de transport. Dès le 27 août, des mesures ont été prises pour la mobilisation du train d'artillerie et pour des achats de chevaux.

Songis a fait réformer, avec le consentement du ministre, tous les chevaux hors de service qui se trouvaient dans les dépôts. Cette réforme lui paraissait indispensable pour éviter des frais inutiles et donner quelques hommes disponibles de plus.

Il adresse en même temps à Berthier l'état du personnel nécessaire pour mettre le train sur le pied de guerre. Il faut que ces hommes soient incorporés sans retard, la remonte devant se faire avant le 1er vendémiaire.

« Je propose en conséquence, dit le général Songis, de leur faire donner moitié au moins des conscrits dont ils ont besoin par le dépôt où ils doivent acheter des chevaux, en observant qu'au nombre d'hommes manquant au complet de chacun, il convient d'ajouter 60 hommes à réformer à peu près par bataillon. Si le département du Doubs ne pouvait fournir assez de conscrits, il serait nécessaire au moins que le général commandant ou le préfet fît fournir les hommes dont il serait besoin pour aider les soldats qu'enverront les bataillons à conduire les chevaux à Strasbourg, centre général des dépôts du train et de l'organisation du matériel de l'artillerie. »

Les divers bataillons du train feront procéder aux achats dans certains départements qui leur sont désignés. Ils enverront sur place un officier, auquel une instruction ministérielle aura été remise.

Cette instruction fixe à 420 francs le prix moyen des chevaux. Ceux du Cantal et de la Corrèze doivent avoir de 6 à 7 ans; ceux de la Nièvre et de toute la région du nord-est, de 5 à 6 ans. Leur taille est de 1m,556 à 1m,597 pour les attelages de derrière, et de $1^m,488$ à $1^m,529$ pour ceux de devant. On prendra au plus un quart de juments (un cinquième dans les Ardennes).

Les achats seront faits à Mézières, Strasbourg, Besançon et Nevers pour les 1er bataillon principal et 1er *bis*, 2e *bis*, 3e principal et 3e *bis*, 5e principal et 5e *bis;* les chevaux seront conduits ensuite et reçus dans les places de Metz, Colmar, Belfort, Auxonne et Besançon. Des cadres de conduite seront envoyés dans ces dernières villes, à raison de un homme pour quatre chevaux. Chaque bataillon a de 413 à 401 chevaux à acheter. Leur réunion doit être terminée à la fin de septembre (premiers jours de vendémiaire).

Malgré cette incorporation de 3,000 chevaux, Songis prévient le ministre que le train d'artillerie ne suffira pas aux transports, et qu'il faut recourir à la réquisition des chevaux et voitures des paysans.

Une réquisition de 3,500 voitures est ordonnée le 2 septembre; sur ce nombre, 2,500 sont attribuées à l'artillerie, le reste aux services administratifs. Grâce à ce renfort, on peut commencer le 16 à transporter sur les points de concentration des corps d'armée le matériel d'artillerie qui leur revient, sans attendre l'arrivée des bataillons du train partis de Boulogne.

Songis surveille lui-même, et de près, le travail des directions. Un jour il presse Faultrier, qui lui semble faire trop lentement les transports; le lendemain, il envoie deux officiers en poste au-devant des voitures de réquisition de la Lorraine et de la Franche-Comté pour en hâter l'arrivée. Il invite le directeur de Strasbourg à employer des ouvriers civils pour activer le travail de l'arsenal. Il fait observer au directeur de Metz que ses attelages sont mal utilisés pour les transports, etc.

Malgré tout son zèle, il ne croit pas que tout l'équipage de l'armée puisse être rassemblé et attelé avec les moyens dont il dispose, et il demande encore une réquisition de 1000 voitures. Le ministre ne lui en accorde que 250.

Mais l'Empereur manifeste l'intention de presser le mouvement de l'armée. Le 20 septembre, Songis reçoit et exécute l'ordre de diriger l'artillerie, non pas sur les cantonnements fixés d'abord pour les corps d'armée, mais bien sur les points de passage prévus, dont la liste lui est donnée. Il dirige le parc, avec l'artillerie du 7e corps, sur Spire, et met les équipages de ponts en mouvement.

Cependant, à cette époque, tout n'est pas terminé. Une partie des munitions rejoindra plus tard ; les approvisionnements des places ne sont pas reconstitués. Songis demande à Berthier que les éléments nécessaires à la confection de nouvelles munitions, poudres, plomb, pierres à feu, etc., soient dirigés de l'intérieur sur les places frontières.

Pour la marche de Boulogne au Rhin, Songis fut autorisé par l'Empereur à répartir l'artillerie et le train comme il l'entendrait. Il fait partir le 29 août, jour laissé libre par les corps d'armée : 1° sur la route du centre, un premier convoi composé de 3 compagnies d'artillerie à pied, 3 compagnies d'artillerie à cheval, 20 compagnies du train, 2 compagnies d'ouvriers et 2 de pontonniers, soit environ 2,500 hommes et 2,200 chevaux ; 2° sur la route de droite, un convoi composé de 3 compagnies d'artillerie à pied, 5 compagnies du train, une demi-compagnie d'ouvriers, au total 700 hommes et 500 chevaux.

Le 30 août, il fait partir par la route du centre : 3 compagnies d'artillerie à pied, 1 d'artillerie à cheval, 1 de pontonniers, 5 du train, et une demi-compagnie d'ouvriers, soit 850 hommes et 500 chevaux.

Le 31, il fait partir encore par cette même route : 3 compagnies d'artillerie à pied, 1 de pontonniers, 5 du train, et 1 compagnie 1/2 d'ouvriers, soit 750 hommes et 500 chevaux.

Le 1er septembre partira un convoi composé de 3 compagnies d'artillerie à pied, 1 de pontonniers, 4 du train, la compagnie d'ouvriers du train, 1 compagnie 1/2 d'ouvriers, et une demi compagnie d'armuriers. Au total 780 hommes et 400 chevaux.

« Toutes les autres troupes d'artillerie, dit Songis, marcheront avec leurs divisions respectives suivant les ordres qui leur seront donnés par les généraux commandant l'artillerie des camps. »

Les convois qui suivent la route du centre doivent passer par Metz et y prendre le matériel préparé pour la Grande Armée.

Les premiers ordres envoyés à Marmont lui prescrivaient seulement d'emmener toute l'artillerie qu'il pourrait atteler. Il parvint en effet, grâce à quelques attelages de renfort fournis par le gouvernement batave, à emmener 40 bouches à feu. Le 16 septembre, Berthier lui annonce que le prince de Nassau lui fournira 100 voitures pour le transport des munitions, et que le prince de Hesse-Darmstadt, lui en enverra aussi. Il revient sur ce que Marmont doit augmenter l'artillerie autant que ses moyens le lui permettront. « Nous trouverons des chevaux, dit-il pour terminer, dans les pays que nous traverserons. »

Marmont lui répond le 21 septembre : « J'emmènerai avec moi, ainsi que vous me le prescrivez, le plus d'artillerie et de munitions qu'il sera possible. Je hâte par tous les moyens humains l'arrivée de 13 bâtiments remontant le Rhin, qui m'apportent des voitures et des munitions, et, indépendamment de cela, j'en fais confectionner le plus possible ici. Je crois être certain, grâce aux moyens de transport que vous m'annoncez devoir m'être fournis par les princes de Nassau et de Darmstadt, que, quelque consommation que nous en fassions, nous n'en manquerons pas ».

Mais le lendemain, devançant son corps d'armée à Mayence, il récrit : « Les princes de Nassau et de Darmstadt ne m'ont envoyé aucune voiture ; je vais leur faire demander celles qu'ils doivent me fournir ». Quelques jours après, cette demande avait le résultat désiré, et, le 29 septembre, Marmont annonçait « 100 voitures à deux chevaux fournies par le prince de Nassau ». « Le matériel d'artillerie, disait-il, consiste en 40 pièces de campagne ayant un approvisionnement et demi et 800,000 cartouches d'infanterie (50 par homme).

« Le matériel non attelé consiste en un demi-approvisionnement pour les bouches à feu et un million de cartouches venant de Mayence par le Mein, et arrivant à Würzbourg les 13 et 15 (5 et 7 octobre) ; et deux approvisionnements pour mes 40 bouches à feu, et 2 millions 400,000 cartouches d'infanterie, venant par le Rhin et devant être au moment d'arriver à Mayence.

« Les attelages consistaient, au moment du départ du Helder, en 1050 chevaux d'artillerie. Ces chevaux, par les suites de l'embarquement et de la marche forcée, sont réduits aujourd'hui à 742. Si à ce nombre on ajoute 341 chevaux de réquisition, on aura au total 1085 chevaux de trait existant aujourd'hui pour le service de l'artillerie. Il en vient, mais à quinze jours derrière nous, 100 de Hollande. On en achète encore 300 à Francfort, mais les livraisons se font lentement. J'espère, en partant d'ici, obtenir de l'Électeur quelques voitures qui se chargeront des premières munitions qui arriveront par le Mein. »

Les instructions données à Bernadotte avaient été un peu différentes : il devait primitivement marcher avec 24 pièces attelées et pourvues d'un double approvisionnement (ordre du 23 août), mais il lui était recommandé bientôt (25 août) de lever le plus de chevaux d'équipages et de fournir à son corps d'armée le plus d'approvisionnements de guerre et d'artillerie qu'il pourrait. L'Empereur précisait encore, le 5 septembre, qu'il était nécessaire de donner 50 cartouches par homme et d'en transporter le plus possible, non seulement par les charrois, mais encore par les transports du pays.

« Avant mon départ de Hanovre, répond Bernadotte, j'ai levé 300 chevaux pour l'artillerie, 600 pour la cavalerie et 200 pour les transports. » Cette quantité est manifestement insuffisante ; il faut que le corps du Hanovre, comme celui de Hollande, trouve des ressources à Würzbourg. Or, notre ambassadeur en Bavière, M. Otto, a bien trouvé depuis quinze jours un négociant de Würzbourg, nommé Hirsch, qui s'engageait à fournir 2,000 chevaux, mais il n'a pas osé conclure le marché parce que le cahier des charges, établi en France, imposait pour les achats un âge de 5 à 6 ans, et que le marchand bavarois déclarait ne pouvoir trouver 2,000 chevaux que si l'on élevait la limite à 8 ans. Ces chevaux ne purent être fournis que du 2 octobre au 12 novembre, et par suite ne servirent guère qu'aux transports de l'arrière.

Dès que l'alliance avec la Bavière fut conclue, Napoléon voulut être fixé sur les ressources de cette puissance en artillerie. Il donna l'ordre suivant à Songis :

« Savoir quels sont les calibres bavarois, parce qu'étant alliés de la Bavière, nous nous approvisionnerons dans les arsenaux bavarois. S'il y a du doute, envoyez un officier qui s'adresserait à M. Otto et qui rapporterait la note de ces approvisionnements ; mais il faudrait un homme très discret pour ne pas donner l'éveil. S'assurer également si les cartouches bavaroises sont les mêmes que nos cartouches d'infanterie. »

L'officier envoyé en Bavière fut le capitaine Dessales, du 1er bataillon de pontonniers. Arrivé à Munich le 5 septembre, il obtient peu de renseignements. M. Otto ne veut pas inquiéter les Bavarois, et abouche seulement le capitaine Dessales avec M. de Mauson, commandant en chef l'artillerie bavaroise. Quatre jours plus tard, l'apparition des Autrichiens force la cour et l'armée bavaroises à quitter Munich au plus vite, et Dessales est renvoyé en toute hâte à Paris par Otto et par le général Bertrand, pour renseigner l'Empereur de vive voix.

Longuement interrogé par Napoléon, il lui rapporte ce qu'il sait sur l'artillerie bavaroise et sur l'arrivée des Autrichiens, puis repart à la poursuite du général Songis, auquel il veut rendre compte.

A peine l'a-t-il rejoint, que l'Empereur ordonne de l'envoyer à Würzbourg, afin de continuer les recherches entreprises, de se renseigner sur les ressources de Würzbourg, et d'y organiser la fabrication des cartouches.

« Le point de Würzbourg, écrit Berthier le 16 septembre, est un point important. Il servira beaucoup à nos approvisionnements de cartouches, de poudre, et à tout ce dont nous aurons besoin. Assurez-vous combien il faut de temps pour monter le Mein, et faites-le moi connaître. L'intention de l'Empereur est de faire embarquer beaucoup de munitions qui seraient débarquées à Würzbourg et qui serviraient à fournir nos convois.

« Il faut, Général, que vous sachiez bien positivement les quantités et les espèces de boulets, cartouches à mitraille, etc., qui se trouvent à Würzbourg et qui appartiennent à l'Électeur ; car, après que nous aurons passé, ce sera là un de nos grands ateliers pour nos munitions. »

Trois jours après, il est plus précis et ordonne l'envoi de Dessales à Würzbourg :

« L'Empereur, Général, me charge de vous expédier un courrier extraordinaire pour que vous donniez sur-le-champ l'ordre au sieur Dessales de partir pour se rendre à Würzbourg, où il doit se concerter avec les Bavarois pour faire confectionner le plus de cartouches possible, organiser de suite des moyens de transport par le Mein jusqu'à Würzbourg, afin de pouvoir transporter tout ce dont on aurait besoin, *car dans notre système de guerre Würzbourg doit être considéré comme une position d'où l'armée devra s'approvisionner.* »

Entre temps, Songis a fourni les premiers renseignements sur le Mein : « Il est navigable jusqu'à Bamberg ; pour le monter jusqu'à Würzbourg, il faut environ huit à dix jours quand les eaux sont bonnes. Dans quinze jours, elles se trouveront les plus basses ».

Le jour même, Berthier a avisé M. Otto du départ de Dessales : « Faites faire des cartouches, lui dit-il ; il en faut au moins 5 millions » ; et, passant à une autre question, il donne les instructions suivantes, à transmettre à l'Électeur :

« Chacune des divisions bavaroises devra avoir 12 pièces de canon attelées, et un parc de réserve composé de 12 pièces attelées et approvisionnées. »

« Indépendamment de la citadelle de Würzbourg, l'Empereur désire connaître la situation de toutes les autres places ; il faut s'occuper sur-le-champ de les armer et de les approvisionner. Il est indispensable d'établir à Würzbourg un hôpital pour 500 malades ; quant à la garnison de cette place, il faut y laisser les dépôts de l'armée bavaroise, ce qui montera environ à 1000 hommes, nombre suffisant.

« S'il est d'autres places plus en avant sur la Rednitz, ou sur le Danube, il faut les armer et les approvisionner sans retard. »

M. Otto répond le 21 septembre et donne quelques détails peu satisfaisants sur l'organisation de la place de Würzbourg. La fabrication du biscuit y est presque impossible. La citadelle est pourvue d'artillerie, de poudre, mais les boulets sont en petite quantité, et d'un autre calibre que les canons. On pourra cependant s'en servir à la rigueur.

Le 25, M. Otto annonce que l'on travaille sans relâche à l'approvisionnement de la citadelle et à la confection des cartouches.

Dessales s'aperçoit de l'inexactitude absolue des renseignements qui lui avaient été fournis à Munich. Il a repris son enquête et en envoie les résultats le 30 septembre. L'armée bavaroise possède à cette date 27 pièces de 12, 124 de 6, 17 de 3, et 33 obusiers, avec un approvisionnement de 30 coups par pièce en munitions confectionnées, et à peu près autant de projectiles. Dessales a demandé qu'on en fît quatre fois plus, mais le travail n'avance pas vite. En revanche, on fait 10,000 cartouches par jour, et le nombre des bateaux sur le Mein est assez grand pour satisfaire à tous les besoins.

En un mot, l'armée bavaroise ne pourrait pas soutenir un combat de quelque durée, mais la place de Würzbourg, armée de 46 bouches à feu et bien approvisionnée, formera une bonne place de dépôt pour l'armée.

X

Il existe peu de documents concernant les services administratifs et leur fonctionnement au début de la campagne.

Une note remise à l'Empereur par Dejean, le 4 septembre, annonce qu'à cette date l'habillement de tous les corps est en bon état. Cependant Napoléon, après avoir fait distribuer des capotes neuves pour un tiers de l'effectif, constate la nécessité d'ordonner une seconde distribution égale à la première ; il s'ensuivrait donc qu'un tiers seulement des soldats avaient un vêtement capable de faire la campagne.

Le point essentiel dans l'habillement du fantassin, c'est la chaussure ; aussi en est-il souvent question dans la correspondance de l'Empereur, et il tient à ce que l'homme ait trois paires de souliers au moins. Dans les camps de l'Océan, les soldats avaient deux paires de chaussures; il en est distribué une troisième à titre de gratification au moment du départ, et, comme la marche de Boulogne au Rhin doit en user une à peu près complètement, il sera distribué une quatrième paire avant le passage du fleuve. Chaque homme doit donc avoir une paire de souliers aux pieds, deux dans le sac et une hors de service dont il aura pu se défaire. Pour assurer la dernière distribution, toutes les chaussures restées en magasin près des côtes, 14,500 paires environ, sont envoyées à Strasbourg sous la surveillance du capitaine Lejeune, et les corps sont autorisés à faire des achats sur les deux rives du Rhin. Lejeune se décharge de sa commission sur la compagnie qui a l'entreprise des transports de bagages de l'armée, mais l'importance de sa mission est telle, qu'il rend compte à Berthier.

La première distribution de souliers avait coûté 1 million. Pour la deuxième, on versa un acompte de 450,000 francs.

En ce qui concerne les vivres, le service devait être assuré par des entrepreneurs. Il en était de même des fourrages. Les deux services paraissent avoir été médiocrement faits et il y eut de nombreuses réclamations pour les fourrages.

En Alsace, le commissaire ordonnateur met en réquisition tout le fourrage, au grand désespoir des habitants, qui n'y voient qu'un moyen de leur extorquer leurs denrées à un prix arbitraire.

Marmont n'a d'autre manière de faire vivre ses troupes que de demander des subsistances au pays. Elles vivent chez l'habitant et il n'est établi aucun magasin.

En Alsace, les agents des subsistances arrivent trop tard. A Würzbourg, l'inspecteur envoyé par l'entreprise ne procède à aucun achat et ne fait confectionner ni pain ni biscuit.

Un ordre du chef de l'État-Major général prescrit qu'une fois en campagne, l'armée ait 4 jours de pain et 4 jours de biscuit. Le biscuit sera conservé pour des circonstances importantes ; le pain sera remplacé à mesure de sa consommation, de manière qu'il y ait toujours 8 jours de vivres.

Pour assurer l'approvisionnement de biscuit de l'armée, l'Empereur avait ordonné d'en confectionner 500,000 rations à Strasbourg, 200,000 à Mayence; Bernadotte devait en prendre 100,000 à Gœttingue et l'électeur de Bavière était prié d'en faire fabriquer 500,000 rations à Ulm et autant à Würzbourg.

Les 200,000 rations de Mayence furent fournies ; à Strasbourg, le commissaire des guerres ne sut rien organiser jusqu'à l'arrivée de M. Petiet, le 18 septembre. Ce dernier utilisa les fours des particuliers pour cuire le pain de munition, n'employa les 14 fours militaires qu'à la fabrication du biscuit, et promit enfin que 1,200,000 rations seraient prêtes le 29 septembre. Il en faisait venir 200,000 de Lille et 100,000 de Soissons. Le 26 septembre, il avait été fait 180,000 rations à Strasbourg, et l'on en fabriquait 15,000 par jour. On n'aurait donc pas, le 29, les 500,000 rations demandées par l'Empereur. Huningue et Landau avaient fourni 500,000 rations et en fabriquaient à peu près 10,000 par jour. La fabrication allait commencer à Spire et Haguenau, mais, en somme, on n'aurait pas fourni, le 29, le biscuit nécessaire à l'armée. Il arriverait seulement 120,000 rations de Lille le 3 octobre.

La Bavière n'avait rien préparé à Ulm et à Würzbourg, quand l'Empereur écrivit à M. Otto, le 15 septembre, de faire confectionner 300,000 rations de biscuit dans cette dernière place ; mais il lui fut répondu d'abord que les boulangers bavarois ne connaissaient pas le biscuit, et que la fabrication y serait difficile.

Quoi qu'il en soit, tous les approvisionnements sont

illusoires sans moyens de transport. La compagnie Breidt, qui a l'entreprise des transports, se procure bien les chevaux nécessaires, mais les caissons doivent être fournis par l'État, et ils sont en quantité insuffisante. On ordonne d'en fabriquer à Sampigny, mais à la fin de septembre, M. Petiet trouve le travail peu avancé ; on n'aura en vendémiaire, dit-il, que le quart des voitures, et le reste ne pourra être prêt avant plusieurs mois. On commence à fabriquer des caissons à Strasbourg, mais ce n'est qu'un expédient. Pour comble de malheur, les voitures qui existaient à l'armée des côtes, au lieu d'être dirigées sur Strasbourg, avaient été arrêtées au passage à Sampigny. Bref, les premières voitures attelées par la compagnie Breidt ne rejoignirent l'armée que bien longtemps après l'entrée en campagne. Le service s'était fait en Alsace avec les 1000 voitures de réquisition dont la levée avait été ordonnée le 3 septembre.

Un décret du 1er septembre attribue à chaque régiment un fourgon d'ambulances de premier secours, pouvant transporter 6 blessés et contenant les médicaments et instruments de chirurgie nécessaires. On fit passer la fabrication de ces voitures avant celle des caissons de vivres, mais il ne semble pas qu'elles aient pu rejoindre les troupes avant la fin de la campagne.

Une des plus grosses difficultés administratives fut de trouver de l'argent comptant. La solde était arriérée ; il fallait payer les souliers, les capotes, les chevaux de remonte, les travaux de l'artillerie et du génie, les vivres, etc., et le ministre du Trésor public, M. Barbé-Marbois, venait de laisser sortir la plus grande partie du numéraire de la Banque. Aussi, ne sont-ce que réclamations de Songis, de Murat, et, sans le pouvoir illimité de l'Empereur, qui permet de recourir à tous les moyens, il serait impossible de franchir ce mauvais pas.

En résumé, au point de vue administratif, notre préparation était manifestement défectueuse, presque nulle, en 1805. Napoléon le reconnut, d'ailleurs, et se promit bien de ne plus être pris au dépourvu. Cependant la pénurie des approvisionnements et des moyens de transport ne l'empêcha pas plus qu'en 1796 et 1800 de marcher et de vaincre. Si importants que soient la subsistance et e ravitaillement, si coupable que soit le chef qui les néglige, il faut donc se garder, au moment de l'action, de les considérer comme indispensables. On est trop disposé à leur attribuer une influence prépondérante : si le génie de Napoléon n'avait pas valu à nos armes les triomphes d'Ulm et d'Austerlitz, quelles conclusions n'aurait-on pas tirées de cette préparation si insuffisante !

CHAPITRE PREMIER

Ordres de mouvement pour la cavalerie.

L'Empereur au maréchal Berthier.

Camp de Boulogne, 6 fructidor an XIII (24 août 1805).

Mon Cousin, vous réunirez dans la 5e division militaire une division de réserve de grosse cavalerie, composée des 1er, 5e, 10e et 11e régiments de cuirassiers; vous donnerez l'ordre à ces quatre régiments de se rendre sur-le-champ dans la 5e division militaire et vous les cantonnerez à Landau et dans les environs. Vous donnerez également l'ordre au général de division Nansouty de partir avec la division qu'il commande pour se rendre à Schelestadt et à Neuf-Brisach, et vous donnerez les ordres nécessaires pour qu'elle y soit convenablement cantonnée dans les environs, en choisissant les lieux les plus abondants en fourrages. Mon intention est que chacune de ces divisions ait un commissaire des guerres qui lui soit spécialement attaché. Il est indispensable que chacun des régiments ci-dessus soit de quatre escadrons, et, pour cet effet, vous ferez partir des dépôts tout ce qui sera disponible, et vous fournirez aux colonels tout ce qui sera nécessaire, pour qu'il y ait au moins 500 hommes présents à la revue dans les quatre escadrons que je viens d'indiquer.

La première division sera sous les ordres du général de division d'Hautpoul. Vous lui ordonnerez, ainsi qu'au général Nansouty, de correspondre fréquemment avec vous et d'une manière détaillée. Chacune des divisions qu'ils commandent aura quatre pièces d'artillerie, savoir : trois pièces de 8 et un obusier.

Le mouvement que je vous prescris doit avoir lieu sans retard. Les rassemblements des Autrichiens dans le Tyrol font que je crois utile, en ce moment, de border le Rhin. Vous me présenterez, pour la division d'Hautpoul, deux généraux de brigade et un adjudant général. Les ordres pour les régiments qui composent ces deux divisions devront partir dans la journée de demain.

Vous ordonnerez au général Baraguey d'Hilliers de se rendre demain à Saint-Omer. Il y passera la revue des 1er, 2e, 20e, 4e et 14e régiments de dragons. Les trois premiers de ces régiments doivent former une brigade, et les deux derniers, réunis au 26e de dragons, qui est à Strasbourg, forment une seconde brigade.

Ces deux brigades ensemble formeront la 1re division de dragons ; elle obéira au général de division Klein, qui aura sous ses ordres les deux généraux de brigade qui servent sous lui en ce moment. Chacun des régiments ci-dessus indiqués devra être de trois escadrons à cheval, lesquels auront au moins 400 dragons présents sous les armes. Chacun d'eux aura de plus un escadron à pied de 300 hommes. Il sera enjoint au général Baraguey d'Hilliers d'envoyer promptement, dans les dépôts de ces différents corps, les majors des corps ou un général de brigade, afin que l'on fasse partir tout ce qui est disponible pour compléter ainsi les six corps en question. Ils devront partir le 9 fructidor et vous les dirigerez par une des trois routes qui vont à Strasbourg. Cependant, vous aurez soin de ne démasquer le mouvement que sur une des grandes places qui se trouvent de quatre à huit marches de Saint-Omer, et c'est pour l'une de ces grandes places que vous leur transmettrez des ordres, vous réservant d'en envoyer d'autres ultérieurement, quand je vous l'ordonnerai moi-même.

Après avoir formé la 1re division, le général Baraguey d'Hilliers formera la seconde qui sera composée des 3e et 4e brigades. La 3e brigade comprendra les 10e, 13e et 22e dragons, et la 4e brigade comprendra les 3e, 6e et 11e régiments de cette arme ; le commandement de cette division et de ces brigades sera confié au général de division Beaumont; et ensuite vous me proposerez les destinations à donner pour cet objet. Cette division devra également se mettre en marche le 9 fructidor, en suivant la deuxième route qui va sur Strasbourg ; mais vous ne lui donnerez l'ordre que pour une des quatre grandes places qui sont de quatre à huit marches de Saint-Omer, afin de masquer le mouvement.

La 3e division de dragons sera formée par les 5e et 6e brigades. La 5e brigade comprendra les 5e, 8e et 12e régiments de dragons, et la 6e comprendra les 9e, 16e et 21e régiments de cette arme. Vous dirigerez cette 3e division, le 10 fructidor, par la troisième route qui va à Strasbourg, en ne lui donnant, comme aux précédentes, l'ordre que pour l'une des principales places de quatre à huit marches de son point de départ. Cette 3e division sera commandée par le général Walther.

La 4e division sera composée des 7e et 8e brigades, et la 7e brigade le sera des 15e, 17e et 27e régiments de dragons. Quant à la 8e brigade, les 18e, 25e et 19e régiments de cette arme la composeront. Cette division se mettra aussi en marche, le 10 fructidor, par une autre route que la 3e. Cette division sera commandée par le général Bourcier.

Tous les dragons à pied qui sont à Calais partiront demain pour Saint-Omer. Le général Baraguey d'Hilliers en formera une division à pied composée de quatre régiments. Chaque division de dragons fournira un régiment, chaque brigade un bataillon ; ce qui fera des bataillons de 900 hommes, des régiments de 1800 hommes et une division à pied de 7,200 hommes. Mon intention est que chaque division de dragons ait trois pièces d'artillerie (deux pièces de 8 et un obusier), et que la division à pied ait dix pièces de canon comme une autre division de l'armée. Vous me présenterez demain un projet de mouvement pour l'artillerie, pour que les divisions de dragons et les divisions de grosse cavalerie aient les pièces qui leur reviennent, soit en matériel, soit pour le personnel ou pour les attelages. Cette division de dragons à pied partira toute ensemble, sous les ordres du général Baraguey d'Hilliers, le 10, afin que si cela me devient nécessaire, je puisse, sur-le-champ, avec ces forces extrêmement disponibles et légères, envoyer occuper des positions essentielles. Vous préviendrez M. Dejean de ces mouvements, afin qu'il fasse trouver à Strasbourg les fourrages nécessaires. Vous me ferez connaître les lieux les plus convenables pour réunir ces troupes ; mais la division à pied se réunira à Strasbourg, et vous devez sentir qu'il est indispensable qu'elle ait son artillerie à son arrivée ; car il serait possible que je lui fisse occuper Kehl sur-le-champ.

Ne manquez pas de donner au général Baraguey d'Hilliers toutes autorisations nécessaires pour qu'il puisse retirer des dépôts de ses vingt-quatre régiments de dragons ce qui est disponible. On défera les caisses de selles qui étaient destinées à l'embarquement (1).

NAPOLÉON.

Note pour le bureau du mouvement.

Boulogne, le 7 fructidor an XIII (25 août 1805).

Expédier des ordres pour réunir dans la 5e division militaire une division de réserve de grosse cavalerie, composée des 1er, 5e, 10e et 11e régiments de cuirassiers. Expédier les ordres à ces quatre régiments pour se rendre sur-le-champ dans la 5e division militaire. Désigner des cantonnements à Landau et dans les environs.

Expédier des ordres au général de division Nansouty de partir de Lille avec la division qu'il commande pour se rendre à Schelestadt et à Neuf-Brisach. Expédier tous les ordres nécessaires pour qu'elle y soit convenablement cantonnée dans les environs, en choissant les lieux les plus abondants en fourrages.

Chacune de ces divisions doit être entièrement organisée, avoir ses deux généraux de brigade (le général Nansouty a trois généraux de brigade parce qu'il a six régiments), deux adjudants commandants dont un chargé des détails de l'état-major, quatre adjoints, un commissaire des guerres qui lui soit spécialement attaché. Donner l'ordre positif pour qu'indispensablement chacun des régiments désignés ci-dessus soit chacun de quatre escadrons et pour cet effet expédier les ordres nécessaires pour faire

---

(1) *Correspondance de Napoléon*, n° 9128.

partir des dépôts tout ce qui sera disponible. Prescrire aux colonels qu'ils me doivent faire connaître ce qu'il leur faut pour qu'il y ait au moins 500 hommes présents à la revue dans les quatre escadrons de leur corps.

La division formée des 1er, 5e, 10e et 11e régiments de cuirassiers sera sous les ordres du général de division d'Hautpoul, qui me désignera deux généraux de brigade pour être mis sous ses ordres, les adjudants commandants, commissaires de guerre, etc.

Chacune de ces deux divisions aura 3 pièces d'artillerie légère (savoir : 2 pièces de 8 et 1 obusier), attelées et approvisionnées.

Recommander aux généraux d'Hautpoul et Nansouty de correspondre fréquemment avec moi et d'une manière détaillée.

Les mouvements prescrits ci-dessus doivent avoir lieu sans retard : les rassemblements des Autrichiens dans le Tyrol rendant dans ce moment nécessaire de border le Rhin.

Les ordres pour la marche de ces deux divisions partiront dans la journée de demain.

Maréchal Berthier (1).

Le Major général au général Nansouty, commandant la division de grosse cavalerie, à Lille.

Boulogne, le 7 fructidor an XIII (25 août 1805).

L'Empereur ordonne, Général, que vous partiez de Lille avec la division de grosse cavalerie que vous commandez pour vous rendre à Schelestadt et Neuf-Brisach.

Faites sur-le-champ toutes les dispositions nécessaires pour ce mouvement.

Vous marcherez à la tête de votre division qui doit partir entièrement organisée, avec ses trois généraux de brigade, deux adjudants commandants, dont un chargé des détails de l'État-Major, quatre adjoints, un sous-inspecteur aux vivres et un commissaire des guerres.

---

(1) Note de la main de Leduc, et signée de Berthier.

Votre dernier état de situation ne porte qu'un seul adjudant commandant; proposez m'en de suite un second, ainsi que ce qui pourrait vous manquer encore pour compléter votre état-major.

Vous marcherez en ordre de guerre et vous prendrez en route toutes les précautions nécessaires pour empêcher la désertion, ainsi que pour maintenir le plus grand ordre et la discipline la plus exacte.

Je joins ici l'itinéraire que suivra la division de grosse cavalerie depuis Lille jusqu'à Schelestadt.

Mais, comme quelques-uns des lieux de logement qui y sont marqués ne seraient pas suffisants pour la loger en totalité, vous aurez soin d'envoyer à l'avance votre chef d'État-Major et son adjoint pour reconnaître vos cantonnements, afin qu'il ne se rende dans le chef-lieu d'étapes que les corps qui devront y loger, que ceux qui logeraient en deçà se dirigent par le chemin le plus court vers leur cantonnement et que ceux au delà ne fassent que traverser le principal gîte sans s'y arrêter, de manière à ce que les troupes ne se fatiguent pas inutilement.

Pour le départ de chaque gîte, il en sera de même; la réunion de la division ne s'effectuera pas dans le principal gîte, mais seulement au cantonnement le plus avancé sur la route que l'on aura à faire dans la journée.

Vous ferez toujours partir les logements la veille avec le commissaire des guerres et un officier de l'État-Major, de manière à ce que l'établissement des troupes soit préparé à l'avance et qu'en approchant du principal gîte chaque corps reçoive ses instructions pour son cantonnement.

Vous veillerez surtout à ce que votre commissaire des guerres marchant à l'avance prenne toutes les mesures nécessaires pour que les subsistances des hommes et des chevaux et le service des convois militaires soient assurés.

L'intention expresse de Sa Majesté est qu'indispensablement chacun des six régiments formant votre division soit composé de quatre escadrons : à votre passage à Lunéville, vous ferez réunir aux deux régiments de carabiniers leur 4e escadron qui se trouve dans cette ville.

Je donne l'ordre au 4e escadron des quatre autres régiments, qui en comprendra tous les hommes et les chevaux disponibles au dépôt, de se diriger sur Schelestadt où ils arriveront, savoir :

Le 4e escadron du 2e régiment de cuirassiers venant de Caen, le (*en blanc dans l'original.*)

Celui du 3e régiment de cuirassiers venant de Saint-Germain, le....

Celui du 9e régiment de cuirassiers venant de Mayence, le....

Celui du 12e régiment de cuirassiers venant de Deux-Ponts, le....

Prescrivez aux colonels de ces régiments qu'ils aient à me faire connaître ce qu'il leur faut pour qu'il y ait au moins 500 hommes présents à la revue dans les quatre escadrons de leur corps respectif.

Vous aurez soin, Général, de correspondre fréquemment avec moi et d'une manière détaillée.

Instruisez-moi, Général, de votre départ de Lille, adressez-moi en route des rapports fréquents sur votre marche et sur la situation des corps et instruisez-moi de votre arrivée à Schelestadt.

Maréchal BERTHIER.

Le Ministre de la guerre au général de division d'Hautpoul, commandant la brigade de cavalerie du corps du centre de l'Armée des côtes.

Boulogne, le 8 fructidor an XIII.

Je vous préviens, Général, que Sa Majesté vous a désigné pour prendre le commandement d'une division de grosse cavalerie de réserve qui sera composée :

Du 1er régiment de cuirassiers qui est à Paris ;
Du 5e, à Vesoul ;
Du 10e, à Haguenau ;
Du 11e, à Versailles.

Je donne l'ordre à ces quatre régiments de se rendre de suite à Landau pour être cantonnés tant dans cette place que dans les lieux environnants qui offriront le plus de ressources en fourrages. Le 1er régiment arrivera à Landau le

Le 5e, le. . . . .;
Le 10e, le. . . . .;
Le 11e, le. . . . .;

J'ai donné l'ordre exprès que ces régiments soient chacun de 4 escadrons, et qu'à cet effet on fasse partir tous les hommes et chevaux qu'ils ont disponibles et en état de servir.

Vous aurez sous vos ordres 2 généraux de brigade, 2 adjoints commandants, dont un chargé du détail de l'État-Major ; 4 adjoints, 1 commissaire des guerres. Désignez-moi de suite tous ces officiers, afin que je leur donne ordre de se rendre sur-le-champ à Landau.

Il sera attaché à votre division 3 pièces d'artillerie légère, savoir : 2 pièces de 8 et 1 obusier, attelées et approvisionnées.

Faites vos dispositions, Général, pour vous rendre de suite à Landau. A votre arrivée dans cette place, vous reconnaîtrez tant à Landau que dans les environs les cantonnements pour les 4 régiments employés sous vos ordres, et vous aurez soin de m'en envoyer l'état.

Dès que ces régiments seront arrivés à Landau, vous formerez votre division de manière à ce qu'elle soit le plus tôt possible organisée ; vous correspondrez fréquemment avec moi et d'une manière détaillée, vous me rendrez un compte exact de la situation des corps et vous prescrirez aux colonels de me faire connaître ce qu'il leur faut pour qu'il y ait au moins 500 hommes présents à la revue dans les 4 escadrons de leurs corps respectifs.

Maréchal Berthier.

Note pour le bureau du mouvement.

Boulogne, le 7 fructidor an XIII (25 août 1805).

Donner l'ordre au général Baraguey d'Hilliers de partir aussitôt la réception dudit ordre pour se rendre à Saint-Omer et y passer la revue des 1er, 2e, 20e, 4e et 14e régiments de dragons.

Les trois premiers de ces régiments formeront une brigade et les deux derniers en formeront une autre à laquelle sera réuni e 26e de dragons qui est à Strasbourg. Ces deux brigades réunies formeront la 1re division de dragons. Elle sera aux ordres du général de division Klein, qui aura sous ses ordres 2 des généraux de brigade qui servent sous lui, dans ce moment ; 1 commandant chef d'État-Major, 2 adjoints, 1 commissaire des guerres. Chacun des régiments ci-dessus indiqués devra être de 3 escadrons à cheval, lesquels auront au moins 400 dragons présents sous les armes. Chacun d'eux aura de plus un escadron à pied de 300 hommes. Enjoindre au général Baraguey d'Hilliers d'envoyer promptement dans les dépôts de ces différents corps les majors des corps ou un général de brigade, afin que l'on fasse partir tout ce qui est disponible et pouvoir par là compléter les six corps de dragons dont on vient de parler. Cette division, aux ordres du général Klein, partira le 9 fructidor et sera dirigée par une des routes qui vont à Strasbourg, et, comme je ne veux démasquer le mouvement que sur une des grandes places qui se trouvent sur sa route, l'ordre de route ne sera expédié que pour Cambrai. Au lieu de passer par Aire, Béthune et Lens, on pourrait la faire passer par Cassel, Bailleul, Lille et Douai, Cambrai, Landrecies, etc....., à cause d'une seconde colonne qui part le même jour et dont il va être parlé ci-après. A Cambrai, la division attendra de nouveaux ordres : il sera à cet effet remis à l'Empereur une note pour faire connaître si la division doit continuer sa route.

Après que le général Baraguey d'Hilliers aura formé la 1re division, il formera la 2e, qui sera composée des 3e et 4e brigades.

La 3e brigade comprendra les 10e, 13e et 22e régiments de dragons, et la 4e brigade comprendra les 3e, 6e et 11e régiments de cette arme.

Le commandement de cette division sera donné au général Walther, employé au camp de Montreuil; cette division sera organisée comme celle du général Klein et elle se mettra en marche le 9 fructidor, en suivant une autre route que la première. Elle pourra passer par Aire, Béthune, Arras, Bapaume, Laon, où elle attendrait de nouveaux ordres pour de là continuer sa route sur Strasbourg, s'il y avait lieu.

Le général Baraguey d'Hilliers formera la 3e division de dragons avec les 5e et 6e brigades ; la 5e brigade comprendra les 5e, 8e et 12e régiments de dragons, et la 6e comprendra les 9e, 16e et 21e régiments de cette arme.

Cette 3e division sera organisée comme les précédentes et commandée par le général de division de Beaumont (lui expédier l'ordre de se rendre en poste au premier séjour de cette division).

Elle partira le 10 fructidor par la même route qu'aura suivie la première et attendra de nouveaux ordres au même endroit.

La 4e division sera également formée par le général Baraguey d'Hilliers et sera composée des 7e et 8e brigades.

La 7e est formée des 15e, 17e, et du 27e régiment de dragons qui est à Versailles.

Quant à la 8e brigade, elle sera composée du 18e régiment de dragons, du 25e et du 19e.

Cette division sera commandée par le général Bourcier, organisée comme les autres, et elle se mettra en marche le 10 fructidor par la même route qu'aura suivie la 2e division. Elle attendra, comme elle, des ordres dans la même ville.

Dans l'instruction du général Baraguey d'Hilliers, on lui fera connaître qu'il va à Saint-Omer, comme Inspecteur, pour former et faire partir les 4 divisions de dragons dont on vient de parler. Les généraux Klein, Bourcier, Beaumont et Walther en seront prévenus.

Maréchal Berthier (1).

Il est important que le général Baraguey d'Hilliers reçoive son instruction ce soir, afin qu'il se rende dans la nuit à Saint-Omer.

Le Ministre de la guerre au général Baraguey d'Hilliers, colonel général des dragons.

Boulogne, le 7 fructidor an XIII.

L'intention de Sa Majesté, Général, est que vous partiez aus-

(1) On remarquera que Berthier donne la 2e division de dragons à Walther et la 3e à Beaumont, tandis que l'ordre de l'Empereur prescrivait l'inverse.

sitôt la réception du présent ordre, pour vous rendre à Saint-Omer et y passer la revue des 1er, 2e, 20e, 4e et 14e régiments de dragons.

Les trois premiers de ces régiments formeront une brigade, et les deux derniers, auxquels je me réserve de faire réunir un troisième régiment, en formeront une autre. Ces deux brigades réunies formeront la 1re division de dragons.

Elle sera commandée par le général de division Klein, qui aura sous ses ordres deux des généraux de brigade qui servent sous lui, en ce moment ; un adjudant commandant chef d'État-Major, deux adjoints et un commissaire des guerres.

L'intention de Sa Majesté est que chacun de ces régiments soit composé de 3 escadrons à cheval, lesquels auront au moins 400 dragons présents sous les armes ; chacun de ces régiments doit avoir de plus un escadron à pied de 300 hommes.

Vous donnerez tous vos soins pour que cette division soit formée demain dans la journée, attendu que je lui donne l'ordre de partir le 9 fructidor pour se rendre à Calais. J'adresse directement au général Klein les ordres de départ; mais Sa Majesté compte spécialement sur votre activité, Général, pour que cette division soit parfaitement organisée avant son départ.

Envoyez promptement dans les dépôts de ces régiments un général de brigade pour en faire la revue et faire partir tout ce qui est disponible, afin de compléter ces 5 régiments.

Lorsque vous aurez formé la 1re division, vous formerez aussitôt la seconde, qui sera composée des 3e et 4e brigades.

La 3e brigade comprendra les 10e et 13e régiments de dragons et un troisième régiment que je me réserve de désigner.

La 4e brigade comprendra les 3e, 6e et 11e régiments de dragons.

Cette seconde division sera commandée par le général Walther, actuellement employé au camp de Montreuil. Elle doit être organisée comme celle du général Klein. Vous vous occuperez de sa formation, de manière à ce qu'elle puisse se mettre en marche le même jour que la 1re, le 9 fructidor, pour se diriger par une autre route sur Laon.

J'adresse au général Walther les ordres de départ.

Vous formerez ensuite la 3e division de dragons avec les 5e et 6e brigades. La 5e brigade comprendra les 5e, 8e et 12e régiments de dragons, et la 6e brigade comprendra les 9e, 16e et 21e régiments de la même arme. Cette division sera organisée comme la précédente. Vous accélérerez sa formation, de manière à ce qu'elle puisse partir de Saint-Omer le 10 fructidor, pour suivre la même route que la 1re division et se rendre également à Cambrai. Elle sera commandée par le général de division de Beaumont ; je donne l'ordre à ce général de rejoindre sur-le-champ cette division ; mais, en attendant, vous en confierez le commandement provisoire à un général de brigade, auquel vous remettrez les ordres de départ que je joins ici.

Vous formerez pareillement, Général, la 4e division de dragons, qui sera composée des 7e et 8e brigades. La 7e brigade sera formée des 15e et 17e régiments de dragons, ainsi que du 27e régiment, qui est à Versailles, et auquel je donne l'ordre de se rendre à Laon, où il arrivera le...... Quant à la 8e brigade, elle sera composée des 18e et 19e régiments de dragons et d'un troisième régiment que je me réserve de désigner.

Cette 4e division sera commandée par le général Bourcier, et organisée comme les autres. Prenez tous les moyens nécessaires pour qu'elle soit entièrement formée, de manière à se mettre en marche le 10 fructidor, conformément aux ordres que j'adresse au général Bourcier, pour se diriger par la même route que la 2e division sur Laon.

Je vous observe, Général, que c'est comme Inspecteur général que vous allez vous rendre à Saint-Omer pour former et faire partir les quatre divisions de dragons. Mettez donc dans l'exercice de cette mission tous les soins et toute l'activité qu'elle exige ; adressez-moi la situation de chacune de ces divisions dès qu'elles seront formées ; faites-moi connaître les officiers généraux, les officiers d'état-major ou d'administration qui pourraient être nécessaires pour compléter leurs états-majors respectifs. Prenez enfin toutes les mesures pour remplir ponctuellement à cet égard les instructions de Sa Majesté, et instruisez-moi de vos dispositions.

Le Ministre de la guerre,

Maréchal Berthier.

Instructions pour le général Bertrand.

Camp de Boulogne, 7 fructidor an XIII (25 août 1805).

Le général Bertrand se rendra en droite ligne à Munich ; il descendra chez M. Otto ; il présentera à l'Électeur la lettre suivante ; après quoi, il se rendra à Passau ; il y verra la situation de cette place ; il remontera l'Inn jusqu'à Kufstein ; il en fera une reconnaissance en règle ; la situation des lieux, leur distance, la nature des chemins, la largeur de la rivière, la quantité des eaux, la domination alternative de l'une et l'autre rive, les bacs, ponts, gués. Il sera accompagné de quelques ingénieurs bavarois ; mais il aura soin de voir par lui-même et écrira ce que les ingénieurs pourront lui dire des circonstances de la rivière et des événements qui s'y seraient passés.

Il suivra ensuite la Salza jusqu'à Salzbourg ; de là, il reviendra à Munich, en passant l'Inn à Wasserburg, et tiendra encore note de cette troisième reconnaissance. Il prendra tous les renseignements à Munich, d'hommes très connaisseurs, sur les débouchés de l'Inn et autres qui se rendent dans le Tyrol, jusqu'au débouché du Lech.

De Munich, il se rendra à Füssen, sans sortir du territoire bavarois. Si Füssen n'est pas occupé par les Autrichiens, il le verra en détail.

De Füssen, il descendra le Lech, dont il fera une parfaite reconnaissance jusqu'au Danube ; il reconnaîtra Ingolstadt et Donauwœrth ; longera le Danube, et, allant de l'un à l'autre, il aura vu le Danuhe à Passau et en tiendra note toutes les fois qu'il le verra de Donauwœrth.

Il fera la reconnaissance de la Regnitz jusqu'au Mein ; de Bamberg, il reviendra sur Ulm par la route qu'il jugera à propos; d'Ulm, il ira à Stuttgart, toujours à petites journées et ne voyageant que le jour ; de Stuttgart, il ira à Rastadt, et fera une bonne reconnaissance de la route d'Ulm à Rastadt, sous les points de vue militaire et d'état-major.

Dans toutes ces courses, il aura soin de bien tracer la route d'Ulm à Donauwœrth, par la rive gauche du Danube ; de là, à Ingolstadt et de là à Ratisbonne ; de Ratisbonne à Passau, d'après les renseignements.

Nota. — Quand il sera à Passau, il reconnaîtra la route qui va de Passau en Bohême, autant que possible sur le territoire de Bavière ; renseignements sur le reste. Peut-on aller à Prague par cette route ?

Il fera la reconnaissance détaillée du petit ruisseau d'Ilz, et la nature des chemins et du terrain depuis la source de l'Ilz, qui descend des montagnes de Bohême, jusqu'à l'embouchure de l'Ilz ; quelle est la largeur de la vallée ; quels sont la nature des chemins, les principaux bourgs, et la facilité ou les inconvénients qu'aurait une armée qui se porterait sur la rive gauche du Danube, et tournerait par ce moyen l'Inn, et se porterait sur Freystadt et voudrait se porter en Moravie ?

Prendre tous les renseignements sur les fortifications qu'aurait faites l'ennemi, soit à Linz ou Steyer, ou toute autre place, jusqu'à Vienne, et même Vienne.

Bien déterminer à quel point le Danube porte bateau, soit pour la descente ou la remonte.

Il fera une reconnaissance très détaillée sur Ulm : population, position militaire, etc.; il tiendra note de ce qu'on lui dira sur l'Enns, sur l'espèce des difficultés qu'il peut présenter, de même sur la largeur du Danube derrière la Traisen, à quelques lieues de Vienne, quatre à cinq.

De Rastadt, il se rendra à Fribourg, de Fribourg à Donaueschingen et de là à Bâle ; et de là il viendra me rejoindre par Huningue, sans passer sur le territoire suisse ; en longeant la rive droite du Rhin, il fera une reconnaissance de la position de Stockach.

M. Bertrand m'écrira de Strasbourg pour me faire connaître toutes les rumeurs du pays sur la guerre, la paix et les mouvements de l'ennemi ; il ira à Stuttgart où il verra M. Didelot (1) ; il lui dira ce qu'il entendra dire sur les forces des Autrichiens dans le Tyrol ; il engagera M. Didelot à faire un mémoire sur toutes les possessions de l'Autriche en Souabe, anciennes ou acquises depuis le traité de Lunéville, en faisant à peu près une statistique ; à son retour, il pourra me donner ces mémoires, ce qui ferait voir qu'il ne perd pas son temps.

---

(1) Ministre plénipotentiaire de France.

Il m'écrira de Munich tout ce qu'on dit de la situation des Autrichiens sur l'Inn et dans le Tyrol : sa présentation à l'Électeur et tout ce qui est relatif à l'autre partie de sa mission ; de Munich, il m'expédiera un courrier pour me donner de ses nouvelles. De Stuttgart, M. Didelot enverra, par un de ses gens, sa dépêche à Strasbourg ; elle sera adressée au préfet, qui me la fera passer où je serai. De Passau, il me fera les reconnaissances, celle de l'Inn et du Danube à Passau, et celle de l'Ilz et tout ce qui est relatif à la rive gauche ; il l'enverra par une estafette à M. Otto, qui la fera passer par un des nombreux courriers allant de Vienne à Munich.

De Salzbourg, il m'enverra la reconnaissance de l'Inn ou de la Salza, qui sera envoyée par une estafette à M. Otto ; si les Autrichiens étaient à Salzbourg ou qu'il y ait des inconvénients à s'y rendre, il n'ira pas ; de Munich, il m'enverra la reconnaissance du chemin de Salzbourg à Munich et celle de la rive gauche du Danube, d'après les renseignements.

Partout, son langage sera pacifique ; il parlera de l'expédition d'Angleterre comme imminente ; les troupes embarquées, il ne montrera aucune inquiétude, même à nos agents ; ne fera aucune attention aux préparatifs de l'Autriche ; qu'ils ne peuvent commencer la guerre, que cela n'aurait pas de sens.

Napoléon (1).

L'Empereur au maréchal Berthier.

Camp de Boulogne, 7 fructidor an XIII (25 août 1805).

M. le maréchal Murat partira demain dans une chaise de poste, sous le nom du colonel Beaumont, se rendra droit à Mayence où il ne fera que changer de chevaux. Il traversera Francfort, et, à cette occasion, reconnaîtra Offenbach ; se rendra à Würzbourg, reconnaîtra la place, y séjournera un jour et demi, et il verra les liaisons de cette place avec Mayence et le Danube, en se faisant rendre compte des débouchés sur Ulm, Ingolstadt et Ratisbonne. De là, il se rendra à Bamberg sur la Regnitz. De Bamberg, il se rendra jusqu'aux frontières de la Bohême, près

(1) *Correspondance de Napoléon*, n° 9133.

d'Eger, sans entrer sur le territoire autrichien, et se tiendra sur pays neutre et non occupé par les troupes autrichiennes.

Lui défendre expressément de passer en lieux où seraient les troupes autrichiennes. Il verra le rapport entre Bamberg, la Bohême et le Danube, se fera rendre compte des montagnes de Bohême, fera dresser l'itinéraire de la route de Bamberg à Prague, et spécialement des gorges d'Eger, se procurera avant tout la *Campagne du maréchal de Belle-Isle*. Il suivra ensuite la Regnitz, en passant par Nüremberg et la Wœrnitz.

Après cela, il longera le Danube, sur la rive gauche, traversant rapidement Ratisbonne ; arrivera vis-à-vis Passau, passera là le Danube ; parcourra l'Inn jusqu'à Kufstein ; traversera Munich ; viendra à Ulm, de là à Stokach ; verra le champ de bataille de Mœsskirch : jettera un coup d'œil sur les différents débouchés de la Forêt-Noire, et fera en sorte d'être à Strasbourg le 24 fructidor. Il saisira l'ensemble du pays, la largeur des rivières, et ce dont il pourra avoir besoin, comparant sa position avec le Tyrol et le Danube ; ne s'engagera pas en pays occupé par les Autrichiens; et, s'ils avaient passé l'Inn, ne pas tomber dans leurs postes ; mènera un officier parlant allemand ou un secrétaire ; ou en demandera un à Jean-Bon Saint-André (1), sans que l'officier le sache.

Les chevaux partiront sans éclat de Paris avec les fourgons et états-majors.

NAPOLÉON (2).

L'Empereur à l'électeur de Bavière.

Camp de Boulogne, 7 fructidor an XIII (25 août 1805).

Mon Frère, mon aide de camp le général Bertrand remettra à Votre Altesse Électorale cette lettre. Je l'envoie pour qu'il voie la position de Passau, qu'il parcoure l'Inn, Ingolstadt, Ulm et les différents débouchés du Tyrol.

L'Autriche paraît vouloir la guerre ; je ne puis me rendre raison d'un tel égarement; toutefois elle l'aura, et plus tôt qu'elle

---

(1) Préfet de Mayence.

(2) *Correspondance de Napoléon*, n° 9132.

ne s'y attend. J'ai contremandé les mouvements de mes escadres. L'existence de 25 régiments dans le Tyrol menace trop la Bavière et mes frontières. J'ai déjà mis en mouvement différents régiments d'infanterie pour Strasbourg ; 26 régiments de dragons et 10 de cuirassiers, avec des attelages, et 40 pièces d'artillerie sont en marche pour l'Alsace. Cent mille hommes d'infanterie sont déjà désignés de mes camps pour s'y rendre.

Mon intention est de commander moi-même mon armée, et je serai, dans le courant de vendémiaire, auprès de Votre Altesse. Je ne puis lui donner une plus grande marque de confiance que de lui confier ce secret, qui n'est connu d'aucun de mes ministres, et qui est encore dans ma plus arrière-pensée.

L'Autriche se repentira trop tard des fausses démarches qu'on lui fait faire. La Bavière y gagnera l'accroissement et la splendeur que lui réservent l'ancienne amitié de la France et la politique actuelle de mon Empire.

Le général Bertrand, qui est un officier du génie d'une grande expérience, fera connaître à Votre Altesse s'il pense qu'on puisse tenir ou non dans Passau, ce qui serait assez important. Dans tous les cas, je désire que Votre Altesse, pour déguiser mes mouvements, devienne plus que jamais pacifique, feigne de craindre plus que jamais l'armée autrichienne. Qu'elle fasse confectionner à Würzbourg 500,000 rations de biscuit, sous prétexte d'approvisionner cette place, et 500,000 à Ulm. Je ferai rembourser le tout au Trésor de Votre Altesse.

Voulant mettre beaucoup de rapidité dans mes mouvements, je ne puis qu'engager Votre Altesse à lever le plus de chevaux de trait qu'elle pourra. Si elle pouvait en faire fournir 2,000, les fonds en seraient faits sur-le-champ.

L'intérêt de Votre Altesse est que mon armée ne séjourne pas dans ses États ; il faut donc que je puisse les traverser rapidement cet automne.

Il n'y a qu'un moyen à l'Autriche de conjurer l'orage, c'est d'exécuter le recès de l'Empire, de renoncer au droit d'épave, d'évacuer le Tyrol, la Styrie et la Carinthie, et de faire rentrer ses troupes dans leurs garnisons de paix ; je le lui ai fait signifier. Je vois qu'il est dans son intérêt de passer l'automne et de gagner du temps pour former de nouvelles intrigues ; mais elles seront complètement déjouées.

Mon cœur saigne de douleur en pensant aux maux qui seront la suite de ces nouvelles circonstances. Mais Dieu sait que je suis innocent. J'ai deux fois sauvé l'Allemagne, deux fois rassis l'Autriche sur son trône ébranlé. Elle profite du temps où mes opérations maritimes sont commencées, où mes troupes sont campées sur le bord de l'Océan, pour faire marcher ses troupes vers la Suisse, où je n'ai pas un homme, et menacer toutes mes frontières.

Je désire que Votre Altesse ne communique cette lettre à personne, pas même à ses ministres ; c'est un secret que je confie à son honneur. Elle peut, dans toutes les circonstances, reposer avec tranquillité.

Si Votre Altesse ne voit pas d'inconvénient à envoyer près de moi un ingénieur qui connaisse parfaitement le pays, avec des cartes, je le recevrai avec plaisir.

Que Votre Altesse ne néglige rien pour rendre ma marche plus rapide ; qu'elle me procure abondamment des subsistances et des charrois, sans se démasquer. Son intérêt, encore une fois, est que je ne m'arrête pas en Bavière. Quant aux objets qu'elle aura fait fournir, je sais que, par le traité conclu entre nos ministres, je suis tenu de tout payer : tout le sera ponctuellement.

Mon intention est de confier mon avant-garde au prince Murat, qui pourra me précéder de quelques jours.

Je prie Votre Altesse de répondre à cette lettre par un courrier extraordinaire, sans attendre le retour de mon aide de camp, afin que je puisse profiter de tous les instants et donner un plus grand développement à nos armées combinées.

NAPOLÉON (1).

L'Empereur à Talleyrand.

Camp de Boulogne, 7 fructidor an XIII (25 août 1805).

Monsieur Talleyrand, j'accorderai volontiers le grade de géné-

---

(1) *Correspondance de Napoléon*, n° 9134.

ral de brigade au prince électoral de Wurtemberg et le grand cordon de la Légion d'honneur ; mais il faut qu'on s'entende entre nous. Les grands événements approchent. Je ne puis rien faire tant que son père sera à la tête de l'Électorat. L'opinion du pays est contre lui ; la mienne ne peut lui être plus défavorable. Le prince a lui-même à s'en plaindre ; son père a même un grade dans l'armée autrichienne.

Je puis traiter avec lui, mais non avec son père. Arrivé à Stuttgart, je mets tout entre ses mains ; je lui donne ce que l'Autriche a en Souabe, et je l'agrandirai autant que le permettront les circonstances. Faites-lui connaître que je ne dors pas ; que les préparatifs de l'Autriche ont suspendu mon embarquement, et que, dans cette circonstance, il me faut une décision franche et prompte de sa part.

Je vous envoie la note pour le corps germanique.

Mon intention est que vous me la remettiez sous les yeux avant de l'envoyer; j'entends qu'elle soit présentée le 18 fructidor, et, comme il faut huit jours pour qu'elle arrive, nous avons jusqu'au 10. Mon parti est pris. Mon mouvement est commencé; je serai le 30, avec 200,000 hommes, en Allemagne. Tout ceci est pour vous seul. Attendez qu'on en parle à Paris. Vous direz que mes frontières étant dégarnies, je fais marcher 25,000 hommes pour les garnir.

Je ne puis que vous répéter ce que je vous ai dit ; préparez mon manifeste. La manière anglaise n'est pas si mauvaise, surtout lorsqu'il y a des faits. Réunissez les dépêches de mes ministres où il est question des mouvements de l'Autriche. Je vous envoie un arrêté de l'architrésorier, qui figurera bien dans le manifeste, et une lettre de lui. Dès ce moment, je change de batteries : il ne faut plus d'audace, il faut de la pusillanimité, afin que j'aie le temps de me préparer. Montrez les deux dépêches de Salzbourg et les extraits des journaux anglais à M. de Cobenzl ; voyez quels sont les moyens d'accommodement qu'il propose. Il s'agit de me gagner vingt jours, et d'empêcher les Autrichiens de passer l'Inn pendant que je me porterai sur le Rhin. J'ai expédié mon aide de camp le général Bertrand en Bavière, avec une lettre pour l'Électeur, dans laquelle je lui fais part de mes projets. La nouvelle de M. de Lucchesini n'a pas de bon sens. Elle veut dire que la Prusse a peur que je me repente, et qu'elle dévore déjà sa proie. Je n'aurais pas cru les Autrichiens si décidés ; mais je me suis tant trompé en ma vie que je n'en rougis pas. Soit qu'ils craignent que je fasse la descente, soit que, comme il arrive toujours en de pareils événements, ils ne s'attendent pas à ce que fera l'ennemi, et avec quelle rapidité je ferai pirouetter mes 200,000 hommes et les ferai entrer cet hiver en Allemagne, le fait est que ces mouvements de l'Autriche sont fort extraordinaires.

Continuez à faire mettre dans le *Moniteur* les paragraphes des lettres de Salzbourg, de Trieste, d'Insprück, etc., afin d'entretenir l'opinion à la guerre. Assurez, cependant, que je ne fais aucun préparatif, que je garantis seulement mes frontières.....

NAPOLÉON (1).

L'Empereur à Talleyrand.

Camp de Boulogne, 7 fructidor an XIII (25 août 1805).

Monsieur Talleyrand, M. Thiard doit, à l'heure qu'il est, être arrivé à Bade. Mon intention est que vous lui donniez les instructions et pouvoirs nécessaires pour traiter une alliance offensive et défensive avec Bade. Je garantirai à l'Électeur le recès de l'Empire, un accroissement dans ses États à la paix, et il mettra 3,000 hommes avec mon armée. Si M. Thiard n'y est pas, et que son ministre se trouve à Paris, vous pouvez le charger de cette négociation.

NAPOLÉON (2).

L'Empereur à Talleyrand.

Camp de Boulogne, 11 fructidor an XIII (29 août 1805).

Monsieur Talleyrand, le prince de Hesse-Darmstadt pourrait

---

(1) *Correspondance de Napoléon*, n° 9130.
(2) *Ibid.*, n° 9131.

nous donner 4,000 hommes ; il ne faut pas le laisser neutre. Expédiez un courrier à mon chargé d'affaires près de lui, pour négocier un traité d'alliance, et qu'il soit tenu à nous donner une petite division selon ses forces.

NAPOLÉON (1).

L'Empereur au maréchal Berthier.

Camp de Boulogne, 7 fructidor an XIII (25 août 1805).

Tous les renseignements que je reçois par mes courriers me font prendre le parti de ne pas perdre un jour.

Je désire donc que le mouvement de dragons se fasse dès demain ; que les dragons à pied partent également demain de Calais ; que le général Oudinot parte également demain ; et, après-demain 9, je veux commencer la contre-marche de toute mon armée. Vous laisserez à la disposition des généraux de faire des séjours ou non. Le moment décisif est arrivé. Un moment de retard nous présentera de plus grands obstacles. Ainsi donc, modifiez vos ordres en conséquence et venez me trouver immédiatement après. Faites partir même, demain, la 1re division de dragons ; tracez-lui une quatrième route par le Nord : dirigez-là sur Spire ; envoyez cette nuit des commissaires des guerres et des officiers d'état-major sur toutes les trois routes. Vous sentez quelle est l'importance d'un jour dans cette affaire. L'Autriche ne se contient plus, elle croit sans doute que nous sommes tous noyés dans l'Océan.

NAPOLÉON (2).

Berthier à M. Salamon.

Boulogne, le 7 fructidor an XIII (25 août 1805).

Expédiez l'ordre au général Baraguey-d'Hilliers de faire partir

---

(1) *Correspondance de Napoléon*, n° 9137.
(2) *Ibid.*, n° 9135.

demain 8, de Calais, tous les dragons à pied qui y sont pour se rendre, en deux marches, à Saint-Omer.

Ordre au général Baraguey-d'Hilliers d'en former une division à pied composée de quatre régiments, chaque division de dragons formant un régiment, chaque brigade un bataillon ; ce qui fera des bataillons de 900 hommes, des régiments de 1800 hommes, et une division à pied de 7,200 hommes.

Expédier les ordres au général Songis, et faire connaître aux quatre généraux commandant les divisions de dragons à cheval qu'il sera attaché à chacune d'elles trois pièces d'artillerie dont deux pièces de 8 et un obusier, et au général Baraguey-d'Hilliers qu'il sera attaché à la division à pied dix pièces de canon, comme à une autre division.

La division de dragons à pied organisée partira tout ensemble le 11 fructidor (29 août) pour se rendre à Strasbourg. Son mouvement sera également masqué à sept ou huit marches dans une grande ville.

Comme il arrive ce soir, à Boulogne, 36 détachements de dragons à pied de 20 hommes chacun, destinés à tenir garnison sur les bâtiments, il faut leur expédier des ordres pour partir demain de Boulogne à l'effet de se rendre à Saint-Omer, où ils rejoindront la division de dragons à pied.

Expédier au général Baraguey-d'Hilliers toutes les autorisations nécessaires pour qu'il puisse retirer des dépôts des 24 régiments de dragons tout ce qui est disponible, et enfin, l'autoriser à faire défaire les caisses de selles qui étaient destinées à l'embarquement.

Il faudra faire un projet pour cantonner autour de Strasbourg les quatre divisions de dragons à cheval.

M. Salamon peut se dispenser de me présenter les lettres pour le général Songis, je les écrirai moi-même.

Maréchal Berthier.

Le Ministre de la Guerre au général Baraguey-d'Hilliers.

Boulogne, le 7 fructidor an XIII (25 août 1805).

Faites partir demain 8 fructidor de Calais, Général, tous les dragons à pied qui se trouvent dans cette ville, pour se rendre le même jour à Ardres et le lendemain à Saint-Omer. Envoyez à l'avance votre commissaire des guerres pour faire assurer le service en route.

Vous en formerez une division à pied composée de 4 régiments, chacune des quatre divisions de dragons que je vous charge d'organiser par ma lettre d'aujourd'hui formant un régiment, et chaque brigade un bataillon. Il en résultera des bataillons de 900 hommes, des régiments de 1800, et une division à pied de 7,200 hommes.

J'adresse des ordres au premier inspecteur général de l'artillerie pour qu'il attache à la division de dragons à pied dix pièces de canon, comme à une autre division. Je le charge aussi d'attacher à chacune des divisions de dragons à cheval trois pièces d'artillerie, dont deux pièces de 8 et un obusier.

Vous donnerez tous vos soins à ce que la division de dragons à pied soit complètement organisée le 10 fructidor, afin qu'elle puisse partir le 11 pour se diriger sur Saint-Quentin.

Vous marcherez à la tête de cette division, et vous prendrez toutes les précautions nécessaires pour maintenir la discipline et prévenir la désertion en route.

Je donne l'ordre aux 36 détachements de dragons à pied, composés chacun de 20 hommes, qui doivent arriver ce soir à Boulogne, d'en partir demain 8 pour rejoindre la division de dragons à pied à Saint-Omer, où ils arriveront le 9.

Vous êtes pleinement autorisé, Général, à retirer des dépôts des régiments composant les quatre divisions de dragons tout ce qui s'y trouvera disponible ; j'en préviens les généraux commandant les divisions où ces dépôts sont stationnés. Vous ferez mettre en marche les détachements que vous y prendrez, sur des feuilles de route expédiées par les commissaires des guerres employés sur les lieux, et me tiendrez très exactement informé de leur mouvement. Vous êtes également autorisé à faire défaire les caisses de selles qui étaient destinées à l'embarquement.

Dès que la division de dragons à pied sera formée, vous m'enverrez sa situation en m'instruisant des dispositions que vous aurez faites pour remplir à cet égard les intentions de Sa Majesté.

Le Ministre de la guerre,

Maréchal Berthier.

Notes pour le bureau du mouvement.

7 fructidor an XIII (25 août 1805).

En laissant subsister ce que vous pouvez avoir fait pour les mouvements que je vous ai donnés, avancez d'un jour le mouvement des dragons, de manière que les deux divisions de dragons partent demain : le général Baraguey-d'Hilliers les formera dès la pointe du jour.

Par un post-scriptum aux généraux, vous les laisserez maîtres de faire des séjours ou non, en leur faisant sentir qu'il est important qu'ils arrivent le plus tôt possible, mais sans écraser leurs troupes.

Je voudrais faire partir également, demain après-midi, les 3e et 4e divisions de dragons ; trouvez-leur chacune une route, et le 9 (27 août), partira la division de dragons à pied.

La quatrième route serait dirigée par Spire.

---

7 fructidor an XIII (25 août 1805).

La 4e division de dragons passera par Cassel et la route d'Ambleteuse et se dirigera sur Spire.

La 1re, par la route de Boulogne et par Aire.

La 2e division passera par Frugère, Saint-Paul et la route de Montreuil.

La 3e partira le 9 matin par la même route que la 2e.

La division de grenadiers, qui arrive le 9 à Saint-Omer, en partira le 10 pour suivre la route de Boulogne.

Les dragons qui partent également de Saint-Omer le 10 suivront la route des 2e et 3e divisions.

(De la main du maréchal Berthier, sans signature.)

État sommaire de situation des 4 divisions de dragons organisées aujourd'hui 8 fructidor en vertu des ordres du Ministre, du 7.

NUMÉROS des DIVISIONS.	NUMÉROS des BRIGADES.	NUMÉROS des RÉGIMENTS.	NOMBRE D'HOMMES.	NOMBRE de CHEVAUX.	OBSERVATIONS.
1re........	1re.....	1	343	346	
		2	310	310	74 hommes à pied d'excédent ont été laissés pour l'escadron à pied.
		20	335	335	35 hommes à pied d'excédent ont été laissés pour l'escadron à pied.
	2e......	4	338	322	
		14	289	289	74 hommes à pied d'excédent ont été laissés pour l'escadron à pied.
2e........	1re.....	10	358	342	
		13	347	317	
	2e......	3	340	333	
		6	339	327	
		11	355	322	
3e........	1re.....	5	319	324	
		8	316	319	
		12	213	219	
	2e......	9	329	333	
		16	327	317	
		21	327	329	
4e........	1re.....	15	312	318	
		17	329	326	
	2e......	18	356	336	
		19	363	332	
TOTAUX.................			6,845	6,396	

Certifié : *Le Général*, BARAGUEY-D'HILLIERS.

DÉPARTEMENT DE LA GUERRE. — BUREAU DU MOUVEMENT.

7 fructidor an XIII (25 août 1805).

Chemin que tiendra la seconde division de dragons montés, commandée par le général Walther, et composée de :

	Hommes.	Chevaux.
10e régiment de dragons	375	372
13e —	366	358
3e —	360	373
6e —	356	371
11e —	353	355
TOTAUX	1,810	1,829

pour se rendre à Strasbourg.

Partira de Saint-Omer le 8 fructidor, avec du pain pour trois jours, et ira loger à :

			Jours de pain.
Pas-de-Calais	8 fructidor.	Fruges	»
	9 —	Saint-Pol	»
	10 —	Arras (séjour)	3
	11 —	Bapaume	»
Somme	12 —	Péronne	2
Aisne	13 —	Saint-Quentin	»
	14 —	La Fère	1
	15-16 —	Laon (séjour)	3
	17 —	Craon et Corbeny	»
Marne	18 —	Reims	2
	19 —	Petites-Loges	»
	20 —	Châlons (séjour)	3
	21 —	Vitry	»
Haute-Marne	22 —	Saint-Dizier	1
Meuse	23-24 —	Ligny	2
	25 —	Void	»
Meurthe	26 —	Toul (séjour)	3
	27 —	Nancy	»
	28 —	Lunéville	2
	29 —	Baccarat	»
Vosges	30 —	1er complémentaire, Saint-Dié	2
Bas-Rhin	2 —	Sainte-Marie-aux-Mines	»
	3 —	Schelestadt	1
	4 —	Strasbourg	»

La 3e division de dragons, commandée par le général Beaumont, et composée des :

	Hommes.	Chevaux.
5e régiment de dragons	355	376
8e —	350	374
12e —	310	377
9e —	344	360
16e —	358	363
21e —	295	365
Totaux	2,012	2,215

pour se rendre à Strasbourg.

Partira de Saint-Omer le 9 fructidor, et suivra la même route, en observant les mêmes séjours.

La division de dragons à pied, forte de 6,000 hommes, partira de Saint-Omer le 10 fructidor, et suivra la même route, en observant les mêmes séjours.

PROJET DE CANTONNEMENTS DANS LES 5e ET 26e DIVISIONS MILITAIRES POUR LES DRAGONS.

1re division, commandée par le général Klein.

1er	Rosheim	Ces divers cantonnements sont à la distance de 5 à 6 lieues au sud-ouest de Strasbourg.
2[e]	Oberehnheim	
20[e]	Niederehnheim	
4[e]	Barr	
14[e]	Benfelden	
26[e]	Saint-Pierre et Stotzenheim (entre Barr et Benfelden)	

2e division, commandée par le général Walther.

3[e]	Wasselonne	Ces cantons sont à la distance de 4 à 5 lieues à l'ouest de Strasbourg.
6[e]	Westhoffen	
11[e]	Soulz, près Molsheim	
10[e]	Mutzig	
13[e]	Molsheim	
22[e]	Dachstein	

3e *division, commandée par le général* Beaumont.

5e	Bischweiler	Ces cantons sont à 4 ou 5 lieues au nord de Strasbourg.
8e	Weyersheim sur la Zorn	
12e	Brumpt	
9e	Hochfeld	
16e	Bouxwiller	
21e	Pfaffenhofen	

4e *division, commandée par le général* Bourcier.

15e	Frankenthal	à 6 lieues	de Spire.
17e	Oggersheim	à 5 lieues	
18e	Mutterstadt	à 4 lieues	
19e	Schifferstadt	à 3 lieues	
25e, 27e	Spire.		

Division de dragons à pied commandée par le général Baraguey-d'Hilliers, formée des 3es escadrons des régiments ci-après désignés :

1er *régiment.*

1er bataillon	du 1er, 2e, 20e	Breuschwickerseim	à 3 lieues de Strasbourg, sur la route de Molsheim.
2e bataillon	du 4e, 14e, 26e	Osthoffen	

2e *régiment.*

1er bataillon	du 3e, 6e, 11e	Ittlenheim	à 3 lieues de Strasbourg, sur la route de Wasselonne.
2e bataillon	du 10e, 13e, 22e	Furdenheim	

3e *régiment.*

1er bataillon	du 5e, 8e, 12e	Sttüzheim	A 3 lieues de Strasbourg, sur la route de Saverne.
2e bataillon	du 9e, 16e, 21e	Wiwersheim	

4e régiment.

1er bataillon	du 15e... 17e... 18e...	Mundolsheim........	à 2 lieues et demie de Strasbourg, sur la route de Haguenau.
2e bataillon	du 19e... 25e... 27e...	Lampertheim........	

PROJET DE CANTONNEMENTS DANS LA 5e DIVISION MILITAIRE POUR LES DEUX DIVISIONS DE GROSSE CAVALERIE.

1re *division, commandée par le général* NANSOUTY.

1er régiment de carabiniers à	Colmar..........	Ces cantons sont situés entre Schelestadt et Neuf-Brisach.
2e —	Neuf-Brisach.....	
2e régiment de cuirassiers à	Schelestadt......	
3e —	Marckolsheim....	
9e —	Guemar.........	
12e —	Ribeauvillé......	

2e *division, commandée par le général* D'HAUTPOUL.

1er régiment de cuirassiers à	Landau.........	Ces cantons sont situés entre Landau et Wissembourg.
11e —	Landau.........	
5e —	Bergzabern......	
10e —	Billigheim et Ingenheim.	

Le Ministre de la guerre au général Klein, commandant la 1re division de dragons.

Boulogne, le 7 fructidor an XIII (25 août 1805).

Je vous préviens, Général, que je donne l'ordre au général Baraguey-d'Hilliers de se rendre à Saint-Omer pour organiser les divisions de dragons.

Vous commanderez la 1re division, qui sera composée de deux brigades. La première comprendra les 1er, 2e et 20e; la seconde, les 4e et 14e régiments de dragons, ainsi que le 26e régiment qui la rejoindra incessamment.

Vous aurez sous vos ordres deux des généraux de brigade actuellement employés dans votre division ; un adjudant commandant, deux adjoints, un commissaire des guerres ; il sera attaché à cette division deux pièces de 8 et un obusier.

Faites vos dispositions pour partir demain 8 fructidor avec votre division et vous diriger sur Cambrai, où vous attendrez de nouveaux ordres. Vous donnerez tous vos soins au maintien de la discipline la plus exacte, et vous prendrez toutes les précautions nécessaires pour prévenir la désertion.

Vous ferez partir à l'avance des officiers d'état-major et votre commissaire des guerres, pour préparer l'établissement dans chaque gîte et dans les cantonnements environnants. Vous aurez soin de ne faire arriver dans le chef-lieu d'étape que les corps qui devront y loger. Ceux qui devront rester en deçà se rendront par le chemin le plus court dans leur cantonnement ; ceux qui devront loger au delà ne feront que traverser le principal gîte sans s'y arrêter. Il en sera de même au départ ; la réunion de la division ne s'effectuera que dans le cantonnement le plus avancé, sur la route qu'on aura à faire dans la journée.

Veillez surtout à ce que votre commissaire des guerres prenne les moyens nécessaires pour assurer le service dans toutes ses parties. Instruisez-moi de votre départ, et adressez-moi des rapports fréquents sur votre route.

Le Ministre de la guerre,
Maréchal BERTHIER.

Le Ministre de la guerre au général Oudinot, commandant la division de grenadiers.

Boulogne, le 7 fructidor an XIII (25 août 1805).

L'Empereur ordonne, Général, que la division de grenadiers que vous commandez parte demain 8 fructidor de Wimereux pour se diriger sur Strasbourg. Elle emmènera son état-major, les officiers d'artillerie et du génie qui lui sont affectés, son artillerie, c'est-à-dire douze pièces attelées, et les quatre compagnies du 2e bataillon de sapeurs qui sont attachées à l'avant-garde de l'Armée des côtes, afin qu'à son arrivée, rien ne l'empêche de continuer sa route si les circonstances le rendaient nécessaire.

Je préviens de ces dispositions M. le maréchal Lannes, et je le charge de donner les ordres qui le concernent pour préparer son exécution.

Je donne l'ordre à la 8e compagnie du 6e régiment d'artillerie à pied, affectée à la division de grenadiers, mais détachée en ce moment à Boulogne, de rentrer dans la journée à Wimereux.

Vous marcherez, Général, à la tête de votre division avec tout ce qui la compose, et chaque général de brigade à la tête de sa brigade ; vous prendrez en route toutes les précautions nécessaires pour empêcher la désertion, ainsi que pour maintenir le plus grand ordre et la discipline la plus exacte.

Je joins ici l'itinéraire que suivra la division de grenadiers depuis Wimereux jusqu'à Strasbourg.

Mais comme les lieux de logement qui y sont indiqués ne seraient pas suffisants pour la loger en totalité, vous aurez soin d'envoyer à l'avance votre chef d'état-major et ses adjoints pour reconnaître vos cantonnements, afin qu'il ne se rende dans le chef-lieu d'étape que les corps qui devront y loger ; que ceux qui logeraient en deçà se dirigent par le chemin le plus court vers leurs cantonnements ; que ceux au delà ne fassent que traverser le principal gîte sans s'y arrêter, de manière à ce que les troupes ne se fatiguent pas inutilement.

Pour le départ de chaque gîte, il en sera de même ; la réunion de la division ne s'effectuera point dans le principal gîte, mais seulement au cantonnement le plus avancé, sur la route que l'on aura à faire dans la journée.

Vous ferez toujours partir les logements la veille avec le commissaire des guerres et un officier d'état-major, de manière à ce que l'établissement des troupes soit préparé à l'avance, et qu'en approchant du principal gîte, chaque corps reçoive ses instructions pour son cantonnement.

Vous recommanderez surtout au commissaire des guerres de s'entendre en route avec les commissaires ordonnateurs et commissaires des guerres des divisions que vous aurez à traverser, et auxquels je donne avis de votre marche, avec les préfets des départements, les sous-préfets ou les maires des communes, afin qu'il soit pris les mesures nécessaires pour que les services des subsistances, des convois militaires et du logement soient assurés sur tous les points.

Instruisez-moi, Général, de votre départ de Wimereux ; adressez-moi en route des rapports sur votre marche, avec la situation des corps ; faites-moi parvenir la note des cantonnements que vous aurez occupés chaque jour, et, enfin, faites-moi connaître votre arrivée à Strasbourg.

Je vous observe de nouveau que Sa Majesté compte sur tous vos soins pour le maintien de la discipline en route, ainsi que pour prévenir la désertion.

Vous direz ce que vous voudrez pour masquer votre mouvement autant que possible.

Le Ministre de la guerre,

Maréchal Berthier.

Le Major général au colonel Vallongue, chargé des détails à l'état-major général.

Boulogne, le 7 fructidor an XIII (25 août 1805).

Mon intention, Monsieur Vallongue, est que vous voyiez M. Pétiet ou la personne qui le remplace : il faut qu'il me désigne de suite trois commissaires des guerres qui partiront cette nuit, chacun avec un officier de mon état-major, pour précéder, d'abord de vingt-quatre heures et ensuite de deux à trois journées, trois colonnes de troupes qui partent de Saint-Omer pour se rendre à.....

Maréchal Berthier.

Le Ministre de la guerre à M. le maréchal Lannes, commandant en chef l'avant-garde de l'Armée des côtes de l'Océan.

Boulogne, le 7 fructidor an XIII (25 août 1805).

L'Empereur ordonne, Monsieur le Maréchal, que la division de grenadiers d'avant-garde, commandée par le général Oudinot, parte demain 8 fructidor pour se diriger sur Strasbourg.

Elle emmènera avec elle les quatre premières compagnies du

2e bataillon de sapeurs qui sont attachées à l'avant-garde ; elle emmènera aussi ses officiers d'artillerie et du génie et son artillerie, c'est-à-dire douze pièces attelées, ainsi que son état-major, afin que rien ne l'empêche de continuer sa marche si les circonstances le rendaient nécessaires.

Donnez vos ordres, Monsieur le Maréchal, pour que tout soit préparé et que cette division se mette en marche demain à la pointe du jour. Faites relever tous les détachements qu'elle a sur les bâtiments de la flottille, et veillez à ce qu'aucun des corps qui la composent ne laisse rien en arrière. J'adresse au général Oudinot des instructions particulières sur ce mouvement.

Je vous prie, Monsieur le Maréchal, de m'instruire des dispositions que vous aurez faites pour remplir à cet égard les intentions de Sa Majesté.

Dites que la division retourne à Arras, ou ce que vous voudrez, pour masquer le mouvement autant que possible.

Le Ministre de la guerre,

Maréchal BERTHIER.

Le Ministre de la guerre au général Songis, Premier Inspecteur d'artillerie.

Boulogne, le 7 fructidor an XIII (25 août 1805).

Je vais résumer, Général, les différents avis que je vous ai donnés aujourd'hui :

1° Il se forme dans la 5e division militaire une division de grosse cavalerie de quatre régiments qui sera cantonnée à Landau ;

2° La division de grosse cavalerie du général Nansouty, qui est à Lille, part pour se rendre à Neuf-Brisach et Schelestadt.

Chacune de ces deux divisions doit avoir :

3 pièces d'artillerie légère, dont 2 pièces de 8 et 1 obusier ;

3° La division de grenadiers du général Oudinot part demain pour se rendre à Strasbourg. Elle doit avoir l'artillerie de sa division ;

4° Quatre divisions de dragons partent de Saint-Omer, le 9 et le 10, pour se rendre à Strasbourg. Chacune de ces quatre divisions doit avoir 3 pièces d'artillerie, dont 2 de 8 et 1 obusier.

La division de tous les dragons à pied part demain de Calais pour Strasbourg, et elle doit avoir une division d'artillerie de 10 pièces comme une autre division.

L'Empereur demande que nous lui présentions, ce soir ou demain matin, un projet de mouvement pour l'artillerie, afin que les divisions de dragons et celles de grosse cavalerie aient les pièces qui leur reviennent, soit en matériel, soit pour le personnel, ou pour les attelages. Car, si cela devenait nécessaire, l'Empereur voudrait pouvoir sur-le-champ, avec des forces entièrement disponibles et légères, envoyer occuper des positions tout à fait essentielles.

Il est donc bien important que la division de dragons à pied, qui se rend à Strasbourg, y trouve son artillerie prête et attelée, ainsi que les divisions de dragons et de grosse cavalerie.

Vous voyez, Général, combien il est pressant que vous fassiez vos dispositions et que nous ayons une conférence avec l'Empereur.

Je vous salue avec une considération très distinguée.

Le Ministre de la guerre,

Maréchal BERTHIER.

Le Premier Inspecteur général de l'artillerie au Directeur d'artillerie, à Strasbourg.

7 fructidor an XIII (25 août 1805).

Je vous ai écris le 5, Monsieur, pour que vous commenciez de suite à visiter et mettre en réparation les affûts, voitures, caissons, etc., que l'arsenal de Strasbourg pourrait fournir pour un équipage de campagne, et je vous annonçais un prompt envoi de fonds.

Je profite aujourd'hui d'un courrier du Ministre pour vous envoyer l'état de composition d'un équipage de 224 bouches à feu, et les principaux effets d'artillerie, avec désignation des directions qui doivent les fournir. J'en écris à Metz et à Mayence.

Vous verrez, par cet état, que la majeure partie de cet équipage doit être tirée de l'arsenal de Strasbourg. Mettez tout en œuvre pour qu'elle soit mise sur pied avec la plus grande célérité. Il serait nécessaire que cela pût être prêt sous quinze jours.

Pressez donc d'abord tout ce qui a le moins besoin de réparations, et faites-les faire, tant par les ouvriers de l'arsenal que par des ouvriers externes que vous prendrez.

Le Ministre va envoyer des fonds.

Marquez-moi de suite sur quoi je puis compter, et les moyens que vous aurez pris pour la présente exécution du tout.

SONGIS.

Le Ministre de la guerre au Général commandant la 5e division militaire.

Boulogne, le 8 fructidor an XIII.

Je vous préviens, Général, que je donne l'ordre à la 1re division de dragons montés, commandée par le général Klein ; à la 2e division de dragons montés, commandée par le général Walther ; à la 3e division de dragons montés, commandée par le général Beaumont, et à une division de dragons à pied, commandée par le général Baraguey-d'Hilliers, de se rendre à Strasbourg.

Je joins ici un extrait de l'itinéraire de ces divisions, indiquant leur composition et les époques successives de leur arrivée dans la 5e division militaire.

Veillez, Général, à ce qu'il soit pris les mesures nécessaires pour assurer le service dans toutes ses parties ; faites les dispositions préparatoires pour leur établissement, adressez-moi vos observations sur les cantonnements qu'il serait convenable de leur assigner dans les environs de Strasbourg, en choisissant à cet effet les communes les plus abondantes en fourrages.

Le 26e régiment de dragons, qui est à Strasbourg, fera partie de la 1re division de dragons, commandée par le général Klein ; et le 22e régiment de dragons, qui se trouve aussi à Strasbourg, fait partie de la 2e division, commandée par le général Walther; vous donnerez l'ordre à ces deux régiments de se réunir à leurs divisions respectives, au moment de leur arrivée à Strasbourg; ces régiments doivent être comptés de trois escadrons à cheval, forts au moins de 400 hommes présents sous les armes, et d'un 4e escadron à pied de 300 hommes. A cet effet, vous comprendrez dans le 4e escadron tout ce que chacun de ces régiments a de disponible, et vous ne conserverez au dépôt que les hommes et chevaux absolument hors d'état de servir.

Le 25e régiment de dragons, qui se trouve également à Strasbourg, doit faire partie de la 4e division de dragons, qui se rend à Spire; je me réserve de vous adresser incessamment des ordres pour le faire réunir à cette division.

Vous aurez soin, Général, de vous entendre avec les généraux commandant les divisions actives qui se rendent dans l'étendue de votre commandement, pour assurer leur établissement, en attendant que Sa Majesté ait désigné les cantonnements qui leur seront définitivement assignés.

Maréchal Berthier.

Le maréchal Berthier au Général commandant la 6e division militaire.

Boulogne, 8 fructidor an XIII (26 août 1805).

Faites réunir de suite à Vesoul, Général, le 5e régiment de cuirassiers, dont une partie se trouve détachée à Gray, et faites partir ce régiment de Vesoul le 15 fructidor (2 septembre), pour se diriger, conformément à l'ordre de route ci-joint, sur Landau.

L'intention de Sa Majesté est qu'indispensablement ce régiment soit composé de ses quatre escadrons; Sa Majesté désire qu'il soit porté à 500 hommes montés; à cet effet, vous ferez partir tous les hommes et chevaux qu'il a disponibles et vous laisserez au dépôt ce qui sera reconnu absolument hors d'état de servir.

Faites surveiller d'une manière particulière la formation et le départ de ce régiment et instruisez-moi des dispositions que vous aurez faites pour l'exécution de ce mouvement.

Vous prescrirez au colonel de me faire connaître ce qu'il lui faut pour qu'il y ait au moins 500 hommes présents à la revue dans les quatre escadrons de ce régiment.

Maréchal BERTHIER.

Rapport à l'Empereur et Roi.

Boulogne, le 8 fructidor an XIII (26 août 1805).

Sire,

J'ai l'honneur de rendre compte à Votre Majesté que, d'après les ordres que j'ai expédiés conformément à ses intentions :

La division de grenadiers, commandée par le général Oudinot, a dû partir ce matin de Wimereux, pour se diriger sur Strasbourg, où elle arrivera le 4e jour complémentaire.

Elle partira avec son état-major, ses officiers d'artillerie et du génie, 12 pièces de canon attelées et les quatre premières compagnies du 2e bataillon de sapeurs qui étaient attachées à l'avant-garde.

Le général Baraguey-d'Hilliers a reçu ses instructions pour former à la pointe du jour les quatre divisions de dragons montés à Saint-Omer.

La 1re, sous les ordres du général Klein, composée des 1re, 2e, 20e, 4e et 14e régiments de dragons partira aujourd'hui 8, par la route d'Aire, Béthune, etc.; pour masquer son mouvement, elle n'a l'ordre que de se rendre à Cambrai, où je lui adresserai une continuation de route jusqu'à Strasbourg, où elle arriva le 2e jour complémentaire. Elle se réunira dans cette place au 26e régiment de dragons.

La 2e division, commandée par le général Walther, composée des 10e, 13e, 3e, 6e et 11e régiments, partira également aujourd'hui, par la route de Fruges, Saint-Pol, etc. Je lui adresserai, à Laon, une continuation de route, pour arriver le 4e jour complétaire à Strasbourg, où elle se réunira au 22e régiment de dragons.

La 3e division, commandée par le général Beaumont, et, en son absence, par un général de brigade, composée des 5e 8e, 12e, 9e, 16e et 21e régiments de dragons, partira le 9 et suivra la même route que la 2e division. Elle arrivera, en conséquence, à

Strasbourg le 5e jour complémentaire, d'après la continuation de route que je lui adresserai à Laon.

La 4e division, commandée par le général Bourcier, composée des 15e, 17e, 18e et 19e régiments de dragons, partira aujourd'hui de Saint-Omer, par la route de Cassel, Bailleul, etc. Je lui adresserai, à Mons, une continuation de route pour arriver le 1er vendémiaire, à Spire. Je donne l'ordre au 25e régiment de dragons, qui est à Strasbourg, de se rendre à Spire pour se réunir à cette division dont il fera partie.

Le 27e régiment doit faire partie de cette division ; mais, d'après les ordres précédents de Sa Majesté, il devrait se rendre à Lyon. Je demande à Sa Majesté l'autorisation de lui donner contre-ordre et de lui faire joindre sa division en route.

J'ai chargé chacun des généraux commandant ces divisions de prendre toutes les précautions nécessaires pour maintenir la discipline et prévenir la désertion. Je les ai prévenus qu'ils auront sous leurs ordres : 2 généraux de brigade, 1 adjudant commandant, 2 adjoints, 1 commissaire des guerres, et qu'il sera attaché à leur division 2 pièces de 8 et 1 obusier.

J'ai recommandé au général Baraguey-d'Hilliers de donner tous ses soins à ce que ces divisions soient complètement organisées avant leur départ. Je lui ai donné toutes les autorisations nécessaires pour retirer des dépôts de dragons tout ce qui s'y trouve disponible, afin de porter chaque régiment à trois escadrons à cheval, composés de 400 dragons présents sous les armes et un escadron à pied de 300 hommes.

Je l'ai chargé de former la division de dragons à pied composée de quatre régiments, chaque division de dragons formant un régiment, chaque brigade un bataillon de 900 hommes, ce qui fera un total de 7,200 hommes, et de partir pour Saint-Omer à la tête de cette division, le 10 fructidor, par la route de Fruges et Saint-Pol. Je lui adresserai à Saint-Quentin une continuation de route pour arriver le 2 vendémiaire à Strasbourg.

J'ai donné des ordres pour qu'il soit attaché 10 pièces de canon à cette division.

La division de grosse cavalerie, commandée par le général Nansouty, partira de Lille le 10 fructidor, et arrivera à Schelestadt le 2e jour complémentaire, pour être cantonnée dans cette ville, ainsi qu'à Neuf-Brisach et dans les communes environnantes les plus abondantes en fourrages. Je donne l'ordre aux 4es escadrons des régiments qui la composent de la rejoindre.

Les deux régiments de carabiniers prendront leur 4e escadron à leur passage à Lunéville.

Le 4e escadron du 2e régiment de cuirassiers, venant de Caen, arrivera le 7 vendémiaire à Schelestadt.

Le 4e escadron du 3e régiment, venant de Saint-Germain, y sera rendu le 2e jour complémentaire.

Celui du 9e régiment, venant de Mayence, le 26 fructidor.

Celui du 12e régiment, venant de Deux-Ponts, le 21 fructidor.

J'ai ordonné qu'on comprenne dans ces 4es escadrons tout ce qui reste au dépôt en état de servir.

J'ai donné des ordres pour la division de grosse cavalerie de réserve que commandera le général d'Hautpoul. Les régiments qui doivent la composer vont se mettre en marche pour se rendre à Landau, où ils seront cantonnés dans les lieux les plus abondants en fourrages.

Les 1er et 11e régiments de cuirassiers partiront de Paris et Versailles, le 11 fructidor; ils arriveront le 30 et 1er jour complémentaire à Landau.

Le 5e régiment partira de Vesoul le 15 fructidor et arrivera à Landau le 26 fructidor. Le 10e régiment est à Haguenau; je lui ordonne de se rendre à Landau, dont il n'est éloigné que de deux journées.

J'ai prévenu les généraux Nansouty et d'Hautpoul qu'il sera attaché à leur division respective 3 pièces d'artillerie légère, savoir : 2 pièces de 8 et 1 obusier, attelés et approvisionnés.

J'ai donné avis du passage de ces divisions sur toutes les routes qu'elles ont à parcourir. J'ai ordonné aux généraux de les faire précéder par des officiers d'état-major et par les commissaires des guerres, afin que les mesures soient prises pour assurer le service dans toutes ses parties. J'ai envoyé, en outre, sur chacune des trois principales directions que ces troupes doivent suivre, un officier d'état-major et un commissaire des guerres pour préparer leur établissement. Enfin, j'ai donné des instructions particulières pour que les troupes soient fatiguées le moins possible.

Le Ministre de la guerre,

Maréchal BERTHIER.

A M. le maréchal Soult.

A Boulogne, le 8 fructidor an XIII (26 août 1805).

J'ai l'honneur de vous prévenir, Monsieur le Maréchal, que l'intention de Sa Majesté est que les chevaux de cavalerie et d'artillerie embarqués sur les 3e, 4e, 5e et 6e escadrilles soient débarqués dans la journée de demain 9 du courant, et rentrent avec les hommes dans leurs cantonnements. Veuillez, je vous prie, donner vos ordres pour que cette opération se fasse de bonne heure, afin que les troupes soient rentrées et établies avant la fin du jour. Les garnisons ordinaires seront provisoirement laissées à bord des bâtiments.

J'ai l'honneur de vous saluer.

Le Ministre de la guerre, Major général,

Maréchal BERTHIER.

A M. le maréchal Soult, commandant en chef le corps du centre de l'Armée des côtes de l'Océan.

Boulogne, le 8 fructidor an XIII (26 août 1805).

Monsieur le Maréchal,

J'ai l'honneur de vous informer qu'en conséquence des dispositions de Son Excellence le Ministre de la guerre, je donne ordre aux compagnies nos 3 et 4 du 6e régiment d'artillerie à cheval de partir le 10 pour aller chercher les chevaux qu'ils ont laissés à Abbeville. Ces compagnies reviendront aussitôt après à Boulogne pour attendre des ordres ultérieurs.

J'ai l'honneur de vous saluer.

Le Premier Inspecteur général de l'Artillerie, commandant en chef celle de l'armée,

SONGIS.

Extrait d'une autre lettre du même jour :

..... Il doit arriver aujourd'hui, à Boulogne, 500 hommes et 700 chevaux des 5e bataillon principal et 5e *bis* du train d'artillerie; demain, 700 hommes et 400 chevaux environ des 2e et 5e régiments d'artillerie à cheval arriveront à la même destination. Les troupes doivent séjourner pendant un ou deux jours.....

SONGIS.

Ordre pour le camp de Boulogne.

Au quartier général, à Boulogne, le 8 fructidor an XIII (26 août 1805).

Conformément aux intentions de Sa Majesté, et en exécution des ordres du Ministre de la guerre en date de ce jour, il sera donné des ordres pour que les chevaux du train d'artillerie et de cavalerie, embarqués sur les 3e, 4e, 5e et 6e escadrilles, débarquent en totalité demain 9, dès 7 heures du matin.

Les chevaux du train d'artillerie reprendront les cantonnements qu'ils avaient avant l'embarquement, et M. le général commandant de cette arme voudra bien concerter leur établissement avec le chef d'état-major du général Songis, Premier Inspecteur général d'artillerie, pour laisser de la place aux 900 chevaux du train arrivés ce soir à Boulogne.

Le 11e régiment de chasseurs à cheval reprendra les logements et écuries qu'il occupait, auparavant l'embarquement, à Boulogne.

Le 8e régiment de hussards se rendra dans le jour à Desores, Longfosse, Courcette, Saint-Martin, Vieux-Montier, Décourt, Senlicque et communes environnantes, mais toujours dans la direction de Saint-Omer. Le colonel du régiment évitera de mêler ses cantonnements avec ceux de la Garde impériale, qui sont aux environs de Saint-Omer.

Les hommes à pied des deux régiments suivront le mouvement et rentreront à leurs compagnies.

Les caisses de harnachement que le train d'artillerie et les deux régiments de cavalerie ont établies sur les bâtiments de la flottille seront en même temps débarquées.

Les chefs de corps les feront provisoirement établir à Boulogne jusqu'à ce qu'il en soit autrement ordonné.

Le Maréchal,

SOULT.

P.-S. — M. l'amiral de la flottille et le directeur général de la flottille de transport seront prévenus de cette disposition pour qu'ils veuillent bien donner des ordres en conséquence aux commandants des divisions.

CHAPITRE II

Effectifs de la cavalerie.

Le général Baraguey-d'Hilliers, colonel général des dragons, à Son Excellence le maréchal de l'Empire, ministre de la guerre Berthier.

Quartier général de Saint-Omer, le 9 fructidor an XIII (27 août 1805).

Monseigneur,

J'ai l'honneur de vous informer qu'en exécution de vos ordres, les 1er, 2e, 3e, 4e, 6e, 10e, 11e, 13e, 14e, 15e, 17e, 18e, 19e, 20e régiments de dragons se sont mis en marche pour leurs destinations respectives, et que, demain, les 5e, 8e, 9e, 12e, 16e et 21e s'y mettront également, formés en brigades et en divisions selon vos intentions, et conformément aux tableaux que je joins ici, nos 1 et 2. Votre Excellence remarquera les lacunes qui existent dans les états-majors, malgré que j'aie placé les généraux de brigade de la division à pied dans les brigades à cheval; elle seule peut les remplir.

Votre Excellence concevra également que la brièveté du temps, la dispersion des régiments dans les cantonnements sur un rayon de cinq à six lieues, ne m'a pas permis de les voir tous en détail, et l'absence des officiers, sous-officiers et d'un grand nombre de dragons et de chevaux qui sont au dépôt, et peuvent seuls former les cadres des trois escadrons à cheval prescrits par Sa Majesté, m'a forcé de différer l'organisation définitive à trois escadrons ; mais j'ai pris la note exacte de ce qui manque à chacun d'eux en officiers, sous-officiers, dragons et chevaux, pour pouvoir former trois escadrons faisant 400 hommes à cheval, officiers et état-major non compris, et je fais partir en poste les généraux de brigade Fénerols et Boussard pour passer successivement en revue tous les dépôts des vingt régiments, choisir les hommes et les chevaux et les mettre de suite en marche pour les mêmes destinations que leurs corps respectifs, conséquemment à l'état nº 3 : j'ai promis, en votre nom et d'après votre lettre, à ces officiers le remboursement de leurs frais de poste ; j'ai préféré d'envoyer deux officiers généraux au lieu d'un, parce que la besogne eût été trop longue et trop pénible pour un seul ; j'en eusse envoyé quatre si j'en avais eu ce nombre disponible : j'ai ensuite donné à chaque général de division et à chaque régiment une instruction conforme à la teneur de votre lettre, pour qu'ils aient à procéder régulièrement, par devant un inspecteur aux revues, à l'organisation des régiments à trois escadrons égaux de 133 hommes montés chacun, officiers et état-major non compris, dès que les renforts qui leur sont nécessaires pour cela seront arrivés. Mais je ne puis vous cacher que la plus grande partie des hommes et des chevaux qu'on va tirer des dépôts ne savent rien, que beaucoup de ceux qui sont déjà en marche n'ont pas quinze jours d'exercice ; de sorte qu'il y aura certains régiments qui, ayant 400 hommes en campagne, ne pourront réellement présenter que 200 hommes au combat ; quelques-uns, par le manque d'hommes et de chevaux, ne pourront pas non plus atteindre le nombre de 400 demandé, et plusieurs de ceux qui le fourniront ne laisseront personne au dépôt : surtout, il ne peut pas rester par cette organisation de moyens d'instruction pour les recrues, puisque, chaque régiment ayant les quatre escadrons employés à l'armée, tous les officiers et sous-officiers employés aux escadrons de dépôt sont obligés de marcher.

La division de dragons à pied a été organisée régulièrement ce matin, à son arrivée, conformément au tableau ci-joint (nº 4), et partira demain pour sa destination : j'ai déjà eu l'honneur de prévenir Votre Excellence que j'avais attaché les généraux de brigade Milet et Boussard aux divisions à cheval, et que, par conséquent, il ne me reste pour la division à pied aucun général de brigade ; je vous prie donc de m'en destiner, et, si cette occasion pouvait être favorable à la demande que le général de brigade Roussel, employé dans l'intérieur, forme, et m'a prié d'adresser ici à Sa Majesté, je serais flatté de l'avoir dans la division de dragons à pied, car c'est un des bons et braves officiers de l'armée.

Je vous prie d'agréer mon respect.

Le Colonel général des dragons,

BARAGUEY-D'HILLIERS.

N° 1.

Tableau de l'organisation des régiments de dragons des 1re et 2e divisions en 4 divisions nouvelles, conformément aux ordres du Ministre de la guerre en date du 7 fructidor (25 août 1805).

1re DIVISION.

	Nos des régiments.		
1re brigade.	1er 2e 20e	Général FÉNEROLS...	Général KLEIN, commandant la division. BERTRAND, adjudant général. CHARTON, BACHELET, adjoints. DESFONTAINES, commissaire des guerres.
2e brigade.	4e 14e »	Général LASALLE....	

Marche : le 8, à Aire; le 9, à Béthune; le 10, à Lens; le 11, à Douay; le 12, à Cambray.

2e DIVISION.

1re brigade.	10e 13e »	Général MILLET.....	Général WALTHER, commandant la division. N..., adjudant général. N..., N..., adjoints. DUCROT, commissaire des guerres.
2e brigade.	3e 6e 11e	Général BOUSSART..	

Marche : le 8, à Fruges; le 9, à Saint-Pol; le 10, à Arras; le 11, à Bapaume; le 12, à Péronne; le 13, à Saint-Quentin; le 14, à la Fère; le 15, à Laon.

3e DIVISION.

	Nos des régiments.		
1re brigade.	5e 8e 12e	Général X.........	Général Beaumont, commandant la division. N..., adjudant général. N... } adjoints. N... } Jacquinet, commissaire des guerres.
2e brigade.	9e 16e 21e	Général Scalfort...	

Marche : le 9, à Fruges ; le 10, à Saint-Pol ; le 11, à Arras ; le 12, à Bapaume ; le 13, à Péronne ; le 14, à Saint-Quentin ; le 15, à la Fère ; le 16, à Laon.

4e DIVISION.

1re brigade.	15e 17e »	Général La Planche.	Général Bourcier, commandant la division. N..., adjudant général. N... } adjoints. N... } Toulgouet, commissaire des guerres.
2e brigade.	18e 19e »	Général X.........	

Marche : le 8, à Cassel ; le 9, à Bailleul ; le 10, à Lille ; le 11, à Tournay ; le 12, à Ath ; le 13, à Mons.

(Le tableau no 2 manque.)

No 4.

Tableau d'organisation de la division de dragons à pied, conformément aux instructions de S. E. le Ministre de la guerre, en date du 7 fructidor an XIII (25 août 1805).

1er RÉGIMENT.

État-Major.

Colonel............................	Privé.
Chef d'escadron....................	Laclède, du 1er bataillon.
Chef d'escadron....................	Cazeneuve, du 2e bataillon.
Adjudant-major.....................	Philipponnat, du 1er bataillon.
Adjudant-major.....................	Le Brun, du 2e bataillon.
Adjudant sous-officier.............	Auxerre, du 1er bataillon.

Adjudant sous-officier.................. DULAC, du 2e bataillon.
Officiers de santé attachés au 1er régiment............................ { BORDIER. THOMASSIN.
Tambour-major..................... DASSEROT.
Armurier.......................... GEORGES.
Vaguemestre....................... CHARPENTIER.

1er bataillon.			*2e bataillon.*		
2 comp. du	1er rég.	Guidon du 1er rég. à cheval.	2 comp. du	4e rég.	Guidon du 4e rég. à cheval.
2 —	2e —		2 —	14e —	
2 —	20e —		2 —	26e —	

2e RÉGIMENT.

État-Major.

Colonel........................... LE BARON.
Chef d'escadron................... GROUVELLE, du 1er bataillon.
Chef d'escadron................... DUBOIS, du 2e bataillon.
Adjudant-major.................... GUÉRIN, du 1er bataillon.
Adjudant-major.................... DELSALLE, du 2e bataillon.
Adjudant sous-officier............ GOTENAU, du 1er bataillon.
Adjudant sous-officier............ CARDINIER, du 2e bataillon.
Officiers de santé attachés au 2e régiment............................ } BAUDOUIN. ISAAC.
Tambour maître.................... SCHWITTER.
Armurier.......................... JACQUILLON.
Vaguemestre....................... DELMAS.

1er bataillon.			*2e bataillon.*		
2 comp. du	10e rég.	Guidon du 10e rég. à cheval.	2 comp. du	3e rég.	Guidon du 3e rég. à cheval.
2 —	13e —		2 —	6e —	
2 —	22e —		2 —	11e —	

3e RÉGIMENT.

État-Major.

Colonel........................... BECKLER.
Chef d'escadron................... TRAVERS, du 1er bataillon.
Chef d'escadron................... DUVIVIER, du 2e bataillon.
Adjudant-major.................... SAINT-MARC, du 1er bataillon.
Adjudant-major.................... HENRIS, du 2e bataillon.
Adjudant sous-officier............ MAUVILLAN, du 1er bataillon.

Adjudant sous-officier................	Reynier, du 2e bataillon.
Officiers de santé attachés au 3e régiment...........................	Maulle. Vitrac.
Tambour maître....................	Lepic.
Armurier..........................	Gobin.
Vaguemestre.......................	Lecomte.

1er bataillon.				*2e bataillon.*			
2	comp. du	5e rég.	Guidon du 5e rég. à cheval.	2	comp. du	9e rég.	Guidon du 8e rég. à cheval.
2	—	8e —		2	—	6e —	
2	—	12e —		2	—	12e —	

4e RÉGIMENT.

État-Major.

Colonel...........................	Barthélemy.
Chef d'escadron...................	Raizet, du 1er bataillon.
Chef d'escadron...................	Ruat, du 2e bataillon.
Adjudant-major....................	Boitière, du 1er bataillon.
Adjudant-major....................	Hourry, du 2e bataillon.
Adjudant sous-officier............	Bourlier, du 1er bataillon.
Adjudant sous-officier............	Dalbignac, du 2e bataillon.
Officiers de santé attachés au 4e régiment...........................	Viard. David.
Tambour maître....................	Gilet.
Armurier..........................	Krudeller.
Vaguemestre.......................	Mourier.

1er bataillon.				*2e bataillon.*			
2	comp. du	15e rég.	Guidon du 15e rég. à cheval.	2	comp. du	18e rég.	Guidon du 17e rég. à cheval.
2	—	17e —		2	—	19e —	
2	—	25e —		2	—	27e —	

Certifié véritable au quartier général de Saint-Omer, le 9 fructidor an XIII.

Le Colonel général, Inspecteur général,

Baraguey-d'Hilliers.

N° 3.

État des officiers, sous-officiers, dragons et chevaux à faire partir de chaque dépôt pour porter leurs corps respectifs à 400 hommes montés, officiers et état-major non compris.

1er RÉGIMENT. — DÉPÔT A RAMBOUILLET.

	Officiers.	Sous-officiers et dragons.
Effectif au 8 fructidor :		
343 h., 346 chev.	1 adjudant-major.	2 mar. des log. chefs.
	2 capitaines.	8 mar. des logis.
Manque au complet :	2 lieutenants.	2 fourriers.
57 h , 54 chev.	4 sous-lieutenants.	16 brigadiers.
		2 trompettes.
		27 dragons.

A diriger sur Cambrai.

2e RÉGIMENT. — DÉPÔT A CAMBRAI.

	Officiers.	Sous-officiers et dragons.
Effectif au 8 fructidor :		
384 h., 310 chev.	2 capitaines.	2 mar. des log. chefs.
	2 lieutenants.	6 mar. des logis.
Manque au complet :	4 sous-lieutenants.	2 brig. fourriers.
16 h., 22 chev.		16 brigadiers.

L'effectif des chevaux de ce régiment n'étant que de 332 en tout, le nombre d'hommes n'a été porté qu'à ce taux, et le surplus a complété le détachement à pied.

A diriger sur Cambrai.

3e RÉGIMENT. — DÉPÔT A VERSAILLES.

	Officiers.	Sous-officiers et dragons.
Effectif au 8 fructidor :		
340 h., 333 chev.	2 capitaines.	2 mar. des log. chefs.
	2 lieutenants.	8 mar. des logis.
Manque au complet :	4 sous-lieutenants.	2 fourriers.
60 h , 67 chev.		16 brigadiers.
		2 trompettes.
		30 dragons.

A diriger sur Laon.

4e RÉGIMENT. — DÉPÔT A AMIENS.

	Officiers.	Sous-officiers et dragons.
Effectif au 8 fructidor :	—	—
338 h., 322 chev.	2 capitaines.	2 mar. des log. chefs.
	2 lieutenants.	8 mar. des logis.
Manque au complet :	4 sous-lieutenants.	2 fourriers.
62 h., 78 chev.		16 brigadiers.
		2 trompettes.
		32 dragons.

A diriger sur Cambrai.

5e RÉGIMENT. — DÉPÔT A NOYON.

	Officiers.	Sous-officiers et dragons.
Effectif au 8 fructidor :	—	—
319 h., 324 chev.	2 capitaines.	2 mar. des log. chefs.
	2 lieutenants.	8 mar. des logis.
Manque au complet :	4 sous-lieutenants.	2 fourriers.
81 h., 76 chev.		16 brigadiers.
		2 trompettes.
		51 dragons.

A diriger sur Laon.

6e RÉGIMENT. — DÉPÔT A CREIL.

	Officiers.	Sous-officiers et dragons.
Effectif au 8 fructidor :	—	—
339 h., 327 chev.	2 capitaines.	2 mar. des log. chefs.
	2 lieutenants.	8 mar. des log.
Manque au complet :	2 sous-lieutenants.	2 fourriers.
61 h., 73 chev.		16 brigadiers.
		2 trompettes.
		31 dragons.

A diriger sur Laon.

8e RÉGIMENT. — DÉPÔT A SENLIS.

	Officiers.	Sous-officiers et dragons.
Effectif au 8 fructidor :	—	—
316 h., 319 chev.	2 capitaines.	2 mar. des log. chefs.
	2 lieutenants.	8 mar. des logis.
Manque au complet :	2 sous-lieutenants.	2 fourriers.
84 h., 81 chev.		16 brigadiers.
		2 trompettes.
		54 dragons.

A diriger sur Laon.

9e RÉGIMENT. — DÉPÔT A VERSAILLES.

Effectif au 8 fructidor :	Officiers.	Sous-officiers et dragons.
329 h., 333 chev.	2 capitaines.	2 mar. des log. chefs.
	2 lieutenants.	8 mar. des logis.
Manque au complet :	2 sous-lieutenants.	2 fourriers.
71 h., 67 chev.		16 brigadiers.
		43 dragons.

A diriger sur Laon.

10e RÉGIMENT. — DÉPÔT A ABBEVILLE.

Effectif au 8 fructidor :	Officiers.	Sous-officiers et dragons.
358 h., 342 chev.	2 capitaines.	2 mar. des log. chefs.
	2 lieutenants.	8 mar. des logis.
Manque au complet :	4 sous-lieutenants.	2 fourriers.
42 h., 58 chev.		16 brigadiers.
		2 trompettes.
		12 dragons.

A diriger sur Laon.

11e RÉGIMENT. — DÉPÔT A CAMBRAI.

Effectif au 8 fructidor :	Officiers.	Sous-officiers et dragons.
355 h., 322 chev.	1 capitaine.	2 mar. des log. chefs.
	3 sous-lieutenants.	8 mar. des logis.
Manque au complet :		2 fourriers.
45 h., 78 chev.		16 brigadiers.
		2 trompettes.
		15 dragons.

A diriger sur Laon.

12e RÉGIMENT. — DÉPÔT A COMPIÈGNE.

Effectif au 8 fructidor :	Officiers.	Sous-officiers et dragons.
213 h., 219 chev.	2 capitaines.	2 mar. des log. chefs.
	2 lieutenants.	2 mar. des logis.
Manque au complet :	4 sous-lieutenants.	2 fourriers.
187 h., 181 chev.		16 brigadiers.
		2 trompettes.
		157 dragons.

A diriger sur Laon.

13e RÉGIMENT. — DÉPÔT A BAPAUME.

Effectif au 8 fructidor :	Officiers.	Sous-officiers et dragons.
347 h., 317 chev.	2 capitaines.	2 mar. des log. chefs.
	2 lieutenants.	8 mar. des logis.
Manque au complet :	4 sous-lieutenants.	2 fourriers.
53 h., 83 chev.		16 brigadiers.
		2 trompettes.
		25 dragons.

A diriger sur Laon.

14e RÉGIMENT. — DÉPÔT A BEAUVAIS.

Effectif au 8 fructidor :	Officiers.	Sous-officiers et dragons.
363 h., 289 chev.	1 adjudant-major.	2 mar. des log. chefs.
	2 capitaines.	8 mar. des logis.
Manque au complet :	2 lieutenants.	2 fourriers.
37 h., 51 chev.	4 sous-lieutenants.	16 brigadiers.
		2 trompettes.
		21 dragons.

Ce corps n'ayant que 340 chevaux, on n'a porté son effectif en hommes qu'à ce taux, et le reste a été incorporé dans les régiments à pied.

A diriger sur Cambrai.

15e RÉGIMENT. — DÉPÔT A LAON.

Effectif au 8 fructidor :	Officiers.	Sous-officiers et dragons.
312 h., 318 chev.	2 capitaines.	2 mar. des log. chefs.
	2 lieutenants.	8 mar. des logis.
Manque au complet :	4 sous-lieutenants.	2 fourriers.
89 h., 82 chev.		16 brigadiers.
		2 trompettes.
		59 dragons.

A diriger sur Mons.

16e RÉGIMENT. — DÉPÔT A SOISSONS.

Effectif au 8 fructidor :	Officiers.	Sous-officiers et dragons.
327 h., 317 chev.	2 capitaines.	1 adjudant sous-off.
	2 lieutenants.	2 mar. des log. chefs.
Manque au complet :	3 sous-lieutenants.	8 mar. des logis.
73 h., 83 chev.		16 brigadiers.
		2 trompettes.
		45 dragons.

A diriger sur Laon.

17e RÉGIMENT. — DÉPÔT A LAON.

Effectif au 8 fructidor :	Officiers.	Sous-officiers et dragons.
329 h., 326 chev.	2 capitaines.	2 mar. des log. chefs.
	2 lieutenants.	8 mar. des logis.
Manque au complet :	4 sous-lieutenants.	2 fourriers.
71 h., 74 chev.		16 brigadiers.
		2 trompettes.
		41 dragons.

A diriger sur Mons.

18e RÉGIMENT. — DÉPÔT A VILLERS-COTTERETS.

Effectif au 8 fructidor :	Officiers.	Sous-officiers et dragons.
356 h., 336 chev.	2 capitaines.	2 mar. des log. chefs.
	2 lieutenants.	8 mar. des logis.
Manque au complet :	4 sous-lieutenants.	2 fourriers.
44 h.. 64 chev.		16 brigadiers.
		2 trompettes.
		14 dragons.

A diriger sur Mons.

19e RÉGIMENT. — DÉPÔT A LANDRECIES.

Effectif au 8 fructidor :	Officiers.	Sous-officiers et dragons.
363 h., 332 chev.	2 capitaines.	1 adjudant sous-off.
	2 lieutenants.	2 mar. des log. chefs.
Manque au complet :	4 sous-lieutenants.	8 mar. des logis.
37 h., 68 chev.		2 fourriers.
		20 brigadiers.
		3 trompettes.
		2 dragons.

A diriger sur Mons.

20e RÉGIMENT. — DÉPÔT A MAUBEUGE.

Effectif au 8 fructidor :	Officiers.	Sous-officiers et dragons.
370 h., 335 chev.	2 caporaux.	2 mar. des log. chefs.
	2 lieutenants.	8 mar. des logis.
Manque au complet :	4 sous-lieutenants.	2 fourriers.
30 h., 65 chev.		16 brigadiers.
		2 trompettes.

A diriger sur Cambrai.

21e RÉGIMENT. — DÉPÔT A SEDAN.

Effectif au 8 fructidor :	Officiers.	Sous-officiers et dragons.
327 h., 329 chev.	2 capitaines.	2 mar. des log. chefs.
	2 lieutenants.	8 mar. des logis.
Manque au complet :	4 sous-lieutenants.	2 fourriers.
73 h., 71 chev.		16 brigadiers.
		2 trompettes.
		43 dragons.

A diriger sur Laon.

Certifié :

Le Colonel général, Inspecteur général des dragons,

BARAGUEY-D'HILLIERS.

Le Ministre de la guerre au maréchal Davout.

Boulogne, le 10 fructidor an XIII (28 août 1805).

J'ai l'honneur de vous prévenir, Monsieur le maréchal, que l'intention de l'Empereur est que les deux régiments de chasseurs et hussards employés à votre armée soient portés le plus tôt possible à quatre escadrons de guerre. Les colonels sont, en conséquence, autorisés à envoyer, s'ils le jugent convenable, les hommes à pied au dépôt pour y prendre les chevaux disponibles et leur faire rejoindre de suite les escadrons de guerre, montés par les hommes les plus en état d'entrer en campagne.

Les conseils d'administration doivent prendre sur-le-champ les mesures les plus promptes pour porter le nombre de chevaux au complet. Ils doivent employer tout l'argent qu'ils ont en caisse et s'adresser, d'ailleurs, à Son Excellence le Ministre directeur de l'administration de la guerre, qui en est prévenu, pour qu'il leur soit fourni les fonds nécessaires à cette dépense urgente.

Veuillez, en conséquence, Monsieur le Maréchal, donner des ordres aux colonels des deux régiments attachés au corps que vous commandez.

Vous voyez, d'après cela, que tous les effets de harnachement et d'équipement doivent être débarqués et envoyés au dépôt.

Le Ministre de la guerre,

Maréchal Berthier.

Ordre pour le camp de Boulogne.

Au quartier général, à Boulogne, le 11 fructidor an xiii
(29 août 1805).

L'intention de l'Empereur étant que les deux régiments de chasseurs et hussards employés au corps du centre soient portés le plus tôt possible à quatre escadrons de guerre, les colonels de ces deux régiments enverront de suite aux dépôts les hommes à pied nécessaires pour prendre les chevaux disponibles et les faire rejoindre pendant la route les escadrons de guerre avec les hommes les plus en état de servir.

Les conseils d'administration des deux régiments prendront, en outre, les mesures les plus promptes pour porter le nombre des chevaux au complet ; ils y emploieront tout l'argent qu'ils ont en caisse, en attendant que Son Excellence le Ministre directeur de l'administration de la guerre, qui est prévenu des intentions de Sa Majesté à ce sujet, leur ait fait les fonds nécessaires à cette dépense.

D'après cette disposition, les colonels des deux régiments prendront de suite des mesures pour faire transporter aux dépôts les caisses d'équipement et de harnachement qu'ils ont fait débarquer des bâtiments de la flottille, et l'ordonnateur en chef leur fera, à cet effet, fournir les voitures nécessaires.

Les colonels des deux régiments me rendront directement compte de l'exécution de cet ordre dans tout son contenu.

Le Maréchal,
SOULT.

Le général Nansouty au Ministre de la guerre.

Lille, 10 fructidor an XIII (28 août 1805).

Je vous adresse ci-dessous, Monsieur le Maréchal, ce qu'il faut en chevaux aux six régiments sous mes ordres pour les porter chacun à 500 hommes montés.

Le 1er régiment de carabiniers a en totalité, aux escadrons de guerre et au dépôt, 496 chevaux, dont :

438 disponibles,
15 trop jeunes,
43 vieux et hors d'état de faire la campagne.
496

Il lui faut, pour le porter à 500 chevaux, 62 chevaux disponibles.

Il y a de quoi les équiper et les monter.

Il a dans ce moment-ci, aux escadrons de guerre, 413 chevaux.

Le 2e régiment de carabiniers a en totalité, aux escadrons de guerre et au dépôt, 469 chevaux, dont :

380 disponibles,
25 trop jeunes,
30 vieux,
34 à l'infirmerie.
469

Sur les 34 portés à l'infirmerie et qui sont au dépôt, il y en a sans doute des disponibles dans ce moment-ci.

Il faut, à ce régiment, 100 chevaux disponibles pour le porter à 500.

Il y a de quoi les équiper et les monter.

Il a dans ce moment-ci, aux escadrons de guerre, 380 chevaux.

Le 2e régiment de cuirassiers a en totalité, aux escadrons de guerre et au dépôt, 530 chevaux, dont :

470 disponibles,
46 trop jeunes,
14 vieux.
530

Ce régiment pourra prendre dans ses jeunes chevaux les 30 qui lui manquent pour porter ses escadrons de guerre à 500 chevaux.

Il a dans ce moment-ci, aux escadrons de guerre, 430 chevaux.

Le 3e régiment de cuirassiers a en totalité, aux escadrons de guerre et au dépôt, 512 chevaux, dont :

481 disponibles,
10 trop jeunes,
21 trop vieux.
512

Il lui faut 19 chevaux disponibles pour être porté à 500.

Ce régiment ne peut équiper que 480 chevaux, n'ayant pas les selles, brides et équipages nécessaires.

Il a dans ce moment-ci, aux escadrons de guerre, 471 chevaux.

Le 9e régiment de cuirassiers a en totalité, aux escadrons de guerre et au dépôt, 385 chevaux, dont :

367 disponibles,
14 trop jeunes,
4 vieux.
385

Il lui faut 143 chevaux disponibles pour être porté à 500 chevaux.

Il a, dans ce moment-ci, 342 chevaux aux escadrons de guerre.

Le 12e régiment de cuirassiers a en totalité, aux escadrons de guerre et au dépôt, 502 chevaux, dont :

452 disponibles,
30 trop jeunes,
20 vieux.
502

Il lui faut 48 chevaux disponibles pour être porté à 500.

Il a, dans ce moment-ci, 365 chevaux aux escadrons de guerre.

Je crois qu'il est nécessaire, en sus des 500 hommes montés, de faire marcher 5 hommes par compagnie, 40 hommes par régiment.

L'Empereur au Ministre de la guerre.

Saint-Cloud, 18 fructidor an XIII, au soir (5 septembre 1805).

Faites connaître au général d'Hautpoul (1) que je vois avec peine que le 1er régiment de carabiniers n'a que 444 chevaux ; il y en a 56 de plus sur les états de situation. Le 2e régiment en a 413 (2); il y en a 50 de plus sur les états de situation (3); que le 2e de cuirassiers n'a que 469 chevaux et 40 de plus sur les états de situation ; que le 12e en a 403 et 30 de plus dans les états de situation ; que, dans une expédition maritime, il était simple qu'on laissât au dépôt tout ce qui n'était pas susceptible d'un service très actif, mais que, désormais, mon intention est que les régiments des différentes brigades soient fournis à quatre escadrons et que tout ce qui est disponible, même les chevaux qui ne pourraient porter la selle qu'avec peine, marchent. Je trouverai assez d'occasions de remplacer ces chevaux par des meilleurs.

La division de dragons à pied a besoin de généraux de brigade; faites-moi connaître si vous les avez désignés. Dans le 1er régiment de dragons à cheval commandé par Klein, je vois avec peine qu'il n'y a que 400 chevaux, quoique l'état des chevaux, pour ce régiment, soit de 460. Envoyez un officier d'état-major au dépôt de Rambouillet pour faire partir tout ce qui est disponible. Les états que vous m'avez remis sur la réserve ne signifient rien. Vous portez tous les régiments comme s'ils avaient 400 chevaux, tandis que beaucoup ne les ont pas. Le 10e

---

(1) *Lire :* Nansouty.

(2) Ces effectifs sont ceux de la situation de l'Armée des côtes au 1er fructidor.

(3) Nous ne savons à quels états de situation l'Empereur fait allusion.

de dragons peut fournir plus de 400 chevaux, le 13e en peut fournir 500. Mon intention est que les régiments de dragons fournissent autant de chevaux qu'ils pourront en fournir. Le 12e peut en donner plus de 450, le 9e, 460. Vous mettrez, pour commander la demi-brigade de la 4e division de dragons, le général Sahuc. Écrivez également au général d'Hautpoul d'ordonner aux colonels de faire venir de leurs dépôts tous les chevaux qui peuvent suivre. Donnez ordre à d'Hautpoul, à Nansouty, aux quatre généraux commandant les quatre divisions de dragons et aux généraux qui commandent les six divisions de cavalerie légère, de s'assurer que les colonels ont pris toutes les mesures pour compléter leurs remontes; vous leur demanderez qu'ils aient à vous donner tous les détails, ayant donné au ministre Dejean les ordres et les fonds nécessaires pour cet objet sans le moindre délai. Faites-moi connaître si vous avez donné l'ordre au 27e régiment de dragons, qui est à Lyon, de se rendre à Schlestadt.

Dites au maréchal Masséna de retenir le 4e de chasseurs que j'avais dirigé sur Naples. Il y a assez de cavalerie dans cette armée, moyennant les deux régiments de cavalerie italienne que je viens d'y faire passer.

L'Empereur au Ministre de la guerre.

Saint-Cloud, 18 fructidor an XIII (5 septembre 1805).

Les régiments de hussards et de chasseurs destinés à l'expédition n'étaient forts que de trois escadrons; aujourd'hui qu'ils sont destinés à faire la guerre du continent, il faut les former à quatre escadrons. Écrivez à chacun des généraux commandant les divisions pour qu'ils aient à prendre toutes les mesures pour que tous les chevaux disponibles aux dépôts se rendent aux corps et qu'il y ait, en outre, bon nombre d'hommes à pied.

Faites connaître au général Marmont que ce n'est point tel ou tel escadron du 6e et du 8e régiment qui doit marcher, mais tout le régiment.

Je vois des erreurs dans l'organisation des divisions de chasseurs. Vous faites commander la division de cavalerie légère du maréchal Soult par le général Verdière. Il est incapable d'une fonction aussi active. Vous devez remettre en place le général Margaron qui y est aujourd'hui.

Vous mettez le 9e de hussards à la division Davout, c'est une erreur. Il faut mettre en place le 1er de chasseurs à la division Bernadotte; mais vous ne mettez point les deux généraux de brigade.

Il reste plusieurs généraux qu'il faudra placer, tels que les généraux Piston et Fauconnet. Vous avez fait un double emploi pour le général Treillard. Vous le portez à la division de cavalerie d'Hautpoul et vous le portez encore à la cavalerie légère du maréchal Lannes. Laissez-le à la dernière et remplacez-le à la division d'Hautpoul par Fauconnet ou Piston. Je n'aurai pas assez de généraux de division pour en mettre à chaque division de cavalerie légère, mais si l'on ne peut mettre à quelques-uns que des généraux de brigade, il sera nécessaire d'y mettre un adjudant-commandant et deux adjoints.

Envoyez-moi un état de situation de fructidor, c'est aujourd'hui le 18.

Je vous ai dicté un mouvement à faire pour les 3es bataillons. Vous ne l'avez point apporté; apportez-le demain.

Rapport à l'Empereur et Roi.

Paris, le 20 fructidor an XIII (7 septembre 1805).

Sire,

J'ai l'honneur de rendre compte à Votre Majesté que j'ai donné des ordres, conformément à ses intentions, pour que les régiments de chasseurs et de hussards qui étaient destinés à faire partie de l'expédition d'Angleterre, et qui se rendent en ce moment à la Grande Armée, soient promptement formés à quatre escadrons.

En conséquence, les 3es escadrons des 2e, 12e, 13e, 21e régiments de chasseurs et des 9e et 10e de hussards, qui composaient les bataillons de chasseurs et hussards à pied, ainsi que les 4es escadrons de ces corps, qui se trouvaient restés avec leurs dépôts, ont l'ordre de rejoindre les premiers escadrons sur le Rhin.

J'ai même autorisé les colonels à faire diriger sur les dépôts, s'ils le jugeaient nécessaire, les hommes des 3es escadrons pour y prendre tous les chevaux disponibles.

Les 4es escadrons des 1er, 10e, 11e de chasseurs, des 3e, 7e et 8e de hussards, ont également l'ordre de rejoindre leurs corps sur le Rhin, avec tous les chevaux en état de porter la selle. J'ai chargé, au surplus, les généraux commandant les divisions militaires de veiller à ce que tous les hommes en état de faire la guerre, ainsi que tous les chevaux qui sont disponibles aux dépôts de ces corps, soient envoyés sans délai aux escadrons de guerre.

J'ai prévenu le général Marmont que le 8e régiment de chasseurs et le 6e régiment de hussards doivent marcher en entier avec le corps d'armée dont le commandement lui est confié.

Le Ministre de la guerre,

Maréchal BERTHIER.

Le maréchal Berthier au général Carra-Saint-Cyr, commandant l'arrondissement des côtes, depuis Gravelines jusqu'à la Somme.

Paris, le 20 fructidor an XIII (7 septembre 1805).

L'Empereur ordonne, Général, que les six escadrons de chasseurs et de hussards à pied formant deux bataillons, actuellement stationnés à Calais, rejoignent de suite leurs régiments, qui sont maintenant en marche pour se porter sur le Rhin.

Comme ces régiments ne se dirigent pas tous vers la même destination, vous diviserez ces escadrons à pied en deux corps, le premier composé du 3e escadron des 2e et 12e régiments de chasseurs, sous le commandement du plus ancien officier de ces deux escadrons. Vous le ferez partir de Calais le 25 fructidor, pour se rendre, conformément à l'ordre de route ci-joint, à Spire où les 2e et 12e régiments de chasseurs doivent incessamment arriver pour faire partie du 3e corps d'armée, commandé par M. le maréchal Davout.

Vous comprendrez dans le 2e corps les 3es escadrons des 13e

et 21e régiments de chasseurs et ceux des 9e et 10e régiments de hussards. Vous en donnerez le commandement au colonel Pultière, qui commande en ce moment ces deux bataillons à pied, et vous les ferez partir également de Calais le 25 fructidor pour se diriger sur Brumath, près Strasbourg, conformément à l'ordre de route ci-joint, les 13e et 21e régiments de chasseurs et les 9e et 10e régiments de hussards devant arriver incessamment dans cette ville pour faire partie du 5e corps d'armée, commandé par M. le maréchal Lannes.

Vous veillerez, Général, à ce que ces escadrons à pied ne laissent aucun détachement en arrière, que tout ce qui fait partie de leur composition marche et vous donnerez les ordres et instructions nécessaires pour maintenir la discipline et prévenir la désertion.

Instruisez-moi de l'exécution de ce mouvement.

Rapport à l'Empereur et Roi.

Paris, le 20 fructidor an XIII (7 septembre 1805).

J'ai l'honneur de rendre compte à l'Empereur que le général Broussier s'est rendu à Versailles pour prendre connaissance de la situation des dépôts des 3e et 9e régiments de dragons.

Il a désigné tout ce qui était en état de se rendre à l'armée, et en a formé deux détachements, auxquels j'ai donné l'ordre de partir aujourd'hui pour Schelestadt.

Le détachement fourni par le 3e régiment de dragons est composé de 3 officiers, 124 sous-officiers et dragons, et 62 chevaux. Il ne reste dans ce dépôt que 7 chevaux malades et incapables de porter la selle.

Le détachement du 9e régiment de dragons est fort de 6 officiers, 104 sous-officiers et dragons et 104 chevaux. Le général Broussier n'a pareillement laissé dans ce dépôt que quelques chevaux malades hors d'état de porter la selle.

Ces deux détachements arriveront à Schelestadt le 6 vendémiaire et rejoindront leurs corps dans leurs cantonnements sur le Rhin.

BERTHIER.

Le Ministre de la guerre au maréchal Davout.

Paris, le 20 fructidor an XIII (7 septembre 1805).

J'ai l'honneur de vous prévenir, Monsieur le Maréchal, que je donne l'ordre au 4e escadron du 7e régiment de hussards et à ceux des 1er, 2e et 12e régiments de chasseurs de se rendre à Spire, où ils arriveront aux époques indiquées par les extraits de route ci-joints pour se réunir à leur corps respectif.

J'ai ordonné de comprendre dans la composition de ces 4es escadrons tout ce qui est disponible dans les dépôts, même les chevaux qui ne pourraient qu'avec peine porter la selle, attendu qu'il se trouvera assez d'occasions pour les faire remplacer par de meilleurs.

Je prescris au général commandant la cavalerie du 3e corps d'armée de se faire rendre compte par les colonels de la situation de leurs dépôts et d'en faire venir tout ce qui est en état de suivre, l'ordre de Sa Majesté étant que ces régiments soient complétés à quatre escadrons, qu'ils aient tous leurs chevaux et qu'il y ait en outre un bon nombre d'hommes à pied.

Veillez, Monsieur le Maréchal, à l'exécution de cette disposition.

Le Ministre de la guerre,

Maréchal Berthier.

A M. Gérard.

21 fructidor (8 septembre 1805.)

Ordre aux généraux commandant les divisions militaires, dans l'arrondissement desquels il se trouve des corps de cavalerie faisant partie de la Grande Armée, de se rendre eux-mêmes aux dépôts de ces corps, d'en passer la revue et de faire partir pour la Grande Armée tous les chevaux, même ceux qui ne seraient capables que de porter la selle.

Ils doivent m'envoyer l'état de la revue qu'ils auront passée, le nombre d'hommes et de chevaux qu'ils auront trouvés au dépôt, et ceux qu'ils auront fait partir.

Maréchal Berthier.

Le maréchal Berthier à M. l'Intendant général de la Grande Armée.

Paris, 20 fructidor an XIII (7 septembre 1805).

Je vous préviens, Monsieur, que je donne l'ordre au général Nansouty et au général d'Hautpoul, commandant les deux divisions de grosse cavalerie de l'Armée des côtes, de faire venir des dépôts des régiments qui forment ces deux divisions tous les hommes et les chevaux qui y sont disponibles.

Je charge, en même temps, le Colonel général des dragons, le général Baraguey-d'Hilliers, de tirer également des dépôts des différents régiments de dragons employés à la Grande Armée tous les hommes et chevaux disponibles, afin de donner à ces régiments toute la force qu'ils peuvent avoir.

Veillez, Monsieur, à ce qu'il soit pris les mesures nécessaires pour que le service soit assuré dans toutes ses parties.

Je vous salue avec la considération la plus distinguée.

Le Ministre de la guerre,

Maréchal Berthier.

Le maréchal Berthier à M. l'Intendant général de la Grande Armée.

Paris, le 20 fructidor an XIII (7 septembre 1805).

Je vous préviens, Monsieur, que je donne l'ordre au 4e escadron du 7e régiment de hussards et aux 4es escadrons des 1er, 2e et 12e régiments de chasseurs de se mettre en marche du 25 au 28 fructidor pour rejoindre leurs régiments à Spire, où ils arriveront du 14 au 16 vendémiaire;

Au 4e escadron du 8e régiment de hussards et à celui du 11e régiment de chasseurs, de se mettre en marche le 26 fructidor pour rejoindre leurs corps à Landau, où ils arriveront du 16 au 17 vendémiaire;

Au 4e escadron du 3e régiment de hussards et à celui du 10e régiment de chasseurs, de se mettre en marche le 25 fructidor pour rejoindre leurs corps à Haguenau, où ils arriveront du 8 au 17 vendémiaire.

Et aux 4es escadrons des 13 et 21e régiments de chasseurs ainsi qu'aux 4es escadrons des 9e et 10e régiments de hussards, de se mettre en marche le 28 fructidor pour rejoindre leurs corps à Brumath, où ils arriveront du 9 au 15 vendémiaire.

Je joins ici extrait de l'itinéraire de ces troupes.

Veillez à ce qu'il soit pris les mesures nécessaires pour que le service soit assuré dans toutes ses parties à leur arrivée dans l'arrondissement de la Grande Armée.

Maréchal BERTHIER.

A M. Gérard.

21 fructidor an XIII (8 septembre 1805).

Faire observer au général Marmont que le 6e de hussards n'a que 400 chevaux, parce qu'il n'embarquait pas son 4e escadron : lui prescrire d'ordonner à un général de passer la revue de tout ce qui reste au dépôt et de faire partir pour l'armée tous les chevaux disponibles, de manière à former un 4e escadron et à compléter les autres.

Mêmes dispositions pour le 8e de chasseurs et pour le 1er de dragons et le 1er de hussards bataves ; ils doivent avoir à l'armée, à l'égard des deux dernières, au moins 300 chevaux.

Le 17e d'infanterie légère n'est porté sur l'état qu'à 1591 hommes ; je pense qu'il est beaucoup plus fort. Consulter les derniers états de situation.

Porter le 58e pour 2 bataillons dans la division Gazan.

Maréchal BERTHIER.

Le colonel Pultière, commandant le 13e régiment de chasseurs à cheval, à Son Excellence le Ministre de la guerre.

A Calais, le 23 fructidor an XIII (10 septembre 1805).

Monseigneur,

En exécution de vos ordres du 17 fructidor courant, je fais

partir demain 24 les 6 escadrons de cavalerie légère de la réserve réunis à pied ; ils arriveront à leurs dépôts respectifs aux époques suivantes, savoir :

L'escadron du 2e régiment de chasseurs arrivera à Tournai le 29 fructidor ;

Celui du 12e régiment de chasseurs arrivera à Ath le 30;

Celui du 13e régiment de chasseurs arrivera à Bruxelles le 2e jour complémentaire ;

Celui du 21e régiment de chasseurs arrivera à Arras le 28 ;

Celui du 9e régiment de hussards arrivera à Lille le 28 ;

Celui du 10e régiment de hussards arrivera à Maubeuge le 2e jour complémentaire.

Je me suis d'abord occupé de l'envoi des caisses contenant les armes, selles, etc. ; elles sont parties pour les différents dépôts sous la surveillance d'un officier par escadron, afin d'accélérer leur arrivée aux dépôts, où je pense qu'elles seront rendues presque aussitôt que les escadrons qui, d'après ces dispositions, n'éprouveront aucun retard et partiront pour la Grande Armée aussitôt après avoir été montés.

Les membres du conseil d'administration sont obligés de rester en arrière pour terminer la comptabilité, mais ils rejoindront leurs escadrons avant l'arrivée aux dépôts.

L'ordre du jour que vous m'avez annoncé n'était pas joint à votre lettre du 17.

PULTIÈRE.

Le Ministre de la guerre au maréchal Davout.

Paris, le 21 fructidor an XIII (11 septembre 1805).

J'ai eu l'honneur de vous prévenir, Monsieur le Maréchal, par ma lettre du 20 fructidor, que l'ordre exprès de Sa Majesté est que tout ce qui se trouve d'hommes et chevaux disponibles dans les dépôts de cavalerie légère, qui font partie du corps d'armée que vous commandez, rejoigne de suite ces régiments.

Pour accélérer l'exécution, j'ordonne aux généraux commandant les divisions militaires dans l'arrondissement desquels ces dépôts sont stationnés, d'en passer eux-mêmes une revue très exacte et de faire partir sur-le-champ pour Spire tous les caevaux qui s'y trouveront, même ceux qui ne seraient capables que de porter la selle.

Donnez vos ordres, Monsieur le Maréchal, pour que ces détachements rejoignent leurs corps respectifs à mesure qu'ils arriveront à Spire, et instruisez-moi de leur arrivée ainsi que de leur composition.

Le Ministre de la guerre,

Maréchal BERTHIER.

L'Intendant général de la Grande Armée reçoit une lettre analogue.

Le général Baraguey-d'Hilliers au maréchal Berthier.

Saint-Dizier, le 25 fructidor an XIII (12 septembre 1805).

Dans une lettre de Votre Excellence que je trouve à mon passage ici, elle m'exprime que Sa Majesté voit avec peine que tous les chevaux disponibles des régiments de dragons ne soient pas mis en campagne. J'ai l'honneur de vous observer que votre ordre du 7 fructidor s'exprimait ainsi : « L'intention de Sa « Majesté est que chacun de ces régiments soit composé de « 3 escadrons à cheval, lesquels auront 400 dragons présents « sous les armes ». J'avais pensé remplir complètement l'intention de Sa Majesté en donnant des ordres pour que chacun de ces régiments eût 3 escadrons de 133 dragons à cheval chacun, officiers non compris.

Je reçois ici vos ordres du 20, par lesquels vous m'exprimez « que Sa Majesté veut expressément que les régiments de dra- « gons mettent en campagne autant de chevaux qu'ils peuvent « en fournir, et que l'on fasse marcher même les chevaux qu « ne pourraient qu'à peine porter la selle ».

En conséquence, je transmets de suite littéralement ces ordres aux commandants des dépôts, pour qu'ils les exécutent dans les vingt-quatre heures de leur réception, et leur ordonne de me mettre à même de vous rendre les comptes que vous me demandez sur l'état de leurs remontes.

Le Colonel général des dragons,

BARAGUEY-D'HILLIERS.

P.-S. — Je joins ici copie des ordres que j'adresse aux commandants des dépôts.

Au Commandant du dépôt du..... régiment de dragons.

Au quartier général de Saint-Dizier, le 25 fructidor an XIII (12 septembre 1805).

Le général ....., chargé de mes instructions a dû, Monsieur, passer à votre dépôt pour choisir les hommes et les chevaux nécessaires pour compléter les escadrons de guerre à trois, de 133 dragons montés chacun. Je vous adresse copie de nouveaux ordres de Sa Majesté qui me sont transmis par Son Excellence le Ministre de la guerre, dans une lettre du 20 fructidor, et qui sont ainsi conçus :

« L'ordre exprès de Sa Majesté est que les régiments de dra-
« gons mettent en campagne autant de chevaux qu'ils pourront
« en fournir, et que l'on fasse marcher même les chevaux qui
« ne pourraient qu'à peine porter la selle. »

En conséquence, ce n'est plus l'ordre dont est ou a été porteur le général ....., qu'il s'agit d'exécuter, mais bien celui que je vous transmets : ainsi, au reçu du présent, vous ferez conduire, soit en main, soit montés, soit par des hommes à pied, tous les chevaux que vous avez dans votre dépôt, en état de marcher (c'est-à-dire de porter la selle), vous les ferez équiper complètement de selles, housses, brides, porte-manteaux, licols, couvertures, ustensiles d'écurie, et vous enverrez autant de paires de pistolets, de paires de bottes et d'éperons et de sabres qu'il y aura de chevaux, et diriger le tout, dans les vingt-quatre heures de la réception du présent ordre, sur Schelestadt. Vous aurez soin de mettre, autant que possible, un homme par cheval et de faire conduire ces détachements par le plus d'officiers et de sous-officiers qui pourront encore faire cette route, sauf à les renvoyer après, s'ils sont marqués pour la retraite.

En m'accusant réception de cette lettre, vous aurez bien soin de m'adresser : 1° un état de la force et de la composition du détachement que vous mettez en marche en exécution du présent ordre, et du jour de son départ; 2° un état détaillé du nombre des chevaux, et nominatif des hommes qui resteront au dépôt après ce départ, et vous placerez vis-à-vis du signalement et du nom de chacun d'eux, les causes qui empêchent les uns et les autres de partir pour les escadrons de guerre.

J'ai l'honneur de vous saluer.

Le Colonel général des dragons,
BARAGUEY-D'HILLIERS.

Au Commandant du Dépôt du..... régiment de dragons.

Au quartier général de Saint-Dizier, le 25 fructidor an XIII (12 septembre 1805).

J'ai l'honneur de vous transmettre, Monsieur, un paragraphe d'une lettre que Son Excellence le Ministre de la guerre m'a adressée en date du 20 fructidor, ainsi conçu : « Assurez-vous « que les colonels des régiments de dragons ont pris toutes les « mesures pour compléter leur remonte ; Sa Majesté a donné ses « ordres au ministre directeur et assigné les fonds nécessaires « pour que cette opération n'éprouve aucun délai ; vous aurez « le plus grand soin de me donner tous les détails relatifs à cet « objet ».

En exécution de ces ordres, vous voudrez bien, au reçu de la présente, m'adresser : 1° l'état des fonds restant sur la masse des remontes dans la caisse de votre régiment ; 2° celui des fonds qui vous sont annoncés par le ministre directeur pour cet objet ; 3° vous me ferez connaître les mesures que vous avez prises pour l'achat des chevaux de remonte, et si vous avez passé des marchés, vous m'instruirez de l'époque des livraisons.

Dorénavant, Monsieur, vous voudrez bien m'adresser tous les dimanches l'état de situation, par grade, de votre dépôt, et y joindre succinctement, par derrière, les détails sur les fonds que vous aurez reçus pour les remonter, dans les huit jours précédents, sur leur emploi, sur l'espèce des hommes et des chevaux qui vous seront arrivés.

J'ai l'honneur de vous saluer.

Le Colonel général des dragons,
BARAGUEY-D'HILLIERS.

Le colonel Pultière, commandant les bataillons formés des régiments de cavalerie légère de réserve, à Son Excellence le Ministre de la guerre.

Calais, le 25 fructidor an XIII (12 septembre 1805).

Monseigneur,

Par ma lettre du 23 courant, j'ai eu l'honneur de vous rendre compte de l'exécution de vos ordres du 17 courant, en vertu desquels j'ai dirigé les escadrons à pied vers leurs dépôts respectifs, afin de prendre tous les chevaux disponibles.

D'après vos ordres du 20 courant, dont on vient de me faire part, j'ai changé ces dispositions; les troisièmes escadrons des 2e et 12e régiments de chasseurs, sous les ordres du capitaine Artaud, sont partis pour se rendre à Spire, où ils doivent joindre leurs régiments, conformément à votre ordre de route.

Les 3e escadrons des 13e et 21e régiments de chasseurs, et ceux des 9e et 10e régiments de hussards partent également de Calais sous mes ordres pour se rendre à Brumath près Strasbourg, où ils arriveront le 17 vendémiaire prochain, en suivant votre ordre de route qui m'a été transmis.

PULTIÈRE.

Le Commissaire ordonnateur par intérim de la 24e division, au maréchal Berthier.

Bruxelles, 26 fructidor an XIII (13 septembre 1805).

Monseigneur,

Par la lettre que vous m'avez fait l'honneur de m'écrire le 20 de ce mois, vous me prévenez que vous chargez le général commandant la 24e division militaire de faire mettre en marche, les 25 et 26 fructidor, les 4e escadrons des 1er, 2e, 12e et 13e régiments de chasseurs à cheval pour se rendre à Spire et à Brumath.

J'ai l'honneur de rendre compte à Votre Excellence que le général n'a pas reçu de lettres de votre part à ce sujet et que les 4e escadrons des 1er et 13e régiments de chasseurs ne sont pas partis de leur garnison. Je présume qu'il en est de même des escadrons des 2e et 12e de chasseurs, à moins qu'ils n'aient reçu un ordre direct de Votre Excellence.

J'ai l'honneur de vous saluer.

ROBINET.

Le général Laroche, commandant la 14e division militaire, au Ministre de la guerre.

Caen, 26 fructidor an XIII (13 septembre 1805).

Monseigneur,

Par la lettre que Son Excellence le Ministre directeur de l'administration de la guerre m'a adressée en votre absence, le 20 messidor dernier, il m'a été ordonné de faire partir pour Nord-Libre (1) les trois premiers escadrons du 2e régiment de cuirassiers, composé de 460 hommes, montés et complètement armés, habillés et équipés.

J'ai eu l'honneur de vous annoncer l'exécution de cet ordre par ma lettre du 22 du même mois, et je vous ai observé en même temps que, par l'effet de cette disposition, le 4e escadron restant à Caen ne pourrait être considéré que comme un dépôt.

Par une seconde lettre datée de Boulogne, le 8 de ce mois, Votre Excellence m'a ordonné de faire partir le 14 suivant pour Schelestadt, le 4e escadron du 2e régiment de cuirassiers et de le former de tous les hommes et chevaux disponibles, de manière à ne laisser au dépôt que quelques hommes portés pour la réforme en partie et quelques chevaux hors d'état d'aller.

C'est donc avec surprise, Monseigneur, que j'ai dû lire la lettre que vous m'avez adressée le 20 de ce mois, et être vivement affecté de la phrase suivante : « Sa Majesté a vu avec « peine que le 2e régiment de cuirassiers n'a que 469 chevaux à « l'armée, tandis que son état de situation en porte environ 40 « de plus ».

Sa Majesté aurait vu ce régiment avec plus de 500 chevaux si les ordres m'eussent été donnés en conséquence, si au lieu de 3 escadrons, formant une force de 460 hommes, on en eût demandé 4.

---

(1) Condé.

Au reste, Monseigneur, vous pouvez assurer à Sa Majesté et être assuré vous-même que jamais je n'éluderai ni n'affaiblirai dans aucun point l'exécution des ordres qui me seront adressés.

Je prends la liberté de vous représenter de nouveau que depuis le départ du 16e régiment de chasseurs, il n'existe plus de correspondance à cheval dans ma division, et que je me trouve à mon quartier général comme un simple particulier.

LAROCHE.

Le général Bourcier au maréchal Berthier.

Sarralbe, 30 fructidor an XIII (17 septembre 1805).

J'ai reçu à mon passage à Thionville la lettre que Votre Excellence m'a fait l'honneur de m'écrire le 20 de ce mois relativement aux remontes des régiments composant la 4e division de dragons. Je me suis empressé de donner des ordres en conséquence aux colonels ou commandants des quatre régiments présents à la division, et aujourd'hui je puis, d'après ce qu'ils m'ont assuré, annoncer à Votre Excellence qu'ils ont fait toutes les dispositions qui dépendaient d'eux. Je ne puis m'expliquer à l'égard des 25e et 27e régiments, que je ne connais pas encore; mais à mon arrivée à Ober-Elnheim, j'aurai l'honneur d'y suppléer et de donner à Votre Excellence de plus amples détails à ce sujet.

BOURCIER.

Le général Laroche, commandant la 14e division militaire, au maréchal Berthier.

Caen, le 30 fructidor an XIII (17 septembre 1805).

Je croyais, après avoir mis littéralement à exécution toutes les dispositions que renferment les lettres ministérielles des 20 messidor dernier, 8 et 20 de ce mois concernant le 2e régiment de cuirassiers, qu'il ne me serait plus rien écrit à son sujet. Cependant, par la lettre que Votre Excellence vient de m'adresser, je vois qu'il m'est ordonné de passer moi-même une revue très exacte de son dépôt et de faire diriger sans aucun délai sur Pirmasens, près Deux-Ponts, tous les chevaux qui se trouvent dans ce dépôt, même ceux qui ne sont capables que de porter la selle.

D'après cela, Monseigneur, j'ai dû faire partir tout ce qui, en hommes et chevaux, est en état d'aller et je vous annonce que demain, 1er complémentaire, il partira pour Pirmasens un détachement de 25 sous-officiers et cuirassiers et de 34 chevaux, commandé par un officier. Les états de revue que je joins à ma lettre vous prouveront, Monseigneur, qu'il ne reste plus à Caen que 24 hommes malades à la chambre et 16 chevaux à l'infirmerie. Vous n'appellerez plus cela un dépôt et vous donnerez sans doute des ordres pour que les magasins quittent une ville où il n'existe plus personne pour les garder.

LAROCHE.

P.-S. — Il est parti de Caen pour le 2e régiment de cuirassiers 26 officiers, 550 sous-officiers et cuirassiers et 553 chevaux. Il ne reste plus ici une seule selle.

Le Ministre de la guerre au général Dejean.

3e jour complémentaire an XIII (20 septembre 1805).

J'ai l'honneur, Monsieur, d'informer Votre Excellence que, d'après un rapport du général Nansouty, commandant la 1re division de grosse cavalerie, les deux régiments de carabiniers employés sous ses ordres auraient besoin pour se compléter à 500 chevaux, savoir : le 1er régiment de 80 chevaux, et le 2e régiment de 100 chevaux.

Le général Nansouty me mande que ces deux régiments ont de quoi équiper et monter plus de 500 chevaux, mais que les difficultés qu'ils éprouvent pour se procurer des chevaux à raison de 500 francs au lieu de 530 et même 550 qui leur sont demandés par les fournisseurs, les ont empêchés de compléter leur remonte.

Je prie Votre Excellence de vouloir bien donner les ordres qu'elle jugera convenables pour faciliter et activer la remonte de ces deux régiments, et me faire part des mesures qu'elle aura cru devoir prendre à cet égard.

J'ai l'honneur de vous saluer.

BERTHIER.

Le général de division Belliard, chef d'état-major de la réserve de cavalerie et de dragons aux généraux commandant les divisions.

4e jour complémentaire (21 septembre 1805).

Le prince maréchal d'Empire Murat désire que l'on ordonne aux colonels des régiments que vous commandez de se procurer de suite les chevaux nécessaires pour remplacer ceux que la route a pu mettre hors de service et pour monter les hommes à pied, de manière qu'il y ait à chaque régiment 400 hommes à cheval dans le cas d'entrer en campagne. Si la concurrence que le besoin fera établir porte les chevaux à un prix au-dessus de celui que passe le gouvernement, les corps seront remboursés du surplus, en justifiant toutefois dans des procès-verbaux en règle et par les pièces à l'appui de la validité des réclamations qu'ils pourront faire.

Le général Nansouty au maréchal Berthier.

Pirmasens, le 4e jour complémentaire an XIII (21 septembre 1805).

Le colonel du 9e régiment de cuirassiers me rend compte qu'il lui reste à recevoir pour la remonte de l'an XIII, 76 chevaux.

Ce régiment a les fonds destinés à l'achat de ces chevaux, moins 4,000 francs qui lui sont dus. Le colonel a donné l'ordre de confectionner l'équipement et le harnachement nécessaires à 500 chevaux et plus.

L'effectif de ce régiment en chevaux est, dans ce moment, de 419, compris 34 chevaux qu'il a au dépôt. En calculant que dans ces derniers il s'en trouve dans le cas de la réforme, il lui faudrait 70 chevaux pour le porter au complet de 556, en sus des 76 qu'il doit recevoir pour la remonte de l'an XIII.

CHAPITRE III

Les dragons à pied.

Le général Baraguey-d'Hilliers à l'Empereur.

Saint-Quentin, le 16 fructidor an XIII (3 septembre 1805).

Lorsque Votre Majesté ordonna la formation d'une division de dragons à pied destinés à concourir à la descente, le désir d'être d'une opération si brillante anima tous les esprits, et les officiers et les dragons, entraînés par l'ardeur de leur zèle, abandonnèrent leurs chevaux presque sans regrets. Mais leur destination actuelle les appelant à prendre part à une guerre continentale, où rien d'extraordinaire et de gigantesque ne parle à leur imagination, ils ont retrouvé tous leurs préjugés et ne voient dans l'obligation de servir à pied, lorsqu'ils sont instruits à servir à cheval, qu'une punition dont leur zèle devait se garantir, et ce préjugé, qui leur fait considérer le service d'infanterie comme inférieur à celui de la cavalerie, les accable de dégoût pour leur état actuel. Cet esprit devenu général depuis les colonels jusqu'aux soldats, irrité par les soins de la malveillance et par les propos de la sottise, a pris un caractère si marqué, les plaintes, les murmures sont si universels, que je crains qu'on ne tire pas de ces dragons, à la guerre, tout le parti que Votre Majesté doit en attendre.

Dans cet état de choses, Votre Majesté ne jugerait-elle pas nécessaire d'employer quelques moyens politiques pour rendre à ces régiments à pied, cette énergie, cet esprit de corps dont ils ont besoin. En considérant leur formation effective par des détachements de 6 régiments, on peut la comparer à celle des bataillons de la division de grenadiers. Mais pour former ceux-ci, ce sont les grenadiers que l'on a pris et ce nom seul les fera vaincre. Un tout autre mode a présidé à la composition des détachements qui composent les dragons à pied, mais un nom donné par vous peut les régénérer et ce baptême, de la main d'un grand homme, sera leur cri de ralliement et le garant de leurs succès comme de leur dévouement.

Mais, Sire, ce n'est pas tout. Le service à pied doit être un devoir et un honneur. Si c'est un devoir, puisqu'il est regardé comme pénible, il devrait être le partage des plus jeunes officiers et des plus jeunes soldats, et, dans ce cas, la division de dragons à pied se composant tout entière de recrues qui, réunis sans mélange en un seul corps, ne serait pas faite pour inspirer de la confiance, il faut donc que ce soit un honneur, il faut donc attacher un préjugé honorable à ce genre de service qui, sans cela, serait dédaigné, il faut surtout y faire concourir les compagnies d'élite des escadrons à cheval pour en former les bataillons : alors, par ce concours de dispositions, j'aime à me flatter que cette division deviendra l'émule de celle des grenadiers. L'amour-propre, le plus puissant mobile des Français, sera satisfait en même temps qu'excité, et Votre Majesté servie comme elle doit l'être.

J'ai cru de mon devoir, Sire, de vous informer directement de ces détails et de vous faire hommage de mes idées, parce que, bien placé pour voir la chose de près, je crois avoir jugé sans illusion, avec cet intérêt vif et sincère qui m'anime et m'animera toujours pour le service de Votre Majesté, de laquelle je suis, Sire, le plus fidèle et dévoué sujet.

BARAGUEY-D'HILLIERS (1).

(1) *Archives nationales*, AF^IV^, 1116.

Le général de Beaumont au maréchal Berthier.

Châlons-sur-Marne, le 21 fructidor (8 septembre 1805).

. . . .

Je dois vous rendre compte, Monsieur le Maréchal, que j'ai beaucoup de chevaux blessés. La principale cause en est que, dans les corps, il y a beaucoup d'hommes qui n'ont presque monté à cheval que dans cette route; j'ai à vous demander, à cet égard, une chose qui vous frappera trop par sa justesse pour que vous n'ayiez pas la bonté d'y accéder : environ 150 hommes par régiment exercent bien à pied, mais ne savent rien à cheval, tandis que la division du général Baraguey-d'Hilliers a au moins 900 hommes par régiment instruits à cheval. Je vous supplie donc d'ordonner un échange à cet égard, la gloire du corps des dragons à pied n'y perdra rien et la nôtre dépend de cette disposition. Vous sentirez trop bien, Monsieur le Maréchal, l'importance de cette mesure pour que j'insiste davantage.

DE BEAUMONT.

Le général Bourcier au maréchal Berthier.

Namur, le 18 fructidor an XIII (5 septembre 1805).

J'ai l'honneur de vous rendre compte que ma division est arrivée hier à Namur où elle séjourne aujourd'hui.

Je profite de ce séjour pour faire passer à Votre Excellence un état de situation de la division. Elle sera sans doute étonnée du nombre de chevaux blessés, qui est presque sans exemple. Les colonels ou commandants de corps auxquels j'en ai témoigné ma surprise, m'ont représenté que cela provenait particulièrement de ce qu'ils ont un trop grand nombre de conscrits, dont la majeure partie ont été mis à cheval sans avoir reçu les premières instructions sur la manière de seller et brider et sur le maniement des armes à cheval. Dans le fait, il y a beaucoup de recrues et peu d'anciens soldats dans les régiments de la division. Il serait bien à désirer, pour le bien du service, qu'une partie des premiers pût être échangée contre d'anciens dragons, alors il y aurait moins de disproportion entre le nombre des uns et des autres, et les escadrons de guerre s'en trouveraient beaucoup mieux.

Je dois avoir l'honneur d'observer aussi à Votre Excellence, que la route est généralement mauvaise et que cela doit nécessairement contribuer à la fatigue des chevaux. Je ne néglige rien, au surplus, pour qu'ils soient conduits, nourris et soignés le mieux possible, mais le fourrage n'est pas toujours de bonne qualité.

Je prie Votre Excellence de trouver bon que je lui rappelle ce que j'ai eu l'honneur de lui marquer le 13 de ce mois, au sujet de la solde. Elle est arriérée d'un mois dans certains corps, et, dans d'autres, de deux à trois semaines. On s'est présenté chez plusieurs payeurs en route, mais on n'a rien pu obtenir. Il est essentiel que Votre Excellence donne des ordres à ce sujet.

BOURCIER.

Le général Baraguey-d'Hilliers au maréchal Berthier.

Toul, le 27 fructidor an XIII (14 septembre 1805).

J'ai l'honneur de vous informer de l'arrivée dans cette place de la division de dragons à pied. Plus la marche se prolonge, plus la fatigue augmente et plus les plaintes et le mécontentement des anciens dragons et de la grande majorité des officiers s'accroissent d'être à pied. Je vous ai rendu précédemment compte de ces murmures et je regrette, sans pouvoir y remédier, de les entendre proférer, quoique j'emploie tout ce qui dépend de moi pour réchauffer leur zèle et leur présenter un avenir glorieux pour prix de leurs sacrifices.

D'ailleurs, les régiments marchent bien et en très bon ordre et discipline, mais il y a beaucoup d'hommes blessés, et les fortes chaleurs que nous éprouvons depuis quatre à cinq jours, en ont considérablement augmenté le nombre, de sorte que j'ai été obligé de faire donner une voiture à quatre colliers par bataillon pour le transport des plus estropiés.

BARAGUEY-D'HILLIERS (1).

---

(1) Voir également la lettre du général Baraguey-d'Hilliers, datée du 22 fructidor, dans la *Marche sur le Rhin*.

Le prince Murat à l'Empereur (1).

Sire,

Un objet bien important doit être soumis à Votre Majesté ; il est digne de toute sa sollicitude. Le mal est grave ; il faut un prompt remède. C'est de l'organisation des dragons à pied et à cheval que je veux parler. Le colonel général, sans doute d'après vos ordres, Sire, avait formé les bataillons à pied des plus anciens dragons. Cette mesure était incontestablement la meilleure pour l'expédition d'Angleterre, puisque ces hommes, mis à pied, devaient être montés aussitôt qu'on se serait procuré des chevaux de l'autre côté. Mais une semblable disposition deviendrait vraisemblablement très funeste dans une guerre continentale ; elle pourrait entraîner la ruine totale de l'arme des dragons ; l'expérience de quelques marches a suffi pour le démontrer. Nous remarquons, en effet, déjà que les jeunes conscrits ont abîmé leurs chevaux parce qu'ils ne savaient ni les bien seller, ni les bien conduire. Qu'arriverait-il, d'ailleurs, devant l'ennemi ? Quelle confiance pourraient avoir et devraient inspirer ces escadrons nouveaux, dépourvus d'habitude et d'instruction ? Il faut bien plus de temps à la cavalerie pour se former qu'à l'infanterie, puisqu'elle a besoin d'apprendre le service à pied et à cheval. Je dois le dire aussi à Votre Majesté, et je le lui dis avec regret, les anciens dragons murmurent hautement de se voir à pied ; les colonels et les officiers sont les premiers et, suivant les rapports qui m'ont été faits, le

---

(1) Cette lettre non datée porte en marge les annotations suivantes :

Accordé. — Envoyé au prince Murat pour faire ce changement sur-le-champ.

3e jour complémentaire an XIII (Saint-Cloud).

NAPOLÉON.

et ensuite :

M. Gérard.

L'Empereur ordonne que les dispositions demandées par le prince Murat soient ordonnées par courrier extraordinaire qui partira à midi.

4e jour complémentaire.

Maréchal BERTHIER.

général Baraguey-d'Hilliers a eu occasion d'entendre lui-même leurs plaintes pendant la marche. Sire, voilà le mal. J'ai cru qu'il était de mon devoir d'en informer Votre Majesté, et je suis persuadé qu'il suffira de le lui avoir fait connaître pour le faire cesser.

Je vous supplie, Sire, de m'autoriser à faire rentrer dans les escadrons les plus anciens dragons et à mettre à pied un pareil nombre de conscrits ; cette mesure ne peut offrir aucune difficulté, puisque les uns et les autres sont également exercés aux manœuvres d'infanterie. Je prie Votre Majesté de se prononcer prochainement ; il serait à souhaiter que le changement que je sollicite pût être fait avant d'entrer en campagne.

MURAT.

Le maréchal Berthier au prince Murat.

Paris, le 4e jour complémentaire an XIII (21 septembre 1805).

J'ai l'honneur d'informer Votre Altesse Sérénissime que l'Empereur approuve la proposition que vous avez faite à Sa Majesté de faire rentrer dans les escadrons les plus anciens dragons, qui se trouvent employés en ce moment dans les bataillons de dragons à pied, et de les faire remplacer, dans ces bataillons, par un pareil nombre de conscrits tirés des escadrons.

Sa Majesté charge, en conséquence, Votre Altesse Sérénissime du soin de donner sur-le-champ les ordres nécessaires pour la prompte exécution de cette disposition.

BERTHIER.

CHAPITRE IV

Ordres de mouvement de l'armée.

Sans attribuer une importance documentaire très considérable à la pièce qui va suivre, nous l'avons jugée trop curieuse pour être passée sous silence. Elle paraît avoir été remise aux Archives de la guerre par le comte Daru, fils de l'intendant général de l'Empereur.

Je certifie la note ci-jointe conforme à l'original que j'ai entre les mains, et extraite des papiers laissés par mon père.

Le 14 janvier 1836.

Comte Daru.

M. Monge, qui était aussi à Boulogne, avait l'usage de se rendre chaque matin au lever de l'Empereur, et le suivait ordinairement jusque dans son cabinet ; il était même souvent retenu à déjeuner. Ces habitudes familières étaient une suite de l'intimité contractée en Égypte ; l'Empereur aimait beaucoup à causer avec lui : la clarté, la naïveté de cet excellent homme lui plaisaient peut-être autant que les vastes connaissances du célèbre géomètre.

Un jour, M. Monge entre chez moi en sortant du lever : « Eh bien, lui dit ma femme, vous ne déjeunez donc pas aujourd'hui au Pont-de-Briques ? — Oh non, il y a de l'orage ! L'Empereur a été fort sérieux, sombre même, pendant le lever. Quand il est rentré, je l'ai suivi, mais entendant quelqu'un marcher derrière lui, il s'est retourné avec vivacité et m'a dit : savez-vous où est Villeneuve ? J'ai répondu que je l'ignorais entièrement ; eh bien, s'est-il écrié, il est au Ferrol ! puis il est rentré dans son cabinet en poussant la porte. Je n'ai pas pu prendre cela pour une invitation, et je viens vous demander à déjeuner ». A peine étions-nous à table qu'une ordonnance arriva, me demandant de la part de l'Empereur. En entrant dans son cabinet, je le trouvai tel que me l'avait dépeint M. Monge.

« Savez-vous où est Villeneuve ? » fut le premier mot qu'il m'adressa, et il savait bien que j'étais hors d'état de répondre à la question. Il continua et, avec une vivacité extraordinaire, rappela toutes les fautes de l'amiral Villeneuve ; cette grande opération manquée en si peu de temps ; les plus belles combinaisons déjouées, etc., etc... — Comme tout cela ne pouvait me concerner et semblait exclusivement réservé au ministre de la marine, je cherchais pourquoi j'avais été mandé ? par quel hasard le choix était tombé sur moi pour recevoir le contre-coup de la faute de Villeneuve ? et où enfin il voulait en venir ? Les premiers moments de fureur une fois passés, je l'appris, chose surprenante ! Dans une des plus grandes contrariétés que l'Empereur ait éprouvées de sa vie, dans une circonstance où les projets qu'il avait préparés de si longue main se trouvaient subitement déjoués, cet homme extraordinaire ne songe point à manifester son mécontentement en appelant auprès de lui ses amiraux, son ministre de la marine ; il conçoit une nouvelle idée ; et, sur-le-champ, il la met à exécution. Se courbant sur une grande carte d'Allemagne, et reprenant tout d'un coup son sang-froid, avec cette abondance d'idées qui lui était propre lorsqu'il se trouvait en verve, il me dicta tout le plan de la campagne d'Autriche, déroula devant mes yeux les vastes projets qu'un instant venait de lui faire concevoir, la marche de ses sept torrents, comme il les appelait, qui, partant du Hanovre, du camp de Zeist, d'Ostende, de Calais, d'Ambleteuse, de Boulogne et de Montreuil, devaient tous se réunir sur le Danube. Après avoir dicté pendant quatre ou cinq heures, avec cette volubilité qui permettait si difficilement de le suivre, il s'arrête tout d'un coup : « Avez-vous bien compris ? » demanda-t-il à celui devant lequel il parlait, plutôt qu'il ne dictait, depuis quatre ou cinq heures. Un peu étonné du coup, non moins étonné d'une campagne en Autriche que de l'abandon du projet de descente en Angleterre, n'étant d'ailleurs pas plus au courant de la politique que des affaires de la marine, je cherchai à recueillir mes idées ; puis, j'expliquai de mon mieux comment j'avais compris. L'Empereur m'écouta avec beaucoup de tranquillité, me reprit là où je m'étais trompé, s'assura que son projet avait été bien conçu, puis il ajouta : « Partez sur-le-champ pour Paris, en feignant de partir pour Ostende ; arrivez-y seul, pendant la nuit, que personne ne sache que vous y êtes ; descendez chez le général Dejean (ministre de l'administration de la guerre, réunissait alors à ses fonctions celles de ministre de la guerre parce que le général Berthier était à Boulogne). Vous vous enfermerez chez lui, vous préparerez avec lui, mais avec lui seul, tous les ordres d'exécution pour les marches, les vivres, etc., etc. Je ne veux pas qu'un seul commis soit dans la confidence ; vous coucherez dans le cabinet même du général Dejean, et personne ne devra savoir que vous y êtes. Partez, j'arriverai à Paris dans quatre ou cinq jours, que tout cela soit prêt à signer ». A son arrivée, le travail était, en effet, terminé. L'Empereur l'examina avec soin, y rectifia beaucoup de choses, puis le tout fut expédié.

A quelque temps de là, un matin, comme j'allais entrer au Conseil d'État, M. le comte de Cessac, président de la section de la guerre, vint à moi : « Je sors, me dit-il, du cabinet de l'Empereur ; il m'annonce à l'instant qu'il vous a chargé de faire un rapport sur le projet de guerre avec l'Autriche, sur les levées d'hommes, les impositions en argent que cette expédition va nécessiter ». C'était le premier mot qui m'en fût dit. L'usage n'était pas que les déclarations de guerre fussent précédées d'un rapport au Conseil d'État.

Je ne savais pas la moindre chose sur les circonstances politiques qui occasionnaient cette guerre, sur les causes qui avaient fait renoncer au projet mis en avant depuis tant de temps. Aussi je répondis à M. de Cessac que je ne comprenais pas ce qu'il voulait bien dire, ni ce qu'on me demandait. Cependant la séance du Conseil d'État s'ouvre ; l'Empereur entre et, s'adressant aussitôt à moi, me donne l'ordre de prendre la parole. Je n'avais pas encore eu le temps de penser à ce que je devais dire lorsque cet ordre inattendu vint à m'être donné. Je fis un discours d'une page ou deux qui n'avait guère le sens commun et où j'eus grand soin de ne pas parler de ce que je savais, et d'argumenter vaguement, en phrases générales, sur l'augmentation nécessaire de l'armée, etc. Cela n'empêche pas que le lendemain il parut dans le *Moniteur* un discours couvrant plusieurs colonnes, et qui appartenait certainement plus au rédacteur qu'à moi.

On alla ensuite au Sénat expliquer la chose en phrases diplomatiques. Ce qu'il y a de bien singulier dans ce plan de campagne, et ce qui prouve l'heureuse combinaison des mesures qu'on avait prises, c'est que, malgré l'affaire d'Ulm, épisode fort important que l'Empereur n'avait pu prévoir, l'ordre des marches se trouva combiné de telle manière que tous les corps d'armée, partis de points différents et composant une masse de 80,000 hommes, arrivèrent à Munich au jour fixé par l'Empereur.

Note pour le Bureau de l'organisation.

Le 8 fructidor an XIII (26 août 1805).

Le bureau de l'organisation est prévenu que l'Armée des côtes a pris le nom de « la Grande Armée ».

La Grande Armée est commandée par l'Empereur en personne.

Le ministre de la guerre, major général, expédiant les ordres de l'Empereur.

S. A. S. le prince maréchal Murat, lieutenant de l'Empereur, commandant en son absence, commandant en chef la réserve des carabiniers, cuirassiers et dragons, quand Sa Majesté est à l'armée.

L'état-major général.

La Grande Armée est composée de 7 corps d'armée :

Le 1er corps comprend deux divisions; chacune de ces divisions composée de trois régiments, c'est-à-dire 9 bataillons; plus une division de cavalerie légère de quatre régiments.

Ce 1er corps est celui du Hanovre, commandé par le maréchal Bernadotte;

Le 2e corps, sous les ordres du général Marmont, est composé de trois divisions et d'une division de cavalerie légère;

Le 3e corps, sous les ordres du maréchal Davout, composé de trois divisions et d'une division de cavalerie légère;

Le 4e corps, sous les ordres du maréchal Soult, composé de trois divisions et d'une division de cavalerie légère;

Le 5e corps, sous les ordres de M. le maréchal Lannes, composé de trois divisions (*sic*) et d'une division de cavalerie légère;

Le 6e corps, sous les ordres de M. le maréchal Ney, composé de trois divisions et d'une division de cavalerie légère;

Le 7e corps, sous les ordres de M. le maréchal Augereau, composé de deux divisions de 9 bataillons chacune. Ce corps forme réserve.

Le corps de la cavalerie de réserve se compose :

De la 1re division de grosse cavalerie aux ordres du général Nansouty, composée d'une brigade de carabiniers et de deux brigades de cuirassiers, formant six régiments;

De la 2e division de grosse cavalerie aux ordres du général d'Hautpoul, composée de deux brigades de cuirassiers, formant quatre régiments.

D'un corps de dragons composé, savoir :

D'une division de dragons aux ordres du général Klein, composée de deux brigades, formant six régiments;

D'une 2e division aux ordres du général Walther, composée de deux brigades, formant six régiments,

D'une 3e division aux ordres du général Beaumont, composée de deux brigades, formant six régiments;

D'une 4e division aux ordres du général Bourcier, composée de deux brigades, formant six régiments;

Et d'une division de dragons à pied, composée de quatre régiments.

Les troupes qui restent aux camps de Montreuil, de Boulogne et d'Étaples sont commandées par un maréchal de France et dénommées Armée des côtes.

Le bureau du mouvement fera connaître aux bureaux de mon ministère cette formation, ainsi qu'au ministre directeur, au ministre du Trésor public, etc.

Les états de situation et les livrets présenteront la Grande Armée dans la formation ci-dessus.

Les corps qui occupent les camps de la Grande Armée sur les côtes s'appellera (*sic*) Armée des côtes.

Elle sera commandée par un maréchal de l'Empire, qui aura à ses ordres un général de division et quatre généraux de brigade, et les troupes ci-après. (*Voir la lettre suivante.*)

L'Empereur au maréchal Berthier.

Camp de Boulogne, 8 fructidor an XIII (26 août 1805).

Mon cousin, préparez des ordres pour le général Marmont et pour le maréchal Bernadotte.

Le général Marmont se mettra en marche avec tout son corps, fort de 20,000 hommes, tout son matériel d'artillerie et le plus d'approvisionnements de guerre qu'il pourra emporter. Il se rendra à Mayence : il lui faut 14 jours de marche. Cet ordre sera expédié le 9, après m'en avoir demandé l'autorisation, à 10 heures du soir ; il arrivera le 12 ; le général Marmont partira le 14 et sera arrivé à Mayence le 28. Il marchera à la fois par trois routes, de manière que tout son corps soit réuni à Mayence avant le 30 fructidor. Il fera verser la solde dans les caisses des quartiers-maîtres de son corps jusqu'au 1er brumaire.

Vous me présenterez également le 9, à 10 heures du soir, les ordres pour le maréchal Bernadotte. Vous lui ordonnerez de se réunir à Göttingen. Le courrier ne sera pas arrivé avant le 14. Le maréchal Bernadotte partira le 15 ; il lui faut 4 jours de marche pour se réunir à Göttingen. Recommandez-lui de lever le plus de chevaux d'équipages et de fournir à son corps d'armée le plus d'approvisionnements de guerre et d'artillerie qu'il pourra.

Vous me présenterez également le 9, à 10 heures du soir, les ordres pour l'Italie, c'est-à-dire le départ de tous les corps qui doivent composer la 4e et la 5e division et qui sont en Piémont et à Gênes, pour Brescia, ainsi que tous les régiments d'artillerie, de chasseurs, dragons et cavalerie, qui se trouvent en

Piémont. Faites armer et approvisionner sur-le-champ les citadelles de Turin et d'Alexandrie, que mon intention est de garder cette campagne, puisque Alexandrie ne peut pas encore remplir mon but. Votre ordre arrivera le 14 ; ainsi, avant le 30, tout sera prêt à Brescia.

Vous me présenterez également le 9, à 10 heures du soir (1), l'ordre de mettre en route la première division du corps d'armée du maréchal Davout par une des routes de gauche, la première division du corps du maréchal Soult par une des routes du milieu, et la première division du corps du maréchal Ney par une des routes de droite. Ce premier mouvement se fera le 10 ; le 12 partiront les deuxièmes divisions, et le 13 les troisièmes ; et comme il faut vingt-quatre jours de marche pour se rendre sur le Rhin, elles y arriveront pour le 1er vendémiaire. Chaque corps d'armée laissera un régiment, savoir : le corps du centre, le 72e ; le corps de droite, le 21e d'infanterie légère, et le corps de gauche, le régiment qui est le plus faible et qui a le plus de conscrits. Les 3es bataillons de ces régiments viendront les joindre au camp ; indépendamment de ces bataillons, trois 3es bataillons des corps

---

(1) Au reçu de cet ordre, Berthier adresse la lettre suivante à l'Empereur :

Boulogne, le 9 fructidor an XIII (27 août 1805).

Sire,

Votre Majesté, dans son ordre d'hier, me dit de lui porter ce soir 9, à 10 heures, les ordres de départ (pour le 10) des premières divisions des corps de droite, du centre et de gauche.

J'ai l'honneur d'observer à Votre Majesté que, pour que ces divisions puissent partir demain, il faut que je leur remette leurs ordres sur-le-champ, ayant à peine le temps de faire les dispositions nécessaires.

J'attends, par le retour de mon aide de camp, l'autorisation de Votre Majesté.

J'ai beaucoup à travailler pour porter ce soir à Votre Majesté tout ce qu'Elle m'a demandé, mais je ne perds pas une minute.

Ci-joint une lettre de l'amiral Lacrosse, qui annonce que le fascinage du barrage de la Liane a été enlevé cette nuit par le courant.

Je présente à Votre Majesté l'hommage de mon profond respect.

Maréchal BERTHIER.

de la droite se rendront au camp d'Ambleteuse ; six 3es bataillons des corps du centre se rendront à Boulogne, et un 3e bataillon du corps de la gauche se rendra à Étaples. Par ce moyen, il restera au camp neuf bataillons entiers et dix 3es bataillons, ce qui fera dix-neuf bataillons.

La division Gazan et la 4e division du centre partiront par les deux meilleures routes, immédiatement après les autres divisions. Vous ordonnerez de donner sur-le-champ des magasins, à chaque soldat de la division Gazan, la troisième paire de souliers, comme l'a eue toute l'armée.

Vous ordonnerez qu'on fasse partir de Metz des effets de campement pour Strasbourg, de manière qu'au 1er vendémiaire on ait de quoi tenter 80,000 hommes. Chaque division partira avec son artillerie, personnel, matériel et attelages, à moins que le Premier Inspecteur ne garantisse avoir le matériel à Strasbourg. Vous aurez soin qu'avant de partir on ait changé tous les fusils et que chacun parte bien armé. Les sapeurs, les officiers du génie, les commissaires des guerres, les administrations, etc..., tout restera organisé comme il l'est. L'administration partira en règle après la 2e division. Vous aurez une conférence avec M. Pétiet pour que la manière dont l'armée doit être nourrie soit bien déterminée ; mon intention est qu'elle le soit par les mêmes administrations ; aussi bien dans trois mois puis-je faire une contre-marche.

Le prince Murat sera nommé lieutenant de l'Empereur, commandant en chef de l'armée en l'absence de Sa Majesté. Vous me présenterez aussi, le même jour, un ordre du prince Murat d'être rendu à Strasbourg le 24 fructidor pour commander en l'absence de l'Empereur. Vous nommerez le général Sanson chef de votre bureau topographique. Il préparera les cartes relatives au théâtre de la guerre en Allemagne et en Italie. Vous vous concerterez avec le ministre de la marine pour me présenter aussi, le 9 au soir, un projet de décret pour que la flottille d'Étaples et de Wimereux soit transportée à Boulogne, excepté une division de chaloupes canonnières. Cependant, si la flottille d'Étaples pouvait remonter jusqu'auprès de Montreuil, je préférerais la placer là, et que toute la flottille de Boulogne, excepté les prames et les chaloupes canonnières, soit conservée à flot au delà du barrage. Que les vivres et les munitions, et tout ce qui pourrait péricliter, soient transportés au château de Boulogne; que huit compagnies d'artillerie, qui sont à Douai, viennent ici pour le service des côtes. Vous laisserez un corps de gendarmerie pour empêcher la désertion des matelots, qui tous sont armés de fusils et feront le service sous le commandement de leurs officiers, pour défendre la flottille jusqu'au retour de l'armée. Un général de brigade commandera à Étaples, un à Ambleteuse et un à Boulogne. Un général de division commandera tout l'arrondissement de l'armée, depuis et y compris Gravelines jusqu'à la Somme. Il sera laissé à Boulogne une compagnie d'artillerie lègère avec deux batteries mobiles. L'unique soin du général de division sera de veiller à la sûreté de la côte et des ports et à la conservation des camps. Peut-être serait-il aussi convenable d'enfermer à Boulogne la flottille batave, afin qu'il n'y ait que ce point à garder, ce qui n'empêcherait pas de laisser la même disposition aux troupes, d'après la facilité de se transporter d'Ambleteuse à Boulogne. Jusqu'à nouvel ordre et jusqu'à l'arrivée des 3es bataillons, la division italienne campera à Boulogne; elle recevra l'ordre de rejoindre la Grande Armée lorsque les 3es bataillons commenceront à être fortifiés de conscrits. Le général Taviel restera à Boulogne pour commander les batteries. Les 500 hommes des canonniers de la marine y resteront aussi pour ce service. Les places de Dunkerque, Gravelines, Calais, la haute ville de Boulogne seront armées comme il convient en temps de guerre.

NAPOLÉON.

Faites partir le 10, au matin, la division de cavalerie légère que commandait le général Broussier; envoyez-la sur Spire par la quatrième route, de manière qu'elle ne gêne pas les trois grandes routes de l'armée (1).

Les trois bataillons qui se rendront à Ambleteuse sont le 3e du 23e de ligne, les deux du 17e. Il suffit que ces corps soient

(1) Ce paragraphe est le seul consacré à la division de cavalerie légère dans les ordres de l'Empereur. Berthier ne fit donc pas, pour les régiments de cette subdivision d'arme, les mêmes recommandations que

rendus à Boulogne avant le 15 fructidor. Le 21e d'infanterie campera le plus près possible des vaisseaux.

Les six bataillons destinés à Boulogne sont : le 3e du 26e, le 3e du 45e, le 3e du 55e, le 3e du 46e, le 3e du 28e et le 3e du 65e.

Les trois régiments italiens viendront, le 1er à Boulogne, au camp de gauche ; ils y resteront jusqu'à nouvel ordre, c'est-à-dire jusqu'à ce que les 19 bataillons soient bien organisés et un peu renforcés.

Il y aura 2 compagnies d'artillerie, fortes au moins de 120 hommes, toutes deux à Ambleteuse ; 2 compagnies pour la droite de Boulogne, 2 compagnies pour la gauche, 2 compagnies pour Étaples. Le général d'artillerie désignera les compagnies ; ce ne devront pas être celles destinées à l'expédition.

Le général Taviel commandera l'artillerie. Il aura quatre officiers supérieurs d'artillerie, campés un au camp de droite de Boulogne, un au camp de gauche, un à Ambleteuse et un à Étaples (1).

Note pour le Bureau du mouvement.

Boulogne, le 8 fructidor an XIII (25 août 1805).

M. Salamon expédiera les ordres à la division de cavalerie légère qui était aux ordres du général Broussier de partir de ses cantonnements le 10 fructidor au matin, pour se rendre à Saint-Omer et de là continuer sa route pour se diriger sur Spire par Cassel.

Préparer ses cantonnements à Spire.

---

pour les cuirassiers et les dragons, et la cavalerie légère laissa des hommes et des chevaux disponibles dans les dépôts :

Le général Piston au maréchal Berthier.

Tournai, 14 fructidor an XIII (1er septembre 1805).

..... Le colonel du 9e régiment de hussards m'a demandé l'autorisation d'emmener 60 hommes montés de son dépôt, qui est à Lille, ce que je ne lui ai pas accordé, n'ayant aucun ordre pour changer la composition des escadrons qui composent la division.....

(1) *Correspondance de Napoléon*, n° 9137.

Elle partira avec toute son organisation, elle sera commandée par un général de brigade ou par le plus ancien colonel.

Toute la division marchera ensemble et militairement, chacun à son poste ; des officiers précéderont la division de trois à quatre marches pour faire préparer les étapes.

Le 10, la 1re division du corps du maréchal Davout partira par la route de gauche pour se rendre à Haguenau.

La 1re division du corps du maréchal Soult partira par la route du centre pour se rendre au cantonnement de Strasbourg.

La 1re division du corps du maréchal Ney partira par la route de droite pour se rendre à Schelestadt.

Le 11 (29 août), il ne partira personne afin d'assurer la subsistance des autres troupes.

Le 12 (30 août), la 2e division du maréchal Davout suivra la même route que la 1re.

La 2e division du maréchal Soult partira pour suivre la même route que la 1re.

La 2e division du maréchal Ney partira pour suivre la même route que la 1re.

Le 13 (31 août), les 3es divisions de chacun des trois corps suivront la route des 1res colonnes.

Le 14 (1er septembre), tout ce qui restera de la division du maréchal Davout, soit artillerie....., etc....., suivra la marche de sa colonne.

La 4e division du maréchal Soult suivra les 1res.

La division du général Gazan partira le 14 pour suivre la route de droite qu'aura suivie le corps du maréchal Ney.

Tout ce qui restera de l'artillerie, sapeurs, etc..... du corps de droite suivra la marche de sa colonne.

Les administrations des différents corps de l'armée marcheront en ordre entre la 2e et la 3e division, c'est-à-dire avec la 3e division.

Les régiments de troupes à cheval marcheront, savoir :

Ceux du corps de droite, le 14 (1er septembre) ;
Ceux du corps du centre, le 15 (2 septembre) ;
Ceux du corps de gauche, le 14.

Le général Songis sera prévenu que, le 11 (29 août), je ne fais partir aucune colonne de Boulogne, Ambleteuse et Étaples, et qu'il peut profiter de ce jour pour faire partir les équipages d'artillerie.

Que les 10, 12, 13 et 14, il partira de chacun des trois camps une colonne de 8,000 hommes, de manière qu'il ne restera de libre que le 11 (29 août) et ensuite le 15 (2 septembre).

Cependant, il est le maître de faire partir avec chaque division l'artillerie qu'il jugera convenable; il en préviendra les maréchaux.

Les maréchaux de chaque corps d'armée régleront la marche des états-majors généraux.

Chacun doit marcher à son poste de guerre; on aura soin d'envoyer à l'avance le commissaire de l'administration pour assurer le service des étapes.

Les généraux seront prévenus qu'ils recevront un ordre particulier pour les troupes qui devront rester pour occuper leurs camps.

Expédier de suite une lettre au général Dejean avec les itinéraires, pour que je l'envoie ce soir par un courrier.

Expédier également de suite une lettre à M. Petiet.

Maréchal Berthier.

Note pour M. Salamon.

8 fructidor (26 août 1805).

Quoique les ordres de départ des divisions soient donnés par les généraux en chef, il faut néanmoins une feuille de route pour chaque division, avec un ordre.

Le Ministre de la guerre au maréchal Davout (1).

Boulogne, le 9 fructidor an xiii (27 août 1805).

L'Empereur ordonne, Monsieur le Maréchal, que toutes les divisions composant le corps d'armée que vous commandez

---

(1) Même ordre au maréchal Ney, en remplaçant Haguenau par Schelestadt, et Bisson par Dupont.

se mettent successivement en marche pour se diriger sur Haguenau.

Donnez, en conséquence, vos ordres pour disposer ce mouvement.

Vous ferez mettre en marche la 1re division commandée par le général Bisson, demain 11 fructidor (28 août).

Le 11, il ne partira personne, afin de faciliter les moyens d'assurer les subsistances des troupes subséquentes.

Vous ferez partir le 12 fructidor (30 août), la 2e division qui suivra la même route que la 1re.

Le 13 (31 août), la 3e division se mettra en mouvement suivant la même direction.

Et vous ferez partir le 16 (1er septembre) tout ce qui restera de votre corps d'armée, soit en troupes d'artillerie ou de génie, détachements, etc.

Vous ferez également partir le même jour la brigade de cavalerie.

Toutes ces troupes, marchant successivement, suivront la même route.

Je joins ici un itinéraire pour chacune de vos divisions.

L'intention expresse de Sa Majesté est qu'elles partent avec armes et bagages et toute leur organisation, qu'elles marchent ensemble et militairement, en ordre de guerre et chacun à son poste.

Vous prescrirez aux généraux qui les commandent de marcher à la tête de leur brigade, aux colonels d'être à la tête de leurs corps.

L'intention expresse de Sa Majesté est que les généraux commandant les divisions prennent toutes les précautions nécessaires pour prévenir la désertion et maintenir le plus grand ordre et la discipline la plus exacte en route.

Vous leur ordonnerez de se faire précéder d'abord de vingt-quatre heures et ensuite de trois ou quatre journées, par des officiers d'état-major chargés de préparer les cantonnements que les troupes occuperont chaque nuit, et par un commissaire des guerres auquel on donnera la mission expresse de faire préparer les subsistances, de sorte qu'à l'arrivée de la division dans le gîte d'étape et les cantonnements environnants, tout soit prêt pour son établissement.

Recommandez aux généraux commandant les divisions de ne faire arriver dans les chefs-lieux d'étape que les corps qui devront y loger, de faire passer directement dans leurs cantonnements par le chemin le plus court ceux qui devront rester en deçà, et de faire traverser le gîte principal sans s'y arrêter aux corps qui devront loger au delà. Il doit en être de même chaque matin pour le départ ; la réunion de la division ne doit s'effectuer que dans le cantonnement le plus avancé sur la route que l'on aura à faire dans la journée, afin de ne point fatiguer inutilement les troupes.

Les administrations du corps d'armée que vous commandez, Monsieur le Maréchal, doivent marcher en ordre entre les 2e et 3e divisions, c'est-à-dire avec la 3e division.

Vous réglerez de la manière que vous jugerez la plus utile au service la marche de votre état-major général.

Donnez, Monsieur le Maréchal, les instructions les plus précises aux généraux de division pour la conduite qu'ils auront à tenir en route.

Instruisez-moi des dispositions que vous aurez ordonnées pour l'exécution de ce mouvement ainsi que du départ successif de chaque division.

Je vous adresse particulièrement, Monsieur le Maréchal, des ordres concernant les troupes que vous devez laisser pour garder votre camp.

Le 21e régiment d'infanterie légère sera distrait de sa division au moment où elle se mettra en marche et ne la suivra point. En conséquence, il n'est pas compris dans l'itinéraire de cette division.

Le Ministre de la guerre,

Maréchal Berthier.

P.-S. — Vous ne trouverez ci-joint l'ordre de route que pour une division : vous recevrez successivement celui des autres divisions de votre armée, s'il n'y a point de contre-ordre.

Le Ministre de la guerre à M. le maréchal Soult.

Boulogne, le 9 fructidor an XIII (27 août 1805).

Je vous envoie ci-joint, Monsieur le Maréchal, l'ordre de départ pour les 4 divisions de votre armée. L'intention de Sa Majesté est que les 72e et 22e régiments restent à Boulogne.

Le 72e campera au camp de droite de Boulogne, et le 22e au camp d'Étaples ; mais il n'y arrivera qu'au petit jour, avant le départ de la dernière colonne de M. le maréchal Ney. Vous vous entendrez à cet égard avec lui pour ce mouvement. J'ordonne aux 3es bataillons de ces deux régiments de les rejoindre au camp.

L'intention de l'Empereur est également que six des 3es bataillons des corps du centre se rendent à Boulogne.

Ces six bataillons seront :

Le 3e du 36e
Le 3e du 45e } qui camperont à la droite de Boulogne.
Le 3e du 55e
Le 3e du 46e
Le 3e du 28e } qui camperont au camp de gauche.
Le 3e du 65e

Le général Rey commandera à Boulogne la veille du départ de votre dernière division.

Les 3 régiments italiens qui sont à Calais se rendront au camp de gauche de Boulogne ; ils y resteront jusqu'à nouvel ordre.

Deux compagnies d'artillerie, fortes au moins de 120 hommes chacune, seront employées pour la droite de Boulogne ; deux autres de même force pour la gauche. Le général Songis désignera ces compagnies. L'Empereur a donné le commandement de l'artillerie au général Faviel, qui aura sous ses ordres quatre officiers d'artillerie, dont deux à Boulogne.

Le général Songis est chargé de faire les dispositions nécessaires pour qu'en arrivant à Strasbourg, vous ayez toute votre artillerie. Il est autorisé, à cet effet, à faire suivre avec les divisions tout ce qu'il croira nécessaire et qu'il craindrait de ne pas trouver prêt à Strasbourg.

Le général Macors, ainsi que tout ce qui tient au génie et à l'artillerie de votre armée, doit vous suivre. Si vous avez quelques explications à demander à cet égard, vous correspondrez avec le général Songis.

J'ai donné l'ordre pour que tous les fusils marqués pour la réforme fussent échangés. Veillez à ce que chaque division ne parte point que cet ordre n'ait été exécuté.

Vous pouvez, à cet égard, correspondre avec le général Songis, qui est suffisamment autorisé à faire les échanges nécessaires appuyés des procès-verbaux, etc., etc.....

L'armée sur le Rhin sera nourrie par les mêmes administrations qu'à l'Armée des côtes; nous ne faisons qu'un mouvement d'armée; l'intention de l'Empereur étant dans quelques mois de faire une contre-marche pour revenir ici. Je laisserai à Boulogne un corps de gendarmerie suffisant pour maintenir la police.

Le commissaire des guerres Demandois restera provisoirement à Boulogne, chargé du service.

En attendant l'arrivée du général Rey, je proposerai à l'Empereur de laisser le général Moreau.

Le général Carra-Saint-Cyr a l'ordre de se rendre ici pour prendre le commandement de la côte et résidera à Boulogne.

Telles sont, Monsieur le Maréchal, les principales dispositions qui vous concernent; mais, comme vous ne partirez qu'après les dernières troupes de votre armée, vous conserverez le commandement de tout l'arrondissement jusqu'à cet instant et vous donnerez au général Saint-Cyr tous les renseignements que vous croirez nécessaires.

J'oublie sûrement quelques détails; mais nous y suppléerons en exécutant.

Maréchal Berthier.

Le Ministre de la guerre au général Malher, commandant la 3e division du corps de gauche de l'Armée des côtes de l'Océan.

Boulogne, le 9 fructidor an XIII (27 août 1805).

Je vous préviens, Général, que j'adresse l'ordre à M. le maréchal Ney de faire mettre en marche, le 13 fructidor (31 août) la 3e division du corps d'armée qu'il commande, pour se rendre à Schelestadt.

Cette division, dont le commandement vous est confié, doit

partir avec armes et bagages et toute son organisation. Elle doit marcher ensemble et militairement en ordre de guerre et chacun à son poste.

Vous marcherez à la tête de cette division, les généraux de brigade à la tête de leur brigade et les colonels à la tête de leur corps.

L'intention expresse de Sa Majesté est que vous preniez ensuite toutes les précautions nécessaires pour maintenir le plus grand ordre, la discipline la plus exacte, pour prévenir la désertion.

Vous aurez le plus grand soin de vous faire précéder, d'abord de vingt-quatre heures et ensuite de deux en deux journées, par des officiers de votre état-major, chargés de préparer les cantonnements que les troupes occuperont chaque nuit, et par votre commissaire des guerres, auquel vous donnerez la mission expresse de faire préparer les subsistances ; de sorte qu'à l'arrivée de la division dans son gîte d'étapes et les cantonnements environnants, tout soit prêt pour son établissement.

Dans le cas où les gîtes principaux seraient insuffisants pour loger les régiments sous vos ordres, vous aurez soin de ne faire arriver dans le chef-lieu d'étape que les corps qui devront y loger, ceux qui devront rester en deçà se rendront dans leur cantonnement par le chemin le plus court ; ceux au delà devront traverser le gîte principal sans s'y arrêter; il en sera de même pour le départ, et la division ne se réunira qu'au cantonnement le plus avancé sur la route qu'on aura à faire dans la journée, afin de ne pas fatiguer inutilement les troupes.

M. le maréchal Ney vous remettra, Général, l'itinéraire que vous devrez suivre, ainsi que ses instructions particulières sur l'exécution de ces mouvements (1).

Maréchal BERTHIER.

Le Ministre de la guerre au maréchal Lannes, commandant en chef l'avant-garde de l'Armée des côtes.

Boulogne, le 9 fructidor an XIII (27 août 1805).

L'Empereur ordonne, Monsieur le Maréchal, que la division

---

(1) Le même ordre est adressé à tous les généraux de division.

d'infanterie commandée par le général Gazan, qui est la seule division restant actuellement à l'avant-garde de l'armée, se mette en marche le 14 fructidor pour se rendre, par Montreuil, à Schelestadt conformément à l'itinéraire ci-joint.

. (*Prescriptions de détail comme au maréchal Davout.*)

Maréchal Berthier.

Le Ministre de la guerre au maréchal Davout (1).

Boulogne, le 9 fructidor an XIII (27 août 1805).

J'ai l'honneur de vous prévenir, Monsieur le Maréchal, que l'intention de l'Empereur est que les troupes soient nourries en route comme elles le sont au camp, c'est-à-dire qu'elles doivent recevoir le pain de l'administration de Vanlerberghe et la viande de celle de Delannoy ; il sera fait, autant que possible, une distribution d'eau-de-vie tous les deux ou trois jours.

Les couvertures resteront en magasin.

Le Ministre de la guerre,
Maréchal Berthier.

P.-S. — Je vous préviens que je viens de donner l'ordre au payeur d'acquitter dans la nuit la solde due aux premières divisions qui partent demain, et dans la journée de demain celle des autres divisions. Je vous prie de donner l'ordre à chaque général de division de me faire connaître tous les jours si le service a été bien fait dans les lieux d'étape, si le soldat a eu ce qui lui faut, enfin s'il est content.

Le Ministre de la guerre au maréchal Davout (1).

Boulogne, le 9 fructidor an XIII, 7 heures du matin (27 août 1805).

J'ai l'honneur de vous prévenir, Monsieur le Maréchal, que

(1) Même ordre à tous les maréchaux. Avis en est donné à Marescot, à Songis, à Baraguey-d'Hilliers, Dejean et Petiet.

l'intention de l'Empereur est que tous les fusils marqués pour la réforme dans le corps d'armée que vous commandez et qui n'ont pas encore été échangés, le soient de suite ; que ceux de la 1re division soient surtout échangés dans la journée.

Je donne, à cet égard, l'autorisation nécessaire au général Songis, premier inspecteur général d'artillerie. L'échange pour la 1re division peut être fait de suite, attendu l'urgence ; les autres se feront successivement d'après mes ordres, de manière que tous les corps soient bien armés.

Les corps et les conscrits nouvellement arrivés qui n'auraient pas encore reçu la paire de souliers de gratification, doivent également la recevoir de suite ; ceux de la 1re division dans la journée. J'en préviens M. le Commissaire général qui, pour cet effet, doit faire débarquer les souliers qui sont à bord.

L'intention de Sa Majesté est aussi, Monsieur le Maréchal, que les régiments envoient en poste à Haguenau et villes adjacentes un officier pour y faire confectionner, dans le courant de vendémiaire prochain, 2 paires de souliers par chaque homme de leur corps ; une paire sera payée sur la masse de linge et chaussure ; l'autre sera payée par l'Empereur qui la donne en gratification aux troupes ; les fonds sont faits en conséquence.

Ces 2 paires de souliers sont indépendantes des 3 paires que chaque soldat doit avoir en partant.

Veuillez, Monsieur le Maréchal, donner vos ordres en conséquence.

Le Ministre de la guerre, major général,

Maréchal Berthier.

Le général Songis est autorisé à faire faire cet échange sur pièces et procès-verbaux en règle.

Le maréchal Berthier à M. Petiet, commissaire général.

Boulogne, le 9 fructidor an XIII (27 août 1805).

Je vous ai fait connaître, Monsieur le Commissaire général, les mouvements que doivent faire les Armées des côtes de l'Océan.

L'intention de l'Empereur est que les mêmes administrations fassent ce service sur le Rhin comme elles le font sur les côtes, puisque c'est toujours la même armée qui fait un grand mouvement d'opérations et qui, dans quelques mois, doit rentrer dans ses camps sur les côtes. Je vais vous faire connaître les troupes qui occuperont les positions d'Ambleteuse, Boulogne et Étaples et pour lesquelles il faut que vous organisiez un service.

Les objets susceptibles de s'avarier doivent être portés dans le château de Boulogne.

J'ordonne que les places de Dunkerque, Gravelines, Calais et la haute ville de Boulogne soient armées comme doivent l'être les places en temps de guerre. Donnez les ordres en ce qui vous concerne.

Il y aura de plus à Boulogne une compagnie d'artillerie légère et deux batteries mobiles attelées.

Telles sont, Monsieur, les dispositions générales ; celles de détails, qui peuvent être oubliées, se rectifieront dans l'exécution.

Quant aux dispositions sur le Rhin, l'armée y sera tout assemblée vers le 1er vendémiaire (23 septembre). L'Empereur voudrait avoir à Strasbourg des effets de campement pour 80,000 hommes ; en faisant venir ceux qui sont à Metz, on aurait ce nombre, car il y en a déjà pour 40,000 hommes à Strasbourg.

Assurez-vous que les services seront prêts sur le Rhin au 1er vendémiaire.

On ne doit pas débarquer de vivres de la flottille sans de nouveaux ordres.

J'ai l'honneur de vous saluer.

Maréchal Berthier.

Le Ministre de la guerre au Commissaire ordonnateur en chef du corps de gauche de l'Armée des côtes de l'Océan.

Boulogne, le 9 fructidor an XIII (27 août 1805).

Je vous préviens, Monsieur, que je donne l'ordre à M. le maréchal Ney de faire mettre successivement en marche, les 10, 12, 13 et 14 fructidor (28, 30, 31 août et 1er septembre), les divisions d'infanterie et la brigade de cavalerie, ainsi que les troupes d'artillerie et du génie, composant le corps d'armée, pour se rendre à Schelestadt, conformément à l'itinéraire ci-joint.

Les commissaires des guerres attachés à chaque division devront les précéder, afin de faire préparer les subsistances dans les gîtes qu'elles auront à parcourir.

Vous aurez le plus grand soin, Monsieur, de veiller à ce que les services soient assurés, dans toutes leurs parties, sur toute la route que ce corps d'armée va suivre. Vous vous ferez rendre des comptes fréquents à cet égard par les commissaires qui marcheront en avant de chaque division, et vous me tiendrez exactement informé de l'état des choses.

Maréchal BERTHIER.

Ordre pour le camp de Boulogne.

Au quartier général, à Boulogne, le 9 fructidor an XIII de la République (27 août 1805).

MM. les généraux divisionnaires seront prévenus que l'intention de l'Empereur est qu'il soit délivré une paire de souliers de gratification aux conscrits dernièrement arrivés aux régiments, afin que tous les sous-officiers et soldats faisant partie des bataillons de guerre aient participé à ce bienfait de Sa Majesté.

L'intention de l'Empereur est aussi que tous les fusils, dont le remplacement a été approuvé et ordonné pour les divers régiments, soient échangés dans le jour. MM. les généraux donneront des ordres en conséquence, et ils seront prévenus que ces deux distributions se feront par ordre de numéro de division.

Le général Saint-Hilaire me rendra compte, dans la nuit, de l'exécution de cet ordre pour ce qui le concerne, et les autres généraux successivement.

Le général Saint-Hilaire sera prévenu qu'il recevra, dans le jour, un ordre de mouvement pour toute sa division.

L'ordonnateur en chef se mettra de suite en mesure de faire distribuer la paire de souliers de gratification accordée par l'Empereur, et il se fera remettre des états arrêtés par les conseils d'administration, qui justifient l'emploi qui en sera fait.

Le Maréchal,

SOULT.

Ney, maréchal de l'Empire, commandant en chef le camp de Montreuil-sur-Mer, à S. E. le Ministre de la guerre.

Au quartier général, à Recques (1), le 9 fructidor an XIII
10 heures du soir (27 août 1805).

J'ai l'honneur de rendre compte à Votre Excellence qu'aussitôt après avoir reçu ses lettres de ce jour, j'ai donné tous les ordres nécessaires pour l'exécution des dispositions qu'elles contiennent, relativement à la marche des divisions du corps de gauche sur Schelestadt.

Demain, à 6 heures précises du matin, la 1re division, aux ordres du général Dupont, composée des 96e, 32e de ligne et 9e légère, partira de son camp de Camiers avec armes et bagages pour aller coucher à Hesdin, et en repartira le 11 pour suivre l'ordre de marche que vous avez arrêté. Je me rendrai au camp, avant le départ de cette division, pour m'assurer de l'exécution des dispositions particulières que j'ai prescrites pour que ce départ s'effectue dans le plus grand ordre.

Les conscrits ont reçu la paire de souliers qui leur est accordée en gratification.

L'échange du petit nombre de fusils marqués pour la réforme aura lieu demain à Montreuil, lors du passage des corps de la 1re division par cette ville.

Un officier par régiment partira en poste pour se rendre à Schelestadt, afin de surveiller la confection de deux paires de souliers par homme présent aux bataillons de guerre, conformément aux intentions de Sa Majesté.

Un détachement de 4 compagnies, commandé par un chef de bataillon, est depuis cet après-midi au camp de Camiers pour la

---

(1) A 6 kilomètres environ au nord de Montreuil.

garde des baraques et pour fournir aux postes que la 1re division occupait sur la côte.

. . . .

J'ai l'honneur de vous adresser ci-joint copie des instructions particulières que j'ai données au général Dupont, avec invitation de ne les communiquer à personne. Si les deuxième et troisième divisions, l'artillerie, les sapeurs et la brigade de cavalerie suivent immédiatement la même destination, j'adresserai aux généraux qui les commandent, et au moment convenable, une semblable instruction.

J'ai suivi ponctuellement les ordres de Votre Excellence ; je désire m'être conformé aux intentions de Sa Majesté, et j'espère que les circonstances me fourniront l'occasion de donner des preuves de mon amour pour sa personne et de mon zèle ardent pour la gloire et la prospérité de son règne.

J'ai l'honneur de vous saluer.

NEY.

ARMÉE DES COTES. — CORPS DE DROITE.

Le général de division Mathieu Dumas, conseiller d'État, chef de l'état-major général, à M. le général de division Gudin, commandant la 3e division.

Au quartier général à Ambleteuse, le 10 fructidor an XIII (28 août 1805).

J'ai l'honneur de vous transmettre, mon cher Général, les ordres adressés par Son Excellence le Ministre de la guerre à M. le général Davout pour le mouvement de la 3e division du corps de droite, en exécution de celui de contre-marche que doit faire l'armée.

Conformément à l'ordre exprès de Sa Majesté, vous devez marcher à la tête de votre division et prescrire aux généraux de brigade de marcher à celle de leur brigade et aux colonels à celle de leur corps.

M. le Maréchal m'a chargé de vous faire part de ses intentions sur quelques précautions qu'il croit utiles pendant la marche et qu'il veut rendre uniformes.

Il devra toujours y avoir cent pas d'intervalle entre chaque bataillon.

Les troupes marcheront sur deux files, partageant et laissant libre le milieu de la route.

L'avant-garde et l'arrière-garde seront commandées sur toute la division.

L'intention expresse de Sa Majesté est que vous preniez toutes les précautions que vous croirez utiles pour prévenir la désertion. Vous ne devez point vous borner à faire éclairer vos flancs par la gendarmerie attachée à votre division, mais vous devez encore prévenir les postes de gendarmerie des départements, pour qu'ils concourent à cette vigilance.

Les bagages marcheront au milieu de l'arrière-garde, qui sera divisée en deux parties, savoir : une première marchant immédiatement à la queue de la colonne et une seconde partie après les bagages.

Ces arrière-gardes seront commandées par un officier supérieur, auquel vous prescrirez de ne pas souffrir que, sous aucun prétexte, il reste des traînards à la queue de la colonne. Les généraux devront veiller à ce que la tête de la colonne marche d'un pas égal, soutenu, et tel que la troupe ne puisse faire plus d'une lieue de poste à l'heure.

La tête de la colonne fera une halte de cinq minutes au moins à chaque lieue, indépendamment des haltes que pourrait exiger l'allongement de la colonne, et que l'arrière-garde demanderait par les batteries d'usage; il est bien entendu que les bagages et la dernière arrière-garde ne sont point compris dans cette dernière précaution.

Il sera fait aux trois quarts de la marche une halte au moins d'une demi-heure suivant la longueur de la journée.

La division devra toujours être ralliée et faire halte un demi-quart de lieue avant d'arriver à la station principale, ou avant le point désigné pour la distribution des logements et la séparation des bataillons ou détachements qui devront occuper des cantonnements, soit en avant, soit en arrière.

L'ordre pour la marche devra toujours être donné avant la distribution des logements.

MM. les généraux de brigade devront particulièrement tenir la main à ce que les tambours soient divisés par tiers, à la tête, au centre et à la queue des bataillons. Ces trois groupes de tambours devront battre alternativement, de manière que ceux de la tête recommencent, lorsque ceux de la queue auront, à des intervalles égaux, cessé de battre.

La musique jouera pendant tout le temps des haltes.

Indépendamment de la reconnaissance des logements de votre division, que vous devez, d'après l'ordre du Ministre, faire faire par des officiers de votre état-major, j'ai l'honneur de vous prévenir que M. le Maréchal fait ouvrir et précéder la marche de l'armée par l'adjudant-commandant Romeuf, qui, avec deux officiers d'état-major, est chargé de s'assurer auprès des principales autorités que tout est préparé, tant pour l'assiette des logements que pour donner au commissaire des guerres de votre division toutes les facilités qu'il sera possible de lui procurer d'avance pour assurer le meilleur service possible. L'adjudant-commandant Romeuf est spécialement chargé de transmettre au chef d'état-major de votre division, ou à l'officier qu'il aurait détaché en avant de lui, les premières indications qui pourront lui servir à distribuer et répartir le plus promptement les logements et cantonnements.

L'ordonnateur a observé, mon cher Général, qu'il serait convenable de ne faire prendre la viande que dans les gîtes où l'on distribuera le pain et qui sont connus du commissaire des guerres de la division, et sont marqués sur l'itinéraire ci-joint.

Je vous salue, mon cher Général, de tout mon cœur.

Mathieu Dumas.

Prescriptions de détail.

29 août-31 août 1805.

Un adjudant-général de l'état-major général avec deux adjoints, partira la veille du départ de la 1re division, pour faire préparer le logement pour les trois divisions de l'armée qui marchent à un jour de distance.

L'adjudant-général aura l'état de situation réglementaire par régiment.

Il fera le logement de manière à ce que tous les régiments soient sur le chemin, c'est-à-dire que dans aucun cas une troupe n'ait à faire un mouvement rétrograde pour se trouver au ralliement et se remettre en route pour la prochaine station.

L'état du logement sera signé par l'adjudant-général d'état-major général et transmis à l'adjudant-général de chaque division.

Les régiments feront connaître le nombre de galeux qu'ils ont, et il leur sera affecté un logement (des granges), qui ne pourra, dans aucun cas, servir à d'autres.

L'adjudant-général (1) s'assurera que les vivres d'étape sont prêts pour la quantité de troupes qui doit successivement passer sur chaque point, il prendra avec les autorités du pays toutes les mesures nécessaires pour assurer les distributions.

Mesures générales de marche.

Les généraux de brigade et les colonels marcheront à la tête de leurs troupes, à cheval.

Il y aura toujours cent pas d'intervalle entre chaque bataillon dans la marche. On marchera en deux files partageant et laissant libre le milieu de la route.

L'avant-garde et l'arrière-garde seront commandées sur toute la division.

Cette arrière-garde sera divisée en deux parties : la 1re sera immédiatement à la queue de la colonne, et la 2e après les bagages.

L'arrière-garde sera commandée par un officier supérieur qui ne laissera sous aucun prétexte des traîneurs en arrière.

L'ordre pour la marche sera toujours donné la veille avant la distribution des billets de logement.

Les généraux veilleront à ce que la tête marche d'un pas égal, soutenu, et que la troupe ne puisse faire plus d'une lieue de poste à l'heure.

La tête fera une halte de cinq minutes au moins à chaque lieue, indépendamment des haltes que pourrait exiger et demander l'arrière-garde de la colonne (sans y comprendre les bagages et la dernière arrière-garde) par les batteries d'usage.

---

(1) On a déjà vu, et l'on verra souvent le terme d'adjudant-général employé par inadvertance pour celui d'adjudant-commandant, de création récente.

Aux trois quarts du chemin, on fera une halte au moins d'une demi-heure, selon la longueur de la journée de marche.

La division devra être ralliée à un demi-quart de lieue du point de distribution des logements, c'est-à-dire du point de dispersion, et c'est à cette halte que les billets de logement seront donnés, ainsi que l'ordre de marche pour le lendemain et afin que la division arrive ensemble en ordre, et se sépare de même pour diriger les diverses troupes ou détachements vers leurs logements respectifs.

Les généraux de brigade tiendront la main à ce que les tambours divisés par tiers, à la tête, au centre et à la queue de leurs bataillons, battent alternativement et soient toujours entendus.

La musique jouera pendant les haltes.

Maréchal DAVOUT.

Le général de division Mathieu Dumas, conseiller d'État, chef de l'état-major général, à M. le général de division Gudin, commandant la 3e division.

Au quartier général, à Ambleteuse, le 10 fructidor an XIII (28 août 1805).

M. le Maréchal me charge, mon cher Général, de vous inviter à donner l'ordre au général de brigade Gautier de partir de Dunkerque avec le 85e régiment, le 16 de ce mois, pour vous rejoindre à Cassel le même jour. Le 85e régiment prendra à Dunkerque les vivres pour deux jours.

Le général Gautier reçoit directement l'ordre d'emmener avec lui tous les convalescents de votre division qui se trouveraient au dépôt de convalescents de Dunkerque. Ce dépôt sera entièrement évacué le 26 de ce mois.

Le mouvement du 85e doit être subordonné au vôtre qui, bien que fixé au 14, dépend encore des ordres particuliers de Son Excellence le Ministre de la guerre, qui se réserve de les transmettre particulièrement pour chaque division. Ainsi donc, le général Gautier devra être prévenu par vous de se mettre en marche le 16, à moins qu'il ne lui parvienne des ordres contraires. Le 85e régiment devra verser en magasin à Dunkerque, avant le départ, ses couvertures et ses autres effets de campement, en se réservant seulement le nombre de marmites, gamelles, grands bidons, haches, serpes, pelles et pioches, etc., réglé pour chaque compagnie dans les autres régiments de votre division, d'après l'ordre de M. le Maréchal, que j'ai déjà eu l'honneur de vous transmettre.

Je vous salue, mon cher Général, de tout mon cœur.

Pour le Général chef de l'état-major général,

HERVO.

Ordre du jour de la 3e division du 11 fructidor an XIII.

Au quartier général à Ambleteuse, le 14 fructidor an XIII (29 août 1805).

M. GALLICI, sous-lieutenant au 25e régiment, est nommé vaguemestre général de la division pour en remplir les fonctions pendant sa marche jusqu'à Haguenau. Il sera en conséquence chargé de réunir tous les bagages, de maintenir le bon ordre pendant la route, de veiller à ce qu'ils marchent ensemble et à ce que les voitures soient remplacées sans retard d'un gîte à l'autre.

Les vaguemestres des régiments seront spécialement sous les ordres du vaguemestre général de la division, qui les emploiera comme il le jugera convenable pour le bien du service.

Pour le 1er jour de marche, il sera commandé dans chacun des régiments de la division un détachement de 25 hommes, 1 sergent, 1 caporal et 1 lieutenant ou sous-lieutenant, qui sera chargé de la garde des équipages, et un autre détachement du même nombre d'hommes pour la garde de police. Ce dernier devra partir une heure avant les troupes pour se rendre au principal gîte, où il trouvera un officier d'état-major de la division, qui lui indiquera le service qu'il aura à faire et le nombre de sentinelles qu'il aura à fournir. Cette garde de police fournira également les factionnaires pour la sûreté des bagages de la division, dont les troupes d'escorte devront rentrer à leurs régiments respectifs, aussitôt leur arrivée au logement. Elle sera chargée le lendemain, 2e jour de marche, de l'escorte des équipages, et devra être relevée tous les jours, dès son arrivée au principal gîte, par le même nombre d'hommes que doit fournir chaque régiment pour sa formation. Cette garde de police fera le même service que la précédente, et escortera pendant la marche les bagages de la division, qui marcheront derrière l'arrière-garde.

Il sera attaché à la garde des équipages 4 sapeurs de la 8e compagnie, faisant partie de la division, parmi lesquels il devra y avoir 2 charpentiers et 2 taillandiers.

Les régiments qui composent la division fourniront de plus chacun 50 hommes, dont 1 sergent et 1 caporal, 1 lieutenant ou sous-lieutenant, qui formeront deux détachements d'égale force, chargés l'un de l'avant-garde et l'autre de l'arrière-garde. Cette dernière sera commandée par un officier supérieur, qui sera nommé tous les jours à cet effet à l'ordre de la division, ainsi qu'un capitaine pour commander l'avant-garde.

M. Burget, commissaire des guerres de la division, et M. Ferrari, capitaine adjoint à l'état-major, partiront la veille du départ des troupes de la division, pour assurer le service des subsistances des transports militaires et les logements des troupes par régiment, ainsi que ceux du quartier général, ce qui ne dispensera pas les corps d'envoyer en avant les officiers et fourriers des compagnies, chargés du logement, qui devront à leur arrivée au chef-lieu d'étape s'adresser à M. Ferrari, adjoint, pour connaître les cantonnements que les corps devront occuper pendant la nuit. Ceux dont les corps resteront en arrière des chefs-lieux d'étapes, iront au-devant d'eux pour éviter de rétrograder sur leurs cantonnements et leur servir de guides pour qu'ils s'y rendent directement.

M. Ferrari, adjoint à l'état-major, indiquera l'emplacement de la garde de police et celui des équipages, ainsi que les endroits où les sentinelles devront être placées.

Les détachements fournis par chaque régiment pour la garde de police, l'avant-garde et l'arrière-garde, se réuniront chaque jour le matin au lieu où la division se rassemblera, pour marcher ensemble.

Les bagages de la division seront réunis le 13 du courant, jour du départ, à 4 heures du matin près du camp, dans un emplacement qui sera indiqué par le vaguemestre général de la division.

Le Général de division,

Signé : GUDIN.

Pour copie conforme :

Le Chef de l'état-major de la 3e section,

DELOTZ.

6e CORPS.

Ordre de marche pour les divisions du corps de gauche de l'Armée des côtes de l'Océan se rendant à Schelestadt, conformément aux ordres de S. M. l'Empereur et Roi.

1° La 1re division, commandée par le général Dupont, partira de son camp de Camiers le 10 fructidor, à 6 heures précises du matin, marchera la gauche en tête, savoir :

Le 96e régiment d'infanterie de ligne;
Le 32e régiment d'infanterie de ligne;
Le 9e régiment léger.

Pour aller cantonner le même jour à Hesdin et environs ; cette division y séjournera le 11 et en repartira le 12 conformément à l'itinéraire arrêté par Son Excellence le Ministre de la guerre ;

2° La 2e division, aux ordres du général Loison, partira d'Étaples le 13 fructidor, à 6 heures du matin, marchant la gauche en tête :

Le 76e régiment d'infanterie de ligne ;
Le 69e régiment d'infanterie de ligne;
Le 39e régiment d'infanterie de ligne ;
Le 6e régiment léger,

ira ce même jour cantonner à Hesdin, en repartira le 14 pour suivre sa destination.

3° Le quartier général de l'armée, l'administration et tous ses équipages, l'inspecteur aux revues et la gendarmerie partiront le 14 pour Hesdin et en repartiront le 15, marchant ainsi entre la 2e et la 3e division pour suivre la même route;

4° La 3e division, aux ordres du général Malher, partira le 14 de ses camps de Fromesson et de Saint-Josse, à 6 heures du matin, ayant la gauche en tête, savoir :

Le 59e régiment d'infanterie de ligne;
Le 50e régiment d'infanterie de ligne;
Le 27e régiment d'infanterie de ligne;
Le 25e régiment léger.

Pour se rendre à Hesdin d'où elle partira le 15 pour suivre la direction qui lui est prescrite.

5° Le général Seroux, commandant l'artillerie, ainsi que les officiers de cette arme, les 6e, 9e et 10e compagnies du 1er régiment d'artillerie, partiront le 14 de Montreuil pour Hesdin et se mettront en marche le 15 pour suivre la direction de l'armée;

6° Le colonel Cazals, commandant le génie, son état-major, les compagnies de sapeurs et celles de mineurs partiront également le 14 de Montreuil pour suivre immédiatement les corps d'artillerie;

7° Enfin la brigade de cavalerie commandée par le général Tilly, marchant la gauche en tête, savoir :

Le 10e régiment de chasseurs;
Le 3e régiment de hussards,

et fermant la marche de l'armée, partira le même jour pour Hesdin et se conformera à l'itinéraire qui lui a été adressé;

8° Les généraux de division d'infanterie, de cavalerie, le général Seroux, le colonel Cazals, l'ordonnateur en chef et l'inspecteur aux revues donneront chacun en ce qui les concerne les ordres de détail nécessaires pour l'ensemble de la marche du personnel et du matériel sous leurs ordres; ils prendront les mesures de police et de surveillance qu'ils jugeront les plus convenables et veilleront à ce que chacun marche avec armes et bagages et que l'organisation sur le pied de guerre soit maintenue dans toutes ses parties;

9° Les généraux de division marcheront pendant la route à la tête de leur division, les généraux de brigade et colonels à la tête de leurs brigades et régiments;

10° Les divisions devront être précédées de vingt-quatre heures et ensuite de deux ou trois jours par des officiers d'état-major chargés de préparer les cantonnements que les troupes occuperont chaque nuit, et par le commissaire des guerres, qui sera chargé d'assurer le service des subsistances, de manière qu'à l'arrivée de la division dans les gîtes d'étapes et les cantonnements environnants, tout soit prêt pour son établissement;

11° La troupe recevra les vivres de campagne et tous les deux ou trois jours une ration d'eau-de-vie;

12° Les généraux de division ne feront arriver dans les chefs lieux d'étapes que les corps qui doivent y loger; ils feront passer directement et par le chemin le plus court en deçà et au delà les troupes qui ne devront pas y rester, afin de ne pas fatiguer inutilement le soldat.

La réunion de la division s'effectuera le jour suivant dans le cantonnement le plus avancé sur la route qu'on aura à tenir;

13° Les généraux prendront toutes les précautions nécessaires pour prévenir la désertion, maintenir le plus grand ordre et la discipline la plus exacte pendant la marche;

14° Les généraux de division prescriront aux colonels de régiments de leur faire parvenir, chaque jour de séjour, des certificats de bonne conduite des magistrats de tous les lieux où les compagnies, bataillons ou régiments auront cantonné; ces certificats seront adressés au Maréchal commandant en chef après l'arrivée au lieu de leur destination des divisions et détachements faisant partie de l'armée;

15° Les généraux de division établiront leur quartier général dans le lieu d'étape, centre des cantonnements, et sur la grande route; et en le quittant, ils y laisseront un officier d'état-major pour remettre au général qui devra les suivre, les renseignements qu'ils croiront nécessaires tant sur la localité que sur le lieu de rassemblement le plus convenable à la troupe;

16° Ils exigeront qu'il leur soit fourni tous les jours un état de situation des régiments sous leurs ordres; cet état leur sera donné au lieu de rassemblement avant le mouvement de la troupe. Il en sera fait un résumé général par les chefs d'état-major divisionnaires pour être adressés au général Du Taillis à chaque séjour;

17° Il sera donné par l'ordonnateur en chef à chaque division une voiture de quatre colliers pour le transport des bagages des généraux et de l'état-major, s'il en a à sa disposition ;

18° Des ordres sont donnés pour qu'il soit attaché à chaque division un détachement de douze gendarmes et un autre de douze chasseurs ou hussards. Ces derniers serviront d'ordonnances près des généraux et colonels du corps ;

19° Les régiments marcheront alternativement la gauche et la droite en tête, en commençant par le régiment de gauche des deuxièmes brigades, et ainsi de suite de la gauche à la droite et de la droite à la gauche. A mesure que les régiments alterneront entre eux, les colonels observeront cette disposition pour les bataillons, qui à leur tour tiendront successivement la droite et la gauche en tête ;

20° Les régiments d'une division observeront de marcher à distance de bataillon de la queue de celui qui le précède ;

21° Le premier et dernier régiment de chaque division formeront une avant-garde et une arrière-garde commandées par un capitaine ;

22° Les grenadiers et carabiniers, soit que l'on marche la gauche ou la droite en tête, ouvriront constamment la marche des bataillons, les voltigeurs la fermeront. Le dernier bataillon du dernier régiment de la division aura seul ses grenadiers à la queue ;

23° Pendant tout le temps que la troupe marchera, un tambour par bataillon et à la tête battra différentes marches et sera accompagné par un fifre, si le régiment en a. Les tambours et fifres seront réservés chaque heure ; ils cesseront de battre lorsque l'on fera halte, et la musique jouera pendant la durée du repos ;

24° La troupe marchera autant que faire se pourra par front de section et à distance de peloton, afin de pouvoir allonger le mouvement de flanc par file si la route était obstruée ou se rétrécissait ; on reformerait les sections immédiatement après ;

25° Toutes les fois qu'une division passera par une grande ville, elle s'arrêtera avant d'y entrer, afin de la traverser par front de peloton à distance entière dans le plus grand ordre ; personne ne pourra, sous aucun prétexte, sortir de son rang sans la permission du général de division ;

26° Les généraux de division règleront la marche de la

troupe de manière qu'elle puisse reposer après trois heures de marche ;

27° Ils donneront des ordres pour que le soldat ait mangé la soupe avant son départ du matin ;

28° Les gendarmes attachés aux divisions marcheront à une portée de fusil de l'arrière-garde de chacune d'elles ; ils seront spécialement chargés de faire rentrer à leurs compagnies respectives les hommes qui s'écarteraient de leurs rangs et arrêteront tous ceux qui contreviendraient à l'ordre et à la discipline ;

29° Il est expressément défendu aux généraux de division d'empêcher que les colonels ne permettent aux soldats de déposer une partie des effets de linge et chaussure qu'ils doivent emporter dans leur sac, conformément aux ordres de Sa Majesté et à ceux donnés par le Maréchal commandant en chef par la tenue de la troupe. Les colonels seront responsables des moindres infractions à cet ordre ;

30° Les généraux de division, outre la surveillance qu'ils exerceront sur les troupes pendant la marche, et indépendamment des rapports et certificats de bonne conduite qu'ils feront parvenir à l'état-major général et au Maréchal commandant en chef, écriront tous les jours par la voie de la poste au Ministre de la guerre pour lui rendre compte de leur arrivée à chaque gîte, et de l'heure à laquelle la division devra partir du lieu de rassemblement ; ils y ajouteront le rapport de tout ce qui paraîtra mériter l'attention de Son Excellence ;

31° M. le Maréchal commandant en chef se tiendra constamment pendant la marche de l'armée à la tête de la 3e division, où tous les rapports et objets essentiels de service lui seront adressés ;

32° Les soldats n'emporteront que les bidons, gamelles et marmites, le surplus des effets de campement sera disposé en magasin ;

33° Les officiers de troupe et d'état-major recevront l'indemnité de route ;

34° M. le Maréchal commandant en chef plein de confiance dans le zèle et l'exactitude qui distinguent MM. les généraux d'infanterie, de cavalerie, d'artillerie et chefs d'administration, espère qu'il n'y aura aucune plainte de portée contre la troupe pendant la durée de sa marche : il est persuadé d'avance qu'il n'y aura que des rapports satisfaisants à mettre sous les yeux de Sa Majesté l'Empereur et de Son Excellence le Ministre de la guerre ;

35° Copie de cette instruction sera donnée par les généraux de division aux généraux de brigades et colonels des régiments ; ces derniers en donneront un extrait aux chefs de bataillon. Enfin ceux-ci donneront à leur tour, après avoir pris les ordres des colonels, les instructions de détail suffisantes pour tout ce qui est permis sur la marche des troupes.

Le Maréchal d'Empire,

NEY.

Le Général chef d'état-major général,

DU TAILLIS.

Le Général de division recommande l'exécution du présent ordre, sans pour cela annuler celui qu'il a donné hier, autant qu'il ne déroge pas à celui de M. le Maréchal.

Le Général de division,

MALHER.

Pour copie conforme :

L'Adjudant commandant,
chef de l'état-major de la 3e division,

STABENRATH.

Ordre particulier de la 3e division du 6e corps du 11 fructidor an XIII (29 août 1805).

DISPOSITION DE LA MARCHE DES TROUPES.

Les brigades marcheront alternativement quatre jours en tête en commençant par la brigade de droite.

Les régiments dans chaque brigade marcheront alternativement deux jours en tête en commençant par le premier numéro.

Les bataillons dans chaque régiment marcheront alternativement un jour en tête en commençant par le 1er bataillon.

Les tambours suivront leur bataillon, les musiciens en arrière de ceux du bataillon tête de régiment.

Chaque bataillon conservera de sa tête à la queue de celui qui le précède, distance de division.

Chaque régiment de sa tête à la queue de celui qui le précède, distance du front d'un bataillon.

Dans chaque brigade on conservera distance d'un bataillon plus 10 toises.

Soit qu'en marche par le flanc, soit qu'en marche par sections en pelotons, la distance ci-dessus prescrite sera toujours la même.

Il y aura à la tête et à la queue de chaque bataillon un tambour dont la caisse sera toujours bandée pour répéter les batteries qui viendront de la tête ou de la queue ; la tête devant s'arrêter, il y sera fait un roulement, elle n'arrêtera que lorsque le tambour de la queue aura répondu. On battera *au champ* pour se préparer à repartir et la tête se mettra en marche en battant le pas accéléré lorsque le tambour de la queue de son bataillon aura répété le champ.

Le bataillon tête de colonne fournira toujours la compagnie de grenadiers pour la garde du quartier général divisionnaire, celui queue de colonne fournira un officier supérieur et quatre compagnies pour arrière-garde derrière les voitures d'équipage.

La compagnie de grenadiers de tête sera à vingt pas en avant des tambours et ne laissera passer personnes devant elle, ni le déborder sur les flancs, que les officiers de l'état-major et les ordonnances.

L'arrière-garde ne laissera personne en arrière, et si ces compagnies se trouvent cantonnées en deçà du chef-lieu de gîte, le chef de bataillon d'arrière-garde remettra la police des équipages au vaguemestre divisionnaire ou au brigadier de gendarmerie au moment où il quittera la route.

La compagnie des grenadiers qui aura fait la garde du quartier général escortera les voitures jusqu'à ce qu'elles aient rejoint l'arrière-garde ; elle rentrera ensuite à son bataillon respectif.

Les équipages marcheront dans l'ordre ci-dessous :

Les équipages du Général de division, du chef de l'état-major et chefs d'administration.

Les équipages du général Marcognet, ensuite ceux des corps de sa brigade par ordre de numéros. Les voitures des vivandières de sa brigade.

Les équipages du général La Bassée et ceux de sa brigade dans le même ordre.

Si le quartier général de l'armée marche avec la division, ses équipages seront entre ceux des deux brigades ; ceux de M. le Maréchal exceptés prendront la tête.

DISPOSITIONS POUR LES LOGEMENTS OU CANTONNEMENTS.

Le chef d'état-major et un adjoint marcheront à une journée de distance de la division pour préparer les logements.

Il sera établi deux tours : l'un pour faire loger les régiments dans le chef-lieu du gîte, l'autre pour les cantonnements en deçà et au delà du gîte, de manière que les régiments alternent pour l'un ou pour l'autre, sans avoir égard au rang qu'ils tiennent dans la colonne.

Tous les jours, au premier coup de baguette, les fourriers des compagnies, un caporal et quatre hommes par compagnie, un sergent et un lieutenant ou sous-lieutenant par bataillon, un capitaine par régiment seront réunis et se rendront en avant-garde au nouveau gîte.

Ces quatre détachements se réuniront sur la route au point le plus éloigné des cantonnements et seront assemblés par un chef de bataillon commandé sur la division par l'état-major ; ils composeront l'avant-garde et seront rendus au moins quatre heures avant la troupe au gîte, où l'officier d'état-major leur remettra les billets de logement et cantonnements ; si l'on doit y prendre les vivres, ils les feront charger de suite sur les les voitures à ce requises ; ceux dont les cantonnements seront en deçà du gîte seront servis toujours les premiers et s'empresseront de venir au-devant de la troupe au point où elles doivent quitter la colonne ; ceux dont les cantonnements sont au delà, enverront les voitures hors du gîte sur la route que doit prendre leur corps.

Le Général recommande à MM. les officiers de tenir la

main, chacun en ce qui le concerne, à l'exécution du présent ordre ; il n'a rien dit sur la police et discipline, il est persuadé qu'il suffit de rappeler à la troupe qu'il a l'honneur de commander qu'elle va traverser l'Empire, et qu'au moment où elle loge chez un habitant, ses père, mère ou parents logent peut-être un soldat français qui nécessairement se conduit envers eux avec probité et urbanité.

Les chefs de cantonnement rapporteront à leurs colonels des certificats de la bonne conduite qu'aura tenue leur troupe pendant leur logement ou séjour ; il sera rendu compte à MM. les généraux de brigade de ceux qui n'en auraient pas obtenu ; MM. les colonels conserveront ces certificats pour les représenter au besoin.

La troupe sera en sarrau, pantalon et guêtres de toile ; l'habit sera ployé dans le sac ; il ne sera mis que d'après l'ordre qui en sera donné.

La troupe, à moins d'ordre contraire, aura toujours la baïonnette dans le fourreau. Les régiments auront une garde de police qui seule l'aura au bout du fusil et sera placée entre les grenadiers et la 1re compagnie.

Elle marchera sur deux rangs ayant les prisonniers au second rang en bonnet de police et toujours la crosse haute ; ceux qui devraient passer au conseil de guerre, seront remis entre les mains de la gendarmerie.

MM. les colonels remettront tous les jours au moment de la réunion à leurs généraux respectifs le résumé des appels et des rapports du jour.

Le général de division recevra les rapports des brigades une heure après son arrivée au lieu des logements.

Le Général divisionnaire,

MALHER.

Pour copie conforme :

L'Adjudant commandant,
chef de l'état-major de la division,

STABENRATH (1).

---

(1) Une lettre du général Malher au général Marcognet, du même

Le maréchal Berthier au maréchal Soult, commandant en chef le corps du centre (1).

Boulogne, le 10 fructidor an XIII (28 août 1805).

J'ai l'honneur de vous adresser, Monsieur le Maréchal, les itinéraires que doivent suivre les 2e, 3e et 4e divisions d'infanterie et la brigade de cavalerie du corps d'armée que vous commandez.

La nécessité d'éviter l'encombrement m'a forcé de faire quelques changements à l'égard des séjours qui se trouvaient désignés par l'itinéraire général que je vous ai adressé le 9. Je vous prie de me le renvoyer en échange de celui que je joins ici.

Le même motif exige que les généraux commandant les divisions ne s'écartent en aucune manière de leur itinéraire; je vous prie de leur en donner l'ordre exprès.

D'après ces nouvelles dispositions, la 2e division du corps du centre doit se mettre en marche le 12 fructidor (*30 août*), la 3e le 13, la 4e le 14, et

Je vous prie, Monsieur le Maréchal, de faire vos dispositions pour que ces mouvements s'effectuent avec beaucoup d'ordre, et de m'informer de leur exécution.

J'ai l'honneur de vous saluer.

Maréchal Berthier.

Département de la guerre. — Bureau du mouvement.

(3e corps. — 2e division.)

Du 10 fructidor an XIII (28 août 1805).

Chemin que tiendra la 2e division du corps d'armée de M. le

---

jour, après quelques détails sur le versement de divers effets laissés au camp, contient le renseignement suivant : « On m'a promis des caissons à 4 roues pour MM. les officiers généraux; les corps recevront des voitures de gîte en gîte, conformément aux règlements. » Une note de Stabenrath prévient le général Marcognet qu'il lui appartiendra de désigner le chef de bataillon commandant l'avant-garde, quand celle-ci sera fournie par sa brigade.

(1) Un avis analogue est adressé au maréchal Ney.

maréchal Davoust, commandé par le général Friant et composée de :

33e de ligne	1.569	hommes
48e de ligne	1.589	—
107e de ligne	1.654	—
111e de ligne	1.806	—
	6,618	hommes

Pour se rendre à Haguenau.

Partira d'Ambleteuse le 12 fructidor avec du pain pour trois jours et ira loger à

DIVISIONS MILITAIRES.	DÉPARTEMENTS.	ÉPOQUE du PASSAGE.	DÉSIGNATION DES VILLES.	FOURNITURE de PAIN.
»	Pas-de-Calais	12	Arches	»
		13	Watten	»
»	Nord	14	Cassel	1
		15	Bailleul	2
		16	Lille	»
»	Jemmape	17-18	Tournay (séjour)	3
		19	Ath	»
		20	Mons	2
		21	Binche	»
		22-23	Charleroy (séjour)	2
»	Sambre-et-Meuse	24	Namur	2
		25	Chinay	»
		26	Marche-en-Famine	2
		27	Saint-Hubert	»
»	Forêts	28-29	Neufchâteau	3
		30	Arlon	»
		1er comp.	Luxembourg	1
»	Moselle	2	Thionville	2
		3	Bouzonville	»
		4-5	Sarrelibre (séjour)	3
		1er vend.	Sarrebrück	»
		2	Sarreguemines	1
		3	Bitche	2
»	Bas-Rhin	4	Niederbronn	»
		5	Haguenau	»

Maréchal BERTHIER.

Le maréchal Berthier à l'Empereur.

Boulogne, le 10 fructidor an XIII (28 août 1805).

Sire, j'ai été obligé d'avancer tout l'argent que j'avais aux officiers expédiés, à mes courriers, et il faut donner aux officiers du génie qui vont à Spire 3.000 à 4.000 francs chacun.

Je prie Votre Majesté de me faire donner 25.000 francs, n'ayant plus un sol.

Je présente à Votre Majesté l'hommage de mon respect.

Maréchal BERTHIER.

Le maréchal Berthier au maréchal Bernadotte.

Boulogne, le 10 fructidor an XIII, au matin (28 août 1805).

J'ai déjà eu l'honneur de vous faire connaître, Monsieur le Maréchal, que l'intention de l'Empereur était que 4 régiments de cavalerie, 4 régiments d'infanterie, 20 pièces de canon attelées, avec double approvisionnement, et le nombre nécessaire d'officiers généraux pour les commander, se tinssent prêts à se rendre à Göttingen. Veuillez, en conséquence, commencer votre mouvement le 16 du courant (*3 septembre*), afin que ces corps se trouvent réunis le 20 (*7 septembre*) à Göttingen où vous en passerez la revue.

La division de cavalerie sera sous les ordres du général Kellermann, toute l'artillerie sous ceux du général que vous désignerez.

L'intention de l'Empereur est de n'occuper du Hanovre que la place forte de Hameln; vous ferez sur-le-champ approvisionner cette place pour six mois et vous la ferez armer autant que la situation de votre artillerie le permettra. Vous en laisserez le commandement à un de vos bons généraux de division.

Vous y ferez transférer tous vos hôpitaux de l'armée, de manière que les hommes qui en sortiraient, se réunissant à ceux de tous les dépôts que vous y placerez aussi, aux trois compagnies du 8e régiment d'artillerie et au 19e régiment de ligne que vous y laisserez, devront suffire pour tenir garnison dans cette place, et que les 45e et 54e ainsi que le cinquième régiment de cavalerie que vous avez, pourront aussi se joindre au corps de Göttingen, s'il y a lieu.

Le Hanovre est garanti par la Prusse.

L'intention de Sa Majesté est de réunir toutes ses troupes du Hanovre, de la Hollande et celles disponibles de l'Armée des côtes et de l'intérieur de la France, pour entrer dans le cœur de l'Allemagne si l'Autriche persiste dans ses projets hostiles.

Il faut donc que vous réunissiez à Hanovre les 45e, 54e de ligne et le cinquième régiment de cavalerie, pour qu'au premier ordre que je vous adresserai, ces troupes puissent aussi se mettre en marche sur Göttingen, pendant le temps que les premières fileraient sur Wurzbourg, qui est probablement la destination où vous devez vous rendre.

Comme vous aurez sept à huit jours de marche sur des pays neutres, il faut réunir le plus de biscuit que vous pourrez, pour ne pas porter de dommages aux pays de Saxe et de Cassel.

Je compte donc, Monsieur le Maréchal, que le 20 du courant (*7 septembre*) au soir, vous m'expédierez un courrier pour m'instruire de la situation de la division de votre armée qui y sera réunie. Vous me ferez aussi connaître le détail de la route que vous devez suivre de Göttingen à Würzbourg, si vous en receviez l'ordre.

Ce mouvement sur Göttingen, dans la situation où sont les esprits, réveillera l'attention publique; vous aurez soin de déclarer que vous restez de votre personne à Hanovre; effectivement, vous retournerez dans cette capitale immédiatement après votre revue de Göttingen.

L'Empereur ne veut pas vous laisser ignorer qu'il y a une négociation avec la Prusse, pour une occupation provisoire du Hanovre; et qu'il est nécessaire, par la réunion d'un corps à Hanovre même, par votre retour et par vos dispositions pour y passer personnellement l'hiver, de donner le change à cette cour pour qu'elle ne comprenne pas combien en réalité l'Empereur est pressé de réunir toutes ses troupes.

Pour le corps qui sera réuni à Göttingen, et pour celui que

vous réunirez à Hanovre, vous ferez verser la solde dans la caisse des quartiers-maîtres, jusqu'au 1er brumaire (*23 octobre*).

Comme il s'agit d'une campagne d'automne et peut-être d'hiver, il est nécessaire qu'à son départ, chaque soldat ait une paire de souliers en gratification, de manière qu'il en ait une dans son sac et une aux pieds; il doit avoir aussi une capote.

Levez le plus de chevaux d'artillerie qu'il vous sera possible, et menez avec votre parc le plus de pièces attelées que vous pourrez.

Maréchal BERTHIER.

Le maréchal Berthier au général Marmont.

Boulogne, le 10 fructidor an XIII, au matin (28 août 1805).

Je vous ai déjà prévenu, Général, que vous deviez vous tenir prêt à débarquer au premier ordre; en conséquence, mon courrier vous porte cet ordre et vous débarquerez immédiatement après son arrivée, et le 15 du présent mois (*2 septembre*), vous commencerez votre mouvement pour vous rendre à Mayence.

Le général Miolis reçoit, par le présent courrier, une autre destination; vous laisserez le commandement de la Hollande au général que vous croirez le plus propre à ce commandement.

Indépendamment de votre régiment de chasseurs et de celui de hussards, vous emmènerez le plus de cavalerie batave que vous pourrez.

Vous emmènerez également le plus d'artillerie qu'il vous sera possible, soit française, soit batave, bien attelée: vous enlèverez à cet effet tous les attelages bataves.

Vous organiserez votre armée pour la guerre d'Allemagne. Vous avez 20 jours de marche: votre première colonne n'arrivera donc que le 1er vendémiaire (*23 septembre*), la 2e le 2, et la 3e le 3. Il est nécessaire que le 5 vendémiaire (*27 septembre*) votre corps d'armée soit tout réuni en Allemagne et puisse entrer en campagne. Vous marcherez par division en faisant observer le plus grand ordre et prenant toutes les précautions pour empêcher la désertion.

L'armée de Hollande doit avoir des caissons et des charrois, faites faire toutes les recherches possibles et procurez-vous tous les moyens d'accélérer votre marche.

L'intention de l'Empereur étant de faire une campagne d'automne, nous n'aurons pas le temps de nous procurer les équipages à vivres, ceux d'ambulance et autres transports, qui sont cependant si utiles aux armées. La Hollande peut vous en procurer, mettez tout en œuvre pour cela.

Ceci n'est, au surplus, qu'un mouvement de peu de temps : il y a lieu de croire que nous serons bientôt débarrassés de la maison d'Autriche et nous reviendrons sur l'Océan.

Il faut donc que l'escadre reste dans le même état, après en avoir débarqué ce qui peut s'avarier et ce qui peut vous être nécessaire. Faites prendre toutes les mesures propres à la conservation de ce qui restera et au maintien de l'ordre et de la même activité dans les moyens d'embarquement.

Toute l'Armée des côtes, les camps d'Ostende, de Boulogne et de Montreuil ont déjà commencé leur mouvement sur le Rhin ; l'armée d'Hanovre en fait autant.

Tous vos soldats doivent avoir une paire de souliers dans le sac et une aux pieds. Ils doivent avoir une capote et des armes en bon état. La solde doit être versée dans la caisse des quartiers-maîtres avant le départ, jusqu'au 1er brumaire (*23 octobre*); exigez rigoureusement cette disposition du gouvernement batave.

Les troupes jouiront sur toute la route des vivres de campagne. Je joins à ma dépêche des feuilles de route pour servir à la marche de vos colonnes. Envoyez en avant de chacune d'elles des officiers d'état-major et des commissaires des guerres pour faire tout préparer, cantonnements, vivres et transports, et donnez-moi journellement avis de votre mouvement.

Maréchal Berthier.

Le maréchal Berthier au général Marmont, colonel général des chasseurs, commandant en chef le 1er corps détaché de l'Armée des côtes.

Boulogne, le 10 fructidor an XIII (28 août 1805).

Je vous ai fait connaître, Général, par une dépêche datée d'aujourd'hui, que l'intention de S. M. l'Empereur et Roi est que vous vous mettiez en marche avec le corps d'armée que vous commandez, pour vous rendre à Mayence.

Faites toutes vos dispositions pour ce mouvement, qui devra s'opérer successivement, par division.

Réunissez de suite vos trois divisions à Alkmaar, et faites partir la première, sous les ordres du général Boudet, le 15 fructidor. Vous ferez partir la seconde, commandée par le général Grouchy, le lendemain 16.

Et la 3e division, composée de troupes bataves sous les ordres du général Dumonceau, le 17.

Vous ferez mettre en mouvement le 18 vos troupes d'artillerie et du génie, le 8e régiment de chasseurs et le 6e régiment de hussards, et généralement tout le restant du corps d'armée que vous commandez. Vous aurez soin de faire rentrer à leur corps tous les détachements avant le départ.

Les divisions doivent partir avec armes et bagages, etc. (*mêmes prescriptions qu'aux autres corps*).

J'ai fixé un séjour à Cologne; cependant vous pourrez le supprimer si vous jugez pouvoir le faire sans trop fatiguer la troupe.

Le Ministre de la guerre, major général,

Maréchal BERTHIER.

Le Ministre de la guerre au général Songis, Premier Inspecteur général de l'artillerie.

Boulogne, le 9 fructidor an XIII (27 août 1805).

Je vous préviens, Général, que je donne l'ordre aux trois corps de droite, de gauche et du centre, de se mettre en mouvement à compter de demain 10 fructidor.

D'après les dispositions que j'ai prescrites à cet égard, il partira de chacun des trois corps les 10, 12, 13 et 14 fructidor une colonne de 8.000 hommes, mais la journée du 11 restera libre, et ensuite celle du 15.

Vous pouvez en conséquence, Général, profiter de la journée du 11 pour faire partir les équipages d'artillerie. Je vous adresse à cet effet l'itinéraire en blanc de chacune des trois directions d'Ambleteuse, Boulogne et Étaples à Haguenau, Strasbourg et Schelestadt.

Vous êtes cependant autorisé, Général, à faire partir avec chaque division des corps d'armée l'artillerie que vous jugerez convenable, en ayant soin d'en prévenir MM. les maréchaux.

Je vous prie de me faire connaître les dispositions que vous avez déterminées à cet égard.

BERTHIER.

Le Ministre de la guerre au général Songis, Premier Inspecteur général de l'artillerie.

Boulogne, 9 fructidor an XIII (27 août 1805).

Vous connaissez, Général, le mouvement que fait l'armée, et de même les intentions de l'Empereur. Mais il me reste à vous prévenir de l'époque du départ des colonnes et de quelques dispositions générales qui tiennent tant aux corps d'armée qui partent, que pour ce qui reste sur les côtes, aux troupes des trois corps d'armée.

L'intention de l'Empereur, Général, est que chacune des divisions des trois corps d'armée, des corps d'avant-garde et de réserve trouvent en arrivant sur le Rhin le matériel et le personnel ainsi que les attelages du train nécessaires.

L'Empereur vous laisse le maître de faire partir avec chaque division l'artillerie et les munitions, les chevaux que vous croirez nécessaires pour qu'avec les moyens qui sont sur le Rhin et dont vous êtes sûr, tous les corps d'armée y soient avec leur artillerie organisée comme elle l'est ici.

Sa Majesté met cet objet sous la responsabilité du 1er Inspecteur d'artillerie et sous celle du général Songis, commandant l'artillerie de l'armée, que Sa Majesté commande en personne.

Vous savez que les corps d'armée se rendent sur le Rhin, organisés comme ils le sont sur les côtes.

J'ai prévenu les maréchaux que leurs commandants d'artillerie ne pouvaient faire aucun mouvement de matériel sans avoir pris vos ordres.

Les premières divisions des trois corps d'armée partent demain matin, 10.

Les trois secondes partent le 12, les troisièmes le 13, etc.

Les mêmes administrations qui nourrissaient l'armée sur les côtes les nourriront sur le Rhin.

BERTHIER.

Le Premier Inspecteur général de l'artillerie au Ministre de la guerre.

Boulogne, le 10 fructidor an XIII (28 août 1805).

J'ai l'honneur de vous informer qu'en conséquence des dispositions de Sa Majesté, le personnel et le matériel d'artillerie destinés à marcher avec l'armée partiront en cinq convois.

Le premier partant demain par la route du corps du centre, est composé en personnel de :

3 compagnies du 1er régiment à pied qui s'y joindront à Saint-Omer;

3 compagnies du 2e régiment à cheval, une 4e part d'Hesdin pour rejoindre le convoi à Saint-Omer.

La 1re compagnie d'ouvriers (doit rester à Metz).

La 11e compagnie d'ouvriers (doit rester à Metz).

La 2e et la 3e de pontonniers.

Les cinq 1res compagnies des { 1er bataillon *bis*.
3e —
5e —
5e — }

Chacune des compagnies de régiments d'ouvriers et de pontonniers est à peu près au complet de 100, officiers compris.

L'artillerie à cheval a par compagnie environ 50 chevaux.

Chaque compagnie du train est de 70 hommes et 100 chevaux, ce qui fait à peu près un total général de 2.500 hommes, 2.200 chevaux.

Un deuxième convoi partira de même demain d'ici par la route d'Étaples. Il sera commandé par un officier supérieur du corps de gauche. Il aura avec lui 3 compagnies d'artillerie à pied, une demi-compagnie d'ouvriers, 5 compagnies du train au même complet que les précédentes, et faisant un complet de 700 hommes et 500 chevaux, non compris une douzaine d'officiers et employés de parc.

Le troisième convoi partira d'ici le 12 et suivra la route des colonnes du centre. Il sera commandé par le chef de bataillon Cabeau, du 5e régiment, commandant l'artillerie de la 2e division du centre.

Son personnel consistera en :

3 compagnies du 5e régiment à pied;
1 compagnie du 5e régiment à cheval;
1 1/2 d'ouvriers ;
1 de pontonniers ;
5 compagnies du 1er bataillon principal du train,

faisant un total d'environ 850 hommes et 500 chevaux.

Le quatrième convoi partira de Boulogne le 13 et sera commandé par le chef de bataillon Cuny, du 5e. Son personnel consistera en :

3 compagnies du 5e régiment à pied;
1 1/2 d'ouvriers ;
1 de pontonniers;
5 compagnies du 3e *bis*,

faisant un total de 750 hommes et 500 chevaux.

Le 5e convoi et dernier partira aussi de Boulogne le 14, sous le commandement du chef de bataillon Fruichard, du 5e. Son personnel sera de :

3 compagnies du 5e régiment à pied;
1 1/2 d'ouvriers;
1 de pontonniers ;
4 compagnies du 8e *bis ;*
La compagnie d'ouvriers du train ;
Demi-compagnie d'armuriers.

L'autre moitié de cette compagnie ne partira que le 1er, le complémentaire étant nécessaire ici.

Ce dernier convoi sera fort de 780 hommes et 400 chevaux.

Toutes les autres troupes d'artillerie marcheront avec leurs divisions respectives suivant les ordres qui leur seront donnés par les généraux commandant l'artillerie des camps.

J'aurai l'honneur de vous envoyer l'état du matériel de chacun de ces convois.

SONGIS.

Boulogne, le 10 fructidor an XIII (28 août 1805).

NAPOLÉON, Empereur des Français, Roi d'Italie,

DÉCRÈTE ce qui suit :

ART. 1er.

Le prince maréchal Murat est nommé notre lieutenant pour commander, en notre absence, la Grande Armée.

ART. 2.

Il jouira des appointements et indemnités accordés aux généraux en chef.

ART. 3.

Les Ministres de la guerre et du Trésor public, sont chargés, chacun en ce qui le concerne, de l'exécution du présent Décret.

NAPOLÉON.

L'Empereur au général Dejean.

Camp de Boulogne, 10 fructidor an XIII (28 août 1805).

Monsieur Dejean, le Ministre de la guerre a dû vous faire passer différents ordres pour mettre en état de faire la guerre mes armées d'Italie et du Rhin ; vous pouvez la regarder comme certaine. J'ai donné des ordres pour pourvoir aux capotes et souliers nécessaires à l'armée. Faites moi connaître si vous avez quelque chose de disponible à Paris. J'ai besoin que vous donniez des ordres à tous les régiments de cavalerie de se remonter à toute force.

Je ne vois pas d'inconvenient à leur distribuer pour cela un million. J'ai mis à votre disposition une somme extraordinaire de 2.200.000 francs, dont un million pour l'achat des chevaux du train et de l'artillerie, et 1.200.000 francs pour les capotes et souliers. Occupez-vous des charrois; faites construire à Sampigny.

Il y a un marché pour des transports ici ; voyez à lui donner une plus grande extension. J'imagine que vous avez pourvu à ce que j'aie du biscuit à Mayence et à Strasbourg ; j'en ai ici beaucoup. Il faut faire manger la partie faite depuis vingt mois ; il restera ici plus de vingt mille bouches ; la partie qui est faite depuis douze mois pourra être conservée. Il se peut que les affaires s'arrangent après quelques batailles, et que je revienne sur la côte. Faites hâter la fourniture de draps de l'an XIV ; c'est de la plus grande urgence.

Vous allez avoir dans toute la 5e division militaire, depuis Mayence jusqu'à Schelestadt, 5.000 à 6.000 chevaux d'artillerie, 9.000 chevaux de dragons, 8.000 ou 9.000 de chasseurs et de hussards, 4.000 à 5.000 de grosse cavalerie et 1.500 de la Garde, indépendamment de tous ceux de l'état-major. Je désire que le service soit fait par la même administration qu'à Boulogne, surtout pour le pain et la viande. Ne perdez pas un moment à faire accaparer des vins et des eaux-de-vie à Landau, Strasbourg et Spire. Landau sera un des principaux points de rassemblement. J'imagine que Vanlerberghe envoie à Strasbourg les mêmes individus qu'à Boulogne. Les premières divisions sont parties ; voyez-le pour cela. Je vous ai demandé 500.000 rations de biscuit à Strasbourg ; je ne verrai pas d'inconvenient à les diviser ainsi : 200.000 à Strasbourg, 200.000 à Landau, et 100.000 à Spire. J'attends de vous deux états, dont le premier me fasse connaître le nombre existant de chevaux propres au service de chaque régiment de cavalerie, ce qui existe en caisse de leur masse, et l'état des chevaux qu'ils peuvent se procurer ; le second état me fera connaître la situation de l'habillement de tous les corps de la Grande Armée, et le temps où ils auront l'habillement de l'an XIV.

Le Ministre de la guerre vous aura envoyé l'organisation de la Grande Armée partagée en sept corps. Pensez aux ambulances, et occupez-vous sans délai des détails de l'organisation de cette immense armée.. Je vous dirai, mais pour vous seul, que je compte passer le Rhin le 5 vendémiaire ; organisez tout en conséquence. Il me reste à vous ajouter que cette lettre doit être pour vous seul, et qu'elle ne doit être lue par personne. Dissimulez, dites que je fais seulement marcher 30.000 hommes pour garantir mes frontières du Rhin. Avec les chefs de service auxquels on ne peut rien dissimuler, vous leur ferez sentir l'importance de dire la même chose que vous.

NAPOLÉON (1).

Le Premier Inspecteur général de l'artillerie Songis au maréchal Davout, commandant le corps de droite.

Boulogne, le 10 fructidor an XIII (28 août 1805).

Monsieur le Maréchal,

J'ai l'honneur de vous prévenir que je donne à M. le général Sorbier les ordres nécessaires pour qu'il renvoie de suite à Boulogne :

Tous les officiers et employés du parc général ainsi que les armuriers qui avaient été envoyés au corps de droite pour leur embarquement.

Tout ce qui s'y trouve des bataillons du train.

Pour qu'il réunisse sous les ordres du major Noury, et fasse marcher d'après les vôtres avec les divisions de votre corps d'armée, les 1re, 2e et 3e compagnies du 5e régiment d'artillerie à cheval.

Pour qu'il règle de même, d'après vos dispositions, la marche du reste du personnel de l'artillerie.

Enfin pour qu'il prenne vos ordres pour son départ, celui du général Lariboisière et de son état-major.

---

(1) *Correspondance de Napoléon*, n° 9150.

Je le préviens qu'en exécution des ordres de Sa Majesté, le service de la côte a été ainsi réglé :

Le chef de bataillon Vaugrigneux commandera l'artillerie d'Ambleteuse et de la côte avoisinante.

Le service de Dunkerque à Gravelines sera fait par les 4e et 6e compagnies du 7e régiment d'artillerie à pied.

Celui de Calais et dépendances par les 8e et 7e compagnies du 6e à pied.

Et celui d'Ambleteuse et dépendances par les 8e et 11e du même régiment.

Ces compagnies seront relevées par un pareil nombre du 1er et du 5e régiment qui sont en marche de l'intérieur.

Le Premier Inspecteur général de l'artillerie,

SONGIS.

Boulogne, le 10 fructidor an XIII (28 août 1805).

NAPOLÉON, Empereur des Français,

Nous avons décrété et décrétons ce qui suit :

ART. 1er.

Il est accordé à chacun des régiments des corps d'armée de Bruges, Saint-Omer et Montreuil et du 4e corps de l'Armée des côtes, une paire de souliers pour chaque homme faisant partie des bataillons qui ont l'ordre de marcher.

Les conseils d'administration feront confectionner ces souliers dans la 5e division. Chaque paire de souliers leur sera payée 4 francs 10 sous. La quantité prescrite par le présent décret existera au 5 vendémiaire prochain dans les magasins des régiments de la 5e division. Ces souliers ne seront distribués aux soldats que lorsque l'ordre en sera donné par le Major général de l'armée.

ART. 2.

Les corps feront confectionner également dans la 5e division militaire, et pour l'époque du 5 vendémiaire, une paire de souliers pour chaque homme à l'effectif, qui seront payés sur la masse de linge et chaussures. Cette paire de souliers servira à remplacer celle que les soldats auront pour se rendre des côtes de l'Océan sur le Rhin.

ART. 3.

Il est de plus accordé à chaque corps pour le renouvellement de ses capotes, le tiers de celles de l'effectif des bataillons de guerre ; il sera payé aux conseils d'administration à raison de 16 francs par capote.

ART. 4.

La somme de 1.200.000 francs nécessaire pour couvrir cette dépense extraordinaire sera prise sur les fonds de quatre millions provenant de la vente des effets militaires. La caisse d'amortissement versera une pareille somme au Trésor public qui en fera une recette définitive.

ART. 5.

Le Ministre de l'administration de la guerre ordonnancera au profit de chaque corps, avant le 20 fructidor, conformément à l'état qui sera envoyé par le Major général de l'armée.

Le Ministre du Trésor public prendra des mesures pour que les fonds soient remis aux corps sans le moindre délai.

ART. 6.

Les Ministres du Trésor public et des finances, de la guerre et de l'administration de la guerre, sont chargés, chacun en ce qui le concerne, de l'exécution du présent décret.

NAPOLÉON.

L'Empereur au Ministre de la guerre.

Pont-de-Briques, 11 fructidor an XIII (29 août 1805).

Vous mettrez demain à l'ordre de chaque régiment d'infanterie, hormis les trois régiments italiens et les trois régiments qui restent à Boulogne, que S. M. l'Empereur a accordé à tous les officiers, depuis le colonel jusqu'au sous-lieutenant inclusivement, une gratification extraordinaire de 150 francs, pour les rembourser des frais extraordinaires qu'ils ont dû faire pour le baraquement.

Les conseils d'administration en feront le payement dans la journée, et le payeur de l'armée en fera le remboursement également dans la journée de demain.

Cet ordre ne sera commun, ni à la cavalerie, ni au génie, ni aux officiers d'état-major, qui n'ont point fait de baraques.

NAPOLÉON.

Armée des côtes. — Extrait du registre des ordres du jour du Major général.

Au quartier général, à Boulogne, le 11 fructidor an XIII (29 août 1805).

ORDRE DU JOUR.

L'Armée des côtes de l'Océan prend dès ce jour la dénomination de Grande Armée.

L'Empereur rappelle aux officiers généraux et supérieurs, ainsi qu'aux chefs des divers services de la Grande Armée, l'importance de tenir la main à la stricte exécution des règlements militaires qui défendent qu'il soit fourni aux officiers généraux, d'état-major et autres, aucun caisson ni cheval des équipages de l'armée. Les fourgons des généraux et autres chefs, ainsi que leurs attelages, qui font partie des équipages de ces officiers, doivent être à leurs frais et leur appartenir.

Arrivé sur le Rhin, chaque soldat doit avoir deux paires de souliers dans son sac et une paire aux pieds. Comme pour s'y rendre, il en usera une, les corps, conformément à l'ordre qu'ils en ont reçu, auront soin de faire confectionner sur-le-champ dans la 5e division militaire, deux paires de souliers par homme, dont une paire sera payée sur la masse du linge et chaussure. La seconde paire est accordée par l'Empereur en gratification à chaque soldat; mais elle ne lui sera acquise qu'au delà du Rhin dans le cas où l'armée passerait ce fleuve. Il sera donné aux conseils d'administration qui les auront fait confectionner, une somme de 4 fr. 50 par paire de souliers.

Les corps auront donc sur le Rhin quatre paires de souliers par homme.

Ces souliers de gratification seront dans les magasins des corps dans la 5e division militaire, et ne seront distribués que par l'ordre du Major général de la Grande Armée, qui fera connaître l'époque de cette distribution et la manière dont elle sera faite.

Ces dispositions ne regardent point les troupes qui restent aux camps sur les côtes.

Comme les capotes dont l'armée a été pourvue l'année dernière ont été en partie usées dans le service sur la côte, et que, depuis cette époque, les corps ont reçu des conscrits, l'Empereur accorde à chaque régiment un nombre de capotes égal au tiers de l'effectif des bataillons de guerre qui marchent sur le Rhin. Les conseils d'administration s'occuperont de suite de les faire confectionner dans la 5e division militaire où elles devront être toutes réunies dans les magasins des corps au 5 vendémiaire. L'Empereur accorde à cet effet 16 francs par capote. Les conseils d'administration demeurent responsables de l'exécution de ces dispositions.

Le Major général (1).

Maréchal BERTHIER.

---

(1) Le major général adresse à Davout la note suivante :

« Je suis obligé, Monsieur le Maréchal, de vous adresser l'ordre du jour de l'armée, vu qu'aucun officier d'état-major ne s'est présenté pour le recevoir.

« Vous voudrez bien ordonner *deux heures* d'arrêt à l'officier qui devait venir le prendre. »

Le maréchal Berthier au maréchal Soult.

Boulogne, le 11 fructidor an XIII (29 août 1805).

J'ai l'honneur de vous prévenir, Monsieur le Maréchal, que je donne ordre à M. le Commissaire général de faire partir dans la journée d'aujourd'hui et dans celle de demain tous les souliers qui sont à l'Armée des côtes pour être rendus dans les magasins, à Strasbourg, au plus tard le 5 vendémiaire. L'adjoint au grand état-major général, le capitaine Lejeune, est chargé, conjointement avec un commissaire des guerres, désigné par M. Petiet, de vérifier le nombre et la qualité des souliers et d'en surveiller le transport.

En conséquence, un maréchal des logis, un brigadier et dix gendarmes de la gendarmerie du corps d'armée du centre seront mis sous les ordres du capitaine Lejeune, pour qu'il puisse exercer la surveillance qui lui est confiée pendant la route.

Je vous prie, Monsieur le Maréchal, de vouloir bien donner vos ordres pour que ce détachement de gendarmerie soit mis, de suite, à la disposition de cet officier.

J'ai l'honneur de vous saluer.

Le Ministre de la guerre, major général,

Maréchal Berthier.

Il sera donné des ordres en conséquence au commandant de la gendarmerie, qui prendra le détachement demandé sur les six destinés à marcher avec les colonnes.

Le Maréchal,

Soult.

Note du maréchal Berthier.

Boulogne, le 11 fructidor an XIII (29 août 1805).

Je prie Monsieur Blein de me remettre le plus tôt possible un état du présent sous les armes des bataillons de guerre des trois corps d'armée et du corps d'avant-garde qui marchent sur le

Rhin, de manière à ce que je puisse connaître la somme nécessaire pour que chaque homme reçoive une paire de souliers à raison de 4 fr. 10 sous, et également la somme nécessaire pour donner le tiers des capotes, à raison de 16 francs par homme.

D'après cela, rédiger un rapport à l'Empereur pour lui demander que, pour la plus prompte exécution de son décret sur les capotes et souliers à faire confectionner à Strasbourg, je demande que sur l'état que je joins au rapport, Sa Majesté m'autorise à faire payer provisoirement, à chaque conseil d'administration, à Boulogne, la moitié de la somme nécessaire à ces confections jusqu'à la concurrence de 600.000 francs sur le fonds qui est entre les mains du payeur général de l'armée, à Boulogne, à la disposition de l'Empereur : ce que ce payeur acquitterait sur l'État, approuvé par l'Empereur pour en être aussi couvert par une ordonnance expédiée par le Ministre de la guerre sur les fonds de 1.200.000 francs mis en distribution par le décret du.....

Pour connaître à peu près la situation des bataillons de guerre, on n'écrira pas aux corps : on consultera les derniers états de situation, qui sont chez M. Salamon.

On observera que le 21e d'infanterie légère et le 22e, et le 72e de ligne, restent à Boulogne et ne doivent pas être compris dans cette répartition.

Maréchal BERTHIER.

Armée des côtes de l'Océan.

ÉTAT des présents sous les armes des bataillons de guerre de tous les corps de l'Armée des côtes de l'Océan en marche vers le Rhin, pour servir à établir la distribution des fonds accordés par l'Empereur pour fournir une paire de souliers par homme et le tiers de l'effectif en capotes.

11 fructidor an XIII (29 août 1805).

DÉSIGNATION DES CORPS.	NOMBRE D'HOMMES par corps.	NOMBRE D'HOMMES par division.	MONTANT DE LA DÉPENSE pour les souliers à raison de 4 fr. 50 la paire par homme.	MONTANT DE LA DÉPENSE pour les capotes pour le tiers de l'effectif à 16 francs l'une.	TOTAL de LA DÉPENSE.
			fr. c.	fr. c.	fr. c.
CORPS DE L'AVANT-GARDE.					
DIVISION DE GRENADIERS.					
1er régiment	1,421				
2e —	1,371				
3e —	1,452	7,065	31,792 50	37,680 00	69,472 50
4e —	1,437				
5e —	1,384				
DIVISION GAZAN.					
4e régiment d'infanterie légère	1,721				
100e — de ligne	2,249	6,190	27,855 00	33,013 33	60,868 33
103e — —	2,220				
TOTAUX pour l'avant-garde		13,255	59,647 50	70,693 33	130,340 83
CORPS DE DROITE.					
1re DIVISION.					
13e régiment d'infanterie légère	1,642				
17e — de ligne	1,739				
30e — —	1,471	7,992	35,964 00	42,624 00	78,588 00
51e — —	1,634				
61e — —	1,506				
2e DIVISION.					
33e régiment d'infanterie de ligne	1,482				
48e —	1,504	6,276	28,242 00	33,472 00	61,714 00
108e —	1,577				
111e —	1,713				
3e DIVISION.					
12e régiment d'infanterie de ligne	1,612				
21e —	1,707	6,668	30,006 00	35,562 67	65,568 67
25e —	1,736				
85e —	1,613				
TOTAUX pour les corps de droite		20,936	94,212 00	111,658 67	205,870 67

DÉSIGNATION DES CORPS.	NOMBRE D'HOMMES par corps.	NOMBRE D'HOMMES par division.	MONTANT DE LA DÉPENSE pour les souliers à raison de 4 fr. 50 la paire par homme.	MONTANT DE LA DÉPENSE pour les capotes pour le tiers de l'effectif, à 16 francs l'une.	TOTAL de LA DÉPENSE.
			fr. c.	fr. c.	fr. c.
CORPS DU CENTRE.					
1re DIVISION.					
10e régiment d'infanterie légère...	1,539	8,530	38,385 00	45,493 33	83,878 33
36e — de ligne.	1,767				
43e — —	1,754				
14e — —	1,704				
55e — —	1,766				
2e DIVISION.					
Bataillons de tirailleurs du Pô.....	781	9,212	41,454 00	49,130 67	90,584 67
24e régiment d'infanterie légère...	1,373				
4e — de ligne.	1,925				
28e — —	1,651				
46e — —	1,699				
57e — —	1,783				
3e DIVISION.					
26e régiment d'infanterie légère...	1,550	5,724	25,758 00	30,528 00	56,286 00
Chasseurs corses.................	775				
3e régiment d'infanterie de ligne.	1,701				
75e — —	1,698				
4e DIVISION.					
17e régiment d'infanterie légère...	1,674	8,096	36,432 00	43,178 67	79,610 67
34e — de ligne.	1,686				
40e — —	1,640				
64e — —	1,531				
88e — —	1,565				
TOTAUX pour le corps du centre.....		31,562	142,029 00	168,330 67	310,359 67
CORPS DE GAUCHE.					
1re DIVISION.					
9e régiment d'infanterie légère...	1,766	5,049	22,720 50	26,928 00	49,648 50
32e — de ligne.	1,620				
96e — —	1,663				
2e DIVISION.					
6e régiment d'infanterie légère...	1,770	6,868	30,906 00	36,629 33	67,635 53
39e — de ligne.	1,627				
69e — —	1,687				
76e — —	1,784				
3e DIVISION.					
25e régiment d'infanterie légère...	1,601	6,687	30,091 50	35,664 00	65,755 50
27e — de ligne.	1,650				
50e — —	1,717				
59e — —	1,719				
TOTAUX pour le corps de gauche.....		18,604	83,718 00	99,221 33	182,939 33

DÉSIGNATION DES CORPS.	NOMBRE d'hommes par division.	MONTANT DE LA DÉPENSE pour les souliers à raison de 4 fr. 50 la paire par homme.	capotes pour le tiers de l'effectif, à 16 francs l'une.	TOTAL de la dépense.
		fr. c.	fr. c.	fr. c.
RÉCAPITULATION.				
Avant-garde	13,255	59,647 50	70,693 33	130,340 83
Corps du centre	31,562	142,029 00	168,330 67	310,359 67
Corps de droite	20,936	94,212 00	111,658 67	205,870 67
Garde impériale	1,552	6,984 00	8,277 33	15,261 33
Artillerie à pied	4,486	20,187 00	23,925 33	44,112 33
Sapeurs et mineurs	1,805	8,122 50	9,626 67	17,749 17
Totaux généraux	92,200	414,900 00	491,733 33	906,633 33

La somme totale de cette dépense est de 906,633 fr. 33 c.

La moitié que l'on propose d'accorder aux conseils d'administration peut être distribuée à raison de 10 francs par homme d'après l'effectif.

Au quartier général impérial, à Boulogne, le 12 fructidor an XIII (30 août 1805).

ORDRE DU JOUR.

La Grande Armée est composée comme il suit :

L'Empereur et Roi, commandant en personne.

Le Ministre de la guerre, major général, expédiant les ordres de sa Majesté.

S. A. S. le prince maréchal Murat, lieutenant de l'Empereur, commandant en son absence.

L'État-Major général.

La Grande Armée se divise en sept corps, dénommés : 1er, 2e, 3e, 4e, 5e, 6e et 7e. Il y a en outre une réserve de grosse cavalerie et une réserve de dragons.

Le 1er corps est commandé par M. le maréchal Bernadotte.

Le 2e par le général Marmont.

Le 3e corps est sous les ordres de M. le maréchal Davout.

Le 4e corps est sous les ordres de M. le maréchal Soult.

Le 5e corps est sous les ordres de M. le maréchal Lannes.

Le 6e corps est sous les ordres de M. le maréchal Ney.

Le 7e corps est sous les ordres de M. le maréchal Augereau.

La 1re division de grosse cavalerie est sous les ordres de M. le général Nansouty.

La 2e division de grosse cavalerie est sous les ordres de M. le général d'Hautpoul.

La 1re division de la réserve de dragons est sous les ordres du général Klein.

La 2e division est commandée par le général Walther.

La 3e par le général Beaumont.

La 4e par le général Bourcier.

Les bataillons de guerre emmèneront avec eux cinq chirurgiens et n'en laisseront qu'un au 3e bataillon.

Les régiments de cavalerie légère dénommés ci-après :

Chasseurs : 1er, 2e, 3e, 7e, 8e, 10e, 11e, 12e, 13e, 16e, 21e et 26e.

Hussards : 1er, 2e, 3e, 4e, 5e, 6e 7e, 8e, 9e et 10e.

1er de dragons bataves,

1er de hussards bataves,

se formeront le plus tôt possible à 4 escadrons de guerre.

Les colonels feront conduire de suite aux 4 escadrons de guerre tous les chevaux qui seront au dépôt capables de porter la selle, quand même ils ne le seraient pas d'être montés. Les mauvais chevaux comme les jeunes marcheront afin qu'on puisse les changer, si l'on entre en pays ennemi, contre des chevaux qu'on pourra se procurer par achat ou par prise ; indépendamment de cette formation, chacun de ces régiments aur 100 hommes à pied qui seront armés de fusils et de baïonnettes et serviront, soit à remplacer les hommes malades ou blessés, soit pour tout autre besoin du service, soit enfin pour monter les chevaux qu'on serait dans le cas d'acheter ou d'enlever à l'ennemi.

Ainsi, chaque régiment de cavalerie légère aura sur le Rhin, au moins 500 hommes, officiers non compris, dont 400 hommes montés et 100 hommes à pied.

Les conseils d'administration des corps doivent, sur-le-champ, s'occuper des moyens d'acheter des chevaux pour les porter au complet, l'Empereur ayant affecté à cette dépense un million pour être réparti par le ministère de l'administration de la guerre entre les divers régiments de cavalerie légère, conformément à l'état de distribution qui sera mis incessamment à l'ordre de la Grande Armée.

Les colonels des régiments de dragons employés à la Grande Armée feront également marcher des dépôts aux escadrons de guerre le plus d'hommes et de chevaux qu'il leur sera possible, et feront aussi rejoindre ces escadrons par les chevaux, quelque mauvais ou jeunes qu'ils soient, pouvu qu'ils puissent porter le harnachement.

Les divisions de grosse cavalerie auront quelques hommes à pied. Les colonels en désigneront le nombre, mais ils devront avoir au moins 500 chevaux à la guerre.

Les commandants en chef des divers corps de l'armée donneront l'ordre à leurs chefs d'état-major d'être rendus aux cantonnements désignés sur le Rhin, huit jours avant l'arrivée des premières troupes du corps d'armée, afin de préparer les cantonnements et d'assurer le service.

Les chefs d'administration devront y arriver au plus tard à la même époque.

Pour ampliation du registre d'ordre :

Le Colonel du génie chargé en chef des détails de l'état-major général,

VALLONGUE.

PAR SUPPLÉMENT.

L'Empereur accorde aux officiers des corps composant la ci-devant Grande Armée des côtes de l'Océan, depuis le colonel jusqu'au sous-lieutenant inclusivement, une gratification extraordinaire de 150 francs à chaque officier pour les rembourser des frais extraordinaires qu'ils ont dû faire pour le baraquement.

Ne sont point compris dans ce nombre, les officiers des trois régiments italiens, ceux des trois régiments français, 22e,

72e de ligne et 21e légère qui restent à Boulogne ou sur la côte, ni ceux de cavalerie, du génie ou d'état-major, qui n'ont pas fait de baraques.

Le payeur de l'Armée soldera ces gratifications sur les fonds extraordinaires qu'il a dans sa caisse à la disposition de Sa Majesté et sur le bordereau, arrêté par le Ministre de la guerre, de ce qui revient pour cet objet à chaque corps ; les conseils d'administration en feront le payement par avance dans la journée et le payeur les remboursera dans le plus bref délai possible.

Les officiers en route recevront indépendamment des vivres de campagne l'indemnité de route dont les conseils d'administration sont autorisés à faire l'avance.

Pour ampliation du registre d'ordre :

Le Colonel du génie chargé en chef des détails de l'état-major général,

VALLONGUE.

Le Ministre de la guerre au maréchal Davout.

Boulogne, le 12 fructidor an XIII (30 août 1805).

Vous verrez, Monsieur le Maréchal, par l'ordre de ce jour, que Sa Majesté accorde une gratification extraordinaire de 150 francs à tous les officiers des régiments du corps d'armée que vous commandez, qui ont baraqué, et qui partent pour la Grande Armée sur le Rhin.

Comme il importe que cette mesure reçoive une prompte exécution, le payeur de l'Armée est chargé de faire parvenir dans le jour aux conseils d'administration des corps qui ne sont point encore partis, et dans le plus bref délai à ceux qui sont en route, les fonds nécessaires pour acquitter les deux premiers tiers de cette gratification, le reste devant l'être du moment que j'aurai reçu et arrêté le bordereau de ce qui revient à ce sujet à chaque corps. Veuillez ordonner de suite aux corps qui sont encore au camp de vous fournir ce bordereau. Faites partir un officier de votre état-major pour l'avoir de la division qui s'est mise en route aujourd'hui.

Cet officier devra partir avec son cheval s'il n'en trouve à la poste. Il donnera, d'après vos ordres, connaissance de ces dispositions à cette division, et y portera l'ordre de les faire parvenir à la division qui la précède sur la même route, et ainsi de suite jusqu'à celle qui est en tête de la colonne.

Ces officiers attendront que celui qui est parti en avant ait rapporté le bordereau demandé, de manière que l'officier que vous aurez détaché de votre état-major vous rapporte tous ceux des corps de votre armée qui sont partis.

Je m'en rapporte, Monsieur le Maréchal, au zèle que vous mettrez à faire exécuter cette disposition bienfaisante de Sa Majesté, et à m'adresser les bordereaux nécessaires pour qu'elle soit réalisée en entier.

Le Ministre de guerre, major général,

Maréchal BERTHIER.

P. S. — Les frais de poste de cet officier seront payés.

L'Empereur à M. Dejean.

Boulogne, le 13 fructidor an XIII (31 août 1805).

J'ai autorisé M. Petiet à porter à 3,000 chevaux le marché Rondot. Il lui revient 480,000 francs. Faites-les lui solder sur-le-champ, et comme l'exécution ne peut souffrir une heure de retard, j'ai autorisé le payeur à faire l'avance d'une somme de 200,000 francs sur les fonds à la disposition du Ministre de la guerre et sur l'ordonnance de M. Petiet. Régularisez cette dépense.

NAPOLÉON.

Grande Armée.

Au quartier général impérial, à Boulogne, 14 fructidor an XIII (1er septembre 1805).

ORDRE DU JOUR.

Le commandant en chef de chacun des corps d'armée désignera un adjudant-commandant pour être spécialement chargé des camps, marches et cantonnements. Il aura avec lui autant d'adjoints qu'il y a de divisions dans le corps d'armée.

Cet officier supérieur recevra les instructions de l'aide-major général, maréchal des logis, qui est au grand état-major, chargé sous les ordres du Major général des camps, marches et cantonnements de la Grande Armée.

L'Empereur a ordonné qu'il serait attaché à la suite de l'état-major général de l'armée et de l'état-major de chaque corps d'armée un caisson à quatre roues, attelé de quatre chevaux et conduit par deux charretiers, pour servir au transport des bureaux.

Il sera alloué une somme de 2,400 francs pour l'achat du caisson, des 4 chevaux et des harnais.

Il sera payé tous les mois par revue une somme de 80 francs pour l'entretien des fourgons, des chevaux, et pour solde des charretiers. Les subsistances des hommes et des chevaux seront fournies des magasins de l'armée.

Sa Majesté a également décrété qu'il sera attaché, à la suite de chaque régiment entrant en campagne, un fourgon d'ambulance de premiers secours, attelé de 4 chevaux, destiné à transporter au moins 6 blessés. A cet effet, chaque caisson devra contenir une caisse d'instruments de chirurgie au complet, une caisse complète de médicaments, 100 livres de charpie, 2 matelas et 6 brancards de sangle.

Les fourgons seront confectionnés dans un des ateliers de construction de Sampigny, d'après le devis qui en sera donné.

La caisse complète d'instruments de chirurgie ne sera reçue que d'après une déclaration préalable des officiers de santé en chef de l'armée, sur la bonté et la solidité des instruments.

Le directeur central des hôpitaux, d'après l'ordre de Son

Excellence le Ministre directeur, fera fournir des linges à pansements, la charpie, les matelas et brancards, dont le payement sera à la charge des régiments.

Les médicaments seront fournis du magasin général de pharmacie; ils ne consisteront qu'en objets de premiers secours pour le champ de bataille.

Il sera accordé à chaque régiment une somme de 3,000 francs, au moyen de laquelle ils se pourvoiront dans le plus court délai de tous les objets mentionnés ci-dessus. Il sera payé tous les mois sur revues une somme de 50 francs pour l'entretien du fourgon et pour la solde des charretiers.

Les subsistances seront fournies par les magasins de l'armée.

La composition avec l'emplacement de la Grande Armée est jointe au présent ordre.

Il ne doit être donné communication des ordres de la Grande Armée que celle qui est strictement nécessaire aux divers corps et services qui la composent, et seulement par simples expéditions à la main.

Les comptes que les généraux de division rendent journellement au Major général de la marche des troupes lui seront adressés à Paris jusqu'à nouvel ordre.

Pour ampliation du registre d'ordre :

Le Colonel du génie chargé en chef des détails de l'état-major général,

VALLONGUE.

CHAPITRE V

La Garde.

L'Empereur au conseiller d'État Lacuée.

Prairial ou messidor an XIII (fin mai ou juin 1805).

Il sera fait un appel de 6 vélites par département pour la cavalerie de la Garde, moitié pour les grenadiers, moitié pour les chasseurs. Ils devront verser, dans la caisse du capitaine, 600 francs de pension, afin que cela ne me coûte pas plus que 600 hommes de cavalerie.

NAPOLÉON.

Le maréchal Bessières au général Hulin.

Milan, 15 prairial an XIII (4 juin 1805).

Général,

Je vous préviens que l'intention de S. M. l'Empereur est qu'il soit formé, des grenadiers à pied qui sont à Paris et des vélites qui y sont attachés, un bataillon de six compagnies.

Chaque compagnie sera composée de :

1 capitaine,
1 lieutenant,
1 lieutenant en deuxième,
1 sergent-major,
4 sergents,

1 fourrier,
75 vieux grenadiers ou caporaux,
45 vélites,
2 tambours.
———
131

Vous formerez, des chasseurs à pied qui sont à Paris et des vélites qui y sont attachés, un bataillon composé de la même manière que celui des grenadiers. Chacun de ces bataillons sera commandé par un chef de bataillon, et aura un adjudant-major et un adjudant-sous-lieutenant.

Il sera attaché à chaque bataillon un tambour-maître.

Ces deux bataillons seront sous vos ordres, et partiront de Paris le 10 messidor pour se rendre à Wimereux.

Vous tiendrez cet ordre secret. Vous ferez toutes les dispositions nécessaires pour votre départ, et ne ferez pas connaître votre destination. Vous direz, au contraire, que vous partez pour relever la Garde qui est à Milan.

Vous formerez, des hommes restant à Paris, deux compagnies. Vous aurez soin de n'y laisser que les hommes le moins en état de faire la guerre.

Les vélites des grenadiers qui restent à Fontainebleau, en sus de ceux nécessaires pour compléter le bataillon des grenadiers, seront organisés en quatre compagnies pour le service du palais impérial de Fontainebleau.

Vous formerez, des chasseurs à pied restant à Paris, deux compagnies. Vous en formerez deux autres des vélites de ce corps, en tout quatre compagnies, pour faire le service du palais de Paris.

Prenez toutes les mesures nécessaires afin que ces dispositions soient promptement exécutées. Vous passerez une revue sévère de l'habillement et de l'armement, et vous ferez en sorte que tout soit mis dans le plus grand état, soit dans les bataillons qui ont ordre de se rendre à Wimereux, soit dans les compagnies qui restent à Paris et à Fontainebleau.

J'écris au maréchal Soult pour le prévenir de ce mouvement.

Vous voudrez bien m'accuser la réception du présent ordre.

Bessières.

———

L'Empereur au maréchal Bessières.

Camp de Boulogne, 19 thermidor an XIII (7 août 1805).

Mon Cousin, faites partir pour Boulogne les hommes de ma Garde, grenadiers et chasseurs, qui sont dans le cas de faire la guerre. Faites partir également le régiment de grenadiers et chasseurs italiens ; depuis le temps, il doit être armé et habillé. S'il n'était pas habillé, qu'il parte toujours ; seulement, veillez à ce qu'il soit parfaitement armé. Faites partir aussi tous les soldats du train et les chevaux d'artillerie qui se trouvent disponibles à Paris. Suivez l'ordre que j'ai donné en Italie pour la formation des hommes de ma Garde que vous m'enverrez. Faites partir les chasseurs sous les ordres du major Gros, et les grenadiers sous les ordres du Major des grenadiers à pied. Quant aux chasseurs et aux grenadiers à cheval qui étaient à Gênes, faites-moi connaître quand ils viendront. Si vous pouvez accélérer leur marche de deux ou trois jours, faites-le ; j'aurais besoin d'un corps de 600 hommes à cheval. Les dépôts des différents corps de la Garde que vous laisserez à Paris seront sous les ordres des chefs de bataillon et d'escadron. La Garde à pied partira sous les ordres du général Soulès, de manière à être à Boulogne en dix jours, du moment de son départ. Vous-même, vous vous tiendrez prêt à partir. Faites partir aussi la moitié des gendarmes d'élite à pied dans le cas de faire la guerre.

NAPOLÉON (1).

L'Empereur au maréchal Bessières.

Camp de Boulogne, 20 thermidor an XIII (8 août 1805).

Mon Cousin, je vous ai écrit hier pour vous ordonner de faire faire différents mouvements à ma Garde sur Boulogne. Mon intention est que s'il y avait quelque chose de parti, vous le laissiez continuer, mais que vous reteniez le reste ; que vous m'en-

(1) *Correspondance de Napoléon*, n° 9056.

voyiez un état détaillé de la situation de chaque corps et que vous prépariez tout en attendant de nouveaux ordres.

NAPOLÉON (1).

L'Empereur au maréchal Berthier.

Camp de Boulogne, 10 fructidor an XIII (28 août 1805).

Vous ferez partir, le 13 (*31 août*), ma Garde à pied et à cheval, qui est à Boulogne, ainsi que toute l'artillerie, qui doit consister en 15 pièces de canon.

Elle partira le 13, pour se rendre à Strasbourg, où elle sera casernée dans la ville.

Ordre au maréchal Bessières de faire partir deux bataillons de la garde italienne, deux bataillons de la Garde impériale et tout ce qu'il y a de disponible de grenadiers et de chasseurs à cheval et d'artillerie, avec chirurgiens, ambulance, etc..., et tout ce qui est nécessaire pour faire la campagne. Ils se mettront en route le 13, de Paris pour Strasbourg.

Ces six bataillons de ma Garde, les deux régiments à cheval, grenadiers et chasseurs, et artillerie légère seront casernés dans la ville de Strasbourg.

Partout où se trouvera l'Empereur, la ville sera commandée par un des maréchaux de l'Empire de service près l'Empereur.

Donnez ordre au général d'artillerie de faire préparer l'équipage de pont qui est à Strasbourg, et de réunir le matériel nécessaire pour construire deux ponts sur le Rhin, aux lieux qui seront désignés.

NAPOLÉON (2).

L'Empereur au maréchal Bessières.

Camp de Boulogne, 10 fructidor an XIII (28 août 1805).

Mon Cousin, le Ministre de la guerre vous envoie l'ordre de faire partir ma Garde pour Strasbourg.

---

(1) *Correspondance de Napoléon*, n° 9038.
(2) *Ibid.*, n° 9149.

Comme je vais me rendre incessamment à Paris, vous laisserez assez de monde pour faire le service de Saint-Cloud. J'espère que les deux bataillons qui sont à Boulogne, et les quatre bataillons français et italiens qui sont à Paris, formeront 4,000 hommes, et ma Garde à cheval en y comprenant les mamelucks, 1500 hommes. Vous serez spécialement chargé du commandement de ces 5,500 hommes de ma Garde.

Faites-moi connaître le chef d'état-major que vous voulez prendre.

Les généraux Hulin et Soulès commanderont l'infanterie, le général Ordener la cavalerie, et le colonel Couin l'artillerie.

Il vous faut un chef d'état-major et vos quatre aides de camp.

Faites partir sur-le-champ vos chevaux, vos fourgons et vos bagages pour Strasbourg. Les hommes de l'artillerie de la Garde sont en nombre suffisant pour servir 15 pièces de canon.

Faites-moi connaître combien de pièces pourrait servir l'artillerie italienne. Ce ne sera pas trop, pour un corps de réserve comme la Garde, d'avoir 24 ou 25 pièces de canon.

Je vois, par votre dernier état, que ma Garde royale a 70 hommes d'artillerie ; ils peuvent très bien servir 8 pièces. Cela portera donc l'artillerie de ma Garde à 24 pièces de canon.

NAPOLÉON (1).

L'Empereur au maréchal Bessières.

Camp de Boulogne, 10 fructidor an XIII (28 août 1805).

Mon Cousin, je vous ai fait connaître que je vous confiais le commandement de ma Garde. Veillez à ce qu'elle ne manque de rien. Il faut des ambulances, des caissons pour le transport de ses subsistances et de ses bagages. Je ne puis trop fixer le nombre qui vous serait nécessaire, mais je crois qu'une vingtaine de caissons ne serait pas de trop. L'armée ne sera que trop dépourvue. Ainsi, allez de l'avant. Faites faire ce qui vous

(1) *Correspondance de Napoléon*, n° 9151.

manque, et, par le retour de mon courrier, présentez-moi l'état de l'excédent de dépenses qui pourrait être nécessaire.

J'ai ordonné qu'on fasse acheter des chevaux et confectionner des harnais pour l'artillerie. Il faut que ma Garde n'ait besoin de rien de l'armée, ni pour le transport de ses vivres, ni pour ses chirurgiens, ni pour ses médicaments.

Prenez pour chef d'état-major un homme vigoureux.

NAPOLÉON (1).

L'Empereur au maréchal Mortier.

Camp de Boulogne, 10 fructidor an XIII (28 août 1805).

Mon Cousin, mon intention est que ma Garde ait 24 pièces d'artillerie bien attelées, avec l'approvisionnement et les cartouches nécessaires pour une division de 6,000 hommes. Ces 24 pièces seront servies, savoir : 16 par ma Garde impériale et 8 par ma Garde royale. Elles seront partagées en trois divisions, chacune de 8 pièces.

Voyez le général Songis, pour que le matériel soit complété. Achetez les chevaux qui vous seront nécessaires, et faites confectionner sans retard vos harnais.

Remettez-moi un état de la dépense des chevaux, harnais, de ce que le Ministre vous accorde, ainsi que de ce qui vous est nécessaire.

Je désire avoir le détail de l'équipage et le nombre de voitures qu'il comporte.

NAPOLÉON (2).

Le maréchal Berthier à M. Salamon.

10 fructidor (28 août).

La Garde de l'Empereur partira le 14 (*1er septembre*) (1), par

---

(1) *Correspondance de Napoléon*, n° 9152.

(2) *Ibid.*, n° 9153.

(3) La Garde ne pouvait partir le 13 par la route de Ney; elle se serait rencontrée avec la division Gazan.

la route du maréchal Ney, à la place de la cavalerie de ce maréchal.

C'est-à-dire que le régiment de hussards partira avec la 2e division, et le régiment de chasseurs avec la 3e division.

Maréchal Berthier.

L'Empereur au maréchal Mortier.

Boulogne, 11 fructidor an XIII (29 août 1805).

Mon Cousin, l'artillerie de ma Garde sera organisée et attelée de la manière suivante : elle sera divisée en trois divisions; chaque division sera composée de 4 pièces de 8, 2 pièces de 4 et 2 obusiers, attelés par 44 chevaux; de 10 caissons de 8 attelés par 48 chevaux, savoir : 1 caisson par pièce attelé à 6 chevaux, et les autres caissons attelés à 4 chevaux ; de 3 caissons de 4 attelés par 14 chevaux ; de 8 caissons d'obusiers attelés par 36 chevaux ; de 5 caissons d'infanterie attelés par 20 chevaux ; de 2 chariots à munitions attelés par 8 chevaux ; d'une forge de campagne attelée par 6 chevaux, et de 3 affûts de rechange attelés par 12 chevaux ; total : 188 chevaux, et 12 chevaux de haut-le-pied, ce qui fait un total général de 200 chevaux par division, et, pour les trois divisions, 600 chevaux. Comme la Garde peut en fournir 784, je ne vois pas d'inconvénient à faire des fonds pour le complément de ces 784 chevaux, puisque les 184 d'excédent pourront servir à remplacer les chevaux malades ou blessés, ou à atteler une autre division. J'autorise le Ministre de la guerre à vous fournir des fonds pour acheter 476 chevaux, à raison de 460 francs l'un ; mais, sur ce nombre, je désire qu'il y ait au moins 100 bons mulets, lesquels résistent beaucoup mieux à la fatigue. En attendant, faites partir les pièces de canon que vous avez, avec le plus de caissons possible. On trouvera partout des approvisionnements et des caissons, qu'on enverra joindre la division à mesure qu'on aura des chevaux.

Napoléon.

A M. le général Hulin, commandant les chasseurs et grenadiers de la Garde, au camp du Pont-de-Briques.

Pont-de-Briques, le 11 fructidor an XIII (29 août 1805).

D'après l'ordre de S. M. l'Empereur, et que vient de me transmettre le Ministre de la guerre, le bataillon de chasseurs et celui des grenadiers de la Garde se mettront en marche le 14 de ce mois (*1er septembre*), Monsieur le Général, pour se rendre à Strasbourg, où ils doivent arriver le 8 vendémiaire (*30 septembre*), en suivant l'itinéraire ci-joint ; ils ne doivent point s'en écarter, et se conformer exactement aux époques déterminées pour les séjours afin d'éviter toute rencontre, dans les mêmes gîtes, avec les autres divisions qui suivent la même route.

La cavalerie et l'artillerie de la Garde partant avec vous, il est bon que vous vous entendiez avec le général Ordener pour les heures de départ.

J'ai l'honneur de vous saluer.

Ed. MORTIER.

L'Empereur au maréchal Bessières.

Boulogne, 11 fructidor an XIII (29 août 1805).

Mon Cousin, je ne sais si, dans l'ordre de départ de ma Garde, j'ai compris la compagnie d'artillerie légère italienne qui est à la Fère. Faites-en passer la revue ; elle doit partir avec le reste de ma Garde. Faites remettre à M. l'Archi-Chancelier l'ancien projet relatif aux vélites à cheval, pour qu'il le fasse passer au conseil d'État.

NAPOLÉON.

L'Empereur au maréchal Bessières.

Boulogne, 14 fructidor an XIII (1er septembre 1805).

Mon Cousin, je vous envoie le projet d'organisation de ma Garde. Faites-en dresser les contrôles par l'inspecteur aux revues, afin que les anciens soldats et les vélites soient également répartis entre les compagnies. J'ai nommé quatre chefs de bataillon de ma Garde colonels. Il me manque donc quatre chefs de bataillon. Il me faut des commissaires des guerres qui sachent l'allemand. Vous verrez que, par cette organisation, ma Garde se trouve avoir sur le Rhin : 4,800 hommes à pied, 1800 chevaux, 750 hommes d'artillerie. Total général, en y comprenant la gendarmerie : 7,500 hommes et 24 pièces de canon. Comme ma Garde a plus de 10,000 hommes effectifs, il ne doit pas y avoir de difficulté de former ainsi son organisation.

NAPOLÉON.

Formation de la division de la Garde impériale faisant partie de la Grande Armée.

Résumé du 14 fructidor an XIII (1er septembre 1805).

Le maréchal BESSIÈRES, commandant;
1 général de brigade, chef d'état-major;
4 aides de camp près du maréchal;
2 aides de camp du chef d'état-major;
4 adjoints;
2 brigades à pied;
1 quartier-maître général pour toute la Garde, qui correspondra avec 4 officiers payeurs des grenadiers, des chasseurs, de la cavalerie, italiens et de l'artillerie;
2 commissaires des guerres.

Brigade des grenadiers.

1 général de brigade;
2 aides de camp;
4 bataillons.

Organisation des bataillons.

1 chef de bataillon;
1 adjudant-major;
1 adjudant sous-officier;

4 compagnies (120 hommes par compagnie).
Total : 480 hommes.
Il y aura ainsi 4 bataillons.

Brigade de chasseurs.

1 général de brigade ;
2 aides de camp ;
1 major de chasseurs ;
4 bataillons organisés comme ceux des grenadiers ;
Le colonel, le major, 2 chefs de bataillon.

Brigade italienne.

2 bataillons, chacun organisé à 4 compagnies.

Organisation d'une brigade de cavalerie commandée par

1 général de brigade ;
2 aides de camp ;
1 major des grenadiers à cheval ;
6 chefs d'escadron ;
6 escadrons de 150 hommes chaque ; total : 900 hommes ;
6 chefs d'escadron de chasseurs. — 1 major ;
6 escadrons. 150 hommes par escadron ; total : 900 hommes.

Artillerie à cheval.

2 compagnies d'artillerie de 75 hommes chaque, servant chacune 8 pièces de canon ;
1 compagnie italienne, servant 8 pièces.
Chacune de ces divisions d'artillerie sera attachée :
La 1re, aux grenadiers à pied ;
La 2e, aux chasseurs ;
La 3e, à la cavalerie.

Gendarmerie d'élite.

(Pour mémoire) Elle sera attachée au grand quartier général et prendra les ordres directement du grand maréchal du palais.

Extrait des minutes de la Secrétairerie d'État.

Au Palais de Saint-Cloud, le 3e jour complémentaire an XIII (20 septembre 1805).

NAPOLÉON, Empereur des Français, Roi d'Italie;
Sur le rapport de notre Ministre de la guerre;
Notre Conseil d'État entendu;

NOUS AVONS DÉCRÉTÉ ET DÉCRÉTONS ce qui suit :

ART. 1er.

Tous les soldats de la Garde impériale et les vélites, lorsqu'ils auront été incorporés dans ladite Garde, auront rang de sergent ou de maréchal des logis, selon l'arme dans laquelle ils serviront, dès qu'ils auront cinq ans de service, soit dans la Garde impériale, soit dans un autre corps de troupe de ligne;

Tous les caporaux et brigadiers, rang de sergent-major ou de maréchal des logis chef;

Tous les fourriers, tous les sergents et maréchaux des logis, rang d'adjudant sous-officier;

Tous les sergents-majors et maréchaux des logis chefs, rang de sous-lieutenant.

ART. 2.

Il n'est rien innové par le présent décret, à la solde, masse et au traitement des différents corps et des différents grades de la Garde; il n'est rien innové non plus aux marques distinctives des différents grades, ni aux règlements de discipline et subordination qui existent entre eux.

ART. 3.

Les soldats et cavaliers de la Garde impériale seront commandés par tous les maréchaux des logis et sergents, mais commanderont à tous les caporaux et brigadiers.

Les caporaux et brigadiers seront commandés par tous les sergents-majors et maréchaux des logis chefs, mais commanderont à tous les sergents et maréchaux des logis.

Les maréchaux des logis seront commandés par tous les adjudants sous-officiers, mais commanderont à tous les sergents-majors et maréchaux des logis chefs.

Les maréchaux des logis chefs et les sergents-majors de la Garde seront commandés par tous les sous-lieutenants, mais commanderont à tous les adjudants sous-officiers et à tous les sergents-majors et maréchaux des logis chefs.

Art. 4.

Pour constater les rangs accordés par le présent décret aux différents grades de la Garde impériale, il sera délivré à chacun des individus qui la composent des commissions desdits rangs, signées par les colonels généraux de la Garde, chacun pour le corps qu'il commande.

Art. 5.

Notre Ministre de la guerre est chargé de l'exécution du présent décret.

Signé : Napoléon.

Par l'Empereur :

Le Secrétaire d'État,

Signé : Hugues B. Maret.

Le Ministre de la guerre,

Signé : Maréchal Berthier.

Pour ampliation :

L'Inspecteur en chef aux revues, Secrétaire général,

Denniée.

Extrait des minutes de la Secrétairerie d'État.

Au Palais de Saint-Cloud, le 2e jour complémentaire
(19 septembre 1805).

Napoléon, Empereur des Français, Roi d'Italie ;
Sur le rapport de notre Ministre de la guerre ;
Notre Conseil d'État entendu ;

Nous avons décrété et décrétons ce qui suit :

Art. 1er.

Il sera créé un corps de vélites à cheval de 800 hommes.

Art. 2.

Le corps de vélites à cheval sera composé de conscrits des trois dernières années, à raison de 6 par département, pris parmi ceux qui s'offriront volontairement ou, à défaut, désignés par le préfet.

Art. 3.

Parmi les 6 vélites fournis par département, 3 devront avoir la taille de cinq pieds quatre pouces, et 3 la taille de cinq pieds cinq pouces et au-dessus.

Art. 4.

Les vélites devront être bien constitués, et avoir, par eux-mêmes ou par leurs parents, un revenu assuré de 300 francs par an.

Art. 5.

Si, dans la réserve des années 11, 12 et 13, il ne se trouvait pas un nombre suffisant d'hommes réunissant les qualités requises pour être admis, on pourra recevoir ceux âgés de 18 ans révolus qui auront ces qualités et qui se présenteront de bonne volonté.

Art. 6.

Le corps de vélites à cheval sera divisé en huit compagnies ; chacune de ces compagnies sera composée ainsi qu'il suit :

1 capitaine,
1 lieutenant en premier,
1 lieutenant en second,
1 maréchal des logis chef,
4 maréchaux des logis,
1 fourrier,
8 brigadiers,
100 vélites,
2 trompettes.

TOTAL : 119

Il y aura de plus, par la suite, 2 maréchaux des logis et 4 brigadiers nommés parmi les vélites qui auront plus d'un an de service dans ce corps.

ART. 7.

Il sera attaché à ce corps :

2 chefs d'escadron,
2 adjudants-majors,
2 adjudants sous-officiers,
1 armurier.

Les chefs d'escadron, les capitaines, les lieutenants en premier, les lieutenants en second, les adjudants-majors, l'adjudant et les sous-officiers seront fournis, moitié par le régiment de chasseurs à cheval de la Garde, et moitié par le régiment de grenadiers à cheval.

La durée de ce détachement sera d'un an. Des officiers et des sous-officiers nécessaires au corps de vélites seront ajoutés au nombre d'officiers de ces grades qui existent maintenant dans ces deux régiments.

ART. 8.

La comptabilité des quatre compagnies de vélites commandées par les officiers de grenadiers à cheval, sera gérée par le conseil d'administration de ce régiment.

ART. 9.

La solde, les masses et la première mise des quatre compagnies de vélites attachées au régiment de chasseurs, seront les mêmes que celles des chasseurs à cheval de la Garde.

La solde, les masses et la première mise des quatre compagnies attachées au régiment de grenadiers, seront les mêmes que celles des grenadiers à cheval de la Garde.

ART. 10.

Les conscrits ou les parents des conscrits qui seront admis dans le corps de vélites à cheval, verseront dans la caisse du corps, tous les trois mois et à l'avance, le quart de la somme de 300 francs prescrite par l'article 4.

ART. 11.

Chaque vélite devra se pourvoir à ses frais, à l'époque de son admission, d'une culotte de peau de daim, d'une paire de bottes, et d'une paire de gants uniformes.

ART. 12.

Ceux des vélites qui se seront distingués par leur conduite, leur aptitude, leur tenue et leur zèle, pourront être admis dans la Garde impériale avant d'avoir atteint l'âge et le nombre d'années de service exigés pour faire partie de ladite garde.

ART. 13.

Les vélites pourront recevoir leur congé lorsqu'ils auront fait le nombre d'années de service exigé par les lois relatives à la conscription.

ART. 14.

Nos Ministres de la guerre, du trésor public, et notre Ministre, directeur de l'administration de la guerre sont chargés, chacun en ce qui le concerne, de l'exécution du présent décret.

Signé : NAPOLÉON.

Par l'Empereur :

Le Secrétaire d'État,

Signé : Hugues B. MARET.

Le Ministre de la guerre,

Maréchal BERTHIER.

L'Empereur au maréchal Bessières.

Boulogne, 15 fructidor an XIII (2 septembre 1805).

Je vois, sur le rapport général du mouvement de l'armée, que la Garde devait partir ensemble. Le Ministre m'assure vous en avoir donné l'ordre. Je ne puis donc approuver que vous l'ayez fait marcher par régiment. Veuillez donc faire marcher ensemble tout ce qui resterait.

NAPOLÉON.

CHAPITRE VI

Le second ordre de mouvement.

L'Empereur au général Savary.

Camp de Boulogne, 10 fructidor an XIII (28 août 1805).

M. le général Savary se rendra à Landau et de là à Germersheim. Il passera le Rhin dans les environs de Germersheim et dans l'endroit qu'il jugera le plus favorable pour l'établissement d'un pont de bateaux. Il observera Philippsburg, de manière à rendre un compte succinct de l'état de la place. Il se rendra ensuite à Bruchsal, puis à Knittlingen ; de là à Vaihingen, Cannstadt, à Gmünd, à Aalen, à Giengen et Gundelfingen, sur la Brenz, à une demi-lieue du Danube. Il ne voyagera que le jour.

Il tiendra note de toutes les communications latérales qui existent, d'une part, entre cette route et celle de Durlach à Ulm, par Pforzheim, Stuttgard, Esslingen, Göppingen et Geislingen, et, de l'autre part, entre la route qu'il doit parcourir et une autre route partant de Wiesloch pour aller à Sinzheim, Heilbronn, Œhringen, Hall, Ellwangen, Neresheim et Dillingen, sur le Danube. Il rendra compte de chacune des villes et des villages, ponts, châteaux, collines, bois ou endroits remarquables qu'il rencontrera, de la distance qui les sépare respectivement, ainsi que des villes, villages ou châteaux qui peuvent servir au logement des troupes. L'Enz à Vaihingen, le Neckar à Cannstadt mériteront une attention particulière de sa part, et il notera leur largeur et les difficultés ou facilités que présentent ces deux rivières pour un passage de troupes. Il fera attention à la largeur des grandes vallées, et notera l'éloignement où se trouvera chaque point un peu considérable de sa route, des montagnes Noires, ou de celles qui séparent la vallée du Danube de celle du Neckar. Il prendra connaissance de la meilleure communication qui existe entre Gmünd et Giengen, soit par Heubach et Heidenheim, soit par Weissenstein et Langenau. Il les examinera personnellement, afin de bien savoir quelle est la plus favorable pour le transport du matériel d'une armée.

M. le général Savary cherchera ensuite, en la visitant lui-même, la meilleure route qui existe entre celle qui vient d'être tracée plus haut, de Philippsburg à Gundelfingen, et une autre route partant de Dillingen, par Neresheim, Hülen, Ellwangen, Hall, Œhringen, Heilbronn, Sinzheim, Wiesloch et Spire, de manière que la route en question soit, en quelque sorte, parallèle aux deux autres. Cette route, qui devra être praticable pour l'artillerie et les transports militaires, pourra se diriger, soit d'Aalen sur Murrhardt, Löwenstein et Heilbronn, soit, mieux encore d'Aalen à Gmünd, puis à Winnenden, Marbach, Bietigheim, Sachsenheim et Knittlingen, et de là par Bruchsal à Philippsburg, S'il y a une communication directe, bonne et praticable, de Giengen à Gmünd, elle devra être préférée. Revenu dans les environs de Philippsburg, M. le général Savary examinera la rive droite du Rhin jusque vers Spire, et se dirigera de nouveau sur le Danube à Dillingen, par Wiesloch, Sinzheim, Heilbronn, Œhringen, Hall, Ellwangen, Hülen et Dischingen. Il examinera soigneusement cette route, ses divers embranchements, et le Neckar à Heilbronn. Il parcourra ensuite le Danube, depuis Dillingen jusqu'à Ulm, se rendra à Göppingen et donnera la plus grande attention à la route dans cette partie. Il s'assurera des moyens de communication de cette ville avec Gmünd, puis il passera à Esslingen et à Stuttgard, où il prendra de nouveau connaissance du Neckar et de là à Pforzheim, à Durlach et à Mühlburg, pour prendre aussi connaissance du Rhin vis-à-vis de Pforz. Il se rendra ensuite partout où sera l'Empereur.

NAPOLÉON (1).

(1) *Correspondance de Napoléon*, n° 9154.

L'Empereur au maréchal Davout.

Boulogne, 12 fructidor an XIII (30 août 1805).

ORDRE DU JOUR.

(DICTÉE DE L'EMPEREUR A BERTHIER.)

La 1re division restera à Frankenthal.

La 2e, à Oggersheim.

La 3e, à Spire, en y allant de Dürkheim, tout droit en un seul jour.

Quel est le plus gros endroit entre Frankenthal et Spire, pour y mettre le chef-lieu de la 2e division, au lieu d'Oggersheim, sans cependant être loin du Rhin ? (C'est Oggersheim et Mutterstadt.)

Le général Soult aura son quartier général à Landau.

La 1re division, à Germersheim.

La 2e division, à Lauterbourg.

La 3e division, à Bergzabern.

La 4e division, à Wissembourg.

Le général Ney aura son quartier général à Haguenau.

La 1re division, à Selz.

La 2e division, à Bischwiller, tout droit, sans coucher à Haguenau, venant de Saverne.

La 3e division, à Haguenau.

La Garde ira de Lunéville à Saverne le 5 et, de là, à Sarrebourg le 6 ; elle sera le 3 à Blamont et le 6 à Strasbourg.

La division Gazan, à Brumath.

Les grenadiers, à Strasbourg, commandés par Oudinot.

Aux quartiers généraux à Spire, à Landau, à Schelestadt, la meilleure maison pour l'Empereur.

Chacun de ces généraux enverra un adjudant-général pour fixer le lieu de chaque brigade et bataillon, et où doit s'établir chaque régiment et bataillon. Cet état sera envoyé au commissaire général de l'armée pour qu'il tienne les manutentions et fours prêts dans tous ces lieux.

Indépendamment des ambulances de régiment, chaque division aura son ambulance ; chaque corps, une ambulance générale, avec un premier médecin et un premier chirurgien sous ses ordres.

Chaque régiment aura deux caisses d'instruments complètes, une caisse de médicaments, 100 livres de charpie, un fourgon ayant deux matelas et six brancards de sangles. Les corps achèteront ces objets et le fourgon attelé de quatre chevaux. Ces fourgons d'ambulances devront transporter six blessés de l'ambulance du régiment à celle de la division. Le Major général me fera connaître ce que le commissaire général pense qu'on doit donner aux conseils d'administration pour ce premier achat. Le commissaire général nommera également tous les premiers médecins et premiers chirurgiens de chaque corps d'armée, et les chirurgiens qui doivent former l'ambulance des divisions. Il demandera les fonds pour médicaments, instruments, charpie, etc., nécessaires pour les ambulances. On présentera demain l'état du nécessaire et des fonds.

NAPOLÉON.

Note de Berthier.

Changements de destination chargés à la poste le 14 fructidor (1er sept.), *et notés ordres très pressés. Expressément recommandés par le Ministre de la guerre au Commandant militaire ou au Directeur de la poste aux lettres.*

Ces changements concernent les 4 divisions de dragons, — la division de dragons à pied — les divisions Nansouty, Gazan et les 3e, 4e et 6e corps.

1re *division de dragons.*

Il est ordonné à la 1re division de dragons commandée par le général Klein, composée de...................................

qui doit arriver le 1er jour complémentaire (*18 septembre*), à Saverne, d'en partir le lendemain 2, et de se rendre le même jour à Molsheim, où elle recevra de nouveaux ordres; prendra ses cantonnements entre Strasbourg et Neufbrisach.

2e division de dragons.

Il est ordonné à la 2e division de dragons commandée par le général Walther, composée de.........................
qui doit arriver le 3e jour complémentaire (*20 septembre*), à Schelestadt, de ne point continuer sa marche sur Ostheim. Cette division trouvera à Schelestadt de nouveaux ordres pour les cantonnements qui lui sont assignés sur le Rhin, entre Strasbourg et Neufbrisach.

3e division de dragons.

Mêmes ordres qu'à la 2e division.

Elle doit arriver le 4e jour complémentaire (*21 septembre*), à Schelestadt.

4e division de dragons.

Il est ordonné à la 4e division de dragons commandée par le général Bourcier, composée de.........................
qui doit arriver le 28 fructidor (*15 septembre*) à Sarrelibre, d'en partir le 29 avec du pain pour un jour, et ira loger le même jour à :

Moselle.......	29 fructidor..	Sarreguemines. (Pain pour 2 jours.)
	30 —	Sarralbe.
Meurthe......	1er jour compl.	Sarrebourg. (Pain pour 1 jour.)
	2e —	Saverne. (Pain pour 1 jour.)
Bas-Rhin.....	3e —	Molsheim, où elle trouvera des ordres pour les cantonnements qui lui sont assignés.
	4e —	Ober-Ehnheim, sur le Rhin, entre Strasbourg et Neufbrisach.

Division de dragons à pied.

Il est ordonné à la division de dragons à pied commandée par le général Baraguey-d'Hilliers, composée de................
qui doit arriver le 4e jour complémentaire (*21 septembre*), à Sainte-Marie-aux-Mines, d'en partir le 5e jour complémentaire, avec du pain pour 1 jour, et d'aller loger le même jour à :

Haut-Rhin....	5e jour compl.	Colmar. (Pain pour 1 jour.)
	1er vendém..	Neufbrisach.

1re division de grosse cavalerie.

Il est ordonné à la division de grosse cavalerie, commandée par le général Nansouty, composée de.......................... qui doit arriver le 21 fructidor (*8 septembre*), à Verdun, d'en partir le lendemain avec du pain pour 2 jours, et d'aller loger le même jour à :

Moselle......	22 fructidor..	Mars-la-Tour.
	23-24 fructidor	Metz, séjour. (Pain pour 3 jours.)
	25 fructidor..	Courcelles.
	26 — ..	Saint-Avold, séjour. (Pain pour 2 jours.)
Sarre........	27 — ..	Sarrebrück, séjour. (Pain pour 2 jours.)
Mont-Tonnerre.	28 — ..	Deux-Ponts, séjour. (Pain pour 1 jour.)
	29 (*16 sept.*).	Pirmasens, où elle recevra des ordres pour les cantonnements quelle doit occuper.)

3e CORPS D'ARMÉE.

1re division.

Il est ordonné à la 1re division du 3e corps de la Grande Armée, composée de..... et commandée par le général....... qui doit arriver le 3e jour complémentaire (*20 septembre*), à Sarrebrück, d'en partir le lendemain 4, avec du pain pour 1 jour et d'aller loger à :

4e à 5e jour compl.	Deux-Ponts, séjour. (Pain pour 3 jours.)
1er vendémiaire...	Landstuhl.
2 —	Kaiserslautern. (Pain pour 2 jours.)
3 —	Dürkheim.
4 vend. (*26 sept.*).	Frankenthal.

2e division.

Partira de Sarrebrück le 2 vendémiaire (*24 septembre*), avec du pain pour 1 jour, et ira loger à :

2 vendémiaire.....	Deux-Ponts. (Pain pour 2 jours.)
3 —	Landstuhl.

4 vendémiaire .... Kaiserslautern. (Pain pour 2 jours.)
5 — .... Dürkheim.
6 vend. (*28 sept.*) . Oggersheim.

3e division.

Partira de Sarrebrück le 3 vendémiaire (*25 septembre*), avec du pain pour 1 jour, et ira loger à :

3 vendémiaire..... Deux-Ponts. (Pain pour 2 jours.)
4 — .... Landstuhl.
5 — .... Kaiserslautern. (Pain pour 2 jours.)
6 — .... Dürkheim.
7 vend. (*29 sept.*).. Spire.

4e CORPS D'ARMÉE.

1re division.

Partira de Metz le 1er jour complémentaire (*18 septembre*), avec du pain pour 2 jours, et ira loger à :

1er vendémiaire... Courcelles.
2 — .... Saint-Avold. (Pain pour 2 jours.)
3 — .... Sarreguemines.
4 — .... Bitche. (Pain pour 2 jours.)
5 — .... Lembach.
1er — .... Wissembourg. (Pain pour 1 jour.)
2 vend. (*24 sept.*) . Germersheim.

2e division.

Partira de Metz le 2e jour complémentaire (*19 septembre*), avec du pain pour 2 jours, et ira loger à :

3 vendémiaire..... Courcelles.
4 — .... Saint-Avold. (Pain pour 2 jours.)
5 — .... Sarreguemines.
1er — .... Bitche. (Pain pour 2 jours.)
2 — .... Lembach.
3 — .... Wissembourg. (Pain pour 1 jour.)
4 vend. (*26 sept.*). Lauterbourg.

3e *division.*

Partira de Metz le 4e jour complémentaire, avec du pain pour 2 jours, et ira loger à :

4 vendémiaire.....	Courcelles.
5 —	Saint-Avold. (Pain pour 2 jours.)
1er —	Sarreguemines.
2 —	Bitche. (Pain pour 2 jours.)
3 —	Lembach.
4 vend. (*26 sept.*) .	Bergzabern.

4e *division.*

Partira de Metz le 1er vendémiaire (*23 septembre*), avec du pain pour 2 jours, et ira loger à :

1er vendémiaire ...	Courcelles.
2 —	Saint-Avold. (Pain pour 2 jours.)
3 —	Sarreguemines.
4 —	Bitche. (Pain pour 2 jours.)
5 —	Lembach.
6 vend. (*28 sept.*) .	Wissembourg.

6e CORPS D'ARMÉE.

1re *division.*

Partira de Lunéville le 4e jour complémentaire (*21 septembre*), avec du pain pour 2 jours, et ira loger à :

4e jour compl	Blamont.
5e —	Sarrebourg. (Pain pour 2 jours.)
1er vendémiaire ...	Saverne.
2 — ...	Haguenau (Pain pour 2 jours.)
3 vend. (*25 sept.*)..	Selz.

2e *division.*

Partira de Lunéville le 5e jour complémentaire (*22 septembre*), avec du pain pour 2 jours, et ira loger à :

5e jour compl	Blamont.
1er vendémiaire ...	Sarrebourg. (Pain pour 2 jours.)
2 —	Saverne.
3 vend. (*25 sept.*)..	Bischwiller.

3e *division.*

Partira de Lunéville le 1er vendémiaire (*23 septembre*), avec du pain pour 2 jours, et ira loger à :

1er vendémiaire ... Blamont.
2 — .... Sarrebourg. (Pain pour 2 jours.)
3 — .... Saverne.
4 vend. (*26 sept.*). Haguenau.

Division de cavalerie légère.

Les 2e et 12e chasseurs partiront de Sarrelibre le 2e jour complémentaire (*19 septembre*), avec du pain pour 2 jours, et iront loger à :

2e jour compl ..... Sarrebrück.
3e — ..... Hombourg. (Pain pour 2 jours.)
4e — ..... Landstuhl.
5e 1er vendémiaire. Kaiserslautern. (Pain pour 3 jours.)
2 — ..... Dürkheim.
3 vend. (*25 sept.*). Oggersheim.

Les 13e et 21e chasseurs, 9e et 10e de hussards partiront de Sarrelibre le 2e jour complémentaire (*19 septembre*), avec du pain pour 2 jours, et iront loger à :

2e jour compl ..... Sarreguemines.
3e — ..... Bitche. (Pain pour 2 jours.)
4e — ..... Niederbronn.
5e — ..... Haguenau. (Pain pour 1 jour.)
1er vend. (*23 sept.*) Brumath.

Division Gazan.

La division d'infanterie commandée par le général Gazan, partira de Nancy le 3 vendémiaire (*25 septembre*), avec du pain pour 2 jours, et ira loger à :
3 vendémiaire..... Vic. (Pain pour 2 jours.)
4 — ..... Maizière.
5 — ..... Sarrebourg. (Pain pour 2 jours.)
7 — ..... Saverne.
6 vend. (*29 sept.*). Brumath.

Localités où les plis ont été adressés :

Général NANSOUTY.	Général WIRION	à Verdun, 21 fructidor.
Général KLEIN.		à Verdun, 23 fructidor.
Général WALTER.	Général LORCET	à Châlons, 20 fructidor.
Général BEAUMONT.		à Châlons, 20 fructidor.
Général BARAGUEY-D'HILLIERS.		à Châlons, 22 fructidor.
Général BOURCIER.	Général VIMEUX commandant d'armes.	à Luxembourg, 24 fruct.
Cavalerie légère.	Général ROGET	à Namur, 20 fructidor.
Maréchal DAVOUT.	La 1re division arrive à Namur le 21 fructidor.	
Maréchal NEY.	Rue St-Lazare, à son passage à Paris. La 1re division arrivera à Reims le 21 fructidor.	

L'ordre pour le maréchal Soult est parti.

Les ordres ci-dessus ont été chargés à la poste le 14 fructidor.

Ils étaient notés : *Ordres très pressés.*

Expressément recommandés par le Ministre de la guerre au commandant militaire et au directeur de la poste aux lettres.

A Son Excellence le Ministre directeur de l'administration de la guerre.

Boulogne, le 15 fructidor an XIII (31 août 1805).

J'ai l'honneur, Monsieur, de prévenir Votre Excellence que, d'après de nouvelles dispositions prescrites par Sa Majesté pour la répartition sur le Rhin des différents corps composant la Grande Armée, je viens de changer, en quelques points, la direction qui avait été primitivement prescrite aux troupes de l'arrondissement des côtes.

En conséquence, la 1re division de dragons se rendra à Molsheim, et les 2e et 3e à Schelestadt, au lieu de Strasbourg ;

La 4e, à Ober-Ehnheim, au lieu de Spire.

La division de dragons à pied continue de se rendre à Neufbrisach.

La 1re division du 3e corps, commandé par M. le maréchal Davout, se rendra à Frankenthal.

La 2e division, à Oggersheim.

Et la 3e, à Spire, au lieu d'Haguenau.

La 1re division du 4e corps, commandé par M. le maréchal Soult, se rendra à Germersheim.

La 2e division, à Lauterbourg.

La 3e, à Bergzabern.

Et la 4e, à Wissembourg au lieu de Strasbourg.

La division d'infanterie commandée par le général Gazan se rendra à Brumath, au lieu de Schelestadt.

La 1re division du 6e corps, commandé par M. le maréchal Ney, se rendra à Selz.

La 2e division, à Bischwiller.

La 3e division, à Haguenau, au lieu de se rendre à Schelestadt.

La division de la Garde impériale se rendra à Strasbourg par Lunéville, Blamont, Sarrebourg et Saverne, au lieu de passer par Schelestadt.

Les régiments composant celle aux ordres du général d'Hautpoul se réuniront à Schelestadt, au lieu de Landau.

Les 2e et 12e régiments de chasseurs, qui faisaient partie de la division de cavalerie légère, se rendront à Spire, pour faire partie du 3e corps, commandé par M. le maréchal Davout.

Les 13e et 21e régiments de chasseurs et les 9e et 10e régiments de hussards formant le reste de cette division se rendront à Brumath, au lieu de Spire, pour faire partie du 5e corps, commandé par M. le maréchal Lannes.

Je joins ici copie des nouveaux itinéraires que j'adresse à toutes ces divisions pour détourner leur marche et les faire arriver à leur destination respective.

Je prie Votre Excellence de donner ses ordres pour que les subsistances et généralement tous les services soient assurés, dans toutes leurs parties, sur les différents points que ces troupes ont à parcourir.

J'ai l'honneur de vous saluer.

Le Ministre de la guerre.

BERTHIER.

Grande Armée. — Composition et emplacement.

13 fructidor an XIII (31 août 1805.)

L'Empereur et Roi commande en personne. Le Ministre de la guerre, major général, expédie les ordres de Sa Majesté.

Son Altesse Sérénissime le prince Murat, lieutenant de l'Empereur, commandant en l'absence de Sa Majesté, commande en chef la réserve de carabiniers, cuirassiers et dragons, quand Sa Majesté est à l'armée.

ÉTAT-MAJOR GÉNÉRAL.

Major général : Le maréchal BERTHIER.

3 aides-majors généraux, dont 1 chef de l'état-major général, chargé des détails de l'état-major ; 1 maréchal des logis chargé des camps, marches et cantonnements, et 1 directeur du service topographique et historique des opérations de l'armée.

2 généraux de brigade, un colonel et 6 officiers de tout grade et de toute arme employés près le Major général, 1 inspecteur aux revues et 1 commissaire des guerres.

Officiers employés près l'aide-major général chef d'état-major : 4 adjudants-commandants et 12 officiers supérieurs ou adjoints ;

Près l'aide-major général, maréchal des logis : 1 adjudant-commandant et 4 adjoints ;

Près l'aide-major général, directeur du service topographique et historique : 2 adjoints et une section d'ingénieurs géographes.

1 colonel faisant les fonctions de vaguemestre général.

1 colonel de gendarmerie chef de la force publique, chargé de la police du grand quartier général.

Le premier inspecteur général d'artillerie et son état-major.

Le premier inspecteur général du génie et son état-major.

ADMINISTRATION GÉNÉRALE.

1 intendant général de la Grande Armée et ses adjoints.

L'inspecteur en chef aux revues et ses adjoints.

1 commissaire ordonnateur.

Le payeur général.
Les 3 officiers de santé en chef.
Les principaux chefs des services administratifs.
Le directeur général de la poste aux lettres.
Le directeur du service télégraphique.
1 directeur de l'imprimerie.

TROUPES.

100 hommes de gendarmerie à cheval.
1 régiment de chasseurs d'ordonnance.
6 courriers du major général.

1er CORPS D'ARMÉE.

Commandé par M. le maréchal BERNADOTTE.

Se réunit à .....

2e CORPS D'ARMÉE.

Commandé par le général MARMONT.

Quartier général à Mayence.
Arrive le 3 vendémiaire (*25 septembre*).

3e CORPS D'ARMÉE.

Commandé par M. le maréchal DAVOUT.

Quartier général à Spire.
1re division à Frankenthal le 4 vendémiaire (*26 septembre*).
2e division à Oggersheim, occupant Mutterstadt, 6 vendémiaire (*28 septembre*).
3e division, à Spire le 7 vendémiaire (*29 septembre*).

4e CORPS D'ARMÉE.

Commandé par M. le maréchal SOULT.

Quartier général à Landau.
1re division, à Germersheim le 2 vendémiaire (*24 septembre*).
2e division, à Lauterbourg le 4 vendémiaire (*26 septembre*).
3e division, à Bergzabern le 4 vendémiaire.
4e division, à Wissembourg le 6 vendémiaire (*28 septembre*).

5e CORPS D'ARMÉE.

Commandé par M. le maréchal LANNES.

Quartier général à Brumath.

1re division (grenadiers), à Strasbourg le 4e jour complémentaire (*21 septembre*).

2e division (général Gazan), à Brumath le 7 vendémiaire (*29 septembre*).

6e CORPS D'ARMÉE.

Commandé par M. le maréchal NEY.

Quartier général à Haguenau.

1re division, à Selz le 3 vendémiaire (*25 septembre*).

2e division, à Bischwiller le 4 vendémiaire (*26 septembre*).

3e division, à Haguenau, le 4 vendémiaire (*27 septembre*).

7e CORPS D'ARMÉE.

Commandé par M. le maréchal AUGEREAU.

Quartier général à .....

RÉSERVE DE CAVALERIE ET DE DRAGONS.

Commandée par S. A. S. le prince MURAT, lieutenant de l'Empereur.
Chef d'état-major : le général BELLIARD.

1re division de grosse cavalerie : le général Nansouty, à Pirmasens, le 29 fructidor (*16 septembre*).

2e division de grosse cavalerie : le général d'Hautpoul, à Schelestadt, du 20 au 30 fructidor et 1er jour complémentaire (*7-18 septembre*).

1re division de dragons : le général Klein, à Molsheim (cantonnée entre Strasbourg et Neufbrisach le 2e jour complémentaire (*19 septembre*).

2e division de dragons : le général Walther, à Schelestadt, les 3e et 4e jours complémentaires (*20 et 21 septembre*).

3e division de dragons : le général Beaumont, à Schelestadt les 3e et 4e jours complémentaires.

4e division de dragons : le général Bourcier, à Oberehnheim, le 4e jour complémentaire (*21 septembre*).

Ces trois dernières divisions cantonnent entre Schelestadt et Neufbrisach.

Division de dragons à pied : le général Baraguey-d'Hilliers, à Neufbrisach le 1er vendémiaire (*23 septembre*).

Garde impériale, à Strasbourg le 6 vendémiaire (*28 septembre*).

Aux quartiers généraux de Spire, de Landau, d'Haguenau, de Brumath et de Schelestadt, la meilleure maison sera réservée pour le quartier de l'Empereur, et une à côté pour le Major général.

Le grand quartier général s'établit à Strasbourg.

Pour ampliation au registre d'ordre :

Le Colonel du génie chargé en chef des détails de l'état-major général,

VALLONGUE.

A Boulogne, le 13 fructidor an XIII (31 août 1805).

Le bureau du Mouvement est prévenu que l'Armée des côtes a pris le nom de la Grande Armée.

La Grande Armée est commandée par l'Empereur en personne.

Le Ministre de la guerre, major général, expédiant les ordres de l'Empereur.

Son Altesse Sérénissime le prince maréchal Murat, lieutenant de l'Empereur, commandant en son absence.

L'État-Major général.

La Grande Armée est composée de 7 corps d'armée.

Le 1er corps comprend 2 divisions, chacune de ces divisions, composée de 3 régiments ; c'est-à-dire, 9 bataillons ; plus une division de cavalerie légère de 4 régiments.

Ce 1er corps est celui du Hanovre commandé par le maréchal Bernadotte.

Le 2e corps sous les ordres du général Marmont, est composé de 3 divisions et d'une division de cavalerie légère.

Le 3e corps sous les ordres du maréchal Davout, composé de 3 divisions et d'une division de cavalerie légère.

Le 4e corps sous les ordres du maréchal Soult, composé de 3 divisions et d'une division de cavalerie légère.

Le 5e corps sous les ordres du maréchal Lannes, composé de 3 divisions et d'une division de cavalerie légère.

Le 6e corps sous les ordres du maréchal Ney, composé de 3 divisions et d'une division de cavalerie légère.

Le 7e corps sous les ordres du maréchal Augereau. composé de 2 divisions de 9 bataillons chacune. Ce corps forme réserve.

Le corps de la cavalerie de réserve se compose :

De la 1re division de grosse cavalerie aux ordres du général Nansouty, composée d'une brigade de carabiniers et de 2 brigades de cuirassiers, formant 6 régiments.

De la 2e division de grosse cavalerie aux ordres du général d'Hautpoul, composée de 2 brigades de cuirassiers formant 4 régiments.

D'un corps de dragons, composé, savoir :

D'une division de dragons, aux ordres du général Klein, composée de 2 brigades formant 6 régiments.

D'une 2e division, aux ordres du général Walther, composée de 2 brigades formant 6 régiments.

D'une 3e division aux ordres du général Beaumont, composée de 2 brigades formant 6 régiments.

D'une 4e division, aux ordres du général Bourcier, composée de 2 brigades formant 6 régiments.

Le bureau du Mouvement fera connaître aux bureaux de mon Ministère cette formation, ainsi qu'au Ministre directeur, au Ministre du Trésor public, etc.

Les états de situation et les livrets présenteront la Grande Armée dans la formation ci-dessus.

Les corps qui occupent les camps de la Grande Armée, sur les côtes, s'appelleront Armée des Côtes.

Elle sera commandée par un Maréchal de l'Empire qui aura à ses ordres un général de division et 4 généraux de brigade.

Et les troupes ci-après :

Les 3 bataillons du 21e régiment d'infanterie légère.
Le 3e bataillon du 25e régiment de ligne.
Les 3e et 4e bataillons du 17e régiment de ligne,

qui occuperont le camp de Wimereux et Ambleteuse.

Les 3 bataillons du 72e régiment.
Le 3e » du 36e »
Le 3e » du 43e »
Le 3e » du 55e »

qui occuperont le camp de droite à Boulogne.

Le 3e bataillon du 46e régiment.
Le 3e » du 28e »
Le 3e » du 75e »

qui occuperont le camp de gauche à Boulogne.

Le 22e régiment de ligne.
Le 3e bataillon du 50e régiment de ligne,

qui occuperont le camp d'Étaples.

Les trois régiments italiens ont reçu l'ordre de se rendre à Boulogne, pour y occuper provisoirement le camp de droite.

Maréchal Berthier.

Annotation de la main du Maréchal :

Cela ne doit pas être divulgué ; en prévenir ceux auxquels cette disposition sera adressée.

Berthier.

Le Ministre de la guerre au maréchal Davout, commandant en chef le 3e corps de la Grande Armée.

Boulogne, le 13 fructidor an xiii (31 août 1805).

L'Empereur ordonne, Monsieur le Maréchal, que le 3e corps d'armée que vous commandez, en arrivant sur le Rhin, soit établi, savoir :

La 1re division à Frankenthal ;
La 2e division à Oggersheim ;
La 3e division à Spire.

Comme ces trois divisions, d'après l'itinéraire qu'elles suivent actuellement, se dirigent sur Haguenau, vous leur donnerez l'ordre, Monsieur le Maréchal, de se détourner de cette direction à mesure qu'elles arriveront à Sarrebrück et de se rendre à la nouvelle destination qui leur est respectivement assignée, en réglant leur marche conformément aux itinéraires que je joins ici.

Veillez à l'exécution de cette disposition.

Les 2e et 12e régiments de chasseurs, qui faisaient partie de la division de cavalerie légère, sont destinés à être employés sous vos ordres. Ils se dirigent à cet effet sur Spire, où ils arriveront le 4 vendémiaire (*26 septembre*).

Le Ministre de la guerre,

Maréchal BERTHIER.

P.-S. -- Vous donnerez l'ordre à votre chef d'état-major et à vos chefs d'administration de précéder de huit jours toutes les colonnes, afin de préparer vos établissements.

Le maréchal Berthier au prince Murat, lieutenant de l'Empereur.

Boulogne, le 14 fructidor an XIII (1er septembre 1805).

Monseigneur,

J'ai l'honneur de prévenir Votre Altesse Sérénissime que, d'après les dispositions prescrites par Sa Majesté pour la répartition sur le Rhin des différents corps composant la réserve de cavalerie de la Grande Armée, j'ai ordonné aux divisions de grosse cavalerie et de dragons de se diriger sur les points ci-après désignés, savoir :

La division de grosse cavalerie, commandée par le général Nansouty, sur Pirmasens, près Deux-Ponts, où elle arrivera le 29 fructidor.

Cette division est composée des deux régiments de carabiniers et des 2e, 3e, 9e et 12e régiments de cuirassiers.

La division de grosse cavalerie, commandée par le général d'Hautpoul, à Schlestadt.

Cette division est composée des 1er et 11e régiments qui arriveront le 30 fructidor et 1er jour complémentaire à Schelestadt, du 5e régiment et du 10e régiment de même arme qui y seront rendus vers le 20 fructidor.

La 1re division de dragons à Molsheim, où elle arrivera le 2e jour complémentaire.

Cette division, commandée par le général Klein, est composée des 1er, 2e, 20e, 4e et 26e régiments de dragons.

La 2e division de dragons à Schelestadt, où elle arrivera le 3e jour complémentaire.

Cette division, commandée par le général Walther, est composée des 10e, 13e, 22e, 3e, 6e et 11e régiments de dragons.

La 3e division de dragons à Schelestadt, où elle arrivera le 4e jour complémentaire.

Cette division, commandée par le général Beaumont, est composée des 5e, 8e, 12e, 9e, 16e et 21e régiments de dragons.

La 4e division de dragons à Oberehnheim, où elle arrivera le 4e jour complémentaire.

Cette division, commandée par le général Bourcier, est composée des 15e, 17e, 18e, 25e et 19e régiments de dragons.

Le 27e régiment de dragons doit être le 6e régiment de cette division, mais Sa Majesté n'a pas encore déterminé l'époque à laquelle il aura ordre de la rejoindre.

La division commandée par le général Nansouty doit être cantonnée à Pirmasens et dans les environs de la manière la plus favorable pour l'établissement des hommes et des chevaux, ainsi que pour la surveillance et le maintien de la discipline.

Celle commandée par le général d'Hautpoul doit l'être à Schelestadt et dans les environs.

Les quatre divisions de dragons doivent occuper des cantonnements sur la rive gauche du Rhin, entre Strasbourg et Neufbrisach, dans les lieux les plus abondants en fourrages.

J'ai fait connaître à ces généraux qu'à leur arrivée aux points sur lesquels ils se dirigent respectivement, ils trouveraient des ordres pour la répartition de leurs divisions.

Je vous prie en conséquence, Monseigneur, de faire reconnaître et préparer le plus tôt possible le cantonnement de chacune de ces divisions, et d'adresser à l'avance vos ordres à Pirmasens, Schelestadt, Molsheim et Oberehnheim, afin que chaque division, à son arrivée, puisse immédiatement se porter sur les points que vous aurez jugé convenable de lui assigner. Veuillez aussi me faire parvenir l'état des cantonnements de chacune de ces divisions ; le général Belliard a l'ordre de se rendre en poste à Strasbourg.

Je prie Votre Altesse Sérénissime d'agréer l'hommage de mon respect.

Le Ministre de la guerre,

BERTHIER.

Au général Songis, Premier Inspecteur général d'artillerie.

Boulogne, le 15 fructidor an XIII (2 septembre 1805).

L'Empereur, Général, ordonne que vous fassiez toutes les dispositions nécessaires pour que le grand parc d'artillerie de la Grande Armée se mette en mouvement le premier vendémiaire de Strasbourg, pour se rendre à Landau.

J'ai l'honneur de vous saluer.

Maréchal BERTHIER.

Le Ministre de la guerre au général commandant la 3e division militaire.

Paris, le 18 fructidor an XIII (5 septembre 1805).

Je vous ai fait connaître, Général, l'itinéraire que doivent suivre, sur divers points de votre commandement, les divisions de la Grande Armée qui se rendent en ce moment sur le Rhin.

Vous veillerez avec le plus grand soin à ce que le service soit assuré dans toutes ses parties et que des mesures soient prises pour préparer leur établissement ainsi que leur subsistance dans les lieux de passage (1).

---

(1) Écrit en conséquence au Ministre, le 28 courant. (Gobert.)

Comme il a été nécessaire, pour éviter l'encombrement et pour empêcher que les troupes appartenant à des corps d'armée différents, ne se croisent, d'employer la communication qui passe par *Bitche*, vous ferez sur-le-champ reconnaître cette route, et dans le cas où il serait utile d'y faire quelques réparations préalables, vous vous concerteriez avec le préfet du département de la Moselle, pour rendre le plus tôt possible cette route praticable aux troupes qui doivent la parcourir.

Concertez-vous aussi sur ce sujet avec le Général commandant la 5e division militaire, dont je viens également d'appeler à cet égard l'attention.

Instruisez-moi des mesures qui auront été prises à ce sujet.

BERTHIER (1).

---

(1) Le général Gobert répond le 12 septembre :

Monsieur le Maréchal,

Au sujet de la lettre de Votre Excellence, en date du 18 de ce mois, j'ai de suite donné des ordres au commandant d'armes de Bitche pour qu'il engage tous les habitants des communes à réparer les routes; il y joindra même quelques soldats de sa garnison pour y travailler, et j'ai envoyé un officier qui se portera sur les points les plus délabrés de la route pour en diriger et accélérer la réparation.

Cette route est dans le plus mauvais état en ce moment. Deux ingénieurs des ponts et chaussées se sont transportés sur les lieux, et M. le préfet du département, avec qui vous m'aviez enjoint de me concerter, vient de faire une proclamation pour engager tous les habitants des communes à proximité des routes où doivent passer les colonnes, à s'y rendre et à y travailler. Il a employé, pour exciter leur zèle, les moyens les plus propres à y parvenir.

On me rendra compte, tous les jours, de l'état des travaux, et j'espère, Monsieur le Maréchal, que le peu de temps qu'il nous reste sera parfaitement employé, et que les équipages pourront passer partout sans difficulté.

J'ai l'honneur, etc.

GOBERT.

Le Conseiller d'État, commandant de la Légion d'honneur, directeur général des ponts et chaussées, canaux, taxe d'entretien et de la navigation intérieure, etc., au Ministre de la guerre.

Paris, le 20 fructidor an XIII (7 septembre 1805).

Monsieur le Ministre,

Vous m'avez fait l'honneur de me prévenir par votre lettre du 18 fructidor, que les différentes colonnes de troupes destinées à former la Grande Armée, se rendaient en ce moment sur le Rhin ; que pour éviter l'encombremont et empêcher que les troupes qui appartiennent à des corps d'armée différents ne se croisent, il a été nécessaire d'employer toutes les communications qui aboutissent à Landau, Strasbourg et Neufbrisach, qu'il est par conséquent très urgent de prendre des mesures pour rendre ces communications praticables. J'ai l'honneur d'informer Votre Excellence, que pour remplir ses intentions et répondre aux vues du Gouvernement, je viens d'adresser copie de ladite lettre aux préfets des Vosges, du Haut et du Bas-Rhin, en les chargeant de se concerter sur-le-champ avec les ingénieurs en chef de leurs départements respectifs, afin d'ordonner les dispositions les plus efficaces pour la réparation des routes qui tendent vers la destination désignée par la lettre de Votre Excellence. Je recommande aussi aux trois préfets de me faire connaître en réponse les mesures qui auront été prises pour assurer la prompte réparation de ces routes. J'aurai donc l'honneur de communiquer à Votre Excellence, dès qu'elles me seront parvenues, les réponses que j'ai provoquées sur ces importants objets.

Je dois vous observer que la route de Bitche à Landau par Niederbronn, ne m'est pas connue, mais bien celle par Steinbach et Wissembourg. Je demande des renseignements plus précis sur cet objet.

J'ai l'honneur de vous saluer.

CRÉTET.

Le Conseiller d'État, préfet du département du Bas-Rhin, commandant de la Légion d'honneur, à S. E. le Ministre de la guerre.

Strasbourg, le 24 fructidor an XIII (11 septembre 1805).

Monseigneur,

Le général Leval, commandant la 5e division militaire, m'a communiqué les ordres que Votre Excellence lui a adressés pour faire mettre de suite en état les routes qui abordent sur tous les points du département du Bas-Rhin par où doit arriver l'armée de Boulogne.

Je m'empresse de vous faire connaître que les réparations de ces routes ont fait l'objet de ma sollicitude, aussitôt que j'ai eu connaissance de la marche des troupes, et j'ai en conséquence, sur les propositions de l'ingénieur en chef des ponts et chaussées du département, consacré, le 20 fructidor courant, dans un arrêté d'urgence, les dispositions que vous trouverez consignées dans l'exemplaire que j'ai l'honneur de vous transmettre ci-joint.

Les ingénieurs font en ce moment l'inspection de leurs arrondissements pour en assurer l'exécution.

Je vous salue avec respect.

SHÉE.

Le général de division Leval au Ministre de la guerre.

Strasbourg, le 25 fructidor an XIII (12 septembre 1805).

Monseigneur,

J'ai reçu la lettre, en date du 18 de ce mois, par laquelle Votre Excellence me recommande de veiller à ce que le service soit assuré dans toutes ses parties, tant dans les lieux de passage que dans ceux où doivent s'établir les divisions de la Grande Armée. Rien n'a été négligé pour y parvenir. Le service des vivres-pain et vivres de campagne est assuré jusqu'au 15 vendémiaire (*7 octobre*), pour quinze jours et le sera jusqu'au 1er brumaire (*23 octobre*). Le commissaire ordonnateur m'observe qu'il n'a reçu aucun ordre ni aucune réponse à ses réclamations sur le service des vivres-viande.

Celui des fourrages sera assuré jusqu'au 1er brumaire (*23 octobre*) si l'on obtient la rentrée des appels faits dans les 3e, 4e, 5e et 6e divisions militaires. Il l'est en ce moment pour les passages et l'arrivée de l'armée jusqu'aux premiers jours de vendémiaire.

Les accaparements qui se sont faits ont rendu extrêmement difficiles les approvisionnements dans cette partie du service. J'ai écrit à MM. les préfets de ma division pour les engager, vu l'urgence, à forcer les propriétaires à vendre leurs denrées. J'ai invité les généraux commandant les 3e, 4e et 6e divisions militaires à employer les mêmes moyens dans leurs arrondissements. Sans ces mesures, les entrepreneurs auraient beaucoup de peine à pouvoir subvenir aux besoins de l'armée.

J'ai appelé l'attention de MM. les préfets de la division que je commande sur l'état des routes que l'armée doit parcourir pour se rendre sur le Rhin. M. le conseiller d'État Shée s'en était déjà occupé de concert avec l'ingénieur en chef du département du Bas-Rhin ; il me mande avoir fait passer à Votre Excellence un exemplaire de l'arrêté d'urgence qu'il a pris le 20 de ce mois à cet effet. Toutes les routes du département du Haut-Rhin sont en bon état ; j'ai invité le préfet à porter particulièrement ses soins sur celle de Saint-Dié à Sainte-Marie-aux-Mines, dont fait mention Votre Excellence.

J'ai fait part aux généraux commandant les 3e et 4e divisions militaires des mesures que j'ai cru devoir provoquer de mon côté pour l'exécution des ordres de Votre Excellence sur cet objet.

Je suis avec un profond respect, Monseigneur,
de Votre Excellence, le très obéissant et très dévoué serviteur.

Le Général de division,

LEVAL.

M. Dejean au Général commandant la 6e division militaire.

Paris, 4e jour complémentaire an XIII (21 septembre 1805).

Le commissaire ordonnateur de la 5e division militaire m'a informé le 22 fructidor dernier, Général, que vous aviez dû recevoir du général Leval, commandant cette division, l'invitation d'engager les préfets de votre division à venir promptement au secours de l'administration militaire de la Grande Armée, en faisant, sur leurs administrés, un appel de 6,000 sacs d'avoine. Vous vous serez empressé, sans doute, de concourir au succès d'une mesure d'un aussi grand intérêt.

Je vous invite, Général, à en presser l'exécution par tous les moyens qui sont en votre pouvoir.

J'ai l'honneur.....

DEJEAN.

Le maréchal Berthier au maréchal Bernadotte.

Boulogne, le 15 fructidor an XIII (2 septembre 1805).

Je vous ai fait connaître, par ma lettre du 10, que vous deviez réunir une division de votre armée à Göttingen.

Je vous envoie par mon courrier l'ordre du jour sur la composition de la Grande Armée : vous devez en garder la connaissance pour vous seul.

Vous réunirez le 45e et le 54e régiment à Göttingen, et vous organiserez votre corps d'armée en trois divisions, chacune de trois régiments d'infanterie, de 12 pièces de canon, et une division de cavalerie ayant 6 pièces de canon bien attelées.

Vous laisserez le 19e à Hameln, avec le dépôt général de votre armée ; vous y concentrerez tous vos malades ; vous y laisserez trois compagnies d'artillerie et le nombre d'officiers d'artillerie et du génie nécessaire.

Vous désignerez tous les officiers qui doivent commander les différents forts de cette place. Vous y laisserez le général de division Barbou pour y commander le Hanovre.

Vous dirigerez l'artillerie, tous les fusils, toutes les munitions de guerre qui se trouvent dans les différents points de l'Électorat, sur Hameln, et vous approvisionnerez cette place pour un an en blé, farine et biscuit.

Vous nommerez les commissaires des guerres et les chefs d'administration qui doivent rester dans la place.

Vous exigerez que la régence du Hanovre se rende à Hameln et reste là.

Vous ordonnerez l'organisation de quelques milices peu nombreuses et mal armées pour faire la police du pays.

Vous conviendrez avec le général du nombre de mois qu'il pourra tenir s'il n'est que bloqué, et du nombre de mois qu'il tiendra s'il est assiégé, et vous lui ferez comprendre que, dans les combinaisons de la grande guerre que l'Empereur établit, il arrivera assez à temps, s'il fait son devoir, pour le dégager.

D'ailleurs, toutes les précautions qui peuvent être utiles devraient être superflues puisque la Prusse garantit le Hanovre contre les Anglais et les Russes.

Voici, actuellement, ce qu'exige le plan de campagne qu'a adopté l'Empereur :

Vous devez être rendu le 1er vendémiaire à Würtzburg avec votre corps d'armée, et, comme de Göttingen à Würtzburg, il y a dix petites journées de marche, il est nécessaire que vous partiez le 25.

Vous marcherez en masse de manière que vos divisions ne soient pas éloignées de plus d'une lieue. Ce n'est pas une marche de guerre que vous ferez, mais une simple marche de paix. Vous devez traverser les pays neutres et l'Allemagne pour vous rendre à Mayence, et passer par Würtzburg. C'est dans ce sens que vous vous en expliquerez constamment. Vous payerez tout argent comptant. Vous vous éloignerez de Hesse-Cassel autant que la route et le pays pourront le permettre ; vous maintiendrez une sévère discipline.

Vous enverrez des espions à Egra et à Prague, afin d'être instruit à temps de ce qui s'y passerait.

Vous enverrez un officier intelligent à Nuremberg, afin d'observer tous les mouvements des Autrichiens ; car, quoique les ministres français soient encore dans l'une et l'autre cour et que nous soyons encore en paix, l'Autriche a levé l'étendard, a déchiré le voile, et, comme vous le sentez, la guerre est imminente.

Le général Marmont se trouvera rendu à Mayence avec son corps d'armée. L'Empereur sera lui-même à Strasbourg. Chacun sera à son poste.

Vous ne devez sortir de Göttingen que quand vous recevrez un ordre qui vous arrivera le 24 au soir (*11 septembre*). L'Empereur a cependant voulu que je vous prévienne d'avance, afin que tout soit prêt et disposé comme il l'entend.

Vous sentez quelle combinaison et quelle exactitude il faut pour conduire avec succès, au plus grand avantage de la gloire de l'Empereur et du bien de la patrie, une guerre sur un théâtre qui s'étend depuis la Baltique jusqu'à Naples.

Maréchal BERTHIER.

Le maréchal Berthier au maréchal Bernadotte.

Paris, le 18 fructidor an XIII (5 septembre 1805).

Monsieur le Maréchal, S. M. l'Empereur vous ordonne de partir avec votre corps d'armée pour vous rendre à Würtzburg, et de combiner votre marche de manière à y être arrivé du 1er au 2 vendémiaire. (23-24 septembre). Vous êtes censé vous rendre à Mayence. Vous écrirez à M. Bignon pour qu'il demande passage sur les terres de l'Électeur pour votre rentrée en France. Arrivé à Würtzburg, vous recevrez de nouveaux ordres.

M. Otto, qui est à Munich, est chargé de vous instruire de tout ce qu'il y aurait de nouveau sur l'Inn qui pourrait vous intéresser.

Je m'en rapporte à la dernière lettre que je vous ai écrite relativement à toutes les précautions que vous prendrez et pour tout ce que vous devez faire.

Envoyez-moi par le retour de mon courrier la route que vous devez faire, afin que je puisse faire connaître jour par jour à S. M. l'Empereur le lieu où vous serez ainsi que vos troupes.

Je n'ai pas besoin de vous dire que qu'il est nécessaire de donner cinquante cartouches à chacun de vos soldats, et que vous en fassiez transporter autant qu'il sera possible, non seulement par les charrois, mais encore par les transports du pays.

Je dois vous dire, mais absolument pour vous seul (car c'est un secret politique qu'il importe de garder scrupuleusement) que l'Électeur de Bavière a mis ses troupes à la disposition de l'Empereur et que, si ce prince se trouvait attaqué par l'Autriche, il se porterait avec 25,000 hommes sur Donauwörth et opérerait sa jonction avec vous ; mais rien ne porte à penser que l'Autriche soit en mesure et assez décidée pour commencer les hostilités.

Je ne puis donc de nouveau trop vous recommander de vous bien observer dans vos discours et de faire en sorte que vos généraux en usent de même.

Vous ferez dire partout que vous rentrez en France, parce que vos troupes sont relevées par d'autres troupes venant de Hollande ; on en croira ce qu'on voudra, mais il n'en est pas moins nécessaire de ne pas sortir de ce cercle de conversation.

Maréchal BERTHIER.

NOTA. — Cette lettre a été écrite et adressée au maréchal Bernadotte, le 18 fructidor, par courrier extraordinaire.

Le général Songis, Premier Inspecteur général de l'artillerie, à M. le général de division Gobert, commandant la 3e division militaire.

Metz, le 25 fructidor an XIII (12 septembre 1805).

J'ai l'honneur de vous informer, Monsieur le Général, qu'il est parti de Boulogne, le 11 de ce mois (29 avril), un convoi d'artillerie devant arriver à Metz le 30 (17 septembre) et séjourner le 1er jour complémentaire (18 septembre), composé en personnel et chevaux, savoir :

	hommes	chevaux
3 compagnies d'artillerie à pied, environ ..	300	»
4 compagnies d'artillerie à cheval	370	200
4 compagnies d'ouvriers et pontonniers ...	400	»
20 compagnies du train.................	1,450	2,100
TOTAUX	2,520	2,300

L'une des compagnies d'ouvriers est destinée à rester ici jusqu'à nouvel ordre.

Cet équipage marche sous les ordres du général Foucher.

Il devait d'abord se rendre d'ici à Strasbourg, mais d'après de nouvelles dispositions, il ira directement d'ici à Landau par Courcelles, Saint-Avold, Sarrebrück, etc.

Je vous prie de donner des ordres pour que le logement, la subsistance et le fourrage soient assurés dans les lieux d'étape dépendant de votre division.

Je vous préviens, de plus, qu'un équipage d'artillerie, parti le 12 avec la 2e division de l'armée de Boulogne, sous le commandement du chef de bataillon d'artillerie Cabau, doit arriver ici le 1er jour complémentaire et y séjourner le 2.

Il est fort de :

	hommes	chevaux
3 compagnies d'artillerie à pied..........	300	»
1 compagnie à cheval....................	96	50
Ouvriers et pontonniers................	150	»
Train d'artillerie......................	350	520
Totaux................	896	570

Un autre convoi, marchant avec la 3e division du corps d'armée du centre, sous le commandement du chef de bataillon d'artillerie Cuny, doit arriver le 2e jour complémentaire et y séjourner le 3.

Il est composé environ de :

	hommes	chevaux
3 compagnies d'artillerie à pied..........	300	»
Ouvriers et pontonniers................	150	»
Train d'artillerie......................	350	520
Totaux................	800	520

Enfin, un quatrième convoi, parti le 14 sous le commandement du chef de bataillon d'artillerie Fruchard, doit arriver ici le 3e jour complémentaire et y séjourner le 4.

Il est composé, savoir :

	hommes	chevaux
3 compagnies d'artillerie à pied..........	300	»
Ouvriers armuriers et pontonniers........	260	»
Train d'artillerie......................	280	400
Totaux................	840	400

Ces divers convois prendront aussi la route de Landau.

Ils seront suivis à une huitaine de jours de distance des

6es compagnies et dépôts de 6 bataillons du train, arrivant successivement et forts chacun d'environ 60 hommes et 100 chevaux.

Je vous informe, en outre, Monsieur le Général, que la remonte de 400 chevaux pour le 1er bataillon principal du train d'artillerie doit se réunir ici dans le courant de vendémiaire pour être dirigée sur l'armée à mesure qu'il y aura une centaine de chevaux reçus.

SONGIS.

BULLETIN

DES MOUVEMENTS DE TROUPES

État des mouvements de troupes ordonnés par le Ministre de la guerre du 10 thermidor an XIII au 1er fructidor.

(Du 4 au 19 août 1805.)

DÉSIGNATION des CORPS OU DÉTACHEMENTS.	FORCE en hommes.	FORCE en chevaux.	DÉPART. LIEUX.	DÉPART. ÉPOQUES.	ARRIVÉE. LIEUX.	ARRIVÉE. ÉPOQUES.	OBSERVATIONS.
10 *thermidor.*							
15e comp. d'ouvriers d'artillerie.	95	»	Montreuil....	14 thermidor.	Turin.......	3e jour comp.	Pour y rester stationnée.
1/2 de la 13e comp. d'ouvr. d'art.	»	»	Douai.......	15 —	La Fère....	17 thermidor.	Pour rejoindre l'autre moitié et se rendre à Gênes.
13e compagnie entière........	»	»	La Fère.....	19 —	Gênes	Vers le 3e vend.	Pour y rester stationnée.
12e compagnie d'ouvriers.....	74	»	Boulogne....	12 —	Douai.......	16 thermidor.	1/2 de cette compagnie remplacera à l'arsenal de Douai celle de la 13e.
Détachement de la 12e compag.	24	»	Douai.......	18 —	La Fère....	20 —	Ces deux détachem. formeront 1/2 de la 12e comp. en remplacement de la 1/2 de la 13e comp. à l'arsenal de la Fère.
Id....................	28	»	Paris........	15 —	Id........	19 —	
3e et 4e comp. du 6e rég. d'artillerie à cheval.............	»	»	Abbeville....	13 —	»	»	Ordre de s'y arrêter pour remettre leurs chevx à une comp. venant de la Fère.
1re comp. du même régiment.	»	»	La Fère....	13 —	Abbeville....	19 thermidor.	Pour prendre les chevx des 3e et 4e comp. et rester à Abbeville jusq. nouvel ord.
15 *thermidor.*							
Division Gazan. 4e rég. d'inf. lég.	2,000	»	Lille........	17 thermidor.	Wimereux...	21 thermidor.	Pour camper à la droite de la division des grenadiers.
100e rég. de ligne.	2,400						
103e —	2,400						
16 *thermidor.*							
Division de cavalerie légère. 2e rég. de chasseurs	333	342	Saint-Omer..	19 thermidor.	Calais.......	19 thermidor.	Pour cantonner dans les villages les plus rapprochés.
12e —	339	346					
13e —	340	338					
21e —	346	345					
9e rég. de hussards.	342	346					
10e —	335	336					
1re divis. de dragons. *1er rég. de dragons.*	*394*	*398*	Amiens......	*19 fructidor.*	Saint-Omer..	22 au 23 ther.	Pour occuper les cantonnements actuels de la cavalerie légère.
2e —	*385*	*357*					
14e —	*419*	*358*					
19e —	*406*	*345*					
20e —	389	366					
4e —	369	379					
10e —	388	351					
11e —	372	378					
13e —	353	337					
17 *thermidor.*							
Détachement de troupes italiennes venant d'Italie......	400	»	Cambrai.....	4 fructidor.	Calais.......	10 fructidor.	Pour être incorporés dans les régiments italiens.
1er bataillon du 20e de ligne...	»	»	Ile de Corse.	De suite.....	Gênes.......	Incessamment	Pour s'y réunir au 1er bataillon.
18 *thermidor.*							
3e rég. d'inf. légère et son dépôt.	1,000	»	Perpignan...	15-17 fructid.	Gênes.......	15-17 fructid.	
3e bataillon et dépôt du 79e rég.	200	»	Lyon........	27 thermidor.	Casal......	»	Vers le 15 fructidor pour rejoindre les trois autres bataillons.
3e escad. du 25e rég. de chasseurs	106	106	Perpignan...	5 fructidor.	Montpellier..	11 fructidor.	
4e escad. et dépôt id.........	220	203	Toulouse.....	4 —	Id.......	13 —	
25e rég. de chasseurs entier...	573	538	Montpellier..	15 —	Turin.......	11 —	
3e bataillon du 1er rég. suisse.	600	»	Rochefort....	15 —	Gênes.......	»	Vers le 29 vendémiaire.
20 *thermidor.*							
2e divis. de dragons. 5e rég. de dragons.	354	376	Compiègne ..	21 thermidor.	Saint-Omer..	28 thermidor.	Pour être cantonnés dans les environs de Saint-Omer : La 1re brigade à Thérouenne ; La 2e à Aire ; La 3e à Saint-Omer.
9e —	344	360					
12e —	310	377					
21e —	295	365					
15e —	312	361	Soissons....	22 thermidor.	Id......	29 —	
16e —	358	363					
17e —	365	376					
18e —	359	371					
3e —	360	373	Senlis.......	21 thermidor.	Id.	27 —	
6e —	356	371					
8e —	350	374					
Division de grosse cavalerie. 2e rég. de carabin.	900	900	Cambrai.....	22 thermidor.	Lille........	23 —	Pour se réunir à Lille ou dans les cantonnements les plus rapprochés du côté de Saint-Omer.
2e et 3e cuirassiers.	940	940	Valenciennes.	»	»	23 —	
9e —	390	390	Maubeuge...	»	»	25 —	
12e —	390	390	Mons........	»	»	23 —	

DÉSIGNATION des CORPS OU DÉTACHEMENTS.	FORCE		DÉPART.		ARRIVÉE.		OBSERVATIONS.
	en hommes.	en chevaux.	LIEUX.	ÉPOQUES.	LIEUX.	ÉPOQUES.	
27 thermidor.							
58e rég. d'infanterie de ligne.	1,300	»	Mayence.....	10-12 fructid.	Metz........	21-23 fructid.	
28e rég. de dragons.........	550	420	Malines......	5 fructidor.	»	11 fructidor.	
30e —	640	460	Lyon........	10 —	»	26 —	
22e, 25e, 26e rég. de dragons.	»	»	Schelestadt, Belfort, Strasbourg.	»	»	15 —	Pour y rester réunis en fruct. et vendém. sous les ordres d'un général de brig. spécialem. chargé de leur instruction.
Détachᵗ du 3e bat. du 108e rég.	108	»	Anvers......	»	»	15 —	Pour compléter les bataillons de guerre.
1re comp. du 2e bat. de sapeurs.	»	»	»	»	»	»	Provisoirement attachés à la garde impér. Ordre de rentrer à l'av.-garde.
27 thermidor.							
5e comp. du 2e bat. de sapeurs.	»	»	»	»	»	»	Prov. attaché à la division de dragons à pied. Ordre de rester défᵗ à cette divis.
29 thermidor.							
12e rég. d'infanterie légère....	800	»	Versailles....	Sur-le-champ	Paris.......	»	Pour remplacer le 18e rég. de ligne.
18e — de ligne..	1,900	»	Paris.......	5-7 fructidor.	Strasbourg...	24-26 fructid.	
1er rég. de hussards..........	650	520	Versailles....	8 —	Id.......	29 fructidor.	Pour tenir garnison dans la 5e div. mil.
1re comp. du 3e de ligne......	»	»	Longwy.....	De suite.	Bitche.......	Incessamment	Pour faciliter la surveillance des prisonniers de guerre anglais.
3e bat. et dépôt du 25e de ligne.	125	»	Maubeuge....	Id.	Valenciennes.	Id.	
1er fructidor.							
Détachement du 13e de ligne.	14	»	Sion........	15 fructidor.	Wimereux...	22 vendémre.	Pour compléter les bataillons d'élite de ces régiments.
— 58e —	11	»	Mayence.....	8 —	»	4 —	
— 81e —	8	»	Besançon....	8 —	»	4e jour comp.	
— 2e d'inf. lég.	4	»	Paris........	6 —	»	16 fructidor.	
— 12e —	2	»	Paris	6 —	»	16 —	
— 15e —	10	»	Strasbourg...	10 —	»	29 —	
— 28e —	10	»	Granville....	6 —	»	14 —	
— 31e —	14	»	Le Havre....	8 —	»	5e jour comp.	
Détachement du 6e rég. d'artil-							

BUREAU
DU MOUVEMENT DES TROUPES.

Bulletin des mouvements de troupes ordonnés par le Ministre le 5 fructidor an XIII.

(Du 27 au 31 août 1805.)

DÉSIGNATION DES CORPS OU DÉTACHEMENTS.	FORCE		DÉPART.		ARRIVÉE.		OBSERVATIONS.
	en hommes.	en chevaux.	LIEUX.	ÉPOQUES.	LIEUX.	ÉPOQUES.	
5 *fructidor.*							
4e régiment de chasseurs	»	»	Savigliano	De suite.	Pescara	Incessamment.	
1er bataillon de la légion italienne	»	»	Isle d'Elbe	Id.	Id.	Id.	
4e bataillon du 1er régiment suisse	»	»	La Spezzia	Id.	Id.	Id.	
Les deux bataillons du 20e de ligne	»	»	Corse	Id.	Gênes	Id.	
6 *fructidor.*							
3e bataillon et dépôt du 13e de ligne	450	»	Gand	12 fructidor.	Ostende	14 fructidor.	
3e et 4e bataillons du 17e de ligne	600	»	Bruxelles	12 —	Dunkerque	19 —	
— du 3e de ligne	650	»	Longwy	»	Metz	19 —	
27e régiment de dragons	680	466	Versailles	12 fructidor.	Lyon	30 —	
3e bataillon et dépôt du 64e	500	»	Rocroy	12 —	Besançon	30 —	
3e bataillon du 1er régiment suisse	500	»	Oleron	12 —	Turin	19 vendém.	
28e régiment de dragons	600	400	Lyon	13 —	Turin	29 fructidor.	Cet ordre a été révoqué le 13 fructidor. Le régiment se rend à Strasbourg.
81e — de ligne	1,100	»	Besançon	14-16 —	Sion	1er comp. an III.	
13e — de ligne	1,230	»	Sion	19-21 —	Turin	5-7 vendém.	
22e — de chasseurs	800	460	Niort	15 —	Lyon	4e jour comp.	
16e — de chasseurs	650	571	Caen	15 —	Versailles	22 fructidor.	
1er et 3e bataillons du 67e	600	»	Nice	18 —	Gênes	27 —	
102e de ligne	2,000	»	Gênes	20-22 —	Alexandrie	22-24 —	
1er, 2e, 3e bataillons de la 16e légère	2,200	»	Brest	15 —	Alençon	3e jour comp.	
4e bataillon de la 16e légère	800	»	Vannes	24 —	»	5e —	
1er et 2e bataillons du 105e de ligne	1,550	»	Quimper	15 —	»	1er —	
3e bataillon du 105e de ligne	420	»	Vannes	25 —	»	1er vendém.	
Les trois premiers escadrons du 7e chasseurs	500	428	Brest	15 —	»	4e jour comp.	
4e escadron du 7e chasseurs	110	»	Quimper	18 —	»	4e —	
1er bataillon du 70e rég	680	»	Brest	14 —	Belle-Isle	22 fructidor.	

DÉSIGNATION DES CORPS OU DÉTACHEMENTS.	FORCE		DÉPART.		ARRIVÉE.		OBSERVATIONS.
	en hommes.	en chevaux.	LIEUX.	ÉPOQUES.	LIEUX.	ÉPOQUES.	
7 fructidor.							
Division de dragons à pied	6,000	»	Calais	8 fructidor.	Saint-Omer	9 fructidor.	
1re division de dragons	1,961	1,790	Saint-Omer	8 —	Cambrai	13 —	
2e —	1,810	1,820	Id.	8 —	Laon	15 —	
3e —	2,012	2,214	Id.	9 —	Laon	17 —	
4e —	1,400	1,482	Id.	8 —	Mons	14 —	
Dragons à pied	6,000	»	Id.	10 —	Saint-Quentin	15 —	
Grenadiers de l'avant-garde	8,000	»	Wimereux	8 —	Strasbourg	4e jour comp.	
Le 4e bataillon principal du train	»	»	Turin	16 —	Plaisance	Incessamment	
Le 4e bataillon *bis*	»	»	Turin	16 —	Plaisance	Id.	
8 fructidor.							
Division de grosse cavalerie	2,602	2,775	Lille	10 fructidor.	Schelestadt	1er jour comp.	
4e escadron du 12e cuirassiers	»	»	Deux-Ponts	15 —	»	21 fructidor.	
— 9e —	»	»	Mayence	16 —	»	26 —	
— 3e —	»	»	St-Germain	12 —	»	2e jour comp.	
— 2e —	»	»	Caen	14 —	»	7 vendém.	
Les quatre escadrons du 1er cuirassiers	»	»	Paris	11 —	Landau	30 fructidor.	Départ retardé d'un jour.
— 11e —	»	»	Versailles	11 —	»	1er jour comp.	
Les cinq régiments de cuirassiers	»	»	Vesoul	15 —	»	26 fructidor.	
56e régiment de ligne	»	»	Asti	De suite.	Brescia	»	
5e —	»	»	Turin	»	»	»	
23e —	»	»	Alexandrie	»	»	»	
60e —	»	»	Alexandrie	»	»	»	
79e —	»	»	Casal, Valence	»	»	»	
23e —	»	»	Alexandrie	»	»	»	
24e —	»	»	»	»	»	»	
19e —	»	»	»	»	»	»	
Le bataillon de pionniers noirs	»	»	»	»	»	»	
8 fructidor.							
4e régiment d'artillerie à cheval	»	»	Alexandrie	De suite.	Brescia	»	
Les chevaux d'artillerie qui sont dans la 27e divis.	»	»	Alexandrie	»	»	»	

DÉSIGNATION DES CORPS OU DÉTACHEMENTS.	en hommes.	en chevaux.	DÉPART LIEUX.	DÉPART ÉPOQUES.	ARRIVÉE LIEUX.	ARRIVÉE ÉPOQUES.	OBSERVATIONS.
Le 28e dragons	»	»	*Turin*	*30 fructidor.*	»	»	
Le 30e dragons	»	»	*Turin*	*27 —*	»	»	
Légion corse	»	»	*Livourne*	Sur-le-champ	»	»	
1re division de dragons	1,961	1,790	Cambrai	14 fructidor.	Strasbourg	2e jour comp.	
2e —	1,810	1,829	Laon	17 —	»	4e —	
3e —	2,012	2,214	Laon	18 —	»	5e —	
4e —	1,400	1,484	Mons	15 —	Spire	1er vendém.	
Division de dragons à pied	6,000	»	Saint-Quentin	17 —	Strasbourg	»	
9 fructidor.							
Division de cavalerie légère	2,350	2,150	Calais et cantonnements.	10 fructidor.	Spire	4 vendém.	
Corps du maréchal Ney. 1re division	5,000	»	Étaples	10 —	Schelestadt	2 —	
2e division et 3e hussards	7,500	400	»	12 —	»	3 —	
3e division et 10e chass.	7,500	400	»	13 —	»	4 —	
Corps du maréchal Soult. 1re division	8,500	»	Boulogne	10 —	Strasbourg	1er —	
2e division	9,000	»	»	12 —	»	3 —	
3e division et 8e hussards	7,500	400	»	13 —	»	4 —	
4e division et 11e chass.	7,500	400	»	15 —	»	6 —	
Corps du maréchal Davout. 1re division	8,000	»	Ambleteuse	10 —	Haguenau	3 —	
2e division et 7e hussards	7,000	400	»	12 —	»	5 —	
3e division et 1er chass.	7,000	400	»	13 —	»	6 —	
1re et 2e compagnies du 4e rég. d'artill. à cheval	»	»	Boulogne	11 —	Turin	26 —	
Une compagnie du 4e rég. d'artillerie à pied	100	»	Grenoble	16 —	»	24 —	
Id.	100	»	»	16 —	Alexandrie	30 —	
1re compagnie du 4e rég. d'artillerie à pied	»	»	Livourne	De suite	»	Incessamment	
Un détachement du 47e	46	»	Lorient	De suite	à la disposition de la marine.	»	
10 fructidor.							
Les trois régiments d'infanterie italienne	»	»	Calais	11 fructidor.	Boulogne	11 fructidor.	
Corps du général Marmont, composé d'environ 21,000 hommes et 2,310 chevaux. 1re division	»	»	Alkmaar	15 —	Mayence	5e jour comp.	
2e division	»	»	»	16 —	»	1er vendém.	
3e division batave	»	»	»	17 —	»	2 —	
Cavalerie, artillerie	»	»	»	18 —	»	3 —	
11 fructidor.							
Garde impériale	2,700	1,200	Pt-de-Briques	14 fructidor.	Strasbourg	8 vendém.	
Division Gazan	6,500	»	Wimereux	15 —	Schelestadt	7 —	
11e compagnie d'ouvriers d'artillerie	»	»	Boulogne	15 —	Strasbourg	6 —	
1re — —	»	»	Montreuil	13 —	Metz	2e jour comp.	
Tous les détachements du 8e bat. principal du train	»	»	Brest	20 —	Rennes	30 fructidor.	

DÉSIGNATION DES CORPS OU DÉTACHEMENTS.	FORCE		DÉPART.		ARRIVÉE.		OBSERVATIONS.
	en hommes.	en chevaux.	LIEUX.	ÉPOQUES.	LIEUX.	ÉPOQUES.	
11 *fructidor* (suite).							
8e bat. principal du train	»	»	Rennes	2e jour comp.	Strasbourg	2 brumaire.	
3e bat. du 25e de ligne	512	»	Valenciennes.	5 fructidor.	Ambleteuse.	21 fructidor.	
3e et 4e bat. du 17e de ligne	729	»	Dunkerque	19 —	Ambleteuse.	21 —	
3e bat. du 55e de ligne	434	»	Lille	14 —	Boulogne	18 —	
— 75e —	429	»	Le Quesnoy	15 —	»	20 —	
— 72e —	477	»	Hesdin	13 —	»	14 —	
— 43e —	584	»	Béthune	13 —	»	16 —	
— 50e —	352	»	Lille	14 —	Étaples	17 —	
— 46e —	508	»	Lille	14 —	Boulogne	18 —	
— 28e —	574	»	Lille	14 —	Boulogne	18 —	
— 36e —	600	»	Mons	15 —	»	22 —	
— 21e d'infanterie légère	412	»	Venloo	17 —	Ambleteuse.	3e jour comp.	
7e bataillon du train	»	»	Toulouse	20 —	Strasbourg	29 vendém.	
12 *fructidor*.							
1er et 2e bataillons du 44e rég	»	»	Lesneven	17 fructidor.	Alençon	1er jour comp.	
2 divisions du corps du maréchal Augereau	5,421	»	Brest	18 —	Id.	2e —	
13 *fructidor*.							
1er régiment de cuirassiers	»	»	Châlons	18 fructidor.	Schelestadt	30 fructidor.	
11e —	»	»	»	19 —	»	1er jour comp.	
4e escadron du 3e cuirassiers	»	»	»	20 —	Pirmasens	30 fructidor.	
— 2e —	»	»	»	30 —	»	6 vendém.	
— 9e —	»	»	Landau	19 —	»	»	
— 12e —	»	»	Strasbourg	18 —	»	»	

BUREAU
DU MOUVEMENT DES TROUPES.

Bulletin des mouvements de troupes ordonnés par le Ministre pour la garde des camps.

(Du 1er au 20 septembre 1805.)

	DÉSIGNATION DES CORPS OU DÉTACHEMENTS.	FORCE en HOMMES, officiers compris.	HOMMES AUX HÔPITAUX, en congé ou détachés, etc.	DÉPART.		ARRIVÉE.		OBSERVATIONS.
				LIEUX.	ÉPOQUES.	LIEUX.	ÉPOQUES.	
Camp de Wimereux et Ambleteuse.	1er et 2e bat. du 21e d'inf. lég.	1,355	Y compris 60 aux hôpitaux et 32 détach.	Ambleteuse. .	»	Ambleteuse.	»	Ces deux bataillons n'ont pas suivi le mouvement de leur division.
	3e bataillon du 21e —	412	Y compris 45 détachés et 29 aux hôpitaux.	Wenloo......	17 fructidor.	»	3e jr comp.	
	3e bataillon du 25e de ligne.	512	Y compris 32 aux hôpitaux, 14 en congé.	Valenciennes.	5 —	»	21 fructidor.	
	3e et 4e bat. du 17e —	729	Y compris 71 aux hôpitaux, 3 en jugement.	Dunkerque...	19 —	»	21 —	
Boulogne, camp de droite.	1er et 2e bat. du 72e de ligne.	1,498	Y compris 139 aux hôpitaux, 3 en congé.	Boulogne....	»	Boulogne. .	»	Ces deux bataillons n'ont pas suivi le mouvement de leur division.
	3e bataillon du 72e —	477	Y compris 64 aux hôpitaux, 3 en congé.	Hesdin......	13 fructidor.	»	14 fructidor.	
	— 43e —	584	Y compris 21 aux hôpitaux, 3 en jugement.	Béthune.....	13 —	»	16 —	
	— 36e —	600	Y compris 32 aux hôpx, 57 pris., 3 en congé.	Mons.	15 —	»	22 —	
	— 55e —	434	Y compris 32 aux hôpitaux, 1 en jugement.	Lille........	14 —	»	18 —	
Boulogne, camp de gauche.	3e bataillon du 46e de ligne.	508	Y compris 23 aux hôpitaux, 2 en jugement.	Lille........	14 —	»	18 —	
	— 28e —	574	Y compris 32 aux hôpitaux, 3 en congé.	Lille	14 —	»	18 —	
	— 75e —	429	Y compris 22 aux hôpitaux.	Le Quesnoy. .	15 —	»	20 —	
Camp d'Étaples.	1er et 2e bat. du 22e de ligne.	1,647	Y compris 108 aux hôpitaux.	Étaples......	»	Étaples....	»	Ces deux bataillons n'ont pas suivi le mouvement de leur division.
	3e bataillon du 22e —	517	Y compris 32 aux hôpitaux.	Béthune.....	13 fructidor.	»	Vers le 15.	
	— 50e —	352	Y compris 41 aux hôpitaux, 1 en jugement.	Lille........	14 —	»	17 fructidor.	
Les trois régiments italiens........		4,753	Y compris 185 aux hx, 145 dét., 5 en congé, 4 en jugement.	Calais.......	»	Boulogne. .	»	Occupent provisoirement le camp de droite.

BUREAU
DU MOUVEMENT DES TROUPES.

Bulletin des mouvements de troupes ordonnés par le Ministre le 13 fructidor an XIII.

(Du 7 septembre au 6 octobre 1805.)

DÉSIGNATION DES CORPS OU DÉTACHEMENTS.	FORCE en hommes.	FORCE en chevaux.	DÉPART. LIEUX.	DÉPART. ÉPOQUES.	ARRIVÉE. LIEUX.	ARRIVÉE. ÉPOQUES.	OBSERVATIONS.
1re division de dragons. Général KLEIN	»	»	Saverne	2e jr compl.	Molsheim	2e jr compl.	Cette division, qui avait ordre de se rendre à Strasbourg, prendra ses cantonnements entre Strasbourg et Neufbrisach.
2e division de dragons. Général WALTHER	»	»	Schelestadt	»	»	»	Cette division devait se réunir à Strasbourg; elle prendra ses cantonnements entre Strasbourg et Neufbrisach.
3e division de dragons. Général BEAUMONT	»	»	Schelestadt	»	»	»	Cette division, qui devait se réunir à Strasbourg, trouvera à Schelestadt des ordres pour cantonner entre Strasbourg et Neufbrisach.
4e division de dragons. Général BOURCIER	»	»	Sarrelibre	28 fructidor.	Obernheim	4e jr compl.	Cette division, qui devait se réunir à Spire, trouvera à Obernheim des ordres pour cantonner entre Strasbourg et Neufbrisach.
Dragons à pied. Général BARAGUEY D'HILLIERS	»	»	Sainte-Marie-aux-Mines.	5e jr compl.	Neufbrisach	1er vendém.	Cette division, qui devait se rendre à Strasbourg, se dirige sur Neufbrisach.
Division de grosse cavalerie. Général NANSOUTY	»	»	Verdun	22 fructidor.	Pirmasens	29 fructidor.	Au lieu de Schelestadt.
3e corps, maréchal DAVOUT. 1re divis. Général BISSON	»	»	Sarrebruck	3e jr compl.	Franckenthal.	4 vendém.	Ce corps d'armée se dirigeait sur Haguenau.
2e — — FRIANT	»	»	Id.	2 vendém.	Oggersheim.	6 —	
3e — — GUDIN	»	»	Id.	3 —	Spire	7 —	
4e corps, maréchal SOULT. 1re divis. Général St-HILAIRE	»	»	Metz	1er jr compl.	Germersheim.	2 vendém.	Ce corps d'armée se dirigeait sur Strasbourg.
2e — — VANDAMME.	»	»	Id.	3e —	Lauterbourg.	4 —	
3e — — LEGRAND	»	»	Id.	4e —	Bergzabern	4 —	
4e — — SUCHET	»	»	Id.	1er vendém.	Weissembourg	6 —	
6e corps, maréchal NEY. 1re divis. Général DUPONT	»	»	Lunéville	4e jr compl.	Seltz	3 vendém.	Ce corps d'armée se dirigeait sur Schelestadt.
2e — — LOISON	»	»	Id.	5e —	Bischwiller	3 —	
3e — — MALHER	»	»	Id.	1er vendém.	Haguenau.	4 —	
2e et 12e rég. de chasseurs	»	»	Sarrelibre	2e jr compl.	Oggersheim	3 vendém.	Ces régiments, qui faisaient partie de la division de cavalerie légère et devaient se diriger avec elle sur Spire, se réunissent à Oggersheim pour faire partie du 3e corps.
13e et 21e chasseurs, 9e et 10e hussards.	»	»	Sarrelibre	2e jr compl.	Brumpt	7 vendém.	Ces quatre régiments, restant de la division de cavalerie légère qui se dirigeait sur Spire, ont ordre de se réunir, à Brumpt, au 5e corps d'armée.
Division du général GAZAN	»	»	Nancy	3 vendém.	Brumpt	7 vendém.	
Détachement du 13e de ligne	»	»	Sion	14 fructidor.	Carouge	20 fructidor.	Ce détachement, dirigé sur Wimereux, a ordre de s'arrêter à Carouge pour y attendre son corps et le suivre à Turin.
22e rég. de chasseurs	»	»	Limoges	21 —	Strasbourg	14 vendém.	Au lieu de se diriger sur Lyon.
1er bataillon du 20e de ligne	»	»	Gênes	22 —	Alexandrie	24 fructidor.	Les deux autres bataillons venant de l'île de Corse se rendront également à Alexandrie à mesure qu'ils seront débarqués à Gênes.

BUREAU
DES MOUVEMENTS DES TROUPES.

Bulletin des mouvements de troupes ordonnés par le Ministre le 11 fructidor an XIII.

DÉSIGNATION DES CORPS OU DÉTACHEMENTS.	FORCE		DÉPART.		ARRIVÉE.		OBSERVATIONS.
	en hommes.	en chevaux.	LIEUX.	ÉPOQUES.	LIEUX.	ÉPOQUES.	
Du 4 vendémiaire.							
La 6e compagnie du 1er bataillon de pontonniers	»	»	Strasbourg	9 vendém.	Mayence	17 vendém.	Pour être attachée à l'arsenal de cette place.
Un détachement de la 8e compagnie du 1er bataillon de pontonniers	»	»	Mayence	18 —	Strasbourg	26 —	Pour être attaché à l'arsenal de Strasbourg.
Une compagnie du 5e rég. d'artillerie à pied au complet de guerre	»	»	Metz	15 —	Mayence	27 —	Pour être employée au 2e corps d'armée de réserve.
Une compagnie du 7e rég. d'artillerie à pied au complet de guerre	»	»	»	»	Strasbourg	De suite.	Sera employée au 3e corps d'armée de réserve.
Une compagnie du 6e rég. d'artillerie à cheval au complet de paix	»	»	La Fère	8 vendém.	Rennes	27 vendém.	Pour faire partie du camp volant.
Une compagnie du 6e rég. d'artillerie à cheval au complet de paix	»	»	Id.	8 —	Poitiers	28 —	Id.
Une compagnie au complet de paix tirée du dépôt du 4e rég. d'artillerie à cheval	»	»	»	»	Alexandrie	De suite.	Id.

CHAPITRE VII

Mobilisation de l'artillerie.

Nous croyons devoir citer la pièce suivante, bien que d'une date très postérieure à 1805, parce qu'elle fera comprendre comment l'Empereur entendait la substitution d'un nouveau système d'artillerie à l'ancien.

Procès-verbal du Conseil d'administration de l'artillerie.

Séance du 1er mars 1810.

Sont présents (1) :

Le Ministre de la guerre.
Le comte Andréossy, conseiller d'État.
Le comte Gassendi, conseiller d'État.
Le général comte Lariboisière.

Le Ministre de la guerre donne lecture du projet de règlement général sur l'artillerie.

Sa Majesté fait les observations et prescrit les dispositions suivantes :

Ce projet est un projet illusoire qui n'est qu'une vaine théorie, et ne peut déterminer la conduite à tenir.

---

(1) Le colonel d'artillerie Neigre a assisté à cette séance et à plusieurs autres présidées par l'Empereur.

Dire qu'il n'y aura pas de pièces de 16 lorsqu'il existe une quantité considérable de pièces et de munitions de ce calibre, dire qu'il n'y aura pas de pièces de 8 et de 4, de mortiers de 12 pouces, d'obusiers de 6 pouces, est-ce dire qu'il faut fondre et vendre ces bouches à feu ? ou veut-on dire que le Ministre ne commandera plus d'affûts de 16, de 8 et de 4, etc...? c'est-à-dire qu'on veut rendre inutile à peu près tout ce qui existe. L'avantage d'une pièce de 6 sur une pièce de 4, du nouveau système sur l'ancien, n'est pas assez grand pour qu'on doive sacrifier un immense matériel et compromettre la sûreté présente des frontières et de l'armée. Il y a donc incohérence dans ce décret et dans celui de l'an XI.

Lors de l'établissement du système de Gribeauval, le système de l'artillerie était incomplet ; on charriait à la suite de l'armée une infinité de calibres ; une réforme était nécessaire.

Elle a été exécutée en 30 ou 40 années de paix et dans un temps où l'alliance avec l'Autriche et les circonstances de l'Europe autorisaient à regarder la guerre comme très éloignée. Gribeauval n'ayant pas l'autorité suprême et étant contrarié par de nombreuses et puissantes factions, dut tout supprimer et tout faire fondre, autrement l'esprit de parti aurait pu parvenir à ramener aux anciennes pièces. Rien de pareil ne subsiste aujourd'hui.

Il faut en ce moment garder ce qu'on a et se borner à régler les commandes de cette année sur le système qu'on veut avoir par la suite.

Ainsi on dirait qu'il ne serait plus fait de pièces de 4, mais on commanderait des affûts.

On suppose qu'il faut donner des pièces de 3 ou de 4 à 200 régiments. Il faut avoir un excédent d'un tiers en sus. Il faudrait donc ordonner de mettre en état un équipage de 600 pièces avec leurs affûts. On composera cet équipage d'abord de toutes les pièces de 3 que l'on a, ensuite d'un supplément de pièces de 4 suffisant pour compléter le nombre de 600 pièces. Ceci réglé ne donnera aucun embarras au Ministre de la guerre, et l'on ne dira plus qu'on ne peut pas exécuter les ordres de Sa Majesté.

Il n'y a que des pièces de 6 à l'équipage d'Italie, et il y en a assez pour le former : il faut ordonner de mettre en état une telle quantité de pièces de 6 nécessaires, pour qu'il soit complet avec 2 affûts par pièce, ou 3 affûts par 2 pièces et les caissons nécessaires. On laissera le surplus en réserve à Alexandrie, Fenestrelle et Gênes.

Il faut procéder de même pour le Rhin en comptant le Haut et le Bas-Rhin. On mettra aux équipages de cette armée le plus possible de pièces de 8, avec les affûts, caissons, munitions, etc., prêts à entrer en campagne.

On fera la même chose pour les pièces de 12 et les obusiers.

On dirait ensuite qu'il ne sera plus fondu de pièces de 8 et qu'il ne sera plus fait d'affûts pour ce calibre que sur autorisation et afin de compléter le nombre porté dans l'équipage jusqu'au remplacement complet du 8 par le 6.

On dirait qu'il ne sera plus fondu aucun nouvel obusier de 7 pouces et qu'on ne fera des affûts que pour monter ceux qui existent.

On fera de même pour l'équipage de siège.

Ces dispositions seraient le budget du matériel de 1810.

Dans un autre titre, on établirait les bases du système et on dirait qu'il n'y aura plus que des pièces de 3, de 6 et de 12, des obusiers de 5 pouces 6 lignes et des licornes et obusiers en petit nombre et dans la plus grande portée possible. On prescrirait de faire des modèles d'affûts droits avec leurs coffrets et tous les détails, pour être soumis l'année prochaine au comité.

L'avantage du système serait d'aller au plus pressé et de s'assurer qu'on aura, en bon et muni du nécessaire, tout ce qu'il faut avoir pour compléter l'artillerie de campagne. S'il y a des dépenses à faire cette année, elles doivent avoir objet de maintenir et de compléter cet équipage.

On arrivera ensuite et en peu d'années à un système définitif.

Peut-être serait-il mieux de ne pas établir ce sytème dans le décret et de le discuter dans un comité d'artillerie où l'on examinerait les bases du système de Gribeauval et des systèmes adoptés par les étrangers, l'angle sous lequel on peut tirer, la construction des affûts, leur poids et celui des pièces ; ce travail servirait aux expériences à faire pendant l'année.

Ainsi, en résumé, il faut que le Ministre fasse un rapport sur ces données, en assurant d'abord l'existant au 1er avril, comme si l'on supposait qu'on dût avoir la guerre à cette époque.

L'inconvénient du décret de l'an XI résulte de ce que, pressé par le besoin, on n'a pas assez approfondi la matière. Il faut d'abord pourvoir à tout ce qui est nécessaire. On s'occupera ensuite de la théorie dont la discussion doit employer des années.

La séance est levée.

Certifié conforme :

Le Ministre Secrétaire d'État,

Signé : Duc de BASSANO.

Le Premier Inspecteur général au Directeur d'artillerie de Metz.

8 fructidor an XIII (26 août 1805).

Je vous préviens, Monsieur, qu'il passera à Metz, du 25 au 30 de ce mois, environ ..... chevaux non attelés. Vous remettrez à l'officier d'artillerie qui commande cet équipage tout ce qu'il pourra atteler des effets d'artillerie portés sur l'état que je vous ai marqué, le 7, de faire mettre en état de service.

Vous m'enverrez l'état détaillé de ce que vous lui aurez remis.

SONGIS.

Le Premier Inspecteur général de l'artillerie au Directeur d'artillerie de Metz.

Du 8 fructidor an XIII (26 août 1805).

Le Ministre ayant ordonné une levée de 5,000 chevaux du train, Colonel, vous voudrez bien passer de suite des marchés pour la confection de leurs harnais, pour lesquels il va être envoyé des fonds. Je vais envoyer un officier du train pour la surveillance de ces travaux, pour lesquels je recommande la plus grande diligence. Je vous prie de m'envoyer de suite la note de ce qu'ils coûteront, et de me rendre compte des mesures que vous aurez prises pour l'exécution de cet ordre.

Si vous avez en magasin des harnais, ce serait autant de moins à confectionner.

SONGIS.

Le chef de bataillon d'artillerie Évain, attaché au ministère de la guerre (suppléant le général Gassendi) au Ministre de la guerre.

Paris, le 9 fructidor an XIII (27 août 1805).

Monseigneur,

Je réponds à la lettre que Votre Excellence m'a fait l'honneur d'adresser *à moi seul*, et j'ai celui de vous transmettre tous les renseignements que vous voulez bien me demander :

1° L'état ci-joint fera connaître à Votre Excellence la possibilité de compléter en peu de temps un équipage de 300 bouches à feu sur le Rhin ; j'ai fait entrer la disponibilité de 9 places pour en former les éléments, mais la majeure partie existe dans 3 seulement : Strasbourg, Mayence et Metz.

A notre rentrée en France, en germinal an IX, le général Éblé remit, dans les arsenaux de Strasbourg et de Metz, son équipage de campagne en beaucoup meilleur état qu'il n'en était sorti, avec force approvisionnements en tout genre.

Je l'accompagnai dans son inspection de l'an XI des places du Rhin, et il prescrivit de nouvelles mesures pour sa conservation ;

2° J'ai cependant désiré avoir des renseignements précis sur son état actuel et, dès le 4 de ce mois, j'adressai aux directeurs de Strasbourg, Metz, Mayence et Neufbrisach des lettres en forme de circulaires (pour éviter toute idée d'alarmes ou d'inquiétudes) où je les invitais à envoyer à Votre Excellence un état qu'ils présumeront avoir été demandé aux autres directions, et d'après lequel je reconnaîtrai, autant qu'il est possible sans sortir les attirails des hangars qui les renferment, la situation exacte au 1er fructidor. Celle qui m'a servi de base dans le travail que j'ai l'honneur de vous adresser est celle des états ordinaires au 1er thermidor ;

3° Je leur écris confidentiellement aujourd'hui d'après les ordres de Votre Excellence, et je joins copie de ma lettre ;

4° Ci-joint également les lettres pour ces directeurs, que j'ai l'honneur de soumettre à la signature de Votre Excellence ;

5° Il est vrai, Monsieur le Maréchal, qu'il y a environ six mois vous avez donné l'ordre de tenir prêts à partir 200 caissons que demandait le général Éblé pour l'armée de Hanovre ; cet avis a été adressé aux directeurs qui devaient fournir ces voitures; mais il ne fut pas question d'autres objets;

6° J'aurai l'honneur de vous adresser, par un des premiers couriers, l'état du nécessaire et de l'existant de l'approvisionnement des places de première et de deuxième ligne; je ne puis faire ce travail cette nuit;

7° J'ai été au-devant de vos intentions, Monseigneur, en vous proposant, dans un de mes derniers rapports, le versement des poudres d'Arcier et de Colmar dans les magasins de nos places de cette frontière. Ci-joint la lettre à MM. les administrateurs généraux des poudres pour activer la fabrication des moulins de Metz, Colmar, Arcier et Vonges;

8° L'ordre de Sa Majesté, qui prescrivait de verser 40,000 fusils sur Mayence, à prendre sur les produits successifs de la manufacture de Charleville, commençait à recevoir son exécution, et déjà 2,300 étaient expédiés, quand survint un nouvel ordre d'augmenter de 40,000 armes à feu l'approvisionnement de l'Armée des côtes, qui força de proposer de prendre celles de Charleville; Sa Majesté approuva cette mesure le 21 floréal, et le transport sur Mayence fut suspendu. Comme celui sur Boulogne vient d'être terminé, rien n'empêche actuellement de faire porter à Mayence les produits de Charleville; il doit exister aujourd'hui à Mézières 4,600 fusils d'infanterie et 16,000 de dragons; les versements de la manufacture en vendémiaire seront le produit de deux mois, qui montera à 8,000 ou 9,000 armes. Ci-joint l'ordre de reprendre ce transport et de le composer de 34,000 fusils d'infanterie et de 6,000 de dragons. Nous n'en avons pas de ce modèle dans les places du Rhin et je pense qu'il serait nécessaire d'y en envoyer;

9° J'avais remis ce matin au chef de la 1re division la demande du restant des fonds disponibles du budget de l'an XIII. Ci-joint semblable demande que j'ai l'honneur d'adresser à Votre Excellence, en lui proposant de les distribuer aux directions frontières du Rhin.

Je supplie Votre Excellence, etc.....

L. Évain.

Projet d'équipage de campagne pour une armée de 150,000 hommes sur le Rhin, comparé avec ce qui existait au 1er thermidor dans les places de Strasbourg, Landau, Mayence, Neufbrisach, Huningue, Belfort, Metz, Luxembourg et Sarrelibre, indiquant le manquant et l'excédent.

DÉSIGNATION DES EFFETS.	NÉCESSAIRE.	EXISTANT DANS LES NEUF PLACES de service.	à réparer.	TOTAL.	MANQUANT.	EXCÉDENT.	OBSERVATIONS.
Bouches à feu — Canons de 12	40	136	4	140	»	100	
Bouches à feu — Canons de 8	150	237	17	254	»	104	
Bouches à feu — Canons de 4	40	399	25	424	»	384	
Bouches à feu — Obusiers de 6 pouces	70	82	»	82	»	12	
Bouches à feu — Obusiers de 24	»	102	»	102	»	102	
Affûts à canon de 12	48	103	12	115	»	67	
Affûts à canon de 8	180	218	4	222	»	42	
Affûts à canon de 4	48	239	12	251	»	203	
Affûts à obusier de 6 pouces	93	253	29	282	»	189	
Affûts à obusier de 24	»	4	»	4	»	4	
Avant-trains de 12, de 8 et d'obusier	385	371	108	479	»	94	
Avant-trains de 4	57	156	46	202	»	145	
Caissons à munitions de 12	120	136	63	199	»	79	
Caissons à munitions de 8	300	200	176	376	»	76	
Caissons à munitions de 4	40	192	121	313	»	273	
Caissons à munitions d'obusiers	210	141	148	289	»	79	Les caissons excédents peuvent servir de caissons d'infanterie ; il suffit d'un léger changement intérieur.
Caissons à munitions d'infanterie	400	198	99	297	103	»	
Caissons à munitions de parc	25	13	61	74	»	49	
Caissons à munitions Wurtz	50	73	»	73	»	23	
Caissons à munitions Wurtz (obusiers)	30	44	8	52	»	22	
Chariots à munitions	150	189	107	296	»	146	
Charrettes à munitions	400	184	27	211	189	»	On peut y suppléer par les caissons excédents.
Forges de campagne	60	37	»	37	23	»	On peut en tirer d'autres places.
Équipage de pont — Bateaux	60	28	258	286	»	226	
Équipage de pont — Nacelles	10	43	3	46	»	36	
Équipage de pont — Pontons	36	116	»	116	»	80	
Équipage de pont — Haquets à bateau	66	142	34	176	»	110	
Équipage de pont — Haquets à nacelle	10	5	5	10	»	»	
Équipage de pont — Haquets à ponton	40	119	2	121	»	81	
Total des bouches à feu	300	956	46	1,002	»	702	
Total des affûts	369	817	57	874	»	505	
Total des caissons	1,175	997	676	1,673	103	601	
Total des voitures	726	676	175	851	212	337	
Total général des voitures	2,270	2,490	908	3,398	315	1,443	

Bases du projet d'équipage de campagne pour une armée de 15,000 hommes sur le Rhin.

Paris, le 8 fructidor an XIII (26 août 1805).

2 bouches à feu par 1000 hommes.

2/15 canons de 12, 2/15 canons de 4, 15/30 canons de 8, 7/30 d'obusiers de 6 pouces.

1/5 d'affûts à canon de rechange, 1/3 d'affûts à obusier.

1/5 en sus d'avant-trains de rechange.

Les caissons calculés à un double approvisionnement.

Les charrettes à munitions pour 1/2 du 3e.

Les caissons d'infanterie, 2 par bataillon et 1 en réserve.

Les chariots à munitions à 1/2 des bouches à feu.

Les forges de campagne à 1/6 des bouches à feu.

1 équipage de bateaux pour les grands fleuves, Rhin, Danube, Inn.

1 équipage de pontons pour rivières, Iller, Lech, Isar, Salza.

OBSERVATIONS.

1° Je propose de prendre toutes bouches à feu de l'ancien système, parce que tous les armements, rechanges, attirails, munitions y sont coordonnés ;

2° Les obusiers de 24 seraient, à la vérité, préférables à ceux de 6 pouces, mais comme les constructions nouvelles des affûts et caissons sont peu avancées, on ne pourrait en employer qu'un petit nombre, et cela jetterait de la confusion dans les approvisionnements ;

3° Quoique tous les affûts que je porte « de service » soient ainsi désignés sur les états particuliers, il ne faut cependant pas se dissimuler qu'ils ont besoin d'être remaniés pour être en état d'entrer en campagne. Il en est de même des caissons et d'autres voitures ; c'est la première chose dont les directeurs doivent s'occuper. Pour les visiter, il faudra les sortir des hangars où il sont engerbés. Cette sortie d'attirails donnera l'éveil : M. le Maréchal est-il d'avis de l'ordonner ?

4° Le nombre des caissons de 8, d'obusiers, d'infanterie n'est pas complet en nombre de service : il faut mettre en état une partie de ceux à réparer : il faut aussi transformer des caissons de 4 en caissons d'infanterie ;

5° Ordonner à Strasbourg d'avoir 60 bateaux en état ;

6° Si Son Excellence approuve ce projet, j'en ferai la répartition par place et, par suite, les commandes qui en dérivent pour la visite, les réparations, la mise en état et les rechanges ;

7° L'état de l'approvisionnement des places fera connaître le disponible pour l'armée.

J'ai vu, dans un premier aperçu, en munitions confectionnées dans les neufs places :

32,000,000	cartouches	d'infanterie.
2,400	—	à boulet de 12.
8,000	—	à boulet de 8.
8,000	—	à boulet de 4.
16,000	—	à balles de 12.
24,000	—	à balles de 8.
32,000	—	à balles de 4.
5,000	—	à balles pour obusier.

Les projectiles et la poudre sont en bonne quantité ; on peut dès à présent s'occuper de la confection des munitions à canon.

Les artifices de guerre pour campagne sont suffisants.

Il faudrait s'occuper de la construction des caisses à munitions, si l'on emploie des charrettes, et de l'achat des menus objets pour la campagne.

En l'absence du général GASSENDI, chef de la direction d'artillerie,

Le Chef de bataillon d'artillerie,

L. ÉVAIN.

ARTILLERIE.

—

Fructidor an XIII.

DIRECTION DE STRASBOURG.

État de l'équipage d'artillerie de campagne à assembler à Strasbourg.

DÉSIGNATION DES OBJETS.			DEMANDÉS à la direction de Strasbourg.	SERONT prêts au 1er vendémiaire.	SERONT prêts au 10 vendémiaire.	NE PEUT FOURNIR.	OBSERVATIONS.
Bouches à feu.	Canons	de 12...	40	40	»	»	
		de 8....	96	96	»	»	
		de 4....	40	40	»	»	
	Obusiers de 6 pouces.		40	40	»	»	
Affûts, ceux de rechange compris.	à canons	de 12...	50	40	10	»	
		de 8....	128	90	38	»	
		de 4....	51	51	»	»	
	d'obusiers........		66	66	»	»	
Caissons	à canons	de 12...	90	60	30	»	Tous les caissons pourraient être prêts au 1er vendémiaire, mais les deux tiers seulement pourront être chargés et approvisionnés de leurs munitions à cette époque; l'autre tiers, quelques jours plus tard.
		de 8....	240	160	80	»	
		de 4....	73	73	»	»	
	d'obusiers de 6 pouc.		194	130	61	»	
	d'infanterie........		140	90	50	»	
	de parc...........		20	20	»	»	
Chariots à munitions............			160	100	60	»	
Forges de campagne............			29	27	»	2	
Cartouches à boulets	à canons	de 12...	8,600	»	»	»	Les cartouches à boulets et à balles nécessaires à l'approvisionnement complet des caissons seront prêtes au 1er vendémiaire. L'excédent ne le sera que quelques jours après.
		de 8....	20,120	»	»	»	
		de 4....	8,500	»	»	»	
	Obus chargés......		11,700	»	»	»	
Cartouches à balles	à canons	de 12...	3,400	»	»	»	
		de 8....	8,680	»	»	»	
		de 4....	3,500	»	»	»	
	d'obusiers de 6 pouc.		2,700	»	»	»	
	d'infanterie........		10,000,000	»	»	»	Toutes les cartouches d'infanterie sont confectionnées et en magasin.

NOTA. — Le résultat de la formation de cet équipage est calculé sur les moyens actuellement à ma disposition; comme il y a à espérer que ces moyens s'accroîtront à mesure qu'il arrivera des troupes de l'artillerie, il sera possible de gagner quelques jours.

Il est à observer que, toutes les voitures dont il se compose ayant été emmagasinées, il a fallu que toutes fussent plus ou moins réparées pour en assurer la solidité.

Strasbourg, le — fructidor an XIII.

Le Colonel directeur de l'artillerie,
DEDON aîné.

Le Premier Inspecteur général de l'artillerie au général Faultrier.

Boulogne, le 9 fructidor an XIII (27 août 1805).

Je vous préviens, Général, que je viens de donner l'ordre au chef de bataillon Bouchu de se rendre en poste à Strasbourg, au colonel Faultrier de se rendre à Metz et au chef de bataillon Neigre de se rendre à Mayence pour s'y occuper du rassemblement des parties de l'équipage d'artillerie qui doivent se former dans ces trois places.

Veuillez désigner :

3 capitaines,
1 garde principal,
3 conducteurs,
2 chef artificiers,

pour être employés à l'équipage qui se rassemble à Strasbourg sous les ordres du colonel Vermot, qui recevra incessamment l'ordre de s'y rendre ;

2 capitaines,
1 garde principal,
1 conducteur principal,
3 conducteurs,

pour être employés à l'équipage qui se rassemble à Metz, sous les ordres du colonel Faultrier ;

2 capitaines,
1 conducteur principal,
1 garde principal,
2 conducteurs,

pour être employés à l'équipage qui se réunit à Mayence, sous les ordres du chef de bataillon Neigre.

Vous donnerez l'ordre à ces officiers et employés de partir de Boulogne avec le premier convoi d'artillerie, de le suivre jusqu'à Metz, d'où ils se dirigeront chacun vers le lieu de leur destination.

SONGIS.

Au général Songis, Premier Inspecteur général de l'artillerie.

Boulogne, le 11 fructidor an XIII (29 août 1805).

L'Empereur ordonne, Général, que vous fassiez préparer l'équipage de pont qui est à Strasbourg et que vous fassiez toutes les dispositions nécessaires pour construire sur le Rhin deux ponts aux lieux qui seront désignés.

Faites-moi connaître quand tout cela pourra être prêt.

Je vous salue avec une considération très distinguée.

Le Ministre de la guerre,

Maréchal BERTIHER.

Le Premier Inspecteur général de l'artillerie au Ministre de la guerre.

Du 11 fructidor an XIII (29 août 1805).

J'ai l'honneur de vous rendre compte que, conformément aux intentions de Sa Majesté exprimées dans la lettre de Votre Excellence en date de ce jour, j'ai donné des ordres aux directeurs de Strasbourg et de Mayence pour faire mettre en état l'équipage de pont et pour préparer ce qui est nécessaire pour la construction de deux autres ponts sur le Rhin; je leur prescris de mettre dans ce travail la plus grande célérité : il sera dirigé par le chef de bataillon Bouchu, commandant du 1er bataillon de pontonniers, qui est parti hier en poste pour se rendre à Strasbourg.

SONGIS.

Le Premier Inspecteur général de l'artillerie au général Faultrier.

Boulogne, le 11 fructidor an XIII (29 août 1805).

Je vous préviens, Monsieur, que l'intention de l'Empereur est que l'équipage de pont qui est à Strasbourg soit mis sans délai en état, et complété de manière à ce qu'il puisse servir au passage d'une rivière telle que le Rhin. Son intention est qu'en outre il soit préparé toutes les poutrelles, madriers, cordages et agrès nécessaires pour jeter deux ponts sur le Rhin, l'un entre Strasbourg et Mayence, l'autre entre Strasbourg et Huningue. Je donne en conséquence ordre au Directeur de cette place, ainsi qu'à celui de Mayence, de faire mettre en état tous les objets disponibles pour la formation de ces équipages de pont, dont je charge particulièrement le colonel Dedon et sous ses ordres le chef de bataillon Bouchu.

SONGIS.

Le Premier Inspecteur général de l'artillerie au Directeur de l'artillerie, à Mayence.

Le 14 fructidor an XIII (1er septembre 1805).

La partie de l'équipage de pont qui doit être fournie par la direction de Mayence doit, Monsieur, être en état et complétée pour le 1er vendémiaire prochain.

Veuillez bien activer les radoubs et la confection des objets manquants de manière à ce que tout puisse être prêt à l'époque fixée.

SONGIS.

État des objets nécessaires pour la formation de trois équipages de pont.

NATURE DES EFFETS.		NÉCESSAIRE pour le pont disponible.	NÉCESSAIRE pour le pont du Ht-Rhin.	NÉCESSAIRE pour le pont du Bs-Rhin.	TOTAL du NÉCESSAIRE.	EXISTANT.	MANQUANT.	OBSERVATIONS.
Bateaux.	d'artillerie	45	40	»	85	162	»	Dont 147 à réparer (1).
Bateaux.	de commerce ou transport	»	»	60	60	(2) 15	45	
Bateaux.	de construction de Munich (26)	»	»	»	»	»	»	On emploiera pour le pont disponible tous ceux des bateaux de Munich qui seront réparables.
Nacelles.		4	4	4	12	17	»	
Voitures.	Haquets	52	»	»	52	140	»	
Voitures.	Chariots agricoles	180	»	»	180	4	176	Ces chariots doivent être fournis par réquisition et trouvés dans le pays.
Voitures.	Chariots à munitions	4	»	»	4	215	»	
Voitures.	Forges de campagne	2	»	»	2	25	»	
Agrès.	Poutrelles	450	400	600	1,450	2,570	»	
Agrès.	Madriers	1,200	1,000	1,500	3,700	600	3,100	J'en tirerai 3,000 de Mayence ; mais, comme on en consomme beaucoup, j'en ai envoyé en outre acheter 3,000 autres à la rive droite.
Agrès.	Fausses poutrelles	16	16	16	48	»	»	
Agrès.	Chevalets	4	4	4	12	8	4	
Agrès.	Mâts	»	»	»	»	100	»	
Agrès.	Gouvernails	49	40	60	149	54	195	Tous les objets de détail manquant seront fournis en confectionnés. Des mesures sont déjà prises à cet effet.
Agrès.	Grandes rames	100	90	140	330	»	»	
Agrès.	Petites rames	16	16	16	48	104	»	
Agrès.	Crocs ou gaffes à 2 pointes	180	160	240	580	141	439	
Agrès.	Crocs ou gaffes à crochets	50	50	70	170	50	120	
Agrès.	Pompes	21	20	30	71	45	29	
Agrès.	Écopes. Grandes	»	»	»	»	»	»	
Agrès.	Écopes. Petites	90	80	120	290	128	162	
Agrès.	Seaux	10	10	15	35	20	15	
Agrès.	Ancres	45	40	60	145	83	62	Je tirerai 100 ancres de Mayence.
Agrès.	Grappins	3	3	4	10	5	5	
	Clameaux. à 2 pointes	*1,200*	*1,000*	*1,500*	*3,700*	*250*	*3,450*	*Ces objets sont déjà commandés et seront confectionnés.*
	Clameaux. à pitons	*360*	*320*	*480*	*1,160*	*120*	*1,040*	
	Clameaux. tors	*100*	*100*	*100*	*300*	*100*	*200*	
Cordages.	Cinquenelles	150	150	300	600	600	»	
Cordages.	Cordages d'ancres	50	45	64	159	70	89	Il y a 100 cordages d'ancres en commande ; j'en tirerai en outre 59 de Mayence. Tous les autres cordages sont également commandés.
Cordages.	Amarres et traversiers	270	240	360	870	»	»	
Cordages.	Commandes	360	320	480	1,160	1,000	160	
Cordages.	Combleaux	50	20	30	100	100	»	
Cordages.	Mailles. Grandes	2	10	10	22	1	21	
Cordages.	Mailles. Petites	10	20	20	50	»	50	
Cordages.	Bretelles garnies de leurs cordages	90	200	200	490	»	490	
Cordages.	Menus cordages	»	»	»	»	»	»	
Engins.	Cabestans	2	2	3	7	7	»	
Engins.	Vindax assorti	1	1	1	3	7	»	
Engins.	Leviers	40	40	60	140	140	»	
Engins.	Rouleaux	6	6	6	18	4	14	
Engins.	Crics de trois sortes	6	6	6	18	38	»	
Outils.	à pionniers. Pioches	50	50	50	150	2,703	»	
Outils.	à pionniers. Pelles rondes	100	100	100	300	1,900	»	
Outils.	à pionniers. Pelles carrées	100	100	100	300	2,417	»	
Outils.	tranchants. Haches	100	100	100	300	1,469	»	
Outils.	tranchants. Serpes	100	100	100	300	1,469	»	
Outils.	à calfater, assortiment complet avec tous les menus objets nécessaires	1	1	1	3	»	»	On complétera cet assortiment.

NOTA. — Tous les efforts seront faits et tous les moyens employés pour l'exécution des ordres reçus. On croit pouvoir promettre que tout sera prêt vers le 5 vendémiaire. Si quelque objet manquait, on y suppléerait ; on est sûr des plus importants. Mais les mouvements et les chargements de ces équipages ne peuvent s'effectuer que lorsque les pontonniers seront arrivés. Ceux qui sont à Strasbourg suffisent à peine à la garde du pont de Kehl. Il faudrait envoyer une compagnie de pontonniers à Mayence. Tout le reste à Strasbourg.

(1) On s'occupe déjà de cette réparation avec tous les moyens ; lorsque les pontonniers qu'on attend seront arrivés, elle doublera d'activité. Si quelques bateaux d'artillerie n'étaient pas prêts au moment du besoin, on y suppléerait par des bateaux de commerce de réquisition. On les trouvera ainsi que ceux nécessaires à la formation de l'équipage du Bas-Rhin. On espère que l'établissement de ponts ne sera pas retardé par le manque de bateaux.

(2) 14 à 15 seulement de ces bateaux sont bons ; le reste ne peut être réparé.

Le Colonel directeur d'artillerie,
DEDON aîné.

Le Premier Inspecteur général de l'artillerie au général Faultrier.

Boulogne, le 10 fructidor an XIII (28 août 1805).

Je vous préviens, Monsieur, que les bataillons du train destinés à partir demain pour conduire le premier convoi qui devra marcher sur Strasbourg par la route de colonnes du corps du centre sont :

Le 5e principal ;
Le 5e *bis ;*
Le 1er *bis ;*
Le 3e principal.

Il partira aussi demain un autre convoi par la route d'Étaples. Il sera conduit par les 4 compagnies du 2e bataillon *bis* qui se trouvent ici et auxquelles se réunira à Étaples la compagnie qui est maintenant au corps de gauche.

Le 12, il partira un 3e convoi conduit par le 1er bataillon principal, marchant avec la seconde division du corps du centre.

Le 13, il en partira un 4e conduit par le 3e *bis* marchant avec la 4e division du corps du centre.

Par ces 5 convois devra partir toute l'artillerie qui doit être conduite à Strasbourg. Veuillez bien faire vos dispositions pour qu'elle soit répartie proportionnellement à la force des bataillons du train et qu'il y ait avec chacun des forges pour pouvoir faire les radoubs en route. Ils passeront tous par Metz à la réserve du 2e *bis*, et ils y prendront les voitures qu'ils y trouveront préparées et qu'ils pourront emmener. Je vous prie de calculer quelle pourra en être la quantité, et de me le mander pour que j'en donne avis au directeur de Metz.

Faites la répartition que vous jugerez convenable de faire des officiers du parc et des employés pour qu'il en marche proportionnellement avec chaque convoi.

La 4e compagnie de pontonniers partira avec le 3e convoi.

La 5e avec le 4e.

La 7e avec le 5e.

La moitié de la compagnie d'ouvriers no 4 partira avec le 2e convoi.

L'autre moitié de la 4e partira avec le 3e.

La moitié de la compagnie n° 9 partira avec le 4e.
L'autre moitié de la compagnie n° 9 partira avec le 5e.

SONGIS.

Le Premier Inspecteur général de l'artillerie au Ministre de la guerre.

14 fructidor an XIII (1er septembre 1805).

J'ai reçu la lettre que vous m'avez fait l'honneur de m'écrire pour me prévenir que l'intention de Sa Majesté était qu'il partît aujourd'hui un convoi d'artillerie pour la colonne du centre.

J'ai l'honneur d'informer Votre Excellence que le convoi dont je lui ai annoncé le départ pour aujourd'hui par ma lettre du (*sic*) courant va se mettre en marche. Le commissaire général en a été informé par une lettre aussi en date du . . . . et, hier, il est parti un sous-officier pour faire préparer les subsistances en route ; les vivres et les fourrages ont été pris hier à Boulogne pour aujourd'hui.

SONGIS.

Circulaire aux Conseils d'administration des bataillons du train.

Je vous préviens, Monsieur, que je donne ordre à M. (A), que j'ai chargé de la remonte de (*a*) chevaux pour votre bataillon, de se rendre sur-le-champ à (B), chef-lieu de la division dont fait partie le département de (*b*), dans lequel votre remonte doit se faire.

Je lui adresse à ce sujet une instruction générale que vous lui ferez tenir aussitôt après en avoir pris connaissance. Vous lui remettrez en même temps l'autorisation nécessaire pour traiter, et y joindrez l'instruction particulière que vous croirez convenable.

Le prix des chevaux est fixé à 420 francs, l'un portant l'autre ; il vous est alloué, en conséquence, une somme de (C) qui vous sera payée par tiers ; le premier comptant, le second au moment où les chevaux seront reçus par l'officier chargé de la remonte, et l'autre tiers lors de la réception des chevaux ; vous ne pourrez, cependant, en disposer sans ma signature.

Vous prendrez, avec l'officier chargé de la remonte, les arrangements nécessaires pour le mettre à même d'effectuer les différents payements aux époques déterminées dans l'instruction, ou bien vous les ferez effectuer directement si cela vous paraît plus avantageux ; dans l'un ou l'autre cas, vous devrez avoir mon autorisation.

Le commandant du bataillon enverra à (D), où les chevaux seront livrés et reçus, un nombre de sous-officiers et de soldats nécessaires, à raison d'un soldat pour quatre chevaux, pour les soigner et les amener au bataillon. L'officier chargé de la remonte aura le commandement de ce détachement.

Les hommes destinés à prendre les chevaux de remonte devront être arrivés à (D) le 15 vendémiaire ; ils en partiront aussitôt la réception des chevaux, qui seront marqués à la marque du bataillon, et il en sera passé une revue de départ.

Il sera dressé quatre expéditions du procès-verbal portant date de réception, âge et signalement des chevaux ; une d'elles me sera adressée sur-le-champ avec l'avis du jour présumé de leur arrivée au bataillon.

SONGIS.

Instruction à suivre par les officiers chargés de la remonte des bataillons du train.

Boulogne, le 9 fructidor an XIII (27 août 1805).

M. (A), l'officier du train chargé de la remonte de son bataillon, sera autorisé, par son conseil d'administration, à traiter en son nom et pour la quantité de (*a*) chevaux avec un ou plusieurs fournisseurs dans le département de (*b*) qui est assigné à son bataillon.

Il ne sera passé aucun marché sans qu'il soit préalablement approuvé par le directeur ou commandant d'artillerie de (D) dans la place la plus voisine du lieu où se passera le marché.

Les marchés contiendront des clauses claires et précises sur les différentes qualités que les chevaux devront avoir pour être reçus.

L'âge de ceux tirés des Ardennes, du Haut-Rhin, du Jura, de la Haute-Saône, de la Nièvre, doit être de 5 ans faits à 6. (L'instruction particulière de chaque officier indique son département.)

Ceux tirés du Cantal et de la Corrèze doivent avoir de 6 ans faits à 7.

Ils doivent être hongres et à tous crins.

Leur taille, prise sous potence, doit être par partie égale pour les chevaux de derrière, de 1m,556 à 1m,597. (4 p. 9 po 6 l. à 4 p. 11 po).

Pour ceux de devant, de 4 p. 7 po à 4 p. 8 po 6 l.

Ils doivent tous être bien conformés pour le trait et exempts de tous vices rédhibitoires, et hors des dangers de la castration.

Il pourra être reçu un quart de juments non pleines et garanties comme telles par le fournisseur (dans les départements de la Nièvre et des Ardennes, il n'en sera reçu qu'un cinquième).

Le prix des chevaux sera de 420 francs, l'un portant l'autre.

Les payements se feront par tiers, le premier aussitôt la remise de la première moitié du nombre des chevaux pour lequel le marché sera passé, le deuxième à la remise totale des chevaux, et le troisième et dernier payement aussitôt l'arrivée de la totalité des chevaux à (D) et leur réception, qui devra avoir lieu pour la majorité au 15 vendémiaire (pour ceux de Metz, le 1er vendémiaire).

Il sera nommé à cet effet un officier d'artillerie qui, de concert avec le conseil d'administration du corps, procédera, en présence du sous-inspecteur aux revues ou du commissaire des guerres, à la réception des chevaux qui seront examinés par l'artiste vétérinaire du corps, s'il est doué d'une capacité suffisante, sinon par un artiste choisi dans la ville ou le département ; il en sera donné procès-verbal portant les motifs d'acceptation ou de rejet par cheval.

Il sera envoyé par chaque bataillon, dans la ville où les chevaux lui seront livrés, le nombre de sous-officiers et soldats nécessaires pour les soigner et les conduire à leur destination.

Le conseil d'administration prendra, avec l'officier chargé de la remonte, les arrangements nécessaires pour le mettre à même d'effectuer les différents payements.

CORPS.	A.	*a*.	B.	*b*.	C.	D.
					francs.	
1er principal.	LEDOUX, adjud.-major.	413	Mézières...	Des Ardennes...	173,460	Metz.....
1er *bis*.....	CHAUVIN, lieutenant...	477	Besançon..	De la Hte-Saône.	200,340	Belfort....
2e *bis*.....	BRICARD, s.-lieutenant.	466	Nevers....	De la Nièvre...	195,720	Auxonne...
3e principal.	BULOTTE, lieutenant...	489	Besançon..	Du Jura.......	205,380	Besançon..
3e *bis*.....	SAUTY, sous-lieutenant.	474	Id.....	De la Hte-Saône.	199,080	Belfort....
5e principal.	VALENTIN, adj.-major.	468	Id.....	Du Jura.......	195,300	Besançon..
5e *bis*.....	DILLY, lieutenant.....	491	Strasbourg.	Du Haut-Rhin..	206,220	Colmar....

Aux capitaines d'artillerie, inspecteurs du train.

Du 10 fructidor an XIII (28 août 1805).

Je vous préviens, Monsieur, que je vous ai chargé de recevoir (*a*) chevaux que le décret impérial du 9 fructidor accorde au ...e bataillon du train, et pour l'achat desquels M. (A), de ce bataillon, a été envoyé à (B).

Cette opération devra être faite de concert avec le conseil d'administration du bataillon ou avec des officiers désignés à cet effet par le conseil, et en présence du sous-inspecteur aux revues ou du commissaire des guerres.

L'instruction donnée aux officiers chargés de la remonte, et dont vous vous ferez donner connaissance, porte que les chevaux doivent avoir de 5 à 6 ans ; qu'ils doivent être hongres et à tous crins ; il pourra cependant être reçu un quart de juments non pleines et garanties telles par le fournisseur (ceux de la Nièvre et des Ardennes un cinquième).

Leur taille, prise sous potence, doit être par parties égales, pour les chevaux de derrière, de 4 pieds 9 pouces 6 lignes à 4 pieds 11 pouces, et pour ceux de devant, de 4 pieds 7 pouces à 4 pieds 8 pouces 6 lignes. Ils doivent tous être bien conformés pour le trait, nets, exempts de tous vices de rédhibition et hors des dangers de la castration.

Ces chevaux devront être réunis à (D) dans le courant du mois de vendémiaire prochain, et la réception devra s'en faire aussitôt. Vous pourrez même commencer cette opération quand 100 chevaux environ seront réunis, et vous les dirigerez au fur et à mesure sur le point où sera le bataillon, ce dont vous vous ferez instruire, soit par l'officier chargé de la remonte, soit par tout autre moyen.

Les chevaux seront, après leur réception, soignés et conduits par des soldats du bataillon qui sont envoyés à (D) à cet effet. Vous ferez composer les détachements partiels de manière à avoir pour le tout assez de sous-officiers et de soldats.

Vous veillerez à ce qu'il soit dressé procès-verbal des réceptions, portant le motif d'acceptation ou de rejet par cheval et le signalement de chacun. Vous les ferez tous marquer uniformément, et de la marque des bataillons, aussitôt la réception.

Vous tiendrez l'inspecteur général du train exactement au courant de vos opérations, et lui adresserez vos rapports à Strasbourg.

Vous quitterez à (1) la colonne d'artillerie avec laquelle vous avez ordre de marcher, et vous vous rendrez directement à (2).

(1) Fargeon, à Metz.
Romangin, à Saint-Dizier.
Bizard, à Metz.
Georges, va directement.
(2) Georges, à Metz.
Fargeon, à Belfort.
Romangin, à Auxonne.
Bizard, à Besançon.

Songis.

Le Premier Inspecteur général de l'artillerie au Ministre de la guerre.

Boulogne, le 10 fructidor an XIII (28 août 1805).

J'ai l'honneur d'informer Votre Excellence que les capitaines commandant les bataillons du train se sont bien présentés chez le payeur à l'effet d'y toucher le premier tiers de la somme que leur accorde le décret de Sa Majesté, en date du 9, pour achat de chevaux.

L'article 3 du décret porte que ce tiers sera versé comptant au conseil d'administration des bataillons.

Le payeur a répondu ne pas avoir encore connaissance du décret et point d'ordres pour payer.

J'ai l'honneur de prier Votre Excellence de vouloir bien donner des ordres pour faire effectuer sur-le-champ ces payements, sans lesquels l'achat des chevaux deviendrait impossible. Demain, les bataillons partent, et les fonds ne pourraient plus se toucher qu'à Strasbourg.

SONGIS.

Circulaire aux Conseils d'administration.

Boulogne, le 13 fructidor an XIII (31 août 1805).

Je vous préviens, Monsieur, que le payeur général de l'armée a reçu ordre de S. E. le Ministre de la guerre de vous compter la somme de :

1er principal.........	49,830	francs (1) pour l'achat de	413	chevaux.
1er *bis*..............	57,584	—	477	—
2e *bis*..............	56,256	—	466	—
3e principal..........	59,065	—	489	—
3e *bis*..............	57,251	—	474	—
5e principal..........	56,132	—	465	—
5e *bis*..............	59,248	—	491	—
8e *bis*..............	59,636	—	494	—
3e régiment.........	15,000	francs.		
5e régiment.........	15,000	—		
2e régiment.........	15,000	—		

Je vous autorise à disposer des deux tiers de cette somme dès le moment où vous l'aurez reçue, en vous conformant aux instructions que je vous ai adressées sur son emploi.

SONGIS.

---

(1) Acompte de celle accordée à votre bataillon par le décret impérial du .....

Note écrite par le général Songis, sous la dictée de l'Empereur.

Dicté le 14 fructidor (1er septembre 1805).

Il faut que le général Songis demande au Major général l'état de l'armée. Mon projet est de jeter un pont vis-à-vis de Philisbourg ; il faut que tout soit prêt à Strasbourg sans que l'endroit soit désigné. Un autre pont à Neufbrisach, mais un pont de fausse attaque pour divers faux mouvements que je ferai faire dans la Forêt-Noire, de manière que s'il était possible de faire deux ponts, je me contenterais de celui de Philisbourg et pour l'autre quelques barques. Il faut choisir un emplacement de manière que la construction de ce pont soit facile. Une des colonnes passera à Manheim sur des ponts de circonstance (1), une autre à Strasbourg.

Il faut que l'artillerie du général Davout soit réunie à Spire ; peut-être, pour déblayer Strasbourg, serait-il favorable de la faire préparer à Mayence. Marmont passe à Mayence, mais il emmène tout avec lui.

L'artillerie du général Soult doit être réunie à Landau, l'artillerie du général Ney à Haguenau, celle du général Lannes à Strasbourg, celle de la grosse cavalerie à Landau, toute l'artillerie de dragons peut être à Schelestadt. Il faut faire tous les préparatifs dans ce sens, voire même de changer les dernières marches des convois, de manière que chaque bataillon du train et chaque compagnie d'artillerie arrive juste à l'endroit indiqué.

Faire les mouvements de Strasbourg à Landau par les chevaux de réquisition.

Les chevaux d'artillerie à cheval doivent se reposer, repos qui ne durera que quatre jours. Ce serait tout perdre que de vouloir que ces chevaux fassent des convois ; il faut renoncer à cette idée et le défendre à Faultrier. Cela à un double avantage que tous les chevaux que l'on livrera à Metz, à Mayence, à Châlons, à Bourges, à Paris, resteront et seront employés à porter le grand parc jusqu'à la première place du Danube. Le grand parc, ne se battant pas, a moins besoin que les autres d'être attelé

(1) Mot douteux.

par des bataillons du train. La première chose que doit faire le général d'artillerie est d'en écrire aux directeurs, aux différents préfets, et de lever 2,000 ou 3,000 voitures attelées à quatre colliers, qui feraient le service et serviraient au transport de tous les parcs. S'il trouvait dans le pays des entrepreneurs qui voulussent s'engager à fournir 600 ou 700 chevaux avant le 1er vendémiaire, les prendre. Le général d'artillerie correspondra directement avec moi pour cet objet. Enfin me faire le plus tôt possible un aperçu, selon l'expérience qu'on en a, de ce que coûtera par mois le nombre de voitures ci-dessus portées. On n'aura guère besoin de cette réserve qu'un ou deux mois. Les charrois d'Allemagne, les chevaux qu'achètent les bataillons du train qui arriveront, rendront cette mesure moins nécessaire. Mais comment mener 3,000 ou 4,000 voitures de paysans? Voilà de quoi il faut s'occuper : les diviser en brigades d'une cinquantaine de voitures, et mettre à la tête un brigadier, et toutes les 500 mettre un officier du train ou un officier d'artillerie, et à toutes les 1000 avoir un officier d'artillerie dans le genre de Directeur (1). Il faut donc que le général Songis voie le commissaire général Petiet, les officiers d'artillerie qui ont le plus de pratique des rives du Rhin, et qu'il me présente un projet de décret qui requière cette quantité de voitures dans tel et tel département et qui en fixe le prix, qu'il détermine de quelle manière il doit être fait selon la nature du pays.

L'article 2 sera relatif à leur organisation. Enfin, si l'on trouve un homme intelligent qui sache l'allemand, pour le mettre à la tête comme régisseur, son titre sera inspecteur des transports de réquisition.

A mesure qu'on requerra on a (*la fin de la phrase est biffée*).

Il faudrait tâcher de me le présenter dans la journée, demain, afin que le Ministre pût l'expédier au Préfet.

---

(1) Mot douteux.

Décret.

Au camp impérial de Boulogne, le 15 fructidor an XIII
(2 septembre 1805).

Napoléon, Empereur des Français,

Décrète ce qui suit :

Art. 1er.

Il sera levé dans les départements de la Roër, de Rhin-et-Moselle, de la Sarre, du Mont-Tonnerre, de la Moselle, de la Meurthe, des Vosges, du Haut-Rhin, du Bas-Rhin et de la Haute-Saône, 3,500 voitures de réquisition attelées chacune de quatre bons chevaux et conduites par deux charretiers. 2,500 de ces voitures seront affectées au service des parcs de la Grande Armée, et 1000 aux autres transports de l'administration aux ordres de l'Intendant général de l'armée.

Art. 2.

Ces départements fourniront dans la proportion suivante, savoir :

	Pour l'artillerie.	Pour les autres transports.	Total.
La Roër	250	125	375
Rhin-et-Moselle	250	125	375
Sarre	250	100	350
Mont-Tonnerre	250	50	300
Moselle	250	100	350
Meurthe	250	100	350
Vosges	250	100	350
Haut-Bhin	250	100	350
Bas-Rhin	250	100	350
Haute-Saône	250	100	350
	2,500	1,000	3,500

Les voitures de chaque département se réuniront le 25 du mois de fructidor aux lieux qui seront désignés par les préfets, qui en passeront la revue et elles seront payées dès le dit jour.

Le 26, elles se mettront en route pour le lieu de leur destination, et si les agents que doivent envoyer le général d'artillerie et l'intendant général ne sont pas arrivés, les voitures de chaque département se mettront en route sous la conduite d'un lieutenant de gendarmerie avec une brigade.

ART. 3.

Les voitures affectées au service de l'artillerie seront organisées en brigades de 50 voitures chaque commandées par un brigadier et deux haut-le-pied.

Les brigades seront formées en divisions composées chacune de dix brigades ou 500 voitures commandées par un chef de division et deux maréchaux des logis.

La réunion des trois divisions formera la totalité de l'équipage, qui sera commandé par un inspecteur et deux sous-inspecteurs.

Ces employés seront pris autant qu'il sera possible dans le train ou dans le corps de l'artillerie.

ART. 4.

Les voitures affectées aux autres transports de l'armée seront dirigées par les employés actuels des équipages et suivant l'organisation précédemment adoptée par Sa Majesté.

ART. 5.

Les voitures seront payées par le payeur général du parc d'artillerie pour le service des parcs, d'après les revues de l'inspecteur aux revues, à raison de 1 fr. 50 par jour par cheval, et de 0 fr. 75 par jour par charretier. Les autres seront payées au même prix sur ordonnances de l'intendant général.

Il sera délivré des magasins de l'armée deux rations de pain par jour à chaque charretier et employé, et une ration de fourrage à chaque cheval. Moyennant ce traitement, les particuliers auxquels appartiendront les chevaux et les voitures resteront chargés de leur entretien et de celui de leurs harnais. S'ils n'y pourvoient pas, cet entretien sera fait à leurs frais et la retenue leur en sera faite sur le payement du loyer de la voiture.

ART. 6.

Solde des employés.

Inspecteur	500 francs par mois.
Sous-Inspecteur	250 —
Chefs de division	200 —
Maréchaux des logis	150 —
Brigadiers	100 —
Haut-le-pied	75 —

Dans le cas où les employés jouiraient déjà d'un autre traitement, il sera déduit de celui fixé ci-dessus.

Les Ministres de la guerre, des finances du trésor public et de l'administration de la guerre sont chargés de l'exécution du présent décret.

Signé : NAPOLÉON.

Par l'Empereur :

Le Secrétaire d'État,

Signé : Hugues B. MARET.

Le Ministre de la guerre,

Signé : Maréchal BERTHIER.

Pour ampliation :

L'Inspecteur en chef aux revues, Secrétaire général,

DENNIÉE.

Collationné :

Le chef du bureau des lois,

ARCAMBAL.

Boulogne, le 18 fructidor an XIII (5 septembre 1805).

Circulaire

aux préfets de :

(A)

	Voitures
La Roër	125
Rhin-et-Moselle	125
La Sarre	100
Mont-Tonnerre	50
Moselle	100
Vosges	100
Haut-Rhin	100
Bas-Rhin	100
Haute-Saône	100
Meurthe	100

(*a*)

La Roër, à Strasbourg.
Rhin-et-Moselle, à Strasbourg.
La Sarre, à Strasbourg.
Mont-Tonnerre, à Mayence.
Moselle, à Metz.
Vosges, à Metz.
Haut-Rhin, à Strasbourg.
Bas-Rhin, à Strasbourg.
Haute-Saône, à Strasbourg.
Meurthe, à Neufbrisach.

L'Intendant général de l'armée a dû vous adresser, Monsieur, un décret impérial en date du 15 de ce mois, portant qu'il sera fait dans votre département une levée de 250 voitures de réquisition pour le service de l'artillerie, et de (A) autres affectées à celui des autres troupes; que chaque voiture sera attelée de quatre bons chevaux et conduite par deux charretiers.

Conformément à l'article 2 de ce décret, j'ai désigné des agents pour aller dans tous les départements où cette mesure doit avoir lieu, mais il est à craindre qu'ils ne puissent pas être rendus le 25 de ce mois, terme fixé pour le rassemblement dans chaque département des hommes, des chevaux et des voitures. Dans ce cas, je vous prierais, Monsieur, de donner des ordres pour que tout se mette en route le 26 et se dirige sur (*a*), ainsi qu'a dû vous l'indiquer la dépêche de l'Intendant général de l'armée.

Il est extrêmement important que l'exécution complète de cette disposition n'éprouve ni retards, ni difficultés, et je vous prie de me permettre de réclamer vos bons offices dans cette circonstance.

A M. le colonel Dedon, directeur de l'artillerie à Strasbourg.

Strasbourg, le 24 fructidor an XIII (11 septembre 1805).

Vous avez connaissance, Monsieur le Colonel, d'un décret impérial pour la levée de 2,500 voitures de réquisition pour le service de l'artillerie de l'armée.

Des ordres ont été donnés, d'après la demande du général Songis, pour que les 250 voitures que doit fournir le département de Rhin-et-Moselle se rassemblent à Landau, et que les 250 voitures que doit fournir le département de la Sarre se rassemblent à Haguenau.

Le général Songis m'ayant chargé de lui désigner, pour remplir les emplois de cette administration, des personnes propres à ce genre de service, je vous prie de vouloir bien désigner vous-même :

1 chef de division ;
2 maréchaux des logis ;
5 brigadiers ;
10 haut-le-pied,

pour commander les cinq brigades qui doivent se rassembler à Landau. A ces cinq brigades s'en joindront cinq autres du département de la Roër, qui ont ordre de se rassembler à Mayence, et pour lesquelles j'ai chargé le chef de bataillon Neigre, sous-directeur du parc d'artillerie de l'armée, de désigner les 5 brigadiers et les 10 haut-le-pied.

Ces dix brigades formeront une division qui sera commandée par le chef de division et par les 2 maréchaux des logis que je vous prie de désigner.

Je vous prie également de vouloir bien désigner :

1 chef de division ;
2 maréchaux des logis ;
5 brigadiers ;
10 haut-le-pied,

pour commander les cinq brigades qui doivent se rassembler à Haguenau.

A ces cinq brigades s'en joindront cinq autres du département de la Haute-Saône, qui ont ordre de se rassembler à Neufbrisach pour, de là, se rendre à Schelestadt.

J'ai chargé le directeur de l'artillerie, à Neufbrisach, de désigner les 5 brigadiers et les 10 haut-le-pied.

Ces dix brigades formeront une division qui sera commandée par le chef de division et les 2 maréchaux des logis que vous devez désigner pour se rendre à Haguenau.

Vous voudrez bien, autant que possible, prendre les employés de préférence parmi ceux des anciens équipages d'artillerie qui peuvent se trouver à Landau et à Haguenau ou dans les environs, et de leur donner l'ordre de se rendre de suite à leurs destinations pour y prendre le commandement de leurs divisions ou brigades.

Les voitures que doivent fournir les départements du Mont-Tonnerre, des Vosges, du Haut-Rhin et du Bas-Rhin, se rassembleront à Strasbourg où elles seront réparties en vingt brigades et deux divisions.

J'ai chargé M. le colonel Vermot d'en désigner les employés en se concertant avec vous.

J'ai l'honneur de vous saluer.

Le Général de division, directeur général des parcs d'artillerie de la Grande Armée,

F. Faultrier.

Au Palais de Saint-Cloud, le 3e complémentaire an XIII (19 septembre 1805).

Napoléon, Empereur des Français,

Décrète ce qui suit :

Art. 1er.

Il sera levé, dans les départements du Haut et du Bas-Rhin et dans celui de la Meurthe, 250 voitures de réquisition, attelées chacune de quatre bons chevaux et conduites par deux charretiers : ces voitures seront affectées au service des parcs d'artillerie de la Grande Armée.

ART. 2.

Ces départements fourniront :

Le Bas-Rhin.............	83 voitures.
Le Haut-Rhin............	83 —
La Meurthe..............	84 —
	250 voitures.

Les voitures de chaque département se réuniront le 5 vendémiaire au plus tard aux lieux qui seront désignés par les préfets, qui en passeront la revue, et elles seront payées dès ledit jour. Le 6 vendémiaire, elles se mettront en route pour le lieu de leur destination, et y seront conduites par les employés des équipages que le Premier Inspecteur général de l'artillerie désignera à cet effet.

ART. 3.

Les articles 3, 4, 5 et 6 de l'arrêté du 15 fructidor dernier, relatifs à la levée de 3,500 de ces voitures, sont applicables à celle-ci, le payement des chevaux et des charretiers et la distribution des vivres et fourrages.

Nos Ministres de la guerre, des finances, du trésor public, de l'administration de la guerre et de l'intérieur, sont chargés, chacun en ce qui le concerne, de l'exécution du présent décret.

Signé : NAPOLÉON.

Par l'Empereur :

Le Secrétaire d'État,

Signé : Hugues B. MARET.

Le Ministre de la guerre,

Signé : Maréchal BERTHIER.

Pour ampliation :

L'Inspecteur en chef aux revues, Secrétaire général,

DENNIÉE.

Le Premier Inspecteur général de l'artillerie au Directeur de l'artillerie, à Mayence.

Le 14 fructidor an XIII (1er septembre 1805).

Vous voudrez bien, Monsieur, tenir prêts à partir, avec l'équipage d'artillerie dont je vous ai envoyé l'état le 7 de ce mois, 6 obusiers avec leurs armements et assortiments.

Les caissons qui, d'après cet état, doivent faire partie de cet équipage, doivent être complètement approvisionnés.

SONGIS.

(La même au directeur de Metz, hors le dernier paragraphe.)

Le Premier Inspecteur général de l'artillerie au Directeur de l'artillerie, à Neufbrisach.

Le 14 fructidor an XIII (1 septembre 1805).

Vous voudrez bien, Monsieur, faire mettre en état et tenir prêts à partir trois caissons d'infanterie et un million de cartouches d'infanterie, en outre de ce que je vous ai demandé par ma lettre du 7 de ce mois.

SONGIS.

Au général Faultrier.

Le 14 fructidor an XIII (1er septembre 1805).

Je vous préviens, Général, que, pour compléter l'équipage d'artillerie de la Garde impériale et celle du corps d'armée de M. le maréchal Augereau, je donne ordre aux directeurs de Strasbourg, Metz, Mayence et Neufbrisach d'ajouter à l'équipage d'artillerie de campagne qu'ils doivent former et dont je vous ai remis l'état, des objets dont je vous donne ci-après le détail.

		DIRECTIONS			
		de STRASBOURG.	de METZ.	de MAYENCE.	de NEUFBRISACH.
Canons sur affût et avant-train......	de 12.........	2	»	»	»
	de 8..........	12	»	»	»
Affûts de rechange	de 12.........	2	»	»	»
	de 8..........	6	»	»	»
Caissons..........	de 8..........	16	»	»	»
	d'obusiers de 6.	12	2	»	»
	d'infanterie....	17	6	6	»
Cartouches à boulet	de 8..........	3,348	»	»	»
	de 4..........	984	»	»	»
Cartouches d'infanterie.............		»	1,364,000	»	1,000,000

On écrit, en conséquence, aux directeurs de Strasbourg, Metz, Mayence et Neufbrisach.

Songis.

Au général Songis, Premier Inspecteur général de l'artillerie.

Moulineau, le 21 fructidor an XIII (8 septembre 1805).

Je vous observe, Monsieur le général Songis, qu'en entrant en campagne il faudra donner 50 cartouches par homme ; que nous aurons 100,000 hommes, ce qui fait une première distribution de 5,000,000. Il faudra, par la suite, approvisionner les armées du général Marmont et du maréchal Bernadotte.

Prenez vos mesures pour que, sans dégarnir l'approvisionnement des places, nous ayons le nombre de cartouches nécessaires. Vous savez que nos soldats en consomment beaucoup, que dans presque toutes nos guerres on en a manqué au moment le plus important : il ne faut pas que cela nous arrive ; faites donc confectionner en conséquence.

L'artillerie de la Grande Armée, commandée par le Premier Inspecteur, doit être abondamment pourvue de tout.

Je vous salue avec ma considération très distinguée.

Le Ministre de la guerre,
Maréchal Berthier.

Au général Songis, premier Inspecteur général de l'artillerie, à Strasbourg.

Paris, le 26 fructidor an XIII (13 septembre 1805).

Je vous préviens, Général, que les Autrichiens ont passé l'Inn ; qu'il n'y a pas un instant à perdre pour marcher aussitôt que l'armée sera arrivée sur le Rhin et, pour cela, l'armée n'a autre chose à faire que de continuer sa marche aussitôt que Sa Majesté en donnera l'ordre.

Vous seul, c'est-à-dire l'artillerie pourrait nous retarder. Il est donc important que vous accélériez toutes les mesures à prendre pour que l'artillerie ne retarde pas la marche de l'armée d'un seul instant ; cela est si important que je n'ai point d'autre but pour vous expédier ce courrier, que vous me renverrez sur-le-champ, en me faisant connaître la situation de tout.

J'ai ordonnancé 150,000 francs pour le parc, payables sur-le-champ, et 50,000 francs pour le commencement de brumaire.

Je vous salue avec ma considération très distinguée.

Le Ministre de la guerre,

Maréchal Berthier.

Recommandez aux directeurs d'artillerie d'activer l'armement des places d'Huningue, Brisach, etc., ainsi qu'il a été ordonné.

Le Premier Inspecteur général de l'artillerie au Ministre de la guerre.

Strasbourg, le 28 fructidor an XIII (15 septembre 1805).

Les circonstances me déterminant à faire de suite venir à Landau la 11e compagnie d'ouvriers, destinée d'abord à rester provisoirement à Metz, j'ai l'honneur de prier Votre Excellence de donner ordre à la moitié de la 12e compagnie d'ouvriers, qui se trouve à Douai, d'en partir pour Metz, où elle se réunira à l'autre partie de cette compagnie.

Songis.

Le Premier Inspecteur général de l'artillerie au prince Murat.

Strasbourg, le 28 fructidor an XIII (15 septembre 1805).

Monseigneur,

Les ordres qui viennent de m'être apportés par un courrier de Son Excellence le Ministre de la guerre pour accélérer toutes les dispositions qui concernent l'artillerie, me déterminent à vous prier d'écrire au préfet du Haut-Rhin pour qu'il mette tout de suite en réquisition tous les bateaux qui sont sur la rivière d'Ill, et au préfet du Bas-Rhin pour qu'il mette de même en réquisition tous ceux qui sont dans la partie du cours du Rhin dépendant de son département.

J'informe le Ministre de la guerre de la demande que je fais en ce moment à Votre Altesse.

SONGIS.

Le Premier Inspecteur général de l'artillerie au Directeur d'artillerie, à Strasbourg.

Strasbourg, le 28 fructidor an XIII (15 septembre 1805).

Je vous prie, Monsieur, de prendre lecture des deux lettres ci-jointes et de désigner deux officiers de pontonniers qui seront chargés de les remettre au Préfet, et de rassembler les bateaux qui se trouvent sur l'Ill, dans le département du Haut-Rhin, et sur le Rhin, dans le département du Bas-Rhin.

Vous enverrez en poste l'officier qui devra se rendre à Colmar et me rendrez, le plus tôt possible, compte du résultat de leur opération.

SONGIS.

Le Premier Inspecteur général de l'artillerie au prince Murat.

Strasbourg, 28 fructidor an XIII (15 septembre 1805).

J'ai l'honneur de vous annoncer que je viens de donner des ordres pour que 4 pièces de 8 de bataille, approvisionnées, se tiennent prêtes à partir. Cette artillerie sera servie par un détachement monté du 3e régiment d'artillerie à cheval, et sera attelée par des chevaux de réquisition, n'en ayant pas d'autres pour le moment à ma disposition.

Les cartouches d'infanterie sont réparties ainsi qu'il suit dans les places du Haut-Rhin :

A Schelestadt	585,393
A Neufbrisach	4,200,000
A Belfort	1,534,000
A Huningue	4,471,652
A Landscroon	42,000
A Fort-Mortier	70,500
TOTAL	10,903,565

Sur ce nombre, il y en a 7,000,000 pour l'armée, dont 1,200,000 resteront à Neufbrisach et Schelestadt pour les dragons et la cavalerie. J'ai d'ailleurs ordonné récemment d'en confectionner, avec la plus grande célérité, 4,000,000 dans la direction d'artillerie à Neufbrisach.

SONGIS.

Le Premier Inspecteur général de l'artillerie au prince Murat.

Strasbourg, 29 fructidor an XIII (16 septembre 1805).

J'ai l'honneur de vous informer que, conformément à vos intentions, j'ai ordonné à un détachement du 7e régiment d'artillerie à pied de partir aujourd'hui de Strasbourg pour les places du Haut-Rhin, où je l'ai réparti ainsi qu'il suit, savoir :

A Schelestadt : 1 officier, 20 sous-officiers ou canonniers ;

A Neufbrisach : 1 officier, 20 sous-officiers ou canonniers ;

A Huningue : 1 sous-officier et 12 canonniers qui, joints à 1 officier et 19 canonniers qui y sont déjà, portent ce détachement à 1 officier, 32 sous-officiers et canonniers, et dont on pourra, au besoin, détacher une dizaine pour Belfort.

Le peu de canonniers qui se trouvent ici, où l'on en a le plus grand besoin pour former l'équipage d'artillerie qui s'y rassemble, ne m'a pas permis d'en faire partir un plus grand nombre.

SONGIS.

Le Premier Inspecteur général de l'artillerie au prince Murat.

Strasbourg, 29 fructidor an XIII (16 septembre 1805).

Monseigneur,

J'ai l'honneur de vous prévenir que le 18e régiment d'infanterie a refusé d'envoyer des ouvriers pour les travaux de l'artillerie. Il est absolument nécessaire que tous les corps fournissent momentanément les travailleurs et ouvriers qui peuvent être employés pour le service de l'artillerie. Le départ d'une compagnie du 7e régiment rend encore cette mesure plus indispensable. Je vous prie de vouloir bien donner des ordres à cet égard.

SONGIS.

Le Premier Inspecteur général de l'artillerie au Ministre de la guerre.

Strasbourg, 29 fructidor an XIII (16 septembre 1805).

Les circonstances présentes rendent pressant le complètement du 1er bataillon de pontonniers ; afin d'accélérer ce complètement autant que possible, j'ai l'honneur de proposer à Votre Excellence de désigner les départements du Haut-Rhin, du Bas-Rhin, du Mont-Tonnerre, de la Moselle, du Rhin-et-Moselle, de la Meuse, de Saône-et-Loire et de Rhône-et-Loire, pour y faire la levée de 172 hommes nécessaires au complètement de ce bataillon. Ces départements riverains et à portée pourront fournir l'espèce d'hommes convenables et dans un bref délai. Il serait surtout à désirer que l'on fît une recherche exacte des charpentiers, coffats, faisant partie de la région, afin de les envoyer à ce bataillon. Cette espèce d'hommes est fort rare et bien nécessaire pour la partie des ponts.

SONGIS.

Au général Songis.

Paris, le 29 fructidor an XIII (16 septembre 1805).

L'Empereur désire, Général, que par le retour de mon courrier, vous m'adressiez la situation de toute son artillerie de la Grande Armée ; que vous me fassiez connaître combien il faut de temps que vous soyez prévenu d'avance pour jeter trois ponts sur le Rhin, l'un du côté de Spire, l'autre du côté de Philisbourg, et l'autre sur le Haut-Rhin.

Je pense que nous serons dans le cas de passer le Rhin le 5 ou le 6 vendémiaire. Q'aurons-nous de prêt à cette époque ?

Le point de Würtzbourg est un point important : il servira beaucoup à nos approvisionnements de cartouches, de poudre, et à tout ce dont nous aurons besoin. Assurez-vous combien il faut de temps pour monter le Mein et faites-le moi connaître. L'intention de l'Empereur est de faire embarquer beaucoup de munitions, qui seraient embarquées à Würtzbourg et qui serviraient à fournir nos convois.

Il faut, Général, que vous sachiez bien positivement les quantités et les espèces de boulets, cartouches à mitraille, etc., etc., qui se trouvent à Würtzbourg et qui appartiennent à l'Électeur. Car, après que nous aurons passé, ce sera là un de nos grands ateliers pour nos munitions.

Par le retour de mon courrier, donnez-moi tous les détails qui intéressent le service de l'artillerie ; faites-moi connaître si les préfets ont fait exécuter la réquisition de voitures demandée, combien il y en a dans ce moment à votre service, et où elles sont réunies.

Je vous salue avec ma considération très distinguée.

Le Ministre de la guerre,

Maréchal Berthier.

Le Premier Inspecteur général de l'artillerie au général Faultrier.

Strasbourg, le 30 dudit (17 septembre 1805).

Je suis surpris, Général, qu'il ne soit pas parti aujourd'hui une plus grande quantité d'artillerie pour le corps du maréchal Davout. Vous savez que l'Empereur attache la plus grande importance à ce que toute l'artillerie soit rendue à la destination à l'arrivée des colonnes des différents corps d'armée. Ce n'est pas en n'employant que 2 chevaux par jour qu'elle pourra y arriver ; il y en a 1000 ici dans ce moment ; il faut qu'à la réserve de ce qui est nécessaire pour les mouvements du parc, ils soient tous employés demain à transporter l'artillerie dans les corps d'armée les plus éloignés, notamment à Spire ; un plus long retard compromettrait le service. Je vous prie donc de donner des ordres en conséquence.

SONGIS.

Le général Songis au Ministre de la guerre.

Strasbourg, le 1er complémentaire an XIII (18 septembre 1805).

Monsieur le Maréchal,

J'ai l'honneur d'adresser à Votre Excellence la situation de toute l'artillerie de la Grande Armée, que vous m'avez demandée par la lettre du 29 fructidor (*16 septembre*) que vous m'avez adressée par un courrier extraordinaire. La situation de l'artillerie des deux premiers corps d'armée ne s'y trouve pas comprise, attendu que je ne l'ai pas encore reçue. Toute celle des autres corps existe, tant dans les directions de Strasbourg, de Mayence, de Neufbrisach et de Metz, que dans ce qui est amené de Boulogne : une partie est en marche pour les corps d'armée ; je compte qu'elle y sera rendue en entier le 1er vendémiaire (*23 septembre*), à la réserve de celle qui vient de l'Armée des côtes et qui, étant partie avec ou dans l'intervalle des divisions de l'armée, n'arrivera qu'avec elles, et à la réserve de celle du parc général qui, d'après les ordres de Votre Excellence, ne doit partir de Strasbourg que le 1er vendémiaire (*23 septembre*) pour se rendre à Landau.

J'aurai besoin d'être averti cinq jours d'avance pour jeter

trois ponts sur le Rhin, l'un du côté de Spire, l'autre du côté de Philisbourg (dans la lettre de Votre Excellence, il y a par erreur Phalsbourg), l'autre sur le Haut-Rhin, du côté de Neufbrisach : ce temps est nécessaire, parce qu'il faudra quatre jours environ pour conduire les bateaux de Strasbourg au lieu de la destination du pont, et un jour pour le construire. Je suppose que les pontonniers seront déjà arrivés de l'armée. Tout sera prêt pour jeter les ponts à l'époque du 5 ou du 6 vendémiaire (*27-28 septembre*) que vous présumez que l'on devra passer le Rhin ; déjà, on rassemble les bateaux que j'ai fait requérir sur la rivière d'Ill, les cordages, les poutrelles et les madriers se préparent depuis longtemps.

Le Mein est navigable jusqu'à Bamberg ; pour le monter jusqu'à Würtzbourg, il faut environ huit à dix jours quand les eaux sont bonnes. Dans quinze jours, elles se trouveront les plus basses.

Je vais envoyer à Würtzbourg un officier pour m'assurer de la quantité et des espèces de boulets, cartouches à balles et cartouches d'infanterie, etc..., qui s'y trouvent appartenant à l'Électeur.

Les voitures de réquisition, demandées aux différents préfets, qui ont pu être rendues jusqu'à présent à leur destination y sont arrivées, savoir : celles du Haut-Rhin et du Bas-Rhin à Strasbourg, celles de la Moselle à Metz ; celles de la Meurthe doivent aussi y être arrivées.

J'ai fait partir hier deux officiers en poste pour s'assurer si toutes les autres sont en mouvement ; l'un d'eux m'a déjà prévenu que celles de la Haute-Saône étaient attendues aujourd'hui à Neufbrisach, lieu de leur destination primitive ; j'aurai, demain au plus tard, des nouvelles de toutes les autres et j'aurai l'honneur de vous en informer. Les voitures rendues à Strasbourg sont employées dans ce moment à transporter l'équipage de campagne au lieu de rassemblement des différents corps d'armée ; celles rendues à Metz transportent à Strasbourg l'équipage de pont, et à Landau une partie de l'équipage de campagne que Metz doit fournir. Celles qui arriveront aujourd'hui à Neufbrisach transporteront l'artillerie que doit fournir cette direction pour la réserve de grosse cavalerie et pour le parc général.

Les travaux de l'équipage de pont et de celui de campagne sont poussés avec une grande activité. Les objets qui doivent être fournis seront prêts lors des rassemblements de l'armée; mais, ainsi que j'ai eu l'honneur d'en rendre compte à Votre Excellence par ma lettre du 28 fructidor, il n'y aura de chevaux d'artillerie que pour atteler les bouches à feu des divisions, un caisson et demi de munitions par pièce et dix caissons de cartouches d'infanterie par division. Il faudra que le reste soit conduit par des chevaux de réquisition, et il faudrait encore environ 1000 voitures pour pouvoir tout transporter. Je renouvelle la demande que j'ai faite à Votre Excellence d'engager Sa Majesté à ordonner qu'elles soient fournies par les départements du Haut-Rhin, du Bas-Rhin et de la Meurthe.

En outre de l'approvisionnement nécessaire pour la formation de l'équipage de l'armée, j'ai ordonné, le 27 fructidor (*19 septembre*), au directeur de Metz de faire préparer :

2,000 cartouches à boulets de 12
10,000 — — 8
2,000 — — 4
4,000 obus de 6 pouces chargés.
600 cartouches à balles de 12
3,000 — — 8
600 — — 4
400 cartouches d'obusier.
6,000,000 de cartouches d'infanterie.

et de les faire transporter à Strasbourg à mesure qu'il y en aurait une certaine quantité de confectionnées. Je changerai leur direction sur Mayence.

J'ai donné ordre au directeur de Strasbourg de faire préparer la même quantité de munitions. A celui de Mayence, de préparer :

3,000 cartouches à boulets de 12
10,000 — — 8
3,000 — — 4
1,000 cartouches à balles de 12
2,000 — — 8
1,000 — — 4
200 cartouches d'obusiers de 6 pouces.

Enfin, j'ai ordonné aussi au directeur de Neufbrisach de faire confectionner :

1,000 cartouches à boulets de 12
5,600 — — 8
1,000 — — 4
2,800 obus chargés.
250 cartouches à balles de 12
140 cartouches d'obusier.
4,000,000 de cartouches d'infanterie.

En faisant suivre successivement ces approvisionnements et en établissant des dépôts, j'espère que l'armée ne se trouvera pas exposée à manquer de munitions.

J'ai l'honneur de vous saluer respectueusement.

Le Premier Inspecteur général de l'artillerie, commandant en chef celle de la Grande Armée,

SONGIS.

Le général Songis au maréchal Berthier.

Strasbourg, le 1er jour complémentaire an XIII (18 septembre 1805).

Monsieur le Maréchal,

J'ai l'honneur de vous faire passer ci-joint un projet général de répartition du personnel de l'artillerie de la Grande Armée. Le temps étant trop court pour attendre l'approbation de Votre Excellence, j'ai provisoirement envoyé dans les divers lieux de la route, entre autres à Metz, tous les ordres nécessaires pour que les officiers généraux, supérieurs et autres, ainsi que les troupes et le train soient rendus à temps aux corps d'armée ou parcs pour lesquels ils sont respectivement destinés.

Votre Excellence pourra observer que je n'ai fait, dans les destinations qui étaient assignées aux officiers et troupes de l'Armée des côtes, que les changements exigés par la formation de la Grande Armée.

Je ne demande point de colonel en ce moment pour chef

d'état-major et directeur du parc du 5e corps d'armée, ni pour directeur du parc des réserves, quoique Votre Excellence m'y engage par sa lettre du 27, parce que, vu la composition de ces corps, il m'a paru suffisant d'y mettre des chefs de bataillons et que, d'autre part, je pense aussi qu'un colonel directeur suffit dans les autres corps d'armée. J'ai disposé, en conséquence, pour d'autres places des chefs de bataillons sous-directeurs.

M. le colonel Faultrier et le major Noury se trouvent à l'état-major et disponibles ; mais, comme il importe d'en avoir ainsi un certain nombre, soit pour remplacement ou pour mission, soit pour mettre dans les places, dépôts, etc., mon intention est, lorsque le travail des nominations aux places vacantes me sera connu, de vous proposer pour l'armée, parmi ceux promus : 1 colonel, 2 chefs de bataillon et 8 à 10 capitaines.

Je vous prie de donner une lettre de service pour l'armée au capitaine en second Nolot, du 7e régiment d'artillerie à pied, actuellement ici.

J'ai l'honneur de vous saluer respectueusement.

Le Premier Inspecteur général de l'artillerie, commandant en chef celle de la Grande Armée,

SONGIS.

Organisation du personnel de l'artillerie de la Grande Armée.

Désignation des corps d'armée.	Numéros des divisions.	Officiers généraux, supérieurs, adjoints et employés de l'artillerie. Noms.	Grades.	Emplois dans l'armée.	Troupes. Désignation des corps.	Numéros des compagnies.	Observations.
État-major général à Strasbourg		Songis	1er insp. général.	Commandant en chef l'artillerie	»	»	
		Doguereau	Chef de bataillon	Aide de camp			
		Berge	Id.	Id.			
		Durelle	Capitaine	Id.			
		Pernety	Général de brig.	Chef de l'état-major général			
		Marion	Capitaine	Aide de camp			
		Doulcet	Lieutenant	Id.			
		Sénarmont	Colonel	Sous-chef d'état-maj.			
		Faultrier	Id.	....			
		Noury	Major	....			
		Michon	Capitaine	Adjoint			
		Hulot	Id.	Id.			
		Morazain	Id.	Id.			
		Fourcy	Id.	Id.			
		Colin	Id.	Id.			
		Graillau	Id.	Id.			
		Henrion	Lieutenant	Id.			
		»	»	»			
		Vogs	Conducteur	Caissier			
Garde impériale							
N° 1. Maréchal Bernadotte							
N° 2. Colonel général Marmont							
N° 3. Maréchal Davout à Spire.	État-major.	*Sorbier*	*Général de divis.*	*Commandant en chef l'artillerie*	»	»	
		Guérin	*Capitaine*	*Aide de camp*			
		Sautereau	*Id.*	*Id.*			
		Laboulay	*Id.*	*Id.*			
		Charbonnel	*Colonel*	*Chef d'état-major*			
		Bauvisage	*Capitaine*	*Adjoint*			
		Germain	*Id.*	*Id.*			
	1re division.	Wasservas	Chef de bataillon	Commandant l'artillerie	7e rég. à pied	1re et ½ de la 14e.	
		Castille	Capitaine	Adjoint	Train 1er principal.	1re, 2e et ½ de la 3e.	
	2e division.	Ourié	Chef de bataillon	Commandant l'artillerie	7e rég. à pied	2e et ½ de la 14e.	
		Rogier	Lieutenant	Adjoint	Train 1er principal.	½ de la 3e, 4e et 5e.	
	3e division.	Rozé	Colonel	Commandant l'artillerie	7e rég. à pied	3e et ½ de la 15e.	
		Nollot	Capitaine	Adjoint	Train 3e *bis*	1re, 2e et ½ de la 3e.	
	Parc	Jouffray	Colonel	Directeur du parc	7e rég. à pied	½ de la 15e.	
		Feltre	Capitaine	Adjoint	5e d'artill. à cheval	1re compagnie.	
		Lechat	Id.	Id.	Ouvriers	½ de la 7e.	
		Jacquot	Id.	Id.			
		Bizard	Id.	Inspecteur du train.			
		Vidiard	Garde principal.	Garde principal			
		Fevrié	Conductr princ.	Conducteur principal.			
		Michel	Conducteur	Conducteur			
		Duchat	Id.	Id.			
		Revenez	Chef artificier	Chef artificier			
N° 4. Maréchal Soult à Landau.	État-major.	Lariboisière	Général de brig	Commt en chef l'artill.	»	»	
		Lignin	Capitaine	Aide de camp			
		Demarçay	Colonel	Chef d'état-major			
		Pion	Capitaine	Adjoint			
		Degeunes	Id.	Id.			
	1re division.	Fontenay	Chef d'escadron.	Commandant l'artillerie	5e rég. à pied	12e, ½ de la 16e.	
		Bailly	Capitaine	Adjoint	Train 1er *bis*	1re, 2e et ½ de la 3e.	
	2e division.	Cabau	Chef de bataillon	Commandant l'artillerie	5e rég. à pied	1re, 3e et ½ de la 16e.	
		Ganachau	Capitaine	Adjoint	Train 1er *bis*	½ de la 3e, 4e et 5e.	
	3e division.	Cuny	Chef de bataillon	Commandant l'artillerie	5e rég. à pied	14e, ½ de la 17e.	
		Imbert	Capitaine	Adjoint	Train 3e principal.	1re, 2e et ½ de la 3e.	

DÉSIGNATION des corps d'armée.	NUMÉROS des divisions.	OFFICIERS GÉNÉRAUX, SUPÉRIEURS, ADJOINTS ET EMPLOYÉS DE L'ARTILLERIE. Noms.	Grades.	Emplois dans l'armée.	TROUPES. Désignation des corps.	Numéros des compagnies.	OBSERVATIONS.
N° 4. Maréchal SOULT à Landau (suite).	4e division.	TRUCHARD	Chef de bataillon	Commandant l'artillerie	5e rég à pied	15e, ½ de la 17e.	
		ROUSSOT.	Capitaine	Adjoint	Train 3e principal.	¼ de la 3e, 4e et 5e.	
	Parc	DUCHESNOY	Colonel	Directeur du parc	5e rég. à pied	18e.	
		PION	Capitaine	Adjoint	5e rég. à cheval	4e.	
		BOULANGER	Id.	Id.	Ouvriers	½ de la 7e.	
		GEORGES	Id.	Inspecteur du train			
		DORGEON	Garde principal.	Garde principal			
		LYON	Conductr princ.	Conducteur principal.			
		LAURENT	Conducteur	Conducteur			
		MONOU	Id.	Id.			
		LACOUR	Chef artificier	Chef artificier			
N° 5. Maréchal LANNES à Brumath près Strasbourg.	État-major	FOUCHER	Général de brig.	Commt en chef l'artill.	»	»	
		GOURGAUD	Lieut. aide de c.	Aide de camp			
		PELLEGRIN	Chef d'escadron.	Chef d'état-major			
		MARILLAC	Capitaine	Adjoint			
	1re division.	BALTUS	Chef d'escadron.	Commandant l'artillerie	1er rég. à pied	1re et ½ de la 2e.	
		MERCIER	Capitaine	Adjoint	Train 5e *bis*	1re, 2e et ½ de la 3e.	
	2e division.	LASSERONT	Chef de bataillon	Commandant l'artillerie	1er rég. à pied	5e, ½ de la 2e.	
		SAULNIER	Capitaine	Adjoint	Train 5e *bis*	½ de la 3e, 4e et 5e.	
	Parc	PICOTEAU	Chef de bataillon	Directeur	6e rég. à cheval	4e.	
		ZARTOIS	Capitaine	Adjoint	Ouvriers	¼ de la 4e.	
		SIMONIN	Id.	Id.			
		»	»	»			
		DEVAUX	Conductr princ.	Conducteur principal.			
		GAUTHIER	Conducteur	Conducteur			
		MICHEL	Id.	Id.			
N° 6. Maréchal NEY à Haguenau.	État-major.	SEROUX	Général de brig.	Commt en chef l'artill.	»	»	
		REGNARD	Capitaine	Aide de camp			
		BRUNEL	Id.	Id.			
		BICQUELLEY	Colonel	Chef d'état-major			
		MARTIN	*Capitaine*	*Adjoint*			
		VARENNES	*Id.*	*Id.*			
	1re division.	VILLENEUVE	Chef de bataillon	Commandant l'artill.	1er rég. à pied	6e et ½ de la 11e.	
		SIMON	Capitaine	Adjoint	Train 5e principal.	1re, 2e et ½ de la 3e.	
	2e division.	MORIAL	Chef de bataillon	Commandant l'artill.	1er rég. à pied	9e et ½ de la 11e.	
		BERNARD	Capitaine	Adjoint	Train 5e principal.	½ de la 3e, 4e et 5e.	
	3e division.	CARRON	Chef d'escadron.	Commandant l'artill.	1er rég. à pied	10e et ½ de la 11e.	
		EUMONT	Capitaine	Adjoint	Train 3e bat. *bis*	½ de la 3e, 4e et 5e.	
	Parc	RUTY	Colonel	Directeur	1er rég. à pied	½ de la 12e.	
		THIEULLÉ	Capitaine	Adjoint	2e rég. à cheval	1re compagnie.	
		BONAFOUX	Id.	Id.	Ouvriers	¼ de la 4e.	
		ROMANGIN	Id.	Inspecteur du train			
		PONSARDIN	Garde principal.	Garde principal			
		MENNECHET	Conductr princ.	Conducteur principal.			
		MASSON	Conducteur	Conducteur			
		REPORT	Id.	Id.			
		COMMUNOT	Chef artificier	Chef artificier			
N° 7. Maréchal AUGEREAU		»	»	»	»	»	
Réserves à Schelestadt.	État-major.	HANICQUE	Général de brig.	Commandant en chef l'artillerie	»	»	
		BONTEMS	Capitaine	Aide de camp			
		MOSSEL	Colonel	Chef d'état-major			
		RAGUEMAY	Capitaine	Adjoint			
		METZINGER	Id.	Id.			
		DEVAUX	Chef de bataillon	Commandant l'artill.	6e rég. à pied	4e et ½ de la 5e.	
		PUSSOT	Capitaine	Adjoint	Train 8e *bis*	1re, 2e et 40 chevaux de la 11e.	
	Dragons à cheval. 1re	....	....	....	2e rég. à cheval	¼ de la 2e.	
					Train 2e *bis*	1re, 85 chevaux.	
	2e	....	....	....	2e rég. à cheval	½ de la 2e.	
					Train 2e *bis*	15 chevaux de la 1re, 70 de la 2e.	
	3e	....	....	....	2e rég. à cheval	¼ de la 3e.	
					Train 2e *bis*	30 chevaux de la 2e, 55 de la 3e.	
	4e	....	....	....	2e rég. à cheval	½ de la 3e.	
					Train 2e *bis*	15 chevaux de la 3e, 40 de la 4e.	

DÉSIGNATION des corps d'armée.	NUMÉROS des divisions.	OFFICIERS GÉNÉRAUX, SUPÉRIEURS, ADJOINTS ET EMPLOYÉS DE L'ARTILLERIE. Noms.	Grades.	Emplois dans l'armée.	TROUPES. DÉSIGNATION des corps.	NUMÉROS des compagnies.	OBSERVATIONS.
Réserves à Schelestadt (*suite*).	Grosse caval. 1re..	....	....	....	2e rég. à cheval .. Train 2e *bis*.....	½ de la 4e. 60 chevaux de la 4e, 25 de la 5e.	
	Grosse caval. 2e..	....	....	....	2e rég. à cheval .. Train 2e *bis*.....	½ de la 4e. 75 chevaux de la 5e, 10 de la 6e.	
	Parc......	NEIGRE........	Chef de bataillon	Directeur..........	6e rég. à pied .... Ouvriers.........	½ de la 5e. ¼ de la 4e.	
		MATHIEU.......	Capitaine......	Id.			
		PERRAULT	Id.	Id.			
		FARGEON.......	Id.	Inspecteur du train.			
		LAMBERT	Garde principal.	Garde principal.....			
		BRASSART......	Conductr princ.	Conducteur principal			
		CHARQUILLON...	Conducteur	Conducteur			
		BOPP..........	Id.	Id.			
		VUYARD	Chef artificier ..	Chef artificier			
	Direction générale..	FAULTRIER.....	Général de divis.	Directeur général des parcs	»	»	
		ROCAGEL.	Capitaine......	Aide de camp			
		FAULTRIER.....	Id.	Id.			
		MAILLARD......	Lieutenant.....	Id.			
		VALLÉE........	Major.........	Inspecteur général du train............			
		OLLIER........	Chef de bataillon	Major du train.....			
		....	....	Commiss. des guerres			
		BROUET	Capitaine......	Adjoint au directeur général..........			
		HAVART	S.-lieut. du train	Id.			
		BOUTEAU	Id.	Adjoint au major du train...........			
		BOILEAU.......	Id.	Adjoint à l'inspecteur général du train ..			
		GUILLON.......	Garde général..	Garde général......			
		MARTEL........	Lieut. d'artillerie	Conducteur général.			
		ROCHE.........	Artiste vétérinre.	Vétérinaire en chef..			
Parc général de l'armée à L .		*SAINT-LAURENT*.	*Général de brig.*	....	»	»	
		CHAVIGNOTZ....	*Capitaine*......	....			
		COSTILLE......	*Id.*	....			
	Équipage de campagne.	VERMOT	Colonel.......	Directeur.........			
		PELLEGRIN.....	Chef de bataillon	Sous-directeur......			
		GUÉRIN........	Id.	Id.			
		VEXEDRE	Capitaine......	Adjoint			
		VASSAL........	Id.	Id.	5e rég. à pied	1re, 19e et 20e.	
		PETITDIDIER....	Id.	Id.	6e rég. à pied	2e, 3e, 7e, 8e, 11e, 14e.	
		MARÉCHAL	Id.	Id.	7e rég. à pied	6e, 7e, 17e et 18e.	
		CHAIFFRE......	Id.	Id.	5e rég. à cheval...	2e compagnie.	
		CHAMBERLAND ..	Id.	Id.	5e rég. à cheval...	3e id.	
		NANOT	Id.	Id.	6e rég. à cheval...	3e id.	
		RICHER........	Id.	Id	Ouvriers.........	1re, ¼ de la 4e. ¼ de la 7e et 11e.	
		LAMBERT	Id.	Inspecteur du train..			
		GIRAUD..	Garde principal.	Garde principal.....	Armuriers	1re compagnie.	
		BÉGIN.........	Conductr princ.	Conducteur principal.	Ouvriers du train.	¼ de la 7e, 11e.	
		CANQUE........	Conducteur	Conducteur	Train 1er bat. princ.	6e compagnie.	
		VINCENT.......	Id.	Id.	Train 1er *bis*	6e id.	
		GIRAUD........	Id.	Id.	Train 2e *bis*.....	6e id.	
		VERY	Id.	Id.	Train 3e principal.	6e id.	
		MARTIN..... ..	Id.	Id.	Train 3e *bis*.....	6e id.	
		THIMON........	Id.	Id.	Train 5e principal.	6e id.	
		MEGNIER	Id.	Id.	Train 5e *bis*.....	6e moins 10 chevaux.	
		SEGAIN........	Id.	Id.	Train 8e *bis*	¼ de la 4e, 3e, 5e et 6e.	
		CURÉ	Id.	Id.			
		GARANGER	Maître artificier.	Maître artificier.....			
		VINALPHE......	Chef artificier ..	Chef artificier			
Équipages de ponts à Strasbourg.........		BOUCHU	Chef de bataillon	Directeur..........	1er bat. de pontonn.	2e, 3e, 4e, 5e et 7e.	La compagnie no 3 doit se rendre à Landau.
		LARUE	Capitaine......	Adjoint...........			
		LECLERC......	Id.	Id.			

Strasbourg, le 1er jour complémentaire an XIII.

Le Premier Inspecteur général de l'artillerie,
commandant en chef celle de la Grande Armée,

SONGIS.

Le Premier Inspecteur général de l'artillerie au prince Murat.

Strasbourg, 1er complémentaire an XIII (18 septembre 1805).

J'ignore sur quoi peuvent être fondées les plaintes portées par le préfet du Haut-Rhin, relativement aux hommes et chevaux requis de son département.

Il a été remis à l'artillerie 250 voitures de ce département, ainsi que le prescrit le décret impérial du 15 fructidor dernier.

Le pain, la solde et le fourrage ont été payés aux charretiers.

Les voitures ou chevaux ont été employés hier et aujourd'hui aux mouvements de l'artillerie dans la place, le polygone, etc.

200 chevaux sont partis hier pour Spire, attelant des caissons et autres voitures d'artillerie.

Quatre convois sont partis aujourd'hui, attelés de même, pour diverses destinations. Votre Altesse verra, d'après ce rapport, que les hommes ont été nourris, soldés, et les chevaux nourris et employés.

Il y a lieu de présumer que les plaintes de M. le Préfet sont relatives aux 100 voitures que ce département a fournies aussi pour le service des vivres.

SONGIS.

Le Premier Inspecteur général de l'artillerie à M. Dedon, directeur de l'artillerie, à Strasbourg.

Strasbourg, le 2e complémentaire an XIII (19 septembre 1805).

Les réparations des caissons et les autres voitures d'artillerie ne se font pas, Monsieur le Colonel, avec toute l'activité qu'il serait à désirer ; je crains qu'elles ne soient pas finies pour le terme que Sa Majesté a fixé pour le rassemblement de l'équipage. Il faut faire en sorte de vous procurer un plus grand nombre d'ouvriers du pays, principalement pour châtrer les roues et pour forger des esses et des rondelles ; mettez-en dès aujourd'hui en réquisition, si vous ne pouvez en avoir de gré à gré.

Je crains aussi que la réquisition de bateaux de la rivière d'Ill n'en fournisse pas suffisamment; ne serait-il pas à propos d'en faire requérir aussi sur le Rhin?

Je vous prie de m'envoyer aujourd'hui l'état des objets fournis jusqu'à ce jour à l'équipage de campagne, ce qui reste encore à fournir et le temps présumé nécessaire pour le préparer.

SONGIS.

Le Premier Inspecteur général de l'artillerie au général Foucher.

Strasbourg, le 2e complémentaire an XIII (19 septembre 1805).

J'apprends, Général, par une lettre que je reçois à l'instant du directeur de Metz, qu'il a fait partir, avec votre équipage, une partie d'équipage de pont attelé par 500 chevaux de réquisition du département de la Moselle et que, pour avoir ces chevaux disponibles, il a chargé leurs 125 voitures sur les 125 autres, ce qui annule entièrement l'utilité et le service de ces 125 voitures, qui auraient pu emmener plus de 3,000,000 de cartouches.

L'arrivée de ces cartouches à leur destination étant extrêmement pressée, je vous adresse celle-ci par courrier extraordinaire pour que vous fassiez sur-le-champ rétrograder sur Metz ces 125 voitures.

Le courrier porte des dépêches à Metz pour leur emploi ultérieur.

Vous les ferez accompagner par une escorte de gendarmerie ou, à défaut, par un sous-officier et 4 canonniers du 2e à cheval, qui viendront aussitôt après rejoindre leur compagnie.

Il m'a paru très surprenant, vu le nombre des chevaux qui vous restaient haut-le-pied au départ et l'ordre que j'avais laissé à Metz, de n'atteler chaque bouche à feu et voiture, excepté les pièces de 12, qu'à 4 chevaux, que vous n'ayez pas pu prendre de voiture à Metz.

SONGIS.

Au général Songis, Premier Inspecteur général de l'artillerie.

Paris, le 2e jour complémentaire an XIII, à 1 heure du matin (19 septembre 1805).

L'Empereur, Général, me charge de vous expédier un courrier extraordinaire pour que vous donniez sur-le-champ l'ordre au sieur Dessalle de partir pour se rendre à Würtzbourg, où il doit se concerter avec les Bavarois pour faire confectionner le plus de cartouches possible, organiser de suite des moyens de transporter tout ce dont on aurait besoin, car dans notre système de guerre, Würtzbourg doit être considéré comme une position d'où l'armée devra s'approvisionner.

Vous verrez, par la note ci-jointe (1), que M. Otto a fait passer à l'Empereur, qu'il peut nous procurer des chevaux. Sa Majesté approuve le marché pour 2,000, dont 500 à livrer de suite. Faites connaître à M. Otto que l'argent ne manquera pas, que les 180,000 francs pour les 500 premiers chevaux sont prêts, et qu'il peut tirer des lettres de change sur le payeur de la guerre, à Paris, pour la susdite somme de 180,000 francs. Communiquez le reste à M. Petiet.

Je ne saurais trop vous recommander d'activer toutes les dispositions de l'artillerie. L'Empereur sera incessamment à Strasbourg ; tout doit être prêt à son arrivée.

J'ai communiqué votre lettre à Sa Majesté, et je lui ai remis un projet de décret pour lever 1000 chevaux de plus.

Aussitôt qu'Elle m'aura fait connaître ses intentions, je vous en ferai part.

Vous avez sûrement fait confectionner une grande quantité de cartouches, car il nous en faudra beaucoup.

Je vous salue avec ma considération très distinguée.

Le Ministre de la guerre,

Maréchal BERTHIER.

---

(1) Voir cette note au chapitre IX (*Administration*).

Le général Songis au prince Murat.

Strasbourg, le 2e complémentaire an XIII (19 septembre 1805).

Monseigneur,

Des charretiers de l'équipage de réquisition tombent malades : ils ne peuvent ni retourner chez eux, ni avoir les moyens de se faire traiter, et cependant il est instant de pourvoir à ce qu'ils ne soient pas ainsi abandonnés. Le décret impérial n'a rien prévu à cet égard, mais je pense que tant que la réquisition dure, ces charretiers doivent être assimilés aux soldats du train, être admis en conséquence dans les hôpitaux, et y recevoir les mêmes soins et traitements qu'eux lorsqu'ils seront malades, sauf à leur faire une retenue proportionnelle à leur solde.

Si vous approuvez cette mesure, je vous prie de me le faire connaître pour que je donne des ordres en conséquence, et d'en informer l'ordonnateur pour qu'ils soient reçus sans difficulté et traités dans les hôpitaux comme les militaires.

SONGIS.

Le général Songis au Ministre de la guerre.

La formation de l'équipage de campagne de la Grande Armée va enlever des places de la division de Strasbourg une grande quantité de poudre, plomb et pierres à fusil qu'il importe de remplacer de suite, tant pour l'approvisionnement des places que pour fournir encore à la Grande Armée. Je prie en conséquence Votre Excellence de donner des ordres pour qu'il soit envoyé dans cette direction :

500,000 kilogr. de poudre ;
300,000 kilogr. de plomb ;
1,500,000 pierres à fusil.

SONGIS.

Le général Songis à M. Petiet, commissaire général de la Grande Armée.

Strasbourg, le 2e complémentaire an XIII (19 septembre 1805).

Le grand parc d'artillerie de l'armée doit, Monsieur, être très considérable. Il est en ce moment dans le cas d'être rassemblé à Landau du 1er au 8 vendémiaire au nombre d'environ 8,000 hommes et 10,000 chevaux, tant d'artillerie et du train que de réquisition. Je crois nécessaire et urgent pour assurer son service, sa police et ses subsistances et fourrages qu'il soit organisé entièrement comme une division d'armée. Je vous prie, en conséquence, de désigner le plus tôt possible pour lui être attaché :

Un commissaire des guerres;

Un payeur;

Un agent ou préposé de chacune des administrations des vivres, des fourrages, de la poste, etc., ainsi que cela s'est pratiqué dans toutes les armées actives.

SONGIS.

Le général Songis au Directeur d'artillerie, à Metz.

Strasbourg, le 2e complémentaire an XIII (19 septembre 1805).

Par ma lettre du 20 fructidor, Monsieur, je vous ai prescrit d'envoyer successivement à Strasbourg un supplément des munitions dont je vous ordonnais la prompte confection.

Leur destination est changée, vous les dirigerez sur Mayence où vous les enverrez par eau.

SONGIS.

Le général Songis au général Faultrier.

Strasbourg, le 4e jour complémentaire an XIII (21 septembre 1805).

Je vous préviens, Monsieur, que je viens de recevoir par un courrier extraordinaire une lettre de Son Excellence le Ministre de la guerre qui change les lieux de rassemblement de l'artillerie des réserves par ces nouvelles dispositions : celle de la division de cavalerie du général Nansouty doit se rassembler à Oggersheim, vis-à-vis de Manheim, et non à Pirmasens. L'artillerie de la 2e division de grosse cavalerie, celle des dragons à cheval, ainsi que celle des dragons à pied, et par conséquent le parc de réserve, doivent se réunir à Strasbourg. Donnez des ordres pour que tout ce qui est parti pour Neufbrisach et Schelestadt revienne de suite à Strasbourg. Je vais en donner pour que la partie qui devait être fournie par la division de Neufbrisach revienne également à Strasbourg, ainsi que le convoi amené par le 2e bataillon du train. Donnez également des ordres pour que l'artillerie partie pour Pirmasens se rende à Oggersheim. Vous ferez partir des officiers en poste, que vous chargerez d'opérer ces différents mouvements.

L'artillerie du corps d'armée du maréchal Lannes doit se rassembler à Strasbourg; ne la faites pas partir pour Brumpt. Il n'y a encore rien de changé dans le lieu de rassemblement des autres corps d'armée.

SONGIS.

Le général Songis au prince Murat.

Strasbourg, 4e jour complémentaire an XIII (21 septembre 1805).

Les bateaux que Votre Altesse a requis dans les départements du Haut et du Bas-Rhin pour la construction des ponts sont arrivés à Strasbourg, à la réserve de quelques-uns qui avaient besoin de réparations :

Le département du Haut-Rhin en a fourni.....	13
Celui du Bas-Rhin........................	80
On en a en outre réparé et mis en état à l'arsenal, appartenant à l'artillerie.............	76
TOTAL.............	169

Cette quantité est suffisante pour jeter trois ponts, dont un sur le haut Rhin et un sur le bas Rhin ; on continue cependant à en réparer pour remplacer ceux qui pourraient recevoir quelques avaries. Les poutrelles pour la construction des trois ponts sont prêtes à Strasbourg; les madriers pour les ponts du Haut-Rhin y seront prêts sous deux jours, les madriers pour les ponts du Bas-Rhin doivent être maintenant partis de Mayence pour se rendre à Strasbourg. S'ils n'ont pas le temps d'y arriver avant l'ordre de jeter les ponts, on les rencontrera sur la rivière et ils seront rendus à leur destination aussitôt que les bateaux venant de Strasbourg. La plus grande partie des cordages sera préparée sous deux jours à Strasbourg, une autre partie est en route de Mayence et arrivera avec les madriers, le reste vient de Metz ou de l'Armée des côtes, et arrivera le 2 vendémiaire à Strasbourg avec la 1re division d'artillerie et en même temps que les 27 bateaux de supplément. Vous pouvez voir par cet exposé que tout sera prêt à Strasbourg ou sur le Rhin le 2 vendémiaire pour jeter les ponts, mais il est nécessaire que je sois prévenu cinq jours avant celui où le pont devra être fini, parce qu'il en faudra quatre pour conduire les bateaux à leur destination et un pour jeter le pont. J'en ai prévenu Son Excellence le Ministre de la guerre qui m'en a fait la demande de la part de Sa Majesté.

Les chevaux requis pour le service de l'artillerie ne sont pas encore tous arrivés à destination, ceux du département du Haut-Rhin, du Bas-Rhin et du Mont-Tonnerre sont arrivés à Strasbourg. Parmi ceux du département du Haut-Rhin, il y en a beaucoup de mauvais; il en manque 20 au contingent du Mont-Tonnerre. Ceux du département de la Moselle sont arrivés depuis longtemps à Metz, ils sont présentement en route pour conduire de l'artillerie, et arriveront en même temps que les premières colonnes du corps du Centre. Ceux de la Meurthe doivent être aussi en route de Metz, je n'en ai pas cependant encore la nouvelle officielle. Les voitures du département de la Sarre doivent arriver aujourd'hui à Haguenau, et celles du département de Rhin-et-Moselle à Landau. Je n'ai pas encore de nouvelles de celles du département de la Roër qui devraient être de Mayence, j'ai envoyé avant-hier un officier en poste pour s'en informer. Un autre officier que j'avais envoyé à Vesoul pour pareille mission vient d'arriver et de me rendre compte que le département de la Haute-Saône n'avait encore que 200 voitures prêtes, tant pour le service de l'artillerie que pour le service des subsistances et 200 sont parties hier de Vesoul pour Neufbrisach où elles doivent prendre l'artillerie des réserves qui a changé de destination et qui doit se rassembler à Strasbourg.

Le département des Vosges n'a encore rien fourni ; les voitures ne seront rassemblées à Saint-Dié que le 5e jour complémentaire et partiront le lendemain pour Strasbourg.

SONGIS.

Le général Songis au général Faultrier.

Strasbourg, le 5e complémentaire an XIII (22 septembre 1805).

Je vous préviens, Général, que j'ai reçu une lettre d'avis du bureau des ordonnances de la somme de 288,100 francs, destinée à la confection des harnais pour le service des bataillons du train de la Grande Armée.

Cette somme, avec celle de 711,900 francs comprise dans une ordonnance du Ministre, expédiée le 25 de ce mois, pour acquitter le premier tiers du prix de l'achat des chevaux des bataillons du train, complétera le million accordé par Sa Majesté.

A l'égard des 1,135,000 francs restant pour le prix total des chevaux, le Ministre me prévient qu'ils seront mis à la disposition des bataillons dont il s'agit avant le 15 brumaire prochain.

SONGIS.

Le général Songis au Ministre de la guerre.

Strasbourg, 5e jour complémentaire (22 septembre 1805).

J'ai l'honneur de vous rendre compte que, conformément à vos instructions exprimées par la lettre en date du 2e complémentaire, que Votre Excellence m'a adressée par un courrier extraordinaire, j'ai donné ordre au capitaine Dessalles de partir pour Würtzbourg. Je lui donne des instructions pour qu'il organise de suite des moyens de transport par le Mein, et pour qu'il se concerte avec les Bavarois pour confectionner le plus grand nombre de cartouches possible. J'ai écrit en même temps à M. Otto pour le prévenir que Sa Majesté approuvait le marché pour 2,000 chevaux, dont 500 à livrer de suite. Je l'engage à arrêter sur-le-champ le marché, à accélérer cette remonte, et je l'assure que les fonds ne manqueront pas et qu'il peut tirer des lettres de change pour le payement des 180,000 francs pour le prix des premiers 500 chevaux.

SONGIS.

Le général Songis au Ministre de la guerre.

Strasbourg, 5e jour complémentaire (22 septembre 1805).

J'ai reçu hier la lettre que vous m'avez adressée le 2e complémentaire, à laquelle était joint un ordre de Votre Excellence au payeur de Strasbourg de payer sur-le-champ, sous sa responsabilité, 100,000 francs, acompte de l'ordonnance de 500,000 fr. que vous avez accordés pour payer les voitures de réquisition. Cette somme a été acquittée dans le jour, et M. le général Faultrier a reçu, le soir, l'ordonnance des 500,000 francs.

Vous m'ordonnez de réunir sans perdre un moment les bateaux nécessaires pour jeter les ponts ; j'ai eu l'honneur de vous informer, par ma lettre du 1er complémentaire, que cette réunion s'opérait :

Le département du Haut-Rhin en a fourni..	13
Celui du Bas-Rhin....................	80
On en a en outre réparé et mis en état, appartenant à l'artillerie..................	76
	169

Cette quantité est suffisante pour jeter trois ponts, cependant, on continue à en radouber d'autres pour remplacer ceux qui pourraient recevoir des avaries.

Le matériel de la première division de grosse cavalerie était déjà à Pirmasens lorsque la lettre de Votre Excellence m'est parvenue. Je l'envoie à Oggersheim, ce qui occasionnera peu de retard. Celui de la deuxième division de grosse cavalerie, des dragons à cheval et du parc des réserves avait été envoyé aussi à Schelestadt, et celui des dragons à pied à Neufbrisach ; j'ai fait partir un officier en poste pour les faire rétrograder, ce qui nécessitera quelques jours.

SONGIS.

P.-S. — J'ai reçu la lettre d'avis de la somme de 288,100 fr. destinée à la confection des harnais pour le train d'artillerie, et qui était jointe à celle que vous m'avez fait l'honneur de m'écrire le 26 du mois dernier.

SONGIS.

Le général Songis au Ministre de la guerre.

Strasbourg, 5e jour complémentaire (22 septembre 1805).

J'ai l'honneur de rendre compte à Votre Excellence que le département des Vosges n'a point encore fourni son contingent de voitures de réquisition. Le conseiller de préfecture qui remplace le préfet absent m'a mandé qu'elles ne pourraient être rassemblées à Saint-Dié que le 5e jour complémentaire, et qu'elles partiraient le lendemain pour Strasbourg. Du département de la Haute-Saône, il n'en a encore été levé que 200 qui sont parties le 3 de Vesoul pour Neufbrisach, où elles doivent arriver le 2 vendémiaire.

SONGIS.

Le général Songis à M. le maréchal Soult, commandant le 4e corps de la Grande Armée.

5e complémentaire an XIII (22 septembre 1805).

J'ai reçu la lettre que vous m'avez fait l'honneur de m'écrire, en date d'hier, pour me prévenir que vous avez fait mettre à la disposition du directeur du parc les villages d'Offenbach (où a été le parc dans la dernière guerre), Mœrlheim et Queichheim, et, s'ils étaient insuffisants, vous pourriez laisser aussi ceux de Insheim et Impflinghen ; je vous prie d'en recevoir mes remerciements.

Le général Lariboisière a été nommé commandant de l'artillerie de votre corps d'armée. Je lui donne ordre de partir aujourd'hui pour se rendre à Landau, pour y prendre vos ordres et rassembler son équipage. Le colonel Masson-Duchenoy en est le directeur du parc ; il est en route pour se rendre de Douai à Landau. J'ai l'honneur de vous adresser les états du matériel et du personnel qui doivent composer votre artillerie. J'ai déjà fait partir de Strasbourg tout ce que doit fournir cette direction pour la composition de l'équipage, mais il ne pourra être complet qu'à l'arrivée de la partie qui vient de l'Armée des côtes ou de Metz, et qui arrivera en même temps que les colonnes.

Il m'est impossible d'envoyer dans ce moment des canonniers à Landau, ceux qui sont à Strasbourg sont insuffisants pour préparer l'équipage de campagne ; incessamment, il en arrivera de l'armée et de Metz, et il sera affecté pour la garnison de Landau.

SONGIS.

Le général Songis au général Faultrier.

5e complémentaire an XIII (22 septembre 1805).

Je vous préviens, Général, que l'intention de l'Empereur est qu'il parte avec le grand parc un équipage de pont de 30 bateaux et 2 nacelles sur haquets, et tous les agrès nécessaires, hors les madriers et poutrelles dont le transport occuperait trop de voitures et que l'on pourra se procurer sur les lieux.

Il faudra environ 350 chevaux pour atteler les 34 haquets, y compris 2 de rechange, 1 chariot de parc et 1 forge. Je donne au colonel Dedon les ordres de mettre cet équipage à votre disposition.

Les compagnies nos 5 et 7 de pontonniers partiront avec cet équipage. Le capitaine Chapuis, qui les commande, ira prendre vos ordres à cet effet.

SONGIS.

Le général Songis au colonel Dedon, à Strasbourg.

5e complémentaire an XIII (22 septembre 1805).

Je vous prie, Monsieur, de m'envoyer le plus tôt possible un projet d'équipage de pont pour une rivière de 80 toises de largeur, et l'état du nombre de chevaux nécessaire pour le transporter.

SONGIS.

Le général Songis au prince Murat.

Strasbourg, 2 vendémiaire an XIII (24 septembre 1805).

Le matériel de l'artillerie du corps d'armée de M. le maréchal Lannes sera prêt au polygone dans la journée. Une partie arrive aujourd'hui avec le général Foucher, commandant l'artillerie de ce corps d'armée, et les trois compagnies du 1er régiment d'artillerie à pied qui lui sont destinées.

Celle à cheval n'étant partie que le 14 par la route du corps de droite, ne pourra arriver que dans deux jours.

Le 5e bataillon *bis* du train qui doit atteler l'artillerie de division de ce corps d'armée arrive aujourd'hui ; le surplus sera conduit par des chevaux de réquisition.

Le matériel de l'artillerie des réserves sera également prêt dans le jour, au polygone. Comme une partie de l'artillerie qui leur était destinée a été dirigée sur Schelestadt et Neufbrisach et pourrait ne pas être ici à temps, je la fais remplacer par celle du parc général.

Les compagnies d'artillerie à cheval qui doivent servir l'artillerie des dragons à pied ne pourront être ici que dans trois jours.

Comme la deuxième division du corps d'armée du maréchal Lannes ne doit pas encore passer, je me propose d'affecter provisoirement aux dragons à pied la compagnie no 2 du 1er à pied, destinée au service de l'artillerie de la division Gazan.

Quant à l'attelage du matériel des réserves, il ne pourra être fait que par des chevaux de réquisition, le 2e bataillon *bis* qui leur était affecté, étant dirigé par Schelestadt et ne pouvant pas arriver à temps, non plus que le 8e *bis*, parti seulement le 14 de Boulogne.

Le général Hanicque, qui commande l'artillerie des réserves, n'étant pas encore arrivé, il sera suppléé dans le commandement par le colonel Mossel, du 2e à cheval, son chef d'état-major.

La distribution des cartouches d'infanterie pour les troupes qui doivent passer le Rhin se fera à la citadelle.

SONGIS.

Le général Songis au Ministre de la guerre.

Strasbourg, 7 dudit (29 septembre 1805).

Les 1000 chevaux que j'avais annoncés à M. le maréchal Soult sont, en effet, partis de Boulogne pour le service de l'artillerie de son corps d'armée ; *il en a péri un grand nombre dans la route qu'ils viennent de faire*, d'autres ont été blessés. Cependant, il doit en être arrivé au moins 600 ; d'ailleurs, 600 qu'il a reçus sont suffisants pour atteler, dans chaque division, les bouches à feu, 1 caisson par pièce et 10 caissons de cartouches d'infanterie de son corps d'armée, comme j'en ai fait le rapport à Sa Majesté.

SONGIS.

Le général Songis à M. Petiet, intendant général de la Grande Armée.

Strasbourg, le 7 vendémiaire an XIV (29 septembre 1805).

J'ai l'honneur de vous informer que je donne ordre à la portion du parc général qui est à Landau d'en partir le 9 pour Spire, pour se réunir le 10 en avant de Bruchsal, sur la grande route d'Heilbronn, à ce qui part aujourd'hui de Strasbourg.

Le nombre d'hommes marchant avec le convoi sera d'environ 2,000 hommes et 1000 chevaux, tant d'artillerie que de réquisition. Je vous prie de donner des ordres afin qu'ils puissent être traités comme ceux partis de Strasbourg, et être approvisionnés en pain pour quatre jours et en biscuit pour six jours, soit à Landau, soit à Spire, et en avoine pour deux au moins.

SONGIS.

Rapport sur la situation de l'artillerie de la Grande Armée.

Strasbourg, le 4 vendémiaire an XIV (26 septembre 1805).

CORPS D'ARMÉE DE M. LE MARÉCHAL LANNES.

La division de grenadiers a présentement 12 bouches à feu, dont :

2 pièces de 12;
6 — de 8;
2 — de 4;
2 obusiers,

avec un approvisionnement complet de munitions à canon et 20 cartouches par homme : on en a déjà délivré 50. Cette artillerie est attelée par le 5e bataillon *bis* du train.

L'artillerie de la division Gazan est préparée à Strasbourg.

Le parc de ce corps d'armée est à Strasbourg, il attend pour son mouvement les ordres de M. le maréchal Lannes. Il consiste en un demi-approvisionnement de munitions à canon et 40 cartouches par homme pour tout ce corps d'armée. Il sera attelé par des chevaux de réquisition.

RÉSERVE.

Les dragons à pied ont présentement 10 bouches à feu, savoir :

2 pièces de 12;
4 — de 8;
2 — de 4;
2 obusiers,

avec un approvisionnement de munitions à canon et 20 cartouches par homme; il en a été délivré 50 en outre.

Chaque division de dragons à cheval et chaque division de grosse cavalerie a 3 bouches à feu, dont :

2 pièces de 8;
1 obusier,

avec un approvisionnement de munitions et un caisson de cartouches d'infanterie par division.

Il a été délivré 50 cartouches par homme aux dragons et 20 à la cavalerie.

L'attelage consiste en ce moment en chevaux de réquisition. Demain l'artillerie des dragons à cheval et de la 2e division de cavalerie sera attelée par les chevaux du 2e bataillon *bis*. La 1re division de cavalerie ne pourra l'être que le 8, attendu que le détachement du 2e *bis*, qui doit s'y rendre, ne partira que demain de Strasbourg.

L'artillerie des dragons à pied sera attelée par le 8e *bis*; elle ne pourra l'être en entier que dans quatre jours, attendu qu'une partie de ce bataillon vient de Landau où il n'arrivera qu'après-demain.

Le parc des réserves est prêt à Strasbourg, attelé par des chevaux de réquisition. Il attend des ordres de S. A. le prince Murat.

CORPS DE M. LE MARÉCHAL NEY.

Cette artillerie est composée de trois divisions de 12 bouches à feu chaque ; elle doit être rendue en entier demain à Lauterbourg. Les bouches à feu et partie de son approvisionnement sont en route aujourd'hui de Haguenau pour s'y rendre. Le reste est également en route de Landau et de Strasbourg.

L'artillerie des divisions sera attelée par le 5e principal, qui est depuis hier à Haguenau et la moitié du 3e *bis* qui sera rendue à Lauterbourg le 6 (*28 septembre*), mais jusqu'à ce que les chevaux de remonte soient arrivés, ils ne pourront atteler que les bouches à feu et un caisson par pièce. Le reste des munitions et le parc de ce corps d'armée seront attelés par des chevaux de réquisition qui sont présentement à Lauterbourg.

CORPS DE M. LE MARÉCHAL SOULT.

Le matériel de l'artillerie consistant en quatre divisions de 12 bouches à feu chaque et un parc, a été fourni en partie par Strasbourg. Le reste vient de Metz ou de l'Armée des côtes.

La partie que devait fournir Strasbourg est rendue depuis quelques jours. Ce qui devait être fourni par l'Armée des côtes est arrivé en partie hier et aujourd'hui à Landau ; le reste y arrivera demain.

La totalité sera le 6 (*28 septembre*) au plus tard à Spire.

Les bouches à feu et un caisson par pièce seront attelés par le 1er bataillon *bis* et le 3e principal, arrivés hier à Landau et devant être aujourd'hui à Oggersheim. Le reste des caissons des divisions et le parc seront attelés par les chevaux de réquisition.

CORPS DE M. LE MARÉCHAL DAVOUT.

Le matériel de son artillerie, consistant en trois divisions de 12 bouches à feu chaque et un parc, a été fourni, partie de Strasbourg et partie de Mayence.

La partie de Strasbourg y est rendue depuis plusieurs jours, celle de Mayence est en route depuis le 5e complémentaire (*22 septembre*) et doit y être aussi depuis hier.

Les bouches à feu et un caisson par pièce seront attelés par le 1er bataillon principal et moitié du 3e *bis*.

Le 1er principal est arrivé aujourd'hui à Landau et sera demain à Oggersheim. La moitié du 3e *bis* arrivera demain à Landau et sera après-demain à Oggersheim.

Le parc est attelé par des chevaux de réquisition.

Les divisions de tous les corps d'armée ont un approvisionnement de munitions à canon et 20 cartouches par homme. Les parcs ont un demi-approvisionnement de munitions à canon et 40 cartouches par homme. Il a été fourni en outre 50 cartouches par homme pour être distribuées au passage du Rhin.

PARC GÉNÉRAL.

La plus grande partie du parc général est présentement à Strasbourg, le reste est à Landau ou y sera arrivé après-demain soir, venant de Metz ; il consiste en 56 bouches à feu, dont :

18 pièces	de 12	pouces.		avec un approvisionnement et demi,
22 —	de 8	—		
8 —	de 4	—		
8 obusiers	de 6	—		

et, en outre, 80 cartouches par homme. Ce grand parc est attelé par des chevaux de réquisition qui suffisent à peine pour en emmener le tiers, parce que les chevaux des deux départements ne sont pas encore arrivés et que les contingents des autres ne sont pas complets.

ÉQUIPAGE DE PONT.

Les bateaux et agrès pour la construction des ponts de Lauterbourg et de Spire sont partis de Strasbourg et de Mayence. D'après le rapport que j'ai reçu, le pont de Lauterbourg a dû être fini aujourd'hui vers 10 heures du matin. Je n'ai encore aucun avis sur celui de Spire, mais, d'après le temps nécessaire pour que les bateaux de Strasbourg descendent et que ceux de Mayence remontent, il ne pourra être achevé que demain dans la matinée, ou plutôt cette nuit.

Il existe en outre, à Strasbourg, un équipage de 48 bateaux montés sur haquets; il faudrait environ 1000 chevaux pour les conduire.

Strasbourg, le 4 vendémiaire an IV (*26 septembre*).

Le Premier Inspecteur général de l'artillerie,

SONGIS.

Le général Songis à l'Empereur.

Ludwigsburg, le 13 vendémiaire an XIV (5 octobre 1805).

Le corps de M. le maréchal Davout a laissé à Mannheim :

6 pièces de 12,
6 — de 8,
3 obusiers,
27 caissons de 12,
14 — de 8,
9 — d'obusiers,
60 — d'infanterie,
3 — de parc,
9 forges,
21 chariots.

TOTAL : 158 voitures.

Il n'a emmené que 12 pièces de 8, 6 pièces de 4 et 3 obusiers, en total, 124 voitures. Cependant, le général Sorbier avait, de son aveu, 750 chevaux d'artillerie, dont 100 blessés ou trop fatigués, par conséquent 650 en état qui pouvaient atteler bien au delà de 124 voitures. Son directeur de parc m'avait annoncé, par une lettre du 3 vendémiaire, qu'il avait les chevaux de réquisition venus de Mayence pour atteler ses voitures et, en outre, d'autres destinés au parc. Je ne puis donc concevoir pourquoi une si grande quantité de voitures ont pu être laissées. M. le maréchal Davout et le général Sorbier étaient bien prévenus que je ne pouvais leur faire donner des chevaux du train pour tout conduire, et quand ils n'en auraient pas eu suffisamment de réquisition, ils pouvaient en faire requérir.

J'envoie à Mannheim un officier en poste pour faire prendre cette artillerie si elle s'y trouve encore, et pour la conduire au corps de M. le maréchal Davout. Votre Majesté peut être persuadée que si elle n'a pas suivi, la faute ne peut m'en être imputée, ce corps étant pourvu comme les autres de l'armée, qui n'ont rien laissé en arrière. Il est à regretter particulièrement que les 60 caissons de cartouches d'infanterie n'aient pas suivi.

SONGIS.

CHAPITRE VIII

L'artillerie bavaroise et Wurtzbourg.

Le Ministre de la guerre au général Songis.

Boulogne, le 8 fructidor an XIII (26 août 1805).

L'intention de l'Empereur, Général, est que vous envoyiez un officier d'un grade inférieur à celui de capitaine auprès de M. Otto, en Bavière, qui sera censé voyager pour son compte ou comme courrier portant une dépêche de vous : il faut donc un homme intelligent.

Cet officier devra s'informer et prendre tous les renseignements sur les munitions, l'artillerie, la quantité de fusils, leur calibre, la poudre qui peuvent se trouver dans les différents magasins de la Bavière et les lieux où ils sont.

Si M. Otto le juge nécessaire, il lui fournira les moyens de l'aboucher avec un officier bavarois ; mais l'officier que vous enverrez aura grand soin de ne rien faire de lui-même : de ne se permettre aucune inconséquence et de n'agir surtout que d'après ce que M. Otto lui dira.

S'il y avait moyen de se procurer 2,000 chevaux en Bavière, à peu près au prix qu'on fixerait (c'est-à-dire que vous déterminerez) et qu'on puisse les avoir au 1er vendémiaire, vous pouvez autoriser M. Otto à conclure ce marché et lui assurer l'envoi de l'argent. Les chevaux pourraient être reçus à (*illisible*), Ulm et Stuttgart.

Vous préviendrez M. Otto qu'il doit faire tout cela sans trop se démasquer.

Quand l'officier que vous aurez envoyé aura rempli sa mission, il reviendra le plus promptement possible auprès de vous.

Je vous salue avec une considération très distinguée.

Maréchal Berthier.

Le capitaine Dessalles au général Songis.

Munich, le 18 fructidor an XIII (5 septembre 1805).

Mon Général,

Je profite d'un courrier qu'expédie au Ministre des affaires étrangères S. E. M. Otto, pour vous rendre compte de mon arrivée en cette ville, aujourd'hui à 7 heures du matin. Je n'ai éprouvé aucun accident en route, je n'ai pas dû même exhiber mes passeports dans aucune des différentes villes d'Allemagne que j'ai traversées.

J'ai vu le Ministre aussitôt mon arrivée. Il m'a accueilli avec bonté et m'a engagé à conserver le plus strict incognito, ce que j'avais fait jusqu'à présent, ayant endossé dès Mayence les habits bourgeois. J'ai remis vos lettres, mon Général, et j'ai eu au sujet de celle qui touche le service un entretien particulier de Son Excellence. Elle va s'occuper immédiatement de cette affaire. Je lui ai donné déjà quelques notes sur les différentes parties de l'artillerie dont la connaissance parfaite est la plus essentielle. Elle remettra ces notes au Ministre de la guerre ici, qui y répondra, à ce qu'elle pense, d'une manière satisfaisante. Son Excellence ne juge pas convenable de me faire aboucher avec un officier d'artillerie, de peur d'éveiller des soupçons déjà trop fondés par l'arrivée ici de M. le général Bertrand.

M. Otto pense que les éclaircissements demandés me retiendront ici six jours au moins. Je mettrai tout mon zèle à satisfaire en tous points vos instructions et à vous porter de la manière la plus exacte possible, tout ce que je pourrai recueillir sur l'objet de ma mission. Je me rendrai en toute diligence à Strasbourg ou à tout autre endroit que m'indiquera M. Otto.

Agréez, mon Général, l'assurance du profond respect avec lequel j'ai l'honneur d'être votre très humble serviteur.

DESSALLES.

P.-S. — Si quelques compagnies du bataillon reviennent sur le Rhin, je prends la liberté de vous supplier que la mienne soit du nombre. Je désirerais bien qu'elle fût employée à la partie de l'armée destinée à agir le plus offensivement dans le cas de guerre.

Le capitaine Dessalles au général Songis.

Toul, le 26 fructidor an XIII (13 septembre 1805).

Mon Général,

Je profite d'un moment pour vous rendre compte de la mission dont vous avez daigné me charger. Les événements qui ont eu lieu en Bavière et dont vous êtes instruit déjà sans doute, ne m'ont pas permis de la terminer à ma satisfaction. Mon départ de Munich a été précipité par S. E. M. Otto. Je cours jour et nuit depuis le 22 au soir que j'ai quitté Munich pour porter à l'Empereur des détails sur cette importante affaire. J'ai remis, en passant à Strasbourg, une dépêche télégraphique annonçant que les Autrichiens avaient quitté leurs camps derrière l'Inn et la Salza pour entrer dans la Bavière, et que l'Électeur était retiré à Würtzbourg avec sa famille et ses troupes.

J'ai pu fort heureusement, mon Général, prendre sur ma route même quelques renseignements sur l'armée bavaroise auprès de M. de Manson, que j'eus l'honneur de rencontrer dans une auberge, sans quoi je serais revenu sans aucune idée de ce dont elle se composait, M. Otto ayant refusé de me faire aboucher avec un officier d'artillerie bavarois.

Il m'a demandé toutes les notes nécessaires pour remplir le but de ma mission. J'ai posé toutes les questions qu'il était important pour nous de résoudre et l'on s'occupait de cet objet quand l'ordre d'évacuer est survenu. M. Otto doit suivre à Würtzbourg cette affaire et m'a promis de vous envoyer tout ce qu'il pourra recueillir d'important. Les chevaux que devait fournir la Bavière (car on s'occupait de passer les marchés quand est venue la nouvelle de l'arrivée des Autrichiens) seront difficilement trouvés au nombre de 2,000 dans le pays qui reste à l'Électeur.

M. Otto vous instruira de ce qui aura pu être fait si mieux n'aimez, mon Général, qu'aussitôt mes dépêches remises à l'Empereur je retourne à Würtzbourg. J'adresse cette lettre à Paris ou à Boulogne, M. le colonel Dedon m'ayant dit qu'il vous croyait à Paris et m'ayant même chargé d'une lettre pour vous. J'envoie la présente à tout événement et pour me conformer à votre instruction.

NOTES SUR L'ARTILLERIE BAVAROISE.

La Bavière n'a pas d'artillerie de siège, à ce que m'a dit M. de Manson. On se proposait d'en faire fondre du calibre de 18 bavarois.

L'artillerie de campagne se compose de canons de 6 et 8 bavarois. Presque toute cette artillerie est neuve, il y en a pour une armée de 40,000 hommes. J'ignore si M. de Manson compte à raison de 3 ou 4 canons par 1000 hommes. Je ne sais rien sur les mortiers et sur les obusiers.

Toute l'artillerie est réunie à Würtzbourg et environs. Il n'est rien resté à Munich, tout a été évacué. Il y a en Bavière une grande quantité de poudre ; elle excède de beaucoup ce qu'on peut supposer nécessaire à l'armée bavaroise. Elle est évacuée également.

Les fusils bavarois ont même calibre que les nôtres, par conséquent nos cartouches peuvent servir aux Bavarois comme les leurs à nous.

J'ignore le rapport de la livre bavaroise à la nôtre, mais les calibres des canons sont trop différents pour que nos fers coulés puissent servir et réciproquement, à ce que je crois au moins.

J'en ai jugé à la simple inspection de ceux qui étaient sur la place (mêmes proportions que les canons autrichiens, m'a dit M. de Manson.)

Il n'y a pas d'équipage de pont en Bavière. — Tout ce qui est objet ou attirail de guerre est à Würtzbourg. — Il se fait un grand commerce de bois sur l'Inn. Cette rivière offre, ainsi que la Salza, le Lech et le Danube, des ressources en bois de sapin brut pour radeaux, en poutrelles et en madriers, etc., pour tablier de pont. Il y a beaucoup de ces bois à *Rhain.*

On construit, sur toutes les rivières qui arrosent la Bavière, des bateaux légers en bois, mais qui peuvent être utilisés soit pour le transport, soit pour passage, soit pour pont, avec l'attention, dans ce dernier cas, de mettre un chevalet au milieu.

Agréez, mon Général, l'assurance du respect avec lequel j'ai l'honneur d'être votre serviteur.

DESSALLES.

Le capitaine Dessalles au général Songis.

Paris, le 29 fructidor an XIII (16 septembre 1805).

Mon Général,

Je suis on ne peut plus contrarié de n'avoir pas pu vous rencontrer encore pour vous rendre compte de l'état de ma mission, que je n'ai pas terminée avant mon départ de Munich. J'espérais, ne vous ayant pas trouvé à Strasbourg, que vous seriez encore à Paris auprès de S. M. l'Empereur, mais j'ai encore été déçu de mon espoir et j'ai appris à votre hôtel que, depuis huit jours, vous aviez quitté la capitale.

J'ai été envoyé à Paris en toute diligence par S. E. M. Otto et M. le général Bertrand, aide de camp de Sa Majesté, pour annoncer l'entrée des Autrichiens en Bavière. J'ai couru jour et nuit, ne m'arrêtant que quelques instants à Strasbourg pour y remettre une dépêche télégraphique. J'étais aussi porteur des meilleures cartes de la Souabe que S. E. M. Didelot, ministre à Stuttgard, m'avait chargé de remettre à Sa Majesté. L'Empereur a daigné me recevoir chez lui et m'a fait beaucoup de questions sur la situation de la Bavière, sur l'esprit des habitants, sur les troupes, sur les opérations militaires des Autrichiens pour entrer en Bavière, et, comme j'ai eu l'occasion de lui annoncer que j'étais l'officier que vous aviez envoyé pour prendre des renseignements sur l'artillerie, je lui ai dit le peu que j'avais pu recueillir sur cet objet important. J'ai cependant dit à Sa Majesté tout ce que je tenais de M. de Manson.

Je repasserai par Metz en m'en retournant. Si votre intention est que je retourne en Bavière, que j'aille à Würtzbourg comme cela paraît être nécessaire, je pense que je pourrais recevoir vos ordres à Metz afin de passer directement par Mayence pour me porter sur le Mein. Si je ne trouve pas des ordres de vous, mon Général, je continuerai ma route jusqu'à Strasbourg.

N'ayant pas arrêté depuis Munich, j'ai pris la liberté de rester ici aujourd'hui pour me reposer un peu ; demain, je me remettrai en route.

Je joins à la présente la série de questions que j'avais soumise à Son Excellence pour être présentée à Son Altesse Électorale. Cette dernière avait donné l'ordre pour que j'eusse tout ce que je demandais de renseignements et, sans l'arrivée précipitée des Autrichiens, je vous aurais déjà remis sans doute l'état général de l'artillerie bavaroise.

Agréez, mon Général, l'assurance sincère du plus profond respect.

DESSALLES.

Copie des questions faites par moi sur l'artillerie bavaroise et remises à S. A. S. l'Électeur par M. Otto, ministre de France, avec quelques notes que j'ai recueillies moi-même en attendant les réponses de l'artillerie aux questions par moi posées.

1° Pourrait-on remettre un état général du matériel de l'artillerie, indiquant exactement les arsenaux, parcs ou magasins qui renferment les différents objets ?

Cet état serait divisé en colonnes et présenterait, dans chaque ligne, tout ce qu'il y a de canons, mortiers, obusiers, affûts de siège et de campagne, caissons, chariots, triquebales, forges de campagne, poudres en barils, en cartouches à balles, fers coulés, rechanges de

On s'occupait à Munich à préparer cet état, qui aurait présenté la force de l'artillerie et les ressources qu'elle offrait lorsque les troupes autrichiennes se sont mises en marche pour envahir la Bavière.

M. de Manson m'a dit qu'il y avait pour 40,000 hommes ; j'ignore s'il en compte 3 par 1000 hommes, ce qui ferait 120, ou 4, ce qui porterait l'artillerie à 160 canons.

Il n'y a pas en proportion des caissons et des chariots à muni-

toute espèce, etc., qui se trouvent dans un des arsenaux, à Munich, par exemple. On laisserait assez de marge au bout de chaque ligne et assez d'espace entre elles pour les observations.

Toutes les lignes réunies formeraient, par case, le total des objets mentionnés, et leur réunion offrirait celui de l'artillerie bavaroise;

tions. Je pense qu'il a compris les obusiers.

Toute l'artillerie se trouve réunie à Würtzbourg, sur le Mein.

2° De quels calibres se compose l'artillerie bavaroise, considérée : 1° comme artillerie de siège; 2° comme artillerie de campagne?

Il n'y a pas d'artillerie de siège en Bavière, si ce ne sont trois ou quatre mauvais canons.

Cette note et toutes les suivantes sur l'artillerie me viennent de M. le général de Manson.

L'artillerie de campagne se compose de canons de 6 et de 8, bavarois. Les diamètres sont les mêmes que ceux des canons autrichiens.

3° Quel rapport y a-t-il entre les calibres français et les calibres bavarois? Les boulets français peuvent-ils servir à quelque pièce bavaroise et réciproquement?

Il n'y a pas de rapport entre nos canons et les canons bavarois.

Diamètre de l'âme des canons français pour servir de comparaison :

	pouces	lignes	points
Canon de 24...	5	7	7 1/2
— 16...	4	11	2 5/6
— 12...	4	5	9
— 8...	3	11	»
— 4..	3	1	3 3/4

On compte en France, pour le vent du boulet aux pièces de 24 et de 16, *une ligne six points* et *une ligne* pour tous les autres calibres. (Cela n'est pas rigoureusement conforme aux tables.)

Voilà le diamètre voulu pour les boulets :	Je n'ai pas eu le temps de m'assurer s'il y avait beaucoup de fers coulés. Toutes ces questions seront résolues par l'artillerie et envoyées par M. le ministre Otto.

	pouces	lignes	points
Boulets de 24..	5	5	9
— 16..	4	9	4
— 12..	4	4	4 1/2
— 8..	3	9	7 1/2
— 4..	2	»	1/4

Les mortiers ont-ils aussi quelques rapprochements avec les mortiers français? Ces derniers se divisent en :	Je ne sais rien sur les mortiers.

	diamètre de l'âme
Mortiers de 12 p..	12 pouces.
— 10 p..	10 p. 1 l. 6 p.
— 8 p..	8 p. 3 l.

Les obusiers français se composent de trois calibres. Savoir :	Rien sur les obusiers.

	diamètre de l'âme
Obusier de 8 p...	8 p. 3 l.
— 6 p...	6 p. 1 l. 6 p.
— 24 p...	5 p. 7 l. 7 1/2

Nos fusils ont-ils assez de rapport avec les fusils bavarois pour que nous puissions nous servir des cartouches confectionnées en B... et réciproquement? (J'ai avec moi un calibre français.)	Les fusils bavarois ont le même diamètre que les fusils français, on peut conséquemment se servir de cartouches confectionnées en Bavière et réciproquement. (Note de M. de Manson.)

Diamètre des fusils français en mesure française.

L'âme................	7 l. 9 p.
La balle de 18 à la liv.	7 l. 4 p.

Combien y a-t-il de fusils dans les arsenaux et manufactures ?	Il n'y a, dans les arsenaux, que de vieilles armes remises par les troupes.
Quelles sont les ressources des arsenaux en objets de rechange, en bois de construction, de charronnage en fer, etc., etc. Le pays	Rien sur cet objet. Le pays peut fournir des bois de construction et de charronnage,

peut-il en fournir au besoin ? (Cela est très essentiel à savoir, car le pays offrant des ressources, on ne serait pas obligé de surcharger les parcs d'attirails qui, dans ce cas, seraient inutiles.)

mais les Autrichiens laisseront-ils quelque chose s'ils se retirent ?

Si l'état général ne pouvait comporter tous les articles, on pourrait en faire un particulier pour les poudres.

On y distinguerait les poudres en barils, les poudres confectionnées en cartouches à balles pour fusils, pour canons ; on pourrait y joindre les boîtes à mitraille, etc., les balles de fer battu.

Les ouvriers qui travaillent dans les arsenaux appartiennent-ils au corps ou sont-ils purement externes ?

Il y a beaucoup de poudre dans les magasins. Il y en a une quantité excédant à ce qui est nécessaire aux troupes de la Bavière. J'ignore s'il y en a beaucoup de confectionné.

Tout ce qui est attirail ou objet de guerre est à Würtzbourg.

M. de Manson me dit avoir établi une fonderie je ne me rappelle plus où, dans laquelle ont été coulés des canons de 6 et de 8, que j'ai vus sur une place à Munich ; les affûts en sont neufs.

L'intention de M. de Manson était de faire couler pour siège des pièces de 18, sans les événements.

ÉQUIPAGES DE PONT.

De combien de bateaux se compose l'équipage de pont ? (Y a-t-il des pontons autres qu'en bois ?)

Il serait nécessaire de faire un état particulier pour cette partie, état qui présenterait la quantité de bateaux en bon état, la quantité à réparer, les voitures dites chariots à munitions, destinées au transport des cinquenelles, cordages, ancres, madriers, etc., etc. Il doit comporter également tout ce qui fait partie des agrès.

Notes recueillies par moi-même :

Il n'y a pas d'équipage de pont en Bavière. Les Français avaient seulement laissé deux bateaux légers à Munich.

Il se fait un grand commerce de bois sur l'Inn. Cette rivière offre des ressources pour l'établissement des communications en bois de sapin brut pour radeaux ou pour poutrelles, et en madriers, planches, etc., pour tablier de pont. J'ai vu beaucoup de ces bois à Rhain.

A quel endroit se trouve maintenant l'équipage de pont ?

On construit sur la Vernitz, qui se jette dans le Danube à Donau-

Peut-on au besoin se créer des ressources en bateaux, etc., sur le Danube, le Lech, l'Inn ? Jusqu'où ces fleuves sont-ils navigables en Bavière ?

verth, des bateaux qui peuvent servir utilement aux transports sur le Danube, ainsi qu'aux passages.

L'Inn, la Salza qui se jette dans cette première, le Lech et le Danube ont beaucoup de ces bateaux.

Ils sont légers, en bois, mais ayant beaucoup de surface, ils déplacent un grand volume d'eau et peuvent servir pour pont avec l'attention de mettre un chevalet au milieu.

Il y a dans le jardin anglais du prince, à Munich, une scierie à eau sur l'Iser. Cette rivière transporte beaucoup de bois.

TRAIN D'ARTILLERIE.

Peut-on se procurer pour le 1er vendémiaire 2,000 chevaux de trait ayant les qualités indiquées ci-dessous ?

Age : de 4 à 5 ans.
Taille : de 8 à 10 pouces.

Le cheval hongre bien constitué pour le trait, exempt des défauts rédhibitoires qui sont la pousse et la morve, reconnues en se déclarant au bout d'un temps convenu.

On s'occupait des marchés à passer pour les chevaux quand les Autrichiens ont commencé à envahir la Bavière. Je crains fort qu'il n'y ait plus guère de possibilité de s'en procurer autant qu'il en était demandé.

Le pays pourrait-il offrir des ressources pour les transports par terre?

Le pays présente des ressources pour les transports par terre.

1re QUESTION.

Pourrait-on fournir l'état de tous les approvisionnements d'artillerie avec la désignation des arsenaux, parcs et magasins où ils se trouvent ?

Cet état doit contenir le détail de ce qui existe en canons, mortiers, obusiers et affûts soit de siège

RÉPONSE.

L'arsenal de Munich ayant été totalement évacué, à l'exception des projectiles, c'est à Marienberg que se trouvent toutes les munitions et autres objets d'artillerie qui ne seraient pas à l'armée. Les états A, B et C donneront tous les renseignements à cet égard.

soit de bataille, en caissons et chariots à munitions, en poudre de guerre, en munitions confectionnées pour l'artillerie et pour l'infanterie et des projectiles.

2e QUESTION.

Quel est le calibre tant de l'artillerie de campagne que de celle de siège?

Quel est son rapport avec le calibre français?

Les projectiles français peuvent-ils être employés aux pièces bavaroises et réciproquement?

Existe-t-il quelque conformité entre les mortiers bavarois et les mortiers français?

Les cartouches d'infanterie bavaroise peuvent-elles servir aux fusils français et réciproquement?

Quel est le calibre exact des canons de fusils d'infanterie, de carabines et de pistolets bavarois?

RÉPONSE.

La table ci-jointe sous la lettre D en donne la solution.

3e QUESTION.

Quel est le nombre de fusils d'infanterie dans les arsenaux et dans les manufactures?

Hors 3,000 à 4,000 fusils à réparer, il n'existe aucun autre approvisionnement. Les régiments n'en sont pourvus que d'après leur état au complet.

Il a cependant été fait une commande de 30,000 fusils; la première livraison aura lieu sur la fin d'octobre, au nombre de 800.

4e QUESTION.

Quels sont les approvisionnements en bois de construction et en fers?

Qu'en pourrait fournir le pays? Une indication sommaire sera suffisante.

L'approvisionnement en bois de construction est nul, il a fallu le laisser à Munich, il consistait en un nombre très considérable.

Toute fourniture hors de la Bavière est empêchée par l'avancement des troupes autrichiennes, mais on pourrait tirer de la Franconie une quantité considérable en bois vert.

5e QUESTION.

Existe-t-il des ponts de bateaux et les matériaux nécessaires existent-ils pour pouvoir en construire?

Trouverait-on dans un cas de besoin des bateaux sur le Danube, le Lech et l'Inn? Trouverait-on sur ces rivières quelques secours soit en bois soit en cordages?

RÉPONSE.

Il n'existe aucun pont de bateaux, ni de ce qu'il faudrait pour en construire.

Il se trouve cependant sur ces rivières quantité de gros bateaux employés au transport du sel.

Désignation des munitions d'artillerie, d'infanterie et de cavalerie, confectionnées et déposées dans la place de Marienberg, près Würtzbourg :

Obus chargés et leurs gargousses	501
Cartouches à boulets de 6	800
— à mitraille de 6	256
— à boulets de 3	1,480
— à mitraille de 3	481
— à balles à pistolets	19,340
— pour carabines	22,912
— d'infanterie de 20 à la livre	380,000
— — 18 —	72,000
	quintaux
Poudre en barils à Marienberg	2,000
— — Forchheim	800
— — Rosenberg	300

Il se trouve, de plus, à Marienberg :

Salpêtre	739
Fers	289
Bronze	1,617

OBSERVATION GÉNÉRALE.

En outre de ces quantités, l'armée électorale est complètement approvisionnée, soit en munitions d'artillerie, soit en munitions d'infanterie, et l'on s'occupe constamment d'en confectionner de nouvelles.

Il y a des laboratoires à Marienberg et à Forchheim.

Désignation des objets d'artillerie qui se trouvent à Marienberg, près Würtzbourg.

		Calibre.	Bouches à feu.	Affûts.	Observations.
Canons..	de siège...	de 24	8	12	
		de 20	2	2	
		de 18	1	»	
		de 12	30	31	
		de 10	2	»	
		de 6	15	15	
	de bataille.	de 12	69	11	
		de 6	97	70	
		de 3	40	27	
Mortiers.............		de 60	5	3	
		de 30	11	3	
Obusiers.............		tirant 7 livres	32	17	
		de 7 pouces	1	1	
Canons de bataille....		de 12	16	16	Ces pièces sont réparties dans les différents corps de l'armée bavaroise.
		de 6	48	48	
Obusiers.............		tirant 7 livres	16	16	
Somme....................			393	272	

			Observations.
Voitures.............	Caissons...........	120	Réparties dans les corps d'armée.
	Chariots à munitions.	30	
	Forges de campagne.	12	

Aperçu des fers coulés qui se trouvent à l'arsenal de Marienberg.

Boulets.......	de 3..................................	30,585
	de 6..................................	9,663
	de 12..................................	20,161
	de 18..................................	44
	de 24..................................	11,133
Grenades de 7 livres..................		2,408
Bombes.......	de 30..................................	1,856
	de 60..................................	1,230

OBSERVATION GÉNÉRALE.

Plusieurs de ces projectiles ne sont pas de calibre, parce qu'on n'a pas eu le temps de les passer aux lunettes.

On observe, de plus, qu'un transport considérable de projectiles est en route depuis Munich, mais on doute qu'il puisse arriver dans les circonstances présentes.

6e QUESTION.

Les ouvriers forment-ils un corps dans l'artillerie, ou n'emploie-t-elle que les ouvriers du pays?

RÉPONSE.

Il est incorporé dans le régiment d'artillerie une compagnie composée d'excellents ouvriers.

7e QUESTION.

Pourrait-on tirer de la Bavière jusqu'à l'époque du 1er vendémiaire un nombre de 2,000 chevaux de trait; on les payerait 1020 francs.

Tous les moyens de les avoir ont été coupés par la prise de possession de la Bavière et de la Souabe par les Autrichiens. La Franconie et le haut Palatinat fournissent actuellement aux besoins de l'armée électorale; on observe que ces pays ne sont pas très riches en chevaux.

8e QUESTION.

Le pays offre-t-il beaucoup de moyens de transport?

Il offre les moyens ordinaires en voitures de paysans, mais lorsqu'on se sera rendu maître du Danube, de l'Isar et de l'Inn, ces rivières offrent plus de difficultés.

Le général Songis au capitaine d'artillerie Dessalles.

Strasbourg, 5e jour complémentaire an XIII (22 septembre 1805).

On donne ordre à M. Dessalles de partir sur-le-champ en poste pour se rendre à Würtzbourg, passant par Spire, Mannheim, Heidelberg et Mergentheim, à l'effet d'y remplir la mission détaillée dans ses instructions.

Il viendra me rejoindre de même en poste après sa mission terminée.

SONGIS.

P.-S. — On donne avis de cet ordre au général Manson, commandant l'artillerie bavaroise, et à S. E. M. Otto, ministre plénipotentiaire de l'Empereur des Français près S. A. l'Électeur de Bavière.

Le capitaine Dessalles au général Songis.

Würtzbourg, le 3 vendémiaire an XIII (25 septembre 1805).

Mon Général,

Je profite du retour de M. Angenoust pour vous rendre compte de mon arrivée ici et de quelques démarches que j'ai déjà faites.

J'ai remis votre dépêche à S. E. M. Otto et l'ai prié, d'après vos intentions, de m'aboucher avec les différents officiers qui peuvent me mettre à même d'obtenir les renseignements qui me sont nécessaires, mais on garde encore la plus grande circonspection sur toutes les démarches, on met dans tout ce qui se fait le plus de secret possible ; de manière qu'il me sera bien plus difficile que je ne l'imaginais de remplir promptement vos intentions. M. Angenoust vous dira sur ce sujet beaucoup plus que je ne pourrais vous écrire.

Je dois avoir une entrevue aujourd'hui avec M. le général Wreden (1), qui doit, à ce que pense M. Otto, me mettre à même de vous donner dans ma première des renseignements certains, et l'assurance d'avoir nos transports promptement établis depuis Mayence jusqu'ici.

On s'occupe à force de la confection de cartouches.

Les notes qui m'avaient été données par M. le général Manson ne sont pas conformes aux états qui ont été remis en réponse aux questions que j'avais posées pour ce qui regarde les canons. Vous jugerez, par l'état comparatif des bouches à feu françaises et bavaroises, de l'espèce de munitions qu'il serait plus urgent de faire confectionner.

Les canons de campagne se composent de 12, 6 et 3 bavarois, tandis que M. Manson m'avait annoncé du 8 et du 6. Il me paraît qu'il y a beaucoup de rapprochement entre nos obusiers de 24 et les obusiers de 7 livres bavarois. Je demanderai qu'il soit chargé le plus possible de ces obus.

Salut et respect.

DESSALLES.

---

(1) Celui que l'on désigne en France sous le nom de Wrède.

A M. le général Songis, grand officier de l'Empire, Premier Inspecteur de l'artillerie.

Würtzbourg, le 4 vendémiaire an XIII (26 septembre 1805).

Mon Général,

L'approche des corps d'armée de MM. les généraux Bernadotte et Marmont a permis enfin d'agir ouvertement ici, et les choses commencent à prendre, pour les Français, la tournure la plus satisfaisante. L'organisation des transports par eau est faite, d'après votre demande et celle de S. E. M. Otto, par M. le comte de Thurheim, président de la direction de Würtzbourg. Les choses sont tellement en train que déjà il est parti pour Mayence, sous la conduite d'un homme sûr et intelligent, vingt bateaux qui seront à Mayence demain au soir. Ces bateaux transporteront tous les objets d'artillerie que l'on jugera nécessaires. Les transports continueront tant que vous jugerez qu'on en aura besoin. Une partie pourra servir, si besoin en est, aux transports autres que ceux d'artillerie.

J'ai la promesse formelle qu'on réunira à la première demande une suffisante quantité de bateaux et d'agrès pour tendre deux ponts sur le Mein ; je verrai demain s'il ne serait pas préférable de les réunir de suite. Dans le cas où les pontonniers manqueraient, le pays fournira des bateliers.

Je n'avais pas encore remis vos dépêches à M. le général Manson pour la raison que j'avais eu l'honneur de vous déduire, mais, comme cet officier général peut, plus que tout autre, me mettre en relations avec les officiers sous ses ordres, comme il me paraît essentiel que la plus grande harmonie règne entre les officiers d'artillerie des deux armées et que, d'ailleurs, le masque est levé, je viens de passer chez lui et lui ai présenté votre lettre.

Il m'a promis tous les renseignements, il m'a répondu de la plus grande activité dans les travaux, et de satisfaire à toutes les demandes que je lui ferais.

Les cartouches sont en pleine confection : 150 hommes y travaillent depuis le jour jusqu'à la nuit.

Voilà ce que je vais demander demain ; je ne sais si vous approuverez ces demandes.

Les cartouches à canon de 6, qui ne sont qu'au nombre de 800, doivent être portées au quadruple sous le plus bref délai; celles à mitraille pour 6, qui ne se trouvent dans les magasins qu'au nombre de 256, doivent être quadruplées également sous peu de jours.

Les cartouches à boulet pour canon de 12 doivent être portées au plus grand nombre possible.

Le capitaine Dessalles prie également de charger tout ce qu'on pourra d'obus de 7, ces obus pouvant servir avantageusement dans nos obusiers de 24.

L'artillerie bavaroise ayant la voie du pays et pouvant servir on ne peut plus utilement dans les pays de montagnes, il serait instant de mettre tout ce qu'il est possible en réparation.

Je n'ai pas pu avoir l'état que vous demandez des objets qui sont susceptibles d'entrer en campagne d'ici au 8 vendémiaire.

Aussitôt que je l'aurai, je m'empresserai de vous le faire tenir.

J'aurai beaucoup de peine à recueillir ici des notes sur la navigation du Mein, mais je compte, dans tous les cas, les prendre moi-même en descendant en bateau jusqu'à Mayence. Je tâcherai d'accrocher quelque chose auprès des bateliers, depuis Bamberg jusqu'ici, car les ingénieurs topographes qui sont ici n'ont pas, sur cette rivière, les renseignements qu'ils ont sur l'Inn, la Salza, le Danube, etc... J'aurai assez, probablement, de notes sur ces fleuves.

Un objet bien important, celui de la fourniture des chevaux, est en arrière, et je ne sais si le marché pourra être rempli. M. Otto avait perdu, dans la retraite qu'il a été obligé de faire, la note par moi remise sur les qualités exigées pour les chevaux du train, de manière que celui qui avait promis de fournir (sans pourtant s'engager en rien) assure que le pays entier (quand même les Autrichiens n'occuperaient pas une partie de la Bavière) et la Hesse ne fourniront pas les 2,000 chevaux demandés, si on les veut de 5 à 6 ans, conditions qui m'ont été remises par le général Faultrier. Il promet, si l'on consent à les recevoir jusqu'à 8, de mettre sur-le-champ en campagne un grand nombre d'acheteurs qui iront en Hesse et dans tous les pays environnants, et de faire tout ce qui sera possible pour les fournir le plus tôt possible. M. le comte de Thurheim, qui avait promis à M. Otto, ainsi que Son Excellence elle-même, assurent qu'il est impossible de réunir dans tout le pays les 2,000 chevaux demandés aux conditions exigées. Votre réponse sur cet objet, mon Général, déterminera le fournisseur, sans doute, et les chevaux pourront être rassemblés à Würtzbourg ou à Francfort, comme vous le jugerez convenable, et reçus par un officier du train que vous enverrez *ad hoc*.

On ne peut faire faire ni acheter des harnais à Würtzbourg. Francfort pourrait plutôt fournir cet objet.

On attend ici, pour demain, MM. les généraux Bernadotte et Marmont.

J'écris au commandant de l'artillerie, à Mayence, pour le prévenir de l'envoi des bateaux, et le prie de vous faire tenir cette lettre le plus tôt possible, dans le cas où vous ne seriez pas à Mayence.

Agréez, mon Général, l'assurance de mon respect le plus profond.

DESSALLES.

Je vous prie d'excuser si je vous envoie ma lettre quoique toute raturée, mais j'ai tant couru aujourd'hui et il me reste si peu de temps pour remettre ma lettre à celui qui la doit emporter à Mayence, que je ne puis la recopier.

Erratum. — Je crois qu'il est parti, d'après la demande du commissaire des guerres, envoyé par M. Petiet, un plus grand nombre de bateaux que ceux que j'annonce. Je me suis assuré que l'artillerie n'éprouverait point d'entraves.

Würtzbourg, le 8 vendémiaire an XIII (30 septembre 1805).

Mon Général,

J'aurais dû vous écrire depuis trois jours, mais Son Excellence n'envoyant pas personnellement des courriers en France et la poste n'offrant rien de bien sûr, j'ai dû attendre jusqu'à aujourd'hui qu'elle en expédiait un.

J'ai parcouru les magasins de l'arsenal de Marienberg avec l'aide de camp de M. le général Manson. J'ai vu l'artillerie bavaroise que j'ai trouvée en assez bon état. Presque toutes les pièces sont neuves ainsi que leurs affûts. En demandant des renseignements sur les divers objets, j'ai pu m'apercevoir que les états que vous avez entre les mains portaient des quantités de fers coulés qui n'existent plus et qui sont restés à Munich. J'ai donc prié qu'on me remît un état nouveau de l'artillerie, ce que MM. les officiers ont fait de la meilleure grâce.

Ils ont même beaucoup couru pour se procurer des renseignements certains, car rien n'est encore bien à sa place, vu la retraite précipitée que l'artillerie a dû faire.

J'ai copié à la hâte l'état qu'on m'avait remis en allemand, et j'ai l'honneur de vous l'adresser afin que vous puissiez savoir au juste sur quoi vous pouvez compter pour le service de l'armée française. Vous excuserez si l'état n'est pas plus proprement fait.

La confection des cartouches est en bon train. On peut compter sur 110,000 à peu près par jour; j'insiste pour qu'on en fasse 200,000; je verrai encore aujourd'hui le général Manson pour tâcher d'atteindre mon but; les bras manquent.

On fait des cartouches à canon également. Vous devez voir par les états qu'il n'y en a pas un grand nombre.

Dans ma dernière, je vous ai annoncé vingt bateaux partis pour Mayence; on aura des bateaux, des hommes et des chevaux pour les conduire, tant qu'on voudra ; on pourra remonter le Mein jusqu'à Bamberg. M. le comte de Thurheim, chargé de l'administration de la province, fera fournir tout ce qui sera nécessaire.

Je vous ai dit également, mon Général, qu'on aurait en équipages de ponts tout ce qu'on désirerait; je demande à M. de Thurheim qu'il fasse faire des poutrelles et des madriers d'après nos dimensions. Le général Eblé se trouve dans ce pays avec l'armée du maréchal Bernadotte. Je lui ai demandé s'il pensait avoir besoin d'un équipage de pont. Il l'ignore encore. Je ferai la même demande à M. le général Tirlet; je donnerai tous les renseignements qui seront nécessaires, après quoi je prendrai la route de Mayence pour savoir où vous trouver, mon Général, aller vous rendre compte, et prendre vos ordres sur ma destination.

Le particulier qui avait fait des promesses pour les chevaux, ne veut pas absolument s'engager, et pourtant il en va fournir dès demain. S. E. M. Otto va demander provisoirement au général Eblé un officier du train pour les recevoir. M. Otto vous mande sans doute les conditions qu'il avait proposées pour ces chevaux, en vous priant de désigner, comme vous le lui marquez, l'officier qui devra recevoir la livraison.

Les détails dans lesquels il entre, sans doute, ne me laissent rien à vous annoncer de plus.

Agréez l'assurance du respect, avec lequel j'ai l'honneur d'être, mon Général, votre très humble serviteur.

DESSALLES.

Le général Songis au général Eble.

Ludwigsburg, 13 vendémiaire an XIV (5 octobre 1805).

Je réponds, Monsieur le Général, à votre lettre du 10 du courant que je viens de recevoir.

M. Otto, ministre plénipotentiaire de Sa Majesté près l'Électeur de Bavière, vient, comme vous le savez, de passer un marché avec le sieur Hirsch, négociant à Würtzbourg, pour une fourniture de 2,000 chevaux de trait, que ce dernier doit livrer sous un intervalle de quarante jours, à compter de la date du marché (2 octobre 1805, 10 vendémiaire), à Pforzheim, Électorat de Baden. Vous voudrez bien envoyer de suite, dans cette place, un officier du 2e bataillon principal avec tous les soldats dont vous pourrez disposer pour y recevoir de l'officier que le général Faultrier doit charger de la réception de ces chevaux, tous ceux nécessaires pour remplacer dans ce bataillon les chevaux manquants et ceux hors de service.

Ces chevaux seront harnachés au moyen des harnais des chevaux morts ou hors de service qui ont dû être conservés et de l'approvisionnement que chaque bataillon doit avoir.

Il va être établi un dépôt à Würtzbourg qui alimentera votre corps d'armée en cartouches d'infanterie; quant aux munitions à canon, si dans les pays où nous allons entrer il ne s'en trouve

ÉTAT des bouches à feu, munitions et poudres de l'armée bavaro-palatine à l'époque du 28 septembre 1805 (6 vendémiaire an XIV).

DÉTAILS.	BOUCHES À FEU — DE CAMPAGNE. — Obusiers de 7 livres à pierre.	BOUCHES À FEU — DE CAMPAGNE. — Canons. 3.	Canons. 6.	Canons. 12.	BOUCHES À FEU — DE SIÈGE. — Canons. 7.	Canons. 8.	Canons. 12.	Canons. 24.	Mortiers de 30 livres de poudre.	Mortiers de 60 livres de poudre.	CAISSONS.	FORGES.	MUNITIONS — FERS COULÉS. — Boulets. 3.	Boulets. 6.	Boulets. 12.	Boulets. 24.	Obus. 7.	Bombes. 30.	Bombes. 60.	MUNITIONS — CONFECTIONNÉES. — Cartouches à boulets. 3.	Cartouches à boulets. 6.	Cartouches à boulets. 12.	Cartouches à mitraille. 3.	Cartouches à mitraille. 6.	Cartouches à mitraille. 12.	Cartouches Obus. 7.	Boîtes à mitraille chargées. 3.	Boîtes à mitraille chargées. 6.	Boîtes à mitraille chargées. 12.	Boîtes à mitraille pour obusiers. 7.	Obus chargés. 7.	Bombes chargées. 30.	Bombes chargées. 60.	Cartouches d'infanterie 1801.	Cartouches de carabines 1801.	Cartouches de pistolets 1801.	Lances à feu.	Étoupilles.	Mèche à canon. (livres.)	Poudre en barils. (quintaux.)	OBSERVATIONS.
Bouches à feu dont on peut se servir au moment	33	17	12	27	»	10	28	2	4	2	130	11	821	1,044	396	189	552	»	»	»	2,385	777	»	830	»	402	»	61	90	161	519	»	»	1,126,720	30,132	34,610	2,180	1,723	3,600	2,100	Tout est à Wurtzbourg ou à *l'armée bavaroise.*
Bouches à feu sans affûts qui se trouvent à Würtzbourg	13	17	20	58	»	»	»	»	7	3	»	»	»	»	»	»	»	»	»	»	»	»	»	»	»	»	»	»	»	»	»	»	»	»	»	»	»	»	»	»	
Fers coulés qui n'ont pas le calibre bavarois à Würtzbourg	»	»	»	»	»	»	»	»	»	»	»	»	3,989	3,994	5,210	2,115	803	803	344	»	»	»	»	»	»	»	»	»	»	»	»	»	»	»	»	»	»	»	»	»	Il peut s'y trouver des fers coulés français.
Id. à Kœnigshofen	»	»	»	»	»	»	»	»	»	»	»	»	1,268	1,384	938	1,481	»	45	51	»	»	»	»	»	»	»	»	»	»	»	»	»	»	»	»	»	»	»	»	»	Id.
Fers coulés de calibre arrivés d'Ingolstadt ou en route	»	»	»	»	»	»	»	»	»	»	»	»	»	7,875	10,520	»	7,316	»	»	»	»	»	»	»	»	»	»	»	»	»	»	»	»	»	»	»	»	»	»	»	On ne peut pas répondre que tous ces fers arrivent, quoiqu'une grande partie soit à Würtzbourg.
On attend de Rosenberg des fers coulés qui ne sont pas de calibre juste et qui pèsent 927,000 kil.	»	»	»	»	»	»	»	»	»	»	»	»	24,507	4,041	13,911	13,841	453	1,008	855	»	»	»	»	»	»	»	»	»	»	»	»	»	»	»	»	»	»	»	»	»	Ces fers seront refondus.
Poudre à Kœnigshofen	»	»	»	»	»	»	»	»	»	»	»	»	»	»	»	»	»	»	»	»	»	»	»	»	»	»	»	»	»	»	»	»	»	»	»	»	»	»	»	»	
Plomb en saumons	»	»	»	»	»	»	»	»	»	»	»	»	»	»	»	»	»	»	»	»	»	»	»	»	»	»	»	»	»	»	»	»	»	»	»	»	»	»	»	»	200 quintaux. C'est tout ce qu'il y a en Bavière dans les magasins de l'artillerie. J'entends. On s'occupe d'en faire venir, car les 20,000 livres à 18 balles à la livre ne donnent que 360,000 balles.

Il y a en magasin 190,000 balles de fer battu et pesant depuis 1 livre 1/2, 3 livres et 6 livres. Toutes ces balles sont calibrées. Il se trouve aussi 6,000 boîtes à mitraille non chargées.

L'artillerie de l'armée bavaroise se compose au moment de .... *24 pièces de 6, 6 pièces de 12 et 6 obusiers.*
Il lui faut pour sa réserve .... *6 pièces de 6, 2 pièces de 12 et 2 obusiers.*

TOTAL des bouches à feu .... *30 pièces de 6, 8 pièces de 12 et 8 obusiers.*

Il lui faut de plus, toutes les forges et tous les caissons portés sur le présent état. Il n'y a donc de disponible pour l'armée française ni forges, ni caissons.
L'armée bavaroise a reçu 725,528 cartouches d'infanterie ; il n'en reste à l'époque indiquée que 401,196 en magasin. Il y a deux ateliers établis qui en fourniront par jour 100,000 à 110,000 ; l'armée française pourra s'approvisionner de ces cartouches.

Certifié conforme à l'état qui m'a été remis par l'artillerie bavaro-palatine à Würtzbourg les jour, mois et an que dessus.

DESSALLE.

pas du calibre de vos bouches à feu, il vous sera fourni des pièces françaises où l'on emploiera celles autrichiennes qui pourraient tomber entre nos mains.

J'ai l'honneur, etc.....

SONGIS.

Le général Songis au major général.

Augsbourg, 17 vendémiaire an XIV (9 octobre 1805).

M. Otto, ainsi que Votre Excellence en a été informée, a passé un marché pour une fourniture de 2,000 chevaux à quinze louis par cheval. Vous m'avez chargé, par votre lettre du 2e complémentaire, de lui faire connaître que l'argent ne lui manquerait pas, et que les 180,000 francs pour les 500 paires de chevaux étaient prêts, et qu'il pouvait tirer des lettres de change sur le payeur de la guerre. Plusieurs chevaux ont déjà été fournis; le reste, pour compléter les 2,000, le sera incessamment, si les fonds ne manquent pas, mais M. Otto assure que l'on ne pourra rien obtenir à crédit; il m'engage à prier Votre Excellence de lui procurer de l'argent ou des lettres de change pour le payement des trois autres quarts, c'est-à-dire de 540,000 francs.

Je joins mes sollicitations aux siennes. Vous sentez trop bien de quelle importance il est, pour assurer le service de l'artillerie, d'accélérer la levée de ces chevaux pour ne pas faire fournir tout de suite les fonds ainsi que vous m'en avez fait la promesse. Je vous prie de me faire part de la détermination que vous aurez prise.

SONGIS.

CHAPITRE IX

Services administratifs.

Le budget de l'an XIII.

La loi de finances statua ainsi sur les divers exercices :

		Francs.
AN XI.	La somme de	30,000,000
	pour dépenses extraordinaires de guerre,	
	faisant avec celle de	589,500,000
	comprise dans la loi du 4 germinal an XI,	
	celle de	619,500,000
	fut mise à la disposition du gouvernement et imputée tant sur les contributions et revenus ordinaires de l'an XI, que sur les ressources extraordinaires de la même année.	
AN XII.	La somme de	300,000,000
	faisant avec celle de	400,000,000
	portée en la loi du 4 germinal an XI,	
	celle de	700,000,000
	fut mise à la disposition du gouvernement pour être ainsi employée :	
	Dette publique perpétuelle et viagère	71,153,766
	Ministères, grand-juge, Ministre de la justice	23,000,000
	— Relations extérieures	7,000,000
	— Intérieur	34,730,919
	— Finances	77,677,000
	— Trésor public	8,000,000

	Francs.
Ministères, Guerre	168,000,000
— Administration de la guerre	100,000,000
— Marine et colonies	180,000,000
— Frais de négociation	15,000,000
— Fonds de réserve	15,438,315
Total	700,000,000

An xiii. Fixation des contributions ou recettes comme en l'an xii. Crédit provisoire de 400,000,000 à compte des dépenses à prendre sur les recettes de l'an xiii.

C'était la première fois que le gouvernement communiquait au Corps législatif un compte général des finances et mettait au jour leur ensemble. Ce fut la forme consacrée et depuis suivie.

A la loi de finances étaient joints différents comptes :

1° Celui rendu par le Ministre des finances pour l'exercice de l'an xi, et contenant la situation des exercices des ans v, vi, vii et viii, et ceux des ans ix et x.

Le compte de l'an xi contenait l'évaluation faite par la loi des finances de cette année des revenus, les rentrées au 1er vendémiaire an xii, ce qui restait à recouvrer, la somme assignée à chaque ministère, les dépenses faites, ce qui était disponible sur les crédits, enfin l'évaluation des revenus de l'an xii ;

2° Le compte de la caisse d'amortissement pour l'an xi ;

3° Le compte des recettes et dépenses faites par le trésor pendant cet exercice.

La situation des finances qui offrait en l'an x un aspect si consolant, et qui s'était déjà altérée en l'an xi, faisait naître en l'an xii de tristes réflexions. Dans l'espace de quatre ans, les dépenses s'étaient élevées de 250 millions. La guerre et la marine en absorbaient seules 448. Malheureusement, loin d'apercevoir une amélioration à cet état de choses, il paraissait devoir s'aggraver. On ne voyait pas de terme à la guerre. Si les impôts étaient augmentés, le fardeau, à la vérité, serait supporté en partie par des peuples conquis ou réunis à la France. Si les dépenses s'accroissaient, la victoire ferait couler l'or étranger dans le trésor et finirait par accumuler une réserve immense dans les mains du gouvernement. Si les comptes présentaient une masse effrayante de recettes et de dépenses, l'ordre ne cesserait pas de régner dans cette vaste administration, son mouvement serait toujours rapide et régulier. Mais combien durerait cette situation extraordinaire et violente ? Quel serait son résultat? (1).

ADMINISTRATION DE LA GUERRE.

BUDGET DE L'AN XIII.

État par aperçu des sommes nécessaires à l'administration de la guerre, pour assurer le service de l'an XIII.

DÉSIGNATION GÉNÉRALE DES SERVICES.	SUBDIVISIONS DES SERVICES.	MONTANT des SOMMES DEMANDÉES.
CHAPITRE Ier. Administration générale et intérieure	Traitement du Ministre, des employés. Frais de bureau et d'imprimés à l'Imprimerie nationale	750,000
CHAPITRE II. — *Masses.*		
Boulangerie...........	....	21,000,000
Fourrages en nature.....	....	23,000,000
Indemnités de fourrages..	....	2,000,000
....	Etapes et convois. Equipages militaires pour le service journalier des casernes de la 1re division. Dépenses du parc de Sampigny pour construction des équipages militaires	7,500,000
Chauffage des troupes, des corps de garde et éclairage	....	6,000,000
Habillement...........	Fournitures aux corps. Dépenses d'administration. Masses d'entretien et de ferrage.........	13,000,000
Lits militaires..........	....	3,500,000
Indemnités de logement..	....	3,400,000
Hôpitaux.............	Journées des malades. Frais d'administration. Magasins	8,500,000
Remontes	....	1,000,000
Campement...........	Achats. Magasins............	400,000
	A reporter....	90,050,000

(1) Thibaudeau, tome III, page 497.

DÉSIGNATION GÉNÉRALE DES SERVICES.	SUBDIVISIONS DES SERVICES.	MONTANT des SOMMES DEMANDÉES.
	Report........	90,050,000
CHAPITRE III. Fournitures extraordin[res].	Vivres : indemnités en argent ; fournitures en nature........	9,000,000
	Fournitures extraordinaires de l'habillement...............	6,500,000
CHAPITRE IV. Invalides............ ..	Subsistance et entretien des militaires invalides. Frais d'administration des maisons des militaires invalides..........	3,500,000
CHAPITRE V. Dépenses diverses et imprévues.............	Gîte et géolage...............	150,000
	Frais de bureau des commissaires des guerres. Frais de poste militaire. Frais d'imprimés...	800,000
	Appointements des employés des camps et de l'armée expéditionnaire..................	600,000
	Dépenses imprévues...........	900,000
	TOTAL (1)........	110,000,000

Arrêté par le Ministre, directeur de l'administration de la guerre.

Paris, le 30 fructidor an XII.

DEJEAN (2).

Note fournie par le Conseil d'État sur les budgets de la guerre et de l'administration de la guerre.

La section ne propose nominativement aucunes réductions ; elle se borne à des observations générales.

Elle remarque :

1° Que la dépense de l'administration générale du département de la guerre portée au budget à 2,056,653 francs, ne coûtait sous les rois que 736,961 francs ;

2° Que celle de l'État-Major général portée au budget à

---

(1) Arrondi. Le chiffre exact serait 111,500,000.

(2) *Archives nationales*, AF[IV], 1244.

13,229,000 francs, ne s'élevait sous l'ancien régime qu'à 5,800,000 francs;

3° Que celle des commissaires des guerres et inspecteurs portée à 3,313,375 francs, ne coûtait autrefois que 1,500,000 francs;

4° Que le corps des vétérans coûte beaucoup et ne sert à rien;

5° Que la gendarmerie coûte cinq fois plus que jadis.

Elle pense que plusieurs chapitres sont susceptibles d'augmentation :

Qu'un million est insuffisant pour la poudre ;

Que les fonds attribués au matériel du génie sont trop faibles;

Que presque tous les articles du budget du Ministre directeur sont aussi trop faibles;

Que la dépense des remontes portée seulement à 1,000,000 doit l'être au moins à 2,000,000 ;

Que celle du campement calculée à 400,000 francs est insuffisante;

Que celle des fourrages calculée sur le taux de 310 francs par cavalier, doit l'être sur le pied au moins de 365 francs, à raison d'un franc par jour.

Rapport fait à S. M. l'Empereur par les Membres de la section de la guerre, réunis en Conseil d'administration, pour l'examen du budget de l'an XIII (1).

Sire,

Le budget de la guerre, qui, en exécution de vos ordres, nous a été adressé par le secrétaire d'État, a été, comme il le devait, l'objet de nos profondes méditations.

Je vais en présenter le résultat à Votre Majesté.

OBSERVATIONS GÉNÉRALES.

FORME DU BUDGET ET PIÈCES A L'APPUI.

Le travail qui nous a été adressé étant plutôt une table des

(1) Le budget du ministère de la guerre n'a pas été retrouvé.

chapitres d'un budget qu'un budget réel, nous ne pourrons guère offrir à Votre Majesté que des observations aussi sommaires que le travail qui nous a été envoyé.

Comment, d'ailleurs, se former une opinion un peu certaine sur des articles qui présentent des objets aussi hétérogènes que les fêtes nationales et les dépenses des bureaux, que les dépenses des courriers et les secours aux veuves ? Comment juger si 1,800,000 francs suffiront ou ne suffiront pas à sept ou huit articles absolument étrangers les uns aux autres et placés sous une même accolade ?

CHAPITRE Ier.

ADMINISTRATION GÉNÉRALE DU DÉPARTEMENT DE LA GUERRE.

	francs
Ministère de la guerre	1,250,000
Comité des revues	56,653
Administration de la guerre	750,000
TOTAL	2,056,653

Sire, sous nos rois, ce chapitre ne coûtait que 736,961 francs. Sous les assemblées législatives, il ne s'est jamais élevé à 1,500,000 francs.

Le Conseil pense qu'avec une volonté bien ferme, on pourrait se placer entre ces deux termes, surtout si Votre Majesté jugeait qu'un seul ministère, aidé par des membres de votre Conseil, peut mener tout ce département.

CHAPITRE II.

SOLDE EN GÉNÉRAL.

Le Conseil pense, Sire, qu'il est digne de Votre Majesté de porter dans l'acquittement de la solde un ordre tel qu'on sache enfin, chaque année, ce qu'elle doit coûter et ce qu'elle coûte.

État-Major général.

L'État-Major général des armées coûte à Votre Majesté, sans y comprendre le logement et les fourrages, environ 13,229,000 francs.

Sous l'ancien régime, tout cela ne coûtait, y compris les grands gouvernements, que 5,800,000 francs.

Savoir :

	francs
État-major de l'armée et des armes..........	225,705
Gouverneurs, lieutenants généraux, officiers des divisions et des places	5,367,118
Maréchaux de France et connétables..........	283,331
TOTAL	5,876,154

Commissaires des guerres et inspecteurs.

	francs
Les inspecteurs aux revues coûtent...........	1,096,375
Les commissaires des guerres................	1,517,000
Frais de bureau des inspecteurs..............	300,000
Frais de bureau des commissaires des guerres..	400,000
TOTAL	3,313,375

On ne portait, sous l'ancien régime, cette dépense qu'à 1,500,000 francs.

Le Conseil a pensé qu'on pourrait aisément faire, sur cet article, une forte économie.

Garde impériale : 11,500,000 francs.

Le Conseil a trouvé cette dépense considérable.

Votre Majesté peut seule juger si cet article n'est pas susceptible de réduction.

Vétérans.

Il y a longtemps que Votre Majesté a reconnu que ce corps coûte beaucoup à l'État et ne lui sert à presque rien. Le Conseil pense qu'il serait possible de faire sur cet article une grande économie.

Gendarmerie.

La gendarmerie coûte à peu près cinq fois plus qu'elle ne coûtait jadis.

CHAPITRE III.

SOLDE DE RETRAITE.

Toute la législation de cette partie doit être revue ; une extrême sévérité peut seule diminuer les dépenses énormes de cet article.

Sire, il est bien à désirer, il est même indispensable de donner plus de stabilité aux emplois militaires : c'est une suite nécessaire des changements faits dans l'organisation sociale.

CHAPITRE IV.

ARTILLERIE.

Le Conseil a applaudi à la quotité de fonds accordés à l'artillerie et à la manière dont ils sont distribués. Cependant, il pense qu'un million ne suffira pas pour les poudres, qu'il sera possible, selon les apparences, de faire quelque économie sur les transports d'artillerie ; qu'ainsi, ces deux articles se compenseront.

CHAPITRE V.

GÉNIE.

Le chapitre du matériel du génie, quoique plus fort qu'il ne l'a été jusqu'à présent, loin de nous paraître excessif, nous a paru extrêmement réduit, vu l'état de dégradation de nos casernes et de nos places. Il serait bien à désirer que les circonstances permissent à Votre Majesté d'attribuer, pendant quelques années, une somme plus forte pour le chapitre qui nous occupe.

CHAPITRE VII.

DÉPENSES DIVERSES, ETC.

Ce chapitre, qui se compose d'une infinité de petits articles, nous a paru en masse le plus susceptible de réduction. Nous ne nous permettrons d'en articuler aucun puisque les détails nous manquent.

ADMINISTRATION DE LA GUERRE.

Les éléments qui ont servi à calculer les dépenses relatives aux masses et aux autres articles du budget du Ministre directeur, nous eussent été aussi nécessaires que ceux du Ministre de la guerre. Car, si l'on ignore le nombre effectif des hommes de chaque grade et de chaque arme, ainsi que le prix des objets à leur distribuer, on ne peut présenter que des observations bien vagues. Toutefois, pour obéir à Votre Majesté, nous lui dirons que presque tous les articles du budget du Ministre directeur nous ont paru trop faibles, s'il est vrai que nous ayons, en effet, le nombre de troupes pour lequel le Ministre de la guerre demande la solde, et surtout si la partie de l'armée qui est en face de nos ennemis y reste pendant l'année entière.

Les deux articles qui nous ont paru les plus faibles sont les remontes et le campement. Il est, Sire, de toute nécessité que votre cavalerie reçoive, chaque année, de 6,000 à 7,000 chevaux de remonte qui coûtent chacun de 300 à 400 francs, ce qui suppose une dépense de 2,800,000 francs, ou au moins 2,000,000 de francs, et Votre Majesté n'a affecté qu'un million à cet objet.

Les 400,000 francs affectés au campement ont paru également disproportionnés aux besoins de ce service.

Les 20,000,000 affectés aux fourrages ne donnent que 310 fr. par homme à peu près, et nous savons que nulle part la ration n'est au-dessous de 1 franc, et qu'en beaucoup d'endroits elle est bien au-dessus.

Si nous vivions encore, Sire, dans un temps où il fallait une loi pour changer la destination de la plus petite somme, nous craindrions ou qu'il ne fallùt souvent recourir au législateur, ou que des parties importantes du service ne fussent en souffrance; mais, la répartition des fonds étant tout entière entre les mains de Votre Majesté, nous croyons qu'il est non seulement possible, mais même qu'il sera facile, si le département de la guerre reçoit 21,000,000 par mois, de suffire aux différentes dépenses de l'armée, surtout si les circonstances permettent à Votre Majesté d'exécuter les grands projets qu'elle paraît avoir conçus, ou de donner une attention un peu suivie aux différentes branches de cette importante administration.

Mathieu Dumas.

Lacuée.
Petiet.
Dessolles (1).

---

(1) *Archives nationales*, AF[IV], 1244.

BUDGET DE L'AN 1806 (1).

ARTICLES DE DÉPENSE.	SOMMES ALLOUÉES en l'an XIII.	SOMMES DEMANDÉES pour l'an 1806.	OBSERVATIONS.
MINISTÈRE DE LA GUERRE.			
CHAPITRE Ier.			
Dépenses d'administration générale et intérieure.			
Traitement du Ministre	200,000	200,000 00	
Appointements et fournitures	1,050,000	1,025,980 00	
CHAPITRE II.			
Solde d'activité, traitement extraordinaire et frais de bureau.			
Art. 1er. Connétable de l'Empire Maréchaux de l'Empire Colonels généraux, grands officiers Gouverneur général de la 27e Etat-major général Etat-major des places Inspecteurs aux revues Commissaires des guerres Infanterie Troupes à cheval Artillerie Génie Garde impériale Vétérans Gendarmes Ecoles Troupes auxiliaires Officiers de santé	100,000,000	127,560,144 00	
Art. 2. Pain de soupe	....	6,042,384 00	
Art. 3. Traitement extraordinaire des officiers généraux aux armées et au commandant d'armes	2,818,892	1,035,000 00	
Art. 4. Frais de bureau des états-majors, des inspecteurs, des commissaires des guerres, du génie, frais de tournée, etc.	642,200	2,105,208 00	
CHAPITRE III.			
Solde de retraite	25,000,000	22,564,720 00	
Traitement de réforme		3,398,600 00	
A reporter	129,711,092	163,932,036 00	

(1) Y compris les 100 jours de l'an XIV (Décret du 24 fructidor an XIII, art. 2).

ARTICLES DE DÉPENSE.	SOMMES ALLOUÉES en l'an XIII.	SOMMES DEMANDÉES pour l'an 1806.	OBSERVATIONS.
Report...	129,711,092	163,932,036 00	
CHAPITRE IV.			
Artillerie.			
Art. 1er. Écoles, construction, salles d'armes et parcs d'artillerie	2,076,550	4,192,200 00	
Art. 2. Armes portatives	6,000,000	6 960,000 00	
Art. 3. Bouches à feu	1,571,520	1,723,000 00	
Art. 4. Poudres	1,000,000	1,120,000 00	
Art. 5. Transports militaires et artillerie	1,500,000	1,600,000 00	
CHAPITRE V.			
Génie.			
Art. 1er. Réparation d'anciens établissements militaires	3,970,700	4,270,000 00	
Art. 2. Construction d'établissements militaires	308,300	900,000 00	
Art. 3. Réparations d'anciennes places	1,000,000	2,000,000 00	
Art. 4. Construction de nouvelles places	4,776,000	4,600,000 00	
Art. 5. Dépenses du génie pour l'Armée des côtes	420,000	600,000 00	
Art. 6. Dépôt des plans. Écoles d'artillerie et du génie	100,000	100,000 00	
Art. 7. Dépenses imprévues	425,000	1,130,000 00	
CHAPITRE VI.			
Masses de la Garde impériale		»	
— de boulangerie		682,258 00	
— de chauffage		306,230 45	
— corps de garde		80,050 00	
— casernement		133,310 03	
— hôpitaux		240,486 35	
— habillement des officiers		212,400 11	
— habillement de la troupe		1,703,888 75	
— 1res mises d'habillement		862,800 00	
— — pour les officiers	6,000,000	36,000 00	
— — d'entretien		221,350 57	8,595,965 41 (1806)
— de fourrages		2,635,175 90	
— de remontes		526,087 25	
— 1res montures des officiers		90,000 00	
— ferrage, etc.		182,180 61	
— frais de bureau		33,600 00	
— logement des officiers		206,748 00	
— supplément d'étape		300,000 00	
— achat de lits		142,399 50	
A reporter	158,859,162	201,122,201 52	

ARTICLES DE DÉPENSE.	SOMMES ALLOUÉES en l'an XIII.	SOMMES DEMANDÉES pour l'an 1806.	OBSERVATIONS.
Report...	158,859,162	201,122,201 52	
CHAPITRE VII.			
Dépenses diverses et imprévues.			
1° A S. A. S. le prince de Lucques pour entretien de troupes	»	100,000 00	
2° Frais de bureau du gouverneur de Paris, des états-majors, des secrétaires des places	642,200	967,200 00	
3° Recrutement, gendarmerie, frais, secours aux veuves	1,893,624	1,576,794 00	
4° Gratifications	1,132,000	650,000 00	
5° Dépôt général, ingénieurs géographes	528,337	634,340 00	
6° Comité des revues, appointements, fournitures et chauffage	56,653	78,253 00	
7° Ecole impériale de Fontainebleau	127,350	100,000 00	
Ecole polytechnique	275,052		
Dépenses extraordinaires et imprévues.			
Diverses gratifications et indemnités actuellement accordées par Sa Majesté à plusieurs officiers généraux	3,627,822	900,000 00	
Fourrages au gouverneur de Paris et aux officiers de l'état-major			
Indemnité aux inspecteurs aux revues et autres dépenses accidentelles et imprévues y compris les pertes faites à l'ennemi (800,000)			
Loyer de chevaux fournis pour le service de l'artillerie par l'entrepreneur Kayser (100,000)			
Remboursement de l'excédent du prix des fourrages pour la gendarmerie	Mémoire.	»	Ce remboursement n'a eu lieu que dans la supposition du renchérissement des fourrages. On a réclamé pour l'an XIV : 1,700,000 francs.
TOTAUX	166,510,000	206,729,788 41	

(Total erroné. Les chiffres exacts sont 167,142,200, 206,728788 52.)

MINISTÈRE DE L'ADMINISTRATION DE LA GUERRE.

CHAPITRE Ier.			
Administration générale et intérieur	750,000	750,000 00	
CHAPITRE II.			
Boulangerie	19,500,000	23,400,000 00	
Fourrages en nature	20,000,000	21,970,000 00	
Indemnités de fourrages	1,500,000	2,000,000 00	
A reporter	41,750,000	48,120,000 00	

ARTICLES DE DÉPENSE.	SOMMES ALLOUÉES en l'an XIII.	SOMMES DEMANDÉES pour l'an 1806.	OBSERVATIONS.
Report...	41,750,000	48,120,000 00	
Convois militaires....................			
Transport par eau. Service journalier des casernes de Paris. Parc de Sampigny.			
Equipages, voitures de réquisition, etc...	5,000,000	13,300,000 00	
Étapes, supplément d'étapes; indemnité de route et fournitures extraordinaires......			
Chauffage, masse des corps..............			
Chauffage, fournitures en nature..........			
Chauffage et éclairage des corps de garde..	4,000,000	4,942,000 00	
Eclairage des bâtiments militaires.........			
Lits militaires............................	3,000,000	3,950,000 00	
Habillement.. 1re portion..............			
Habillement.. 2e portion...............	14,000,000	18,780,000 00	
Campement..............................	400,000	515,000 00	
Indemnité de logement..................	3,000,000	3,400,000 00	
Hôpitaux militaires.....................	6,000,000	15,000,000 00	
Remontes...............................	2,000,000	3,500,000 00	
CHAPITRE III.			
Fournitures extraordinaires de vivres et d'habillement..........................			
Indemnité en remplacement de vivres......	13,000,000	16,500,000 00	
Fournitures de campagne................			
Approvisionnements extraordinaires.......			
Habillement............................	6,000,000	4,500,000 00	
CHAPITRE IV.			
Invalides..............................			
Subsistance et entretien................	3,000,000	3,687,000 00	
Frais d'administration..................			
CHAPITRE V.			
Gîte et géolage........................	150,000	150,000 00	
Frais de bureau des commissaires des guerres, frais d'impression, postes militaires de Tarente, dépenses diverses, traitement des employés attachés à la Grande Armée....	2,300,000	692,000 00	
Dépenses diverses et imprévues...........	1,400,000	3,000,000 00	
TOTAUX..............	105,000,000	140,036,000 00	

RÉCAPITULATION PAR CHAPITRE.

CHAPITRE Ier..........................	750,000	750,000 00
— II..........................	78,400,000	110,757,000 00
— III..........................	19,000,000	21,000,000 00
— IV..........................	3,000,000	3,687,000 00
— V..........................	3,850,000	3,842,000 00
TOTAUX..............	105,000,000	140,036,000 00

Archives nationales, AFIV, 1245.

La situation financière en 1805.

Le trésor était dans un véritable état d'épuisement à la suite de deux années de préparatifs ruineux. Cet épuisement était tel que Napoléon n'avait pu composer ce qu'il appelait le trésor de sa Grande Armée que de quelques millions provenant pour la plus forte partie de son épargne personnelle. Les entrepreneurs des services ministériels, qui se prétendaient tous en avance et devenaient plus exigeants parce qu'ils étaient plus nécessaires, avaient menacé de suspendre leurs livraisons. Pour que les vivres, les équipages, l'artillerie nécessaires à une armée de 100,000 hommes pussent la suivre dans son élan des côtes de la Picardie au cœur de la Bavière, il avait fallu venir au secours des principaux fournisseurs, et, à défaut d'autres moyens, on avait été réduit à leur donner en payement 10,000,000 de domaines nationaux. Le trésor public avait déjà engagé une partie des revenus de 1806 en négociant les obligations souscrites par les receveurs généraux sur les recouvrements de cette année ; la Banque était assaillie de demandes pour le remboursement de ses billets, parce qu'elle avait été trop libérale d'escomptes, tant en faveur des hommes qui, sous le titre de faiseurs de service, vendaient au trésor l'illusion de leur crédit, qu'à l'égard de maisons nouvelles qui se prêtaient leurs signatures et inondaient la place de leurs traites collusoires. Ainsi les embarras s'étendaient de la fortune publique aux affaires privées, et tous les symptômes d'une crise grave et prochaine se manifestaient déjà avant le départ de Napoléon pour l'Allemagne. M. Marbois, alors ministre du trésor, avait sans doute entrevu le mal ; Napoléon se le dissimulait encore moins ; il ne voyait et ne cherchait de remède que dans la victoire.

(*Mémoires de Mollien*, page 407.)

L'Empereur à M. Estève, trésorier général de la couronne.

Camp de Boulogne, 10 fructidor an XIII (28 août 1805).

Monsieur Estève, je désirerais que vous pussiez me réaliser dix millions en argent ; vous les avez en billets de caisse. Si vous alliez convertir sur la place de Paris dix millions de billets de caisse en argent, vous occasionneriez une secousse très funeste pour la Banque. Il faut donc tâcher de réaliser successivement deux millions en argent sans secousse. Servez-vous pour cela de M. Mollien (1), que vous mettrez seul dans votre confidence. Échangez-m'en une partie en obligations de l'échéance de vendémiaire et brumaire, sur les départements du Rhin, de la Belgique et autres départements à portée du Rhin, de manière que, dans le courant de vendémiaire et brumaire, je puisse réaliser ces obligations pour mon service. Si vous pouvez réaliser les dix millions en argent sans faire tort à la Banque, faites-le, mais prévenez-m'en avant de rien faire. Il est intéressant pour moi d'avoir désormais dix millions d'argent dans ma caisse, surtout dans de telles circonstances, pour activer les opérations de mon armée. Il est nécessaire que vous envoyiez au quartier général à Strasbourg un caissier qui aura toujours quelques millions en argent. La solde de ma Garde impériale et de ma Garde royale sera aussi portée par ce payeur. Par ce moyen, ce service sera toujours parfaitement assuré.

Voyez M. de Lima (2), et pressez le recouvrement de quelques millions ; cela devient ridicule. Dites lui que je me plaindrai au Prince régent d'un pareil manquement de parole.

NAPOLÉON (3).

A M. Barbé-Marbois, ministre du trésor public.

Camp de Boulogne, 10 fructidor an XIII (28 août 1805).

. . . .

On a été obligé de violer la caisse du payeur pour la solde ;

---

(1) Directeur général de la caisse d'amortissement.
(2) Ambassadeur de Portugal.
(3) *Correspondance de Napoléon*, n° 9145.

on a pris 600,000 francs des sommes à ma disposition ; je n'ai pas voulu donner d'ordres, il a fallu recourir à la violation. Le payeur n'avait sans doute pas d'autres moyens, ou bien il est coupable.

Je crois devoir vous prévenir que l'armée fait un mouvement sur le Rhin ; que la guerre est à peu près certaine ; que, d'après les préparatifs de l'Autriche, je suis forcé à couper ce nouveau nœud gordien avant qu'ils deviennent redoutables.

Comme l'armée fait son mouvement en masse, le payeur se porte sur le Rhin, ainsi que toute la trésorerie de l'armée. Il faut donc que vous dirigiez tout le service de l'armée sur les départements du Rhin et que vous donniez, de préférence, les obligations de ce pays. Cependant, mon intention, si l'on vous parle de ce mouvement, est que vous disiez qu'un détachement de 30,000 hommes s'est rendu sur le Rhin.

M. Maret vous aura envoyé deux décrets. Par l'un, vous devez faire recette d'un million sur les quatre de la caisse d'amortissement provenant des effets militaires, et vous devez sur-le-champ distribuer ce million entre les différents bataillons du train, pour les mettre dans le cas d'acheter 5,000 chevaux, et entre quelques régiments d'artillerie légère. Le second décret vous enjoint de faire recette de 1,200,000 francs du même fonds, et vous devez sur-le-champ le distribuer entre les régiments de l'armée pour dépense extraordinaire de capotes et de souliers. Il ne restera donc plus de ces 4,000,000 que 1,800,000 francs ; je désire qu'ils soient à ma disposition dans la caisse du payeur à Strasbourg.

NAPOLÉON (1).

L'Empereur à M. Villemanzy, inspecteur en chef aux revues.

Boulogne, le 12 fructidor an XIII (30 août 1805).

M. Villemanzy prendra la note des traites et le jour de leur échéance, que le payeur de l'armée a sur Arras ; il se rendra de suite dans cette ville, vérifiera les caisses et se fera rendre

(1) *Correspondance de Napoléon*, n° 9146.

compte pourquoi l'argent n'a pas été versé. S'il y a des fonds, il les fera expédier sur-le-champ au payeur. Il dressera un procès-verbal détaillé de cette opération.

NAPOLÉON.

L'Empereur à M. Barbé-Marbois.

Boulogne, 12 fructidor an XIII (30 août 1805).

Monsieur Barbé-Marbois, vous avez envoyé au payeur de l'armée un fonds à ma disposition. La solde manque à Boulogne ; sans ce fonds, je ne sais comment j'aurais fait. M. Després se moque de moi. Il saisit le moment où je me trouve à mon armée pour la faire manquer de tout. Mon armée est à marches forcées et a la solde jusqu'au 15, moyennant qu'on a absorbé le fonds destiné pour les opérations extraordinaires. Si MM. Roger et Després (1) sont dans l'intention de faire manquer mon service, ils en prennent bien le chemin.

Je me trouve dans une situation où je ne me suis pas trouvé au temps de l'armée de réserve. La seule chose à laquelle M. Dufresne (2) pourvoyait, quand la pénurie était extrême, était de ne point laisser manquer la solde de l'armée. M. Després tire 1,000,000 sur le payeur d'Arras qui ne peut rien donner. Il me semble que les conditions de M. Després sont assez avantageuses. Le service de l'armée ne se fait qu'avec un retard immense et à prix double de ce que tout coûterait, parce que les payements sont illusoires.

Envoyez sur-le-champ 3,000,000 pour assurer la solde, mais non en chiffons de papier qui ne sont pas échus. Désormais, quand je voudrai avoir un fonds en réserve, je n'en chargerai point le trésor public, puisqu'il est illusoire pour lui et qu'il compte sur ce fonds pour le service courant.

Il est aussi extraordinaire qu'on ait changé le payeur sans

---

(1) Roger, 1er commis du Ministre du trésor, chargé des relations avec les faiseurs de service, qui négociaient les effets à terme du trésor public. Després, ancien agent de change, était, avec Ouvrard et Vanlerberghe, à la tête de la combinaison des *Négociants réunis*.

(2) Ancien directeur du trésor.

ma permission. Je laisse MM. Després et Roger assez maîtres de mes affaires, ils ne devraient pas laisser 150,000 hommes manquer de solde. Vous trouverez que j'ai de la mauvaise humeur; à ma place, qui que ce soit en aurait plus. Si, ensuite, l'argent du trésor est employé à secourir la Banque, c'est-à-dire à escompter des papiers de circulation, je ne puis plus compter sur rien. Si la loi était suivie, je ne serais pas jeté dans l'état de crise où elle me met. Serai-je réduit, à Boulogne à perdre quinze jours, ou à voir déserter mon armée, faute de solde ? Si cela est, mes affaires ont bien empiré depuis l'an VIII.

Expédiez 3,000,000 au payeur général de l'armée de Strasbourg.

NAPOLÉON.

Boulogne, 14 fructidor an XIII (1er septembre 1805).

NAPOLÉON, Empereur des Français, Roi d'Italie,
Sur le rapport du Ministre de la guerre,

AVONS DÉCRÉTÉ ET DÉCRÉTONS ce qui suit :

ART. 1er.

Il sera attaché à la suite de chaque régiment entrant en campagne, un fourgon d'ambulance de premiers secours attelé de quatre chevaux, destiné à transporter au moins six blessés. A cet effet, chaque fourgon devra contenir une caisse d'instruments de chirurgie au complet; une caisse complète de médicaments ; 100 livres de charpie, deux matelas et deux brancards de sangle.

ART. 2.

Ces fourgons seront confectionnés dans l'un des ateliers de construction de Sampigny d'après le devis qui en sera dressé.

ART. 3.

La caisse complète d'instruments de chirurgie ne sera reçue qu'après une déclaration préalable des officiers de santé en chef de l'armée sur la bonté et la solidité des instruments.

Le directoire central des hôpitaux, d'après l'ordre du Ministre directeur, fera fournir des linges à pansements, la charpie, les matelas et brancards dont le payement sera à la charge des régiments.

Les médicaments sont fournis du Magasin général de la pharmacie ; ils ne consisteront qu'en objets de premiers secours pour le champ de bataille.

ART. 4.

Il sera accordé à chaque régiment une somme de 3,000 francs au moyen de laquelle ils se pourvoieront dans le plus court délai, de tous les objets mentionnés ci-dessus.

ART. 5.

Il sera payé tous les mois sur revues une somme de 50 francs pour l'entretien des fourgons et des chevaux, et pour la solde des charretiers. Les subsistances seront fournies par les magasins de l'armée.

ART. 6.

Les Ministres de la guerre, de l'administration de la guerre et du trésor public, sont chargés, chacun en ce qui le concerne, de l'exécution du présent décret.

Signé : NAPOLÉON.

Rapport à l'Empereur.

Boulogne, 17 fructidor an XIII (4 septembre 1805).

L'habillement de tous les corps faisant partie de la Grande Armée est en général en bon état. Tous ont reçu leur habillement de l'an XIII, à quelques légères exceptions près, et plusieurs d'entre eux ont déjà reçu partie de l'habillement de l'an XIV ; mais il serait bien essentiel que ceux d'entre eux qui ont obtenu des secours en argent sur les exercices an XII et an XIII, lesquels ne leur sont pas encore payés, les reçussent le plus promptement possible, afin qu'ils pussent payer leurs dettes et rembourser les emprunts qu'ils ont faits à leurs masses de linge et chaussure.

A l'égard des corps de troupes légères à cheval, dont le harnachement est en mauvais état à cause du service actif qu'ils font depuis près de deux ans sur les côtes, il sera possible de leur accorder en dédommagement les selles neuves ou bonnes qui existent dans plusieurs magasins, notamment dans celui de Strasbourg.

DEJEAN.

M. Dejean au maréchal Berthier.

Paris, 17 fructidor an XIII (4 septembre 1805).

J'ai reçu, Monsieur le Maréchal, avec la lettre que vous m'avez fait l'honneur de m'écrire le 14 de ce mois, le rapport que vous aviez fait à l'Empereur pour faire avancer, aux corps de l'Armée des côtes de l'Océan qui marchent vers le Rhin, la moitié des fonds qui doivent leur être faits en vertu du décret impérial du 10 de ce mois, pour l'achat du remplacement des redingotes à raison du tiers de l'effectif, et de la fourniture d'une paire de souliers à l'effectif.

Je vais répartir à chacun de ces corps les sommes qui leur reviennent, à l'exception de ceux d'artillerie et du génie, qui ne sont compris qu'en masse dans la récapitulation de l'état joint à votre rapport, ce qui me met dans l'impossibilité de reconnaître ce qui revient à chacun d'eux en particulier.

Je crois devoir vous observer, Monsieur le Maréchal, que dans l'état des mêmes corps qui m'a été adressé le 15 de ce mois par le secrétaire général de votre ministère, la division de dragons à pied s'y trouvait comprise. Comme elle ne fait pas partie des troupes portées dans l'état que vous m'avez adressé directement, je ne fais aucune disposition de fonds en leur faveur ; mais je pense qu'elle y a droit comme les autres corps d'infanterie, puisque les hommes qui la composent ont reçu précédemment des redingotes et une paire de souliers en gratification.

Je vous serai obligé en conséquence, Monsieur le Maréchal, de vouloir bien m'adresser le plus tôt possible l'état de l'effectif de chaque corps de l'artillerie à pied et du génie de l'Armée des côtes qui marchent vers le Rhin, et de me marquer si je dois faire participer la division de dragons à pied au secours accordé par décret impérial du 10 de ce mois.

J'ai l'honneur.....

DEJEAN.

Le capitaine du génie Lejeune au maréchal Berthier.

Paris, le 19 fructidor an XIII (6 septembre 1805).

J'ai l'honneur de vous prévenir que j'ai fait charger sur les voitures de l'entreprise des transports directs des bagages de l'armée :

	11,637	paires de souliers du magasin de Boulogne;		
	2,000	—	—	d'Étaples ;
	900	—	—	d'Ambleteuse.
TOTAL :	14,537	paires de souliers,		

qui sont parties de Boulogne le 16 fructidor et qui seront arrivées à Strasbourg le 3 vendémiaire.

Le directeur de cette entreprise s'étant engagé, par un écrit laissé entre les mains de M. le commissaire des guerres Lenoble, à transporter lesdits souliers à Strasbourg par le moyen de ses rouliers, je n'ai pas cru devoir les faire escorter par les douze gendarmes qui en étaient chargés, et je les ai laissés au commandant de la gendarmerie, qui me les demandait pour faire escorter le trésor de l'armée.

LE JEUNE,
Capitaine du génie.

L'Empereur au général Dejean.

Saint-Cloud, 23 fructidor an XIII (20 septembre 1805).

Le 18 de ce mois, il n'y avait que très peu de biscuit à Strasbourg ; le commissaire des guerres qui est là allait lentement et paraît avoir très peu de moyens. Il attendait l'armée pour avoir des boulangers ; cependant, quand l'armée sera arrivée, il sera assez occupé pour la nourrir.

NAPOLÉON.

---

(1) *Correspondance de Napoléon*, n° 9197.

FEUILLE DE TRAVAIL.

Travail de M. le maréchal Berthier, ministre de la guerre, avec S. M. l'Empereur et Roi.

Du 24 fructidor an XIII (11 septembre 1805).

1° Situation de la levée des 30,000 conscrits de l'an XIII. — Compte rendu.

2° Situation de la levée des 15,000 conscrits de la réserve de l'an XIII. — Compte rendu.

3° Situation de la levée des 5,000 conscrits de la réserve des ans XI et XII. — Compte rendu.

4° Situation des 112 régiments d'infanterie de ligne. — Compte rendu.

5° Situation de la 1re légion du Midi. — Compte rendu.

6° Situation en France des 7e et 86e régiments d'infanterie de ligne, et 5e régiment d'infanterie légère, ainsi que celle des bataillons de dépôt des 66e et 82e régiments de ligne. — Compte rendu.

7° Nombre d'hommes réformés dans les différents corps de l'armée depuis le dernier compte qui en a été soumis à Sa Majesté. — Compte rendu.

8° Projet de décret relatif à la formation d'un régiment de chasseurs d'ordonnance, qui aura la même composition que les régiments de chasseurs à cheval au pied de guerre, les mêmes masses et administration, et la même part aux distributions. La solde sera la même que celles dont jouissaient les compagnies de guides des généraux en chef.

9° Projet de décret relatif à la création de six compagnies d'armuriers pour la réparation des armes.

10° Projet de décret relatif à la création de 62 emplois de capitaines d'artillerie à résidence fixe.

11° et 12° Projet de décret demandé par Sa Majesté sur la proposition faite par M. le maréchal Bessières d'attacher une ambulance aux 6,000 hommes de la Garde impériale et royale qui doivent faire partie de la Grande Armée, et d'accorder — Approuvé.

le nombre de guimbardes d'augmentation et de caissons qu'exige le service de la guerre.

13° Projet de décret relatif à la fabrication et à la destination des armes de guerre. — Renvoyé au Conseil d'Etat.

14° Projet de décret et rapport relatif aux besoins des corps de sapeurs pour leur service de campagne, de plusieurs espèces d'outils, comme pelles, pioches, haches et serpes. — Renvoyé au Conseil d'Etat.

15° On propose à Sa Majesté de décider que la compagnie de réserve des Basses-Pyrénées restera de la 5e classe, et que celle des Hautes-Pyrénées sera de la même classe, mais qu'elle fournira l'escouade que la première devait envoyer au château de Lourdes. — Renvoyé au Conseil d'Etat.

16° État de répartition de la somme de 101,337 fr. 08, à payer pour acompte de solde due sur l'an IX aux corps qui y sont dénommés, tant d'après les décomptes arrêtés par le bureau central que d'après les décisions particulières. — Approuvé.

17° Extrait d'un rapport relatif aux moyens à employer pour opérer le desséchement des marais de Piombino, Torre-Mozza, Scarlino et Torre-Nuova; on prie Sa Majesté de faire connaître ses intentions à cet égard. — Remis.

18° Compte de la situation du receveur général du département du Pas-de-Calais, vérifié d'après les ordres de Sa Majesté, par M. Villemanzy, inspecteur en chef aux revues (1). — Compte rendu.

19° On soumet à l'approbation de Sa Majesté un état de 21 militaires que M. le maréchal Mortier a désignés pour être appelés dans l'artillerie de la Garde. — Approuvé.

20° Projet de décret pour faire payer par extraordinaire une somme de 51,470 fr. 41 aux 34 régiments d'infanterie pour acquit de la solde arriérée des ans VIII et IX. — Approuvé.

---

(1) Voir l'ordre p. 556.

21° On a proposé à Sa Majesté de fixer la composition de la gendarmerie destinée au service des ports et arsenaux de l'arrondissement de Gênes. Décret signé.

22° On propose à Sa Majesté de mettre à la disposition du Ministre de la guerre un fonds de 71,734 fr. 62, dont 55,734 fr. 62 seront employés à la première mise d'habillement de 40 gendarmes à cheval et 333 à pied, pris tant dans la ligne que parmi les militaires indigènes pour entrer dans la composition de la 28e légion, et 16,000 francs seront répartis par forme d'avance entre les 40 gendarmes à cheval pour faciliter l'achat de leurs chevaux et effets de harnachement. Remis.

23° Proposition de décréter qu'il est accordé, à titre de gratification, au général de brigade Valory, en considération de ses services, une somme de 15,699 fr. 28 (dont il se trouve reliquataire envers le 12e régiment d'infanterie légère, qu'il commandait avant sa promotion au grade de général de brigade). Décret signé.

24° On prie Sa Majesté de faire connaître si son intention est de faire jouir le général la Houssaye du supplément de guerre depuis le 11 pluviôse an XII jusqu'au 11 floréal an XIII, qu'il a commandé sur les côtes, et de lui accorder en conséquence une somme de 3,145 francs à titre de gratification. Remis.

25° Proposition d'accorder, à titre d'indemité, au sieur Tascher, sous-lieutenant au 8e régiment de hussards, le montant de ses appointements depuis le jour de sa nomination jusqu'à celui de son arrivée au corps. Remis.

26° On propose d'adopter la fixation actuellement suivie pour les payements des frais de bureau des états-majors des divisions. Remis.

27° Projet d'une nouvelle fixation pour les frais de bureau et de tournée des inspecteurs et sous-inspecteurs aux revues, à compter du 1er vendémiaire de l'an XIV. Remis.

28° On propose à Sa Majesté d'approuver qu'il soit accordé une somme de 19,100 francs, à titre d'indemnité, aux inspecteurs et sous-inspecteurs aux revues désignés dans l'état ci-joint, à prendre sur les fonds destinés à cette dépense. — Remis.

29° Proposition de décider que l'article 20 de la loi du 18 floréal an III sera applicable à l'arme du génie. Cet article porte, pour l'arme de l'artillerie, que, lorsque un sergent-major moins ancien que les adjudants sera fait second lieutenant, les adjudants jouiront de la différence de la solde d'adjudant aux appointements du grade de second lieutenant. — Remis.

30° On demande à Sa Majesté si le directeur des télégraphes près de la Grande Armée, sera payé de ses appointements et du supplément qui lui est accordé, par le Ministre de l'intérieur ou par le Ministre de la guerre. — Le Ministre de l'intérieur continuera à payer le traitement, et le Ministre de la guerre le supplément.

31° Proposition de nommer commandant militaire du Prytanée français le général de brigade G.-L. Duteil d'Aujanne, actuellement sous-inspecteur aux revues. — Remis.

NAPOLÉON.

L'Empereur au ministre Dejean.

Saint-Cloud, 25 fructidor an XIII (12 septembre 1805).

Le tiers des capotes n'est pas suffisant pour les corps ; il faut en accorder un autre tiers. Présentez un projet de décret sur cet objet, avec un tableau qui fasse connaître quelle doit être la distribution de ce tiers entre chaque régiment. Je porte le payement sur la distribution des mois de vendémiaire et brumaire.

Le général de division Belliard, chef d'état-major de la réserve de cavalerie et de dragons, au Ministre de la guerre.

Strasbourg, le 28 fructidor an XIII (15 septembre 1805).

J'ai l'honneur de prévenir Votre Excellence que je suis arrivé aujourd'hui à Strasbourg (1), où j'ai pris les ordres de S. A. S. le prince maréchal d'Empire Murat, lieutenant de Sa Majesté Empereur et Roi.

Le prince Murat, Monseigneur, me charge de vous informer qu'il n'y a encore d'arrivé à Strasbourg aucun commissaire, aucun chef d'administration, et cependant il est urgent de prendre des mesures pour assurer les subsistances et le service des fourrages dans les différents endroits que doit occuper la Grande Armée. Le prince Murat, Monseigneur, vous prie de donner des ordres pour que chacun arrive à son poste le plus tôt possible.

BELLIARD.

Le prince Murat à l'Empereur.

Au quartier général de Strasbourg, le 28 fructidor an XIII (15 septembre 1805).

..... M. Meyer, chargé de la fourniture des fourrages dans la 5e division militaire, vient de m'exposer, dans un long mémoire, les craintes qu'il a de ne pouvoir assurer ce service. Il se plaint avec amertume des accaparements qu'on s'est empressé de faire aussitôt qu'on a eu connaissance de la marche de l'armée sur le Rhin, tandis que, d'un autre côté, il éprouva des refus pour le versement des fonds qu'il devait toucher en vertu de ses crédits sur diverses maisons de Strasbourg, Bâle et Francfort. Dans l'embarras où il se trouve, il me propose un appel aux communes pour un contingent que chacune serait obligée de fournir à ses magasins d'après une répartition faite par le préfet, et sur la promesse de les payer à mesure des versements. Je n'ai pas cru devoir adopter une telle mesure, l'or-

(1) Belliard commandait la 24e division à Bruxelles. Il fut remplacé à la tête de ce commandement par le général de brigade Dumoulin (voir le n° 11 du *Registre de correspondance* du général Belliard).

donnateur de la division m'ayant assuré que les fourrages étaient assurés pour quinze jours et tout me faisant présumer que nous ne tarderons pas à passer le Rhin, motif que je n'ai pas dû faire connaître à M. Meyer.

J'ai l'honneur d'être, Sire, de Votre Majesté,
le très humble et très dévoué serviteur et sujet.

MURAT.

Le Secrétaire d'État au Ministre directeur de l'administration de la guerre.

Saint-Cloud, 29 fructidor an XIII (16 septembre 1805).

Sa Majesté croit, Monsieur, vous avoir écrit pour vous inviter à faire parvenir à l'armée le second tiers des capotes. Elle désire que vous lui remettiez un état du nombre des capotes données pour le premier tiers et que vous lui proposiez un projet de décret pour le second tiers.

Sa Majesté désire également que vous lui présentiez un projet de décret pour donner une nouvelle paire de souliers aux sept corps de la Grande Armée et à l'armée d'Italie. Il sera ordonné sur-le-champ aux corps de faire confectionner ces souliers, qui seront payés un tiers par avance en vendémiaire et les deux tiers en brumaire. Sa Majesté me charge, de plus, Monsieur, de vous inviter à lui présenter l'état par lequel vous aurez fixé le nombre de paires de souliers qui sera donné à chaque corps. Elle pense que, sans cette mesure, l'armée d'Italie viendrait bientôt à manquer de souliers, et qu'en transmettant vos ordres aux corps, vous leur ferez connaître que cette mesure vient au secours de leurs masses.

Hugues B. MARET.

Le général de division Belliard, chef d'état-major de la réserve de cavalerie et de dragons, au Major du 15e régiment d'infanterie de ligne.

Strasbourg, 29 fructidor an XIII (16 septembre 1805).

D'après vos observations, je vous préviens, Monsieur le Major, que S. A. S. le prince Murat vous autorise à faire confectionner des capotes pour la totalité des hommes présents aux deux bataillons destinés à entrer en campagne, indépendamment du tiers de l'effectif accordé à chaque bataillon de guerre qui était sur les côtes, par l'ordre général de l'armée du 11 fructidor an XIII.

BELLIARD.

M. Dejean au maréchal Berthier.

Paris, le 29 fructidor an XIII (17 septembre 1805).

J'ai jugé convenable, Monsieur le Maréchal, de faire concourir un officier général à l'examen et à la réception de 2,400 chevaux, qui doivent être réunis à Sampigny, département de la Meuse, pour le service des équipages militaires à la Grande Armée, et j'ai fait choix, pour cette mission, du général de brigade Duverger, commandant le département de la Meuse. J'ai été déterminé dans ce choix par les témoignages qui m'ont été rendus de ses connaissances dans cette partie et par la proximité où il se trouve de Sampigny.

J'invite Votre Excellence à vouloir bien me faire savoir si elle ne voit point d'inconvénient au déplacement momentané de cet officier et, dans ce cas, à vouloir bien l'autoriser à se rendre au parc de Sampigny, d'après les instructions que je lui adresserai à ce sujet.

J'ai l'honneur de vous informer, au surplus, que je ferai pourvoir, sur les fonds mis à ma disposition, aux dépenses que son déplacement pourra nécessiter.

J'ai l'honneur, etc. DEJEAN.

Le général de division Belliard, chef d'état-major de la réserve de cavalerie et de dragons, à M. Raoul, officier au 36e.

Strasbourg, le 30 fructidor an XIII (17 septembre 1805).

D'après l'autorisation de S. A. S. le prince maréchal d'Empire Murat, M. Raoul, officier au 36e régiment, peut faire entrer à Strasbourg 3,600 paires de souliers, qu'il a fait confectionner de l'autre côté du Rhin.

Lorsque les souliers entreront, M. Raoul sera sur la rive pour les recevoir et il remettra au chef du bureau des douanes la présente autorisation, qui devra être renvoyée à l'état-major du Prince.

BELLIARD.

Administration de la guerre. — Travail avec S. M. l'Empereur et Roi.

1er jour complémentaire an XIII (18 septembre 1805).

N° 5. — Sa Majesté a fait les fonds nécessaires pour fournir un caisson d'ambulance de premier secours à chacun des corps de troupe à pied employés à la Grande Armée. On demande à Sa Majesté un fonds de 63,000 francs pour rendre la mesure commune aux régiments à pied de l'armée d'Italie. — Au travail de demain.

N° 6. — Il faut, pour payer la seconde paire de souliers que Sa Majesté vient d'accorder aux corps à pied de la Grande Armée...... 450,711 francs. — Remis.

En déduisant de cette somme celle de........................ 191,893

qui reste disponible sur le fonds de 1,200,000 francs accordé pour les premiers souliers et les redingotes, il suffira de faire un fonds de........................ 258,818 francs.

N° 8. — On présente à Sa Majesté l'état du nombre de capotes accordées en renouvellement d'un tiers aux corps qui composent la Grande Armée, ainsi qu'un projet de décret pour leur accorder le renouvellement d'un second tiers. — Remis.

N° 9. — On fait connaître à Sa Majesté les mesures prises pour accélérer la livraison des remplacements de l'habillement de l'an XIV. — Compte rendu.

N° 15. — État des fonds faits et à faire pour les remontes. — Remis.

N° 16. — Note sur la cherté des grains dans la 5e division et sur la nécessité de faire des appels. — Compte rendu.

1er jour complémentaire an XIII (18 septembre 1805).

D'après l'autorisation de S. A. S. le prince Murat, M. Vaprier, lieutenant au 57e régiment, peut faire entrer à Strasbourg 610 capotes et 1600 paires de souliers, qu'il a fait confectionner de l'autre côté du Rhin. Lorsque ces fournitures entreront, M. Vaprier sera sur la rive pour les recevoir et il remettra au chef du bureau des douanes la présente autorisation, qui, après avoir vérifié les objets désignés ci-dessus, la renverra au chef de l'état-major général.

Pareille autorisation a été donnée à M. Kail, adjudant-major au 46e régiment, pour faire entrer 600 capotes et 1600 paires de souliers.

ELLIARD.

Petiet, conseiller d'Etat, intendant général de la Grande Armée, au Ministre de la guerre.

Strasbourg, 1er jour complémentaire (18 septembre 1805).

J'ai reçu, Monsieur le Maréchal, la lettre que vous m'avez fait l'honneur de m'écrire le 29 fructidor pour m'informer des dispositions que vous avez prises pour faire confectionner à Würtzbourg 300,000 rations de biscuit. Je fais partir à l'instant le commissaire des guerres Jacqueminot pour surveiller cette fabrication. Il emporte avec lui, suivant les instructions de Sa Majesté, une somme de 50,000 francs pour les premières dépenses; je mande à M. Otto que je ferai solder exactement tout ce qui sera dû pour cet objet, aussitôt qu'il m'en adressera les états certifiés par lui.

Je n'ai pas trouvé à mon arrivée ici la fabrication du biscuit aussi avancée qu'on me l'avait fait espérer : il paraît que les causes principales du retard proviennent du défaut de fours; il y en a douze en réparation que le génie n'a pu mettre en état faute de fonds. J'ai prescrit au délégué du munitionnaire général de faire toutes les avances qui pourront être nécessaires. J'ai fait mettre également en réquisition des ouvriers; j'espère qu'avec ces moyens les douze fours pourront être mis en activité avant le 1er vendémiaire; en attendant, les quatorze fours qui sont actuellement disponibles seront employés uniquement à la fabrication du biscuit; le pain de munition sera cuit dans les fours particuliers des boulangers de la ville.

Je vais prendre les mesures nécessaires pour remplir les intentions de Sa Majesté relativement aux distributions de pain qui devront être faites au moment où l'armée se mettra en marche pour passer le Rhin. Il sera indispensable, Monsieur le Maréchal, que vous veuilliez bien m'en prévenir deux ou trois jours d'avance afin que le pain soit plus frais au moment du départ; on pourra d'ailleurs le faire au quart ou demi-biscuité, ce qui donnera les moyens de le conserver plus longtemps.

Les voitures de réquisition ne sont pas encore arrivées, mais elles sont en route; je les emploierai presque en totalité au transport des 600,000 rations de pain qui devront suivre l'armée.

Quant aux caissons, ils seront destinés à faire le service journalier tant des vivres que de l'ambulance. L'entrepreneur Breidt met la plus grande activité à l'achat des chevaux qui lui ont été commandés, mais je crains bien qu'on ne puisse pas les utiliser aussi promptement que les besoins l'exigeraient, car, d'après le rapport qui m'a été fait par l'inspecteur en chef des équipages que j'ai envoyé à Sampigny, il paraît qu'il n'y existe pas le quart des caissons qui sont nécessaires et qu'il n'y a pas de moyens suffisants pour obtenir le reste avant plusieurs mois.

PETIET.

P.-S. — Vous pouvez assurer Sa Majesté qu'il y aura au moins 1,200,000 rations de biscuits prêts pour le 6 ou le 7 vendémiaire (*28-29 septembre*). J'en fais venir 200,000 de Lille et 100,000 de Soissons et Landrecies qui seront ici dans huit jours.

L'Empereur au maréchal Berthier.

Saint-Cloud, 1er jour complémentaire an XIII (18 septembre 1805), vers minuit.

Je vois que Songis, le 28 fructidor, se plaint d'être sans fonds pour payer les voitures d'artillerie ; vous savez bien cependant que vous avez de l'argent à Strasbourg, à votre disposition pour cet objet. Ordonnez au payeur de Strasbourg de verser dans la caisse du parc ce qui est nécessaire pour payer les voitures.

Ordonnez que, sans perdre un moment, on réunisse tous les bateaux nécessaires pour jeter des ponts.

Envoyez le chef du bureau des fonds chez M. Barbé-Marbois, pour savoir s'il y a des fonds chez le payeur de Strasbourg, et écrivez toujours au payeur de verser 100,000 francs dans la caisse du parc pour payer les voitures.

Faites connaître au général Songis que j'approuve que l'artillerie de Davout se réunisse à Spire, celle de Soult à Landau, de Ney à Haguenau, de Lannes à Strasbourg; celle de la division Nansouty, de grosse cavalerie, devra se réunir, non à Pirmasens, mais à Oggersheim, vis-à-vis Mannheim; celle de la 2e division de grosse cavalerie, ne devra pas se réunir à Schelestadt, mais à Strasbourg; celle des dragons à cheval également à Strasbourg, ainsi que celle des dragons à pied.

NAPOLÉON (1).

Note (2) relative à diverses fournitures à faire en Franconie et en Souabe.

Würtzbourg, 13 septembre 1805.

Chevaux d'artillerie.

On en livrera dans l'espace de quinze jours.........	500
Huit jours après cette livraison..........................	500
Trois semaines après cette seconde livraison........	1,000
TOTAL.......	2,000

Le prix qu'on en demande est de 15 louis par cheval.

Biscuits ou farines.

On peut, dans l'espace de trois semaines, fournir 3,000 quin-

---

(1) *Correspondance de Napoléon*, n° 9239.

(2) Reçue de M. Otto, le 1er complémentaire, jointe à la lettre de Berthier à Songis du 2e complémentaire.

taux de farine, et même en cas de besoin urgent, on pourrait faire cette livraison quinze jours après la signature du contrat.

On demande 12 florins ($26^{l},8^{s}$) du quintal.

On croit qu'il vaudrait mieux que ce fût des boulangers français qui confectionnassent ces farines en biscuits; cependant, cette manutention pourrait aussi se faire par ceux du pays si cela était nécessaire.

Bœuf.

On ne peut que difficilement en fixer le prix, ne connaissant pas quelle en devait être la qualité. On se borne à assurer que l'on pourra réunir avec la plus grande facilité tout le bétail dont on aura besoin.

Le même fournisseur se chargera de la livraison de tous les articles spécifiés ci-dessus. Il donnera la caution qui lui sera demandée, mais comme ses fonds ne sont pas assez à sa disposition pour faire face à de semblables avances, il désirerait en recevoir une du gouvernement proportionnée à une livraison de l'importance de celle dont il s'agit.

Le général de division Belliard, chef d'état-major de la réserve de cavalerie et de dragons, au général Songis, inspecteur général d'artillerie.

Strasbourg, le 1er complémentaire an XIII (18 septembre 1805).

D'après ce qu'a écrit à S. A. S. le prince Murat, M. le préfet du département du Haut-Rhin, il paraît que le contingent des voitures, des chevaux et des hommes que ce dépôt devait fournir est arrivé à l'époque fixée, qu'il a été présenté au directeur du parc, auquel l'officier de gendarmerie, chargé de la conduite du convoi, a donné tous les papiers, qui ont été remis à M. l'inspecteur aux revues chargé du parc; que M. l'inspecteur aux revues s'est refusé de donner à l'officier le récépissé des équipages et qu'il a annoncé ne recevoir pour le service de l'artillerie que 100 voitures sur les 350 qui avaient été amenées; qu'elles seules recevraient des rations et que les autres pourraient s'en aller comme elles étaient venues.

Il résulterait de là, Monsieur le Général, que des hommes et des chevaux requis par un décret de Sa Majesté, se trouveraient sans pain, sans solde et sans fourrages et sans destination au parc de Strasbourg, ce qui serait contraire aux intentions de l'Empereur; car il veut que tous les habitants qu'on est obligé d'employer pour le service de l'armée, soient bien traités, ou le mieux possible.

S. A. S. le prince Murat, Monsieur l'Inspecteur général, vous prie de prendre de suite des renseignements sur les plaintes portées par le préfet du département du Haut-Rhin, et de lui faire part dans le jour de ceux que vous aurez pu obtenir.

Dans le cas où ces plaintes seraient fondées, le Prince désire que vous ordonniez les mesures nécessaires pour les faire cesser.

BELLIARD.

Le général de division Belliard, chef d'état-major de la réserve de cavalerie et de dragons à M. le Préfet du département du Haut-Rhin.

Strasbourg, 4e complémentaire an XIII (21 septembre 1805).

S. A. S. le prince Murat, sur les réclamations que vous lui avez adressées, a fait prendre des renseignements dont voici les résultats :

L'artillerie a reçu, de votre département, 250 voitures ; le pain, la solde et les fourrages ont été donnés très exactement.

73 voitures ont été affectées au service des vivres, ou à fournir aux charretiers les vivres et les fourrages pour les chevaux; mais la solde n'a pas été payée parce que l'Intendant général n'était pas à Strasbourg. Il vient d'arriver, et le Prince lui a écrit de faire acquitter tout ce qui peut être dû, et de veiller à ce que la solde ne soit plus en souffrance.

Le Prince me charge de vous dire, Monsieur le Préfet, que vous pouvez assurer vos administrés qu'il a pris les mesures pour que tous les hommes de votre département qu'on a dû employer pour le service de l'armée soient traités le mieux possible, et il vient de donner une nouvelle preuve des soins qu'il en prend en ordonnant que tous ceux qui tomberaient malades seraient traités dans les hôpitaux de l'armée.

BELLIARD.

M. Otto au maréchal Berthier.

Würtzbourg, 4e jour complémentaire an XIII (21 septembre 1805).

J'ai reçu la lettre que Votre Excellence m'a fait l'honneur de m'adresser le 29 fructidor, et j'ai vu arriver dans le même temps M. Jacqueminot, commissaire des guerres, envoyé par M. Petiet, intendant général de l'armée, pour activer la confection de 300,000 rations de biscuit.

Les boulangers de ce pays connaissent à peine le biscuit ; la farine est, d'ailleurs, plus chère qu'en France ; le voisinage de Mayence et la facilité de transporter les provisions par le Mein ; la nécessité même de cacher autant que possible l'arrivée d'une armée française dans cette ville, dont les habitants sont encore dévoués à l'Autriche et s'empresseront sans doute de donner l'alarme quand ils verront des préparatifs de cette nature ; toutes ces considérations nous porteraient à faire confectionner plutôt en France le biscuit dont il s'agit.

Il importe néanmoins au service de Sa Majesté qu'ayant compté sur cette fourniture à Würtzbourg, je fasse tout ce qui dépend de moi pour obtenir, du moins en partie, ce que Votre Excellence me demande. En conséquence, je n'ai pas perdu un instant à en prévenir M. le Président de la province et à l'engager à faire entreprendre cette confection comme devant servir à la nourriture des troupes bavaroises. M. Jacqueminot m'ayant informé, d'ailleurs, qu'il avait des renseignements très exacts sur la manipulation du biscuit, je l'ai mis sur-le-champ en relation avec M. le Président.

Il résulte de cette première conférence que le Président se chargera de passer lui-même les contrats avec les boulangers, et de faire les avances nécessaires au nom de l'Électeur ; que, tous les soirs, il verra M. Jacqueminot en lieu tiers pour l'informer des progrès de la fabrication, et qu'on y emploiera autant de monde que les circonstances le permettront, car, aujourd'hui même, le ministre d'Autriche est arrivé pour faire de nouvelles propositions à l'Électeur, et nous serons surveillés par lui de très près.

Je dois vous confirmer ici, Monsieur le Maréchal, que le froment est beaucoup plus cher dans ce pays qu'il ne l'est en

France, et que l'avoine est si rare qu'on sera obligé de nourrir les chevaux avec du seigle. Il pourrait être très utile de faire remonter ces provisions de Mayence sur le Mein. On me dit que le trajet est de huit jours.

Quant à la citadelle, on s'était déjà occupé depuis plusieurs jours de son approvisionnement. Elle est abondamment pourvue d'artillerie, de poudres, dont plusieurs magasins considérables se trouvent à une petite distance d'ici. On travaille depuis neuf jours à la confection de cartouches qui se continuera avec activité. Mais les boulets seront en petite quantité et d'un autre calibre que les canons qui sont de 3, 6 et 12. On pourra cependant s'en servir à la rigueur.

Peu de jours avant mon départ de Munich, j'avais reçu de M. le général Songis la commission de lui procurer 2,000 chevaux d'artillerie. Il eût été possible de la remplir dans l'Électorat de Bavière, mais, l'Électorat étant réduit aujourd'hui à la province de Würtzbourg, je trouve d'autant plus de difficulté à activer cette fourniture que l'armée bavaroise elle-même éprouve le plus pressant besoin et qu'elle cherche vainement les moyens de se procurer des chevaux. On m'a cependant fait des propositions que j'ai transmises à S. E. le Ministre des relations extérieures en le priant de les faire connaître à M. le général Songis, qui était alors en route pour se rendre à Strasbourg. J'attends sa réponse et surtout l'envoi d'une personne habituée à ces sortes de marchés. Je craindrais de compromettre le service de Sa Majesté en me chargeant d'une opération qui m'est complètement étrangère.

Veuillez agréer.....

OTTO.

Le prince Murat à l'Empereur.

Strasbourg, le 4e jour complémentaire an XIII
(21 septembre 1805).

J'ai reçu ce matin, et presque en même temps, les deux dépêches que Votre Majesté m'a fait l'honneur de m'adresser le 1er complémentaire. Toutes les dispositions qu'elles portent seront exécutées. Déjà je puis répondre à plusieurs des questions qu'elles renferment, et je vais me procurer sur-le-champ les renseignements qui me manquent pour répondre aux autres, afin de pouvoir vous les envoyer par le second courrier que vous m'avez expédié.

M. Petiet me rend compte que le service des fourrages est assuré, au moyen des mesures qu'il a prises pour tirer des départements circonvoisins tout ce que l'entrepreneur ne pouvait pas fournir ; il espère même obtenir une quantité d'avoine suffisante. Il m'annonce qu'il n'y a pas à Sampigny le quart des caissons nécessaires, et qu'on ne pourra avoir que dans quinze jours ceux qui s'y trouvent. Il prend le parti d'en faire confectionner à Strasbourg et à Metz sur le modèle de ceux de Sampigny. Ils seront au moins aussi solides et coûteront moins cher. Il ignore quel nombre il pourra lui être fourni d'ici au 8 ou 10 vendémiaire : mais ce qui sera fait pourra être mis sur-le-champ en activité. Il espère en avoir suffisamment pour toutes les ambulances, et on emploiera pour le service des vivres des voitures du pays jusqu'à ce qu'on puisse avoir la totalité des caissons demandés ; il m'assure que tous les souliers, dont Votre Majesté a ordonné l'envoi, tant de Boulogne que de Paris, seront rendus à Strasbourg du 4 au 6 vendémiaire (*26-28 septembre*).

Déjà M. l'intendant général avait envoyé à Würtzbourg un commissaire des guerres pour y faire confectionner 300,000 rations de biscuit ; d'après les nouveaux ordres qu'il vient de recevoir, il y en fera fabriquer 200,000 de plus, et il y envoie un agent des vivres plus versé dans cette partie que le commissaire des guerres.

Toutes les divisions de la réserve de cavalerie seront rendues ce soir dans leurs cantonnements respectifs ; elles seront toutes passées en revue successivement. En attendant, j'ai ordonné qu'on s'occupât sans délai de faire mettre en état toutes les parties de l'habillement, de l'équipement et de l'armement qui auraient souffert pendant la route, ainsi que de soigner les chevaux blessés, qui sont en très grand nombre dans les dragons, comme j'ai eu l'honneur d'en rendre compte à Votre Majesté.

Les colonels de cavalerie vont recevoir l'ordre d'acheter dans le pays autant de chevaux qu'ils pourront en trouver, et j'espère qu'ils réussiront à s'en procurer. Déjà le 1er régiment de hussards s'en est procuré 100 qui nous viennent de la rive droite du Rhin. M. Didelot en offre 600 d'artillerie, d'ici à quinze jours; j'ai fait connaître cette ressource à l'intendant général.

Je passerai en revue la division des grenadiers du général Oudinot; elle est arrivée aujourd'hui. D'après le rapport qui m'est fait, elle n'a presque pas laissé de malades et n'a point eu de déserteurs. Le soldat n'est pas fatigué. Les rapports que j'ai reçus des autres corps d'armée sont aussi satisfaisants. Votre Majesté recevra prochainement un état général et détaillé de la situation de l'armée.

Huningue et Neufbrisach sont presque entièrement armés : il n'y a pas lieu d'avoir sur ces deux places la moindre inquiétude.

J'ai à ma disposition pour l'espionnage plusieurs hommes qui paraissent capables de rendre de bons services; mais un bon chef me manque encore; j'espère me le procurer.

Le général Songis, au moyen de la réquisition que j'ai faite, a réuni 169 bateaux, suffisant pour la construction des trois ponts que vous avez demandés. Il m'observe qu'il est indispensable qu'il soit prévenu cinq jours avant celui où ces ponts devront être construits, parce qu'il lui en faudra quatre pour les faire parvenir de Strasbourg à leur destination.

Les chevaux requis pour le service de l'artillerie ne sont pas encore tous arrivés. Ceux des départements du Haut-Rhin, du Bas-Rhin et Mont-Tonnerre sont déjà rendus à Strasbourg. Les autres arriveront en même temps que les colonnes.

Je joins à ma dépêche l'état de situation de la caisse générale de l'armée que Votre Majesté m'a demandé. Le payeur m'écrit, en me l'envoyant, que la prochaine échéance des valeurs qui composent en partie les fonds destinés à la solde, lui donne la certitude que la totalité du mois de vendémiaire sera payée le 5, conformément au décret impérial du 19 fructidor.

Malgré les assurances qu'avait reçues et que m'avait données M. Petiet, que tous les services étaient assurés sur tous les points, je reçois à l'instant une lettre du maréchal Soult qui me mande que le pain est sur le point de manquer à son corps d'armée, et qu'il va faire des réquisitions de grains et rétablir les fours de l'ancienne manutention. Il rend compte de cette mesure à M. l'intendant général, qui de son côté, me promet de lui envoyer des ressources.

MURAT.

P.-S. — Des lettres que le commerce de cette ville a reçues des états prussiens annoncent que le roi de Prusse va faire marcher 100,000 hommes destinés à agir de concert avec les armées de Votre Majesté.

Le général Songis à M. Petiet, intendant général de la Grande Armée.

Strasbourg, le 5e complémentaire an XIII (22 septembre 1805).

J'ai eu l'honneur, Monsieur, de vous prier, par ma lettre du ..... de faire nommer des employés de vivres et de fourrages pour être chargés du service du grand parc de l'armée, et je vous en réitère la demande; il est important de les désigner sur-le-champ, attendu que le grand parc se mettra en mouvement demain et qu'il n'y a que ce moyen d'assurer la subsistance des hommes et des chevaux. Jusqu'à ce jour, le service des fourrages pour les chevaux de réquisition ne l'a point été, parce qu'il n'y a pas eu de magasin particulier au parc. La plupart du temps, on n'a pu obtenir que la moitié du fourrage; quelquefois même, il n'en a point été délivré. J'espère que maintenant que vous avez affecté un commissaire des guerres au parc, cet abus ne se renouvellera plus, si vous voulez bien faire nommer les employés que j'ai l'honneur de vous demander.

SONGIS.

Petiet, conseiller d'État, intendant général de la Grande Armée.

Au quartier général à Strasbourg, le 1er vendémiaire an XIV (23 septembre 1805).

Désirant établir avant le départ de l'armée un système d'administration qui puisse faciliter les opérations du service et apporter dans la reddition des comptes la célérité, l'exactitude et la clarté dont ils sont susceptibles,

ARRÊTE :

ART. 1er.

Le service des vivres, liquides et fournitures extraordinaires est confié à deux régisseurs déjà nommés par le Ministre.

Art. 2.

Les régisseurs sont sous les ordres immédiats de l'intendant général de l'armée ; c'est de lui seul qu'ils reçoivent les dispositions et autorisations nécessaires au service ; ils correspondent cependant pour les détails avec les autres autorités de l'armée lorsque les circonstances l'exigent.

Art. 3.

Tous les employés qui composent la régie des vivres sont à la disposition et sous les ordres et à la surveillance directe des régisseurs, qui peuvent les suspendre et provoquer leur remplacement s'ils le jugent nécessaire.

Art. 4.

A dater du jour où l'armée aura passé le Rhin, la régie sera mise en activité de service, et il sera déterminé pour les dépenses relatives à l'administration et à la manutention des vivres un abonnement qui comprendra :

1° Le traitement des employés dont le nombre est fixé par le tableau d'organisation annexé au présent;

2° Les prix d'administration;

3° Ceux relatifs à la fabrication du pain et à la distribution des liquides et fournitures extraordinaires.

Art. 5.

Les régisseurs fixeront aux gardes-magasins un prix de manutention qui sera calculé sur ceux des localités et sur la force de la fabrication dont ils seront chargés.

L'état des différents prix accordés aux gardes-magasins sera remis à l'intendant général pour être approuvé.

Art. 6.

Les régisseurs seront tenus de se faire remettre tous les mois par les directeurs de service les comptes de chaque garde-magasin en matières et deniers. Ces comptes se composeront :

En matières :

1° Des procès-verbaux des versements et de réception des denrées, matières et effets, quelle qu'en soit l'origine;

2° Des relevés des distributions faites aux troupes ou autres parties prenantes appuyées des décomptes établis sur les revues des inspecteurs.

En deniers :

Pour la recette :

Des sommes reçues pour quelque cause et de quelque source que ce soit.

Pour la dépense :

1° Du montant de l'abonnement, d'après le nombre des consommations ;

2° Des dépenses extraordinaires au compte du gouvernement comme achats de denrées, constructions et réparations de fours et établissements, loyers de magasin, achats et réparations de sacs et ustensiles, etc.

Les régisseurs rendront tous les trois mois le compte général de leur administration ; ils y joindront les comptes particuliers qui leur auront été rendus par les directeurs.

Art. 7.

Si, par l'ordre et l'économie que les régisseurs apporteront dans le service, ils parviennent à réduire les dépenses de manière à ce qu'elles présentent une différence en moins sur l'abonnement qui sera réglé, la moitié de cette différence appartiendra au gouvernement et l'autre moitié à la régie, suivant la répartition qui en sera approuvée par l'intendant général.

Art. 8.

Au moyen des dispositions ci-dessus, les régisseurs, quoique administrant au compte du gouvernement et ne devant dans aucun cas être considérés comme entrepreneurs, n'auront droit à aucune augmentation pour les frais de leur administration ; des événements seuls de force majeure dûment constatés pourront donner lieu de leur part à des réclamations qui seront réglées par l'intendant général après en avoir fait certifier la légitimité.

Petiet.

Rapport sur Strasbourg.

L'ARSENAL.

Il y a une très grande activité et tout le service commandé par le Premier Inspecteur d'artillerie Songis sera prêt; je joins ici un état du directeur d'artillerie de Strasbourg à ce sujet.

ÉQUIPAGES DE PONTS.

On a celui de Kehl qui est tendu.
On aura en sus un équipage de 60 bateaux pour le bas Rhin.
Un de 40 bateaux pour le haut Rhin.
Et un de 45 sur haquets qui sera disponible.
Ci-joint un état du directeur à ce sujet.

GÉNIE.

On aura tous les outils commandés par le général Marescot.

VIVRES.

Les employés et inspecteurs étaient arrivés, mais le commissaire ordonnateur avait provisoirement fait une grande réquisition en fourrages dans le pays.

Cette mesure a déplu, parce que pendant toute la guerre l'Alsace a vu toutes ses récoltes emportées par les réquisitions et que, dans cette circonstance, les habitants sachant que les fournisseurs sont payés, ils ne voient dans la mesure de réquisition qu'un moyen de leur extorquer leurs denrées au prix qu'il plaira aux fournisseurs.

Le commissaire ordonnateur Chatelain, qui est à Strasbourg chargé de ce service, est trop médiocre pour un aussi grand détail.

Le Général de division, aide de camp de l'Empereur et Roi.

SAVARY.

(Sans date.)

GRANDE ARMÉE.

(L'arrivée successive de toutes les divisions de la Grande Armée sur les bords du Rhin, et ensuite l'ordre de délivrer à chacune 4 jours de pain pour leur passage, ont ralenti la fabrication du biscuit parce que l'on manquait de fours.)

ÉTAT approximatif des quantités de biscuit qui existent dans les places ci-après désignées au 4 vendémiaire an XIV, suivant les renseignements parvenus au délégué du munitionnaire général.

Savoir :

4 vendémiaire an XIV (26 septembre 1805).

DÉSIGNATION des DIVISIONS.	DÉSIGNATION des PLACES.	NOMS des GARDES-MAGASINS.	QUANTITÉ des RATIONS de biscuit de 18 onces.	OBSERVATIONS.
16e....	Lille........	ROUSSEL.....	300,000	De ces 300,000 rations, 120,000 seront le 12 courant à Strasbourg et le surplus y arrivera successivement.
5e.....	Huningue....	MAREUX.....	20,000	Des ordres ont été donnés pour y faire 300,000 rations.
	Strasbourg...	PICART......	180,000	Y compris ce qui a été déjà distribué aux différents corps de l'armée. Chaque jour, la fabrication dans cette place peut s'évaluer à 15,000 rations.
	Landau......	BARTHÉLEMY.	30,000	Cette manutention va donner actuellement 4,000 à 5,000 rations par jour.
	Wissembourg.	MONTMERQUÉ.	»	Sous 48 heures, la fabrication commencera dans ces deux places et pourra donner chaque jour 5,000 à 6,000 rations.
	Haguenau....	LEJOINDRE...	»	
26e.....	Mayence.....	MALAIZÉ.....	160,000	Au 7 vendémiaire, ce magasin aura donné 200,000 rations et la fabrication du biscuit s'y continuera.
	Spire.......	DABRY......	»	Des ordres ont été donnés pour y commencer la fabrication du biscuit.
		TOTAL...	690,000	

NOTA. — Du 5 au 10 inclus, la fabrication dans les différentes places ci-dessus désignées pourra donner 200,000 rations.

Fait à Strasbourg, le 4 vendémiaire au soir.

DELEBECQUE.

M. Otto au maréchal Berthier.

Würtzbourg, le 3 vendémiaire an XIV (25 septembre 1805).

Monsieur le Maréchal,

J'ai reçu la dépêche que Votre Excellence m'a fait l'honneur de m'adresser le 3e jour complémentaire (*20 septembre*).

Tous les ordres de Sa Majesté seront exécutés autant que les localités pourront le permettre. J'ai déjà une promesse pour 500 chevaux dans l'espace de cinq jours. Tous les fours disponibles à Würtzbourg sont en activité pour la confection du biscuit. On travaille à l'approvisionnement de la citadelle ; 100 hommes y sont occupés journellement à faire des cartouches. J'ai pris les précautions nécessaires pour faire loger et subsister les deux corps d'armée que j'attends incessamment.

Le dépôt du bureau topographique sera envoyé à Strasbourg. Enfin, rien ne sera négligé pour faire réussir les opérations dont Votre Excellence est chargée, et sur lesquelles je me réserve de vous donner, sous deux jours, des détails plus circonstanciés.

M. de Lagrange (1) est chargé de la réponse de l'Électeur aux diverses demandes qui lui ont été faites. Votre Excellence y verra que les intentions de Sa Majesté seront exactement suivies.

Ne pouvant trouver ici les almanachs et ordonnances relatives à l'armée autrichienne que Votre Excellence m'a demandés, je prie M. de Lagrange de les prendre, en passant par Mannheim, chez Artaria, qui est dans l'usage de vendre ces objets. J'ai l'honneur de joindre ici un almanach militaire de 1804, le seul que j'aie pu me procurer dans cette ville.

Veuillez agréer.....

OTTO.

Le maréchal Berthier à M. le chef d'escadron Mergez.

Strasbourg, le 6 vendémiaire an XIV (28 septembre 1805).

M. le chef d'escadron Mergez remettra à M. le général Vial, pour être mise à la disposition du commissaire Blanchard, la

(1) Aide de camp de Berthier, lieutenant.

somme de 10,000 francs pour à-compte du marché passé par les nommés Richard Landver et Baptiste Jeannet, pour les relais établis pour les relais de l'armée, de Bâle à Lucerne et Bâle à Bourglibre.

Maréchal BERTHIER.

Copie d'une lettre écrite par le Munitionnaire général des vivres de terre, au Ministre directeur de l'administration de la guerre, en date du 14 brumaire.

Le 14 brumaire an XIV (5 novembre 1805).

Votre Excellence avait reconnu qu'il me revenait, au 1er vendémiaire dernier, 18,650,000 francs, mais mon aperçu de situation, à la même époque, a dû la convaincre que j'étais effectivement en avance de 25,000,000, ci.......... 25,000,000 fr.

Le service fait depuis le 1er vendémiaire et celui à faire en brumaire, avec les approvisionnements extraordinaires et de siège ordonnés par Votre Excellence, augmentent ces avances au moins de 3,000,000, déduction faite des ordonnances de vendémiaire, ci............ 3,000,000

A la fin de brumaire, je serai donc en avance de.................................. 28,000,000 fr.

Je devais espérer le plus heureux succès de mes premières réclamations, mais loin de recevoir des secours extraordinaires, je ne reçois pas même pour brumaire l'avance des deux tiers stipulée par mes traités.

Un pareil état de choses ne peut se prolonger; les circonstances actuelles permettent moins que jamais de l'espérer.

Mon dévouement au service de Sa Majesté est sans doute sans bornes; je l'ai prouvé et ne cesserai de le prouver tant que mes moyens et mon crédit me le permettront; mais le crédit et mes moyens ont des bornes, et, pour ne pas les perdre, pour leur donner un nouvel essor quand les circonstances l'exigeront, il devient d'une nécessité indispensable, comme d'une rigoureuse justice, que le gouvernement vienne promptement à mon secours, et cela d'une manière efficace.

Je supplie Votre Excellence de mettre ma position sous les

yeux de Sa Majesté et, en attendant qu'Elle puisse mettre à ma disposition des fonds proportionnés à l'importance de mes énormes avances, d'inviter, je dirai même de presser S. E. le Ministre du trésor public de faciliter mon service par tous les moyens, par tous les secours et par toutes les avances qu'il pourra dépendre de lui de m'accorder.

Signé : VANLERBERGHE.

Pour copie conforme :

Le Ministre directeur,

DEJEAN (1).

Le Ministre de l'administration de la guerre au Ministre du trésor public.

Paris, le 17 brumaire an XIV (8 novembre 1805).

Monsieur, j'ai l'honneur d'adresser ci-joint à Votre Excellence l'état de situation actuelle du munitionnaire général des vivres, duquel il résulte qu'il est réellement en avance vis-à-vis de l'administration de la guerre de plus de 14,000,000, indépendamment de 12,000,000 de valeurs, tant en domaines nationaux qu'en approvisionnements, etc., qui, quoique non exigibles, n'en sont pas moins une avance réelle de sa part ; une avance aussi forte compromettrait le service important dont il est chargé, si elle devait être prolongée; je crois que l'intérêt de la chose publique exige de venir promptement à son secours.

D'un autre côté, la saison des achats est arrivée; les circonstances exigent plus que jamais de ne pas en laisser échapper le moment; il doit, d'après son marché, lui être fait en brumaire une avance de 3,000,000 pour les lui faciliter; j'en demande avec instance l'exécution.

D'après ces observations, dont Votre Excellence sentira l'importance autant que moi, je crois indispensable de lui payer 4,000,000 sur les sommes qui lui sont dues pour fournitures faites, et 3,000,000 à titre d'avance sur son service de l'an XIV.

---

(1) *Archives nationales*, AF^{IV}, 1174.

Les 4,000,000 à lui payer sur ses fournitures peuvent être imputées à raison de 3,000,000 sur l'an XIII, et de 1,000,000 sur l'an XIV. Ses avances seront alors réduites à 10,000,000, non compris celles qu'il est obligé de faire de ses deniers pour ses approvisionnements en sus de l'avance que le gouvernement doit lui faire.

DEJEAN (1).

Le Ministre directeur de l'administration de la guerre à S. M. l'Empereur.

Paris, le 20 brumaire an XIV (11 novembre 1805).

Sire,

Je dois rendre compte à Votre Majesté d'un objet très important qui intéresse la comptabilité en général et particulièrement celle de la marine et de l'administration de la guerre. Il s'agit de la situation de l'entreprise générale des vivres de ces deux ministères, la compagnie Vanlerberghe.

Je ne traiterai cette affaire que sous le rapport de l'administration de la guerre.

S. A. I. le prince Grand Électeur m'ayant appelé hier à un conseil, le Ministre du trésor public me donna à lire le rapport qu'il avait adressé à Votre Majesté sur la situation de l'entrepreneur général des vivres ; j'y vis avec autant de suprise que de peine la situation réelle de ce fournisseur vis-à-vis le trésor public; je pensais que la compagnie Vanlerberghe était en avance de 14,000,000, non compris la valeur de ses approvisionnements et le montant de plusieurs dépenses et fournitures extraordinaires qu'elle réclame et auxquelles je n'avais pas encore pu faire droit. J'étais d'autant plus fondé à le croire que le Ministre du trésor public m'avait engagé, mercredi 16 du courant, à lui adresser de suite la situation de Vanlerberghe, et à lui faire connaître le montant des sommes que je croirais juste de lui allouer pour le mettre en mesure d'assurer son service.

Votre Majesté trouvera ci-joint :

1° Copie de la lettre du munitionnaire général du 14 du courant, sa créance y est portée à 28,000,000. M. Vanlerberghe y

(1) *Archives nationales*, AF^{IV}, 1174.

dit entre autres choses : « *Je devais espérer le plus heureux succès de mes premières réclamations, mais loin de recevoir des secours extraordinaires, je ne reçois pas même pour brumaire l'avance des deux tiers stipulée par mes traités, etc., etc. !!!* »

2° Copie de ma lettre du 17 courant au Ministre du trésor public et l'état y annexé où j'ai distingué ce qui était dû au munitionnaire général, et les différentes sommes dont il pouvait être en avance, soit à raison des biens nationaux invendus, soit à raison de ses approvisionnements.

Dans cet état de choses, pouvais-je soupçonner la vérité? Non, sans doute.

C'est avec la plus grande surprise que j'ai entendu le Ministre du trésor public, déclarer dans la conférence d'hier 19 : « *Qu'il avait donné à la compagnie Vanlerberghe au delà de ce qu'elle déclarait elle-même lui être dû pour ses services des deux ministères, soit pour fournitures effectuées, soit pour ses approvisionnements, et qu'il lui avait en outre fourni des obligations ou autres valeurs équivalentes aux biens nationaux qu'elle avait reçus en payements !!* »

M. Vanlerberghe ayant été appelé par Son Altesse Impériale pour être entendu, a confirmé le dire du Ministre du trésor public. Il a déclaré être entièrement couvert par les remises qui lui avaient été faites, non seulement de toutes ses fournitures, mais même de l'entière valeur de ses approvisionnements et du montant des différentes réclamations qu'il pouvait avoir à faire pour cause du service.

Cette déclaration étant en contradiction, du moins apparente, avec la lettre du munitionnaire général, du 14, toute discussion à cet égard serait superflue. Il suffit donc de l'indiquer à Votre Majesté.

M. Vanlerberghe prétend qu'il a dû se considérer comme à découvert pour ses services comme munitionnaire général, parce que les Ministres respectifs n'avaient pas expédié les ordonnances nécessaires et que, quant à l'avance qui lui a été faite par le Ministre du trésor public, ce Ministre en est plus que couvert par les différentes délégations qui lui ont été faites par la Compagnie. Il m'a paru dans la conférence d'hier que le Ministre du trésor public partageait cette opinion; je ne puis en avoir aucune sur cet objet.

Comme d'après la situation de la Compagnie, il paraissait indispensable de prendre des mesures pour assurer les services qui lui sont confiés, le Ministre de la marine avait d'abord proposé de s'en charger, pour ce qui regarde son département, sous la condition qu'on mettrait de suite à sa disposition les fonds nécessaires. Je n'ai pas pensé que le service de l'administration de la guerre pût être établi aussi facilement que celui de la marine, vu son disséminement sur tous les points de l'Empire, et vu surtout l'extrême difficulté de toute espèce de négociation d'argent.

Cette difficulté de négociation est portée à tel point qu'il m'aurait été impossible de suppléer le munitionnaire général autrement qu'en généralisant les réquisitions dans une grande partie des divisions militaires.

Je ne m'étendrai pas davantage sur cet objet, S. A. I. le prince Grand Électeur ayant dû communiquer à Votre Majesté le résultat de la conférence et les motifs qui l'ont déterminée.

Le Ministre
directeur de l'administration de la guerre,

DEJEAN (1).

Situation du Munitionnaire général des vivres au 30 brumaire an XIV (21 novembre 1805).

Il lui est dû sur les exercices des années IX, X, XI et XII sur liquidations faites ou présentées, et sur l'an XIII sur comptes remis ou dépenses présumées d'après les états effectifs :

	francs	cent.
Ans IX	31,999	96
X	175,295	31
XI	291,248	91
XII	432,757	70
XIII	8,574,761	10
TOTAL dû sur les exercices arriérés et déduction faite de 5 millions donnés en biens nationaux	9,506,062	98

(1) *Archives nationales*, AF IV, 1174.

Le munitionnaire réclame de plus les objets ci-après qui pourront être susceptibles de réduction :

1° Pour frais extraordinaires de transport à l'Armée des côtes......	1,000,000	1,968,000 00
2° Pour intérêts d'avance..........	968,000	

EXERCICE AN XIV.

Il lui revient pour son service de vendémiaire et brumaire, déduction faite du tiers à laisser en arrière et des à-comptes qu'il a touchés en vendémiaire, tant sur la masse de boulangerie que sur les fournitures extraordinaires.......... 2,700,000 00

TOTAL des sommes exigibles par le munitionnaire pour fournitures faites jusqu'au 30 brumaire inclusivement.......... 14,174,062 98

D'après son marché, il doit lui être fait en brumaire, pour le mettre à même de faire ses achats en temps utile, une avance de.......... 3,000,000 00

TOTAL des sommes dont le munitionnaire est en droit de réclamer le payement.......... 17,174,062 98

NOTA. — On ne comprend pas dans la somme ci-dessus les objets ci-après, qui, quoique non exigibles par lui, n'en sont pas moins une avance réelle vis-à-vis du gouvernement.

Savoir :

1° Les biens nationaux qui lui ont été donnés et qui lui restent encore.......... 5,000,000 00

Ces biens ne sont pour le mutionnaire, en ce moment, que comme un gage de sa créance et ne peuvent être regardés de sa part comme un payement réel.

2° La valeur de ses approvisionnements au 1er brumaire environ.......... 5,000,000 00

Ces approvisionnements sont sous la main du gouvernement, mais une grande partie n'y est pas encore, quoique achetée.

3° Le tiers laissé en arrière sur son service de vendémiaire et brumaire.......... 2,350,000 00

TOTAL des avances du munitionnaire non exigibles.......... 12,350,000 00

Il résulte de l'état ci-dessus que le total des avances du munitionnaire excède en ce moment 26,000,000, non compris l'avance de 3,000,000 qu'il est en droit d'exiger d'après son marché.

D. (1)

Le munitionnaire des vivres-viande Delannoy à l'Empereur.

Paris, le 12 mai 1806.

Sire,

J'ai fait d'inutiles efforts pour, en hypothéquant le reste de mes biens, renouveler mes engagements; la suspension de payement du munitionnaire général des vivres-pain m'en a ôté les moyens.

Les 4,000,000 de biens nationaux qui m'ont été donnés en payement au lieu de numéraire ont complété ma ruine. Je suis forcé de suspendre mes payements, quoique j'aie pour plus de 6,000,000 de biens et que je n'aie que pour 4,800,000 francs d'engagements.

J'ai la consolation de savoir que Votre Majesté a été contente de mon service. Je viens de prévenir le Ministre directeur de la guerre, que j'étais forcé de le cesser, mais qu'il était assuré au camp de Boulogne jusqu'au 20 de ce mois, et dans les divisions pour les prisonniers de guerre, jusqu'à la même époque.

J'ai adressé à ce Ministre un état exact de ma situation; j'en joins ici le double. Votre Majesté reconnaîtra que loin que je sois débiteur, je serai encore créancier de fortes sommes lorsque Votre Majesté aura prononcé sur mes indemnités.

Sire, quelles que soient mes pertes, mes créanciers reconnaîtront qu'ils n'ont rien à perdre, et j'espère que j'en obtiendrai le temps dont j'ai besoin pour vendre assez de biens-fonds pour faire face à tout. Ce qui me restera, Sire, et toute mon existence seront constamment consacrés à Votre Majesté.

DELANNOY (2).

---

(1) *Archives nationales*, AF^{IV}, 1174.
(2) *Ibid.*

ENTREPRISE DELANNOY.

Situation générale envers l'administration de la guerre.

	fr. c.
Suivant les comptes rendus, il est dû..... { sur le service de l'an XII	1,613,169 53 5/8
{ sur le 1er trimestre de l'an XIII	1,293,784 82 1/4

A ajouter :

Fournitures jusqu'au 30 avril 1806.

ÉPOQUES.	SOMMES DUES — POUR FOURNITURES EN RATIONS — aux troupes. — Service ordinaire.	Service extraordinaire.	aux prisonniers de guerre anglais.	aux troupes stationnées dans les îles qui bordent le continent.	pour LA PRIME sur les importations de têtes de bétail.	pour LA PERTE sur la négociation des effets remis par le Trésor public.	TOTAL des SOMMES DUES.	
	fr. c.	fr. c.	fr. c.	fr. c.	francs.	fr. c.	fr. c.	
2e semest. de l'an XIII.	5,720,517 39 1/4	1,146 48	129,899 04	79,000 51 1/4	378,050	»	6,308,613 43	
100 jours de l'an XIV.	1,812,191 11 1/4	»	76,789 42 1/2	15,428 12	75,925	»	1,980,333 65 3/4	
1er semestre 1806...	1,320,368 30 5/12	»	76,547 94	20,131 89	76,675	72,483 89	1,566,210 02 5/12	10,108,157 11 1/6
Mois d'avril........	120,772 39	»	25,515 98	6,711 63	»	»	153,000 00	
20 prem. jours de mai.	84,000 00	»	16,000 00	»	»	»	100,000 00	
TOTAL......	9,057,819 19 11/12	1,146 48	321,752 38 1/2	121,275 15 1/4	530,650	72,483 89	10,108,157 11 1/6	

Les fournitures faites aux troupes françaises campées ou stationnées dans le royaume d'Italie s'élèvent, savoir :

Pendant le dernier trimestre an XIII à.......	1,565,477 kil.	lesquelles, à raison de 28 cent., produisent	1,209,266 80
Pendant les 100 jours de l'an XIV, à.........	2,753,333		
Ensemble.........	4,318,810 kil.		

Montant de la fourniture de 89 bœufs et de 1,568 kil. 1/2 de viande aux agents de la régie des vivres-viande.	34,305 14 1/2
TOTAL des sommes dues par la division des vivres....................	14,253,683 41 11/12

A déduire :

Valeur des remises en domaines nationaux....................		4,000,000 00	14,795,000 00
Pendant le 1er trimestre de l'an XIII....................	4,570,000 00	10,795,000 00	
Pendant les 100 jours de l'an XIV....................	4,600,000 00		
Pendant le 1er trimestre de 1806....................	1,625,000 00		

A déduire :

Division des hôpitaux.

Suivant les comptes rendus, il est dû au munitionnaire général........ { L'an XII....................		28,810 57	
{ Le 1er semestre de l'an XIII....................		102,908 02	
{ Le 2e semestre de l'an XIII....................		52,038 90	
{ Les 100 jours de l'an XIV....................		42,541 94	

Les fournitures aux hôpitaux pendant le 1er trimestre 1806 s'élèvent, savoir :

Hôpitaux militaires de l'Océan....................	154,391 00	42,200 21	54,510 39	268,705 69
Hôpital de l'île d'Yeu....................	2,898 00	1,081 92		
Hôpital civil de Boulogne....................	41,079 00	11,228 26		
Ensemble..........	198,368 00	54,510 39		
TOTAL des sommes dues pour le service des hôpitaux....................			280,809 82	

A déduire :

Somme reçue du payeur à Boulogne, à-compte de ce qui est dû sur le service de l'an XII.....	12,104 13	
Reste à porter au crédit du munitionnaire	268,705 69	
TROP REÇU à l'époque du 30 avril....................		267,610 87 11/24

OBSERVATIONS. — En vertu de mon marché, je réclame une indemnité tant pour la fourniture que j'ai faite à la Grande Armée pendant sa route de Boulogne à la frontière, fourniture à laquelle je n'étais tenu que pour l'approvisionnement d'un mois que j'avais fait sur le Rhin, approvisionnement qui est resté à ma charge. Cette demande, dont je vais remettre les pièces justificatives, me constitue en définitive créancier du Gouvernement de 600,000 à 700,000 francs, au lieu d'être débiteur.

(*Archives nationales*, AF IV, 1174.)

Certifié véritable à Paris, le 12 mai 1806.

DELANNOY.

CHAPITRE X

Service d'état-major.

Le colonel Vallongue, chargé des détails du Grand État-Major général.

25 ventôse an XII (16 mars 1804).

Exercice sur les reconnaissances proposé aux officiers du Grand État-Major général par le chef de brigade du génie Pascal Vallongue, *chargé en chef des détails du Grand État-Major général.*

On suppose que l'ennemi occupe Saint-Omer et qu'un corps de 25,000 hommes, qui n'a point encore dépassé la ligne de l'Aa, se dispose à se porter sur Aire pour en faire le siège.

Le corps d'armée destiné à défendre cette place, fort d'environ 20,000 hommes (20 bataillons et 15 escadrons), occupe la Lys, entre Aire et Thérouane, ayant une forte avant-garde sur l'Aa, pour éclairer les desseins de l'ennemi et s'y opposer avec vigueur, sans compromettre sa retraite sur le corps d'armée.

On demande quelle est la position que, dans le mois de germinal, cette avant-garde, forte de 6,000 hommes, dont 5 bataillons et 8 escadrons, doit prendre pour défendre les routes d'Aire et de Thérouane, et disputer, au besoin, le passage de la rivière d'Aa, que l'ennemi pourrait tenter sur son front ou sur son flanc gauche.

A cette avant-garde se trouveront deux compagnies d'artillerie légère et six pièces de position avec un parc attelé.

Le chef de bataillon Lejeune, le capitaine Levaillant et le

lieutenant Saint-Simon sont chargés de reconnaître le terrain de l'avant-garde et d'indiquer avec détail, sur un plan et dans un mémoire, ses divers établissements et postes, avec les avantages qu'ils présentent pour l'attaque, la défense, les communications, la salubrité, les subsistances et la retraite. L'ennemi est supposé avoir son camp sur le plateau des Bruyères, un poste à Arques et des flanqueurs aux bois de Clairmarais et de la Motte.

Le major Cabannes, le chef d'escadron Mergès détermineront entre Aire et Thérouane, sur la droite de la Lys, la position du corps d'armée, indiqueront l'emplacement des différentes armes, celui des batteries de position et les divers travaux qu'il y aurait à faire pour lui donner tous les avantages de la défensive. Ils rapporteront leur projet sur un plan et le motiveront dans un mémoire.

Le chef de bataillon du génie Blein verra les deux positions et s'occupera des moyens de les lier et soutenir l'une par l'autre.

L'adjudant commandant Chevalier, les chefs de bataillon Pilet et Parigot sont invités à prendre une connaissance détaillée du terrain sous les rapports topographique et militaire, afin de pouvoir prononcer sur le mérite des diverses idées qui seront proposées.

Le lieutenant des guides Sarraire et le sous-lieutenant Grandsire feront la reconnaissance de la rivière l'Aa, depuis Blandeques jusqu'à Ouves, pour examiner les divers moyens en ponts ou gués, que l'ennemi y trouverait pour la passer ; ils donneront quelques notions des villages et établissements qui se rencontrent sur son cours, de la nature de ses rives et de l'état des chemins qui y aboutissent.

Il y aura au bureau de l'état-major général une carte de Cassini, que les officiers pourront consulter et dont ils pourront prendre des calques.

Ce travail doit être terminé le 5 germinal prochain.

Le citoyen Longuerue, attaché à l'état-major général, s'adjoindra au lieutenant Sarraire pour coopérer au travail dont il est chargé.

Les citoyens Beaufond l'aîné, et Nodler seront à la disposition du chef de bataillon Blein, et les citoyens Beaufond cadet, et Guéhéneuc, à celle du chef de bataillon Lejeune, pour suivre et seconder les opérations de ces officiers.

Le Colonel du génie,

VALLONGUE.

Camp des côtes de l'Océan. — Grand État-Major général.

Paris, le 18 pluviôse an XII (8 février 1806).

Le chef de brigade du génie Pascal Vallongue, employé près le chef du Grand État-Major général, a l'honneur d'exposer au Ministre, Major général, la composition du bureau de l'état-major général :

EMPLOIS.	INDIVIDUS	APPOINTEMENTS par mois.	RATIONS de vivres par jour.	OBSERVATIONS.
3 chefs......	LE COMTE...	400	2	Chargé des détails du bureau.
	CUNY..	400	2	Employé aux opérations militaires pour les ordres du mouvement.
	CHAPUY.....	400	2	Employé au bureau du mouvement pour les états de situation.
2 employés de 1re classe.	GILBERT.....	300	1	Pour les traductions, rédactions et extraits ; parle anglais.
	RIVES.......	300	1	Pour la correspondance et expédition ; parle anglais.
1 employé de 2e classe.	SAINT-JORE..	200	1	Pour les expéditions ; parle anglais.
6 employés..	....	»	»	
	TOTAL...	2,000		

Suivant les intentions du Ministre, les citoyens ci-après désignés participeront au travail du bureau, mais simplement comme attachés à l'état-major, sous les ordres du soussigné, restant, d'ailleurs, à la disposition du Major général, savoir :

NOMS.	APPOINTEMENTS par mois.	RATIONS de vivres par jour.	RATIONS de fourrages par jour.	OBSERVATIONS.
MERLE BEAUFOND aîné.	200	1	1	Ils parlent tous anglais.
MERLE BEAUFOND cadet	200	1	1	
GUÉHÉNEUC fils.......	200	1	1	
NODLER (neveu du citoyen Gévaudan)....	200	1	1	
LONGUERUE..........	200	1	1	
COUTANT............	200	1	1	
CELLIER STARNER.....	200	1	1	Le Ministre a paru destiner ce citoyen à être employé près de l'adjudant-command[t] Lecamus.
TOTAL.......	1,400			

De la main du Ministre :

Accordé un mois d'indemnité ; mais le traitement ne commencera que du 20 pluviôse.

Accordé.

Il résulte du tableau ci-dessus qu'il y aurait douze individus au bureau, dont six employés stables et six attachés à l'état-major, disponibles, et que la dépense de leur traitement par mois se porterait à 3,200 francs.

Pour aider ces employés à se mettre en campagne, le Ministre trouvera peut-être convenable de faire commencer leur traitement à compter du 1er pluviôse courant, et de leur faire, en outre, payer un mois de leur traitement à titre d'indemnité de campagne.

Approuvé.

Il pourra aussi lui paraître utile que ces employés soient distingués par le bouton de l'état-major général sur un habit bleu à la française.

Approuvé.

Leur en donner l'assurance par une lettre.

Deux de ces employés, les citoyens Cuny et Chapuy, sont, en ce moment, attachés aux bureaux du ministère ; il est intéressant pour eux que le Ministre veuille bien décider qu'ils conserveront leur emploi.

Outre le traitement des employés, le bureau aura quelques autres dépenses à faire comme l'éclairage, chauffage, menues fournitures, etc. ; l'intention du Ministre est-elle d'affecter à cet objet une somme déterminée dont il sera rendu compte, ou bien qu'on soumette à son approbation les diverses dépenses à faire et à mesure qu'elles auront lieu?

Ces frais de bureau seront payés sur état et d'après les besoins.

Le chef de brigade Vallongue régularisera cet objet.

Le citoyen Fournier payera, sur les fonds de l'état-major, les gratifications accordées montant à 3,200 francs.

Pour copie conforme à l'original :

Apostillé des décisions de la main du Ministre, remis au citoyen Fournier,

Vallongue.

Pluviôse an xii.

Le chef de brigade du génie Pascal Vallongue, employé près le chef du Grand État-Major général, a l'honneur de soumettre au Ministre, Major général, la composition du bureau de l'état-major général.

Le travail du bureau présente 3 divisions : 1re, celle des mouvements et ordres ; 2e, celle des états de situation ; 3e, celle des détails d'administration, d'ordre et de correspondance.

C'est d'après cette base qu'a été réglé l'état de bureau présenté au Ministre dans la situation de l'armée au 1er nivôse, et qui lui est fourni comme suit :

EMPLOIS.	INDIVIDUS	APPOINTEMENTS par mois.	RATIONS de vivres par jour.	OBSERVATIONS.
3 chefs......	CUNY	400	2	Demandé exprès au génér. Dejean.
	CHAPUY	400	2	Donné par le bureau du mouvement.
	LE COMTE ...	400	2	Ancien chef au bureau de l'organisation. Habile et zélé.
3 sous-chefs .	BATTEL......	300	1	Donné par le bureau du mouvement.
	BEL	300	1	Donné par le bureau du mouvement.
	GILBERT.....	300	1	Rédacteur habile. Il parle très bien plusieurs langues, entre autres l'anglais.
3 commis de 1re classe.	RIVES.......	250	1	Parle et écrit bien l'anglais.
	ALIX........	250	1	Auxiliaire.
	N..........	250	1	A désigner.
5 commis de 2e classe..	SAINT-JORE.	200	1	Parle et écrit bien l'anglais.
	VALLON	200	1	Auxiliaire du bureau de pensions.
	COLLETTE....	200	1	Auxiliaire du bureau de l'inspection.
	BUY	200	1	Parle quatre langues, entre autres l'anglais; rédige et écrit bien.
	FAVIER......	200	1	Ecrit bien et parle anglais.
1 homme de peine..........		120	1	
	TOTAL.........	3,970		

Ce bureau se trouve renforcé parce qu'il est destiné à servir au Major général dans ses doubles fonctions de Ministre et de Major général, et que, dans une expédition de cette nature, il ne faut pas se trouver au dépourvu.

Le Ministre de la guerre au maréchal Davout.

Paris, le 4 germinal an XIII (23 mars 1805).

Je vous préviens, Monsieur le Maréchal, que Sa Majesté a rendu, le 27 pluviôse dernier, un décret portant que les maréchaux d'Empire pourront avoir quatre aides de camp, dont un sera pris parmi les adjudants commandants en activité. Cet adjudant commandant continuera de jouir du traitement et des prérogatives attachées à son grade. Je vous invite à me faire connaître le plus tôt possible l'officier dont vous aurez fait choix, afin qu'il lui soit expédié des lettres de service.

Je dois vous observer, Monsieur le Maréchal, que votre qualité de commandant en chef vous donnant le droit d'employer auprès de vous six aides de camp, l'adjudant commandant que vous désignerez ne sera pas compris dans ce nombre.

Le Ministre de la guerre,

Maréchal BERTHIER.

Instructions générales pour la marche, l'établissement et le service du grand quartier général impérial.

Toutes les fois que le quartier général devra changer d'emplacement, M. l'adjudant commandant Lomet et le capitaine adjoint Bolesta partiront à l'avance pour y établir le logement :

Du Ministre de la guerre ;

Du général ANDRÉOSSY, aide-major général, chef de l'État-Major général ;

Du général DUMAS, maréchal général des logis ;

Du général SANSON, chargé du service topographique ;

Du général SONGIS, premier inspecteur général d'artillerie ;

Du général MARESCOT, premier inspecteur général du génie ;

Du Payeur ;

De M. PETIET, intendant général ;

De M. VILLEMANZY, inspecteur en chef aux revues ;
Du commissaire des guerres chargé de la police du quartier général ;
Du colonel WOLF, vaguemestre général ;
De M. CHAPPE, directeur du télégraphe ;
De la gendarmerie attachée au quartier général ;
Du Directeur de la poste de l'armée.

MM. les généraux Dumas, Sanson, Songis, Marescot, MM. Petiet et Villemanzy sont invités à faire partir à l'avance un officier ou quelqu'un qui leur soit attaché, et muni d'une autorisation par écrit et d'une liste nominative, pour faire établir les logements de leur maison. M. l'adjudant commandant Lomet se concertera avec eux, ainsi qu'avec l'adjudant commandant Lecamus et l'officier envoyé par le grand maréchal du palais.

L'adjudant commandant Lomet dressera, dans chaque gîte, un état des logements désignés pour les généraux et chefs d'administration, pour lui, pour le commandant du quartier général, le commissaire des guerres, le vaguemestre général et le commandant de la gendarmerie, et le remettra au chef de l'état-major général.

Le vaguemestre général cherchera, dans chaque gîte du quartier général, un emplacement convenable pour faire parquer les voitures et caissons qui ne seraient pas établis dans les logements : il y sera placé une garde. Il se concertera à cet effet avec le commandant du quartier général.

Lorsque le quartier général sera en marche, le vaguemestre général fera marcher les équipages dans l'ordre indiqué ci-dessus pour le logement, et veillera à ce que toutes les voitures marchent ensemble et ne se détachent pas ; les chevaux de suite suivront les équipages, et le vaguemestre ne souffrira pas qu'aucun domestique s'arrête ou change en route.

Tous les officiers attachés au Grand État-Major général partiront en même temps que les équipages, qui seront accompagnés par la gendarmerie ou la troupe attachée au quartier général. Le commandant viendra, en arrivant au logement, prendre les ordres du chef d'état-major général. Il exécutera tous ceux qui lui seront transmis de sa part par le commandant du quartier général.

MM. les généraux et chefs d'administration qui n'occuperaient pas le logement qui leur aurait été affecté par l'officier chargé du logement sont invités à faire connaître au chef de l'État-Major général celui où ils se seraient définitivement fixés.

Le commandant du quartier général prendra, aussitôt son arrivée, toutes les mesures les plus convenables pour assurer l'ordre et la sûreté dans le quartier général. Il établira, en conséquence, un ordre de service, tant pour faire fournir une garde de police que pour les sentinelles à placer et les ordonnances ou plantons à fournir.

Il y aura, chez le Ministre de la guerre, un poste de 12 hommes commandés par 1 officier, 2 sentinelles, 4 ordonnances à cheval ;

Chez le payeur, un poste de 4 hommes et 1 caporal ou brigadier ;

Chez les généraux Dumas, Sanson, Songis, Marescot ; chez MM. Petiet et Villemanzy : chacun 1 sentinelle ;

Chez le général Andréossy : 4 ordonnances à cheval, 2 plantons, 1 sentinelle ;

Chez le commandant du quartier général : 1 sentinelle, 1 planton.

Enfin, le commandant du quartier général fera donner au commissaire des guerres chargé de la police du quartier général 4 ordonnances à cheval qui seront à sa disposition pendant toute la marche du quartier général. Il fera fournir également les factionnaires qui lui seront demandés pour la garde des magasins qui seraient établis dans le quartier général, et pour maintenir l'ordre pendant les distributions. Si le quartier général se trouvait dans le cas d'être exposé à être attaqué, le commandant du quartier général disposera des postes et des sentinelles afin d'éviter toute surprise. Il indiquera, en arrivant au logement, le point où la troupe devra se rassembler en cas d'alerte.

Il ordonnera, chaque soir, des patrouilles chargées de s'assurer que l'ordre règne partout.

Il se fera donner, par la municipalité, un local pour servir de salle de discipline.

Il ne fera délivrer aucun billet de logement que pour les personnes attachées au Grand État-Major général.

Enfin, les adjoints employés près du chef de l'état-major

général feront connaître exactement leurs logements afin qu'on puisse les trouver en cas de besoin.

Il y aura, tous les jours, un officier de service au logement du chef de l'état-major. Il y passera la nuit et attendra les ordres du général.

L'Aide-Major général,
chef de l'état-major général,

F. ANDRÉOSSY.

A S. E. le maréchal Berthier, ministre de la guerre, major général des armées.

Au quartier général de Vimille, le 13 fructidor an XIII (31 août 805).

J'ai eu l'honneur, Monsieur le Maréchal Ministre, de vous demander par ma lettre d'hier, l'adjudant commandant Decoux, pour mon sous-chef d'état-major. Il se trouve en ce moment à Grenoble; je prie Votre Excellence de lui adresser l'ordre de m'aller joindre à Strasbourg. Veuillez prescrire également au capitaine Hudry, adjoint à l'état-major, actuellement employé dans la 22e division militaire à Tours, de se rendre aussi à la même destination. C'est un officier actif et intelligent, qui servait auprès de moi au camp de Marengo.

Quant aux autres officiers nécessaires au complément de mon état-major, je m'en réfère à ce que vous voudrez faire à cet égard; je vous prierai seulement de fixer votre choix sur des militaires jeunes et vigoureux, qui puissent supporter les travaux de l'avant-garde.

Agréez, Monsieur le Maréchal Ministre, l'assurance de ma haute considération.

Le Maréchal d'Empire,

LANNES.

Boulogne, le 14 fructidor an XIII (1er septembre 1805).

NAPOLÉON, Empereur des Français,
Sur le rapport du Ministre de la guerre,

DÉCRÈTE :

ART. 1er.

Il sera attaché à la suite de l'état-major général de l'armée et à chaque état-major de corps d'armée un caisson à quatre roues attelé de quatre chevaux, pour servir au transport des bureaux.

ART. 2.

Chaque caisson sera conduit par deux charretiers.

ART. 3.

Il sera alloué une somme de 2,400 francs pour l'achat du caisson, des quatre chevaux et de leurs harnais.

ART. 4.

Il sera payé tous les mois, par revues, une somme de 80 francs pour l'entretien des fourgons, des chevaux et pour la solde des charretiers.

ART. 5.

Les subsistances des hommes et des chevaux seront fournies des magasins de l'armée.

ART. 6.

Les Ministres de la guerre et du trésor public sont chargés, chacun en ce qui le concerne, de l'exécution du présent décret.

Signé : NAPOLÉON.

Au général Dumas, aide-major général, maréchal des logis de la Grande Armée.

Paris, le 20 fructidor an XIII (7 septembre 1805).

Vous voudrez bien, Général, faire vos dispositions pour être rendu au quartier général à Strasbourg le 1er jour complémentaire. Vous y recevrez des ordres ultérieurs.

Je vous salue avec une considération distinguée.

Le Ministre de la guerre, major général,

Maréchal BERTHIER.

Le Ministre de la guerre à M. Guilleminot, chef de bataillon.

Le 22 fructidor an XIII (9 septembre 1805).

Je vous préviens, Monsieur, que d'après la proposition du général Sanson, aide-major général, directeur du service historique et topographique de la Grande Armée, commandée par Sa Majesté en personne, je vous ai désigné pour être employé au Grand État-Major général. Vous voudrez bien, dès ma lettre reçue, partir de suite et en poste pour vous rendre à Strasbourg ou partout où se trouvera le grand quartier général. Vous y serez sous les ordres immédiats du général Sanson.

Je vous salue.

Maréchal BERTHIER.

Le général Andréossy au Major général.

Paris, le 23 fructidor an XIII (10 septembre 1805).

Monsieur le Maréchal,

Je n'ai vu parmi les adjudants commandants disponibles que M. Petiet, employé à Bordeaux, capable de servir utilement.

Les 9 adjoints que je vous demanderai sont :

MM. Ducoudras, disponible ;
Huguet-Chateau, employé au 2e corps, et qui pourrait être remplacé par M. Ruty, disponible ;
Salley, du 4e corps, qui pourrait être remplacé par M. Joly, du 2e corps, disponible.

Bottes, 1re division;
Delorme, 1re division;
Hudry, 22e division;
Thuollay;
Marteville, disponible au corps de Brest;
Castillon, capitaine, non compris sur le tableau des adjoints; c'est un ancien aide de camp du général Clemençay et qui s'est présenté de bonne volonté pour faire la campagne; il se trouve maintenant auprès du général Castella, non employé.

Il existe dans les états-majors des corps d'armée des adjudants commandants dont il serait essentiel de pouvoir disposer pour renforcer l'état-major général. Vous savez, Monsieur le Maréchal, que du choix des sujets dépend la sûreté du travail, et l'état-major général exige, plus que tout autre, de la célérité, de l'exactitude et de la précision; ses opérations ne peuvent donc être confiées qu'à des officiers recommandables et éprouvés. Je prends la liberté de soumettre cet objet à vos lumières et à votre sollicitude.

L'Aide-Major général,
chef de l'état-major général,

ANDRÉOSSY.

Le prince Murat au maréchal Berthier.

Strasbourg, le 23 fructidor an XIII (10 septembre 1805).

Monsieur le Maréchal Ministre, le général Milhaud, qui a quitté le commandement de Gènes pour se rendre à Boulogne, m'exprime le désir d'être employé dans l'armée qui se rassemble sur le Rhin et me témoigne qu'il lui serait particulièrement agréable de servir sous mes ordres. J'ai eu occasion d'apprécier la bravoure et les talents de cet officier général, et je lui suis attaché; vous me ferez plaisir, Monsieur le Maréchal Ministre, de l'employer dans le corps d'armée que je dois commander. Je serai charmé de l'avoir près de moi, et je suis persuadé qu'il justifiera l'intérêt que vous voudrez bien lui accorder, ainsi que la confiance de Sa Majesté.

Je vous demande aussi, Monsieur le Maréchal, de vouloir bien employer dans mon état-major M. Galdemar, capitaine actuellement adjoint à l'état-major du gouvernement de Paris. Cet officier est mon compatriote ; il est auprès de moi depuis cinq ans. Je désire lui fournir de nouvelles occasions de déployer le zèle et la bravoure que je lui connais.

Veuillez recevoir, Monsieur le Maréchal Ministre, l'assurance de ma haute considération.

MURAT.

Aux deux demandes que je viens de vous faire, Monsieur le Maréchal Ministre, j'ajouterai la prière de m'envoyer, pour être attaché à mon état-major, M. Latuile, chef de bataillon, employé au dépôt de la guerre. Un officier du génie instruit, exercé à lever des plans ne peut que m'être infiniment utile, et je compte que M. Latuile remplira parfaitement mes vues.

MURAT.

Le prince Murat au Major général.

Au quartier général, à Strasbourg, le 26 fructidor an XIII (13 septembre 1805).

Monsieur le Maréchal Ministre de la guerre, je vous prie de vouloir bien employer, avec le titre d'adjoint à l'état-major de la réserve de cavalerie de la Grande Armée M. Donop, lieutenant dans la Garde de Paris. C'est un officier plein d'intelligence et d'activité. Vous observerez sans doute qu'il ne doit être employé comme adjoints que des capitaines. J'ai l'honneur de vous rappeler que je vous ai demandé ce grade, il y a plus d'un an, en faveur de M. Donop, et je vous renouvelle cette demande afin qu'il puisse obtenir la destination que je sollicite pour lui.

M. le capitaine Colbert, ancien aide de camp du général Junot, vient de m'écrire pour m'exprimer le désir d'être envoyé dans une armée active. Cet officier mérite d'être distingué par sa bravoure et par ses talents. Je désire que vous veuilliez bien l'attacher en qualité d'adjoint à l'état-major de la réserve de cavalerie. Je vous serai obligé de lui faire expédier le plus prochainement possible, ainsi qu'à M. Donop, ses lettres de service. Veuillez compléter vous-même le nombre d'adjoints que je dois avoir dans l'état-major de la réserve, d'après le décret de Sa Majesté.

Le Prince lieutenant de l'Empereur,

MURAT.

Ordre de l'Empereur.

Saint-Cloud, le 29 fructidor an XIII (16 septembre 1805).

L'Etat-major général n'est point composé ; il n'y a point d'adjoints, les généraux Pannetier et Reille n'y sont pas. Vous n'avez, dans ce moment-ci, personne. Il faudrait au moins une douzaine de capitaines. Il y en a dans les divisions de l'intérieur un grand nombre ; faites-les marcher, n'en laissez pas un. Il faut trois bons officiers polonais, chefs de bataillon ou capitaines, tant pour avoir des renseignements sur les localités que pour pouvoir interroger tous les prisonniers de leur pays. Je désirerais même qu'il y eût un officier polonais dans l'état-major de chaque corps d'armée. Il y en a beaucoup de réformés, distribuez-les tous dans l'armée, ils seront fort utiles. Je ne vois point assez d'adjoints d'état-major aux corps d'armée. Celui du maréchal Bernadotte n'en a que deux, il lui en faudrait au moins huit. Celui du maréchal Lannes n'en a point assez, il lui faut encore deux capitaines. Le maréchal Murat n'en a point ; il lui en faudrait au moins huit. Le corps du général Marmont, ceux des maréchaux Davout, Soult, Ney et Augereau en ont suffisamment.

La division du général d'Hautpoul n'a ni adjudant-commandant, ni adjoint ; nommez-les lui-sur-le-champ. Les divisions des généraux Walther et Beaumont n'ont point d'adjoints ; il leur en faut au moins chacun deux. Le général Bourcier n'a pas d'adjudant-commandant ; nommez-lui en ainsi que des adjoints. Le général Baraguey-d'Hilliers devrait avoir deux généraux de brigade d'infanterie ; je ne les y vois point. J'estime donc que vous avez encore besoin d'une quarantaine d'officiers d'état-major. Je désirerais fort qu'il y en eût une vingtaine que vous répartiriez partout.

(Je prie M. Tabarié de s'occuper sans retard de l'exécution du présent ordre de Sa Majesté.

Le Secrétaire général,

DENNIÉE.)

Observations sur la note adressée au Ministre de la guerre par Sa Majesté.

Soumises au Ministre le 3e complémentaire an XIII (20 septembre 1805).

Les généraux Pannetier et Reille ne sont pas à l'Etat-major général.	Le général Pannetier doit être en ce moment à Strasbourg. Le général Reille a reçu ordre de s'y rendre Il y arrivera le..... L'ordre lui a été adressé à Cadix le 23 fructidor.
Vous n'avez dans ce moment-ci personne. Il faudrait une douzaine de capitaines.	Indépendamment de 3 généraux de brigade et de 4 adjudants-commandants, le Major général a auprès de lui : 8 chefs de bataillon ou d'escadron ; 5 capitaines. Le général Andréossy a sous ses ordres : 1 chef d'escadron ; 6 capitaines ; 4 adjudants-commandants. Le général Mathieu Dumas n'a encore qu'un capitaine, M. Lebrun. Ainsi, les 12 officiers qui doivent être employés près le Major général sont complets. Il manque : 1° Au général Andréossy, 3 offi-

ciers d'état-major. On propose d'y placer :

(Approuvé.
BERTHIER.)

MM. HENRY, employé dans la 26e division ;
DANLOUP-VERDUN, employé dans la 14e division ;
CATHELIN, employé dans la 7e division ;

2° Au général Mathieu Dumas, 1 adjudant-commandant et 3 adjoints.

(Approuvé.
B.)

Comme il se trouve un adjudant-commandant de trop au 3e corps d'armée, l'adjudant-commandant Romeuf pourrait passer auprès du général Dumas.

(Approuvé.
B.)

On propose de lui donner pour adjoints :

MM. VAUQUELIN, employé dans la 13e division ;
THOMAS, qui est de trop au corps du maréchal Soult.
BORY-SAINT-VINCENT, employé au corps d'armée du maréchal Davout. Le général Dumas le verra avec plaisir employé auprès de lui.

Il y en a dans les divisions de l'intérieur un grand nombre. Faites-les marcher, n'en laissez pas un.

Il existe en ce moment 53 adjoints employés tant à l'état-major des divisions militaires que pour la surveillance des côtes. D'après le travail ordonné par M. le Maréchal, il n'en restera plus qu'un par division. On ne croit pas qu'on puisse les réduire au-dessous de ce nombre. L'état est ci-joint. N° 2.

Il faut, pour compléter les cadres des armées, 52 adjoints, ci........................ 52
Général ANDRÉOSSY........ 3
Général DUMAS............ 3
Prince MURAT............ 8

Général D'HAUTPOUL.......	2
Général WALTHER.........	2
Général BEAUMONT.........	2
Général BOURCIER.........	2
Armée des côtes.........	8
Armée d'Italie, en sus de ceux existants..........	14
Armée de Naples..........	8
	52

Disponibles dans l'intérieur.............	18	28
En non-activité.......	6	
Disponibles dans les armées..............	4	
Il en manque...........		24
On a déjà proposé à M. le Maréchal de remplacer 17 adjoints chefs de bataillon ou d'escadron, qui comptaient sur le tableau, par 17 capitaines..........		17
Le déficit ne serait donc que de.................		7

(Note de Berthier :
On doit remplacer les 17 officiers supérieurs par des capitaines.
Compléter ce qui manque aux armées avec les adjoints de l'intérieur.)

Si l'on se déterminait à appeler aux armées les 7 adjoints employés sur les côtes, le nombre se trouverait rempli.

Il faut 3 bons officiers polonais, chefs de bataillon ou capitaines, tant pour avoir des renseignements sur les localités que pour pouvoir interroger tous les prisonniers de leur pays. Je désirerais qu'il y eût un officier polonais dans l'état-major de chaque corps d'armée. Il y en a beaucoup de réformés ; distribuez-les tous dans l'armée, ils seront fort utiles Je désirerais fort qu'il y eût une vingtaine de Polonais que vous répartiriez partout.

Il y eut, en effet, beaucoup d'officiers réformés au licenciement des légions polonaises, mais plusieurs de ces officiers n'obtinrent le traitement de réforme que sous la condition de passer à Saint-Domingue pour y rejoindre le corps polonais qui y était employé. Quelques-uns sont retournés en Pologne. On ne compte aujourd'hui à Châlons-sur-Marne que :

3 chefs de bataillon ;
14 capitaines;
14 lieutenants;
8 sous-lieutenants.
39

J'ai l'honneur de soumettre un projet de répartition de ces officiers. N° 4.

Conformément à l'ordre de Sa Majesté, 3 chefs de bataillon ont été attachés à l'Etat-major général.

On a cru devoir placer dans chacun des corps d'armée et dans chacune des divisions de la réserve de cavalerie deux de ces officiers, afin que si l'un d'eux venait à manquer, il en restât toujours un pour servir d'interprète.

Quatre ont été attachés à l'armée d'Italie et deux à l'armée de Naples.

Au moyen de ces dispositions, tous ceux qui se trouvent réunis à Châlons-sur-Marne seront employés aux armées ainsi que le prescrit Sa Majesté.

Je ne vois point assez d'adjoints d'état-major aux armées. Celui du maréchal Bernadotte n'en a que 2. Il lui en faut au moins 6 ou 8.

Le corps d'armée du maréchal Bernadotte a toujours eu 8 adjoints capitaines, savoir :

MM. Gault ;
Bigi ;
Leberton ;
Wiriot ;
Villemain ;
Figuier ;
Steck ;
Foissac-Latour.

On n'a pas connaissance qu'aucun d'eux ait reçu une autre destination.

Celui du maréchal Lannes n'en a point assez, il lui faut encore 2 capitaines.

Il existe 10 adjoints au corps d'armée du maréchal Lannes, savoir :

MM. Dauger ;
Campi ;
Fittremann ;
Van Berchem ;
Montelgier ;

MM. FAURE ;
MARIMPOIX ;
DELESSE ;
DUGUA ;
HUDRY..............ci. 10

Il faut 3 adjoints pour la division du général Oudinot, forte de 3 brigades, ci............ 3
A la division Gazan..... 2
A la division de cavalerie. 2
(total des trois lignes : 7)

Il en reste auprès du maréchal Lannes............ 3

Et un officier d'état-major, chef de bataillon........ 1

TOTAL..... 4

Si M. le Maréchal pense qu'on doive attacher de plus 2 capitaines à cet état-major, on pourrait y placer les capitaines Ruthie et Joly, qui sont disponibles au corps d'armée du général Marmont.

Le maréchal Murat n'en a point. Il lui en faudrait au moins 8.

Pour remplir les intentions de Sa Majesté à cet égard, je propose à M. le Maréchal d'employer à l'état-major du prince Murat les adjoints ci-après :

(Approuvé.
B.)

MM. RÉGNIER, employé dans la 4e division ;
BEDAT, employé dans la 6e division ;
MOREAU, employé dans la 12e division ;
GALDEMART, AUGIAS, WATHIER, GUIARDELLE, FORGEOT, employés dans la 1re division.

Il restera encore dans la 1re division : 5 adjoints, dont 2 officiers supérieurs et 3 capitaines.

La division du général d'Hautpoul n'a ni adjudant-commandant ni adjoint. Nommez-les-lui sur-le-champ.

(L'envoyer.
B.)

On a proposé à M. le Maréchal pour adjudant-commandant à cette division, M. Fontaine, officier de cavalerie, qui était au corps d'armée du maréchal Augereau, où sa présence est maintenant inutile. Il est adjudant-commandant et il fut placé à Brest par ordre exprès de Sa Majesté.

Quant aux deux adjoints qui manquent à cette division, je propose les capitaines :

CHENAUD, qui est disponible au corps d'armée du maréchal Ney,

Et DESCHAMPS, qui est en non-activité et qui peut être employé avec utilité à l'armée.

(Approuvé.
B.)

Les généraux Walther et Beaumont n'ont pas d'adjoints. Il leur en faut au moins chacun 2.

(Approuvé.
B.)

Ces deux divisions manquent aussi d'adjudants-commandants.

On a proposé à M. le Maréchal de placer auprès du général Walther l'adjudant-commandant Lacroix qui est disponible au corps d'armée du maréchal Ney et, auprès du général Beaumont, l'adjudant-commandant Montfalion (1), un de ceux arrivés des colonies et qui est sans destination. Ces deux adjudants-commandants sont officiers de cavalerie.

M. le Maréchal pourrait placer pour adjoints à la division Walther :

MM. MATTET, employé dans la 19e division ;

QUESNEL, en non-activité.

Et pour la division Beaumont deux des nouveaux capitaines qu'on

---

(1) Remplacé par l'adjudant-commandant Devaux, et envoyé en Italie.

(Approuvé.

B.)

proposé de porter sur le tableau en remplacement des 17 officiers supérieurs.

Le général Bourcier n'a pas d'adjudant-commandant. Nommez-lui-en, ainsi que des adjoints.

On propose à M. le Maréchal de désigner pour chef d'état-major de cette division, l'adjudant-commandant (*sic*).

La liste des adjoints disponibles se trouvant épuisée, il n'en sera proposé pour cette division que lorsque le travail relatif aux nouveaux adjoints aura obtenu l'approbation de M. le Maréchal.

Le général Baraguey-d'Hilliers devait avoir 2 généraux de brigade d'infanterie. Je ne les y vois point.

Le général Baraguey-d'Hilliers a en ce moment sous ses ordres les généraux Boussard et Milet, qui appartiennent à l'arme de la cavalerie. M. le Maréchal est prié de déterminer quelle sera leur destination ultérieure, lorsqu'ils auront été remplacés par des généraux d'infanterie.

Quant à la désignation de ces 2 généraux, je propose à M. le Maréchal de fixer son choix sur les généraux ci-après :

MM. Laval, 19e division;
Lesuire, disponible au corps d'armée du maréchal Augereau;
Vonderveidt, disponible. Il a fait la guerre sur le Rhin et il sait très bien l'allemand.

Le général Vonderveidt a demandé d'être employé activement à la Grande Armée.

Paris, le 30 fructidor an XIII (17 sept. 1805).

Tabarié.

État nominatif des officiers polonais employés aux états-majors des armées.

ARMÉES OU ILS SONT EMPLOYÉS.	NOMS.	GRADES.
Grand État-Major général	JUNGE	Chef de bataillon.
	BOLESTA	Capitaine.
	STANOWSCKI	Sous-lieutenant.
1er corps	DARENSKI	Capitaine.
	POMOROSKI	Lieutenant.
2e corps	ZIMIRSKI	Capitaine.
	WROBLENSKI	Sous-lieutenant.
3e corps	ZARRINSKI	Capitaine.
	ZADERA (Michel)	Lieutenant.
4e corps	WILEZENSKI	Lieutenant.
	BILLEWITZ	Sous-lieutenant.
5e corps	BIZOZOWSKI	Sous-lieutenant.
	SZIMANSKI	Sous-lieutenant.
6e corps	GRABINSKI	Capitaine.
	ZADERA (Joseph)	Lieutenant.
7e corps	DALHEN	Capitaine.
	KURNOTOWSKI	Sous-lieutenant.
État-major de la réserve	MILKIEWI	Capitaine.
	PASZKOWSKI	Capitaine.
1re division de caval.	VOICIKIEWI	Sous-lieutenant.
2e division de caval.	RUSISKI	Lieutenant.
1re division de drag.	ROMANISKI	Lieutenant.
2e division de drag.	JANIZINSKI	Lieutenant.
3e division de drag.	MARCZRUSKI	Lieutenant.
4e division de drag.	SENDROUSKI	Sous-lieutenant.
Dragons à pied	KIERSKOUSKI	Lieutenant.
Armée d'Italie	SZAWACZ	Capitaine.
	GODLEIVSKI	Capitaine.
	BEYER	Lieutenant.
	GRABENSKI	Lieutenant.
	DRINBINSKI	Lieutenant.

Paris, le 30 fructidor an XIII.

Maréchal BERTHIER.

M. Tabarié au Ministre de la guerre.

1er vendémiaire an XIV (23 septembre 1805).

J'ai l'honneur de soumettre à Monsieur le Maréchal un état de 50 officiers supérieurs, colonels ou chefs de bataillon ou d'escadron destinés à être employés à l'état-major de chacun des corps d'armée. Tous sont recommandables par de bons services, mais j'observe à Monsieur le Maréchal que la nécessité de compléter sur-le-champ le nombre, a forcé d'y admettre 6 commandants d'armes sans activité, dont 1 colonel et 5 chefs de bataillon. Ils sont désignés à la fin de l'état par un trait. Si Monsieur le Maréchal pense qu'ils ne puissent être remis en activité que dans les états-majors de places, ils seront remplacés sur l'état.

Toutes les lettres d'avis sont disposées en blanc.

TABARIÉ.

État numérique des officiers supérieurs demandés pour les armées.

ARMÉES.	NOMBRE ACTUEL.	NOMBRE qui doit exister.	NOMBRE		OBSERVATIONS.
			EN PLUS.	EN MOINS.	
Italie	»	12	»	12	
Naples	»	2	»	2	
Côtes de l'Océan	»	3	»	3	
Etat-major de la Grande Armée	8	9	»	1	
Général ANDRÉOSSY	»	2	»	2	
Général MATHIEU DUMAS	»	1	»	1	
1er corps	»	5	»	5	
2e corps	4	5	»	1	
3e corps	5	6	»	1	
4e corps	7	7	»	»	
5e corps	1	5	»	4	
6e corps	7	6	1	»	
7e corps	6	5	1	»	
Pour les 7 divisions de la cavalerie de réserve	»	7	»	7	
Près le prince MURAT	»	3	»	3	
Près le maréchal LEFÈVRE	»	5	»	5	
Près le maréchal KELLERMANN	»	5	»	5	
	38	88	2	52	50 à nommer.

État de répartition des officiers supérieurs pour l'état-major de chaque armée.

ARMÉES.	NOMS ET GRADES.	NOMBRE qui doit exister.
État-major du Major général	Vallongue, colonel du génie Parigot, chef de batallion Lejeune, chef de bataillon Mergez, chef d'escadron Blein, chef de bataillon Pilet, chef de bataillon Gougeon, chef de bataillon Blondel de Bellebrongue, chef de bataillon	9
Général Andréossy.	Leclerc, colonel Dufay, chef d'escadron Foulon, chef de bataillon	2
Mathieu Dumas	Grundler, chef de bataillon	1
1er corps	Niboyer, colonel Lixon, chef de bataillon Tronquoy, chef de bataillon Rapatel, chef d'escadron Saviot, chef d'escadron	5
2e corps	Blondeau, chef de bataillon Delosme, chef de bataillon Ferrière, chef d'escadron Przebendowski, chef d'escadron Loyer, chef d'escadron	5
3e corps	Larcilly, chef de bataillon Euvrard, chef de bataillon Burres, chef de bataillon Bietry, chef de bataillon Gibory, chef d'escadron Strunzé, chef de bataillon	6
4e corps	Baillod, chef de bataillon Armanet, chef de bataillon Guilleaume, chef de bataillon Esnard, chef de bataillon Bouschard, chef d'escadron	5

ARMÉES.	NOMS ET GRADES.	NOMBRE qui doit exister.
4ᵉ corps (*suite*)....	LEFEBVRE, chef de bataillon .... REVEST, chef de bataillon	2
5ᵉ corps	PEGOT, chef de bataillon .... POCHOLLE, chef de bataillon .... HAUTIÈRE, chef de bataillon............ MARTIN ORFENGO, chef d'escadron....... BOSCUS, chef de bataillon	5
6ᵉ corps	RIPPERT, chef d'escadron............. BIDAT, chef de bataillon .... LEGRAND, chef de bataillon........... ARNAUD, chef de bataillon............ JOUANNON, chef de bataillon........... MARESCOT, chef de bataillon	6
7ᵉ corps	FOUQUES, chef de bataillon .... PIQUET, chef d'escadron............. . PETREZOLLI, chef de bataillon .... GRESSAT, chef de bataillon .... PERRARD, chef d'escadron.	5
7ᵉ division de caval.	MORIN, chef d'escadron .... LAMOTTE, chef d'escadron .... NION, chef d'escadron .... BRUÏLS, chef d'escadron.............. GIFFLENGA, chef d'escadron........... CABRIOL, chef d'escadron............. COTTI, chef d'escadron......	7
Prince MURAT......	MARTIN LAGARDE, chef de bataillon..... MUZIO, chef d'escadron .... FABERT, chef d'escadron	3
Maréchal LEFEBVRE.	ASPELLY, chef de bataillon .... SEGOT, chef de bataillon .... LEFEBVRE, chef d'escadron............ CURIAT, chef d'escadron............. LETOURNOULX, chef de bataillon	5
Maréchal KELLERMANN	BERGERON, colonel .... CAVAILLÉ, chef de bataillon........... MAYEUX, chef de bataillon............ LEFEBVRE, chef de bataillon .... ROUSSEAU, chef de bataillon..........	5

ARMÉES.	NOMS ET GRADES.	NOMBRE qui doit exister.
Côtes de l'Océan...	DUPONT-DERVAL, colonel. SICRE, chef de bataillon. DESTAING, chef de bataillon.	3
Royaume de Naples.	LAMI, chef d'escadron. SALVAGE, chef d'escadron.	2
Italie.	DUCLOS, colonel. BERGER, colonel. FORESTIER, chef d'escadron. LEBONDIDIER, chef de bataillon. MONTELUPPO, chef d'escadron. CAQUERAN, chef d'escadron. LAVILLA, chef d'escadron. DENOU, chef d'escadron. MIQUEL FERRIET, colonel. LAMARRE, chef d'escadron. FOURN, chef de bataillon.	11

État de répartition des 200 adjoints.

ARMÉES.	NOMS DES ADJOINTS.	NOMBRE nécessaire.
Major général...	Cressent.......	9
	Levaillant......	
	Colbert........	
	Tricard........	
	Montholon......	
	Lejeune........	
	Simonin.........	
	Mahon.........	
	Depiré.........	
Aide-major général, chef de l'état-major.........	Huguet-Chateaux.	9
	Salley.........	
	Delorme........	
	Marteville......	
	Castillon.......	
	Dieny..........	
	Verdun.........	
	Cathelin........	
	Ducoudras......	
Aide-major, maréchal des logis.	Lebrun.........	4
	Vauquelin......	
	Thomas.........	
	Saint-Vincent...	
1er corps........	Gault..........	11
	Bigi...........	
	Leberton.......	
	Wiriot.........	
	Villemain.......	
	Figuier.........	
	Steck..........	
	Foissac-Latour..	
	Clary..........	
	Deferez........	
	Zimmer.........	
2e corps........	Jardet.........	3
	Charroy........	
	Bigex..........	
2e corps (*suite*)..	Rauwez.........	8
	Ennée..........	
	Chalvin........	
	Lemierre........	
	Motté..........	
	Ruthye.........	
	Sainjal.........	
	Joly...........	
3e corps........	Despéramont....	13
	Raspail........	
	Massot.........	
	Bonnaire.......	
	Dupin..........	
	Legentil........	
	Ferraris.......	
	Gautherot......	
	Sallé..........	
	Coubard........	
	Labarbée.......	
	Maurel.........	
	Gaillardie......	
4e corps........	Tritz..........	15
	Laurain........	
	Bagniol.........	
	Meslop.........	
	Lafortelle......	
	Laforest.......	
	Morat..........	
	Asselin.........	
	Rosingana......	
	Grive..........	
	Gombaud.......	
	Couture........	
	Duclos.........	
	Weigoltz.......	
	Laterrie........	

ARMÉES.	NOMS DES ADJOINTS.	NOMBRE nécessaire.
5e corps	Dauger	13
	Campi	
	Fittremann	
	Van Berchem	
	Montelgier	
	Faure	
	Marinpoix	
	Delesse	
	Dugua	
	Hudry	
	Terrier	
	Mesclop	
	Laterrie	
6e corps	Saint-Léger	13
	Caboche	
	Lanusse	
	Buchet	
	Fontaine	
	Favry	
	Labrume	
	Vanot	
	Olliac	
	Barbut	
	Lagennetière	
	Brue	
	Jourdain	
7e corps	Lignac	12
	Six	
	Fouschard	
	Rapin	
	Blanc	
	Garnier	
	Puget	
	Maréchal	
	Simmer	
	Longchamp	
	Maussent	
	Maire	

ARMÉES.	NOMS DES ADJOINTS.	NOMBRE nécessaire.
État-major du prince Murat	Regnier	8
	Bedat	
	Moreau	
	Galdemart	
	Augias	
	Wathier	
	Guiardelle	
	Forgeot	
1re division de cavalerie	Bosc	2
	Thiébault	
2e division de cavalerie	Legentil	2
	Deschamps	
1re division de dragons	Charton	2
	Bachelet	
2e division de dragons	Mallet	2
	Quesnel	
3e division de dragons	Cabanis	2
	Papailhaud	
4e division de dragons	Wadeleux	2
	Perrier	
Dragons à pied	Pinthon	2
	Bedos	
Armée d'Italie	Espert	17
	Brulon	
	Vincent	
	Roxlo	
	Sevelinges	
	Fourne	
	Granger	
	Hugues	
	Carte	
	Perron	
	Vuliod	
	Robin	
	Montigni	
	Desgouttes	
	Petitgrand	
	Lecharpentier	
	Michal	

ARMÉES.	NOMS DES ADJOINTS.	NOMBRE nécessaire.
Armée d'Italie (*suite*)........	BARAGAN........	9
	PLANEZ.........	
	HENNEL....... .	
	MAUPETIT	
	FERET	
	NOEL...........	
	MURVILLE	
	RIQUET	
	GIRAULT	
Armée de Naples.	SAVANIÉ	9
	COUPÉ........ .	
	DIDIER	
	TUOLLAYS	
	BOUCHET	
	BICHOT	
	DULAC..........	
	DUPLAN.........	
	HÉBERT.........	
Armée des côtes.	DHÉRICOURT......	10
	COULY..........	
	DUCROC.........	
	GAILLARD	
	GUILLOT	
	MARQUESSAC.....	
	DELANGLE	
	WILLERMÉ	
	CLERC..........	
	ALBERT.........	
Division de la Garde impériale.	BOTTEX.........	3
	WALDNER.......	
	CORBINEAU	

ARMÉES.	NOMS DES ADJOINTS.	NOMBRE nécessaire.
Mantoue........	DELAUNE (1).....	1
1re division milit.	BOSC...........	4
	DELON..........	
	AUCLERC........	
	LONGCHAMP......	
23e division milit.	BIADELLI........	2
	LAINÉ..........	
Côtes maritimes..	CLÉREZ	10
	RENARD.........	
	BOCHUD.........	
	LEROY..........	
	POGGI..........	
	LABARTHE	
	BOUDARD........	
	BAUDUY.........	
	LACHAISE.......	
	BUGNIART	
Près l'ingénieur de S. M. I......	DELACHASSE	1
Dépôt de la guerre	MARCHANT aîné...	2
	MARCHANT jeune..	
Expédit. maritime près le général LAURISTON	LEFAIVRE........	1
Hors d'état de servir en ce moment. Sont entre les mains des gens de l'art...	BLAND..........	2
	BUSIQUET.......	

(1) Il y a un chef de bataillon.

TABARIÉ.

L'Empereur au maréchal Berthier.

Saint-Cloud, 29 fructidor an XIII (16 septembre 1805).

Donnez ordre au général Zajonchek, qui est en Italie, de se rendre à Strasbourg, pour le 10 du mois.

Il ne partira cependant d'Italie que lorsque les généraux de division que j'y ai envoyés seront arrivés, et qu'il n'y sera plus nécessaire. Vous lui direz que je désire qu'il y ait 2 ou 3 officiers polonais sur lesquels on puisse compter (1).

. . . .

Le général de division Belliard, chef d'état-major de la réserve de cavalerie et de dragons, au Ministre de la guerre.

Strasbourg, 29 fructidor an XIII (16 septembre 1805).

Je n'ai trouvé à Strasbourg aucune formation d'état-major pour le corps d'armée de réserve.

S. A. S. le prince Murat, Monseigneur, me charge de vous renouveler la demande qu'il vous a déjà faite pour l'organisation de son état-major. Le Prince aura besoin, Monseigneur, d'après l'ordre du jour de l'armée du 14 fructidor an XIII (*1er septembre 1805*), d'un adjudant général pour être chargé des camps, marches et cantonnements, et de sept adjoints pour les sept divisions ; de trois adjoints et même quatre, pour fixer à l'état-major pour le bureau, et d'un officier d'artillerie et un du génie, d'un ordonnateur, d'un médecin, d'un chirurgien en chef, d'un vaguemestre et d'un bureau de poste aux lettres.

Son Altesse Sérénissime s'en rapporte à vous, Monseigneur, pour le choix des officiers et administrateurs, et Elle recevra avec plaisir tous ceux que vous lui enverrez ; Elle vous prie seulement de comprendre dans ce nombre : M. Daure, comme ordonnateur ; M. Watier, adjudant à l'état-major de Paris, comme adjudant; M. Poussielgue, comme chirurgien en chef, et M. Duval, comme médecin en chef.

---

(1) *Correspondance de Napoléon*, n° 9224.

Le Prince désire aussi, Monseigneur, que vous lui envoyiez les officiers qu'il vous a demandés particulièrement et que, dans le nombre des adjudants, il y en ait au moins deux qui puissent lever des plans.

BELLIARD.

L'Empereur au maréchal Bessières.

Saint-Cloud, 30 fructidor an XIII (17 septembre 1805).

Mon Cousin, vous avez besoin de deux adjoints à votre division. Je désire que vous les ayez sur-le-champ, et que vous y en joigniez un troisième qui soit un officier polonais, chef d'escadron ou capitaine sachant parfaitement bien sa langue et connaissant bien son pays. Indépendamment des aides de camp qu'ont les généraux Ordener et Hulin, je désire qu'ils prennent un officier polonais, capitaine ou lieutenant.

NAPOLÉON.

L'adjudant-commandant Lomet à S. E. le maréchal Berthier, ministre de la guerre, major général.

Nancy, 30 fructidor an XIII (17 septembre 1805).

Monseigneur,

Les équipages sont arrivés à Nancy le 30 fructidor. Tout est en bon état et marche en bon ordre : on continue à mener à la longe et très lentement celui des quatre chevaux gris qui était malade.

LOMET.

Le prince Louis Bonaparte, connétable, au maréchal Berthier.

Paris, le 2e jour complémentaire an XIII (19 septembre 1805).

Monsieur le Maréchal, j'ai reçu l'ordre concernant le départ des détachements des 40e et 32e régiments ; il va recevoir son exécution. Mais je crois devoir vous prévenir que cet ordre était déjà connu dans les bureaux de l'état-major et qu'on est venu m'en parler avant la réception de votre lettre. Je présume que cela provient d'indiscrétions des employés aux bureaux. Comme ceci est contraire au bien du service et peut lui nuire, je demande de faire punir ceux qui en auraient été cause.

Je vous prie, Monsieur le Maréchal, d'autoriser mes aides de camp, les colonels Caulaincourt et Broc, de rester auprès de moi. Il serait peut-être nécessaire alors que leurs majors les remplaçassent aux escadrons de guerre. Le colonel Caulaincourt est, par sa santé, hors d'état d'entrer en campagne.

Louis BONAPARTE.

L'employé Lecomte au colonel Vallongue.

Paris, le 2e jour complémentaire an XIII (19 septembre 1805).

Colonel,

Je vous envoie la caisse de topographie du Ministre. J'espère que les autres caisses arriveront incessamment et avant mon départ, si j'en crois les employés de l'administration des Messageries, qui ne sont pas peu honteux de ce que l'on paye pour un transport fait par eux, six fois plus que par le roulage, sans que le public en soit mieux, ni plus tôt servi.

J'ai l'honneur de vous saluer.

LECOMTE.

Le Ministre de la guerre au maréchal Davout.

Paris, le 3e jour complémentaire an XIII (20 septembre 1805).

J'ai l'honneur de vous adresser, Monsieur le Maréchal, des lettres de service pour MM. Jarzinski, capitaine, et Zadera (Michel), lieutenant. L'intention de Sa Majesté est qu'ils soient employés dans leurs grades à l'état-major général du corps que vous commandez. Ces deux officiers ont ordre d'être rendus à Spire, savoir : le premier le 4 vendémiaire prochain et le second le même jour.

Le Ministre de la guerre,

Maréchal BERTHIER.

P.-S. — Ces officiers sont destinés à servir en qualité d'interprètes.

Le général Andréossy à S. A. S. le prince Murat.

Strasbourg, le 3e jour complémentaire an XIII (20 septembre 1805).

Monseigneur,

J'ai reçu, avec la lettre que vous m'avez fait l'honneur de m'écrire, les séries de mots d'ordre destinés à MM. les maréchaux Ney, Lannes et Davout. Si M. le Major général n'en envoie pas d'autres avant le 1er vendémiaire, j'y suppléerai, conformément à vos désirs.

J'ai écrit de Paris aux chefs d'états-majors des différents corps d'armée, pour qu'ils aient à m'adresser à Strasbourg, à l'époque de l'arrivée des troupes, un état de situation exact du personnel en tout genre, du matériel et des équipages qui composent le corps dont ils sont les détails, avec les observations sur les événements survenus en route et les rapports sur les mutations.

Je vais leur écrire de nouveau et dans le sens que Votre Altesse Sérénissime a bien voulu m'indiquer. J'ai déjà pris des renseignements sur la partie administrative de l'armée, ainsi que sur l'exécution des ordres donnés aux commandants de l'artillerie et du génie, et je suivrai cet objet avec soin ; mais je dois prévenir Votre Altesse Sérénissime que je suis à la recherche de ce qui concerne ces divers services ; car j'ignore les ordres qui ont été donnés par M. le Major général. Je m'empresserai de me conformer à tous ceux que vous voudrez bien me transmettre.

Je prie Votre Altesse Sérénissime d'agréer l'hommage de mes respects.

L'Aide-Major général,
chef de l'état-major général,

ANDRÉOSSY.

ORDRE DU JOUR.

Au quartier général impérial de Paris, 4e jour complémentaire an XIII (21 septembre 1805).

L'Empereur ordonne les suivantes dispositions : MM. les

maréchaux et généraux commandant en chef les corps d'armée correspondront directement, sans l'intermédiaire de leur chef d'état-major, avec le Ministre de la guerre, Major général de la Grande Armée.

Les généraux chefs d'état-major des différents corps d'armée transmettent dans l'armée les ordres du général en chef; ils ne correspondent avec le Major général, Ministre de la guerre, que pour lui adresser des états de situation et les rapports historiques des événements de la guerre.

L'officier d'état-major qui, dans chaque d'armée doit être chargé des reconnaissances pour les marches, campements et cantonnements, peut-être pris parmi les adjudants commandants ou parmi les autres officiers employés à l'état-major, pourvu, dans le dernier cas, que ce soit un officier supérieur.

Le Ministre de la guerre, Major général.

Par ampliation du registre d'ordre :

L'Aide-Major général,
chef de l'état-major général,

ANDRÉOSSY.

Le maréchal Berthier au général Andréossy.

Paris, le 4e jour complémentaire an XIII (21 septembre 1805).

Je vous adresse, Général, dix séries des mots d'ordre de la Grande Armée pour la première quinzaine de vendémiaire. Veuillez les faire parvenir de suite, m'en accuser la réception et vous assurer de leur remise à MM. les maréchaux et généraux.

Je joins ici l'ordre du jour, que je vous prie également de faire parvenir à MM. les maréchaux et généraux auxquels il est adressé.

Je vous salue.

BERTHIER.

P.-S. — Vous signerez l'ordre du jour, par ampliation du registre d'ordre, sans mettre mon nom.

GRANDE ARMÉE.

Série des mots d'ordre et de ralliement pour la première quinzaine de vendémiaire an XIV.

	Mots d'ordre.		Ralliement.
1..............	Alexandre.	Autriche.	Aveuglément.
2..............	Bellone.	Bavière.	Bal.
3..............	Calder.	Cadix.	Chasse.
4..............	Demain.	Danube.	Dompté.
5..............	Étoile.	Empire.	Éclat.
6..............	Fabert.	France.	Fortune.
7..............	Grenadiers.	Gibraltar.	Gloire.
8..............	Hasard.	Hongrie.	Habits.
9..............	Itas.	Ithaque.	Image.
10..............	Jean.	Jourdain.	Jeune.
11..............	Kurde.	Krimée.	Koran.
12..............	L'an V.	Léoben.	Loi.
13..............	Mack.	Munich.	Meneur.
14..............	Napoléon.	Nil.	Navigation.
15..............	Odin.	Olympe.	Orage.

BERTHIER.

Le général Andréossy aux Chefs d'état-major.

Strasbourg, le 3 vendémiaire an XIV (25 septembre 1805).

Pour pouvoir répondre aux instructions du Major général de l'armée, il devient indispensable que je connaisse, exactement et jour par jour, les positions de campement ou cantonnement que chaque corps aura occupées à la fin de la journée, et l'itinéraire d'une position à une autre. Vous voudrez bien indiquer les quartiers généraux de M. le Maréchal et des généraux commandant les divisions et les brigades dans chaque position. Vous m'adresserez ces états chaque jour, et, si les circonstances ne vous permettaient pas de me les envoyer exactement, je vous prierai d'en conserver le journal et de me le faire passer le plus tôt qu'il vous sera possible, de manière à ce qu'il n'y ait pas de lacunes dans la note du mouvement des troupes.

Addition à la lettre au Chef d'état-major du 1er corps.

Comme je n'ai point connaissance de la marche route qu'a tenue le 1er corps depuis son départ du pays de Hanovre jusqu'en Franconie, je vous prie de vouloir bien m'envoyer séparément l'itinéraire de cette marche, en y joignant les observations que vous aurez été dans le cas de faire.

ANDRÉOSSY.

Le général Andréossy aux Chefs d'état-major des six premiers corps et du corps de réserve.

Strasbourg, le 5e jour complémentaire an XIII (22 septembre 1805).

Je vous adresse, Général, dix-huit états imprimés pour servir à établir la situation du ... corps de la Grande Armée, depuis le 1er vendémiaire jusqu'au 11 nivôse an XIV.

Ces états doivent être rédigés dans le plus grand détail, les régiments placés par bataillons ou escadrons dans les divisions où ils sont employés, avec leur force et leur emplacement ; et, s'il y en avait qui eussent des détachements éloignés du corps, il serait nécessaire que leur force ainsi que leur emplacement fussent clairement indiqués dans la colonne des détachés.

Vous aurez soin de faire porter, à la suite de chaque division d'infanterie et de cavalerie, les compagnies ou détachements d'artillerie et du génie qui y sont attachés, et de placer, dans la colonne d'observations, le matériel d'artillerie qui en dépend.

L'artillerie et le génie faisant partie de la réserve et du parc du...corps, seront mis dans la feuille ayant pour titre Artillerie et Génie, en portant leur emplacement, par compagnies ou détachements, dans la colonne d'observations, et le matériel sur la page qui lui est destinée.

Je vous engage, Monsieur le Général, à veiller par vous-même à la rédaction de ces états de situation, et à donner la plus grande attention à ce que la force des régiments, compagnies ou détachements, soit portée avec l'exactitude la plus rigoureuse : ils doivent, en conséquence, indiquer le nombre des combattants présents sous les armes et celui aux hôpitaux.

Vous voudrez bien en adresser une double expédition tous les huit jours à S. E. le Ministre de la guerre, savoir : un état au quartier général de la Grande Armée (avec cette suscription : *à Monsieur le maréchal Berthier, Ministre de la guerre, Major général*) ; et un autre état au ministère de la guerre, à Paris, bureau du Mouvement des troupes.

Les états réclamés par le ministère sont indépendants de celui que je vous ai demandé par ma lettre du 24 fructidor, datée de Paris, que je vous prie de m'adresser au fur et à mesure que les divisions arriveront dans leurs cantonnements respectifs.

Dès que ces cantonnements auront été réglés d'une manière définitive, vous voudrez bien m'indiquer leur emplacement et me faire connaître s'il y a eu des changements faits aux cantonnements principaux désignés par le Ministre.

Vous voudrez aussi joindre à l'état que je vous ai demandé celui des dépôts, en indiquant leurs emplacements pour chaque corps, l'effectif de ces dépôts et ce qui est disponible dans les dépôts de cavalerie, pour les faire arriver aux escadrons de guerre.

Je vous invite à m'informer si les vivres et les fourrages sont assurés ; pour combien de temps ; si les fournitures sont de bonne qualité et si les distributions sont régulièrement faites ; si tous les corps sont en mesure de faire confectionner les deux nouvelles paires de souliers ; si l'on s'occupe à réparer l'armement et l'équipement et à soigner les chevaux blessés.

Le rapport général sur les événements survenus dans la route devra comprendre spécialement les pertes, tant en hommes qu'en chevaux, par mort, désertion, maladie, ainsi que l'époque à laquelle on espère recouvrer partie de ces hommes et de ces chevaux.

Accusez-moi, Général, réception des états de situation ci-joints.

ANDRÉOSSY.

Note pour M. Gérard.

6 vendémiaire an XIV (28 septembre 1805).

M. Gérard écrira pour que mes chevaux, qui sont partis de Paris le 3 vendémiaire pour Mayence, soient détournés de cette route pour prendre celle de Spire, où mon intention est qu'ils se rendent.

M. Gérard écrira sur la route, soit aux commandants d'armes, soit aux commissaires des guerres.

Ce petit convoi est de 9 chevaux, conduits par le nommé Délion, qui a deux postillons avec lui.

Maréchal Berthier.

Le 7 vendémiaire an xiv (29 septembre 1805).

M. le maréchal Ney prie Son Excellence de désigner un officier réformé pour remplir à son quartier général les fonctions de vaguemestre général.

J'ai l'honneur d'observer à Monsieur le Maréchal, que d'après le règlement du 5 avril 1792 sur le service de campagne, les fonctions de vaguemestre général doivent être confiées à un adjudant sous-officier auquel il est alloué en sus de la solde un supplément de 39 francs par mois.

Si M. le Maréchal, qui a nommé un colonel à l'emploi de vaguemestre général de l'armée, croit devoir autoriser le maréchal Ney à employer auprès de lui un officier dans les mêmes fonctions, j'aurai l'honneur de lui désigner M. Mathieu, lieutenant réformé, qui est en ce moment à Strasbourg et qui a adressé à M. le Maréchal une demande pour reprendre les fonctions de vaguemestre général qu'il dit avoir exercées sous les généraux Bernadotte et Saint-Cyr.

Tabarié.

Le général Andréossy à M. Lejeune.

Strasbourg, le 2 vendémiaire an xiv (24 septembre 1805).

L'aide-major général, chef de l'état-major général, ordonne à M. Lejeune, chef de bataillon, attaché à l'état-major, de partir de suite en poste pour se rendre à Haguenau, Landau, Spire, où il remettra à MM. les Maréchaux de l'Empire, Ney,

Soult, Davout, les dépêches dont il est chargé pour eux. Il aura soin de prendre un reçu particulier de la série de mots d'ordre contenus dans les dépêches. M. Lejeune remplira sa mission avec toute la célérité possible et retournera de suite au quartier général.

ANDRÉOSSY.

Note pour le Major général.

Donauwörth, le 18 vendémiaire an XIV (10 octobre 1805).

Tous les officiers polonais qui avaient été envoyés à Châlons-sur-Marne par ordre du Ministre, ont reçu des lettres de service pour être employés dans les différents corps de la Grande Armée.

Les huit officiers qui ont signé la pétition ci-jointe n'étaient point compris sur le contrôle qui existe au bureau de l'infanterie.

Il est vraisemblable qu'à leur retour des colonies ils auront été dirigés de Bordeaux sur Châlons par ordre du général commandant la 11e division, et qu'il n'aura pas été donné avis de cette mesure au bureau de l'infanterie.

Si l'intention de M. le Maréchal est de donner à ces officiers la même destination qu'aux autres, je propose de les attacher aux divisions de la réserve et du 6e corps de la Grande Armée, qui n'en ont qu'un seul dans ce moment, le nombre de ces officiers n'ayant pas permis d'en placer deux par division.

Ainsi ils pourraient être répartis de la manière suivante :

ORZISKI, lieutenant, 6e corps d'armée.

JORZMANOWSCKI, lieutenant, 1re division de cavalerie, Nansouty.

GRYUSKI, lieutenant, 2e division de cavalerie, d'Hautpoul.

URBANSKI, sous-lieutenant, 1re division de dragons à cheval, Klein.

WORONISCKI, sous-lieutenant, 2e division de dragons à cheval, Walther.

JURKIEWICZ, sous-lieutenant, 3e division de dragons à cheval, Beaumont.

WIELOGORSKI, sous-lieutenant, 4e division de dragons à cheval, Bourcier.

ORLESKI, sous-lieutenant, dragons à pied, Baraguey-d'Hilliers.

TABARIÉ.

(*En marge :* Approuvé.

B.)

Rapport à l'Empereur.

Augsbourg, le 20 vendémiaire an XIV (12 octobre 1805).

Votre Majesté m'a permis de lui mettre sous les yeux la position des officiers de l'état-major de la Grande Armée : ces officiers arrivés en poste sans avoir eu le temps de faire leur équipage, l'activité de cette campagne, l'éloignement des différents corps, occasionnent des dépenses extraordinaires ; ils ont été obligés de vendre les chevaux qu'ils avaient dans l'intérieur de la France pour en acheter d'autres à l'armée.

Je sollicite des bontés de Sa Majesté une gratification de 1500 francs pour chacun de ces officiers dont les noms sont ci-après :

Employés près le Major général :

BLEIN, chef de bataillon.
PARIGOT, chef de bataillon.
LE JEUNE, chef de bataillon.
MERGEZ, chef d'escadron.
BAILLI DE MONTHION, chef d'escadron.
LOSTANGES, capitaine de frégate.
LE JEUNE, capitaine.
LEVAILLANT, capitaine.
MONTHOLON, capitaine.
DEPIRÉ, capitaine.
SIMONIN, capitaine.
SARAIRE, lieutenant.
HALAKOUSKI (Polonais), chef de bataillon.
JUNGE (Polonais), chef de bataillon.
TOURSKI (Polonais), chef de bataillon.
SKOLSKI (Polonais), lieutenant.

Employés près le général Andréossy :

BOUCHARD, chef de bataillon.
TONNÈRE, chef de bataillon.
HUGUAY-CHATEAU, capitaine.
SALCY, capitaine.
MARTEVILLE, capitaine.
DIANY, capitaine.
DANLOUP-VERDUN, capitaine.
CATHELIN, capitaine.
CASTILLON, capitaine.
BOLESTA (Polonais), capitaine.
PLANOUSKI (Polonais), capitaine.

Employés près le général Dumas :

LE BRUN, adjoint.
VAUCLIN, adjoint.
THOMAS, adjoint.

Si Votre Majesté accorde à ces 30 officiers la somme de 45,000 francs, je la prie de m'autoriser d'ordonnancer cette somme sur le chapitre 7 des dépenses imprévues de mon département.

Le Ministre de la guerre,

BERTHIER.

De la main de l'Empereur :

Approuvé à condition que tous les officiers d'état-major auront au moins quatre chevaux.

NAPOLÉON.

A ordonnancer au nom de M. Leduc, qui en a fait l'avance aux individus ci-dessus dénommés.

M'adresser la lettre d'avis pour être payé par la caisse du trésor de la Grande Armée, qui joindra les pièces à la quittance.

B.

Le maréchal Berthier au général Belliard.

Munich, le 22 mai 1806.

Je viens de recevoir, Général, votre état de frais de poste. Je vous observe que les chefs d'état-major ont, outre leurs appointements, 72,000 francs de frais extraordinaires, avec lesquels ils doivent payer non seulement leurs frais de bureau, mais encore tous les frais de poste relatifs au service et ceux de leurs officiers d'état-major. Vous devez, Général, sentir que, chargé des intérêts de l'Empereur, je me compromettrais essentiellement si je ne tenais pas la main aux dispositions d'économie exigées par Sa Majesté. Je dois vous faire observer que le traitement des maréchaux commandant en chef est de 40,000 francs; qu'un chef d'état-major ne pourrait réclamer le remboursement de pareils frais qu'en prouvant qu'il a dépensé les 18,000 francs qu'il reçoit par trimestre.

Un général en chef peut faire voyager son chef d'état-major dans tous les cantonnements de son corps d'armée, ainsi que les officiers d'état-major, sans aucune autre indemnité que les 6,000 francs de frais de bureau.

Le Major général,
Prince de Neuchâtel et Valengin,
BERTHIER.

Tenue des officiers de l'état-major.

Le colonel Vallongue a l'honneur d'exposer au Ministre, Major général, que les officiers employés près de lui étant de différents grades et de différentes armes, sont indécis sur l'uniforme qu'ils doivent porter.

L'intention du Ministre est elle qu'ils portent celui de leur arme, de leur corps et de leur grade ?

Il y en a qui ne tiennent à aucun corps parce qu'ils passent de l'état de réforme à celui d'activité. Devront-ils porter l'uniforme de leur dernier corps ou bien celui d'adjoint à l'état-major, quoique d'un grade supérieur à celui de capitaine ?

En marge, de la main de Berthier :

Chacun son uniforme, les officiers réformés l'uniforme d'officiers réformés, avec le collet bleu et deux boutons d'or jaune.

B.

Le général Andréossy, chef d'état-major du corps du centre, au maréchal Berthier.

Boulogne, le 15 thermidor an XIII (3 août 1805).

Il règne de l'incertitude sur l'uniforme que doivent porter les officiers supérieurs qui ont reçu des commissions de Votre Excellence pour servir aux états-majors de l'armée ; plusieurs de ces officiers ont été tirés des corps ; d'autres étaient aides de camp de généraux employés ; d'autres, enfin, étaient dans l'inactivité. Il semblera certainement convenable à Votre Excellence que ces officiers supérieurs soient uniformément vêtus et d'une manière bien reconnaissable pour les troupes. J'ai donc l'honneur de vous prier de me donner une décision à ce sujet.

ANDRÉOSSY.

Au général de division Andréossy, chef d'état-major du corps d'armée du centre.

Au quartier général, à Boulogne, le 8 fructidor an XIII (19 août 1805).

Vous m'avez demandé, Général, quel uniforme devaient porter les officiers supérieurs qui ont reçu des commissions pour servir aux états-majors de l'armée. J'ai décidé que ce serait celui du dernier corps où ces officiers auraient servi.

Je vous salue avec une parfaite considération.

Le Ministre de la guerre, Major général,
Maréchal BERTHIER.

ORDRE DU JOUR.

Au quartier général, à Strasbourg, le 5e jour complémentaire an XIII (22 septembre 1805).

L'Empereur ordonne que tous les officiers employés à la suite des états-majors aux armées portent l'uniforme d'adjoint.

Pour ampliation au registre d'ordre :

L'Aide-Major général,
chef de l'état-major général,
ANDRÉOSSY.

Par décision du Ministre du 18 pluviôse an XII (*8 février 1804*), les employés civils des bureaux du Grand État-Major général portent l'habit bleu à la française avec le bouton de l'État-major général.

Le Conseiller d'État, Directeur général des postes, à M. Denniée, secrétaire général du département de la guerre.

Paris, le 13 fructidor an XIII (31 août 1805).

J'apprends, Monsieur, que l'armée expéditionnaire sous Boulogne a reçu l'ordre de se diriger sur Strasbourg et autres places environnantes; que plusieurs divisions sont déjà en marche, emmenant avec elles les employés qui leur sont attachés; et qu'enfin, l'armée doit être réunie sur le Rhin pour le 1er vendémiaire an XIV.

Veuillez me faire connaître incessamment, s'il est possible, l'itinéraire des différents corps et leurs lieux de séjour en route, afin que l'on puisse diriger en connaissance de cause les dépêches de Paris pour l'armée, de manière à ce que les lettres et paquets puissent être distribués dans le trajet et ne point éprouver de retard.

J'ai l'honneur de vous saluer.

LAVALETTE.

En note : Je prie M. Gérard de voir s'il convient de satisfaire à cette demande.

13 fructidor an XIII.

DENNIÉE.

Le Conseiller d'État, Directeur général des postes, au Ministre de la guerre.

Paris, le 4e jour complémentaire an XIII (21 septembre 1805).

Monsieur le Maréchal,

Je vois, par le tableau que Votre Excellence m'a fait l'honneur de m'adresser de la composition de la Grande Armée, que celle de Hanovre, commandée par M. le maréchal Bernadotte, forme le 1er corps, et que l'armée française en Hollande, commandée par M. le général Marmont, forme le second corps.

L'administration avait, près chacune de ces armées, un établissement particulier de postes composé d'un bureau principal et de plusieurs divisionnaires, avec le nombre d'employés et de sous-employés nécessaires pour en assurer le service ; tous ont suivi l'armée à laquelle ils étaient attachés et ils sont encore en activité.

D'un autre côté, les préposés en chef, employés et sous-employés du service de l'Armée des côtes, devenue Grande Armée, ont reçu l'ordre d'accompagner les divisions dans leur marche, et le bureau principal est présentement à Strasbourg.

Voilà donc trois établissements particuliers de postes pour une même armée : cet état de choses doit-il subsister ? Faudra-t-il amalgamer ces établissements ensemble, et n'en faire qu'un ? Telle est la question que j'ai l'honneur de soumettre à Votre Excellence, en la priant de vouloir bien me faire connaître sa décision.

J'observe que si l'armée franchit la frontière et prend un grand développement, une seule direction générale suffira peut-être difficilement à toutes les parties du service.

J'ai l'honneur de vous saluer.

LAVALETTE.

En note, de la main de Berthier :

Monsieur Vallongue, il faut organiser un seul service, la direction générale serait au quartier général de l'Empereur avec des subdivisions dans chacun des corps d'armée. Il faut une organisation particulière pour Boulogne.

Maréchal BERTHIER.

Ligne télégraphique de Paris à Strasbourg.

DIVISION DE PARIS.

Nos.	DÉNOMINATION des postes.	DISTANCE respective des postes.	DÉPARTEMENTS.	OBSERVATIONS.
		toises		
1	Paris...........	»	Seine.	Clermont a été porté par erreur dans ce tableau, en ce qu'il est considéré comme poste auxiliaire. Le nombre des télégraphes essentiels pour la correspondance de Paris à Strasbourg se réduit à 22 ; les autres indiqués dans le tracé de la ligne ne sont qu'auxiliaires ; ils ne peuvent être utiles que dans les instants de brume.
2	Ménilmontant....	2,800		
3	Vaujours........	7,500	Seine-et-Oise.	
4	Panchard........	11,000		
5	Rouge-Bource....	11,000		
6	May-la-Grange...	8,000	Aisne.	
7	Fontenelles......	4,000		
8	Janvilliers.......	»		
9	Congy...........	13,500	Marne.	
10	Mont-Aimé......	6,500		
11	Cheniers.........	10,000		
12	Châlons.........	6,500		
13	Lepine..........	4,000		
14	La Croix........	8,000		
15	Valmy..........	4,500		
16	Les Islettes......	8,000	Meuse.	
17	Clermont........	4,000		

DIVISION DE STRASBOURG.

Nos.	DÉNOMINATION des postes.	DISTANCE respective des postes.	DÉPARTEMENTS.	OBSERVATIONS.
		toises		
1	Sivry-la-Perche...	6,500	Meuse.	Dans les temps favorables, l'on pourra communiquer directement du poste de Saint-Quentin, près Metz, à celui d'Haberacker, sur les Vosges, quoique la distance soit près de 50 milles. Dans ce cas, les postes intermédiaires seront paralysés par un signal particulier.
2	Handremont......	8,500		
3	Gondrecourt......	13,000	Moselle.	
4	Varneville.......	9,000		
5	Saint-Quentin....	5,000		
6	Metz............	2,000		
7	Pontoy..........	7,400		
8	Delme...........	8,000	Meurthe.	
9	Hauteurs de Château-Salins.....	4,000		
10	Hauteurs de Vic..	4,000		
11	Marimont........	8,000		
12	Langemberg.....	5,000		
13	Sarrebourg......	7,000		
14	Haberacker......	11,000		
15	Northeim........	7,000	Bas-Rhin.	
16	Strasbourg.......	10,000		

3e Corps d'armée. — Ordre (1).

Le 11 fructidor an XIII (29 août 1805).

Le chef de l'état-major général fera la répartition suivante des 77 gendarmes et officiers qui suivent la marche de l'armée :

20 gendarmes. Tourtelot, maréchal des logis, pour les commander, sera compris dans le nombre.

Ce détachement partira demain de Dunkerque pour aller rejoindre à Cassel la 1re division, à laquelle il est attaché. Le général Bisson en sera prévenu et donnera les ordres pour le service de la gendarmerie pendant la route.

19 gendarmes, le lieutenant Jeannis partiront demain 12 d'Ambleteuse et suivront la 2e division, à laquelle ils sont attachés. Le général Friant leur donnera les ordres pour leur service pendant la route. Le lieutenant Jeannis, qui est maintenant à Dunkerque, joindra de sa personne la 2e division à Watten.

19 gendarmes et Arnould, maréchal des logis, partiront le 13 d'Ambleteuse, avec la 3e division. Le général Gudin donnera des ordres pour leur service pendant la route.

Les 17 gendarmes, y compris le capitaine Saulnier, le quartier-maître... partiront d'Ambleteuse le 14, avec la colonne du quartier général. L'adjudant général Hervo donnera les ordres pour leur service pendant la marche.

Cette répartition de gendarmerie sera invariable.

Les 20 hommes que le capitaine Saulnier a désignés pour rester, en conséquence des ordres du Ministre, seront réunis à Ambleteuse le 14. Le capitaine Saulnier leur donnera des ordres pour empêcher la désertion des marins bataves, empêcher la dégradation des camps, maintenir la police et observer les étrangers ; et il répartira ces 20 gendarmes dans les postes qu'il jugera convenables pour remplir cet objet.

Le Maréchal,

DAVOUT.

---

(1) En entier de la main du Maréchal.

CHAPITRE XI

Service topographique.

Le général Léopold Berthier, chef de l'état-major de l'armée de Hanovre, au Ministre de la guerre.

Au quartier général, à Hanovre, 22 thermidor an XI (10 août 1803).

Citoyen Ministre,

Je vous avais mandé par ma précédente, ainsi qu'au général Sanson, que je n'avais trouvé dans ce pays aucune ressource en topographie. J'ai à vous apprendre avec satisfaction que les ingénieurs géographes, en faisant leurs tournées et questionné les baillis, ont appris qu'il y a trente ans, une carte générale du pays de Hanovre avait été levée par ordre du roi d'Angleterre. D'après les renseignements qu'ils m'ont donnés, j'ai demandé d'une manière positive aux membres du gouvernement ce qu'est devenue cette carte. Ils m'ont alors avoué qu'effectivement elle existe, mais qu'il n'y en a que trois copies de faites à la main, dont une a été envoyée en Angleterre, une autre remise à la régence et la troisième à la chancellerie. Ces deux dernières ont été emportées avec les papiers de l'état-major de l'armée hanovrienne, et sont en ce moment dans le Mecklembourg.

Le gouvernement actuel vient d'écrire afin que les archives lui soient envoyées, ainsi que ces deux cartes. Je ne doute nullement que dans peu de jours nous n'en soyons possesseurs ; ce qui sera un ouvrage précieux, et nous mettra à même de remplir en peu de temps les vues du gouvernement pour la levée de la carte générale de ce pays qui, jusqu'à présent, n'a pas été exactement connu.

En attendant, les ingénieurs sont employés partie aux reconnaissances militaires, et l'autre à faire des opérations pour déterminer les triangles. Je n'ai qu'à me louer du zèle, de l'activité et des connaissances du citoyen Epailly.

. . . .

L. Berthier.

Le général Moreau au Ministre de la guerre.

Paris, le 2 nivôse an XII (24 décembre 1803).

Citoyen Ministre,

J'ai reçu la lettre que vous m'avez fait l'honneur de m'écrire pour m'instruire de la décision du gouvernement qui réunit au dépôt de la guerre le bureau topographique chargé de la carte de la Souabe. Je ne puis qu'applaudir à une mesure que vous jugez être en même temps économique et propre à accélérer la fin de ce travail.

Je vous prie, Citoyen Ministre, d'ordonner aussi la confection de la copie de cette carte qui m'a été promise lors de la cession que j'en ai faite au gouvernement.

Le chef d'escadron Guilleminot, l'un de mes aides de camp, fut chargé par moi de réunir tous les matériaux nécessaires pour former la carte de la Souabe. Je jugeai que ce travail, qui demandait des talents, des soins, ce qui était d'une grande importance, mériterait une récompense lorsqu'il serait achevé. Je promis à cet officier de le nommer alors adjudant-commandant. C'est à vous aujourd'hui, Citoyen Ministre, à juger de la manière dont le chef d'escadron Guilleminot a rempli l'obligation que je lui avais imposée. Si vous trouvez, comme j'en suis persuadé, qu'il s'en est acquitté avec tout le zèle et toute l'intelligence que l'on pouvait désirer, je vous serais obligé d'acquitter ma promesse.

En nommant cet officier au grade d'adjudant-commandant, vous lui accorderez une récompense méritée par l'utilité de son travail, par sa bravoure et ses services.

Le Général,

Moreau.

Notes sur le service des cartes.

Pressez la carte de Souabe. — [Lettre du général Sanson, datée de Brest, le 8 messidor an XIII, à M. Muriel (*27 juin 1805*).]

J'ai reçu avec bien du plaisir les lettres du camarade Vallongue ; elles sont on ne peut plus satisfaisantes pour nos travaux. Sa présence était bien nécessaire en Italie ; il me tarde de l'embrasser et de lui témoigner toute ma reconnaissance pour l'intérêt constant qu'il prend à la chose et pour les peines qu'il a bien voulu se donner dans cette occasion. Aussitôt que je saurai où lui adresser mes lettres, j'aurai grand plaisir à m'entretenir avec lui pour lui témoigner mon attachement sincère.

Vous avez bien fait de ne point envoyer le 6e numéro du Mémorial du général Clarke pour qu'il soit remis à l'Empereur. Le Ministre se serait fâché et avec raison s'il ne l'avait pas présenté lui-même.

. . . .

Pressez toujours la carte de Souabe ; je tiens beaucoup à ce qu'elle soit terminée à la fin de l'année.

[Lettre du général Sanson à M. Muriel, datée de Brest le 15 messidor an XIII (*4 juillet 1805*).]

ORDRE DU 2e JOUR COMPLÉMENTAIRE (19 sept. 1805).

Le général de brigade du génie, directeur du dépôt général de la guerre.

M. Muriel, chef de bataillon adjoint à la direction du dépôt général de la guerre, est chargé, en mon absence, des fonctions qui me sont confiées au dépôt et, en conséquence, donnera les ordres et les signatures que le service exigera : il correspondra avec moi aussi souvent que besoin sera, et me tiendra au courant de l'administration.

Le tout conformément aux ordres de S. E. le Ministre de la guerre.

SANSON.

Rapport à l'Empereur.

M. Bacler d'Albe, en m'annonçant que Votre Majesté l'a chargé de son dépôt topographique sous les ordres du général Clarke, me fait connaître que l'intention de Votre Majesté est qu'indépendamment des appointements qu'Elle lui a accordés sur sa liste civile, il perçoive six rations de fourrages pour ses chevaux et continue à jouir de son traitement de chef de section au dépôt général de la guerre.

Il m'annonce aussi que Votre Majesté lui donne pour adjoint dans ses nouvelles fonctions le sieur Delachasse-Vérigny, capitaine adjoint à l'état-major du 2e corps de la Grande Armée, auquel, en lui donnant l'ordre de se rendre à Strasbourg, j'aurais à prescrire d'apporter avec lui tous les plans, cartes et reconnaissances qu'il a faits en Allemagne.

Je demande sur le tout les ordres de Votre Majesté.

Le Ministre de la guerre,

(Sans date.)

BERTHIER.

Le maréchal Berthier au général Sanson, directeur du dépôt général de la guerre.

Boulogne, le 2 fructidor an XIII (20 août 1805).

Je vous prie, Général, de me faire connaître ce que nous avons au dépôt de la carte de Bavière, de celle de la Souabe et des Montagnes-Noires : s'il a été fait un dictionnaire de nomenclature historique ou espèce de statistique, ainsi que nous l'avons fait faire pour la carte d'Italie ; si les ingénieurs, qui sont encore sur les lieux, ont entre leurs mains les minutes des cartes et les dictionnaires ; il faut faire venir ces minutes à Paris, afin que l'Empereur puisse les consulter.

Faites-moi connaître également ce que vous avez à Paris de ces cartes, et faites-en faire des huilés.

Faites lever sur une petite carte générale toutes les parties levées des cartes de Souabe et de Bavière dont on pourrait se servir.

Je vous salue avec ma considération distinguée.

Le Ministre de la guerre,

Maréchal BERTHIER.

De la main du maréchal Berthier :

Je désire même que vous puissiez m'envoyer les cartes si elles ne sont point trop volumineuses ; on pourra envoyer un officier en voiture. Au reste, répondez-moi par le retour de mon courrier.

En note : répondu le 4 fructidor an XIII (*22 août 1805*).

Le général Sanson, directeur du dépôt de la guerre, à S. E. le Ministre de la guerre, maréchal de l'Empire.

Paris, le 4 fructidor an XIII (22 août 1805).

Monsieur le Maréchal,

Je m'empresse de répondre à la dépêche que Votre Excellence m'a fait l'honneur de m'adresser le 2 du présent. Pour le faire, d'ailleurs, de manière à la satisfaire le mieux possible, je crois utile de suivre sa dépêche article par article, et je commencerai, en conséquence, par ce qui concerne la carte de Souabe.

Cette carte, composée de 56 feuillets, peut être considérée comme terminée, puisque la fin de ce mois verra achever 5 feuillets qui doivent la compléter, et c'est ce dont Votre Excellence pourra se convaincre par la carte générale ci-jointe, où le rouge désigne ce qui est fait et le vert ce qui reste à faire.

Je crois, d'ailleurs, devoir lui observer que le dessin en a été fait avec le plus grand soin, et lui rappeler en même temps que son échelle a permis d'y placer tous les détails nécessaires, étant de 2mm pour 100 mètres, c'est-à-dire presque le double de celle de Cassini.

Je crois, enfin, devoir l'informer que l'on s'est occupé de la réduire en une seule feuille grand-aigle, où l'on a fait entrer tous les objets essentiels, et que cette carte est aussi très avancée.

A l'égard des dictionnaires statistiques y relatifs et semblables à ceux de la carte d'Italie, il n'en existe pas ; et la raison en est que le travail du levé ayant été fait pendant la guerre et presque en une campagne, les ingénieurs n'ont pas eu assez de temps pour se livrer à celui des dictionnaires. Au reste, on se trouve très heureusement en état de pouvoir y suppléer par deux ouvrages allemands imprimés dans le pays, et dont l'un est l'histoire de la partie de la Souabe appelée Forêt-Noire en 2 volumes in-4°, et l'autre est un dictionnaire topographique, statistique et historique en 2 volumes in-8°, et très estimé, assure-t-on, pour son exactitude ; et je viens de prendre les mesures pour les avoir le plus tôt possible, afin qu'on puisse les traduire s'il est nécessaire. On a, d'ailleurs, dans les deux extraits des reconnaissances sur la Forêt-Noire qui ont été publiées dans le 4e et le 6e numéro du Mémorial, des renseignements militaires très utiles sur cette partie essentielle de la Souabe, et qui compléteront ce que l'on aurait à désirer dans les deux ouvrages précités.

En parlant de la Forêt-Noire, je dois observer à Votre Excellence que la carte générale de Souabe la comprend, et, qu'ainsi, la demande qu'elle me fait à ce sujet se trouve remplie. On pourrait d'ailleurs se servir, s'il le fallait particulièrement, de la carte croquis ci-jointe, qui a été gravée en deux parties pour les extraits insérés dans le Mémorial et dressée d'après la grande carte générale.

Je passe maintenant à ce qui concerne la carte de la Bavière ; on n'a en ce moment, au dépôt, aucun des matériaux de cette carte, mais Votre Excellence peut se rappeler que le levé s'est fait de concert entre les deux gouvernements, et qu'en vertu des conventions faites dans le temps à ce sujet, ils doivent se fournir respectivement des doubles, et, alors, il a bien fallu que le travail de nos ingénieurs restât sur les lieux. Votre Excellence verra d'ailleurs avec plaisir sur la carte ci-jointe, où tout ce qui est en bleu indique les matériaux obtenus jusqu'à ce moment et le jaune ce qui est à faire, que l'on a levé la plus grande partie du pays et qu'il restera très peu à faire à la fin de cette campagne ; qu'enfin, il ne manquera que quelques portions situées au nord, dans le haut Palatinat et voisines de la Bohême. J'ajouterai ensuite que depuis la reprise des travaux, on s'occupe à faire des calques à se fournir respectivement. Je vais, en dernier lieu, demander qu'on m'envoie de suite tout ce qui sera fait de ces calques, comme aussi nos propres matériaux.

Le travail, comme je viens de l'observer à Votre Excellence, ayant lieu de concert entre les deux gouvernements, on n'a pas pu le soumettre aux mesures prescrites pour les autres opérations en ce qui concerne les dictionnaires statistiques, et, alors, on n'aura à ce sujet que ce que nos propres ingénieurs ont pu recueillir et ce que les ingénieurs bavarois auront pu se procurer au cas où, ce qu'on ne sait pas, leur gouvernement le leur a ordonné. Mais ce dont on sera dépourvu sous ce rapport se trouvera utilement compensé par un dictionnaire imprimé dans le pays et semblable à celui de la Souabe, et par un itinéraire in-4° aussi imprimé dans le pays ; ensuite, par un mémoire statistique rédigé lors des dernières campagnes de l'armée du Rhin, et par une reconnaissance du cours du Danube et des chemins qui y aboutissent, lesquels existent tous deux au dépôt; enfin, par le 6e numéro du Mémorial, où le mémoire sur le Tyrol présente des données sur les pays limitrophes et particulièrement sur l'Électorat.

Je vais faire travailler de suite aux calques que vous demandez. Je pense, d'ailleurs, que Votre Excellence approuvera que je ne lui expédie pas les feuilles de la carte de Souabe, ces feuilles étant trop volumineuses et journellement dans le cas d'être consultées pour l'achèvement de ce qui reste à faire.

Je prie Votre Excellence d'agréer l'hommage de mon respect.

SANSON.

Le Directeur du dépôt de la guerre à M. Bonne, directeur du bureau topographique français de la carte de Bavière.

Paris, le 6 fructidor an XIII (24 août 1805).

Je vous ai depuis longtemps et fréquemment recommandé de vous occuper avec la plus grande activité d'avoir les copies ou calques des travaux bavarois. Je vous ai dit aussi assez souvent que le gouvernement voudrait tôt ou tard prendre connaissance par lui-même et pourrait même avoir besoin des résultats de ces travaux et des vôtres. Je vous ai enfin annoncé ceci d'une manière expresse et particulière dans ma lettre du 13 germinal, en vous mandant qu'au retour de Sa Majesté d'Italie, je devais lui en présenter au moins une partie. Les ordres que je viens de recevoir justifient ma sollicitude à cet égard, et voici le moment arrivé où il faut absolument que j'aie ce que je vous ai tant demandé. Vous voudrez bien, en conséquence, me faire parvenir courrier par courrier :

1° Tous les calques de minutes bavaroises déjà faits; 2° toutes vos minutes, sans exception, qui sont terminées; 3° tous les renseignements statistiques que vous me dites, dans le compte rendu joint à votre lettre du 21 fructidor an XII, avoir fait recueillir par vos ingénieurs, bien entendu qu'il s'agit de ceux qui sont entièrement rédigés; il sera, d'ailleurs, nécessaire et je le désire beaucoup, que vous joigniez à ces derniers objets tout ce que vous m'annoncez dans ce même compte pouvoir vous procurer d'ailleurs, soit imprimé, soit manuscrit, en renseignements généraux et données certaines de ce genre sur le pays, et je vous indique de mon côté, à ce sujet, un dictionnaire historique, statistique et topographique, que l'on m'assure avoir été publié et être estimé. Vous réunirez enfin, à tout ce que je vous demande, l'huilé de la presque totalité de l'archevêché et maintenant électorat de Salzbourg, que vous possédez à votre bureau.

Comme le tout ne peut être remis qu'aux diligences, vous prendrez toutes les précautions nécessaires pour qu'il n'éprouve aucun accident ni aucun retard, comme de faire emballer avec le plus grand soin, de me prévenir de suite du départ pour que je pourvoie à temps, auprès de l'administration des douanes, aux mesures qu'exigerait l'arrivée à la frontière; d'en écrire aussi à M. Ottmann, à qui vous adresserez pour moi; de profiter de la première des diligences ou de toute autre voiture publique, s'il en est de plus prompte et de plus sûre qui partirait le plus prochainement; de prendre enfin sur les lieux toutes les assurances d'enregistrement et de déclarations convenables. Je n'ai pas, d'ailleurs, besoin de vous dire que tout ce qui tient à l'envoi dont je parle doit être soumis à la plus grande discrétion et à la plus grande réserve, me confiant à cet égard sur les soins de votre prudence.

Comme il y a lieu de croire que les Bavarois n'auront pas encore pu prendre copie de tous les matériaux levés par nos ingénieurs et que, cependant, j'ai besoin de leur totalité, comme je viens de vous le dire, comme il serait possible qu'ils ne vous eussent pas remis au fur et à mesure les calques qu'ils font pour nous de leur minute, ce sera à vous de faire en sorte, pour retirer les uns et les autres, qu'on ne puisse se douter de leur destination pour Paris, au moins jusqu'au moment où vous les croirez entrés en France. Vous donnerez, d'ailleurs, l'assurance formelle lorsque la chose pourra être annoncée, que l'on mettra ici le plus grand empressement à faire les calques de nos matériaux et à les faire passer au fur et à mesure qu'ils seront terminés, et, s'il paraît qu'on montre quelque inquiétude à cet égard, vous donnerez cette assurance en mon nom, en ajoutant d'ailleurs qu'on se fera un plaisir de renvoyer ces matériaux s'ils venaient à faire le moindre besoin pour la réduction à 1/50,000 qu'on vous a prié de préparer. Le tout est effectivement bien dans mes intentions, et c'est une raison pour que vous dressiez une note indicative des matériaux qui resteront encore à calquer.

J'oubliais de vous dire qu'il est indispensable qu'en m'annonçant le départ de tout ce que je vous demande, vous m'en fassiez passer un état détaillé.

Ce serait bien là le cas de réaliser l'idée dont je vous ai parlé dans ma lettre du 13 germinal, et à la possibilité de laquelle vous paraissez vous-même croire dans votre lettre du 3 de ce mois : celle de l'envoi de quelques minutes bavaroises ; la chose, d'ailleurs, me paraît d'autant plus praticable que vous ne manquez pas de motifs plausibles pour vous les faire communiquer, tel, entre autres, que celui des raccordements à faire avec vos matériaux pour les encadrer dans les feuilles de réduction que l'on vous a engagé à préparer. Voyez donc cela, je vous le recommande particulièrement, et tâchez entre autres de vous en procurer le plus possible, mais évitez soigneusement de faire une demande positive qui puisse donner à connaître le départ de nos propres matériaux. Nous nous empresserons d'ailleurs, ici, de prendre des calques de ceux-là pour les garder le moins possible, et nous commencerons même pour cela par eux de préférence. Puisque vous m'assurez définitivement qu'il vous est impossible de trouver des dessinateurs assez bons pour activer autant que je vous l'ai recommandé le travail des calques bavarois, je suis très disposé à vous en envoyer d'ici et deux comme vous me le demandez, mais je désirerais savoir, avant tout, quel serait le traitement qu'on pourrait leur accorder, et vous pouvez à cet égard, mieux que personne, me fournir des données qui puissent fixer mon opinion par la connaissance que vous avez du taux auquel on peut vivre dans le pays, comme aussi du prix que peut coûter l'aller de Paris à Munich et le retour de cette ville ici. Je saisis d'ailleurs avec plaisir cette occasion de faire quelque chose pour M. Sion, et, si vous le croyez en état d'être utile pour le travail dont il s'agit, je vous autorise à l'y employer de suite ; mais je serai, dans tous les cas, bien aise que vous m'envoyiez un de ses essais que vous me dites qu'il a faits en dessin de topographie d'autant qu'avec la proposition que vous me ferez sur le traitement à lui allouer, et cet essai me décidera sur ce qu'il y aura lieu de faire définitivement.

J'ai reçu vos lettres des 3 germinal, 12 et 25 floréal, 17 messidor, 1er thermidor et 17 *idem* ou 5 août, avec tous les objets y annoncés, et, quoique depuis ma lettre du 13 germinal dernier il ne me reste pas grand'chose à vous dire sur leur contenu, j'y répondrai sur ce qui est encore à l'être en vous renvoyant pour vous et votre bataillon des exemplaires du 6e numéro du Mémorial qui vient de paraître. Je vous renverrai d'ailleurs, en même temps, le second essai de dessin topographique de M. Goffroy, qui est très bien et tel enfin que je l'avais désiré.

Il n'y a encore rien de fait pour votre mètre étalon, d'abord parce que M. Lenoir, à qui seul j'ai pu m'adresser puisque, seul aussi de tous les artistes en instruments de mathématiques, il a le comparateur et les autres objets propres à l'étalonnage, a été absent près de six semaines à raison d'un voyage qu'il a fait dans sa famille, ensuite parce que cet artiste, toujours très préoccupé, ne finit d'ailleurs jamais rien. Ce n'est pas faute, au reste, qu'on le presse, et je verrai encore de nouveau à le faire se diligenter, quoique j'aie déjà fait une fréquente expérience de son peu d'attention aux recommandations qu'on lui fait et de quelque part qu'elles viennent.

Je vous salue avec considération. SANSON.

Le général Sanson au général Clarke.

Paris, le 10 fructidor an XIII (28 août 1805).

Je m'empresse de remplir l'objet de la demande que vous me faites par votre lettre du 5 du présent qui m'est parvenue hier, en vous faisant passer d'abord une carte d'Allemagne indicatrice des indemnités réparties entre tous les souverains de cet empire par le conclusum de la diète de Ratisbonne.

Cette carte en deux feuilles, et due à M. Sotzmann, passe pour la meilleure en ce genre. A l'égard de la grande carte par Chauchard, j'aurais bien désiré vous la faire parvenir en même temps que l'autre ; mais la chose ne sera possible que pour demain parce que le tracé des indemnités demande un certain temps.

J'ai d'ailleurs pensé que vous seriez bien aise de l'avoir collée sur toile, et c'est aussi le parti que j'ai pris pour celle que je vous fais passer en ce moment.

SANSON.

Le Chef du bureau topographique de Bavière au général de brigade du génie Sanson, directeur du dépôt général de la guerre.

Munich, le 12 fructidor an XIII (30 août 1805).

Mon Général,

La nécessité de profiter de quelques jours de beau temps dans une saison si défavorable m'a déterminé à quitter Munich avant d'avoir complété la réunion des pièces concernant les dépenses de l'an XII et de l'an XIII ; mon absence ne devait être que de quelques jours, mais le peu de beaux moments dont j'ai pu jouir l'a prolongée au delà de trois semaines. Enfin, je fus ramené à Munich par le désir de ne pas vous faire attendre plus longtemps les pièces dont vous avez besoin avant la fin de l'année, et par les bruits de guerre qui retentissent dans toute la Bavière. Je ne vous parle pas de la terreur panique qui, il y a une quinzaine de jours, s'empara de la cour électorale et de toute la ville, comme si les Autrichiens eussent été aux portes de

Munich. Depuis, les esprits se sont calmés. Mais 40,000 hommes rassemblés sur les frontières de l'Inn semblent destinés à agir en Bavière dès la rupture de la paix, si elle a lieu. Nous devons, en conséquence, nous mettre en garde contre tout événement et être prêts à nous retirer par une route sûre avec tous les papiers et plans relatifs à la carte.

Les calques sont continués avec rapidité ; quatre personnes au lieu de trois en sont actuellement occupées, mais il s'en faut de beaucoup que nous ayons toute la surface, quatre personnes y seraient encore utilement employées surtout dans les circonstances actuelles ; si je puis trouver ici quelques sujets en état de calquer passablement, je les emploierai, quoique je n'aie ni ordres, ni fonds pour ce sujet, mais je crois en cela devancer vos intentions.

En supposant toujours le cas de guerre, nous n'avons rien à craindre si la Bavière reste neutre : les Bavarois auraient encore plus d'intérêt que nous à sauver le bureau topographique, sans cela, ils sentent que les Autrichiens s'en empareraient et que la carte serait à jamais perdue pour la Bavière et pour la France. Il faudrait, dans ce cas, que le bureau fût transporté dans une ville où l'on n'eût rien à craindre de l'approche de l'ennemi. Strasbourg ou une autre ville sur les bords du Rhin conviendrait parfaitement. Il s'agirait de déterminer le gouvernement bavarois à y consentir. Si l'on éprouvait un refus, on pourrait demander la remise de la moitié des minutes qui seraient rendues à mesure que les calques se confectionneraient et parviendraient en France.

J'ai déjà vu S. E. M. Otto à ce sujet, qui m'a offert ses services. J'espère que, dans tous les cas, les intérêts du gouvernement ne seront pas lésés ; j'y donnerai toute mon attention. Je vais écrire à mes collaborateurs pour leur indiquer un lieu de réunion, si l'ennemi se mettait en marche.

Les états de dépense seront prêts pour le 15 courant.

Agréez, mon Général, l'assurance de mon respectueux dévouement.

BONNE.

La dernière pyramide, élevée à une lieue et demie de Braunau, a inquiété singulièrement les Autrichiens et principalement la garnison de la ville. Ils ont supposé qu'elle devait servir de télégraphe.

M. Defransure, qui lève dans cette partie, a fait les honneurs de la pyramide au commandant de la place et à plusieurs officiers autrichiens, qui n'y ont vu qu'un point de liaison avec d'autres triangles, mais ils n'ont pu s'empêcher de remarquer qu'elle était bien favorablement située pour découvrir dans la place. Cet avantage, si c'en est un, est réel, mais il n'a pas été calculé.

Je n'ai reçu qu'aujourd'hui votre lettre du 8 thermidor, à laquelle était joint l'état des appointements du même mois.

En note : Renvoyé à M. Muriel. Répondu le 21 et le 25.

Le Directeur du dépôt de la guerre à M. Bonne, directeur du bureau topographique français de la carte de Bavière.

Paris, le 13 fructidor an XIII (31 août 1805).

De nouveaux ordres, Monsieur, et beaucoup plus pressants que ceux qui ont donné lieu à ma lettre du 6 de ce mois, me font vous réitérer la plus formelle injonction de m'expédier de suite et si vous ne l'avez déjà fait, toute affaire cessante, les matériaux que je vous ai demandés. Je vous renouvelle, d'ailleurs, ma vive recommandation à l'égard des précautions à prendre pour mettre votre envoi à l'abri des événements que les circonstances peuvent amener, et dont votre séjour à Munich a dû vous donner une prévoyance plus certaine, en même temps que plus étendue qu'à tout autre.

J'ai oublié, en vous citant comme bon à envoyer le dictionnaire topographique, historique et statistique sur la Bavière, de vous demander d'y joindre l'atlas itinéraire de M. Riedl, et vous ferez donc bien de nous en procurer deux exemplaires. Tâchez aussi de nous en faire avoir en même temps un sur la Franconie, semblable à celui dont je viens de vous parler, si, comme il m'a été assuré, il a été publié.

Je vous salue avec considération.

SANSON.

Le Chef du bureau topographique de Bavière au général de brigade du génie, directeur du dépôt général de la guerre.

Munich, le 14 fructidor an XIII (1er septembre 1805).

Je reçois, mon Général, votre lettre du 6 fructidor, et j'y réponds à la hâte. Vous aurez vu, par la mienne du 12 courant, quelles sont mes craintes et les précautions que j'ai cru devoir prendre pour sauver nos matériaux topographiques en cas de besoin. Après conférence avec S. E. M. Otto, nous sommes convenus que je lui adresserai une lettre dans laquelle je ferai sentir la nécessité de songer à la sûreté du bureau topographique en cas d'invasion d'une armée ennemie.

M. Otto a dû en écrire à M. de Montgelas, premier Ministre, pour l'engager à faire tout disposer pour l'évacuation de tous les papiers et minutes du bureau topographique. Nous avons pensé que Würtzbourg convenait pour lieu du dépôt parce que, en cas de nécessité, on peut se retirer sur Francfort et Mayence. M. Otto ne doute point du succès de sa démarche et, en effet, dans l'état actuel des choses, je ne vois aucune raison qui puisse la contrarier. Ainsi, je n'ai aucune inquiétude de ce côté.

Mais, ce qu'il importe d'après vos derniers ordres, c'est d'avoir promptement des calques de toutes les minutes bavaroises. Vous aurez vu, par ma lettre du 12, que j'y faisais travailler avec tous les moyens qui sont en mon pouvoir. Je vois avec une grande satisfaction que vous pourriez m'envoyer deux dessinateurs. Ils viendraient bien à propos en ce moment, trois même seraient bien reçus. Quant au traitement qu'on pourrait leur faire, je ne crois pas que, vu la cherté de la vie à Munich, il puisse être inférieur à 180 ou 200 francs par mois ; les frais de voyage de Paris à Munich s'élèvent de 12 à 15 louis.

Quelque économie qu'on y mette, il est difficile d'y employer moins de 12 louis, à moins d'une occasion sur laquelle on ne peut pas compter.

Nul doute que M. Sion ne puisse être employé utilement aux calques dont il s'agit. Vous pourrez en juger par le deuxième essai que je joins à cette lettre ; le troisième, qui a été bien ralenti par les courses que nous avons faites, est beaucoup mieux et peut être comparé sans désavantage aux dessins de plusieurs ingénieurs géographes qui sont regardés comme dessinant bien.

Je ne vais pas perdre un moment, mon Général, pour exécuter tous les ordres contenus dans votre lettre du 6 courant. Toutes les minutes françaises et les calques que j'ai par devers moi vont vous être envoyés par voie sûre. Il y a quelques-unes de nos minutes dont le bureau bavarois fait prendre des copies, et ce sera le plus difficile à obtenir sans les blesser. Croyez que j'emploierai tous les moyens que je pourrai imaginer pour les obtenir et pour avoir une certaine quantité de minutes dont nous n'avons pas encore copie. Je regretterai toujours que ce travail ait été remis ainsi par lambeaux, et surtout en calques dont la plupart ne seront pas très élégamment dessinés. Notre travail mis au net aurait beaucoup gagné. Un travail négligé, mais bien dessiné, est souvent plus estimé qu'un travail exact, mais mal dessiné.

Le bureau bavarois a fait de grands efforts pour obtenir les levers de toutes les lacunes qui restaient encore après la campagne de l'an XII ; il emploie, pour parvenir à ce but, trois ou quatre sujets de plus. Pour les seconder et dans la crainte que, vu la grande surface que chaque ingénieur français avait encore à lever, j'ai cru devoir changer quelque chose aux instructions, j'ai jugé que la crise présente exigeait qu'on hâtât singulièrement les travaux. Aussi, j'ai autorisé qu'on négligeât l'exactitude géométrique dans les détails afin d'aller plus vite. Si nous ne sommes obligés d'abandonner momentanément le pays, la campagne actuelle verra finir tous les travaux.

Le général de brigade du génie Bertrand, aide de camp de l'Empereur, est actuellement en Bavière où il fait une tournée, et il a désiré être accompagné d'un ingénieur géographe. Je lui ai donné M. Broussaud, qui a à peu près terminé ses opérations. Nous lui avons donné, d'ailleurs, tous les renseignements topographiques qui étaient à notre connaissance, et je lui ai prêté une très bonne carte de route. Je lui ai fait voir de nos travaux dont il a paru très satisfait. Outre cela, je lui ai donné des adresses dans le pays où il pourra se procurer des renseignements de détails sur les points qu'il désirera connaître.

Je vous prie, mon Général, d'agréer mon respectueux dévouement.

BONNE.

Copie de la lettre à S. E. M. Otto, ministre plénipotentiaire de France en Bavière, en date du 13 fructidor an XIII (31 août 1805).

Monsieur,

Les circonstances semblent exiger quelques précautions pour la sûreté des matériaux topographiques de la carte de Bavière ; ils peuvent être exposés, au premier mouvement, à devenir la proie d'une armée ennemie, et la France et la Bavière surtout perdraient sans retour le fruit de près de cinq années de soins, de travaux et de dépenses.

Pour conserver ce monument, l'un des plus exacts qu'on ait encore élevé à la géographie, il serait donc à désirer que Votre Excellence voulût bien engager le gouvernement de Bavière à faire faire les dispositions convenables pour le transport dans un lieu sûr, en cas de nécessité, de toutes les minutes et registres d'observations et de calculs relatifs à la carte de Bavière, si même Votre Excellence ne jugeait pas plus à propos de réclamer sur-le-champ leur évacuation.

La ville de Würtzbourg paraîtrait offrir un dépôt sûr, où je pourrais aussi me réunir au besoin et faire transporter nos minutes et nos cahiers d'observations, pour y suivre, de concert avec MM. les Bavarois, la rédaction commencée de la carte.

Pour copie conforme :

BONNE.

Le général Clarke au général Sanson.

Saint-Cloud, le 18 fructidor an XIII (5 septembre 1805).

L'intention de S. M. l'Empereur, mon cher Général, est que vous vous rendiez demain matin à Saint-Cloud, avec toutes les cartes imprimées ou non imprimées des pays d'Allemagne compris entre le Mein et la Suisse, d'une part, sans oublier le haut Palatinat et la Franconie ainsi que la Bohême, et depuis le Rhin jusqu'à Vienne. Sa Majesté doit en prendre connaissance vers les 9 heures du matin. Elle désire que je les aie examinées avec vous préalablement.

C'est pourquoi je vous prie de venir assez à temps pour cela, et je vous attendrai vers les 8 heures et même avant.

Je vous salue de tout mon cœur.

Le Secrétaire du cabinet,
CLARKE.

N'oubliez pas, je vous prie, d'apporter les cartes dessinées qui ont été prises sur un aide de camp de l'archiduc Charles, ainsi que ce qui pourrait en être gravé.

Il ne faut apporter que les bonnes cartes ; Chauchard est inutile, à moins que vous ne l'ayez avec les nouvelles indemnités (1).

Le général Sanson au général Clarke.

Paris, le 18 fructidor an XIII (5 septembre 1805).

Informé de votre arrivée à Paris, je m'empresse de vous envoyer la carte d'Allemagne par Chauchard que vous m'avez demandée, sur laquelle j'ai fait tracer les indemnités.

Je joins, comme vous l'avez désiré, le bordereau des frais occasionnés par l'achat et le collage de cette carte ainsi que de celle de Sotzmann, que je vous ai adressée à Boulogne le 10 de ce mois.

SANSON.

Le Chef du bureau topographique de Bavière au Général de brigade du génie, directeur du dépôt général de la guerre.

Munich, le 19 fructidor an XIII (6 septembre 1805).

J'ai à vous informer, mon Général, des démarches que je vous annonçais par ma lettre du 14 fructidor pour la sûreté des matériaux topographiques de la carte de Bavière, et de celles concernant l'exécution de vos ordres contenus dans celle que vous m'avez adressée en date du 6 fructidor dernier.

La décision prise ici par le ministre, baron de Montgelas, pour faire évacuer sur Würtzbourg toutes les minutes et calculs de la

---

(1) Les indemnités territoriales fixées par le recez de 1803.

carte de Bavière, était déjà communiquée pour l'exécution à M. le baron de Schwérin lorsque j'ai pu parler de nous livrer un certain nombre de minutes pour être envoyées à Paris. M. Otto a craint que cette demande ne fît naître quelque défiance et ne nuisît à la première mesure que l'on avait sollicitée, de sorte qu'il a pensé qu'il fallait attendre que les minutes fussent arrivées à Würtzbourg pour faire la demande en question, ce qui ne produira qu'un retard de quelques jours, car les plans doivent partir demain.

Cependant, vos ordres à cet égard étaient si pressants et la confiance du gouvernement bavarois si bien établie que je pris sur moi de faire une demande de quelques minutes à M. le baron de Schwérin, sous prétexte d'abord d'employer tous les moyens extraordinaires que je pourrais rassembler pour les faire copier ici. Cette demande a été assez bien accueillie, et si je les obtiens, j'oserais ensuite parler de la nécessité de les envoyer à Paris, où elles seraient plus en sûreté qu'ici et mieux copiées ou calquées. C'est le seul moyen que j'aie pu employer pour exécuter vos ordres avec la célérité qu'ils m'ont paru exiger.

Dans tous les cas, ces minutes feront l'objet d'un second envoi, car je ne pourrai en disposer assez tôt pour les joindre à celui qui partira après-demain, renfermant les minutes françaises et les calques des minutes bavaroises actuellement faites. M. Sion commencera toujours à calquer une minute de celles que, sur ma demande, on laissera ici, en attendant les dessinateurs que vous avez le projet de m'envoyer.

A leur égard, il me paraît nécessaire de les prévenir de se rendre à Würtzbourg, dans le cas où l'armée ennemie occuperait la Bavière, car c'est là où nous devons tous nous réunir et où nous attendrions vos ordres ultérieurs. C'est donc dans cette ville que je pourrais recevoir vos lettres dès que Munich ne sera plus tenable, mais je compte y rester jusqu'au dernier moment. On ne voit peut-être pas les choses à Paris d'une manière si alarmante que nous les voyons ici. Je voudrais bien que toutes ces précautions soient superflues, mais les nouvelles, en Allemagne, sont tellement à la guerre, les dispositions de départ de plusieurs personnes de marque si peu équivoques, qu'on ne peut trop se mettre en garde contre les événements.

Je profite, pour vous faire parvenir la présente, d'une occasion que m'offre M. Otto. Sans cela, j'aurai attendu une réponse définitive de M. de Schwérin relativement aux minutes demandées, pour vous en donner avec, mais je pense que, dans les circonstances, la correspondance ne saurait être trop fréquente.

Agréez, je vous prie, mon Général, l'assurance de mon respectueux dévouement.

BONNE.

Paris, le 20 fructidor an XIII (7 septembre 1805).

Le fourgon du ministère de la guerre sera mis à la disposition du général Sanson.

Maréchal BERTHIER.

---

21 fructidor an XIII (8 septembre 1805).

On a écrit à M. Bonne pour lui dire d'envoyer les matériaux par M. Le Rouge et de les faire parvenir à Strasbourg. On n'a pas eu le temps de garder minute de la lettre et ceci est pour memento.

Le général Sanson au général Clarke.

Paris, le 22 fructidor an XIII (9 septembre 1805).

J'ai l'honneur de vous envoyer, mon Général, 3 cartes que l'Empereur m'a demandées, savoir :

1° La Souabe, par Bohnenberger ;
2° Hesse-Darmstadt, par Haas ;
3° Les environs de Munich.

Aïchach, le 23 fructidor an XIII (10 septembre 1805).

Mon Général,

Le bureau topographique français a abandonné Munich hier

à 8 heures du soir, environ vingt-quatre heures après le départ de l'Électeur et cinq ou six heures après celui du Ministre de France. L'armée autrichienne était en pleine marche sur Munich, et l'on s'attendait à tout moment à voir paraître les troupes légères. La garde bavaroise avait abandonné depuis midi les postes de la ville, et, quoique l'apparition de l'armée ennemie à Munich ou dans ses environs soit vraisemblablement retardée d'un couple de jours, cependant il n'était pas prudent pour nous d'y continuer notre séjour. En conséquence, tous les effets, papiers, cartes, instruments, ont été chargés sur un chariot attelé de deux chevaux que j'ai achetés, et ont été dirigés sur Donauwœrth pour se rendre, par Anspach, à Würtzbourg. Je les accompagne et ne m'en séparerai qu'après le passage du Danube. Je n'ai laissé à Munich que des objets à moi appartenant, pour lesquels j'ai pris quelques sûretés.

Les instruments, minutes, papiers du bureau topographique bavarois sont également en route pour Würtzbourg ; ainsi, tout notre travail se trouve en sûreté. J'ai rassemblé, d'après vos ordres, les minutes françaises et les calques que nous possédons pour vous les envoyer. Ils sont en bon nombre et seraient partis ce matin de Munich si j'avais osé les abandonner dans une ville qui pouvait être occupée d'un moment à l'autre. En cela, je pense que vous approuverez ma prudence, quoique cela retardera de deux ou trois jours le moment de leur arrivée à Paris. Je les aurai remis ici, mais il n'y a aucun bureau. Ce sera à Donauwœrth où je remettrai très probablement la caisse, et, dans ce cas, je l'adresserai toujours à M. Ottmann. Dans le cas contraire, je vous donnerai avis, si je ne pouvais pas l'adresser à Strasbourg, ce qui n'est pas vraisemblable.

J'ai remis à un libraire de Munich, pour être expédié par la diligence qui est partie ce matin :

1° Dictionnaire topographique, statistique de Bavière ; 3 volumes in-8° ;

2° Dictionnaire *idem* de Franconie, dictionnaire *idem* de Souabe, description de Würtzbourg et de ses environs ; en tout, je crois, 12 ou 13 volumes in-8°. Il existe aussi un dictionnaire topographique et statistique de l'évêché de Bamberg, mais je n'ai pu me le procurer. Si vous le désirez, on pourrait l'avoir de Würtzbourg.

Dans la caisse, j'ai joint les quatre parties de l'Atlas itinéraire de Bavière par M. de Riedl : un seul exemplaire, je n'ai pu avoir le second assez tôt, mais je pourrai dans peu vous l'expédier. J'y ai aussi joint la traduction de la presque totalité des éclaircissements sur la Bavière par M. Harris. J'ai chargé le même libraire dont il a été question ci-dessus de vous adresser l'original allemand, ce qui aura lieu dans la plus prochaine diligence, toujours à l'adresse de M. Ottmann. Outre les calques sur l'électorat de Salzbourg, vous trouverez dans la caisse un grand nombre de cartes de détails sur le même état que je me suis procurées depuis, et un plan à fort grand point de la principauté de Berchtolsgaden. J'en fais volontiers hommage au dépôt, si cela peut lui être agréable. Au reste, la spécification de chaque objet se trouvera dans la caisse. Je n'ai point de nouvelles de mes collaborateurs que j'ai prévenus six ou huit jours d'avance des circonstances qui nous menaçaient, et à qui j'ai indiqué pour lieu de rendez-vous la ville de Würtzbourg. J'ai fait remettre à Ratisbonne quelques fonds pour huit d'entre eux qui devaient y passer. Ainsi, j'ai tout lieu de croire que nous y serons tous réunis à peu près à la même époque. Nous pourrons, là, nous occuper à faire des copies, et avec d'autant plus d'efficacité que vous y devez encore envoyer deux ou trois dessinateurs.

J'oubliais de dire que vous ne serez pas content de la traduction des éclaircissements statistiques de Harris. J'ai déjà eu l'honneur de vous prévenir que le français employé par le traducteur était terriblement germanisé ; cela suffisait cependant pour bien comprendre le sens et il faut avouer que la traduction ne coûte pas cher.

Je ne cesse de songer, malgré les embarras de notre situation, à ma comptabilité des années XII et XIII ; l'état que j'en ai fait est exact, mais il y a bien des objets dont il m'est impossible de me procurer des pièces de dépense. Ceci ne regarde pas les frais de bureaux, car les appointements sont payés par émargement aux parties prenantes, dans les états envoyés du dépôt.

Agréez, mon Général, mon respectueux dévouement.

BONNE.

Le général Clarke au général Sanson.

Saint-Cloud, le 24 fructidor an XIII (11 septembre 1805).

Je vous prie, mon cher Général, de faire tracer sur ma carte la marche qu'a suivie Souvarov pour se rendre à Vienne dans sa dernière campagne, et de l'indiquer jour par jour. Sa Majesté désire en prendre connaissance le plus tôt possible et même aujourd'hui si faire se peut.

Le Secrétaire du cabinet,
CLARKE.

Si vous avez des manuscrits ou imprimés ou pièces officielles relatifs au mouvement des Russes en l'an VII, je vous prie de me les envoyer pour S. M. l'Empereur.

M. Cuvillier Fleury au général Sanson.

Saint-Cloud, le 1er jour complémentaire an XIII (18 septembre 1805).

Le général Clarke me charge de vous prier de vouloir bien faire dire à M. Bacler d'Albe qu'il désirerait lui parler à Saint-Cloud, de la part de Sa Majesté Impériale.

CUVILLIER FLEURY (1).

Le Général de brigade du génie, directeur du dépôt général de la guerre, à M. Bonne, chef du bureau topographique français de la carte de Bavière, à Munich.

Paris, le 25 fructidor an XIII (12 septembre 1805).

Mes lettres du 12 et 15 fructidor ont dû vous prouver, Monsieur, l'urgence de l'envoi des matériaux de la carte de Bavière que je vous avais demandés d'une manière pressante par ma lettre du 6 du même mois. La copie de la lettre ci-jointe que je viens de faire écrire par S. E. le Ministre de la guerre à M. Otto,

---

(1) Cuvillier-Fleury, ancien officier, était à la tête du cabinet topographique de l'Empereur.

notre ministre plénipotentiaire à Munich, en vous étant une nouvelle preuve de la vive impatience avec laquelle ces matériaux sont désirés, vous fournira d'ailleurs à vous guider pour leur conservation. Je verrai dans tous les cas, avec plaisir, les démarches que votre sollicitude vous a dicté de faire auprès de ce Ministre. Concertez-vous avec lui, mais, surtout, prompt envoi accompagné d'un ingénieur, comme je vous l'ai dit, et que ce en quoi il consistera porte essentiellement sur les parties les plus intéressantes sous les rapports militaires.

Je suis très satisfait de l'essai de M. Sion, qui, s'il est aussi rapide que soigneux dans l'exécution, ne peut que rendre de grands services dans la circonstance, et je vous autorise, en conséquence, à l'employer. Je règlerai ultérieurement le traitement à lui allouer lorsque vous m'aurez fait connaître sa quotité. Mais, en attendant, vous pouvez toujours le porter à 125 francs par mois. Quant aux deux dessinateurs que je vous avais fait espérer, vous sentez que les circonstances ne me permettent plus de rien faire à cet égard. Voyez donc définitivement à vous les procurer sur les lieux, et portez-les même au double pour le nombre ; faites d'ailleurs les avances nécessaires, en m'en donnant de suite avis pour que je puisse vous faire passer des fonds.

Au lieu de deux itinéraires de Riedl, procurez-nous en quatre. N'oubliez pas non plus le dictionnaire topographique sur la Bavière, dont il sera bon aussi d'avoir trois ou quatre exemplaires. Réunissez-y enfin toutes les meilleures cartes gravées que vous pourrez trouver sur le pays, ainsi que tous les ouvrages quelconques qui peuvent le faire connaître sous les rapports militaires et topographiques. C'est assez vous dire qu'il nous faudra bien avoir cette très bonne carte des routes que vous avez prêtée au général Bertrand.

Je suis très aise de ce que vous me dites avoir fait pour favoriser ce général dans les courses qu'il a eu à faire.

Je finis en vous recommandant de nouveau promptitude dans l'exécution de ce que je vous ai prescrit, et je vous rappelle encore que c'est à Strasbourg qu'il faut m'adresser vos matériaux.

Je vous salue avec considération. SANSON.

Minute de la lettre écrite par S. E. le Ministre de la guerre à M. Otto, ministre plénipotentiaire de Sa Majesté Impériale près S. A. S. l'Électeur de Bavière.

Le 23 fructidor an XIII (10 septembre 1805).

Les circonstances actuelles, Monsieur, nécessiteront peut-être le retour en France des ingénieurs géographes qui, conjointement avec ceux de Bavière, lèvent une carte de cet Électorat; dans ce cas, je vous prie de vouloir bien interposer vos bons offices pour qu'ils obtiennent toute facilité, mais ce qui importe surtout dans ce moment, c'est de faire parvenir à Strasbourg, quartier général de la Grande Armée commandée par Sa Majesté en personne, toutes les minutes des ingénieurs français et les calques déjà rassemblés du travail des ingénieurs bavarois, ainsi que les parties originales de ce dernier travail dont il n'aurait pas été encore pris copie, afin qu'on pût avoir la réunion entière de tout ce qui est levé. Il est à croire que Son Altesse se prêtera facilement à cet arrangement, qui est une suite des conventions faites entre les deux gouvernements. Je vous prie, en conséquence, d'en obtenir l'envoi le plus prompt à Strasbourg, d'où l'on renverrait les minutes lorsqu'on pourrait le faire sans inconvénient, ou après qu'on aurait pris des calques. Sa Majesté a demandé la réunion des meilleures cartes sur l'Allemagne dans le bureau topographique de la Grande Armée, et elle compte y trouver les travaux nouvellement faits sur la Bavière. Ils devront être adressés au général Sanson, directeur du dépôt général de la guerre et aide-major général pour le service topographique et historique de la Grande Armée, et escortés par un ingénieur.

Dans le cas où les circonstances deviendront telles que les ingénieurs français seraient obligés de quitter Munich, il serait très important que toutes les minutes de la carte de Bavière en général fussent mises en sûreté et que Son Excellence consentît à les envoyer aussi à Strasbourg par voie sûre, à condition que les siennes lui seraient toujours réservées avec un double des nôtres.

Je vous salue avec une considération très distinguée.

Maréchal BERTHIER.

Le Général de brigade du génie, directeur du dépôt général de la guerre à M. le général Clarke, conseiller d'État, secrétaire intime du cabinet de Sa Majesté.

Paris, le 25 fructidor an XIII (12 septembre 1805).

Je vous envoie, mon cher Général, tous les renseignements que j'ai pu me procurer sur l'objet de votre lettre. Nous n'avions ici que le Moniteur et quelques mauvais ouvrages allemands à consulter, et je désespérais presque de pouvoir satisfaire au désir de Sa Majesté, lorsque j'ai eu connaissance qu'il existait à Paris un individu qui faisait partie de ces colonnes et y avait même un emploi qui le mettait à même d'être parfaitement instruit. Il m'a fourni de la meilleure grâce possible tous les éclaircissements que j'ai pu désirer et qui étaient à sa connaissance.

Vous verrez, en lisant cette rédaction, qu'il n'y a de positif que la direction d'une seule colonne, mais qu'il est facile de juger par induction de la marche des autres, excepté, toutefois, de celle qui a traversé la Hongrie.

Enfin, il est très positif qu'aucune colonne n'a passé par Vienne. Le maréchal Souvarov, seul, prit de sa personne cette direction. Toutes ses colonnes tournèrent cette ville à une distance plus ou moins considérable.

SANSON.

Le général Sanson à M. ....

Paris, le 27 fructidor an XIII (14 septembre 1805).

J'ai fait partir, Monsieur, le 24 de ce mois le fourgon qui transporte le matériel du bureau topographique de la Grande Armée. M. Chaalons, que je charge de vous remettre cette lettre, doit avoir l'inspection de ce bureau jusqu'à mon arrivée à Strasbourg.

Je vous prie, en conséquence, de vouloir bien le mettre en possession de tout ce qui est destiné pour le bureau et pour moi.

SANSON.

Dépôt général de la guerre.

Paris, le 29 fructidor an XIII (16 septembre 1805).

Conformément à l'ordre de Sa Majesté Impériale du 9 fructidor que S. E. le Ministre de la guerre m'a transmis par une lettre de même date, et où il me charge de prendre les mesures nécessaires d'exécution; je, soussigné, directeur du dépôt général de la guerre, ordonne à M. Muriel, chef de bataillon, de délivrer pour mon service d'aide-major général chargé de la topographie et de l'historique de la Grande Armée commandée par Sa Majesté en personne, les mémoires manuscrits et cartes manuscrites sur l'Allemagne et l'Italie mentionnés dans les états ci-joints signés de moi (1).

SANSON.

Le général Sanson au général Clarke.

Paris, le 29 fructidor an XIII (16 septembre 1805).

J'ai l'honneur de vous adresser un calque de la carte de Souabe dont le dessin n'est pas aussi soigné que je le désirerais, mais quoique fait très à la hâte, vous pouvez compter sur l'exactitude du trait, des positions et des noms.

Il serait à souhaiter que ce calque puisse être placé pour le voyage dans un carton léger séparé de celui de la partie prise sur les Autrichiens et tous les deux isolément, car ils sont très précieux à conserver au dépôt.

Je pense que Sa Majesté donnera des ordres pour que les cartes sur l'Allemagne et sur l'Italie qui sont restées dans son cabinet soient conduites à Strasbourg. Je vous prie, Général, de veiller à ce qu'on n'oublie pas les manuscrits relatifs à ces théâtres de la guerre, afin qu'en cas de besoin, ces manuscrits remplissent les lacunes qui se rencontreraient dans les matériaux que j'emporte.

Je vais partir pour Strasbourg. J'y établirai le bureau topographique et me préparerai à satisfaire à toutes les demandes de Sa Majesté.

SANSON.

---

(1) Ces états manquent malheureusement.

M. Cuvillier Fleury au général Sanson.

Saint-Cloud, 1er jour complémentaire an XIII (18 septembre 1805).

Le général Clarke me charge de vous envoyer la carte de Pologne par Kauter et de vous prier de vouloir bien y faire tracer une échelle de 25 lieues au degré.

J'ai l'honneur de vous saluer respectueusement.

CUVILLIER FLEURY.

Vu par le directeur et renvoyé à M. Muriel pour être exécuté de suite et renvoyé au général Clarke.

SANSON.

Le Directeur du bureau topograhique de Bavière au général de brigade du génie Sanson, directeur du dépôt général de la guerre.

Würtzbourg, 1er jour complémentaire an XIII (18 septembre 1805).

Par ma dernière lettre datée d'Aïchach, mon Général, j'avais l'honneur de vous prévenir que l'envoi des matériaux topographiques que vous m'aviez demandés partirait très vraisemblablement de Donauwœrth. Il a été effectivement remis au bureau de la diligence de cette ville avec les déclarations d'usage, mais retiré par moi le même jour, lorsque je sus que les objets destinés pour Strasbourg allaient à Augsbourg et y séjournaient deux ou trois jours pour y attendre la diligence de Munich à Strasbourg. J'ai donc dû faire suivre la caisse à Würtzbourg, d'où elle est partie hier matin.

Pour éviter tout retard, je l'ai adressée au directeur des douanes de Mayence, en l'informant de ce qu'elle contenait et de l'urgence de vous la faire parvenir le plus promptement possible ; à ma lettre est joint un certificat de M. Otto, de sorte que nous ne doutons pas qu'elle ne vous soit expédiée sans le moindre délai. Dans le cas où le directeur des douanes ne voudrait pas s'écarter des formes ordinaires, elle serait probablement envoyée plombée à la douane de Paris, d'où vous pourriez facilement la faire retirer. J'ai recommandé encore qu'elle fût chargée sur l'impériale.

Outre les minutes et calques faisant partie de la carte de Bavière, j'ai joint tout ce que je possédais, quoique étranger à notre travail; il n'y a rien à la vérité de bien merveilleux, mais cela pourra être de quelque utilité en attendant mieux.

J'espère vous expédier bientôt quelques autres matériaux. Tous mes collaborateurs sont réunis ici aujourd'hui. J'aurai l'honneur de vous écrire d'ici à deux jours en vous rendant un compte sommaire de nos opérations et en vous envoyant les pièces exigées à la fin de chaque année, comme aussi l'exposé des dépenses extraordinaires que les circonstances ont exigées.

Agréez, mon Général, l'expression de mon respectueux dévouement.

BONNE.

L'Adjoint au directeur Muriel à M. le général Clarke, conseiller d'État, secrétaire du cabinet de l'Empereur.

Paris, le 2e jour complémentaire an XIII (19 septembre 1805).

Chargé par le général Sanson, qui vient de partir pour Strasbourg de la direction du dépôt de la guerre, je m'empresse de vous faire parvenir la carte de Pologne, par Kauter, que M. Fleury lui a adressée de votre part et sur laquelle a été tracée l'échelle de 25 lieues au degré que vous avez désiré y trouver.

MURIEL.

Le général Sanson à M. Muriel.

Paris, le 2e jour complémentaire an XIII (19 septembre 1805).

Ayant reçu des ordres pour me rendre de suite à Strasbourg, vous trouverez ci-joint une petite note des objets qui m'ont paru devoir être exécutés de suite.

Je compte sur votre zèle constant et votre amitié pour leur prompte exécution.

Je vous prie de faire mes amitiés aux camarades Vallongue et Blein que j'espère bientôt embrasser à Strasbourg.

SANSON.

L'Adjoint au Directeur du dépôt de la guerre, à M. Bonne, directeur du bureau topographique français de la carte de Bavière, à Würtzbourg.

Paris, 2e jour complémentaire an XIII (19 septembre 1805).

Appelé à remplir les fonctions d'aide-major général et à diriger en cette qualité le service topographique et historique de la Grande Armée, commandée par Sa Majesté en personne, le général qui est parti aujourd'hui pour Strasbourg n'a reçu votre lettre datée d'Aïchach et du 23 de ce mois (*10 septembre*) qu'au moment de son départ, m'a chargé d'y répondre pour lui ; je m'empresse avec d'autant plus de plaisir à remplir ses intentions, que j'ai à vous témoigner sa satisfaction pour tout ce que vous lui mandez avoir fait dans les circonstances urgentes où vous venez de vous trouver. J'aurai d'ailleurs maintenant le plaisir particulier de correspondre avec vous, puisque ainsi que vous le verrez par la copie ci-jointe d'une lettre de notre directeur, il m'a confié le soin de l'administration du dépôt pendant son absence.

En vous annonçant la satisfaction du général pour les soins avec lesquels vous avez pourvu au prompt départ de tous vos matériaux pour Würtzbourg et pour la précaution que vous avez prise de les accompagner vous-même jusqu'à ce qu'ils soient en sûreté. C'est assez vous dire qu'il approuve l'achat des deux chevaux et du chariot destiné à les transporter, que vous pouvez compter sur le remboursement prochain de la dépense que cela vous a occasionné, à moins toutefois que le gouvernement bavarois ne voulût s'en charger. Je vous invite, en conséquence, non pas à en faire la demande, mais à pressentir ses dispositions à ce sujet, et dans le cas où vous n'y verriez pas de possibilité à adresser de suite l'état de vos débours. Il sera bon d'ailleurs que vous indiquiez en même temps la personne dont vous aurez fait choix pour recevoir leur montant, ce qui, à mon avis, serait préférable sous tous les rapports, si vous voulez qu'ils soient comptés ici.

Vous avez sagement fait de ne vous en reposer que sur vous-même du soin de faire partir vos minutes et les calques qui vous ont été demandés. Le retard, d'ailleurs, de deux ou trois jours que doit éprouver par suite leur envoi est un résultat inévitable dont on ne peut se prendre qu'aux circonstances. Mais aussi on a lieu de croire qu'à ce retard près vous n'aurez pas perdu un moment, et qu'à défaut de pouvoir faire l'envoi de Donauwœrth, vous aurez fait choix de tout autre lieu d'où cet envoi aura été praticable le plus promptement comme le plus sûrement. Le général avait indiqué dans sa lettre du 6 de ce mois l'adresse de M. Ottmann comme étant celle sur laquelle il fallait faire parvenir ce que l'on vous demandait, parce que la première idée avait été de faire venir ensuite le tout ici. Mais ce double voyage étant devenu incompatible avec l'urgence des circonstances, il vous a mandé dans ses lettres des 21 et 25 de lui envoyer à Strasbourg, c'est-à-dire de lui adresser directement. Comme il serait possible que ces deux lettres ne vous parvinssent point, vous ayant été expédiées comme à l'ordinaire à Munich, on vous informe de ce qu'elles vous prescrivaient sur l'objet dont il s'agit, et on vous recommande la plus grande ponctualité à cet égard. Il en est de même aussi de l'ordre qu'on vous a donné en même temps de faire accompagner les envois par un ingénieur, et le général y tient d'autant plus que son intention est de garder cet ingénieur auprès de lui pour lui fournir, et particulièrement à Sa Majesté, tous les éclaircissements nécessaires. Mais, jugeant que celui d'entre vous qui a été occupé constamment des travaux trigonométriques et obligé par cela même de courir beaucoup le pays, doit en connaître les localités beaucoup mieux que celui qui en levant n'a pu les explorer que partiellement et en petit nombre. Il a fait choix de M. Broussaud au lieu de M. Le Rouge qu'il vous avait d'abord désigné ; il s'est d'ailleurs déterminé par la considération de l'opinion semblable où vous avez été vous-même sur l'utilité de M. Broussaud, en lui confiant la mission d'accompagner le général Bertrand, par celle aussi qu'il a du plus grand usage de l'allemand, par celle aussi que M. Le Rouge se trouverait peut-être trop éloigné de Munich pour être assez tôt disponible. Il avait du reste d'abord pensé à vous, mais la nécessité de votre présence sur les lieux et le besoin dont sont votre direction et votre surveillance pour la continuation des calques et les autres articles importants de votre service lui ont fait renoncer au plaisir de vous avoir. Vous voudrez donc bien donner ordre à M. Broussaud de partir sur-le-champ, afin qu'il puisse rejoindre encore, s'il y a lieu, les matériaux que vous avez dû expédier, et dans tous les cas arriver le plus promptement possible à Strasbourg. Je n'ai pas besoin de vous ajouter que le général compte sur la plus prompte diligence de votre part et de la sienne en ceci.

Vous avez très bien rempli les demandes du général par rapport aux différents ouvrages imprimés qu'il vous a demandés. Mais il vous sait surtout beaucoup de gré de l'attention prévoyante que vous avez mise à ajouter aux objets de ses demandes, la description de Würtzbourg et la traduction de la statistique de M. Harris. Il accepte d'ailleurs très volontiers l'offre que vous faites d'envoyer l'original de cette statistique et le dictionnaire sur l'évêché de Bamberg, et à cet égard il vous témoigne le désir d'avoir ces deux objets avec la description de Würtzbourg et le dictionnaire de la Souabe en triple ou quadruple, comme il vous a témoigné, dans sa lettre du 25, semblable désir pour l'atlas itinéraire de M. Riedl et les dictionnaires de Bavière et de Franconie. Il accepte enfin le cadeau que votre zèle pour le dépôt à fait faire à cet établissement des cartes de détail sur l'Électorat de Salzbourg et du plan de la principauté de Berchtolsgaden, et vous en fait tous ses remerciements.

On vous avait invité de faire passer des états détaillés de tout ce que vous auriez à envoyer. En vous renouvelant aujourd'hui la même invitation pour les envois ultérieurs, je vous recommande de les faire dresser en double, parce qu'il devient nécessaire que l'on en reçoive directement un ici et indépendamment de celui que vous joindrez aux objets à expédier. C'est d'ailleurs une mesure dont il sera bon que vous étendiez l'application à l'état que vous annoncez avoir renfermé dans la caisse du premier envoi.

Il ne faut plus compter sur les dessinateurs que je devais vous procurer; c'est du reste une chose sur laquelle la lettre du 25 de ce mois vous annonce qu'il y a lieu de pourvoir désormais par vos soins particuliers, et l'administration ne fait nul doute que votre zèle vous fera employer tous les moyens possibles de succès à cet égard.

Le dépôt conçoit aisément, sans doute, que les embarras de votre départ ont dû apporter des retards dans l'envoi de vos comptes de frais de bureau pour l'an XII de cette année, mais il faut enfin que vous en terminiez à cet égard. Voyez donc à cela le plus tôt possible. Vous ne sauriez d'ailleurs être arrêté par l'impossibilité de fournir des pièces pour toutes vos dépenses, si, comme il y a lieu de l'attendre de votre exactitude, ces pièces ne vous manquent que pour des articles de détail que leur exiguïté ne permet pas de constater selon les formes voulues ordinairement dans la comptabilité, et il suffira, dans ce cas, à l'administration d'avoir des états qui les relatent et soient certifiés par vous.

Il vous a été mandé, dans les temps, que le Ministre de la guerre avait écrit, le 11 vendémiaire dernier, au grand chancelier de la Légion d'honneur pour vous recommander avec les autres chefs du bureau topographique à l'admission dans cette légion. La démarche que Son Excellence a bien voulu faire alors sur la demande du général, Elle vient de la renouveler, et je me fais un véritable plaisir, non seulement de vous en informer, mais encore de vous envoyer copie des lettres écrites par Elle à ce sujet et de la réponse du grand chancelier, afin de vous donner une nouvelle preuve de l'attention que l'administration du dépôt ne cesse de donner à ce que les ingénieurs soient récompensés des services qu'ils ont rendus et soient encouragés pour ceux qu'ils pourront rendre encore.

Je vous salue avec considération, estime et amitié.

MURIEL.

Note pour M. Muriel.

2e jour complémentaire an XIII (19 septembre 1805).

Je prie M. Muriel de faire signer la commission de M. Corsabeuf avant le départ du Ministre, et de faire partir cet ingénieur le plus tôt possible.

Presser la gravure de la réduction de la carte de la Souabe, et ne rien épargner pour cet objet. Il faut que d'ici à six jours au plus tard, on m'envoie la réduction que j'ai demandée, dessinée avec les montagnes figurées.

A mesure qu'il y aura cinq ou six feuilles des originaux de la grande carte de Souabe dont on n'aura plus besoin, il faut me les envoyer par le moyen le plus expéditif.

Écrire aujourd'hui à M. Bonne pour lui annoncer que j'approuve toutes les dispositions qu'il a prises ; qu'il mette tous ses ingénieurs qui sont en campagne à faire des calques, et qu'il m'envoie ensuite à Strasbourg l'ingénieur qui connaît le mieux la Bavière.

Écrire aussi aujourd'hui à M. Brossier pour le presser d'envoyer de suite à Strasbourg le reste des dessins qu'il a promis, et, dans le cas où ils arriveraient à Paris, me les adresser de suite à Strasbourg.

M'envoyer toutes les semaines le travail pour le Ministre qui sera relatif au dépôt de la guerre, ainsi qu'une feuille qui m'instruira de tout ce qui se passe au dépôt.

SANSON.

Le maréchal Davout au Ministre de la guerre.

Spire, le 2 vendémiaire an XIV (24 septembre 1805).

J'ai l'honneur de prier Votre Excellence de vouloir bien autoriser M. le général directeur du dépôt de la guerre à mettre à ma disposition les cartes du pays qui doit être le théâtre de la guerre en Allemagne, les marchands du pays n'offrant que peu ou point de ressources à cet égard. Votre Excellence sait combien il est urgent que ces moyens indispensables me parviennent.

Le Maréchal,

L. DAVOUT.

Le général Sanson à M. Muriel.

Strasbourg, le 3 vendémiaire an XIV (25 septembre 1805).

J'ai reçu votre lettre, mon cher Muriel, et vous remercie des détails qu'elle contient.

J'attends avec impatience la carte réduite de la Souabe pour la présenter à l'Empereur. Si vous ne l'avez pas encore mise au courrier, j'ai lieu de croire qu'elle y sera à la réception de ma lettre, parce que je présume qu'on y a travaillé jour et nuit.

Envoyez-moi aussi le plus tôt possible le trait gravé de cette carte avec la lettre, et ensuite avec les montagnes et les bois. Il faut que ces deux parties soient traitées très légèrement et d'une manière expéditive. N'épargnez pas l'argent pour que ce travail soit terminé d'ici à quinze jours au plus tard; autrement il deviendrait inutile, et le but serait manqué.

Envoyez-moi encore les originaux de la carte de Souabe à mesure que vous n'en aurez plus besoin, ainsi que je vous en ai prié. Ils me sont de la plus grande nécessité pour faire des calques de détail. Il faut que ces objets me parviennent aussi par le courrier, les diligences mettent trop de temps à parvenir ici, et ce qui le prouve, c'est que je n'ai encore rien reçu de ce qu'on y a mis.

Écrivez à M. Brossier de se tenir bien au courant de tout ce que fera l'armée d'Italie, et de profiter des courriers extraordinaires qu'enverra le maréchal Masséna à l'Empereur pour me faire passer des calques de toutes nos positions et de celles de l'ennemi. Chaque calque doit être accompagné d'une lettre en forme de rapport pour servir à l'intelligence des mouvements qui s'opéreront de part et d'autre. Il faut que toutes les semaines je reçoive des nouvelles des dispositions de notre armée d'Italie, soit qu'elle agisse, soit qu'elle ne fasse aucun mouvement. Cet ingénieur peut se faire beaucoup d'honneur dans le poste qu'il occupe, parce que je mettrai son travail sous les yeux de l'Empereur à mesure qu'il me l'enverra.

Envoyez-moi six petites cartes de Chauchard en blanc et trois grandes aussi en blanc. Je compte sur votre activité pour m'envoyer promptement tout ce que je vous demande et vous demanderai. Ma santé est bonne malgré le voyage assez fatigant que j'ai fait et l'impatience que j'ai eue à cause du manque de chevaux.

Je suis à la besogne avec les ingénieurs qui sont arrivés; il me manque la moitié de mon monde. J'espère que le reste arrivera aujourd'hui.

SANSON.

Envoyez-moi deux lunettes à longue vue et une petite boussole de poche.

Le général Sanson à M. Muriel.

Strasbourg, le 4 vendémiaire an XIV (26 septembre 1805).

. . . .

J'attends aujourd'hui notre fourgon ; deux des chevaux qui le conduisent devront être changés parce qu'ils sont mauvais. Ils avaient cependant beaucoup d'apparence, mais la route, jointe à une poitrine très faible, me mettent dans le cas de les changer et de nous occasionner une nouvelle dépense sur laquelle je ne comptais pas.

Dites à M. Solavié de nous envoyer du papier huilé, si toutefois il ne l'a pas encore fait.

Pressez la réduction de la carte de Souabe : j'ai bien peur de ne la point recevoir à temps ; déjà nos troupes ont passé le Rhin sur plusieurs points. Il n'y a pas de temps à perdre, mon cher Muriel, nous avons besoin de cette réduction comme du pain. Le trait et la lettre nous seront presque suffisants, parce que c'est des routes et des points de villes et villages que nous nous servirons le plus. Faites tous vos envois par la poste et rien par la messagerie. Pour que tous ces envois ne coûtent point de port, faites-les-moi parvenir sous le couvert du Ministre de la guerre.

Pressez l'envoi des originaux de la carte de Souabe à mesure que vous n'en aurez plus besoin.

. . . .

J'ai, à mon arrivée ici, trouvé M. Guilleminot. Lapie est ici depuis hier, ainsi que Baillard. Il ne me manque plus que MM. Berlier et Martinel.

SANSON.

. . . .

P.-S. — Lapie est chargé de prier M. Muriel de faire faire sur-le-champ les calques des feuilles ci-après :

Saint-Blaise, Seckingen, Schaffhausen, Donaueschingen ; envoyer le tout par le premier envoi.

Il faudra encore envoyer de suite les feuilles de Huningue, Bâle, Hohenzollern, Tübingen, Justingen et Ehingen.

. . . .

SANSON.

Strasbourg, le 5 vendémiaire an XIV (27 septembre 1805).

Le général Sanson prie le camarade Muriel de lui faire expédier, par le plus prochain courrier du Ministre, les feuilles originales de la carte de Souabe ; il en a le plus pressant besoin.

Le caisson chargé du service topographique de l'Empereur étant cassé dans la route, Sa Majesté a fait faire une descente sur ses faibles ressources ; ce qui lui occasionne souvent des bourrasques qu'il vous rend. Pénétrez-vous bien qu'il faut faire toute diligence pour lui envoyer tout ce qu'il vous a demandé par ses précédentes lettres.

(*Sans signature.*)

Le général Sanson à M. Muriel.

Strasbourg, le 7 vendémiaire an XIV (29 septembre 1805).

M. Bonne me mande, mon cher Muriel, qu'il a dirigé sur Paris une caisse contenant partie de son travail sur la Bavière ; je vous invite, aussitôt sa remise au dépôt, de la faire expédier au quartier général de la Grande Armée par les Messageries et de vous assurer par vous-même de son départ, car elle pourrait avoir un sort semblable à celles qui renferment mes selles, que je suppose encore à Paris puisqu'elles ne me sont pas parvenues. Vous m'obligerez même de me donner sur elles quelques renseignements.

J'ai reçu hier votre lettre du 5e jour complémentaire avec les objets qui m'y sont annoncés. Je suis satisfait du compte que vous me rendez sur le zèle et l'empressement que MM. les ingénieurs ont mis à terminer la réduction de la carte de la Souabe. D'après ce que vous me mandez, elle ne doit pas tarder à m'arriver, et je la désire bien vivement. J'aurai égard aux observations que vous me faites.

. . . .

Vallongue est arrivé la nuit dernière bien portant.

SANSON.

P.-S. — La réduction de la carte de la Souabe vient d'être remise au général.

Le Conseiller d'État, directeur général des postes, à M. Denniée, secrétaire général de la guerre.

Paris, le 9 vendémiaire an XIV (1er octobre 1805).

Les deux rouleaux, Monsieur, qui accompagnaient la lettre que vous m'avez fait l'honneur de m'écrire aujourd'hui, se trouvant d'un volume et d'une dimension que ne peut comporter le portemanteau de l'estafette et des courriers de S. M. l'Empereur et Roi, j'ai pris le parti de les faire expédier par la malle ordinaire de poste, avec toutes les recommandations et précautions nécessaires pour que ces rouleaux arrivent le plus promptement possible et sans avaries à leur destination. Ces dispositions, Monsieur, vous indiquent, comme vous le désirez, la voie par laquelle de semblables rouleaux pourront être adressés à l'avenir, soit à M. le maréchal Berthier, soit à M. le général Sanson.

LAVALETTE.

Monsieur le chef de bataillon Muriel,

Il verra par cette réponse que c'est le courrier de la malle qui pourra, seul, se charger des rouleaux de cartes qu'on aura, au surplus, la précaution de faire charger à la poste.

9 vendémiaire an XIV.

Le Secrétaire général,

DENNIÉE.

Le général Sanson à M. Muriel.

Pforzheim, le 10 vendémiaire an XIV (2 octobre 1805).

Mon cher Muriel,

Envoyez-moi la carte réduite de la Souabe avec les montagnes brochées, le trait et la lettre exactes.

Je n'ai que le temps de vous dire que nous sommes en marche.

J'ai reçu la carte réduite de la Souabe que vous m'avez envoyée. Témoignez-en mon contentement aux coopérateurs pour leur zèle et leur activité.

Je vous embrasse de tout mon cœur.

SANSON.

P.-S. — Théviotte, Chaalons, vous font des compliments ainsi qu'aux autres camarades du dépôt.

Le général Sanson à M. Muriel.

Ludwigsburg, le 12 vendémiaire an XIV (4 octobre 1805).

Envoyez-moi par un courrier extraordinaire toutes les cartes manuscrites qu'a dû vous envoyer M. Bonne. Pour cet envoi, concertez-vous avec M. Denniée, secrétaire général au ministère de la guerre. Ces cartes sont indispensables et l'Empereur en a le plus pressant besoin.

SANSON.

P.-S. — Le courrier devra m'apporter au grand quartier général les cartes que je demande.

Le général Sanson à M. Muriel.

Augsbourg, le 18 vendémiaire an XIV (10 octobre 1805).

Ne m'envoyez plus d'épreuve de la carte de Souabe que je ne vous en demande. Maintenant que nous avons un pied en Bavière, nos matériaux sur cet électorat vont nous servir utilement. MM. Bonne et Broussaud m'ont apporté une partie de leurs travaux; l'autre m'a été adressée à Paris, veuillez l'y garder, notre marche étant trop rapide pour qu'elle me parvienne à temps; du reste je puis m'en passer.

Nous sommes en marche jour et nuit, point ou peu de repos pour nous et nos chevaux.

. . . .

SANSON.

Chaalons à M. Muriel.

Augsbourg, le 25 vendémiaire an XIV (17 octobre 1805).

J'ignore, Monsieur, si le général vous a fait accuser la réception des différents objets que vous lui avez adressés et qui ont dû lui parvenir depuis notre départ de Strasbourg.

Le général est parti le 21 (*13 octobre*), avec l'état-major général ; il est actuellement du côté d'Ulm où les Autrichiens sont acculés, cernés, et dans une position semblable à celle où ils se sont trouvés à Marengo. Avant de monter à cheval, il m'a remis beaucoup de papiers, parmi lesquels se trouve votre correspondance.

D'après la lecture que j'en ai prise et l'invitation que vous lui faites de vous accuser la réception de vos envois au fur et à mesure qu'ils lui parviennent, j'ai pensé pouvoir à cet égard prévenir ses ordres et devoir vous tranquilliser au moins sur les articles que j'ai moi-même retirés de la poste et dont j'ai donné les reçus.

Hier, j'ai retiré six rouleaux chargés à Paris, sous les dates des 13, 14 et 15. Je les ai ouverts et j'ai reconnu :

1° Deux grands rouleaux des manuscrits de la carte de la Bavière. M. Bonne, qui s'est trouvé présent à l'ouverture, s'en est servi ;

2° Deux rouleaux de feuilles originales de la carte de la Souabe ;

3° Un rouleau de plusieurs exemplaires de cette même carte réduite et gravée ;

4° Un rouleau de papier huilé avec quelques exemplaires de la carte réduite et gravée de la Souabe et trois calques.

J'avais précédemment retiré de la poste deux rouleaux que je crois être ceux indiqués par votre lettre du 10. La boussole et les deux lunettes dont vous faites mention dans cette même lettre, étant ici, j'en dois conclure que l'envoi dont elles faisaient partie a été remis au général.

A l'avenir je vous accuserai subite réception des objets que je retirerai de la poste.

Rien n'a transpiré ici de ce qui se passe à Ulm et dans ses environs. Il est arrivé ce soir une colonne de prisonniers autrichiens, dont on porte le nombre à 6,000.

Vous avez eu sans doute connaissance de nos succès à Wertingen et Güntzburg. Un de nos anciens camarades a péri dans cette dernière affaire ; c'est Gérard Lacuée.

A Donauwœrth, les ingénieurs de la carte de Bavière ont opéré leur jonction avec leurs camarades venus de Paris. On vient de les répartir dans les différents corps de l'armée. Vous trouverez ci-joint un tableau de cette répartition.

Le général m'a fait faire un rapport pour proposer au Ministre d'autoriser M. l'Intendant à faire payer nos ingénieurs sur les fonds de l'armée. Il paraît, d'après ce qu'il m'a dit, que c'est chose déjà convenue avec le Ministre. Cependant le rapport est encore dans le portefeuille et nous voilà à la fin du mois. Il est vrai que les circonstances se sont opposées à ce qu'il entretînt de nouveau le Ministre de cet objet.

Dans l'état qui accompagne le rapport, il m'a fait comprendre M. Broussaud comme chef de section ; Defranzine comme lieutenant, et Guillot et Bayard comme lieutenants provisoires.

J'ai disposé en conséquence des ordres de service pour tous ces Messieurs, ainsi que pour les autres ingénieurs de la Bavière.

Si le Ministre donne son approbation au rapport et signe les ordres de service, vous en serez prévenu officiellement.

Je désire bien pouvoir vous écrire souvent. Je regarderais cette occupation comme un délassement des fatigues que j'éprouve. Je vous prie d'être persuadé du plaisir que j'aurai à profiter de toutes les occasions qui me seront offertes de vous donner l'assurance de mon entier dévouement pour vous.

Salut et sincère attachement.

CHAALONS.

Mille amitiés pour moi à M. Lépine. J'attends avec bien de

l'impatience les documents qu'il m'avait promis, la note des ingénieurs auxquels il a fait des avances et leurs livrets.

Compliments de ma part, je vous prie, à tous nos camarades du dépôt.

On a battu ce matin la générale. J'espérais qu'elle était le signal de mon départ ; mais ce n'est pas encore mon tour.

CHAALONS.

Le Sous-Directeur du dépôt général de la guerre à M. Bonne, directeur du bureau topographique français de la carte de Bavière, à Würtzbourg.

Paris, le 19 vendémiaire an XIV (11 octobre 1805).

Une lettre du 2e complémentaire, Monsieur, vous a exprimé la satisfaction de l'administration pour la sollicitude que vous avez apportée à assurer l'envoi des matériaux qui vous ont été demandés. Le contenu de votre lettre du 1er complémentaire ajoute à cette satisfaction et je me fais un véritable plaisir de vous en réitérer le témoignage, mais ce qui m'est surtout agréable, c'est de vous informer que vos soins ont eu un heureux résultat et que votre caisse est arrivée à bon port. Je laisse d'ailleurs de côté le retard occasionné par son expédition de Mayence ici au lieu d'avoir été dirigée de suite sur Strasbourg, d'abord parce que vous ne pouviez que vous précautionner contre la chose comme vous l'avez fait et non l'empêcher, et qu'ensuite on n'a pas laissé que d'y remédier en très grande partie par le parti qu'on a pris, du moment qu'elle a été rendue au dépôt, d'en retirer ce qu'elle renfermait et d'en former plusieurs rouleaux que l'on a fait partir par la voie de la poste.

Vous annoncez bien que vous espérez bientôt expédier quelques autres matériaux, mais déjà votre premier envoi n'est pas aussi considérable qu'il y avait lieu de s'y attendre, et ce quelques autres promet encore moins. Ensuite, vous ne fixez pas d'époque. Voilà d'ailleurs que je viens de recevoir encore tout nouvellement du général Sanson, à qui j'avais donné, ainsi que vous à ce qu'il me marque, avis du départ de votre caisse, la recommandation la plus pressante de vous demander la plus grande promptitude à expédier successivement tout ce que vous auriez de prêt, comme aussi la plus grande activité à faire faire les calques dont les envois doivent se composer ; son intention formelle enfin, à cet égard, et qu'il me charge de vous notifier, est que non seulement les dessinateurs que vous avez été autorisé à vous procurer, mais encore tous ceux que vous pourrez avoir de plus et tous vos ingénieurs eux-mêmes travaillent sans relâche, et même nuit et jour s'il le faut, aux calques dont il s'agit. Ne perdez donc pas un moment de faire ce qu'on vous demande, et pénétrez-vous bien surtout en cela de l'idée que Sa Majesté désire avec impatience les matériaux qui existent sur la Bavière.

Ce que je viens de vous dire m'amène à vous parler d'un travail qui n'est pas moins essentiel que celui des calques, qui aura d'ailleurs le résultat avantageux de rendre moins sensibles les retards qu'entraînera nécessairement la confection de leur totalité, quelque rapidité, d'ailleurs, que vous y fassiez mettre. Il s'agit de dresser une carte de la Bavière à 1/300,000, en réduisant en conséquence tous vos matériaux et en les enchâssant au moyen de vos points trigonométriques. Il s'agit ensuite de la rattacher à une carte semblable de la Souabe, dont on a déjà gravé le trait et la lettre en dix jours et envoyé 100 exemplaires au général Sanson, et qu'on s'occupe en ce moment de terminer pour les bois et les montagnes.

Vous verrez en dernier lieu, par l'exemplaire ci-joint, qu'il n'y faut que l'essentiel, comme les cours d'eau, les routes, les villes, bourgs, villages, bois, montagnes ; qu'on a élagué tous les autres détails qu'au surplus, l'échelle adoptée ne permettait pas d'exprimer ; qu'il n'y a point de projection ; que ce n'est qu'une carte expédiée et militaire dont on a besoin ; c'est à vous, du reste, que l'idée de ce travail est due en grande partie, car vous aviez proposé de dresser une carte qui contînt l'ensemble de vos opérations trigonométriques, et si déjà, par sa lettre du 13 germinal, le général Sanson avait applaudi à votre proposition en vous invitant à choisir l'échelle 1/250,000, combien n'y a-t-il pas lieu de vous approuver aujourd'hui d'y avoir donné suite, ainsi que vous annoncez l'avoir fait dans votre lettre du 25 floréal par l'établissement d'une semblable carte à 1/500,000, puisque celle-ci va vous fournir, quoique à une échelle sous double, les éléments du travail que l'on désire. Je n'ai pas besoin de vous observer que ce travail exige d'être fait le plus promptement possible. Lorsqu'il sera terminé, vous l'expédierez de suite au général Sanson que vous savez sans doute être assez voisin de vous en ce moment, le quartier général étant à Aalen. Mais il faudra qu'auparavant vous ayez pris le double que vous enverrez en même temps ici, afin qu'on puisse se mettre à le graver, comme il paraît qu'on le fera. Ce double ne peut vous tenir longtemps, quoique vous gagnez à le soigner autant que l'original, si vous le distribuez en petits carrés pour y employer tous vos collaborateurs. C'est le parti qu'on a pris ici pour la carte réduite de Souabe, et on a terminé y compris même l'original en dix jours, quoiqu'on eût à réduire les 56 feuilles de la grande carte à 1/50,000.

L'invitation que je viens de vous faire pour l'envoi direct de votre carte réduite au général Sanson, je vous la fais également pour l'envoi des calques bavarois ; vous prendrez d'ailleurs toutes les précautions convenables, en vous tenant surtout bien informé de l'endroit où se trouvera le grand quartier général.

Vous savez, Monsieur, qu'il n'existe aucune bonne carte gravée sur la Franconie ; on n'a non plus aucune connaissance qu'on ait jamais fait des opérations trigonométriques dans ce pays, et, s'il y en a eu d'exécutées, elles n'ont été que partielles et n'ont point été soumises à un plan combiné d'avance. Ne serait-ce pas le cas de profiter de votre séjour actuel pour entreprendre quelque chose à cet égard, quand vous ne feriez enfin que de jeter les premiers fondements du parallèle dont vous aviez proposé dans le temps l'utile et heureuse idée, et qui devait partir de votre méridienne de Munich pour aller jusqu'à Mayence. Réfléchissez à cela, je vous prie, et voyez si la chose est praticable dans les circonstances, et si le gouvernement électoral y paraît disposé. Pour moi, je ne doute pas, d'après les liaisons d'amitié qui l'unissent à la France et ce qu'il a fait jusqu'ici pour la topographie, qu'il ne s'y prêtât volontiers.

En répondant sur l'article dont il s'agit, il sera bon que vous fassiez connaître si les pays franconiens appartenant actuellement au gouvernement bavarois ont été levés, et s'il existe des minutes de ce levé. Pour moi, je le présume d'autant que les princes ecclésiastiques en Allemagne mettaient presque tous le plus grand intérêt à avoir le cadastre de leurs domaines ; ainsi, il y a lieu de croire que toutes les minutes ou mappes sont déposées aux Archives centrales ou des chefs-lieux respectifs. Alors, je vous engagerais à tâcher d'obtenir de la bienveillance accoutumée de l'Électeur qu'il vous fût permis d'en faire prendre des croquis pour notre administration.

Je vais maintenant vous parler de votre étalon ; il est terminé il y a déjà quelque temps, et il ne s'agit plus que de le faire vérifier par le bureau des longitudes sur le mètre original, et d'en obtenir, par suite, le certificat de vérification que vous avez désiré. La vérification, au reste, serait déjà faite et il aurait pu vous être expédié de suite si l'on n'avait voulu savoir si votre translation à Würtzbourg n'apporterait pas des obstacles à ce qu'il vous parvînt. Votre réponse, donc, décidera de son départ, ainsi que des exemplaires du 6e numéro du Mémorial et de l'essai de M. Guffroy, que l'on a ajourné de vous expédier pour semblable motif. Cette réponse, en outre, devra faire connaître si le parti qu'on a pris de ne pas s'en tenir à vos idées sur la construction de votre mètre, ou plutôt de ne les réaliser que jusqu'à un certain point et d'y pourvoir auxiliairement parce que l'expérience a constaté de certain, ne vous ferait pas renoncer à l'avoir, et voici, à cet égard, les observations de M. Lenoir, à qui l'on avait donné extrait de votre lettre du 25 floréal pour guide, et qui, comme vous le savez, a fait tous les travaux relatifs au système des poids et mesures : 1° la commission générale, composée des savants envoyés par neuf gouvernements étrangers et des membres de l'Institut chargés du rapport définitif sur les poids et mesures, et dont vous avez, je crois, eu une copie qui vous a été envoyée du dépôt, s'est déterminée pour les étalons en fer ; 2° c'est en cette matière que 12 mètres ont été exécutés, ces mêmes, tant pour les gouvernements étrangers représentés par les savants précités que par celui de France ; 3° ils ne portent aucune division, mais seulement l'empreinte du poinçon de vérification ; 4° la commission n'admet qu'un dix-millionième de toise pour la différence qu'on pourrait tolérer dans la longueur de chacun des 12 mètres ; 5° leur vérification faite, ils ont été trouvés égaux entre eux, à la différence en question près ; 6° on ne peut exiger une plus grande exactitude et la chose devient, d'ailleurs, inappréciable au delà ; 7° On a choisi le fer, parce que ses rapports de dilatation avec les autres métaux sont parfaitement connus ; 8° la commission a rigoureusement, et par des expériences nombreuses et variées, établi ses rapports ; 9° ce n'est pas le mètre étalon en platine qui sert de prototype pour les vérifications, c'est le mètre en fer ; 10° on n'a jamais pu assigner les rapports de dilatation de l'acier, parce qu'ils diffèrent non seulement selon les pays où il a été fabriqué, mais même de barre à barre quoique sorties de la même loupe, et de fonte à fonte du même fourneau ; 11° il vous faudrait, dans tous les cas, un instrument pour juger des rapports de dilatation de votre mètre-acier et le comparer avec tout autre mètre ; 12° il vous le faudrait également pour juger si ce mètre ne s'est pas dérangé ; 13° la raison de ce dérangement très probable et même certain, provient précisément des précautions que vous avez imaginées pour y parer ; 14° il ne faut jamais qu'un étalon soit composé de différentes pièces ; 15° le vôtre comporte des vis et des écrous ; il n'y a rien de moins fixe que ces ajustements qui non seulement se dérangent par les changements de température, mais encore par la rouille ; 16° il est reconnu que la moindre secousse fait qu'une vis se dévide, quelque soin d'ailleurs que l'on ait eu de la serrer ; 17° M. Lenoir a l'assurance que transporté à la main seulement, votre mètre, bien étalonné chez lui, ne serait plus juste à cent pas, et il fera encore l'épreuve en le portant à l'Observatoire ; 18° ce sera bien pis après le voyage qu'il aura fait pour vous arriver ; 19° le moindre heurt, enfin, et il n'y a plus d'exactitude. C'est en conséquence de ces raisons qui m'ont paru péremptoires, comme à plusieurs personnes distinguées par leur connaissance en ces sortes de matières et que l'on a consultées, que M. Lenoir a été autorisé à établir un mètre étalon en fer. On a, en même temps, accepté la proposition très utile qu'il a faite d'exécuter une matrice exactement sur cet étalon, et destinée à le recevoir ainsi que tout autre qu'on voudrait composer. Il a d'ailleurs ajusté votre mètre étalon, et, de la sorte, on vous aura procuré tout ce qu'il faut, savoir : un prototype semblable à ceux que possèdent déjà neuf gouvernements étrangers, et dont il conviendra que vous fassiez cadeau de la part du dépôt au gouvernement électoral ; le nôtre qui vous mettra dans le cas de juger du mérite de votre idée ; enfin, une matrice pour toutes les comparaisons que vous pourrez tenter.

Vous avez sans doute reçu une lettre du 2e complémentaire qui vous était adressée à Würtzbourg, mais il serait possible que celle du 25 fructidor, à laquelle était jointe copie de celle du Ministre de la guerre à M. Otto, en date du 23 dudit mois, ne vous eût pas été renvoyée de Munich où elle vous avait été adressée, et qu'il en fût de même de la dépêche en question. Je prends, en conséquence, le parti de vous envoyer duplicata du tout, et je m'y détermine avec d'autant plus de motifs qu'il s'y agissait d'objets essentiels dans les circonstances. Si, comme je le pense, vous avez reçu ma lettre du 2e complémentaire, vous n'aurez sans doute pas tardé à envoyer de suite M. Broussaud auprès du général Sanson. On a fait part à M. Schouany des renseignements que vous avez donnés sur les instruments qu'il dit avoir laissés en Bavière, et du moment que sa réponse sera parvenue, on vous en donnera connaissance, si, d'ailleurs, ces instruments sont réellement restés dans le pays. L'administration fera certainement pour vos autres collaborateurs ce qu'elle aura jugé convenable de faire pour M. Schouany.

J'ai oublié de vous observer qu'il ne faut pas vous arrêter aux omissions de noms et de lieux que vous pourriez rencontrer dans l'exemplaire de la carte réduite de Souabe qui vous est envoyée; cette carte n'étant pas encore entièrement revue et corrigée, et son envoi n'ayant d'autre but que de vous donner l'indication de ce qu'il faut faire pour la vôtre et de vous procurer des points de repère et d'amorce.

On n'a point encore reçu au dépôt et le général ne m'a pas annoncé non plus avoir vu les 12 ou 13 volumes in-8° que votre lettre d'Aïchach, 23 fructidor, mentionnait avoir été remis à un libraire de Munich et devoir être aussi expédiés par la diligence partant le matin du même jour. Aussi, je crains bien que le tout ne se soit égaré.

Comme le 5e cahier de l'itinéraire de M. Riedl a paru depuis qu'on vous a demandé plusieurs exemplaires de l'ouvrage, il sera bon que vous complétiez ceux-ci par l'envoi d'un nombre suffisant de ce cahier, c'est-à-dire d'adresser directement vos envois au général Sanson, au grand quartier général, mais toujours avec le soin d'informer successivement le dépôt et de lui envoyer des états qui relatent ce qui sera expédié.

Je vous ferai part, ces jours-ci, de la réponse de M. Henry aux articles de votre lettre du 12 floréal relativement aux différences de résultats entre lui et M. Schiegg pour l'azimut d'Anffkirchen, et ce sera une occasion d'entrer dans quelques détails, tant sur quelques idées contradictoires qu'a paru présenter notre correspondance à l'égard de ce professeur que sur l'opposition que vous avez cru voir de la part de l'administration à ce que vous vous occupassiez de la mise au net de vos minutes à 1/50,000 pour la gravure, lorsqu'elle vous a exprimé l'intention où elle était que ce travail fût subordonné à celui des calques à lui fournir des minutes bavaroises.

Je vous salue avec estime et considération.

MURIEL.

CHAPITRE XII

La Conscription.

Le général Baraguey-d'Hilliers à l'Empereur.

Paris, le 15 brumaire an XIII (6 novembre 1804).

Sire,

L'intention de Votre Majesté n'est pas, sans doute, que l'arme des dragons qui doit être l'élite de l'armée, puisque vous avez dit à Compiègne que vous lui destiniez le poste d'honneur, du courage et du danger, devienne l'égout des autres corps de cavalerie; cependant, Sire, la marche que l'on prend à son égard cette année doit lui inspirer de justes craintes; déjà on a incorporé dans les régiments de dragons par ordre du Ministre de la guerre, des hommes réformés des autres corps et particulièrement des cuirassiers. On dit, il est vrai, que ces hommes réformés ne le sont que par défaut de *taille* et de *complexion :* tel est le motif apparent, mais lorsqu'on fait des recherches pour s'assurer de la réalité de ces motifs, on découvre qu'ils ne sont qu'un prétexte de la part des colonels pour purger leurs corps des mauvais sujets qui y nuisent; manœuvre dans laquelle, je ne sais pourquoi, ils ont été secondés par quelques généraux chargés cette année des inspections provisoires. C'est la vérité, Sire, que je vous expose ici toute nue, ce sont des faits dont j'ai la preuve, et je suis l'organe de tous les colonels de mon arme. Eh quoi ! Sire, faut-il que nos régiments soient le réceptacle de la lie des autres régiments ? Les dragons sont-ils destinés à cet outrage ? Quel esprit de corps peuvent-ils nourrir si on les mésallie à ce point, si on leur donne de telles marques de mépris ? Faut-il donc pour les dragons, destinés dorénavant au service le plus pénible, une taille médiocre, une santé équivoque, une poitrine étroite ? Y faut-il moins de mœurs, de probité et de courage que pour toute autre arme ?

Sire, je vous demande justice. Pour utiliser quelques hommes, il est impolitique d'ordonner de tels amalgames, et il n'est pas un régiment de dragons qui ne s'en trouve offensé. Je m'honore d'être ici l'interprète de cette façon de penser généreuse et fière, comme je me féliciterai d'être toujours l'organe près de Votre Majesté de l'attachement et du respect sans bornes d'une arme qu'Elle daigne honorer de sa bienveillance et qui brûle de lui prouver son dévouement envers et contre tous ses ennemis privés et publics.

Le Général de division,
Colonel général des dragons,

BARAGUEY-D'HILLIERS (1).

Rapport fait au Ministre.

Paris, le 2 fructidor an XIII (20 avril 1805).

M. le Maréchal a demandé qu'on lui fît connaître le nombre des conscrits reçus depuis le 1er vendémiaire an XII, pour les 33e, 40e régiments d'infanterie de ligne, 10e, 21e, 24e et 26e légère ; celui des conscrits que ces corps ont dû recevoir et le nombre de ceux qui ont déserté après l'incorporation.

L'état qu'on met sous les yeux de Son Excellence contient ces détails.

M. le Maréchal remarquera que la désertion s'est surtout manifestée dans les 24e et 26e légère ; les recrues fournies à ces corps n'ont peut-être pas été suffisamment surveillées. Il est extraordinaire que sur 800 ou 900 individus, arrivés à chacun de ces régiments, il en soit déserté 250.

Le seul moyen au surplus d'arrêter ces déserteurs, ainsi que

---

(1) *Archives nationales*, AFIV, 1116.

les réfractaires qui se trouvent dans les départements des Basses-Pyrénées, du Mont-Blanc, de l'Eure et du Tarn, serait de mettre à la disposition du préfet et du général une force armée suffisante pour les poursuivre avec activité. Cette mesure a été réclamée par plusieurs préfets.

De Soize, Hargenvillers,
Barnier.

Le Ministre trouvera peut-être que l'état ne satisfait pas complètement aux renseignements demandés par son ordre ; on a cependant fait usage de tous les matériaux que l'on a pu recueillir dans différents bureaux, mais lorsqu'un déserteur est dénoncé et jugé, rien n'indique de quelle année il est conscrit, on n'a pu rien donner de positif à cet égard.

Barnier (1).

Le maréchal Berthier au Préfet du Lot.

Boulogne, 22 thermidor an XIII (10 août 1805).

Je suis informé, Monsieur, que la levée de la conscription éprouve les plus grandes oppositions dans le département que vous administrez, que les déserteurs trouvent dans un grand nombre de communes un asile contre les recherches de la gendarmerie, et sont même soutenus dans leur résistance aux lois par les habitants des campagnes qui sont presque tous armés.

J'ai eu lieu de me convaincre, par les divers rapports qui m'ont été faits à ce sujet, que l'autorité civile ne faisait aucun usage des moyens qui sont à sa disposition pour amener l'exécution des lois relatives aux conscrits et aux déserteurs, et que dans plusieurs circonstances, lorsque des attroupements séditieux, formés dans les vues les plus coupables, exigeaient de sa part des mesures répressives, elle n'avait rien fait, ni pour dissoudre les attroupements, ni pour en faire rechercher et punir les auteurs.

---

(1) Barnier, chef de division ; Hargenvilliers, chef de bureau au ministère (4e division, recrutement).

Les reproches qui s'élèvent à cette occasion contre les autorités civiles paraissent d'autant plus fondés, que de tous les départements qui composent la 20e division militaire, celui du Lot est le seul où la tranquillité soit troublée.

Un tel état de choses, Monsieur, est trop contraire à l'ordre et aux intentions de Sa Majesté pour être toléré plus longtemps; je vous invite à déployer tous les moyens de surveillance et de répression qui vous sont confiés pour le faire cesser et à rappeler aux agents qui vous sont subordonnés, les devoirs qu'ils paraissent avoir négligés.

BERTHIER.

Le Préfet des Basses-Alpes au maréchal Berthier.

Digne, 22 thermidor an XIII (10 août 1805).

Les sous-officiers des corps d'élite qui se recrutent dans ce département et sont envoyés à Marseille, où est le point de réunion des conscrits, se permettent de donner à ces derniers des permissions pour rentrer dans leurs foyers ; le motif qui doit les engager à se conduire ainsi ne peut résulter que du bénéfice des rations de vivres et de la solde qu'ils retirent pour ces hommes ; cet abus a encore l'inconvénient de soustraire ces conscrits au départ par la difficulté de les faire rejoindre, et d'exposer les numéros qui les suivent à marcher à leur place ; déjà, cette circonstance s'est présentée ; le nommé F....., de la commune de Chemans, conscrit rayé de la liste des réfractaires et remis en marche, vient d'obtenir une pareille permission, à l'appui de laquelle il voulait se soustraire aux recherches de la gendarmerie, qui l'a déposé dans la maison de dépôt à Digne ; le nommé V..... est également rentré à Mirabeau, sa commune, muni d'une pareille permission, et il peut arriver que plusieurs autres se trouvent dans le même cas. J'ai l'honneur d'observer à Votre Excellence que ces deux individus sont destinés pour le 11e de cuirassiers.

Vous penserez, Monseigneur, qu'une pareille conduite est répréhensible, en ce que ces sous-officiers exercent un droit qui ne leur appartient point et exposent ces conscrits à la désertion, et leur corps à ne pouvoir plus se compléter. Outre cet inconvénient, il y a encore celui qui résulte de la dépense occasionnée au gouvernement et de l'appel qu'on doit faire des conscrits pour remplacer ces premiers.

A. LAMETH.

Le général de la Roche, commandant le département de l'Eure, au général Musnier, commandant la 15e division militaire.

Évreux, 23 thermidor an XIII (11 août 1805).

Mon Général,

J'ai l'honneur de vous adresser copie de la lettre que j'ai écrite hier au préfet de ce département, par laquelle vous verrez que je l'invite à faire un appel à tous les conscrits de l'an XIII qui ont obtenu des dispenses de service des diverses commissions dans chaque sous-préfecture. Comme je présume que cette mesure de rigueur va nous procurer les mêmes résultats que ceux que nous avons obtenus de celle que j'ai provoquée dans les temps pour les arrondissements d'Andelys et Pont-Audemer, et dont je vous ai rendu compte, je vous prie, mon Général, de vouloir bien communiquer ma lettre à S. E. le Ministre de la guerre, afin d'éviter que l'Empereur ne croie devoir à la présence d'un nouveau préfet, dont on annonce ici l'arrivée très prochaine en remplacement de M. de Saint-Arnaud, les avantages que je suis persuadé que le conseil de recrutement va retirer de cette opération.

Veuillez, s'il vous plaît, me dire si vous approuvez ce que j'ai fait dans cette circonstance.

DE LA ROCHE.

Le général de la Roche au Préfet de l'Eure.

Évreux, 22 thermidor an XIII (10 août 1805).

Des bruits circulent et paraissent s'accréditer, Monsieur le Préfet, que les commissions d'Évreux, Louviers et Bernay, ont commis les mêmes fautes que celles d'Andelys et Pont-Audemer, dans les opérations qu'elles ont été chargées de faire pour la conscription de cette année.

Je me suis convaincu, dans une tournée que je viens de faire, que le conscrit M....., de la commune de Bouquetoi, canton de Routot, sous-préfecture de Pont-Audemer, s'était soustrait au service militaire moyennant une somme de 696 francs, que son père m'a dit devant témoin avoir payée au sieur L....., officier jouissant du traitement de réforme à Évreux.

J'ai également recueilli qu'un nommé B....., de la commune de Hauville, devait avoir employé les mêmes moyens que le premier, plusieurs personnes s'étant accordées à me dire qu'il n'avait aucune infirmité qui le rendît inapte au métier des armes. J'ai communiqué ces divers renseignements à M. le Président général impérial de la cour de justice criminelle du département de l'Eure, afin qu'il fasse sa diligence contre les principaux auteurs de pareilles menées.

Ce fonctionnaire public vient de m'annoncer à l'instant qu'il avait transmis mon rapport à son substitut, et qu'il lui avait recommandé de se livrer de suite aux recherches voulues par la loi.

Comme je suis persuadé, Monsieur le Préfet, que vous serez d'accord avec moi pour qu'une révision entière ait lieu, ce moyen me paraissant le seul capable de faire taire la médisance, je vous prie de vouloir bien donner des ordres pour qu'en conformité de l'article 34 du décret impérial du 8 nivôse dernier, tous les conscrits de l'an XIII qui ont obtenu des dispenses provisoires de commissions, et ceux qui en ont reçu du conseil de recrutement sans avoir subi une contre-visite en présence des membres qui composent ledit conseil, soient tenus de se rendre à Évreux aux jours qu'il vous plaira d'indiquer.

Veuillez, s'il vous plaît, m'accuser réception de la présente.

DE LA ROCHE.

Le maréchal Berthier à l'Empereur.

Boulogne, 4 fructidor an XIII (22 août 1805).

J'ai l'honneur de rendre compte à Votre Majesté du nombre

de conscrits que les 33e et 48e régiments de ligne, les 10e, 21e, 24e et 26e régiments d'infanterie légère ont reçu depuis le 1er vendémiaire an XII, de celui qu'ils ont dû recevoir et du nombre de ceux qui ont déserté après l'incorporation.

Il résulte de l'état ci-joint que la désertion s'est principalement manifestée dans les 24e et 26e régiments d'infanterie légère, puisque sur 800 à 900 conscrits arrivés à chacun de ces régiments, il en est déserté près de 250.

Pour faciliter la poursuite et l'arrestation de ces déserteurs, ainsi que des réfractaires qui se trouvent dans les départements des Basses-Pyrénées, du Mont-Blanc, de l'Eure et du Tarn, il paraîtrait nécessaire de mettre des troupes à la disposition des préfets de ces départements et de les autoriser à établir des garnisaires chez les parents des déserteurs et conscrits en retard.

Il existe dans le département des Basses-Pyrénées le 5e régiment d'infanterie légère, fort de 900 à 1000 hommes, qui s'organise à Pau; trois compagnies de ce régiment pourraient être mises à cet effet à la disposition du préfet.

Il n'existe aucune troupe dans le département du Mont-Blanc; on pourrait y détacher momentanément deux compagnies de vétérans qui sont à Genève.

Le 3e bataillon du 10e régiment d'infanterie légère, fort de 480 hommes présents, qui est à Évreux, pourrait fournir deux compagnies pour activer les poursuites dans le département de l'Eure.

Quant au département du Tarn, on pourrait y envoyer momentanément deux compagnies de vétérans qui sont à Cette. Il n'existe dans la 9e division que quatre compagnies de vétérans, un détachement du 3e régiment d'artillerie à pied, la 4e compagnie de canonniers vétérans et deux compagnies de canonnniers gardes-côtes.

Je demande les ordres de Sa Majesté.

BERTHIER.

Le général de la Roche au général Musnier.

Évreux, 5 fructidor an XIII (23 août 1805).

Général,

J'ai l'honneur de vous adresser l'état des conscrits partis hier pour leurs corps respectifs.

Je profite de cette circonstance, Général, pour vous faire connaître le résultat du travail de la conscription dans le département que je commande, pour l'an XIII, en vous transmettant un état circonstancié de ce que chaque corps qui devait se recruter dans ce département, a reçu.

Vous trouverez sans doute, Général, que cet état est satisfaisant puisqu'il ne reste plus que 35 hommes à fournir.

Je vous invite, Général, si vous le jugez convenable, d'adresser cet état à S. E. le Ministre de la guerre, afin qu'il puisse se convaincre de toute l'activité que l'on a apportée dans ce département à exécuter pour la conscription de l'an XIII les intentions de Sa Majesté Impériale et Royale, et qu'en même temps Son Excellence puisse dissuader Sa Majesté des mauvaises impressions que l'on s'est empressé de lui donner et dont M. Savoré Rollin, le nouveau préfet, m'a dit qu'elle était pénétrée.

Je joins à la présente un exemplaire de l'arrêté pris par le préfet, sur ma proposition, dont j'ai eu l'honneur de vous faire part pour la révision des cantons restant à Pont-Audemer et ceux des sous-préfectures d'Évreux, Louviers et Bernay.

J'ai l'honneur, etc.

DE LA ROCHE.

Le Ministre de la guerre à M. le Général commandant la 8e division militaire.

Paris, le 22 fructidor an XIII (9 septembre 1805).

Je vous fais passer, Général, un exemplaire du décret impérial relatif à la levée des conscrits de l'an XIV. J'ai fixé au 30 brumaire l'époque à laquelle le contingent de chaque département doit commencer à se mettre en route, et au 30 frimaire celle à laquelle il doit être entièrement fourni.

Les généraux qui, sous vos ordres, commandent les départements, continuent d'être spécialement chargés de la répartition des conscrits entre les différents corps. Ils pourront trouver, dans le major qui est appelé à faire partie du conseil de recrutement, un coopérateur utile. Veuillez bien les engager à se concerter avec lui.

Les hommes d'élite seront, comme dans les précédentes levées, réunis au chef-lieu de la division. Je donne des ordres particuliers aux corps qui doivent les recevoir, afin qu'ils les y envoient prendre.

Si les officiers et les sous-officiers que ces corps doivent envoyer n'arrivaient pas à temps ou ne suffisaient pas, vous pourriez, pour les suppléer, détacher des corps employés dans la division le nombre d'officiers et sous-officiers que vous croiriez indispensable. Ils jouiraient des avantages accordés aux officiers de recrutement.

Les compagnies de mineurs ne peuvent envoyer prendre les hommes qui leur sont destinés. Vous voudrez bien, en conséquence, faire conduire à Metz les conscrits que votre division doit leur fournir, par un sous-officier de recrutement employé dans le département de votre résidence.

Je vous prie, Général, de recommander à vos subordonnés la plus grande célérité dans toutes les opérations qui peuvent leur être confiées relativement à la levée, et de surveiller directement, en ce qui vous concerne, l'exécution du décret.

Le Ministre de la guerre,

BERTHIER.

Le Ministre de la guerre au général Gobert, commandant la 3e division militaire.

Paris, 22 fructidor an XIII (9 septembre 1805).

Le général Bonnard, commandant la 22e division militaire, Général, m'a transmis la copie ci-jointe d'une lettre écrite par un conscrit de la Sarthe à ses parents, et interceptée par le capitaine du recrutement de ce département.

Il paraît évident, d'après cette pièce, que le nommé H....,

conscrit dont il s'agit, incorporé dans le 69e régiment, avait la certitude d'y être réformé, si on lui avait envoyé la somme de 200 francs qu'il demandait avec la plus vive instance.

Il résulte de la vérification qui a été faite, que cet individu a, effectivement, été porté sur l'état des hommes de son corps désignés pour la réforme ; mais il en a été ensuite supprimé par le motif qu'on n'avait pu s'assurer s'il était réellement épileptique.

Comme le nombre des militaires jugés susceptibles d'être réformés dans le 69e régiment est très considérable, la coupable manœuvre, que la lettre d'H..... doit faire supposer, pourrait avoir eu lieu pour d'autres.

Je vous charge donc, Général, de vous procurer sur cet objet, par les moyens secrets que vous jugerez convenables, tous les renseignements possibles, et de me les adresser ensuite pour me mettre à portée de faire, s'il y a lieu, un exemple capable d'en imposer à ceux qui trafiquent des congés.

Le Ministre de la guerre,

BERTHIER.

Le Procureur général impérial près la cour de justice criminelle du département de l'Indre, à Son Excellence le Ministre de la guerre.

Châteauroux, le 27 fructidor an XIII (14 septembre 1805).

Monseigneur,

La cour de cassation avait attribué, par forme de règlement de juges, à la cour près laquelle j'exerce mes fonctions, la connaissance d'une très grande affaire en matière de faux et contravention aux lois concernant la conscription, dans laquelle se trouvaient compromis le sieur S....., capitaine au 16e régiment d'infanterie légère, et le sieur P....., commissaire de police en la ville de Limoges, comme auteurs et complices de ces différents crimes ; j'ai cru devoir instruire Votre Excellence du résultat de ce procès, à raison de la qualité du sieur S....., l'arrêt rendu, ce matin, n'a point trompé ce que j'en présageais depuis longtemps : malgré le nombre et la force des preuves, les deux accusés ont été complètement acquittés.

Quoique les motifs adoptés par les juges indiquassent des délits prévus par l'article 32 de la loi du 22 septembre 1791, et l'acte d'accusation des délits prévus par les articles 2 et 4 de celle du 24 brumaire an VI, la cour, tout en reconnaissant que les délits sont du ressort de la police correctionnelle, a refusé d'y renvoyer les coupables sous le prétexte que sa mission était remplie, ayant prononcé sur les délits de faux. Cependant, j'ai réclamé immédiatement après le prononcé de l'arrêt, et l'on m'en a donné acte ; cependant encore, j'en avais fait un des objets de ma plaidoirie et de mes conclusions.

La conduite tenue devant nous par les accusés et leur défenseur, quoique beaucoup plus décente que celle tenue à Limoges, d'où l'affaire nous a été renvoyée, avait cependant un air d'intrigue et d'hypocrisie qui préludait, d'une manière désavantageuse pour les intérêts de la justice et du gouvernement, cette décision.

On a eu, tout le temps de la durée de la réclusion des accusés, malgré mes représentations, un tel degré de complaisance pour eux qu'ils se seraient échappés cent fois, ou du moins on peut le croire, s'ils n'avaient été sûrs d'avance de l'heureux événement qui vient de les remettre en liberté ; et cette complaisance était si grande que, pour en prévenir les effets, j'ai cru devoir requérir de la mairie le secours de deux plantons pendant la durée des débats.

Il est encore à présumer qu'on aura reçu bien des lettres qui n'auront pas peu contribué à amener cet événement. Si j'en juge par les recommandations que j'ai reçues moi-même, dont je puis justifier, et à raison de quelques-unes desquelles je me suis vu dans la nécessité d'écrire à M. le Procureur général impérial de la cour de cassation, pour en savoir s'il était vrai qu'il se fût repenti d'avoir obtenu l'arrêt du 13 brumaire dernier, ainsi qu'on le répandait à dessein et qu'on l'avait écrit en cette ville.

Je ne présenterais pas ces détails à Votre Excellence, Monseigneur, si toute l'instruction et même les renseignements fournis par les débats ne m'avaient intimement convaincu de la réalité des crimes imputés à S..... et P..... Le président de notre cour en a la même conviction que moi ; il en a même écrit à S. E. Monseigneur le grand-juge, et nous regrettons autant l'un que l'autre de n'avoir pu mieux remplir les vues d'intégrité qu'exigeait un procès d'une aussi haute importance, surtout dans les circonstances actuelles.

Ce qui me rend plus sensible encore l'intention qui a dicté les erreurs de cette décision, c'est que la cour ayant ordonné, mercredi dernier, un délibéré pour être prononcé le jeudi, à 10 heures du matin, et s'étant réunie l'après-midi assez tard, sa décision était connue le soir, selon que me l'avait dit notre greffier et plusieurs autres personnes, du public et particulièrement des accusés à qui l'on avait fait dire de dormir tranquillement, quoiqu'elle ne dût être lue qu'à l'audience du lendemain.

Autre circonstance : c'est que la lecture en a été suivie d'applaudissements indécents que je n'ai pu m'empêcher de regarder comme l'expression d'un parti triomphant, et contre lesquels je me suis empressé de m'élever avec force.

Autre circonstance : c'est que, quelques jours avant l'ouverture des débats, il s'était dit une messe du Saint-Esprit à laquelle avaient été invitées et avaient assisté toutes les dévotes du pays, pour éclairer la conscience des juges, a-t-on dit.

Autre circonstance : c'est que la nuit d'après la prononciation de l'arrêt, on a donné des sérénades à tous les juges qui y ont concouru. En rapprochant ces différentes circonstances, votre justice, Monseigneur, pourra se faire une idée de l'opinion publique en cette ville.

J'ose vous protester que M. le président et moi, nous avons fait tout ce qui était humainement possible pour le triomphe de la vérité, mais le même plan de défense a existé ici qu'à Limoges et y a eu le même succès qu'il y aurait eu si l'affaire y fût restée : ici comme là, on a répandu le plus grand doute et la plus grande défaveur sur la confiance que méritaient les témoins les plus intéressants et les plus marquants, tels que les gendarmes, leur chef d'escadron, le général et les malheureuses victimes des manœuvres des accusés ; malheureusement, les juges y ont cru.

On a, de plus, dit et imprimé impunément que c'était une action immorale et malhonnête que de dénoncer des déserteurs conscrits ; enfin, on a qualifié du même caractère et donné le nom de libelles aux exemplaires répandus dans le public de l'acte d'accusation et de l'arrêt de la cour de cassation, sans cependant les nommer positivement, mais en les désignant de façon qu'on ne pouvait s'y méprendre. Des réclamations ont été faites de ma part à ces différents égards, mais bien infructueusement.

Je ne me plains pas de tout cela par forme de dénonciation, ni pour exciter votre indignation, Monseigneur, mais pour vous démontrer que si vraiment le gouvernement tient à la conscription, comme tout le dit, il est instant qu'il daigne indiquer d'autres moyens de répression ; dans l'état des choses, ceux qui existent ne peuvent suffire. Je fais tout ce que je puis pour les faire réussir, et cependant, j'oserai vous protester qu'en tout où l'on ne peut craindre l'œil réformateur de la cour de cassation, l'arbitraire fait de grands ravages : il est de fait que les tribunaux de police correctionnelle n'ont pas assez de caractère pour être adjoints aux cours criminelles dans la décision d'aussi grands intérêts.

Dans le cours des débats, je me suis efforcé de démontrer et poursuivre le crime dans tous ses actes et tous ses replis ; daignez me permettre de vous communiquer la supplique que j'ai présentée sur cela à S. E. le grand-juge, et même l'appuyer de votre protection toute puissante si votre justice estime qu'elle soit bien fondée ; ainsi m'y exprimai-je :

« Pour vous justifier, Monseigneur, de ma conduite et de « celle de M. le Président, j'ose vous supplier de me permettre « de vous adresser une copie de l'arrêt de notre cour et de mon « plaidoyer, qui est l'extrait fort exact de toutes les pièces de la « procédure. Je n'y ai rien dit qui ne soit absolument conforme « à l'instruction et à ce qui s'est passé aux débats ; en les com- « parant les uns aux autres, votre religion pourra décider si « nous avons des reproches à nous faire.

« Je souhaiterais même, si je l'osais dire, qu'il plût à Votre « Excellence de m'ordonner de lui transmettre aussi toutes les « pièces du procès pour son ample instruction. »

Je n'écris ainsi, Monseigneur, que parce que je crains que la décision de notre cour ne porte dans ce département un coup mortel à la conscription, et je ne le dirais pas si je n'étais convaincu qu'elle est pleine d'erreurs.

POYER.

Georges-Joseph Dufour, général de division, commandant la 21e division militaire, et l'un des commandants de la Légion d'honneur, à Son Excellence le Ministre de la guerre.

Au quartier général, à Bourges, le 29 fructidor an XIII
(16 septembre 1805).

Monseigneur,

J'ai l'honneur de rendre compte à Votre Excellence que la fameuse affaire relative à la conscription, qui avait été renvoyée à la cour criminelle de Châteauroux, a été jugée le 26 du courant.

Votre Excellence se rappellera que je lui ai rendu compte, dans le temps, des détails de cette affaire, qui avait établi une grande mésintelligence entre le général Espagne et le préfet de Limoges, et de telles intrigues que la cour de cassation en avait dessaisi celle de Limoges et l'avait renvoyée à Châteauroux. Les accusés P....., commissaire de police, et S....., capitaine du recrutement, ont été acquittés et mis sur-le-champ en liberté, malgré les conclusions du procureur général impérial, qui tendaient à les condamner à vingt ans de fers et à la marque. Dès que le jugement a été prononcé, la salle a retenti d'applaudissements, la populace a accompagné les accusés avec des démonstrations d'une joie effrénée, des sérénades ont été données au président de la cour, aux défenseurs et aux accusés.

Je m'abstiens de toute réflexion à cet égard, puisque la justice a prononcé, mais les conclusions du procureur général et le jugement sont trop contradictoires pour ne pas exciter la surprise de toute personne impartiale.

DUFOUR.

Extrait des minutes de la secrétairerie d'État.

Au quartier général impérial de Strasbourg, le 8 vendémiaire an XIV
(30 septembre 1805).

NAPOLÉON, Empereur des Français, Roi d'Italie,

Sur le rapport de notre Ministre de la guerre,

Notre Conseil d'État entendu,

NOUS AVONS DÉCRÉTÉ ET DÉCRÉTONS ce qui suit :

Art. 1er.

A compter de la publication du présent décret, tout militaire ou autre individu employé à la suite de l'armée qui sera convaincu d'avoir excité ses camarades à déserter, soit à l'ennemi, soit à l'étranger, soit à l'intérieur, sera réputé chef de complot et, comme tel, puni de mort.

Art. 2.

Lorsque des militaires auront formé le complot de déserter, soit à l'ennemi, soit à l'étranger, soit à l'intérieur, et que le chef du complot ne sera pas connu, le plus élevé en grade des militaires complices ou, à grade égal, le plus ancien de service, ou, à égalité d'ancienneté de service, le plus âgé sera réputé chef de complot et puni comme tel.

Si le complot a été formé seulement par des employés à la suite de l'armée, le plus élevé en grade ou, à grade égal, le plus ancien de service ou, à égalité de service, le plus âgé sera réputé chef de complot et puni comme tel.

Art. 3.

Notre Ministre de la guerre et notre grand juge, Ministre de la justice, sont chargés, chacun en ce qui le concerne, de l'exécution du présent décret.

Signé : NAPOLÉON.

Le Ministre de la guerre,
Maréchal BERTHIER.

Le Secrétaire d'État,
Hugues B. MARET.

Décret impérial relatif à la levée de la conscription de l'an XIV.

Au camp impérial de Boulogne, le 8 fructidor an XIII (26 août 1805).

ART. 1er.

Les 30,000 conscrits de l'an XIV qui, en vertu de la loi du

27 nivôse an XIII, doivent être levés pour compléter l'armée sur le pied de son organisation, et les 30,000 destinés à rester en réserve ou à porter l'armée au pied de guerre, sont mis en activité; ils seront désignés et dirigés sur les divers corps ainsi qu'il est prescrit ci-après.

. . . .

ART. 8.

Les opérations relatives à la vérification des listes, examen, visite et fixation du rang des conscrits, seront faites par les sous-préfets, sauf le recours au préfet ou au conseil de recrutement, suivant les cas : ces premières décisions seront de suite et provisoirement exécutées.

Ces opérations commenceront dans tout l'Empire le 21 vendémiaire.

. . . .

ART. 79.

Le Ministre de la guerre déterminera, d'après le temps nécessaire pour les opérations de la levée, l'époque à laquelle les conscrits devront commencer à se mettre en route et celle où tout le contingent devra être fourni.

Il adressera cet ordre aux préfets et aux généraux commandant les divisions.

Les préfets se concerteront avec les généraux commandant les départements pour fixer l'époque du départ de chaque convoi, sa force, sa route et son escorte.

. . . .

NAPOLÉON.

Décret impérial relatif à la mise en activité dans plusieurs départements des conscrits de réserve des années IX, X, XI, XII et XIII.

Au palais de Saint-Cloud, le 2e jour complémentaire (19 septembre 1805).

ART. 1er.

Tous les conscrits des années IX, X, XI, XII et XIII sont mis en activité dans les départements portés au tableau ci-annexé sous le n° 1.

ART. 2.

Les départements dirigeront leur contingent sur les corps, suivant les tableaux n°s 2 et 3, trois jours après la publication du présent décret qui sera envoyé par courrier extraordinaire.

ART. 3.

Le Ministre de la guerre est chargé de l'exécution du présent décret.

NAPOLÉON.

Décret impérial relatif aux anciens sous-officiers et soldats en état de servir.

Au palais de Saint-Cloud, le 2e jour complémentaire (19 septembre 1805).

ART. 1er.

Tous les anciens sous-officiers et soldats porteurs d'un congé absolu, d'un congé de retraite ou de réforme, en état de servir et de faire la guerre avec activité, sont appelés à rejoindre un des corps de l'armée à leur choix.

ART. 2.

Tout ancien soldat qui réunira les qualités nécessaires pour être admis dans le corps qu'il aura choisi y prendra son rang d'ancienneté, et ses anciens services lui seront comptés avec les nouveaux pour les récompenses militaires.

ART. 3.

Les sergents et maréchaux des logis, les caporaux et brigadiers jouiront des mêmes avantages ; ils reprendront, de plus, leur grade dans les corps qu'ils rejoindront. Dans le cas où les emplois de leur grade seront tous remplis, ils serviront à la suite, et jouiront de la solde d'activité dudit grade jusqu'à la première vacance, où ils seront mis en pied de préférence à tous les autres : la deuxième appartiendra aux soldats actuels ; la troisième aux sous-officiers appelés par le présent décret, ainsi alternativement.

ART. 4.

Les anciens sous-officiers ou soldats se présenteront à leur municipalité ; ils déclareront l'intention où ils sont de rejoindre le corps qu'ils désigneront : il leur sera délivré, par le maire, une feuille de route pour se rendre au chef-lieu de leur département, près de l'officier général ou supérieur qui y commandera ; celui-ci leur fera délivrer, s'ils sont en état de servir, une feuille de route pour se rendre au corps qu'ils auront choisi.

ART. 5.

Lesdits anciens sous-officiers et soldats auront la liberté de limiter le temps de leur service.

Ils seront habillés et équipés à neuf à leur arrivée au corps, et leur masse de linge et chaussure sera comptée par le Trésor public.

NAPOLÉON.

L'Empereur au maréchal Berthier.

Troyes, le 13 germinal an XIII (3 avril 1805).

Mon Cousin,

Le 21e régiment d'infanterie légère a plus de 300 déserteurs, tous du Puy-de-Dôme. Ces déserteurs engagent les autres soldats à déserter, en leur écrivant qu'on est parfaitement tranquille chez eux. Faites connaître le mécontentement que j'éprouve, et ordonnez qu'un chef d'escadron de la gendarmerie, avec une quarantaine d'hommes de la réserve, parcoure le département et arrête tous ces déserteurs.

NAPOLÉON (1).

---

(1) *Correspondance de Napoléon*, n° 8514.

L'Empereur à M. Champagny, ministre de l'intérieur.

13 germinal an XIII (3 avril 1805).

Monsieur Champagny, le préfet du Puy-de-Dôme tolère les déserteurs. Plus de 300 du 21e jouissent de la plus grande tranquillité. Faites connaître à ce préfet qu'il ait à s'occuper avec activité de faire arrêter ces déserteurs; qu'il se concerte à cet effet avec la gendarmerie. Le colonel a saisi les lettres et les a envoyées au préfet. Il n'a pas reçu de réponse et les déserteurs n'en jouissent pas moins d'une entière impunité.

NAPOLÉON.

Le Préfet du département du Puy-de-Dôme au maréchal Berthier.

Clermont-Ferrand, le 25 floréal an XIII (15 mai 1805).

Monseigneur,

J'ai l'honneur de vous adresser deux exemplaires de mon arrêté du 20 du présent, qui ordonne l'envoi de la force armée dans les divers cantons du département où sont les déserteurs et les réfractaires : cette mesure rigoureuse a été nécessitée par le grand nombre de conscrits de l'an XIII, destinés à faire partie des premiers convois, qui ne ne sont pas rendus à l'appel ou qui ont déserté en route; je l'ai étendue aux conscrits des années antérieures qui sont encore dans leurs foyers ou qui ont quitté leurs drapeaux.

Au moment où j'avais lieu d'espérer que vous auriez la bonté de m'accorder une ou deux compagnies de ligne pour opérer avec succès la recherche des déserteurs et activer le départ des conscrits de l'an XIII, j'apprends que la compagnie de vétérans stationnée à Clermont, a reçu l'ordre de partir pour Turin.

Veuillez bien me permettre, Monseigneur, de vous renouveler ma réclamation sur le peu de force militaire qui est à ma disposition et de rappeler à Votre Excellence que je n'ai pour toute ressource, dans un département très vaste, coupé par beaucoup de montagnes et couvert en partie de bois, qu'une compagnie de gendarmes très incomplète, puisqu'il lui manque 2 lieutenants et 31 gendarmes.

Je prie Votre Excellence d'agréer.....

LATOURETTE.

Fragments tirés des mémoires du sergent Guillemard.

L'examen des jeunes gens qui se destinaient à la marine fut différé de six mois et dans cet intervalle, ayant atteint ma vingtième année, je fus appelé par la conscription. Il me restait un espoir, c'était que mon numéro ne fût point au nombre des partants. J'avais pris un des derniers de ma classe et je m'en croyais quitte; mais j'avais compté sans le conseil de revision. Presque tous les numéros qui devaient former le contingent étaient échus à des jeunes gens appartenant à des familles opulentes ou parents de quelque homme en place ; la plupart furent réformés : l'un, avec des épaules carrées et taillé en hercule, fut renvoyé comme phtisique pulmonaire, un autre au regard de lynx le fut comme myope, et mon numéro fut atteint. Je voulus en vain faire valoir ma constitution physique qui n'était pas alors extrêmement robuste : il fallait absolument remplir le contingent, et Robert Guillemard, de Sixfours, fut solennellement déclaré, par le conseil de revision, en faire partie, et reçut en conséquence l'ordre de se tenir prêt à marcher, le 1er mai 1805, pour rejoindre le corps qui lui serait désigné.

Mon père voulut m'acheter un remplaçant, ils étaient alors extrêmement chers : c'eût été faire une brèche considérable à sa fortune, dans un moment difficile. Je ne le souffris pas et je me préparai à partir.

(*Mémoires de Robert Guillemard*, tome I, page 15.)

Les conscrits de ma classe se rassemblèrent à Toulon le 1er mai 1805, et je fus destiné, avec 119 de mes camarades, pour un régiment de ligne dont le dépôt était à Perpignan. A l'instant de notre départ, le colonel nous fit un fort beau discours sur notre dévouement, et l'ardeur avec laquelle nous volions à la défense de la patrie. Cette allocution ne me toucha guère et je pensai que, si tous mes camarades me ressemblaient, il n'y avait pas de quoi nous en faire compliment; mais je gardais ces réflexions pour moi et faisais comme on dit, contre mauvaise fortune bon cœur. En même temps, tous les journaux, toutes les proclamations du chef du gouvernement ne parlaient que de l'émulation des jeunes conscrits qui, de toutes parts, prenaient les armes spontanément, devançaient l'appel et couraient toutes les routes pour se rendre aux différents corps qui leur étaient désignés.

J'avoue que j'avais d'abord un peu de honte de me trouver si froid au milieu de cet élan général, dont j'appris cependant bientôt à connaître l'étendue, tout comme j'ai su depuis apprécier tant d'autres dévouements dont un peuple ou une armée sont enflammés sans qu'ils s'en doutent.

A la première étape je fus logé avec trois autres conscrits du détachement. Qu'on juge de ma suprise lorsque le soir j'entendis mes commensaux regretter vivement leur pays ; se plaindre, dans les termes les moins mesurés, de la loi qui les forçait à s'en éloigner, et former déjà des projets de désertion ! L'un d'eux qui, jusqu'au dépôt, fut mon camarade de lit, était un nommé Moutet, d'Hyères, gros réjoui, à qui la conscription a donné les premiers chagrins qu'il ait eus de sa vie. Je croyais à l'entendre qu'il ne passerait pas quinze jours au service, et cependant il y est encore (1). Ce qu'ils disaient ensemble ne s'accordait guère avec les discours du colonel, avec les journaux et les proclamations du jour. « Nous sommes donc quatre dans le détachement, me disais-je, qui ne partageons pas l'enthousiasme général; je ne m'en serais jamais douté et je croyais être le seul. »

Il y en avait bien d'autres. Mon mécontentement et celui de Moutet étaient partagés par tous nos camarades, quels que fussent d'ailleurs leur sort et leur fortune.

La même répugnance accompagnait à leur départ tous les jeunes gens qui quittaient leurs foyers, et c'était une mystification que de louer leur courageux élan. Mais il faut être de bonne foi, cette répugnance s'évanouissait insensiblement : on se façonnait peu à peu au service, aux habitudes militaires, et les soldats, selon leur expression, finissaient par regarder l'aigle de leur régiment comme le clocher de leur village ; leur compagnie

(1) Il est devenu capitaine.

comme une famille, et quelquefois leur capitaine comme un père. Il est aisé de trouver l'explication de cette contradiction dans un caractère national facile à saisir des impressions nouvelles, porté au changement, enthousiaste de la gloire, et que doivent nécessairement séduire et attacher les tableaux variés et mouvants de la vie militaire.

Notre détachement m'offrit la preuve de ce que je viens d'avancer. Chaque jour les regrets s'éloignaient à mesure que nous avancions et la gaîté venait les remplacer. On se liait, des intimités se formaient. Appartenant au même département, on se rappelait quelquefois s'être rencontré aux fêtes des différents villages ; on en parlait toujours avec plaisir, et ce plaisir commençait à ne plus être mêlé d'amertume. D'ailleurs, ne serait-on pas bien aise, en revenant au pays, d'avoir vu le monde, d'avoir fait la guerre, de raconter les batailles où l'on se serait trouvé ?

Nous étions conduits par un lieutenant d'environ 40 ans, par deux sergents et quatre caporaux. Ces militaires servaient tous depuis longtemps. Le lieutenant et un sergent avaient fait la campagne d'Égypte ; ce qu'ils nous en racontaient nous a plus d'une fois fait oublier la longueur des étapes. Ils nous traitaient avec beaucoup de douceur, et cherchaient à nous inspirer du goût pour le service. On avait l'attention alors de ne donner la conduite des jeunes conscrits qu'à des hommes ayant déjà fait leurs preuves ; car dans le militaire comme partout ailleurs, celui qui n'est rien, qui n'a rien fait, ne montre sa supériorité que par des dédains et des vexations, et le subalterne déteste à la fois et sa personne et les ordres qui en émanent.

Le 15 mai, nous arrivâmes à Perpignan, où après avoir passé la revue du gros major, nous fûmes répartis par le quartier-maître dans différentes compagnies. Peu après, nous endossâmes l'uniforme et nous commençâmes à être exercés deux fois le jour par des sous-officiers et des caporaux. Heureusement j'en fus bientôt quitte : un mois à peu près me suffit pour apprendre le maniement des armes, et je ne fis plus l'exercice qu'avec ma compagnie, qui partit pour Port-Vendres avec le bataillon dont elle faisait partie, vers le commencement de septembre, environ quatre mois après mon entrée au corps.

(*Mémoires de Robert Guillemard*, tome I, page 16.)

L'adjudant commandant Duprat, commandant le département de la Seine-Inférieure, à M. le général Musnier, commandant la 15e division militaire.

Rouen, le 23 ventôse an XIII (14 mars 1805).

Mon Général,

D'après ce que vous m'avez fait l'honneur de me dire à Paris, je croyais qu'immédiatement après votre arrivée au Havre, vous seriez venu passer quelques instants à Rouen. Mais mon camarade Bertrand m'ayant assuré que votre voyage était différé, je ne veux pas retarder plus longtemps de vous rendre compte de l'état dans lequel se trouve la levée des conscrits de l'an XIII.

Les opérations préliminaires ne sont pas achevées; et je ne crois pas que le conseil de recrutement puisse commencer avant le 30 de ce mois.

Mon camarade Bertrand m'a envoyé de votre part copie d'une lettre adressée de Rouen au Ministre de la guerre, le 23 pluviôse dernier, et signée *Leclerc*, par laquelle on lui dénonce des malversations, surtout de la part du capitaine M....., chargé du recrutement dans les arrondissements de Rouen et Neufchâtel. J'ai pris à cet égard des renseignements de différents côtés; et je dois, mon Général, vous en transmettre le résultat.

1° Le capitaine M..... est accusé d'*avoir des croupiers* (c'est-à-dire des agents particuliers) *dans tous les arrondissements du département de la Seine-Inférieure, et de vendre sa protection d'une manière révoltante*.

Il est notoire, à Rouen, qu'il existe des hommes qui font un commerce, pour ainsi dire public, de promettre des protections aux conscrits moyennant de l'argent qu'ils se font déposer. Cela s'est pratiqué les années précédentes, et peut se pratiquer encore. La police connaît ces individus: le capitaine de gendarmerie les connaît également, et il n'est pas possible que le capitaine M..... ne les connaisse pas, car tout le monde en parle. On signale surtout un nommé G....., aubergiste à Rouen, et on assure que cet homme a des relations et des agents particuliers dans beaucoup de communes.

Ces hommes travaillent-ils pour le compte du capitaine M..., ou ne sont-ils que des intrigants qui font des dupes, avec d'autant plus de facilité que dans le nombre des conscrits qui s'adressent à eux, une partie peut avoir réellement des infirmités. Cette dernière opinion paraît d'autant plus problable que le capitaine de recrutement n'a que sa voix, et qu'avec lui il faudrait corrompre tous ceux qui participent aux opérations de la conscription, c'est-à-dire les sous-préfets, les maires, les officiers de santé et ceux de gendarmerie, et qu'il faudrait encore faire taire les jeunes gens de la même commune, qui ne manqueraient pas de se récrier, s'ils voyaient attribuer à plusieurs de leurs camarades des infirmités qu'ils n'ont pas. Cependant, comment se fait-il que le capitaine M..... n'ait pas fait arrêter ce trafic honteux, qu'il connaît indubitablement, et qui ne peut se faire sans le compromettre. Je m'abstiens à cet égard de toutes réflexions.

Dans cet état des choses, je n'ai pu me dispenser d'en conférer avec M. le préfet et avec le commissaire de police, et de les inviter à faire suivre de près et secrètement toutes les opérations préliminaires de la conscription. M. le préfet m'a communiqué le lendemain les instructions qu'il a données aux sous-préfets, et il en est résulté déjà l'arrestation de plusieurs individus dans l'arrondissement de Dieppe. Des ordres sont donnés par M. le préfet pour en arrêter également dans l'arrondissement du Havre, et une dénonciation est faite officiellement par lui à M. le procureur impérial, de ce qui se passe dans l'arrondissement de Neufchâtel. Tous les renseignements lui sont transmis avec réquisition de faire informer juridiquement. Les recherches du commissaire de police dans l'arrondissement de Rouen n'ont encore rien produit.

Au reste, ce qui a été dénoncé à cet égard au Ministre, et ce que j'apprends tous les jours, m'impose de me tenir sur mes gardes, et d'apporter la plus grande attention aux réclamations qui seront soumises au conseil de recrutement. Je vous prie, mon Général, de croire que je n'y manquerai ;

2° Le capitaine M..... est accusé de *dispenser les conscrits de la réserve, qui peuvent le payer, de se présenter à la revue qui doit se faire tous les mois aux termes de la loi* (1).

---

(1) Art. 41 de l'arrêté du 18 thermidor an x.

Je ferai surveiller le capitaine M....., et s'il vient à ma connaissance qu'il fasse un pareil trafic, je commencerai par lui ordonner les arrêts de rigueur, et j'aurai l'honneur, mon Général, de vous en rendre compte, pour que vous prononciez définitivement;

3° Le capitaine M..... est encore accusé *de placer le même garnisaire chez cinq individus à la fois, et de ne payer à ce garnisaire que* 40 *sous par jour, tandis qu'il retire* 3 *francs de chacune des personnes chez lesquelles il était placé.*

Il est vrai, ainsi qu'on l'ajoute au Ministre, que ce fait a été dénoncé antérieurement.

J'ai appris ici que l'adjudant commandant Rouyer avait vivement réprimandé le capitaine M..... sur ce qu'il se permettait de placer des garnisaires, et que celui-ci avait répondu qu'il ne le faisait que d'après un arrêté de M. le préfet. Mais il n'a point été prouvé que le capitaine M..... fît sur ces garnisaires un profit illégitime, et je ne puis pas le croire.

M. le préfet m'a assuré que ces garnisaires étaient payés individuellement, sur le certificat du maire de la commune, constatant le nombre de jours que chaque garnisaire avait resté chez chaque particulier. On ne s'est jamais aperçu que le même garnisaire fût à la fois employé chez plusieurs individus;

4° Enfin le capitaine M..... est accusé *de connaître beaucoup d'hommes des années* XI *et* XII, *qui ont été rayés pour de l'argent, qui n'ont pas satisfait à la loi, et de ne faire aucune démarche contre eux.* L'auteur de la lettre entend sans doute parler des conscrits qui, ayant été réformés pour infirmités, sont tenus de payer une indemnité, en raison du montant de leur inscription. Mais le soin de faire rentrer ces indemnités ne regarde pas le capitaine M.....

Il ne m'appartient pas, mon Général, de donner des renseignements sur l'article de la lettre qui attribue de l'insouciance à M. le préfet, et qui l'accuse de ne pas surveiller ses bureaux chargés de la conscription.

Je dois cependant à la vérité de vous dire, qu'ayant eu plusieurs conférences avec M. le préfet au sujet de la conscription, j'ai été à même de me convaincre qu'il s'occupait lui-même de tous les détails, et qu'il y donnait une attention toute particulière. Il serait difficile à ses bureaux de lui en imposer; et il me paraît d'ailleurs, d'après ce que j'ai pu recueillir, qu'ils méritent sa confiance.

S'il me parvient d'autres renseignements sur la lettre adressée au Ministre, j'aurai l'honneur, mon Général, de vous en rendre compte.

J'ai l'honneur de vous saluer avec respect.

DUPRAT.

L'adjudant commandant Duprat au général Musnier.

Rouen, le 30 ventôse an XIII (21 mars 1805).

Mon Général,

La séance du conseil de recrutement a eu lieu hier, ainsi que j'ai eu l'honneur de vous l'annoncer. A l'ouverture, M. le Préfet a parlé au capitaine de recrutement M..... des bruits désagréables qui courent sur son compte, et en avouant qu'il n'avait recueilli aucun fait qui compromît directement cet officier, il ne lui a pas caché que l'opinion générale n'était pas en sa faveur.

Je n'ai pu me dispenser alors de rappeler au capitaine M..... l'avis que je lui avais donné de découvrir et de dénoncer lui-même les friponneries et les fripons, ce qu'il n'a pas fait. Il ne m'a transmis que deux notes qui ne portent sur rien.

D'après ce qui s'est passé dans plusieurs arrondisssements, il a été arrêté que le Conseil de recrutement ne se bornerait pas à prononcer sur les réclamations des conscrits qui lui sont renvoyés, mais qu'il ferait comparaître devant lui, pour être soumis à une nouvelle visite, les conscrits réformés définitivement par les commissions d'arrondissement, et dont les infirmités ne sont point apparentes. Il résulte d'un premier aperçu que, sur la totalité des conscrits, les commissions d'arrondissement en ont réformé environ la moitié, ce qui a paru suspect.

Enfin, on a procédé à la nomination des officiers de santé. Toutes les voix se sont réunies en faveur de M. Laumonier, chirurgien de l'hôpital. Mais il y a eu quelques difficultés pour le le choix du médecin : les suffrages étaient partagés entre MM. Roussel, médecin civil de l'hôpital, et Laroche, médecin militaire. J'ai opiné d'abord pour ce dernier, uniquement parce qu'il est l'homme du gouvernement. Lorsque le capitaine M..... a opiné également pour lui, M. le préfet lui a observé qu'il circulait dans le public qu'il était d'intelligence avec le médecin, qu'à la vérité il n'ajoutait aucune foi à tout ce qu'on pouvait dire; mais qu'il était peut-être bon, dans les circonstances actuelles, pour faire taire les malveillants, que ce médedin ne fût pas nommé. Le capitaine M..... a paru se rendre à cette observation; mais il a observé à son tour que presque tous les conscrits réformés étaient porteurs de certificats signés Roussel et Laumonier. J'ai cru devoir faire vérifier ce fait. Enfin, le capitaine M..... est convenu lui-même que, sur plus de 1000 conscrits, il y avait à peine 8 ou 10 certificats signés Roussel ou Laumonier. Cet aveu a déterminé tous les suffrages en faveur de M. Roussel.

J'ai cru, mon Général, devoir entrer dans tous ces détails, quoique très minutieux, parce qu'ils peuvent servir à vous donner la mesure du capitaine M....., contre lequel tout me prouve de plus en plus que je dois me tenir en garde.

Je ferai tout ce que je pourrai pour que les vues du gouvernement soient remplies. Mais on aura beau faire des dispositions excellentes, pour la levée des conscrits, tant qu'il y aura des fripons, il y aura des friponneries.

J'ai l'honneur de vous saluer.

DUPRAT.

L'adjudant commandant Duprat à M. le général Musnier.

Rouen, le 15 germinal an XIII (5 avril 1805).

Mon Général,

Il ne m'a pas été possible, hier, d'avoir l'honneur de vous rendre compte du résultat de la séance du conseil de recrutement, qui a eu lieu avant-hier. Je m'empresse de vous rendre ce compte aujourd'hui.

En vain j'ai demandé l'arrestation de l'officier de santé qui a prévariqué dans l'arrondissement d'Yvetot. M. le préfet m'a observé que le conseil n'avait pas la faculté de faire arrêter un individu employé dans les opérations de la conscription; que la loi ne la lui accordait point, ce que je ne crois pas, et que le conseil ne pouvait que dénoncer à la justice. En vain je lui ai dit qu'il devait lui-même, par mesure de police, faire arrêter un homme qui avait malversé dans des fonctions qu'il lui avait confiées ; il m'a répliqué qu'il ne pouvait faire arrêter, par mesure de police, que lorsqu'il s'agissait de conspiration contre le Gouvernement et que, dans tous les autres cas, il lui fallait des ordres du Ministre de la Police générale ; qu'en agissant différemment, il s'exposait aux peines prononcées par la loi contre ceux qui ordonnent arbitrairement des arrestations, si l'homme qu'il aurait fait arrêter était acquitté par la justice. Toutes ces belles raisons ne m'auraient pas séduit, si je n'avais été forcé de reconnaître que cette arrestation était prématurée, parce que nous attendons encore des renseignements. Nous nous sommes enfin arrêtés à convenir solennellement que notre dernière opération serait de dénoncer à M. le Procureur impérial tous les faits parvenus à notre connaissance, avec les preuves, notes et renseignements que nous aurons pu recueillir.

Je n'aurais eu besoin ni de M. le préfet, ni du conseil de recrutement pour punir l'officier, si je l'avais cru coupable. Mais heureusement, et j'en suis fort aise, je n'ai jusqu'ici que des éloges à lui donner. C'est lui qui a découvert les malversations, qui en a arrêté le cours et qui les a dénoncées.

Nous avons encore une séance demain. Ensuite, je serai tranquille jusqu'au 22, jour où je passerai la première revue des conscrits, pour désigner les hommes de choix qui passeront aux cuirassiers et à l'artillerie. J'écouterai le même jour les réclamations et je renverrai celles qui me paraîtront fondées au conseil de recrutement, qui s'assemblera immédiatement après ma revue. Cette opération terminée, rien n'arrêtera le départ des détachements, et il ne sera pas perdu un instant pour faire toutes les dispositions qui y sont relatives.

Le 22, nous déterminerons encore les jours où nous réunirons à Rouen, pour être soumis à une nouvelle visite, les conscrits payant des impositions et réformés définitivement dans les arrondissements du Havre, de Dieppe et même de Rouen.

Vous voyez, mon Général, qu'il faut recommencer, pour ainsi dire, toutes les opérations de la conscription ; et je suis persuadé qu'il doit en être à peu près de même partout, parce que le mode adopté cette année est extrêmement vicieux : il est trop compliqué ; trop d'agents y sont employés.

On a voulu éviter l'inconvénient de se servir des chirurgiens du lieu, en envoyant dans les arrondissements des officiers de santé étrangers nommés par le préfet. Mais les préfets peuvent-ils faire de bons choix? Des officiers de santé, très occupés, peuvent-ils se déplacer pour un modique salaire qui les indemnise à peine de leurs frais de route (1)? Il en résulte que le choix tombe sur des officiers de santé qui sont peu occupés et qui peuvent d'autant moins résister à la corruption qu'ils sont entourés de séductions en arrivant, et qu'ils trouvent dans ce qu'on leur offre de quoi s'indemniser de la modicité du salaire qui leur est alloué.

Il y aurait un moyen bien simple de parer à ces inconvénients et de simplifier en même temps la marche de la conscription. Ce serait de faire tirer au sort, dans les arrondissements, tous les jeunes gens indistinctement, ayant l'âge de la conscription, bien portants ou infirmes. Cela ferait plaisir à la masse des jeunes gens, et préviendrait beaucoup de propos et de plaintes, qui peuvent n'être pas fondés, mais qui souvent aussi ne le sont que trop. Le tirage terminé, on se bornerait, dans les arrondissements, à réformer seulement ceux des jeunes gens qui seraient reconnus, en présence de toute la conscription, ne pas avoir la taille. Ensuite on procéderait, toujours en présence de toute la conscription, à l'état des jeunes gens qui prétendraient avoir des infirmités suffisantes pour se faire réformer ; à leur nom, on ajouterait leur signalement, parce qu'il est possible qu'un jeune homme bien portant fasse comparaître à sa place un jeune homme qui aurait réellement des infirmités déclarées.

Tous les jeunes gens prétendant à la réforme se rendraient au chef-lieu du département au jour indiqué par le conseil de recrutement. Là, on pourrait choisir facilement, comme nous avons fait à Rouen, des officiers de santé dont les talents et la probité nous garantissent les opérations. Il accepteraient, comme ils ont fait ici, parce que, n'ayant point de déplacement, ils peuvent toujours suivre leurs malades. Leurs visites seraient faites en

(1) De 30 à 50 centimes par conscrit visité (arrêté du 8 nivôse an XIII, art. 20).

présence de tout le conseil de recrutement, dont la composition actuelle est bonne.

Par ce moyen, tous ceux qui coopéreraient à prononcer les réformes seraient absolument étrangers aux petites intrigues des localités ; et on n'aurait plus à craindre la corruption des officiers de recrutement, ni celle des officiers de santé.

Alors, au lieu de trois classes de conscrits, il y en aurait quatre, parce qu'on ajouterait celle des conscrits réformés.

Si vous approuvez, mon Général, ce qui m'a été inspiré par l'exemple de ce que j'ai vu, et si vous désirez que je rédige à ce sujet un mémoire fondé sur les faits qui se sont passés, je m'en occuperai dès que tout ce travail de la conscription sera terminé.

J'ai l'honneur de vous saluer avec respect.

DUPRAT.

L'adjudant commandant Duprat au général Musnier.

Rouen, le 11 floréal an XIII (1er mai 1805).

Mon Général,

La séance du conseil de recrutement que j'ai eu l'honneur de vous annoncer a eu lieu hier. Il a été délibéré de dénoncer à M. le Procureur général impérial, les malversations, en général, qui avaient eu lieu dans la levée de la conscription de cette année, et particulièrement celles qui avaient été commises dans les arrondissements d'Yvetot et de Neufchâtel, sur lesquelles on avait des renseignements plus précis. La lettre a été signée avant de clore la séance, et depuis hier elle est parvenue à son adresse.

Si M. le Procureur général impérial et ses substituts se conduisent comme les magistrats de sûreté de Dieppe et de Rouen, je crains bien que la poursuite de cette affaire ne produise aucun résultat avantageux. Un marché était conclu dans l'arrondissement de Dieppe. Les preuves étaient acquises. Les prévenus étaient arrêtés. Le magistrat de sûreté les a mis en liberté, sous le prétexte que le prix du marché n'ayant pas été compté, le crime n'était pas consommé.

Un perruquier de Rouen, déjà signalé dans ces sortes de trafics, avait reçu 600 francs d'un particulier des environs de Rouen pour faire réformer son fils.

Le fait a été connu. Le particulier en a fait sa déclaration devant un commissaire de police et devant le conseil de recrutement. Le perruquier en a eu connaissance et s'est hâté de rendre les 600 francs. Le magistrat de sûreté de Rouen, à qui avait été renvoyée la déclaration faite devant le commissaire de police, a trouvé qu'il n'y avait pas lieu de poursuivre, attendu que l'argent ayant été rendu, il n'y avait plus délit.

Tout cela n'est pas d'un trop bon augure pour la poursuite des autres affaires.

Le dernier détachement de conscrits pour le 57e régiment, arrivera ici le 15, j'en ferai la revue le 16, et il partira le 17. Celui du 22e régiment sera expédié peu de jours après.

J'ai l'honneur de vous saluer.

DUPRAT.

Le général Musnier à l'adjudant commandant Duprat.

Au Havre, le 11 floréal an XIII (1er mai 1805).

Je ne suis point étonné, mon cher Duprat, que les abus qui ont eu lieu dans la levée des conscrits soient parvenus à la connaissance du gouvernement, car, dans la tournée que je viens de faire, j'ai entendu vingt personnes de toutes conditions s'en plaindre hautement et en citer des exemples.

Mais on s'accorde surtout à désigner M. D..... comme en étant le principal auteur. Il avait, dit-on, des croupiers dans chaque arrondissement, et s'entendait avec les officiers de santé chargés de la visite des conscrits et même avec des *sous-préfets*. Il paraît qu'il est également de la plus parfaite intelligence avec le capitaine M.....

Cette accusation qui s'élève de toutes parts contre M. D..... pourrait être préjudiciable à M. B....., c'est lui rendre service et je vous engage à lui en parler. Il ne faut point lui laisser ignorer non plus qu'on en conclut généralement que la source du mal étant dans le sein même de l'administration supérieure, les coupables sont bien assurés de n'être point recherchés.

Il est véritablement à regretter, comme vous le dites, de n'avoir point recommencé les opérations de l'arrondissement du Havre, car je viens d'apprendre des choses extrêmement fâcheuses sur la manière dont elles se sont faites. Un témoin oculaire, qu'on ne peut pas suspecter d'en imposer, assure qu'à Étretat, le sous-préfet lui-même recevait ouvertement l'argent des conscrits. Même abus s'est passé à Fécamp et Bolbec; et on m'a assuré que des personnes notables du pays, se sont réunies pour en informer le gouvernement.

Je pense que, dans la séance que vous m'annoncez devoir être tenue aujourd'hui, le conseil de recrutement prendra un arrêté pour dénoncer au procureur impérial les officiers de santé contre lesquels il existe des preuves.

Mais il ne doit point s'en tenir là, et il est aussi de son devoir de chercher à s'en procurer sur les prévaricateurs que la voix publique et plusieurs dépositions particulières lui ont trop fait connaître pour qu'il n'y donne pas toute son attention.

Ce que vous me mandez du capitaine M....., concernant le carabinier, est une nouvelle preuve du peu de confiance qu'il mérite. Quand les opérations du recrutement seront entièrement terminées, vous me ferez un rapport particulier sur lui et sur les autres officiers de recrutement.

Recevez mes amitiés.

MUSNIER.

Cour de justice criminelle du département de la Seine-Inférieure.

CIRCULAIRE.

Le Procureur général impérial à. . . . .

Rouen, le 30 floréal an XIII (20 mai 1805).

Je suis, Monsieur, officiellement prévenu que la levée de la conscription de l'an XIII a été le prétexte d'abus très graves.

L'intrigue a spéculé sur les travaux de la conscription.

Des hommes cupides ont vanté un crédit qu'ils n'avaient pas, pour procurer des exemptions frauduleuses.

Plusieurs sont parvenus à mettre à contribution la faiblesse de quelques conseils et de leurs parents.

Des officiers de santé ont trahi l'honneur de leur mission; quelques-uns ont trafiqué de leurs faux témoignages, quelques autres ont dégradé par un prix vénal la sincérité même de leurs rapports.

S'il faut en croire la rumeur publique, la corruption a pénétré dans d'autres degrés. Au moyen de ces pièges, diversement séducteurs, la loyauté a été en butte à la surprise : l'opulence a pu se flatter de se soustraire au devoir commun à tous. L'indigence, qui n'avait que du courage et de la vertu, a pu craindre que la sainte égalité de ses droits ne fût sacrifiée aux préférences de l'or, et au rachat de la fortune.

Ces trames, il est vrai, sont restées sans succès.

L'intrigue a été confondue.

Le conseil de recrutement du département de la Seine-Inférieure a sondé les abus pour en réparer les suites : il me les a dénoncés pour les punir.

Mon ministère appelle la coopération de votre zèle.

Vous poursuivrez, Monsieur, dans l'étendue de votre arrondissement, et selon la nature de vos attributions, les complots coupables qui ont assiégé les opérations de recrutement.

Vous les poursuivrez sous quelque prétexte qu'ils cherchent à se cacher, sous quelques formes qu'ils aient osé se produire.

Je dois vous prémunir contre une interprétation dangereuse. C'est celle qui, voulant établir une distinction entre l'accomplissement et la tentative, n'apercevrait d'application de la peine que dans le cas d'une entière consommation des projets de corruption. Ce système est une erreur.

La loi du 22 prairial de l'an IV doit s'appliquer à un délit qui attaque l'ordre public dans la généralité de ses rapports les plus précieux.

L'abus de la crédulité publique, l'abus de la confiance du gouvernement ne peuvent se travestir en de simples escroqueries.

Les extorsions que ces abus ont réalisées ou méditées, doivent se classer au rang des exactions, ou, suivant les différentes nuances, au rang des larcins.

Toute convention illicite, toute action pour soustraire le conscrit, tout alliciement frauduleux, tout marché pécuniaire, toute promesse faite dans ce dessein, sont autant de machinations coupables que vous devez poursuivre avec une recherche empressée, et qui doivent être punies avec une sévérité inflexible.

Je vous livre, Monsieur, dans ce qui vous concerne, le dépôt de ces poursuites. Mais comme la répression d'un désordre cumulé et compliqué dans ses divers degrés, exige une juste distinction dans la nature des poursuites, en même temps qu'une concordance parfaite dans leur ensemble, je vous invite à me faire part de l'état progressif de vos recherches, et de chaque résultat de vos mesures. Je vous transmettrai, sans délai, les observations que chaque circonstance fera naître ; je m'occupe, dès ce moment, du soin de vous faire l'envoi immédiat de chaque renseignement que j'ai recueilli pour vos localités.

Nous avons à venger l'ordre et les mœurs. C'est une grande et honorable tâche que de couvrir du bouclier des lois une opération sur laquelle repose la gloire de nos armées et la sûreté intérieure de l'Empire.

Il faut, Monsieur, que la poursuite active des abus qui ont investi quoiqu'en vain, les opérations du recrutement, devienne un frein contre le retour des criminelles séductions. Il faut que l'exemple des châtiments mérités élève avec solennité une sauvegarde nouvelle pour les droits individuels de chaque conscrit, et forme un rempart impénétrable autour des travaux de l'administration.

J'ai l'honneur, etc.....

CHAPAIS DE MARIVAUX.

Fouché, ministre de la police, à M. Réal, conseiller d'État.

Paris, 20 floréal an XIII (10 mai 1805).

Le sénateur, Ministre de la police générale de l'Empire, grand officier de la Légion d'honneur,

Invite M. le Conseiller d'État chargé du 1er arrondissement de la police, à se rendre dans le département de l'Oise pour y vérifier les faits relatifs à la conscription. S. M. l'Empereur veut connaître la vérité dans cette affaire la plus importante de tout.

M. le Conseiller d'État Réal interrogera M. le sous-préfet et le maire de Compiègne ; il demandera à M. le préfet de l'Oise, tous les renseignements qui sont à sa connaissance; il lui fera sentir qu'il doit être inexorable pour les agents corrompus, s'il veut continuer de mériter la confiance de Sa Majesté, et qu'il se compromettrait beaucoup s'il conservait quelque indulgence pour les coupables.

M. le Conseiller d'État fera un rapport détaillé sur cette affaire, afin que Sa Majesté puisse avoir à ce sujet la satisfaction qu'Elle désire.

FOUCHÉ.

Le maréchal Berthier à l'Empereur.

Paris, le 16 prairial an XIII (5 juin 1805).

J'ai l'honneur de rendre compte à l'Empereur que le Préfet du département de la Nièvre sollicite l'envoi dans ce département d'une force armée suffisante pour seconder les opérations de la conscription. S. E. le Ministre de la Police générale observe à ce sujet que les conscrits de la Nièvre profitent du défaut de troupes pour ne point répondre aux appels ou déserter en route ; et il demande, en conséquence, que l'on fasse passer dans le département de la Nièvre un escadron de troupes à cheval.

J'ai l'honneur de proposer à Sa Majesté de faire venir momentanément à Nevers, et pendant la durée de la conscription seulement, l'un des escadrons du 28e régiment de dragons, qui se trouve à Moulins.

Je demande les ordres de Sa Majesté à cet égard.

Rapport politique et militaire de la 12e Division militaire.

Nantes, le 13 prairial an XIII (2 juin 1805).

. . . .

La désertion se manifeste dans ce régiment (le 66e) ; déjà une quarantaine de conscrits nouvellement arrivés manquent à l'appel, malgré la douceur avec laquelle ils y sont traités. Le chef de ce corps emploie inutilement tous les égards possibles pour leur inspirer du goût pour les armes, la désertion n'en continue pas moins.

Ce mal pouvant prendre sa source dans la facilité que ces jeunes militaires trouvent à se soustraire à la vigilance des brigades de gendarmerie qui avoisinent leur garnison, j'ai donné ordre qu'il soit recommandé expressément à ces brigades de battre souvent les campagnes et parcourir avec soin les chemins qui les traversent, persuadé que quelques arrestations les intimideraient et leur ôteraient toute envie de courir les mêmes risques.

Le Général commandant la 12e division,

TRAVOT.

Rapport politique, militaire et administratif de la 12e Division militaire.

19 messidor an XIII (8 juillet 1805).

. . . .

Dans l'intervalle du 14 au 17 de ce mois, il est déserté trente conscrits du 66e régiment; cinq du 82e ont aussi déserté dans la nuit du 15 au 16.

Pour arrêter une désertion aussi effrayante, le général Fusier a ordonné que la garnison de la Rochelle serait consignée aux portes et que les sous-officiers seulement sortiraient pour faire des patrouilles à l'extérieur. Malgré cette précaution, elle peut continuer encore, par l'extrême facilité que les conscrits trouveront à se confondre avec les habitants soit de la ville, soit de la campagne, tant qu'ils auront leur ancien costume.

Cet inconvénient n'est pas près de cesser, attendu que le défaut d'ouvriers tailleurs ne permet pas d'activer la confection de l'habillement. Le 10 prairial, j'ai eu l'honneur d'en faire l'observation à S. E. le Ministre directeur, et de lui demander l'autorisation de prendre des ouvriers de la ville, ce qu'il n'a pu m'accorder. Le 13 de ce mois, je me suis encore permis de lui représenter le défaut d'habillement uniforme dans les 66e et 82e régiments comme une des causes qui favorisaient le plus la désertion ; il prendra probablement des mesures; mais quelles qu'elles soient, elles ne nécessiteraient pas moins celle que j'ai l'honneur de proposer à S. E. le Ministre de la guerre, de faire passer ces deux bataillons dans les îles de la division, où il serait bien plus facile de mettre un terme à cette désertion, et où, d'ailleurs, les garnisons demandent d'être renforcées.

Le Général commandant la 12e division militaire,

TRAVOT.

L'Empereur au Ministre de la police.

Boulogne, le 18 thermidor an XIII (6 août 1805).

La conscription dans le département de l'Eure est absolument nulle, les conscrits ont déserté ; elle est nulle encore dans les Pyrénées. Quant à l'Eure, qui est aux portes de Paris, je désire que vous vous concertiez avec le nouveau Préfet et que vous preniez des mesures pour arrêter tous les conscrits et les faire marcher.

Je vous envoie une dénonciation qui est relative au même objet. De tous les abus, celui qui concerne la conscription est celui qui mérite davantage de la considération. C'est celui qui offre les plus grandes conséquences.

Rapport politique, militaire et administratif de la 12e division militaire au 9 vendémiaire an XIV.

9 vendémiaire an XIV (1er octobre 1805).

M. le Préfet de la Vendée a, par mesure de haute police, ordonné l'arrestation du nommé G....., de la commune de Mortagne, pour avoir tenu des propos séditieux.

Le Général commandant les Deux-Sèvres paraît craindre que dans quelques cantons de son département, les jeunes gens s'y coalisent pour se cacher lors du tirage. Il observe qu'ainsi cachés, ils donneraient beaucoup d'embarras à la gendarmerie, qui se trouve considérablement affaiblie par les nombreux détachements qu'on en a tirés, et qu'il ne serait pas étonnant qu'il en résultât quelques brigandages partiels que favoriserait la nature du pays.

Quelques propos tenus dans les campagnes de la Vendée avaient aussi donné quelques inquiétudes aux officiers de recrutement sur la levée de la conscription, mais les troupes qui vont s'établir à Napoléon les rassurent.

Le Général commandant la division,

TRAVOT.

L'adjudant commandant Courselles, commandant le département de la Meuse, à M. le général Canuel, commandant la 2e division militaire.

Verdun, le 10 vendémiaire an XIV (2 octobre 1805).

Monsieur le Général,

En réponse à la lettre que j'ai fait parvenir extraordinairement à M. le Préfet du département de la Meuse, il m'annonce que toutes les mesures sont prises pour que les conscrits des réserves des années IX, X, XI, XII et XIII, soient promptement dirigés sur les corps pour lesquels ils sont destinés.

Je me rendrai le 14 à Bar, pour la désignation et la répartition de ces hommes dans les différentes armes auxquelles ils doivent être attachés.

Ces absences, qui vont devenir très fréquentes, nuiront infiniment, Monsieur le Général, à la régularité et à l'exactitude de ma correspondance avec vous ; cet inconvénient tient au vice de l'organisation locale, qui a placé la préfecture à l'angle du département et fixé la résidence de l'officier qui le commande à Verdun, qui en est à peu près le centre. Je vous prie néanmoins d'être assuré que je ferai tout ce qui dépendra de moi pour que rien ne souffre de mon déplacement.

COURSELLES.

Le Sénateur, Ministre de la police générale de l'Empire, à Son Excellence le Ministre de la guerre.

Paris, le 13 vendémiaire an XIV (5 octobre 1805).

Le département de l'Eure, Monsieur le Maréchal, n'a pas une force publique suffisante pour assurer l'exécution des lois et règlements sur la conscription. Le préfet élève à près de 600 le nombre des déserteurs qui existent dans l'étendue de son ressort : on n'en arrête que très rarement, ce qu'il attribue au trop petit nombre de brigades de gendarmerie réparties sur les points du département. Les fuyards de l'Orne et du Calvados refluent dans l'arrondissement de *Bernay*, parce que ces deux départements ont plus de moyens de police et de répression de brigandage ; l'activité des deux brigades stationnées à *Bernay* se trouve neutralisée par leur faiblesse.

Le voisinage de la Seine-Inférieure et des autres départements limitrophes fait refluer en même temps les malveillants et les déserteurs dans l'arrondissement de *Pont-Audemer*, qui est toujours en arrière sur son contingent, où les condamnations multipliées ont été sans effet jusqu'à présent, où tout semble paralysé, et qui ne présente pas une force de gendarmerie proportionnée aux besoins de la localité.

Cet état de choses fait appréhender que le département de l'Eure ne devienne un point de ralliement dans les circonstances actuelles.

Le préfet, qui témoigne des craintes fondées à cet égard, pense qu'une augmentation de trois brigades, dont l'une serait stationnée à *Brionne* et les deux autres dans l'arrondissement de *Pont-Audemer*, est indispensablement nécessaire. *Brionne*, en effet, renferme trois marchés ; on y trouve des moyens de casernement situés sur la grande route de *Rouen* à *Bordeaux* ; elle offre une population qui s'est beaucoup augmentée depuis deux ans par l'établissement d'une filature hydraulique.

Je vous invite, Monsieur le Maréchal, à peser cette proposition ; elle me paraît puissamment motivée, et j'y attache d'autant plus d'intérêt qu'elle tient essentiellement à l'ordre public.

Le Sénateur, Ministre de la police générale de l'Empire,

FOUCHÉ.

Le Ministre de la guerre au Général commandant la 8e division militaire.

Paris, le 16 vendémiaire an XIV (8 octobre 1805).

Le départ des conscrits levés sur la classe de l'an XIV, Général, devant s'effectuer avec beaucoup de célérité, et le contingent des départements divisé entre beaucoup de corps formant un grand nombre de détachements, il serait possible que les officiers et sous-officiers de recrutement ne pussent pas suffire pour leur escorte ; il est nécessaire, dans ce cas, de désigner pour les suppléer des officiers et sous-officiers et, au besoin, d'anciens soldats pris dans les corps de la garnison, s'il y en a dans le département, dans les vétérans ou même dans les compagnies de réserve, si elles peuvent, sous ce rapport, offrir quelque ressource.

Je charge MM. les Préfets de se concerter à cet égard avec les généraux ou officiers supérieurs commandant les départements. Veuillez bien donner à ces derniers les ordres convenables.

Les officiers et sous-officiers employés extraordinairement à la conduite des conscrits jouiront, conformément à l'article 86 du décret du 8 fructidor, du tiers en sus de leur traitement. Si l'on se sert d'anciens soldats pris dans les vétérans ou dans les compagnies de réserve, ils jouiront, en sus de leur solde, du tiers du traitement attribué au grade de caporal.

Veuillez bien, Général, m'accuser réception de cette lettre et veiller, en ce qui vous concerne, à l'exécution des dispositions qu'elle renferme.

Le Ministre de la guerre.

Pour le Ministre de la guerre et par son ordre.

L'Inspecteur en chef aux revues,

DENNIÉE.

Le général de division Musnier à Son Excellence le Ministre de la guerre.

Au quartier général, au Havre, le 18 vendémiaire an XIV (10 octobre 1805).

Monsieur le Maréchal,

Votre Excellence me marque, par sa lettre en date du 16 de ce mois, qu'elle est informée par le Ministre de la police générale « qu'il existe dans le département de l'Eure un nombre con- « sidérable de déserteurs ; que les fuyards de l'Orne et du « Calvados refluent dans l'arrondissement de Bernay, malgré « l'activité des brigades de gendarmerie de cette résidence, et « que l'arrondissement de Pont-Audemer paraît être aussi le « refuge des déserteurs et des malveillants du département de « la Seine-Inférieure et des autres départements limitrophes ».
Votre Excellence appelle particulièrement mon attention sur cette partie de mon commandement, et me prescrit de redoubler de surveillance et d'activité. Mais j'ai l'honneur de lui représenter qu'il ne se trouve plus d'autres troupes dans le département de l'Eure que les brigades de gendarmerie, qui sont insuffisantes dans cette circonstance (1). La compagnie de réserve est à peine rassemblée, et l'on ne peut pas s'en promettre un plus grand succès pour l'arrestation des conscrits réfractaires. Peut-être en obtiendrait-on davantage d'une compagnie d'élite, formée de la garde nationale, que je pourrais placer sous le commandement d'un officier de l'état-major, actif et intelligent. Mais le moyen le plus certain d'arrêter le mal dans sa racine est, sans contredit, d'envoyer promptement dans le département de l'Eure quelques compagnies de troupes de ligne. C'est même la seule mesure que je proposerais à Votre Excellence, si les circonstances lui permettaient de l'adopter.

MUSNIER.

---

(1) Le décret du 24 floréal avait institué dans l'Eure une compagnie de réserve de 60 hommes.

L'adjudant commandant Courselles à M. le général Canuel, commandant la 2e division militaire.

Verdun, le 18 vendémiaire an XIV (10 octobre 1805).

Monsieur le Général,

Conformément à l'état de répartition des conscrits de la réserve des années IX, X, XI, XII et XIII, il devait en être choisi :

	10	pour le 1er régiment d'artillerie à pied.
	10	— le 3e train d'artillerie.
	10	— le 3e cuirassiers.
Total ..	30	

Un ordre de S. E. le Ministre de la guerre prescrivait à M. le préfet de choisir six hommes réunissant les qualités exigées pour le corps des vélites, créé par le décret impérial du 2e jour complémentaire an XIII ; ainsi que j'ai eu l'honneur de vous en prévenir, je me suis rendu à Bar, chef-lieu du département, pour faire ces choix.

La masse des réserves était épuisée et offrait bien peu de ressources ; à peine ai-je pu trouver les trente hommes demandés pour les corps d'élite.

J'ai même été obligé, pour les cuirassiers, d'admettre deux hommes qui n'ont pas précisément la taille, mais ils ont des qualités qui en dédommagent.

Les hommes pour l'artillerie sont passables ; trois cependant sont très délicats ; ils ont de l'intelligence et quelques talents qui équivaudront à la force.

Ceux du train d'artillerie sont très propres à ce genre de service.

Quant aux vélites, il ne s'est présenté aucun sujet pour y être admis, et dans la totalité, un seul réunissait les conditions voulues ; M. le préfet l'a désigné.

D'après les instructions que S. E. le Ministre de la guerre a données à la préfecture, les trois détachements d'élite ont été mis directement en route le 17 pour leur destination respective.

J'ai à vous prévenir, Monsieur le Général, que M. le Ministre directeur de la guerre a autorisé l'entrepreneur des équipages militaires à prendre dans les réserves 400 conscrits pour la formation de ses équipages. Cette mesure, pour éviter les abus qui en résulteraient infailliblement, doit être subordonnée à des règles d'ordre. Déjà plusieurs hommes ont fait défaut à la convocation et au moment des appels, ils ont eu des répondants qui les ont annoncés enrôlés dans les charrois.

Nous sommes convenus avec M. le préfet qu'il exigerait du chef des équipages un contrôle nominatif des hommes qu'il avait envoyés et qu'il prendrait un arrêté par lequel il serait interdit à cet employé de recevoir aucun conscrit sans l'attache de l'autorité supérieure.

Par ce moyen, nous pourrons parvenir à utiliser chaque individu de la manière qui lui est la plus convenable, et à classer les hommes dans le rang où ses qualités physiques et ses habitudes le placent.

Lorsque cette opération sera entièrement terminée, je vous en ferai parvenir le résultat.

COURSELLES.

Le Capitaine commandant de la gendarmerie impériale de l'Eure au général Musnier, commandant la 13e division militaire.

Évreux, le 21 vendémiaire an XIV (13 octobre 1805).

Mon Général,

J'ai reçu la lettre que vous m'avez fait l'honneur de m'adresser en date du 18 de ce mois, traitant des inquiétudes que l'on a pu faire concevoir au Ministre de la guerre, sur le nombre des déserteurs que l'on dit exister dans le département de l'Eure, et sur ceux de cette classe des départements limitrophes, qui pourraient affluer dans les arrondissements de Pont-Audemer et de Bernay.

Il est vrai que, depuis l'an IX, le nombre des déserteurs qui ont été signalés par les corps s'élève jusqu'à ce jour à environ 600.

Mais si l'on fait entrer en défalcation ceux de ces mêmes déserteurs qui ont rejoint leurs corps, ceux qui ont été arrêtés en route et dans le département, et reconduits, le nombre s'en trouverait bien diminué. Pour vous en donner une idée, depuis le mois de messidor dernier, il en a été arrêté 42, y compris 13 conscrits réfractaires.

Quant à ceux des départements limitrophes, qui se retirent dans celui de l'Eure, il paraîtrait qu'ils reçoivent asile chez leurs parents qui, par représailles, envoient également leurs fils déserteurs ou fuyards chez leurs parents ou amis, dans les départements voisins.

Jusqu'à ce moment, le département est dans une parfaite sécurité : il n'y a ni rassemblement ni mouvement. J'ai la certitude cependant qu'il existe encore beaucoup de déserteurs ; qu'ils trouvent asile dans les forges et manufactures, et qu'ils trouvent également protection près des autorités locales de plusieurs arrondissements (les maires et adjoints). M. le préfet s'occupe présentement de trouver les moyens de les faire sortir des ateliers, et aussitôt que la levée de la conscription de l'an XIV sera exécutée, il se propose de mettre à ma disposition la compagnie départementale, afin d'exécuter avec fruit les recherches des déserteurs fuyards.

Quant à présent, la tranquillité publique n'est nullement troublée, et je n'aperçois même aucun danger. Croyez, je vous prie, mon Général, que je serais le premier à vous en rendre compte, et à faire tous mes efforts pour le maintien de l'ordre et de la tranquillité.

MANGINOT.

Le Général de brigade, Préfet des Basses-Pyrénées,
à Son Excellence le Ministre de la guerre.

Pau, le 21 vendémiaire an XIV (13 octobre 1805).

Monseigneur,

Le département que j'administre, placé dans la 11e division militaire où il n'y a plus en ce moment une seule compagnie de troupes réglées, paraîtra à Votre Excellence réclamer plus qu'aucun autre la prompte organisation des gardes nationales et, par suite, celle de leurs grenadiers et chasseurs.

1° Vous n'ignorez pas, Monseigneur, les obstacles singuliers qui contrarient mon zèle relativement à la levée des conscrits. Les citoyens de ce département, aussi dévoué qu'aucune des autres parties de l'Empire au gouvernement et à la personne de Sa Majesté, se distinguent malheureusement, cependant, par leur extrême répugnance à employer dans les armées, lorsqu'ils s'éloignent de leurs foyers, le courage qu'ils ont montré pour la défense de la frontière lorsqu'elle a été attaquée par l'Espagne. J'ai eu l'honneur de vous exposer plusieurs fois les motifs de cet éloignement presque général, mon tourment dans ce département où mes administrés ont, sous tous les autres rapports, acquis tant de droits à mon estime et à ma reconnaissance. Mais il est inutile de s'appesantir aujourd'hui sur la cause d'un fait trop constaté. Pour obtenir un homme, il faut en appeler quatre ou cinq, et l'on n'arrive encore à cette proportion qu'en employant les garnisaires, en mettant sans cesse la gendarmerie en mouvement, et en se servant même des troupes réglées, comme je l'ai fait, pour entourer les habitations et diminuer le nombre de receleurs de conscrits en les découvrant et les faisant juger.

Malgré ces mesures de rigueur et toutes celles que la loi commande ou permet, le département redoit encore environ 180 hommes sur ceux demandés pour l'an XIII, au moment où s'ouvre la conscription de l'an XIV, que celle de l'an XV va suivre. Et c'est pourtant lorsque je serai peut-être forcé d'employer des moyens nouveaux suggérés par mon zèle, que je ne puis disposer d'une seule escouade. Je sais que les gardes nationales employées à cette espèce de service ne rassureront pas autant l'administration que le feraient des troupes de ligne ; mais, en observant de diriger les grenadiers et les chasseurs vers les points les plus éloignés de leur domicile, ils pourront être encore d'une grande utilité ;

2° N'ayant plus même une compagnie d'invalides à Pau, ce chef-lieu de département est absolument dépourvu de force armée, et la compagnie de réserve qui va être formée n'étant composée, à quatre hommes près, que de conscrits désignés, et n'ayant pas dans son sein un seul ancien sous-officier, ne sera pas d'un grand secours de quelque temps ;

3° La ville de Navarren, celle de Bayonne et toute la côte du département n'a pas, à l'exception de quelques gardes-côtes, un soldat pour sa défense ; et cette position, si elle était connue des ennemis, pourrait engager les Anglais à quelque tentative qui serait repoussée promptement, je n'en doute pas, par la valeur et le patriotisme de mes administrés, mais pourrait d'abord leur porter un grand préjudice ainsi qu'aux établissements publics.

Déjà, cependant, les gardes nationales non organisées montent la garde à Pau et en plus grand nombre à Bayonne, mais cet empressement louable de pourvoir à la sûreté publique vous paraîtra devoir être promptement régularisé ; dans l'état actuel, il ne serait pas même sans quelque inconvénient (à cause des personnes non choisies) qui remplissent les fonctions d'officiers.

Toutes ces considérations, Monseigneur, vous feront approuver, je l'espère, la demande que j'ai l'honneur d'adresser à Votre Excellence de supplier Sa Majesté de décréter la prompte organisation des gardes nationales, et surtout des compagnies de grenadiers et de chasseurs du département des Basses-Pyrénées. J'écris dans le même sens à LL. EE. le Ministre de l'intérieur et le Ministre de la police générale.

CASTELLANE.

Le Général commandant la 15e division militaire à Son Excellence le Ministre de la guerre.

Au quartier général, au Havre, le 24 vendémiaire an XIV (16 octobre 1805).

Monsieur le Maréchal,

Depuis la réception de la lettre, en date du 16 de ce mois, par laquelle Votre Excellence m'a communiqué les informations qui lui avaient été données par le Ministre de la police générale sur la situation du département de l'Eure, je n'ai rien négligé pour m'assurer jusqu'à quel point elles étaient fondées.

Parmi les divers renseignements que j'ai acquis à cet égard, et qui tous s'accordent, j'ai l'honneur de transmettre à Votre Excellence le compte qui vient de m'être rendu par le capitaine de la gendarmerie de ce département, comme étant celui qui contient le plus de développement. Votre Excellence y verra qu'à la vérité, il existe dans le département de l'Eure beaucoup de déserteurs de toutes les classes de la conscription depuis l'an IX ; mais que le nombre en diminue par les arrestations qui s'en font chaque jour ; et que, loin de former des rassemblements qui puissent donner des inquiétudes pour la tranquillité publique, ces déserteurs sont éparpillés, et se tiennent soigneusement cachés dans leurs familles, et dans les manufactures, où malheureusement ils sont tolérés et même protégés par les maires et adjoints des communes.

J'ai requis au reste M. le préfet de mettre, sans plus de délai, sa compagnie de réserve à la disposition du capitaine de la gendarmerie, pour l'aider à poursuivre ces fuyards; et Votre Excellence peut compter que je la tiendrai exactement informée de tout ce qui pourra intéresser la tranquillité publique, et l'exécution des lois sur la conscription, tant dans le département de l'Eure que dans toute l'étendue de mon commandement.

MUSNIER.

Le général Ménard, commandant la 6e division militaire, à Son Excellence le Ministre de la guerre.

Au quartier général, à Besançon, le 27 vendémiaire an XIV (19 octobre 1805).

Monseigneur,

J'ai l'honneur de rendre compte à Votre Excellence que le 21 de ce mois, conformément au décret du 1er jour complémentaire an XIII, divers détachements de conscrits du Jura sont partis de Lons-le-Saunier, savoir :

9 pour le 9e régiment de cuirassiers, conduits par un caporal.
10 pour le 5e d'artillerie à pied, conduits par un sergent.
10 pour le 7e bataillon du train d'artillerie, conduits par un sergent.
1 pour le 5e bataillon du train d'artillerie, conduit par un sergent.
26 pour joindre le 28e régiment d'infanterie légère, sous la conduite d'un sergent, et en vertu de l'arrêté du 24 floréal an XIII.

Le 22 courant, conformément au décret du 1er jour complémentaire dernier, sont partis de Bourg, savoir :

10 conscrits de l'Ain, dont 4 suppléants, sous la conduite d'un caporal, pour joindre le 2e régiment d'artillerie à pied.
10 conscrits, dont 2 suppléants, sous la conduite d'un caporal, pour joindre le 3e régiment de chasseurs à cheval.
10 conscrits, dont 1 suppléant, sous la conduite d'un sergent, pour joindre le 6e bataillon du train.
210 conscrits, dont 8 suppléants et 4 conscrits de la réserve de l'an XIII pour joindre le 67e régiment de ligne, sous la conduite de 2 officiers et un nombre proportionnel de sous-officiers.

D'après le décret du 24 floréal an XIII (1), il est également parti de Bourg 11 conscrits de la réserve de l'an XIII pour joindre le 39e régiment de ligne sous la conduite d'un sergent, et 7 pour le 101e régiment de ligne sous celle d'un caporal.

Le 26 sont arrivés à Besançon et partis le 27 d'*idem*, 61 conscrits de la Côte-d'Or sous la conduite de 3 sous-officiers, pour joindre le 58e régiment de ligne à Schelestadt.

Deux détachements de conscrits du même département, dont un de 82 hommes escortés par 3 sous-officiers, et un de 68 hommes escortés par 2 sous-officiers pour joindre le 103e régiment de ligne à Schelestadt.

18 conscrits venant de Bordeaux sous la conduite de 3 sous-officiers pour joindre le 22e régiment de dragons à Schelestadt.

10 conscrits de la Côte-d'Or destinés pour le 3e bataillon du train d'artillerie, venant de Dijon et allant à Schelestadt sous la conduite d'un caporal.

Enfin, 10 autres conscrits du même département destinés pour le 1er régiment de cuirassiers, venant de Dijon, sous la conduite d'un sergent de recrutement et se rendant également à Schelestadt.

MÉNARD.

---

(1) Appelant 15,000 conscrits de la réserve de l'an XIII.

Le Capitaine commandant la gendarmerie de l'Ariège à M. le général Chabran, commandant la 10e division militaire.

Foix, le 29 vendémiaire an XIV (21 octobre 1805).

Monsieur le Général,

J'ai l'honneur de vous rendre compte que les opérations dans les cantons de Cabannes et Mirepoix ont été terminées avec le plus grand calme, mais dans celui de Massat, arrondissement de Saint-Girons, une grande partie de conscrits qui s'étaient rendus dans le lieu de la séance avec des bâtons, ne voulurent point les quitter lorsque le sous-préfet le leur ordonna, ce qui le porta à requérir la gendarmerie et les sous-officiers de recrutement pour les y contraindre, ce qui ne fût effectué qu'avec peine et après avoir arrêté quatre des plus entêtés qui furent mis de suite en prison. Cet acte de force fit rentrer le reste dans l'ordre et l'opération se termina avec tranquillité. Les sous-préfets en ont déclaré premiers à marcher 50, savoir :

Dans le canton de Massat, y compris les 4 arrêtés.	40
Dans celui des Cabannes......................	1
Dans celui de Mirepoix.......................	9
Total..................	50

Le Conseil a aussi terminé les opérations pour le canton de Cabannes et en a déclaré premiers à marcher 7.

Il s'occupera demain de celui de Mirepoix.

Delort.

Le général Ménard, commandant la 6e division militaire, à Son Excellence le Ministre de la guerre.

Au quartier général, à Besançon, le 5 brumaire an XIV (27 octobre 1805).

Monseigeur,

J'ai l'honneur de rendre compte à Votre Excellence que six conscrits du département de Saône-et-Loire venant de Mâcon sous la conduite d'un caporal de recrutement, sont arrivés hier à Besançon, puis sont partis ce matin pour joindre le 54e régiment de ligne à Strasbourg.

Cinq officiers autrichiens prisonniers de guerre dont trois capitaines et deux lieutenants, savoir : MM. le comte Ardopp, le baron Cress, MM. Mesmer, Lesbata et Foire sont arrivés à Besançon cette nuit venant de Strasbourg et porteurs de feuilles de route pour se rendre dans l'intérieur de la France.

Ménard.

Le Ministre de la guerre au Général commandant la 13e division militaire.

Au quartier de l'Empereur, à Munich,
le 6 brumaire an XIV (28 octobre 1805).

J'ai soumis à l'Empereur, Général, les observations que vous m'avez faites par votre lettre du 9 vendémiaire sur la difficulté d'assurer le service dans les départements du Finistère, au moyen du départ des troupes composant le 7e corps de la Grande Armée.

Sa Majesté pense qu'il reste encore assez de troupes dans ce département; que d'ailleurs les canonniers gardes-côtes et les habitants doivent suffire à la défense de leurs foyers. C'est à vous, Général, à stimuler et à utiliser leur zèle de manière à mettre en sûreté tous les points importants de la côte. Votre vigilance, Général, doit suppléer à des forces que les circonstances rendent nécessaires aux armées, et Sa Majesté compte sur votre activité et votre dévouement.

Le Ministre de la guerre,
Berthier.

Rapport à l'Empereur (1).

Paris, le 15 vendémiaire an XIV (7 octobre 1805).

Sire,

Votre Majesté m'a ordonné de mettre chaque jour sous ses

---

(1) *Archives nationales*, AFIV, 1155.

yeux l'état de la conscription de l'an XIV, et des réserves antérieures.

Le premier rapport qui me soit parvenu présente le résultat de l'opération faite hier à Paris pour la désignation des conscrits dans les 9e et 10e arrondissements. Sur 658 conscrits présents, 138 ont été désignés, 4 réformés et 516 restés au dépôt.

L'ordre et la tranquillité qui ont accompagné cette opération sont un heureux présage du succès de la levée dans les autres villes de l'Empire. Jusqu'ici, les rapports que je reçois, n'annoncent que tranquillité et confiance générales.

J'aurai l'honneur de rendre compte à Votre Majesté des résultats concernant les réserves, ainsi que la conscription dans les autres départements, à l'instant même où les rapports me seront parvenus.

Le Premier Inspecteur général,

Maréchal MONCEY.

Rapports à l'Empereur.

Paris, le 21 frimaire an XIV (12 décembre 1805).

La marche trop lente de la conscription dans le département des Basses-Pyrénées fixait l'attention de M. le Préfet. Ce magistrat, après avoir épuisé les moyens de persuasion envers les conscrits récalcitrants, a été obligé de recourir aux voies de rigueur; celle des garnisaires vient d'être ordonnée. On a lieu d'en espérer les résultats avantageux qu'elle a produits dans d'autres départements; mais que ne doit-on pas attendre de l'impression que produira sur ces jeunes gens le récit des victoires accumulées qu'obtiennent les armes de Votre Majesté.

Le Premier Inspecteur général,

Maréchal MONCEY.

2 nivôse an XIV (23 décembre 1805).

Il est parti du département de la Haute-Loire un convoi de 24 conscrits, fuyards des classes antérieures.

Beaucoup de ces conscrits, contraints par la voie des garnisaires et par l'activité des poursuites de la gendarmerie, partent journellement des différents points de l'Empire.

Le résultat de ces poursuites a été, pendant le mois de brumaire dernier, l'arrestation de 3,148 déserteurs ou conscrits fuyards et de 233 marins déserteurs, qui ont été reconduits aux différents ports d'armement (1).

Le Premier Inspecteur général,
Maréchal MONCEY.

Le Ministre de la guerre à l'Empereur.

Le 4 nivôse an XIV (25 décembre 1805).

Sire,

J'ai l'honneur de soumettre à Votre Majesté les deux livrets destinés à lui faire connaître : l'un la situation dans chaque département de la levée de l'an XIV, l'autre le nombre des conscrits que chaque corps a déjà reçus.

Suivant mon précédent rapport, le nombre des hommes dirigés sur les corps était de	51,559		
Celui des hommes sous les drapeaux de		15,349	
Celui des déserteurs en route de			1,935
Depuis il en est parti	1,843		
Il a été incorporé		1,199	
Il a déserté			92
Le nombre total des conscrits partis des départements est de	53,402		
Incorporés		16,539	
Déserteurs en route			2,027

Votre Majesté remarquera sans doute que fort peu de con-

---

(1) *Archives nationales*, AF IV, 1155.

scrits paraissent être arrivés sous les drapeaux; le nombre est effectivement plus grand, mais je n'ai point encore été informé de l'incorporation de tous ceux qui s'y sont rendus. J'écris à ce sujet aux majors.

Le Ministre de la guerre,

Maréchal BERTHIER (1).

Le général Clarke à l'Empereur.

Mars-avril 1806.

Sire,

L'état de l'armée demandé par Votre Majesté sera fait jeudi soir et sera présenté au plus tard vendredi matin. Je me suis assuré qu'on s'en occupait activement.

Cet état sera divisé en plusieurs colonnes et dressé, non sur ce qui doit exister, mais sur ce qui existe.

Non seulement on a des états de situation du 1er février pour la Grande Armée, pour les armées de réserve et pour les détachements que les réserves ont envoyés au maréchal Lefebvre, mais on a même ceux du 1er mars.

Dans l'état qui sera présenté à Votre Majesté, on cherchera à éviter les doubles emplois. On donnera beaucoup d'attention aux colonnes qui contiendront les détails des détachements et on indiquera où ils sont.

Quant aux détachements embarqués, on n'avait pas prévu qu'on serait obligé d'indiquer sur quels bâtiments ils l'ont été. On n'avait pas réservé de colonne pour cette indication et la marine avait, par des raisons de prudence, fait jusqu'ici quelques difficultés pour donner les renseignements nécessaires. Un état supplémentaire, joint à celui que j'ai mentionné, fera connaître sur quels bâtiments les détachements en question ont été embarqués.

Tout ce qui est dû sur la conscription y compris les réserves jusqu'au 1er vendémiaire an XIV (tant pour l'an XIII que pour les

---

(1) *Archives nationales*. AFIV, 1116.

années antérieures) avait été appelé et était parti. Cependant sur cette masse, les départements doivent encore 21,000 hommes environ, dont 6,000 sont en route. Le reste est remplacé par les départements au fur et à mesure des désertions.

60,000 hommes ont été appelés pour l'an XIV. Il n'en reste à incorporer qu'environ 12,100, dont 10,000 sont en route pour rejoindre.

Ainsi on peut dire que la conscription était réellement épuisée au 1er mars de cette année. Il ne reste donc que les 80,000 hommes accordés par un sénatus-consulte pour 1806, et sur lesquels Votre Majesté ne se propose d'appeler cette année que 40,000 hommes.

CLARKE (1).

Rapport à l'Empereur.

Paris, le 15 nivôse an XIII (5 janvier 1805).

Sire,

J'ai l'honneur de rendre compte à Votre Majsté que, dans le courant de l'an XII, la gendarmerie a arrêté et dirigé sur leurs destinations respectives 25,036 déserteurs des troupes de terre ou conscrits fuyards, la même activité a été déployée contre les déserteurs de la marine; elle a produit les mêmes effets et dans une égale proportion.

En présentant à Votre Majesté ce résultat d'une partie du service de la gendarmerie, il est heureux pour l'arme de pouvoir l'offrir comme une preuve de son zèle et de son dévouement.

Le Premier Inspecteur général,

Maréchal MONCEY (2).

---

(1) *Archives nationales*, AFIV, 1116.

(2) *Archives nationales*, AFIV, 1155. En l'an XIII, il est fait 2,3347 arrestations; pendant les Cent jours de l'an XIV, 8,932. Pendant les ans XIII et XIV, on arrête 3,181 déserteurs de la marine.

TABLE DES MATIÈRES

PREMIÈRE PARTIE.

Préliminaires de la guerre.

DEUXIÈME PARTIE.

La Grande Armée.

CARTES.